ENSHISHI YEARBOOK 2020

恩施市年鉴

（2020）

恩施市年鉴编纂委员会　编

方志出版社
Publishing House of Local Records

图书在版编目（CIP）数据

恩施市年鉴. 2020 / 恩施市年鉴编纂委员会编. --北京：方志出版社，2020.12

ISBN 978-7-5144-4656-2

Ⅰ. ①恩… Ⅱ. ①恩… Ⅲ. ①恩施—2020—年鉴 Ⅳ. ① Z526.34

中国版本图书馆 CIP 数据核字（2021）第 220574 号

恩施市年鉴（2020）

编　者：恩施市年鉴编纂委员会
责任编辑：李　静

出 版 者：方志出版社
地址　北京市朝阳区潘家园东里 9 号（国家方志馆 4 层）
邮编　100021
网址　http://www.zgfzcb.cn
发　行：方志出版社图书经销中心
电话　（010）67110500
经　销：各地新华书店
排　版：北京纺印图文设计制作有限公司
印　刷：北京中科印刷有限公司

开　本：889mm × 1194mm　1/16
印　张：21.75
字　数：655 千字
版　次：2020 年 12 月第 1 版　2020 年 12 月第 1 次印刷

ISBN 978-7-5144-4656-2　**定价**：268.00 元

序

贫困问题一直是困扰人类社会发展的重大问题。中国作为世界上最大的发展中国家，为解决贫困问题进行了长期不懈的努力。改革开放以来，特别是党的十八大以来，以习近平同志为核心的党中央把脱贫攻坚作为全面建成小康社会的底线任务和标志性指标，纳入“五位一体”总体布局和“四个全面”战略布局，以前所未有的力度推进精准扶贫、精准脱贫，扶贫开发成就举世瞩目，显著改善了贫困地区和贫困群众生产生活条件，具有重大的现实意义和深远的历史意义。身处中华民族几千年发展历史上将首次整体消除绝对贫困现象的伟大时代，如何更好地发挥地方志的存史、育人、资政的作用，是新时代全国地方志系统必须深入研究和着力解决的重大课题。

党的十八大以来，在党中央国务院的正确领导下，全国地方志系统深入学习贯彻习近平新时代中国特色社会主义思想，紧紧围绕党和国家事业发展需要，深入推进地方志改革创新发展，凝心聚力，稳扎稳打，勇于担当，主动作为，全国地方志形势和地方志工作者的精神面貌发生了深刻变化，取得了优异成绩。其中，为贯彻落实《全国地方志事业发展规划纲要（2015—2020 年）》，经中国地方志指导小组领导批准，中国地方志指导小组办公室于 2015 年、2017 年先后启动民族地区与贫困地区志书、年鉴出版资助工程（以下简称“志鉴出版资助工程”），对国家级贫困县（区、旗、县级市），中西部地区、少数民族边疆地区面临出版经费困难的志书和综合年鉴给予出版资助。实施志鉴出版资助工程是紧扣时代脉搏、坚持创新发展、传承弘扬中华优秀传统文化的一项创举，不仅有力推动了“两全目标”的实现，而且数十部资助出版的志书、年鉴及时记述了民族地区与贫困地区在全面建成小康社会伟大征程中取得的新成绩和新经验、出现的新情况和新问题、涌现的优秀人物和典型事迹，留住地方文化的“根”和“魂”，为这些地区的经济社会发展、地域文化传播、爱国主义教育、精神文明建设等提供了历史借鉴和智力支持，对全面提升民族地区与贫困地区文化建设水平、确保民族地区与贫困地区和全国其他地区同步全面建成小康社会具有重要意义。

尤为可喜的是，志鉴出版资助工程促成了一批扶贫志书的编纂出版，在文化脱贫攻坚中发挥了独特的作用。例如，《贵州省减贫志》全面系统客观记述了从 1978

年至 2015 年贵州省扶贫、减贫工作的历程及取得的经验，为贵州省实施大扶贫战略提供了有力的资政辅治参考，集中体现了地方志工作因时而动、顺势而为的新作为。前不久，由福建省地方志编委会和人民网共同编纂的《闽宁扶贫协作图志》，是全国首部扶贫协作图志，图文并茂、直观立体、全方位地展现闽宁扶贫协作波澜壮阔的历程，弘扬“闽宁一家亲”“携手奔小康”的深厚情谊和滴水穿石、久久为功的精神，是贯彻落实习近平总书记扶贫工作重要论述精神，服务国家精准扶贫、精准脱贫战略的有力举措。希望各地以此为鉴，编纂出版更多、更好的扶贫志书、年鉴，助力国家精准扶贫、精准脱贫战略的实施，充分展现地方志的独特价值和作用。

当前，我国脱贫攻坚已进入全面决战决胜的关键时期，尚未脱贫的贫困地区集中分布在中西部深山区、极端干旱山区、高寒阴湿地区等，文化建设还比较薄弱，文化产品还不够丰富，文化精品更是少之甚少。同时，这些地区往往是民族文化、历史文化、红色文化、生态文化富集区，具有发展文化旅游、推进文化扶贫的巨大潜在优势，也是繁荣发展地方志事业的巨大文化宝库。要发挥好文化扶贫凝聚人心的优势，善于利用方志文化优势为贫困地区“赋能”，在脱贫攻坚中做出方志人应有的贡献。要发挥好中国名镇志文化工程、中国名村志文化工程的引领作用，大力加强乡镇村志编纂，让百姓记得起乡情、记得住乡愁，凝聚贫困乡镇村庄的强大民心，补齐贫困乡镇村庄的文化短板，以“扶智”的方式“扶志”，践行习近平总书记强调的“扶贫先扶志，扶贫必扶智”的重要理念。

求木之长者，必固其根本；欲流之远者，必浚其泉源。扶贫扶起的是志气骨气，传承的是家国情怀，守护的是绿水青山。扶贫既要富口袋，也要富脑袋。必须坚持文化脱贫和物质脱贫两手抓，筑牢贫困地区文化之基，补足信仰精神之钙，引领脱贫发展之舵。全国地方志系统要围绕中心、服务大局，坚决投入脱贫攻坚这场必须打赢的硬仗，积极参与脱贫攻坚战，发挥优势和特长，深入挖掘文化资源，着力补齐文化短板，努力帮助民族地区与贫困地区的文化建设实现较大的发展提升，在全面建成小康社会、实现中华民族伟大复兴中国梦的征程中贡献方志人的力量。

是为序。

中国社会科学院院长
中国地方志指导小组组长
谢伏瞻

民族地区与贫困地区年鉴出版资助工程领导小组

组　　　长：高　翔

常务副组长：冀祥德

副 组 长：高京斋　邱新立

民族地区与贫困地区年鉴出版资助工程领导小组办公室

主　　　任：冀祥德

副 主 任：邱新立

成　　　员：于伟平　刘永强　冷晓玲　李　静

《恩施市年鉴》编纂委员会

主　　任：田贵周

副 主 任：董晓明

成　　员：许兴忠　杨　青（女）　袁　勇　向　阳（女）　吴　萍（女）
向莉娟（女）　吴志伟　易发斌　廖　勇　朱胜武　汪盛松

《恩施市年鉴》编辑部

主编总纂：汪盛松

常务副主编：郑孝凤（女）

副 主 编：何克伦　赵明权

执行编辑：张思楚　姚懿予（女）

编　　务：兰远辉　刘武成　戴　平　潘　芳（女）　沈江鸿　何　群（女）
余永华　李诚红（女）　田　群（女）　向家垚　王　涛
张爱梅（女）　廖冰银（女）

编 辑 说 明

一、本卷以马克思列宁主义、毛泽东思想、邓小平理论、“三个代表”重要思想、科学发展观、习近平新时代中国特色社会主义思想为指导，坚持辩证唯物主义和历史唯物主义的立场、观点和方法。力争全面、客观、系统地记述2019年度恩施市的基本情况和各项事业发展现状，反映全市全面建设的基本面貌和发展进程，旨在为构建和谐社会、促进市域经济发展服务，为社会各界了解和研究恩施提供基本资料和历史借鉴。

二、《恩施市年鉴》是系统记述恩施市自然、政治、经济、文化、社会、生态等方面情况的年度资料性文献。

三、本卷记述时限为2019年1月1日至12月31日。为保持资料和信息的完整性、系统性和连续性，个别条目的时限有所追溯和延伸。本年鉴中州均指恩施土家族苗族自治州，市均指恩施市。

四、本卷内容分为综合信息、分类信息和其他资料。综合信息设特载、专记、大事记、市情概览。分类信息设中国共产党恩施市委员会、恩施市人民代表大会、恩施市人民政府、政协恩施市委员会、纪检监察、民主党派、人民团体、法治、军事、经济管理、财政　税务、生态环境、农业和农村经济、工业　商贸、交通运输、邮政　通信、金融、经济开发区与扶贫、城乡建设、教育、文旅　传媒、卫生、社会生活。其他资料分设乡镇街道、荣誉、附录。以条目为主要信息载体和基本撰稿方式。

五、本卷年鉴所记载的内容和数据，分别由市委办公室，市人大办公室，市政府办公室，市政协办公室，恩施经济开发区管委会办公室和市级、市直各单位，各部门和各乡镇、街道（管理处），中央、省、州垂直企事业单位撰写提供并经各供稿单位负责审定。由于统计数据来源、口径、方式、时间的不同可能有差异，以统计局数据为准。

六、本卷所采用卷首图片由恩施市融媒体中心和各供稿单位提供。

恩施市行政区划图

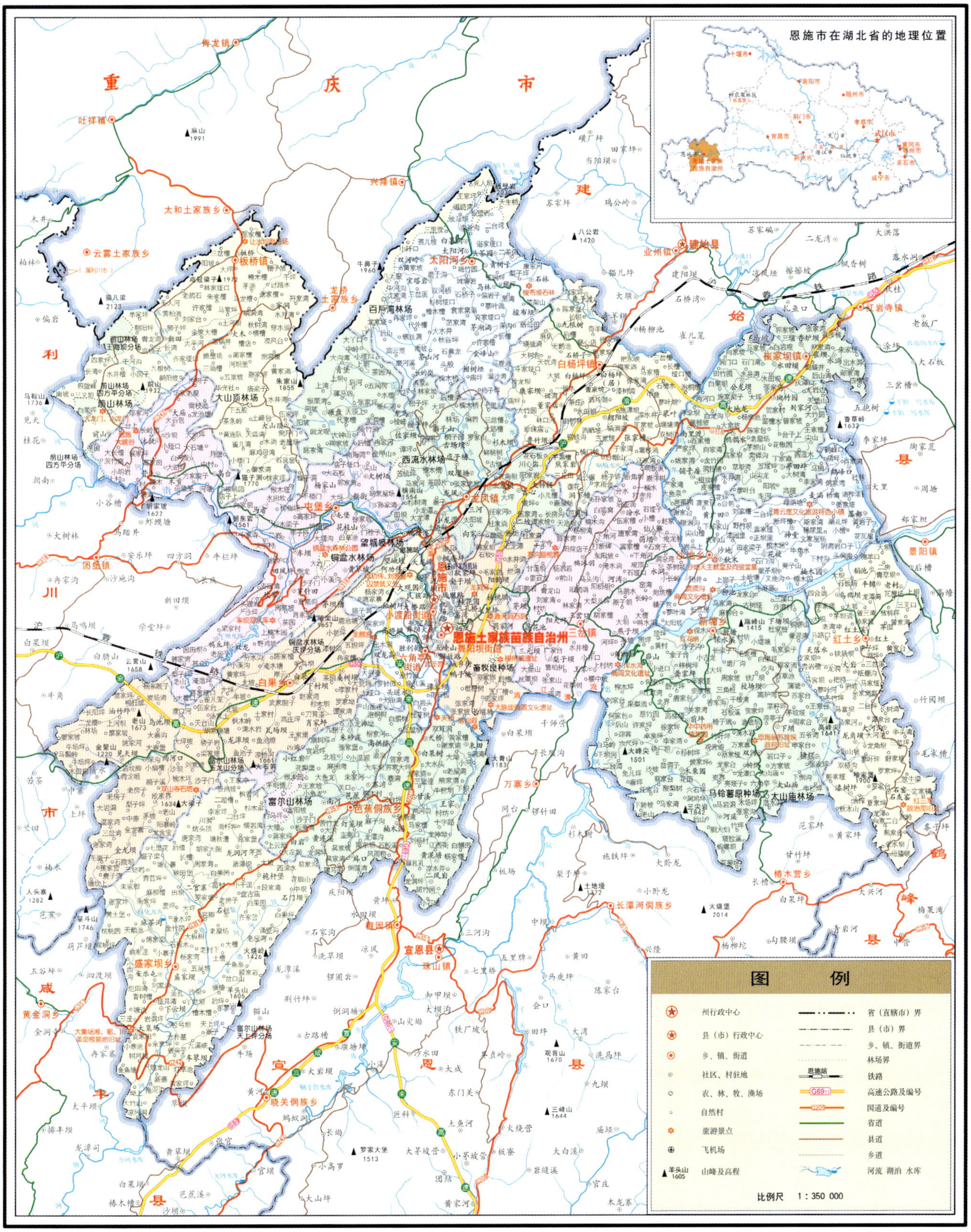

审图号：恩施市S（2019）02号　　中国地图出版社编制

2019 年 2 月 21 日，恩施市 2019 年党建暨经济工作会议召开

2019 年 1 月 5—7 日，恩施市第十届人民代表大会第四次会议召开

2019 年 1 月 4—5 日，中国人民政治协商会议恩施市第九届委员会第三次会议召开

2019 年 3 月 11 日，恩施市机构改革干部调整集体谈话会召开

考察交流

2019 年 10 月 21 日，恩施州政协副主席、市委书记向前进（右一）在恩施土家女儿城会见韩国驻武汉总领事金永瑾（左一）一行

2019 年 12 月 4 日，恩施市人民政府与北京世创前沿体育科技交流中心、雅凯热能科技（上海）有限公司举行签约仪式

7 月 22—24 日，恩施市非遗保护传承展演中心“土家汉子”组合代表湖北省携薅草山歌《幺姑筛茶来》在云南楚雄参加 2019 中国原生民歌节

2019 年 3 月 12 日，恩施抗战历史陈列馆与杭州市“五四宪法”历史资料陈列馆缔结友好馆暨交流合作签约仪式举行

2019 年 8 月 10 日，第五届鄂台少数民族“两岸手牵手 相约女儿会”活动在太阳河乡梭布垭石林举行

2019 年 8 月 11 日，2019 中国恩施“梭布垭石林杯”十大拐自行车爬坡赛在太阳河乡“十大拐”开赛

2019 年 9 月 26 日，州政协副主席、市委书记向前进（右四）在第五届世界硒都（恩施）硒产品博览交易会上参观恩施市特色馆

2019年3月8日，市人武部、市退役军人事务局代表市委、市政府前往柑子槽小区将退役军人方思维英勇擒敌荣立二等功的喜报送到军属家中

2019年，恩施市开展“精准扶贫，文化送戏”下乡活动

2019 年 6 月 28 日，州政协副主席、市委书记向前进（右三）调研城区“裸土复绿”工作

2019 年 5 月 6 日，市委副书记、市长苏勇（左二）调研城区重点项目建设

2019 年 5 月 25 日，恩施市盛家坝乡二官寨村开展摸鱼比赛活动

2019 年 8 月 12 日，红土乡石灰窑女儿会源生地现场，图为赶场相亲

2019 年新建成的恩施市凤凰码头

2019 年新建成的恩施市民政福利中心

2019 年新建成的建恩高速白杨坪枢纽互通

屯堡乡新街村三坊集中安置小区一角

白杨坪镇青春大道安置小区一角

芭蕉乡吴家湾安置小区一角

恩施市特色民居冷水河（罗坡坝段、小溪段）治理工程

板桥镇川贝加工现场一角

大山顶高山白萝卜

沙地青云崖

花枝山茶叶基地

龙凤镇青堡烟草基地

屯堡富硒油菜基地

目　录

特　载

专　记

大事记

市情概览

宣传工作

统战工作

全面深化改革

机构编制

市委党校（市行政学校）

档案史志

信 访

恩施市人民代表大会

恩施市人民政府

林　业

生态环境保护

硒资源保护与开发

农业和农村经济

农业综述

畜牧（渔）业

水　利

城市建设投资

城乡供水业务

城乡供电服务

教　育

综　述

市第一高级中学

市第二高级中学

市第三高级中学

市中等职业技术学校

文旅 传媒

文化体育

旅 游

传 媒

卫 生

卫生和健康

市中心医院

疾病预防控制

社会生活

民　政

人力资源和社会保障

医疗保障

住房公积金管理

残疾人事业

民族宗教

退役军人事务

乡镇街道

新塘乡

红土乡

沙地乡

太阳河乡

屯堡乡

白果乡

芭蕉侗族乡

三岔镇

崔家坝镇

白杨坪镇

板桥镇

龙凤镇

盛家坝镇

六角亭街道

小渡船街道

重要公报选载

重要文件选录

统计资料选辑

特　载

强化政治担当　保障高质量发展

——在全市党建暨经济工作会议上的讲话（摘要）

（2019 年 2 月 21 日）

州政协副主席、市委书记　向前进

一、什么是高质量发展

高质量发展，是党的十九大首次提出的新表述。习近平总书记在党的十九大报告中指出：我国经济已由高速增长阶段转向高质量发展阶段。

所谓高质量发展，就是能够满足人民日益增长的美好生活需要的发展；是体现新发展理念的发展；是经济、政治、文化、社会、生态的全面发展。高质量发展的根本途径，是以供给侧结构性改革为主线，发挥市场在资源配置中的决定性作用，推动质量变革、效率变革、动力变革，提高全要素生产率，从简单追求量的扩张、高速增长转向质的提升、效益优先。

就恩施市而言，高质量发展，就是要坚定打造鄂西绿色发展示范区不动摇，坚定打造全省特色产业增长极重要引擎不动摇，坚定市委“316”总体思路和主要目标不动摇，既保持耐得住寂寞的定力，又强化不甘寂寞的激情，着力强举措，固底板，补短板，真正使“绿水青山”不断转化为“金山银山”。

二、为什么要实现高质量发展

第一，高质量发展是深入贯彻习近平总书记视察湖北重要讲话精神的具体体现。2018 年 4 月 24—28 日，习近平总书记在湖北视察时强调，着力打好“三大攻坚战”，扎实解决发展不平衡不充分问题，奋力谱写新时代湖北发展新篇章，其核心要义是推动高质量发展。我们要坚定政治站位，以习近平总书记视察湖北重要讲话精神为根本遵循和行动指南，抢抓发展机遇，释放资源优势，把高质量发展要求融入“三大攻坚战”具体实践，推动全市要素升级和动能转换。

第二，高质量发展是落实省委、省政府、州委、州政府决策部署的题中之义。省委十一届四次全会指出，进一步完善全省重大生产力布局和区域协调发展战略规划，努力形成“一芯驱动、两带支撑、三区协同”的高质量发展区域和产业发展战略布局。鄂西绿色发展示范区作为“三区”中的“一区”，是省级战略的重要内容。省政府出台《湖北省高质量发展评价与考核办法》，首次对除神农架林区外的 16 个市州，设置 22 项具体评价与考核指标，包括服务业增加值占地区生产总值比重、高新技术企业增长个数、民间投资占固定资产投资比重、技术改造投资占固定资产投资比重，等等；对工业经济，重点考核“规上”工业企业主营业务收入利润率、工业企业产能利用率、“规上”工业企业亏损面，旨在检验工业经济盈利能力、运行质量和市场竞争力。州委七届六次全会明确推进高质量发展的行动方案，寄望恩施市打造全省特色产业增长极重要引擎；州委柯俊书记对恩施市工业经济发展提出“四倍增一个突破”的要求：工业企业数量倍增、工业产值倍增、工业利税倍增、职工就业倍增，企业主板上市实现零突破，体现州委抓实体经济、抓高质量发展的鲜明导向。我们要按照省委、省政府，州委、州政府的安排部署，适应新形势，把握新规律，研究新举措，主动融入鄂西绿色发展示范区建设，打造全省特色产业增长极重要引擎，加快推进绿色发展、高质量发展。

第三，高质量发展是恩施市决胜脱贫攻坚、实现全面小康的必然要求。2019 年，是新中国成立 70 周年，是恩施市脱贫攻坚决胜之年，是县市机构改革之年。特殊的年份，需要特殊的付出。总体判断，过去的几年，全市经济社会发展取得一定成绩，在全省生态功能类县市中，连续 3 年排名第一，主要经济指标绝对额在全州占比稳中有升，为高质量发展奠定坚实基础。但是，也应该清醒地认识到，发展不够、总量偏小的形势没有变，质量不高、结构不优的性质没有变，税源不足、“吃饭”财政的现状没有变。我们要抢抓高质量发展机遇，正确处理整体推进与重点突破、维护公平与讲求效率、环境保护与经济发展的关系，立足发展基础，正视发展短板，完善发展思路，坚定“全州龙头、首善之区、窗口形象”功能定位，壮大生态文化旅游、硒食品精深加工、清洁能源、生物医药四大产业集群，释放标准厂房定制化、征地拆迁市场化、项目建设专业化、投资建设一体化、投融资渠道多元化“五化”机制改革动能，打造武陵山“六个中心”，以新时代新担当展现新时代新作为，以高质量发展保障高质量脱贫。

三、怎样以高质量党建引领高质量发展

政治生态看“关键”，群雁齐飞看“头雁”。全市领导干部是“关键的少数”，市委常委是群雁中的“头雁”。常委所在部门要进一步发挥“头雁”效应，带领全市各级党组织和广大党员干部，进一步转作风、敢担当、善作为、抓落实，为高质量发展提供坚强保障。

第一，纪检工作要围绕高质量发展抓执纪。挺纪在前、利剑高悬，是纪检工作的职责所在、使命所在。近年来，我们着力畅通监督渠道，创新监督方式，丰富监督手段，有力发挥从严监督执纪问责的震慑效应。但是，作风建设永远在路上。要坚持严字当头、全面从严、一严到底，把讲政治、讲法治、讲政策、讲规矩落到实处。一是要注重预防，抓警示教育。坚持既管好“关键少数”，又严管“绝大多数”，科学运用监督执纪“四种形态”，尤其是要用好第一、第二种形态，挺纪在前，严管厚爱，形成真管真严、敢管敢严、常管常严的良好氛围。二是要突出重点，抓执纪问责。要聚焦精准扶贫、扫黑除恶、资金监管、招投标等重点领域、重点环节、重点部位，推进专项巡察与专项治理相结合、明察与暗访相结合、严肃问责与建章立制相结合，延伸监督触角，管住“小微”权力，坚决纠正形式主义、官僚主义等突出问题，从严查处发生在群众身边的不正之风和腐败现象。三是要以担当促担当，抓专项整治。深入开展“不担当、不作为、不落实”专项整治，进一步落实“三个区分开来”有关要求，让不担当者受到严厉惩戒，为敢担当、善担当的干部撑腰壮胆。有权必有责，有责必担当。敢于担当，是共产党人鲜明的政治品格。不担当不作为，败坏的是干部的形象，阻碍的是全市的发展，动摇的是执政的根基。不担当不作为问题得不到妥善治理，不仅会打击担当者积极

性，还会“劣币驱逐良币”。干部不担当，首先源自能力不足不会干，其次源自怕被问责不敢干，但最直接原因是得过且过不想干。就纪检工作而言，对有问题的干部决不放过，没有问题的干部也不能耽误；严肃查处是担当，及时澄清正名也是担当。纪委监委要善于营造干事创业的氛围，对不担当、不作为、不落实的，要从严从快查处；对因为敢于担当出现工作失误的，要用好“三个区分开来”，让他们消除顾虑、轻装上阵，以纪检干部的担当，激励广大干部敢于担当、善于担当。尤其是针对市场主体反映比较强烈的营商环境问题，市纪委监委要有所作为，做到“三个聚焦”：聚焦涉企服务，严查“不作为”，强化“秘书制”服务；聚焦行政审批，治理“慢作为”，提高办事效率；聚焦行政执法，惩处“乱作为”，减轻企业负担（日常执法检查可否集中在每月的一个周进行；违法查处除紧急情况需要临机决断以外，要上报市级分管领导或相关产业发展领导小组，集中研判决定后再执行）。要以市纪委监委的担当作为，推动全市上下严格按照州委七届六次全会部署，落实好“封闭管理、一站服务、限时办结、超时默许”的要求，大力改善全市政务环境、市场环境、投资环境、法治环境，全力创造一流营商环境。

第二，组织工作要围绕高质量发展树品牌。组织工作是党的全部工作的基础。要按照新时代组织工作的要求，巩固“五星”支部建设、人才选拔使用等方面成果，以坚强组织保证，服务全市高质量发展。一是要分类施策强支部。处理好固底板与补短板、重点突破与全面推进、问题导向与目标导向的关系，从严落实支部工作条例、基层党组织工作条例、农村基层组织工作条例，全面提高基层党组织建设质量；要坚持分类指导，巩固机关党建，加强农村党建，夯实非公党建，创新社区党建，以“五星支部”建设推动基层党组织全领域进步、全要素过硬；坚持贴近群众，进一步推进党的组织向物业小区、大型超市、专业合作社等领域延伸，扩大党的组织和党的工作覆盖面。二是要严格标准用干部。坚持以干事创业为导向，严格执行“好干部5条标准”，注重政治考察、正向激励、知事识人、素质培养，加大从精准扶贫、项目建设、招商服务等基层一线选用干部力度，传递讲担当、重实干的鲜明导向，让想干事的人有机会、能干事的人有舞台、干成事的人有地位。紧跟干部成长需求，围绕产业建设、乡村振兴、招商引资、城市建设管理等重点工作，精心策划专题培训，优化干部知识结构、专业结构。加强干部跟踪管理，教育广大干部修剪欲望、抵制诱惑，要求广大干部“走下牌桌、走上书桌，少些应酬、多陪家人，离开娱乐场、走上运动场”。三是要不拘一格降人才。人才是第一资源。要加大专业人才招录、选聘力度，注重专业人干专业事。实施“特岗选聘”计划和百名企业家成长工程、千名干部培训工程、万名技能人才培训工程，激发人才队伍活力。实施“三乡”工程，汇集各方人才，投身精准扶贫和乡村振兴。发挥退休干部资源优势，鼓励他们围绕市委中心工作发挥余热。

第三，宣传思想文化工作要围绕高质量发展提形象。融媒体时代，信息无处不在、无所不及、无人不用，媒体格局、传播方式均发生深刻变化。我们要主动适应这种变化，从严落实党管意识形态责任制，牢牢把握意识形态工作领导权、主动权、话语权。一是要唱响时代主旋律。加强市委中心组建设，通过市委以上率下，推动全市共建学习型党组织，提高领导干部政治理论和科学决策水平。持续推进文明创建，深入开展“五佳五好”系列评选，传递恩施声音，讲好恩施故事，大力培育、积极践行社会主义核心价值观，不断壮大向上、向善、向好、向美的正能量。二是要提升传播影响力。精心策划“三个一”工程，放大传播效应，提升恩施形象：拍摄一组微视频，聚焦热点，找准亮点，紧跟关注点，以小视频汇聚年度宣传大事件；开展一系列营销推介，通过旅游营销、招商推介，提升恩施美誉度；举办一系列节庆会展，扮靓女儿会，做强硒博会，做实土豆节，以节庆会展促进对外开放。三是要做实做强融媒体。以融媒体中心建设为契机，争取与州级媒体人才互派、平台互通，实现新闻传播全方位覆盖、全天候延伸、多领域拓展，让党的创新理论“飞入寻常百姓家”。提高干部管网用网能力，强化事前预警、快速响应、跟踪研判，有效应对网络舆情，营造清朗的网络空间。很多网络舆情，看似偶发事件，但其背后，折射出来的是职能部门执政的理念、为民的情怀、履职的作风、应对的能力。对于党政部门而言，最重要的就是关注民生、主动作为，树立正面形象，从源头上减少网络舆情诱因。

第四，统一战线工作要围绕高质量发展聚合力。要始终坚持正确的政治方向，凝聚最大公约数，画好最大同心圆，进一步夯实新时代统一战线共同团结奋斗的思想政治基础，用心、用情、用力服务改革发展。用心，就是要支持各民主党派发挥界别优势，围绕州城“寸建寸管”、乡村振兴、营商环境等重点工作，深入开展调查研究，为市委、市政府建真言、献良策。用情，就是要围绕代表所呼、企业所需、群众所盼，坚持眼睛向下、身子前移，倾听并解决好发展中面临的实际问题，推动各项政策措施落地见效。用力，就是要围绕政治协商、参政议政、民主监督，推进统一战线平台化、制度化、规范化、程序化建设，强化宗教事务管理，大力支持各民主党派、无党派人士、党外知识分子、新的社会阶层人士在绿色发展、高质量发展中建功立业。

第五，政法工作要围绕高质量发展保稳定。发展是第一要务，稳定是第一责任。要强化“四种意识”，提高“五种能力”，认真学习贯彻政法工作条例，全力维护政治安全、社会安定、人民安宁，为高质量发展保驾护航。“四种意识”，一是要有风险意识。“为之于未有，治之于未乱”，我们要时刻保持清醒的头脑，居安思危，防患未然，在处理问题时才会下好“先手棋”。二是要有政权意识。政法之“政”，是政治之“政”、政权之“政”。政法机关作为国家机器，执政用权，就应该捍卫国家政权，维护人民利益。三是要有斗争意识。要深入开展扫黑除恶专项斗争，坚决维护社会公平正义，确保一方平安。要创新源头治理、综合治理、社会治理，对危及社会稳定的矛盾隐患，做到洞幽烛微、明察秋毫；一旦出现危害社会稳定的事件，要果断处置，科学应对。四是要有法治意识。要聚焦黄赌毒、邪教及非法宗教、宗族恶势力等领域，严厉打击违法犯罪行为，以“七五”普法为载体营造全民尊法、学法、守法、用法浓厚氛围。“五种能力”，就是要以实战、实用、实效为导向，全面提升政法系统干部队伍法律政策运用能力、防控风险能力、群众工作能力、科技应用能力、舆论引导能力，着力打造市委放心、群众满意的高素质政法队伍。

第六，党校工作要围绕高质量发展育人才。一是要坚持党校姓党这一根本原则。坚定办学方向，牢固树立“党校姓党”理念，深入开展党的理论教育，守好党的思想理论阵地，着力把党校建成政策理论传播的“前沿阵地”、参谋决策服务的“新型智库”。二是要聚焦培养干部这一主责主业。完善理论研究和干部教育制度，注重方式创新、内容创新、载体创新，健全市级领导上讲台长效机制，坚持“走出去、请进来”，打造干部成长的摇篮，推行“三个办学”：巩固与州委党校、省内外高校合作机制，推行合作式办学；巩固“流动党校”创新成果，推行开放式办学；鼓励有理论功底、实践经验的乡土人才走上讲台，推行乡土式办学。三是要注重提升能力这一现实需求。育人者必先育己。要把提高党校教师队伍党性修养放在首位，增强主业主课意识，提升党校教师党性教育和理论教育水平；增强党校科研资政和服务意识，提升服务决策能力。

第七，人民武装工作要围绕高质量发展促融合。要坚持党管武装，始终以习近平强军思想为指导，围绕国防动员准备、民兵调整改革和兵役征集等任务，教育人武干部和民兵预备役人员绝对忠诚、绝对纯洁、绝对可靠，坚定维护核心、听党指挥。要抓实国防教育，开展“传承红色基因、担当强军重任”主题教育，加强领导干部、青少年学生和民兵预备役人员国防教育，凝聚强军力量。要深化军民融合，踊跃投身全市经济社会建设，在精准扶贫、抢险救灾、维稳处突等方面继续发挥积极作用；要更加拥军优属、拥政爱民，巩固全国“双拥”模范城创建成果，密切军民鱼水深情。

第八，群团工作要围绕高质量发展增活力。要按照强“三性”、去“四化”的要求，坚持围绕中心、服务大局，坚持眼睛向下、面向基层，引导群众听党话、感党恩、跟党走。工会要完善职工服务体系，加快智慧工会和产业工人队伍建设，深化与江干区工会交流合作，发挥好职工代表大会、异地维权站的作用，构建和谐劳动关系，引导广大职工立足岗位建功立业。共青团要深化共青团和少先队改革，推进助力脱贫攻坚行动，进一步弘扬志愿服务精神，团结青年才俊，建功新时代，推动新发展。妇联要发挥好“妇女之家”作用，放大“亲情小屋”“恩施月嫂”等品牌效应，深入开展“巾帼心向党　建功新时代”主题活动，引导广大妇女发挥“半边天”的独特优势。科协要配合做好州市科技馆建设，打造青少年科技创新品牌，实施好重点人群科学素质行动，提升全民科学素质；搭建科技创新平台，团结全市科研人才，服务实体经济发展。残联要加大残疾人康复服务、就业培训和创业扶持力度，加快推进无障碍设施改造和残疾人托养中心建设，大力实施助残扶贫等行动，让残疾人感受到党和政府的温暖。

第九，办公室工作要围绕高质量发展强服务。党办作为党委的中枢机关，要围绕“让党委放心、让群众满意”的目标，创新工作，主动作为。一是要有高站位。党委办公室为党委服务最直接，联系各方最广泛，保障党委工作最关键，在各机构运转中最核心，居于承上启下、协调左右的中枢位置。市委办公室要强化绝对忠诚的政治品格和政治担当，着力建成市委的“坚强前哨”和“巩固后院”。二是要有高效率。强化“中枢”职能和“作战部、参谋部、指挥部”权威，汇聚全市办公室是“一家”的合力，提高办文、办会、办事效率，牵头建立健全调研、调度、督办、监督、曝光机制，保障市委政令畅通、令行禁止，推进全市各项工作有序高效运转。三是要有高水平。围绕市委中心工作，及时了解掌握新情况、新问题、新成果，提前思考，提前谋划，先行一步，快人一拍。要注重参谋服务、督查考评、统筹协调等工作创新，参到点子、督到要害、统到关键，推动市委决策部署贯彻落实，全面提高“三服务”工作水平，建设让市委放心、让人民满意的模范机关。

除上面所说的九大块工作以外，还想针对另外三块工作在会上作个强调。

一是对市直单位的工作业绩要有更高的要求。为什么要有更高的要求？是个什么样的要求？没达到要求应该怎么办？全州8个县市，只有我们是州市同城，因此，恩施市不能等同于其他县市，恩施市要承担起“全州龙头、首善之区、窗口形象”的重任，所有市直单位的工作目标就是争一保三，发改局在全州就要搞第一，财政局、残联、档案局、妇联、共青团、宣传部、组织部、纪委、办公室、政法委、公安局、检察院、法院等等，你们就有义务搞第一，大市要有大市的样子，要有大市的形象，要有大市的担当。如果搞不了第一，也必须搞第三，这就是我们的工作目标。有的当一天和尚撞一天钟、搞好搞坏都是一个样，以后不能这样。当然，市里有若干的单位，我刚才说的那些单位在全州基本上都是排名第一的。还有很多单位的业绩是排不了第一，甚至排不了第三的，那么，没有达到争一保三这个目标的怎么办？没有达到前三位的，取消该单位评优秀的资格，充其量只能搞合格，不能搞优秀，我们要调整我们的考评方案，市委办公室、市政府办公室带头，人大、政协带头，市开发区带头，市委常委所在的部门带头，副处级以上单位的领导带头，直接与绩效挂钩，评到优秀的还要多一点工资，但更多的是荣誉。排名在倒数三位的，也就是第六七八位的，要向市委、市政府写出书面检查，为什么会搞到倒数去了，以后市委、市政府“两办”要有专门的工作人员来做这项工作，因为不可抗逆的因素导致的，另当别论，因为不作为、工作方法不当、不求人、自以为是，损害恩施市形象，丧失发展机遇的，不但要写出书面检查，纪委还要介入调查。若干的市直单位，一年到头是非常辛苦的，但常年不到州直单位去拜访、汇报，常年不到省直单位去沟通、去汇报、去衔接，信息从哪里来？恩施市有用不完的钱吗？恩施市充其量就是一个工资财政的县市，我们今天表彰的若干的实体经济企业家提供的税收就只能养活我们的职工，甚至养不活，更多的是靠中央转移支付，不向上，不争取，不求人，若干的单位失去一些争取项目和资金的机会，也影响行业主管部门对你的评判，所以，搞不到前三名不能参与评优，取消评优的资格，让你没有“门票”，失去“看戏”的资格。通过这种方式，培养大家争先进位、敢于担当的意识，“两办”在考评的体制、考评的机制、考评的方法上要认真细化。

二是城市管理要更加精细化。目前，我们的州城常住人口已经达到45万人以上，建成区面积已经拓展到60到120平方千米的范围，“六纵五横四环三厂两廊一公园”的目标，按照州委柯俊书记的要求，要1年打基础，3年大变样，5年发生根本性改变。州城天天有变化，到2019年底、2020年初，州城将迎来非常大的变化，到2020年6月、7月的时候，州城将有一个彻底性的变化，但是恩施州城的管理杂乱无章，我们很多的干部熟视无睹，仅仅靠我们的城管干部、环卫工人是满足不了需要的，怎么办？必须多管齐下。第一，组建联合执法大队。城管、交警、环卫、食药、工商、住建、城区“一镇三街道”的社区参与，针对全市24条已经命名的路长制街道，组建联合执法大队，实行严格管控、分段管控，责任到社区、责任到人、责任到工作小组，真正实现严控严管严处，好的城市都是管出来的，重点是治乱。尤其是公安、交警要参与，该扣车的扣车，该扣分的扣分，也可以人性化处理，人行道建设得这么好，随便一条街改造都是几千万，有的人把车子开到人行道上、压坏我们的路面石和步行道，昨天还好好的，第二天早上起来又变得破烂不堪，谁有那么多钱去投入？三分建，七分管，这样的例子抓到一个处理一个，扣车抓人，行人横穿马路，夜间行车开大灯，都要下大力气整治，这方面宜昌就做得比较好。凡是夜间开车开大灯的，交警让你把灯打开，50米以内摆个椅子，让你坐在那里对着自己的大灯看，你只要眼睛睁着10秒钟不眨眼，你就开车走，下次不再犯同样的错误就行，但是，谁能够撑到10秒钟？3秒钟都撑不了！撑不了就罚款、扣分，拿个小旗子戴个红袖章在那里等起，抓到第二个你就走，抓不到你就坚持几个小时，搞半天。第二，实行分段分路包片负责。第三，落实门前“五包”。“五包”责任制不是新的东西了，但目前就是落实不了，落实不了怎么办？贵周你们马上要落实这个事，柯书记也召集一个专题会议，市直所有的单位，有今天我们参会的各个单位，还有企事业单位，还有我们实体经济企业所在的单位，看好自己的门、守好自己的人、管好自己门前的那段路。我们所说的管好门前那段路，意思就是那段路你什么都要管，栽10棵树不能少半棵，少半棵都要找你的单位，找你单位的“一把手”，找你单位的法人，卫生没搞好，你就负责搞到位；交通秩序搞不好，单位“一把手”就自己戴袖章、拿红旗到现场去指挥，一个星期搞两次。市委常委所在的单位，常务副职自己带队去搞，去管这块，全体动员。整个城市要“共建、共管、共创、共享”，大家只享受不当主人不行，也要亲自去尝试一下才行。我们的社区切实搞好配合，提供好服务，这块工作搞没搞到位，到年底由社区把我们每个单位划的管理路段，提出你们的否决意见，重典治乱、重拳出击。有时候解决问题最简单、最直接的办法就是最务实、最管用的办法，我们有些人喜欢大呼小唤，指使别人做这做那，怎么搞得了？必须要自己带好头，做好示范，做好榜样。

三是对实体经济发展要有新举措。实体经济，眼前来讲，我想恐怕更多是指工业经济。我实打实说，招商引资作为头号工程、一号工程，搞了这么多年，现在也是名正言顺，就是实体经济，说白了，就是加工业、制造业，就是赚分分钱的实体经济企业，是未来发展的希望，是中国经济的支撑，是中国经济的脊梁。恩施市各行各业都要长短结合，目前是以短养长，最终还要实现以长养短，短就是目前趋热性的一些项目，长就是发展实体经济、实体企业，创造物质财富。眼前我们的城市建设还可以持续几年，这是短期的、暂时的，最终恩施的发展希望还得依靠我们的实体经济、实体企业，为老百姓提供就业岗位，为州城的发展完善提供支持，为农村的种植业提供来源，工业厂矿、实体经济需要基本的材料。发展实体经济是最受尊重、最受欢迎的，眼前这一块搞得不怎么样，尤其是恩施市，论块头没有和其他县市拉开很大的差距，论势头，我们很多的实体经济非常狼狈，并不一定比外县市搞得好。主要存在3个方面问题：第一，行政审批慢作为。你要他办个许可证，他一次次给你挤牙膏，一次给你挤一点，两三天给你挤一点，我们要求是一次办好、马上办好、网上办好，一次给你挤一点，你要来回跑二三十次，有的甚至走四、五十天都走不下来，本来可以一次办好的，为什么就是一次办不好呢？一个事可以一次办、一天办的，要分三次办、三天办，行政审批难。第二，行政执法乱作为。纪委要针对有权力的单位行政执法问题搞几个案子，有的单位公权私用，随意进出、随意查处实体企业，今天我们要定一条规矩，针对实体企业，凡是要去执法的，相关的市直单位必须得到分管市长的批准，不允许随意进出，恩施市的事恩施市委、市政府说了算，你们代表什么？说到底，还是为了一己私利。同时，就算批准可以搞，也必须联合执法，相关部门一起去检查，若干的执法搞到一起，用半天时间一次性搞完，不需要今天去一个明天去一个，五六十个市直单位一年要搞好多检查。纪委要尽到责，为实体经济环境的改善保驾护航。行政执法乱作为。第三，“秘书制”“保姆式”“四个一”服务不作为。2018年安排30个企业的“秘书制”服务，搞得好的有几个，绝大部分都是敷衍塞责，没搞到位，不光是个人素质、能力不行，还有单位“一把手”不重视的问题。我们的工资是实体经济交的税收来发的，我们大家不但没有感恩之心，还吃拿卡要、设置障碍，不为实体经济发展想办法，而是为一己私利设置障碍。比如环保督察这块，中央不允许一关了之，不允许一罚了之，没搞好的要不断完善、进行整改，还有安全生产、质量监测等等。

针对上面说的这些情况，我们应该怎么办，三个办法。第一个办法：由纪委牵头组成督察组，常年督察服务实体经济的质量，一年要查几件有质量有影响的案件出来，服务没搞到位的、行政审批慢作为的、行政执法乱作为的，搞几个案例出来，处分到局长一级，而且新账旧账一起算，还要往前追溯，只要是损害实体经济利益的，损害市委、市政府形象的，往前追溯不受时间限制。昨天在纪委全会上给大家传递了这个信息，今天我重新强调一下。2019年市纪委监委对这块工作要是拿不出几个有分量的案例，这个事情我们就有话说。第二个办法：由纪委牵头、组织部、宣传部、工业领导小组参与，组织一个常态化的专班，实行常态化的工作。第三个办法：市委组织部要认真研究一下，中层干部轮岗交流管理制度。为什么要把我们的中层干部提出这么高的要求，因为大家知道，放管服多年之后，很多行政审批事项的权力从中央到省里再下放到县市一级，但县市一级下放到乡镇一级很少，从中央八项规定出台以来，经过这几年的巡视，县市领导，市直单位、乡镇的“一把手”，还徇私枉法、以权谋私、随意打招呼、权力寻租、利益输送的情况越来越少，不能说没有，跟大家说明白我们也掌握一些情况，但是越来越少。那这部分权力寻租的空间到哪里去了呢？利益输送的权力到底是有还是没有呢？利益输送的权力更大，权力寻租的空间更大，县市一级到科长、办事人员那里去了，科长、办事人员没有那么高的素质，压力传导还没有到“神经末梢”，这是组织部、纪委监控的重中之重。原来说国家的经济是处长“当家”，现在到县市一级基本上就是科长“当家”，如果是科长“当家”，那还要我们那么多局长干什么？经常市里开会局长说没有问题搞得好，回去了分管局长说还要研究一下，到科长那里就绝对搞不了，确实搞不了可以理解，对法规、纪律要有敬畏之心，给实体经济企业解释清楚，但有些问题通过变通是搞得了的。所以，对一个长期在市直单位，从这个科室到那个科室搞若干年的，调出那个单位，尤其是最有权力的单位，行政单位的调往行政单位，参公单位的调往参公单位，一类事业单位的调往一类事业单位，二类事业单位的调往二类事业单位，组织部门要深入研究这个问题，建立相应的管理制度，纪委针对这部分人一年办几个有分量的案子，有多少办多少，追溯既往，老账新账一起算。宣传部要开辟专栏，实时曝光，把这些阴暗的、丑陋的行径要公之于众，接受全面的监督。这是市直这一块，乡镇、街道（管理处）村、社区“两委”2018年才完成换届，希望大家遵守相关规定，村一级要有敬畏之心，同时也要有责任之心。

政府工作报告

——在恩施市第十届人民代表大会第五次会议上（摘要）

（2020年5月18日）

市长　苏　勇

一、2019年工作回顾

2019年是极不平凡的一年。在举国欢庆新中国成立70周年和精准脱贫攻坚拔寨的关键时期，胡春华副总理、曹建明副委员长先后到恩施市视察指导，省、州主要领导多次亲临一线调研督办，让我们倍受鼓舞、倍增信心。全市11510名扶贫干部扎根一线、实干苦干，历练过硬作风、激发初心使命、赢得群众口碑。贫困发生率由2014年的26.08%下降至0.25%，54627户174933人脱贫，145个贫困村出列，整市“摘帽”

目标如期实现。

2019年是攻坚克难的一年。国内外风险挑战明显上升，减税降费政策有效落实，加之受持续干旱天气等因素影响，财政收支压力空前，经济下行压力增大。2019年政府工作报告确定的10个方面102项具体工作，地方公共财政预算收入、“规上”工业总产值等7项未完成既定目标。与此同时，全市先后发生龙洞河水污染事件、“9·2”校园刑事案件和“10·2”景区落石事故。面对这些困难和挑战，我们坚持直面问题，积极有效应对，不回避、不推责，唯实唯干、共克时艰，彰显为民情怀、体现使命担当、凝聚发展共识。

2019年也是成绩斐然的一年。成功取得“国家森林城市”“国家生态文明建设示范市”和“国家首批全域旅游示范区”三项国字号荣誉；为全国易地扶贫搬迁现场会、全国马铃薯大会和全国老区宣传工作会提供现场；和润城立体交通、五峰山隧道全面建成；七里坪公园、耿家坪公园成为扮靓州城的新亮点、市民游玩的新网红；城镇、农村常住居民人均可支配收入分别达到34300元、12050元。对外开放不断深化，城市形象不断提升，群众生活不断改善。

全年实现地区生产总值379.52亿元，同比增长7.7%；全社会固定资产投资同比增长18.2%；“规上”工业增加值同比增长7.9%；服务业增加值同比增长8.9%；实现社会消费品零售总额215.78亿元，同比增长11.6%；完成地方公共财政预算收入20.37亿元，同比下降3.9%；实现旅游综合收入200.39亿元，同比增长11.6%。总结2019年工作，我们做到“五个坚持”，实现“五个突破”：

（一）坚持抓重点、克难点，三大攻坚战实现新突破

精准脱贫攻坚战总体告捷。6年来，全市累计统筹财政资金51.36亿元用于精准扶贫，完成易地扶贫搬迁6242户，实施危房改造19321户，资助贫困家庭学生34.78万人次，建成农村公路4472千米，特色产业带动贫困户54234户，社会保障兜底111.12万人次，动力电覆盖全市所有自然村，4G网络覆盖率达95%，43.57万农村居民安全饮水问题有效解决。“聚力脱贫攻坚·人大代表在行动”、政协“三大工程”(1)、东西部扶贫协作、“616”工程(2)、孝感市对口帮扶、中直省直单位定点扶贫成效显著，军地协作扶贫“131”路径(3)获2019年全国脱贫攻坚奖（创新奖）。

污染防治攻坚战负重前行。空气优良天数比上年增加10天，累计达344天。清江大沙坝国控断面、长沙河省控断面、大龙潭饮用水源水质全面达标。中央、省环保督察交办问题已整改完成219个，剩余33个达到序时进度。“河长制”“山长制”有效落实，办理生态环境案件379起，查处水政渔政案件45起、涉林案件238起，生态环境保护高压态势持续保持。

防范化解重大风险攻坚战纵深推进。严格规范举债融资行为，消化存量隐性债务6.2亿元，政府债务等级由橙色降为黄色。审结非法集资案件6起，关停非法金融场所6家，清理类金融机构10家，金融环境持续净化。强化房地产领域监管，风险隐患有效管控，市场秩序更加规范。扫黑除恶专项斗争成效明显，“七五”普法深入推进，“双签双交”(4)全面落实，安全生产形势总体平稳，社会大局和谐稳定。

（二）坚持提质效、育品牌，特色产业建设实现新突破

农业产业化发展提质增效。农业总产值达54亿元，同比增长4.8%。建成高标准农田4440公顷，认证绿色食品基地1.13万公顷，特色产业基地常年达8.27万公顷。非洲猪瘟有效防控，恩施市连续13年获授“全国生猪调出大县”。市场主体不断壮大，农民专业合作社达1942家，家庭农场达482家。品牌打造成效显著，“三品一标”[5]认证企业达50家，认证产品97个。“恩施玉露”作为“2019湖北省优质区域公用品牌农产品”亮相央视，成为第七届世界军人运动会指定用茶，品牌价值达20.54亿元。恩施市跻身“2019年中国茶业百强县”。

生态文化旅游业蓬勃发展。青云崖、红花峡等旅游项目加快推进，恩施大峡谷、土司城、梭布垭石林等景区实现提档升级，铜盆水森林康养项目取得实质性进展。乡村旅游势头强劲，采富硒茶、吃农家饭、住土苗寨成为恩施旅游的新亮点，白杨坪镇洞下槽村被评为“全国乡村旅游重点村”。开通国际（地区）航线4条、新增国内航线3条，实现国际旅游包机直航，旅游市场有效拓展。全年旅游接待突破2300万人次，同比增长10%，恩施市获“2019中国最美县城”称号。

特色产业增长极加快形成。硒食品精深加工产业初具规模。新增“规上”硒食品精深加工企业4家，硒产业总产值达122.18亿元。生物医药产业不断壮大。新增中药材种植面积3333.33公顷，留存面积达2.07万公顷，“规上”生物医药企业达4家，生物医药产业综合产值达33亿元。清洁能源产业成效初显。板桥风电项目即将投产，六角亭、芭蕉天然气利用项目全面完工，清洁能源产业总产值达7.5亿元。

（三）坚持优环境、建平台，实体经济发展实现新突破

营商环境持续优化。政务服务“一张网”建设加快推进，1334项审批事项接入国家、省一体化在线服务平台，承诺时限较法定时限压缩70%以上，90%事项实现网办，60%事项实现“跑一次”，37%事项实现“零跑腿”。产业项目承诺审批制“先建后验”[6]和区域性统一评价工作稳步推进，项目审批速率大幅提升。全面推行行政执法“三项制度”[7]，严格规范行政执法行为，市场环境不断优化。

招商引资成效明显。坚持招商引资“一号工程”，强化“四个一”项目服务机制[8]，红太阳集团、浙闽特色食品等12家企业落户恩施，大峡谷地面缆车、发泡材料等17个项目开工建设，恩施复烤厂仓储、施瓦茨出口加工等8个项目建成投产。实现省外到资33亿元，新增外资企业3家，直接利用外资858万美元。

实体经济不断壮大。紧盯“四倍增一突破”[9]目标，组建市工业经济发展服务中心，开通不动产登记绿色通道，兑现各类奖励资金1295万元。白杨坪产业园4.5万立方米标准厂房完成主体施工，七里坪产业园13万立方米标准厂房全面建成，中立家具投产运营，重庆医药、动力电池、鑫航盛进园入驻。电子商务进农村综合示范县项目加快推进，贝店富硒小土豆日销近30万千克，创吉尼斯世界纪录。新增“规上”工业企业12家，工业投资、技改投资分别增长10%、99.9%。

（四）坚持强功能、提品位，城乡面貌改善实现新突破

城市功能逐步完善。稳步推进“16+1”[10]“五个三”[11]州级重点项目和128个州城重点项目，完成投资61.2亿元。金子路、金茨泉路全线贯通，银北高速建恩段、金龙大道3标段建成通车，金山大道西段2期、209绕城线5标段、施州大道延伸等开工建设，“六纵五横四环”[12]城市路网基本成型。凤凰山森林公园提档升级、清江流域防洪减灾工程竣工投入使用，四水厂开工建设，“三厂二廊一园”[13]城市配套日渐完善。老旧小区改造试点有序推进，蔡家河、三河、白庙桥等6个棚户区改造项目全面完工，群众居住条件有效改善。

城乡面貌不断改善。亲水走廊提档升级、人行天桥和跨江桥梁修缮美化相继竣工，3条高速连接线、金山大道西段1期、209绕城线4标段、施州大道红庙段绿化全面完成。深入开展“裸土复绿、拆围透绿、见缝插绿”，实现主干道花卉

绿化全覆盖，新增17个街头小游园，释放绿色空间8万平方米，城市绿地率达42.1%。舞阳大道、土桥大道、施州大道人行道改造工程如期完成，新建城市公共停车场4个，新增停车泊位1200个，“路长制”全面落实。

美丽乡村加快建设。“四个三”重大生态工程(14)稳步实施，新（改）建城乡公厕132座、户厕18569户，14座乡镇垃圾中转站、13个乡镇污水处理厂建成投入使用。白杨坪镇跻身全省首批“擦亮小城镇”行动试点镇名单，麻茶沟村、戽口村等7个村入选第五批中国传统村落名录，南里渡村、杉木坝村等8个村荣获“国家森林乡村”称号，莲花池村荣获“省级绿色乡村”称号。

（五）坚持谋实事、促改革，民生社会事业实现新突破

改革红利有效释放。机构改革全面完成，农村集体资产产权制度改革、农村土地制度改革、医药卫生体制改革深入推进，集体林业综合改革试验区加快建设。实施“查办分离”(15)，有效解决不动产登记历史遗留问题。严格落实“基层减负年”要求，基层干部活力有效释放。

社会事业协调发展。民生支出达71.7亿元，占一般公共预算支出的85.8%。教学质量稳步提升，“全面改薄”(16)圆满完成，教育发展更加均衡。医共体建设全面推开，行政村标准化卫生室实现全覆盖，基层医疗卫生条件不断改善。“五佳五好”(17)深入开展，有效弘扬社会正能量。成功举办中国自行车联赛“十大拐爬坡赛”、国际旅游小姐总决赛等精品文体赛事，“恩施扬琴”入选文旅部《曲艺传承发展计划》，三岔镇获“湖北省民间文化艺术之乡”称号。

民生保障更加有力。城镇新增就业8461人，登记失业率控制在4.1%以内。城乡居民养老保险和医疗保险参保率均达97%以上，建档立卡贫困户参保率达100%。建立退役军人关爱基金，发放各类优待抚恤资金4235万元，“保险接续”政策有效落实。农民工欠薪治理“4+3”模式(18)全面推广，工资拖欠类案件发生率同比下降35%。发放城乡低保、特困供养、临时救助等各类资金1.58亿元，特殊困难群体生产生活得到有效保障。

与此同时，国防动员、民兵、兵员征集、“双拥”成绩突出。民族团结、外事侨务、档案、宗教、移民、保密、供销、科学技术、机关事务、住房公积金管理等工作取得新成绩。工商联、工会、共青团、妇女儿童、老龄等事业全面发展。顺利完成第四次全国经济普查工作。

2019年，我们坚持依法行政，不断完善重大决策的规则和程序，严格落实政府作出重大决策前依法向人大常委会报告制度，做到依法决策、科学决策、民主决策。自觉接受人大、政协监督，办理市人大代表建议108件，满意率97.2%，办理市政协委员提案93件，满意率100%。《工商企业用气情况视察调研报告》《产业扶贫专题调研报告》《“石窑女儿会”传承与发展视察报告》等调研成果转化为经济社会发展的强大动力。

2019年，我们坚持以责任担当直面矛盾问题，坚持以务实作风推动经济发展，坚持以实际行动回应民生关切，广大人民群众获得感、幸福感不断增强。这些成绩的取得，根本在于习近平新时代中国特色社会主义思想的科学指引，在于上级党委政府和市委坚强领导，在于市人大、市政协鼎力支持，在于中直省直部门、孝感市、杭州市江干区和社会各界倾力协助，更在于全市广大干部群众团结拼搏。在此，我谨代表市人民政府，向全市各族人民、各级干部致以崇高的敬意！向关心支持恩施市经济社会发展的各界人士表示衷心的感谢！

在总结成绩的同时，我们也清醒地认识到经济社会发展中存在的困难和问题：一是发展动能仍然不足。传统支柱产业竞争力不强，实体经济发展仍然缓慢，经济总量偏小，发展质量不高。

二是生态环境仍然脆弱。生态工程建设和环境保护任务重，部分领域环保问题依然突出，守住生态底线任务艰巨。三是社会保障仍然不强。民生领域还有不少短板，公共服务与社会保障水平与群众期望还有较大差距，防风险、守底线任务繁重。四是营商环境仍然不优。少数干部作风不实，主动服务意识不强，为民服务“慢节拍”现象仍然存在等。

二、2020年工作安排

2020年是全面建成小康社会决胜之年，是“十三五”规划收官之年，是统筹推进疫情防控和经济社会发展的关键之年。新年伊始，一场突如其来的新冠肺炎疫情席卷全国，面对这场只能赢不能输的战斗，在以习近平同志为核心的党中央坚强领导下，恩施市遵照省、州统一部署，构建“1+17+X”指挥调度体系[19]，党员干部下沉一线，“尖刀班”队员就地转战，分阶段开展4轮全覆盖排查，组建专业医疗队伍全力开展救治，实行“四级隔断、五级封控”[20]交通管制，以“四个最严”[21]推动疫情防控。从2月29日起，全市无新增确诊病例；3月5日，疑似病例清零。全市累计报告确诊病例57例，感染率0.59/万，确诊病例零死亡、医护人员零院感，疫情防控取得阶段性胜利。

受新冠肺炎疫情影响，2020年1—4月，全市经济社会发展基本处于停滞、半停滞状态，地方公共财政预算收入、社会消费品零售总额、“规上”工业增加值、固定资产投资同比下降超30%，经济下行压力空前。分产业来看，一产业影响较小，在农产品创新销售方式和一系列扶持政策刺激下，预计能完成既定目标。二产业变量增多，虽然外贸出口将长期受限，用工、物流、生产配套也受到一定影响，但随着中央、省、州刺激扶持政策的落实落地，以及水电、烟草、电子产业的强势反弹，有望完成全年目标。三产业冲击较大，尽管出台13项刺激消费政策，但要全面复苏，还需一段时间。

在正视困难和挑战的同时，我们也要看到当前的机遇与优势：一是从全球来看，国外疫情仍在扩散蔓延，国内疫情已得到有效遏制，中国作为世界第二大经济体、全球唯一全产业链国家，经济发展有着更加广阔的回旋余地。二是从国家层面来看，习近平总书记4月29日主持召开中央政治局常委会，研究确定了支持湖北省经济社会发展的一揽子政策，从财政税收、金融信贷、投资外贸等方面明确具体措施；疫后产业转移，“新基建”、健康医疗、人工智能等新兴业态都将带来新的机遇。三是从省级层面来看，4月23日，省委书记应勇亲临恩施市调研指导，省委、省政府出台一系列刺激经济发展的重大举措，将有效对冲疫情影响。四是从州级层面来看，州委、州政府主要领导多次深入一线调度指挥，要求恩施市当好全州龙头，在主要经济指标上“扛大旗”。五是从恩施市来看，脱贫攻坚取得决定性胜利，实体经济发展取得阶段性成效，经济社会发展基础不断夯实，发展动能将会持续释放；加之州市同城的区位优势、得天独厚的生态优势和淳朴务实的人文优势等等，都将为我们化危为机、谋求突破创造有利条件。基于以上形势，2020年总体要求和预期目标是：

总体要求：坚持以习近平新时代中国特色社会主义思想为指导，认真贯彻党的十九大和十九届二中、三中、四中全会精神，深入贯彻习近平总书记视察武汉重要讲话和中央、省委经济工作会议精神，按照州委七届七次全会和全州“两会”工作部署，在常态化疫情防控前提下，加快恢复生产生活正常秩序，扎实做好“六稳”[22]工作，落实“六保”[23]任务，奋力加快绿色发展、高质量发展，确保完成决战决胜脱贫攻坚目标任务，全面建成小康社会。

预期目标：地区生产总值同比增长5%，全社会固定资产投资同比增长11%，“规上”工业增加值同比增长6%，服务业增加值同比增长7%，社会消费品零售总额同比增长7%，一般公共预算收入同比增长3%，城镇、农村常住居民人均可支配收入同比分别增长5%、6%。其他指标完成上级下达目标任务。

围绕实现上述目标，我们将聚焦“四个巩固”“五个着力”工作重点，切实做好以下9个方面工作：

（一）巩固提升疫情防控成效，加快经济社会恢复

坚持常态防控。坚决克服麻痹松懈思想，坚持“外防输入、内防反弹”，注重科学防控、精准防控、依法防控，因时因势调整防控措施，保持疫情防控常态化。加强对无症状感染者的筛查管理，关心关爱治愈患者。强化重点人员、重点场所管控，优化社区防控措施，完善应急处置预案，切实筑牢联防联控、群防群控防线，夺取疫情防控战役全面胜利。

加快疫后重振。积极对接国家政策，科学谋划项目，争取专项债券，努力扩大有效投资。严格执行限制清单，全面落实各项惠企政策，切实降本减负，促进稳岗就业，全面推进复工复产。不断强化“提振信心，促进消费”措施，持续开展直播带货、云签约等新型促销活动，千方百计推进复业复市。坚持分类分时差异化防控，严格执行“两案九制”[24]，安全有序推进复学复课。

强化卫生保障。搭建卫生应急指挥平台，不断增强疾病防控和突发公共卫生事件处置能力。深入推进医共体建设，大力培养和引进专业人才，坚持优质医疗资源向基层倾斜，提升医疗服务水平。加大公共卫生服务体系建设投入力度，完成市疾控中心搬迁，建成市中心医院PCR实验室，启动市中医医院项目，规范设置乡镇卫生院发热门诊，改善基层医疗卫生条件。持续开展爱国卫生运动，积极创建国家卫生城市。

（二）巩固提升精准脱贫成效，全面推进乡村振兴

巩固脱贫成效。坚持摘帽不摘责任，压紧压实市、乡、村三级的主体责任，行业扶贫部门的监管责任和各级帮扶单位的帮扶责任，推进脱贫攻坚与乡村振兴战略有效衔接，确保脱贫高质量、可持续。坚持摘帽不摘政策，严格落实《关于克服疫情影响决战决胜脱贫攻坚的若干政策措施》，保持产业扶贫、健康扶贫、教育扶贫、生态扶贫、兜底保障等政策的延续性和稳定性，确保脱贫不返贫。坚持摘帽不摘帮扶，继续加大驻村帮扶力度，强化东西部扶贫协作、定点扶贫、社会帮扶，聚焦低保户、重病户、特困供养户等特殊困难群体，建立健全返贫预警干预机制，完成留存的773户1669人脱贫任务。坚持摘帽不摘监管，持续开展“回头看”和常态化暗访督办，全面整改各级巡视、考核、评估等反馈问题，巩固提升扶贫领域作风整治成效。

夯实发展底板。统筹财政资金9.75亿元用于补短板、强弱项、提档次，稳步提升“水、电、路、气、网”等农村基础设施支撑能力。完善农村饮水工程长效管护机制，启动三岔杨柳溪水库项目。完成沐抚110千伏输变电工程和屯堡35千伏配电站项目，启动芭蕉220千伏变电站配套工程和猫儿槽、大龙潭110千伏输变电项目建设。启动普通国省道“建养一体化”项目和318国道PPP项目，加快推进351国道、242国道新建和233省道改建工程，着力建设“最美农村路”和“四好农村路”。启动红土、新塘、崔坝等乡镇天然气供气点及配套管网建设。新建通信基站470个，提升网络信号覆盖率。实施农村环境综合整治，推进“四改四化”[25]，持续改善农村人居环境。强化示范引领，谋划建设大峡谷、恩鹤线、双龙线3条示范生态走廊，建成8个省级美丽乡村示范村，放大洞下槽、二官寨2个州级乡村振兴试点效应，全力打造杉木坝、花枝山等5个市级乡村振兴试点。

建设特色集镇。完成生态红线评估及空间规划编制工作，实现国土规划“一张图”。全面完成“四个三”重大生态工程，新（改）建公厕71座、户厕5151户，健全城乡生活垃圾收运体系，实现生活垃圾无害化处理全覆盖。扎实做好裸露山体生态修复工作，改善人居环境，建设绿色乡村。完善配套管网建设，确保城乡生活污水处理全达标。鼓励乡镇差异化发展，积极打造沐抚、白杨坪2个省级特色小镇，投资1500万元支持太阳河、板桥、红土3个乡镇集镇建设。

打造一村一品。深化农业供给侧结构性改革，管护好现有产业基地，稳步推进茶叶、马铃薯、中药材、生猪等特色优势产业提档升级，打造一批特色产业专业村。完成高标准农田建设1586.67公顷，新建有机食品示范基地666.67公顷。落实“菜篮子市长工程”责任，推进城郊高标准设施蔬菜示范基地建设，提升本地蔬菜供给保障能力。推进“三品一标”“一村一品+”等现代农业体系建设，巩固“两消除”(26)成果，重点支持全域绿色化、一、二、三产业融合发展和优势产业区建设。多元化培育新型经营主体，积极申报建设农民专业合作社示范社，力争市级以上重点龙头企业达120家、家庭农场达520家。加快推进武陵山茶叶交易中心建设，促进“茶、旅、商”有机融合，力争茶业综合产值突破65亿元。落实生猪稳产保供政策，稳固“全国生猪调出大县”地位，力争畜牧业综合产值突破37亿元。

倡导文明乡风。充分发挥村规民约、道德理事会作用，坚持典型示范与警示教育相结合，厚植感恩情怀，狠刹好逸恶劳、薄养厚葬等歪风邪气。持续开展乡风文明引领行动，建好新时代文明实践中心，培育和践行社会主义核心价值观，营造向上、向善、向美的社会风尚。

（三）巩固提升污染防治成效，努力建设美丽恩施

加强生态环境保护。打好蓝天保卫战，切实加强扬尘管控，狠抓建筑渣土运输、秸秆焚烧监管和禁鞭工作，积极推进挥发性有机物治理，确保州城空气优良天数达336天以上。打好碧水保卫战，严格落实“河长制”，扎实做好集中水源地建设、黑臭水体整治和龙洞河污染治理，确保大沙坝、长沙河水质监测断面和大龙潭饮用水源地水质全面达标。打好净土保卫战，推广使用有机肥，实施土壤酸化治理3333.33公顷，严控农业面源污染。深入实施“山长制”，加强森林资源保护，确保森林资源良性增长。

开展生态问题整治。全力做好中央、省环保督察交办问题整改，力争销号24个，剩余9个完成序时进度。对已整改的问题实行动态管理，确保问题不反弹。强化重点地区、重点行业、重点环节、重点时段监管，切实防范生态环境风险，维护生态安全。

巩固生态创建成果。坚持绿色发展理念，优化产业结构、能源结构、交通结构，实施提标改造，淘汰落后产能，积极发展生态旅游、生态农业、生态工业，为可持续发展提供重要支撑。加快实施带水河综合整治工程，做好小流域和石漠化治理，确保清江流域资源永续利用。大力倡导绿色出行，深入推进垃圾分类，积极营造低碳生活环境。

（四）巩固提升风险防控成效，确保社会大局稳定

切实防控政府债务风险。强化预算约束，牢固树立“过紧日子”思想，坚持“保基本民生、保工资、保运转、保已开工重大项目”基本原则，加大财政资金统筹力度，优化支出结构，提升保障能力。严格落实政府债务管理要求，健全举债融资机制，规范资金出借行为，严控本级债务规模。强化综合治税，压实协税护税责任，多渠道拓宽财源，多途径筹措资金，积极化解存量债务，努力降低债务率，确保不发生区域性、系统性债务风险。

有效应对金融领域风险。持续开展非法金融专项整治，完善金融风险网格化防控体系，严厉打击涉众型经济犯罪。建立类金融机构监管平台，完成12家类金融机构清理整顿工作，规范类金融市场秩序。强化国有企业资产负债约束，防范化解企业经营风险和债务违约风险。健全企业帮扶稳贷机制，增强金融服务实体经济能力，力争贷款增幅高于全州平均水平。持续深化“诚信恩施”建设，争创全省“最佳金融信用县市”。

妥善处置房地产领域风险。全面开展房地产领域突出问题清理整治，建立健全隐患预警机制、市场监管机制、提前介入机制，收紧预售政策、提高准入门槛、规范市场秩序，实施全过程监管。坚持“一企一策、一事一策”，有效遏制房地产领域违法违规行为，积极化解各类不稳定因素，力促房地产市场健康有序发展。

加强基层社会治理。坚持“一统三治”(27)，建立完善“风险联排、矛盾联调、治安联防、问题联治、平安联建”工作机制，加快推进市域社会治理现代化。积极调处矛盾纠纷，全力化解信访积案，争创信访“三无”(28)县（市）。纵深推进扫黑除恶专项斗争，持续净化社会环境。加强应急救援队伍建设，推进应急管理现代化，提高突发事件响应和处置能力。严格落实安全生产责任制，全力抓好非煤矿山、食品药品、交通运输、校园、旅游等重点领域监管，确保不发生较大及以上安全事故。

（五）着力培育实体经济，增强发展后劲

优化发展环境。持续深化“放管服”改革，大力实施“互联网+政务服务”，确保政务服务事项网上可办率达100%。严格执行行政许可事项清单、权力清单和责任清单，落实中央、省减税降费政策，进一步放宽和规范市场准入，降低企业制度性交易成本，打造“全国一流、全省最优”政务服务环境。深化领导干部联系服务企业活动，着力营造尊商、优商、爱商良好氛围。坚持工业引领，做实做强工业经济发展服务中心，集中优势力量，统筹推进园区建设、招商引资、企业服务，做到全面发力、全面突破、全面过硬、全面进步，以攻坚之势大抓工业经济。

狠抓招商引资。深入实施招商引资“一号工程”“一把手工程”，建立“高位推进大员招商、产业部门联动招商、招商部门专业招商、职能部门服务招商、全员关注参与招商”工作机制，激活全要素、全领域、全方位招商引资原动力，强化以商招商、产业链招商，推进全民招商，提升招商引资精准度和成功率。积极跟进电子产品加工、果蔬饮料加工等在谈项目，新签约亿元以上产业项目17个，确保红太阳、辣妹子等13个亿元以上产业项目开工建设，沐抚高台矿泉水、绿色巨龙万头种猪繁育基地等8个亿元以上产业项目建成投产，全年实际利用外资500万美元。

强化项目建设。牢固树立抓项目就是抓发展、抓发展就要抓项目的意识，用超常规举措抓项目建设，抢抓有利时机、弥补疫情影响。坚持“比招商、抓项目、强产业、促进位”，着力破解项目用地、用工、融资等瓶颈制约，实施省州级重点项目20个以上，市级重点项目190个以上。科学编制“十四五”规划，聚焦重大基础设施、重大产业、重大生态环保和重大民生工程建设，谋划储备一批事关恩施长远发展的重大项目。围绕国家、省投资导向，加大中央、省预算内资金争取力度，积极申报衔接重大项目、重大政策，加快补齐基础设施、产业建设等发展短板。

壮大市场主体。优化园区管理制度，提升园区服务能力，确保七里坪产业园全面投产，白杨坪产业园全面建成，力争入园落户企业10家以上。建好非公有制企业投诉服务中心，支持民营企业发展。着力实施“四大工程”(29)，做实政府性融资担保平台，做强福达产投公司，优化工业经济、限上商贸企业奖励政策，增强实体经济发展动力。用活用好外贸奖励政策，培育新型服务业，拓展商贸企业发展空间。力争全年新增“规上”工业企业16家，实现“规上”工业总产值60亿元，实现外贸进出口总额1320万美元。

（六）着力发展特色产业，提升发展质量

持续壮大生态文化旅游产业。巩固提升全域旅游示范区创建成果，加快推进青云崖、红花峡、铜盆水、富尔山等重点旅游项目，积极创建大清江AAAA级景区，推动全市A级以上景区提档升级，不断提升景区承载能力。加快发展乡村旅游，积极培育乡村体验游、富硒养生游、亲子研学游等新兴业态，打造3—5个民族文化旅游特色村，推动民宿产业高质量发展。加强非物质文化遗产和文物保护开发工作，巩固“中国土家族女儿会文化之乡”创建成果，促进优秀传统文化转型发展，打造精品体育赛事，推动文旅深度融合。充分发挥党员干部示范作用，落实弹性休假制度和带薪年休假制度，带头促进旅游消费。创新营销模式，系统推进景区、餐饮、酒店、旅行社、交通相关企业开展促销活动，深挖市场潜力，促进文旅市场全面复苏。

大力发展绿色环保产业。加快硒食品精深加工产业集群建设。健全完善硒产品检测标准，建立硒产品溯源体系，积极开展“硒品出山”系列推介活动，不断壮大硒产业，新增“规上”硒食品精深加工企业3家，力争总产值突破130亿元。加快生物医药产业集群建设。扩大贝母、党参、黄连等道地药材种植规模，新建中药材规范化加工厂2家，力争综合产值突破50亿元。加快清洁能源产业集群建设。继续做好姚家坪水利枢纽工程前期工作，力促生活垃圾焚烧发电项目实质性开工，确保板桥风电项目并网投产，力争总产值突破8亿元。

着力培育新兴科技产业。借势借力恩施高新区发展机遇，聚焦产业转型升级，建设电子信息产业基地，培育一批市场前景好、带动力强、创新性高的新兴产业企业，力促明道锂电池、鑫航盛科技等项目投产运营。实施科技创新提升工程，新培育科技型企业15家，新建企业技术创新平台10个，力争35%以上“规上”工业企业建立研发机构，全力创建省级创新型县（市），致力打造“4+N”[30]产业格局。

（七）着力提升建管水平，打造宜居城市

拓展城市路网。围绕武陵山区域中心城市发展定位，启动机场东路、209绕城线3标段、青树林2号路、金山大道立交等市政道路建设，加快推进209绕城线6标段、硒都大道1标段、旗峰大道等重点项目，建成高旗大道2标段、金山大道西段2期、209绕城线5标段、318国道大堰湾至三中段等城市主干道，打通火车站站前路、金龙大道南段2标段、纵二路等重要节点，不断优化城市路网布局。

完善城市配套。加快四水厂和车坝河水库引水工程建设，完成二水厂迁建项目，提升州城用水保障能力。加快推进城区污水管网建设，实施沙河截污干管项目，提升城市污水收集率。完成大沙坝污水处理厂项目，确保片区污水安全处理。加快安置房建设，启动核桃坝、龙洞河、富家坡、贺家榜等棚户区改造项目，积极做好老旧小区改造工作，切实改善市民居住环境。新建民大附属医院、爱民医院、市府路3座人行天桥，新建公共停车场5个，新增停车泊位1200个，新建柑子槽、麻园河等8个农贸市场，不断完善城市功能。

提升城市形象。持续开展“治堵保畅、治噪保静、治污保洁”专项治理，深入推进“六城同创”。实施破损道路修缮工程，巩固城市广告牌清理整顿成果，加快推进土司路、旗峰坝、金山大桥至机场段民族化改造，新建麻园河公园、龙凤生态·金马公园，打造城市新亮点。优化交通组织，打通城市微循环，方便市民出行。持续开展“裸土复绿”，完成西湖路、纵二路、金龙大道南2标段绿化美化项目，启动清江东路、清江西路、小渡船片区人行道改造工程。

挖掘城市潜力。加大历史违法建筑分类处置力度，力争全年完成2000户，依法追缴相关税费，妥善处理遗留问题，疏通人民群众的痛点和堵点。深入推进“查办分离”，严肃查处房地产领域违法违规行为，及时解决群众购房办证难题。出台“促进房地产业发展实施意见”，稳步推进房地产去库存，引导开发企业合理利用地下空间。切实加强国有资产监管，全面挖掘城市公共资源，依托城市管理服务公司集并经营，有效发挥闲置资源效益。大力发展5G基站、新能源汽车充电桩、大数据中心等“新基建”，加快推进智慧城市项目建设，提升城市发展力和带动力。

（八）着力强化社会保障，增进民生福祉

办好民生实事。坚持教育优先发展，稳步推进教育改革，关心师生身心健康，全力保障校园安全。切实抓好高考中考工作，巩固教育教学质量。完成虎民路小学新建、桂花园小学迁建、四维街小学改扩建项目，建好中小学研学旅行综合实践基地，实施“农村薄弱学校改善与能力提升计划”，切实改善办学条件。增加普惠性幼儿园数量，确保学前教育普惠率达80%以上。认真做好第七次全国人口普查工作。实施文化惠民“三百”工程(31)，新建文体广场20个，新增农村文艺团队50个，培养文艺骨干1000名，不断完善公共文化服务体系。

强化社会保障。全面落实就业创业扶持政策，充分利用东西部扶贫协作、“616”对口支援等工作机制，与浙江、广东、天津等地广泛开展劳务协作，加大劳动力培训力度，积极推进“双创”行动，多渠道增加就业岗位，实现城镇新增就业6300人以上，城镇登记失业率控制在4.1%以内。探索建立农民工和灵活就业人员社会保险机制，提升劳动者权益保障水平。稳步推动殡葬制度改革，加快殡葬服务中心建设，扩大惠民殡葬范围。完成市民政福利中心建设，鼓励民办养老机构发展，不断健全养老服务体系。强化退役军人服务管理，扎实做好“两征两退”改革工作，争创第五届“全国双拥模范城”。关心关爱“三留守”(32)人员、残疾人和特殊困难群体，织牢社会保障网。

（九）着力加强政府自身建设，提高行政效能

全面加强政治建设。巩固深化“不忘初心、牢记使命”主题教育成果，始终坚持以政治建设为统领，增强“四个意识”，坚定“四个自信”，做到“两个维护”，锤炼对党绝对忠诚的政治品格，严格遵守党的政治纪律和政治规矩，把准政治方向，确保党的领导贯穿政府工作全过程。

全面加强法治建设。自觉接受法律监督和民主监督，认真办理人大代表建议和政协委员提案。稳步推进重大民生实事项目人大代表票决制，着力提升政府依法履职能力，推进科学民主决策，规范公正文明执法，不断增强政府执行力和公信力。加强政务公开，保障群众的知情权、参与权和监督权，持续改善法治环境和政务环境，打造有为、高效、诚信政府。

全面加强能力建设。推进政府治理体系和治理能力现代化，丰富完善乡村振兴、经济发展等制度体系。着力建设高素质、专业化干部队伍，不断提高驾驭复杂局面、处理复杂问题的能力。严格落实“鄂纪励十二条”，旗帜鲜明为勇于担当、踏实干事的干部鼓劲撑腰，营造愿作为、敢担当良好氛围。

全面加强廉洁建设。锲而不舍落实中央“八项规定”精神及实施细则，驰而不息整治“四风”，力戒形式主义、官僚主义，深化基层“减负年”成效。切实加强工程招投标、公共资源交易、财政资金、政府采购等重点领域监管，强化审计监督，从源头上规范用权、预防腐败。

名词解释：

（1）政协“三大工程”：为民工程、爱心工程和带动工程。

（2）“616”工程：由一位省委或省政府领导牵头，省直6个单位（4个省直厅局、1所高校或科研院所、1家大型企业）参与，对口支援1个民族县（市），每年至少办成6件较大的实事。

（3）军地协作扶贫“131”路径：市人武部牵头，3个市直部门帮扶1个贫困村，1个民兵干部带领3个民兵帮扶1户贫困户。

（4）双签双交：针对重点信访矛盾和重大涉稳风险，由书记、市长双签字，交办给有关市直单位和乡镇党委政府办理。

（5）三品一标：无公害农产品、绿色食品、有机农产品和农产品地理标志。

（6）先建后验：企业在取得用地和规划许可、完成施工图设计，按相关审批部门要求作出相应承诺，向住建部门申请并获得施工通知单后，即可自主依法依规开展施工，在施工过程中完成承诺事项，竣工后接受验收。

（7）行政执法“三项制度”：行政执法公示制度、执法全过程记录制度、重大执法决定法制审核制度。

（8）“四个一”项目服务机制：针对市级及以上重大招商引资项目，组建由一位牵头市级领导、一个秘书单位、一名秘书、一份项目工作清单组成的项目服务专班跟踪服务。

（9）四倍增一突破：四倍增指规模以上工业企业个数倍增、工业产值倍增、工业利税倍增、就业人数倍增；一突破指实现企业主板上市“零突破”。

（10）16+1：指高新区基础设施建设、恩施民族体育运动中心、州委党校、州工人文化宫、州行政服务中心后续工程、挂榜岩公园新建及凤凰山公园升级、火车站站前广场、龙洞河南路、三条人行道路（航空大道、东风大道、土司路）改造、三条道路绿化美化（谭家坝—虎民路、七里坪高速路出口—金桂大道、恩施北—绕城线）、旗峰大道（麻纺厂—虎岔口）改造、七里坪快速通道、209国道（谭家坝—连珠大桥）改扩建、清江带状公园、209绕城线、318国道（吉心—虎岔口）改建和施州古城保护工程。

（11）五个三：指三条新建市政道路（金山大道西段2期、209绕城线5标段、施州大道延伸），三条人行道改造（土桥大道、舞阳大道、施州大道），三条道路绿化美化（金山大道西段1期、209绕城线4标段、施州大道），三座城市公园建设（七里坪公园、耿家坪公园及红庙社区公园），三个民族化改造项目（土司路、旗峰坝、金山大桥至机场段房屋民族化改造）。

（12）六纵五横四环：

六纵：南北走向道路，从西往东依次为龙凤大道、高旗大道、旗峰大道、施州大道、金桂大道、金龙大道；

五横：东西走向道路，从北到南依次为枫香大道、金凤大道、金山大道、民族路、人民路；

四环：从外到内依次为沪渝高速和银北高速形成的外环，209绕城线、318绕城线形成的三环，东门大桥—金龙大道—金凤大道—高旗大道—人民路形成的二环，清江桥—舞阳大道—学院路—凤天路—施州大道形成的内环。

（13）三厂二廊一园：三厂：污水处理厂、自来水厂、城市生活垃圾卫生填埋场；二廊：亲水走廊和地下综合管廊；一园：城市公园。

（14）“四个三”重大生态工程：用三年时间推进“厕所革命”、精准灭荒、乡镇生活污水治理和城乡生活垃圾无害化处理四项重大生态工程。

（15）查办分离：为妥善解决房屋不动产登记历史遗留问题，采取群众办证和问题调查相分离的举措。

（16）全面改薄：全面改善义务教育薄弱学校基本条件。

（17）五佳五好：“五佳”指最佳美丽乡村、最佳美丽社区、最佳脱贫标兵、最佳扶贫干部、最佳扶贫市场主体；“五好”指好婆媳、好妯娌、好姑嫂、好邻里、好心人。

（18）农民工欠薪治理“4+3”模式：即4项制度加3项机制，4项制度指农民工工资准备金制度、农民工工资银行代发制度、农民工实名制信息化管理制度和农民工欠薪银行授信代偿制度；3项机制指农民工工资支付保障工作部门联席会议机制、农民工工资问题追责问责机制和企业拖欠工资失信行为惩戒机制。

（19）“1+17+X”指挥调度体系：1个市级指挥部、17个乡镇指挥部、多个工作专班。

（20）四级隔断、五级封控：市、乡、村、组隔断，中心城区、高速公路、国省干道、县乡公路、村组公路封控。

（21）四个最严：最严交通管制、最严防控措施、最严管控要求、最严防控纪律。

（22）六稳：稳就业、稳金融、稳外贸、稳外资、稳投资、稳预期。

（23）六保：保居民就业、保基本民生、保市场主体、保粮食能源安全、保产业链供应链稳定、保基层运转。

（24）两案九制：“两案”指开学工作方案和学校突发公共卫生事件应急预案；“九制”指传染病疫情报告制度、晨午检制度、因病缺课缺勤登记追踪制度、复课复工证明验证制度、健康管理制度、免疫接种证查验制度、传染病防控健康教育制度、通风消毒制度和环境卫生检查通报制度。

（25）四改四化：“四改”指改厨、改厕、改圈、改线；“四化”指美化、绿化、净化、亮化。

（26）两消除：消除扶贫产业空白村和空白户。

（27）一统三治：以党建为统领，法治、自治、德治深度融合的基层社会治理模式。

（28）信访“三无”：无进京越级上访、无大规模群体上访、无因信访问题引发的极端恶性事件和舆情负面炒作。

（29）四大工程：市场主体倍增工程、企业“小进规”成长工程、税收过千万企业培育工程、产值过亿元企业壮大工程。

（30）4+N：生态文化旅游、硒食品精深加工、生物医药、清洁能源四大产业集群+电子信息等高科技产业。

（31）“三百”工程：百姓大舞台、百姓大展厅、百姓大课堂。

（32）“三留守”人员：留守老人、留守妇女、留守儿童。

专　记

湖北省恩施市龙凤镇综合扶贫改革试点先行先试先脱贫

2012 年 12 月，中共中央政治局常委、国务院副总理李克强第二次视察湖北恩施市龙凤镇时指出，龙凤镇要在扶贫搬迁、移民建镇、退耕还林、产业结构调整等方面先行先试。至 2019 年 12 月，龙凤镇干部群众认真贯彻落实总理重要指示精神，在综合扶贫改革体制机制创新上先行先试、大胆破题，探索出了金融扶贫、产业扶贫、产权交易、基层治理、民生保障等扶贫机制。龙凤镇贫困发生率由 2014 年试点之初的 41.8% 降至 2019 年的 1.58%。

一、立足先行先试，龙凤试点旧貌换新颜

“以龙凤为点，恩施为片，在扶贫搬迁、移民建镇、退耕还林、产业结构调整等方面先行先试。”这是李克强第二次到龙凤镇视察提出的明确要求。湖北省、州、市三级联动，龙凤镇具体实施，通过 6 年时间的不懈努力，带动 5925 户 19410 人贫困人口脱贫致富。2019 年城镇和农村居民可支配收入分别达到 27015 元、12768 元，比试点之初分别增长 84.8%、205.2%。

（一）扶贫搬迁搬出新生活。针对“一方水土养不活一方人”的情况，广泛征集群众意见建议，用活用好“易地扶贫搬迁脱贫一批”政策，探索实行梯次搬迁和分类安置方式。2014—2019 年，龙凤镇建成中心社区 9 个、安置小区 2 个、居民点 37 个，6400 余户 2 万多名困难群众从自然条件恶劣、发展后劲不足的偏远区域，梯次搬迁至居民点、安置小区、中心社区、龙凤集镇，实现了“搬得出、稳得住、能致富”目标。

（二）移民建镇建出新面貌。统一布局特色小镇与易地扶贫搬迁，加快“四化同步”建设。2015—2019 年，集中优势资源推进龙凤镇集镇改造，先后建成龙马风情小镇和 12 个生态村庄。全面改善基础设施，“村村通”客运推动并完善了镇域农村综合交通路网，实现家家户户“上车门、进城门、到家门”；新建、改扩建 15 座水厂，农村安全饮水全覆盖；完成农村电网改造、网络干路提档升级，实现“镇内镇外、网上网下”交流零距离；建成龙马卫生院和 18 个标准化村卫生室，新建或迁建初中、小学等各类学校 16 所，实现了义务教育优质均衡发展。至 2019 年 12 月底，龙凤镇城镇化率达到 64.6%，“新城区、新市镇、新社区”的城乡结构体系基本形成。

（三）退耕还林还出新业态。坚持“绿水青山就是金山银山”理念，抢抓国家新一轮退耕还林机遇，按照“公司 + 专业合作社 + 农户 + 基地”退耕还林模式，大力发展茶叶、生漆、小水果等高效经济林木，至 2019 年，两年时间完成全镇 3.7 万亩 25 度以上坡耕地退耕还林，发放生态补偿5550万元，惠及4850户农户。至2019年12月底，龙凤镇森林覆盖率达到67.3%，累计提高7.8%。

（四）调优结构调出新活力。将产业作为综合扶贫最重要、最关键的一招，大力实施农业综合开发、基本农田整治、小型农田水利及烟草配套项目，至2019年12月，累计完成土地治理5万亩、新增改善灌溉面积20970亩，建成特色产业基地6.2万亩。坚持以市场主体为龙头，按照“龙头企业＋专业合作社＋农户＋基地”的发展模式，引进培育企业25家、农民专业合作社141家，1.2万户农户加入专业合作社，90%以上农户绑在产业链上，72%的耕地实现集中规模经营，与市场主体形成利益共同体。借力富硒、生态、绿色等恩施优势，大力发展富硒农产品加工、全域旅游、农村电商等新兴产业，龙凤镇一、二、三产结构比由2012年底的32∶49∶19调整为2019年的29∶36∶35。

二、立足可借鉴、可复制、可推广，创新综合扶贫体制

“着力在创新综合扶贫体制方面破题，形成可资推广的经验”，2014年1月16日，总理李克强作出批示，再次对龙凤镇综合扶贫试点建设提出要求。龙凤镇落实总理批示要求，在金融服务、产业扶贫、基层治理等方面探索出了一批可借鉴、可复制、可推广的经验和做法。

（一）创新“一卡两社”金融服务机制，解决“基层发展难融资”问题。建立农民信用卡、专业合作社扶贫互助联合社和村级扶贫互助社“一卡两社”金融服务机制，充分发挥财政资金“四两拨千斤”的撬动作用，采取由财政担保配股的方式，寻求“政、银、农”三方共赢结合点，为镇域内农业企业、专业合作社及农户搭建融资平台，入股社员可以在银行快速、便捷贷款，也可通过内部平台拆借、过桥资金，以解燃眉之急。至2019年12月底以前，“一卡两社”已为农业产业化龙头企业、专业合作社及农户融资6.27亿元，有效解决了“三农”发展“融资难、融资贵、融资慢”问题。

（二）创新“1+2+3”产业扶贫机制，解决“农民脱贫难持久”问题。将产业扶贫作为解决贫困户脱贫增收的根本性举措，在贫困村推行1家市场主体链接2类专业合作组织（金融类、产业类），加速一、二、三产业高度融合和贫困户增收。一是以“互联网＋”为平台，培育一批农村电商。建成电商运营中心1个、农副产品网上市场1个和村级综合服务社18家，打通“工业品下乡、农产品进城”最后一公里。二是以“生态＋”为基础，发展一批循环农业。依托龙头企业的市场平台和科研院所的技术支撑，探索“猪(牛)—沼—菜(果)”生态循环农业种养模式，实现蔬菜废弃物、秸秆、生猪（肉牛）粪便的循环利用，推动从上游种养至下游消费的全产业链增值、全环节升级。三是以“旅游＋”为载体，推进全域旅游。引进湖北省联投集团按照国家AAAA级旅游景区标准，建成龙马风情小镇；发挥区位和生态优势，精心打造了生态村庄12个、体验式旅游基地5个、生态旅游走廊52公里，带动3000余户农民增收。四是以“硒＋”为抓手，培育优质品牌。借力“世界硒都”金字招牌，建设富硒产业基地，加快农产品加工业和低碳工业园建设，积极培育富硒产业品牌，引导境内涉硒企业组建“富硒产业联盟”，走“品牌引领、强强联合”的共赢发展道路。

（三）新农村综合产权交易机制，解决“集体经济难壮大”问题。按照政府主导、民营投资、市场化运作、公司化管理模式，引进恩施金源担保公司经营管理，建立恩施市农村产权交易中心，将农村产权交易与担保融资、资源入股等有机融合，开展农村产权交易，鼓励贫困户以土地入股的方式加入农民专业合作社，推进资源变资产、资金变资本、农民变股民。至2019年12

月底以前，全镇实现了12万亩土地资源变资产、8亿元资金变资本、3万农民变股民，为43家企业开展“两权”抵押贷款1.04亿元，为38家企业开展“远程流动金融仓储”贷款2.3亿元，累计吸引近10亿元工商资本流向农村。

（四）创新“四位一体”基层治理机制，解决“现代农村难管理”问题。坚持以党建为引领，构建“四位一体”基层治理机制，推进基层法治、德治、自治深度融合，经验做法在全国推广，“律师进村法律便民”先后在平安中国建设“济南会议”“武汉会议”上两次推介。一是优选23名村医村教进入村级“两委”班子，充分发挥“宣讲员、通讯员、辅导员、调解员、助理员”的积极作用，优化了村级组织结构，提升了基层治理和服务能力。二是以政府购买服务的方式，聘请9名专业律师组建法律顾问团，开展“律师进村法律便民”服务，开通法律便民“直通车”，搭建为民服务“便民桥”，有效维护了群众的合法权益，推进了基层法治建设进程。三是推行“农民办事不出村”信息化，以“群众动嘴、数据跑路、干部跑腿”为服务理念，前移政务服务关口，搭建市、镇、村三级“一网式”政务综合服务平台，让农民不出村就能办理行政审批和服务事项，享受快捷服务。四是以村（社区）为单位，建立乡风文明促进会，广泛动员村民主动参与，发挥村民自治作用，开辟乡风文明建设的新路子。

三、综合扶贫改革中的启示

6年综合扶贫改革，龙凤试点发生了喜人变化，人民群众的幸福感、获得感明显提升。实践充分证明，开展综合扶贫试点改革，必须坚持以习近平新时代中国特色社会主义思想为指导，必须坚持新发展理念、牢固树立以人民为中心的思想，坚持精准施策、精准发力，让改革成果经得起实践、历史和人民检验。

（一）改善基础设施是前提。龙凤镇地处武陵山集中连片特困地区。连片贫困地区脱贫攻坚，最突出的短板在交通、用电、饮水、通信等基础设施。在综合扶贫改革实践中，龙凤镇坚持问题导向，集中人力物力财力，以毕其功于一役的决心和意志，解决基础设施滞后的问题，人民群众借助基础设施改善的平台，发展产业、改造家园、美化环境，提前实现脱贫出列的目标。龙凤镇的实践证明，改善基础设施是精准脱贫的最大前提和重要基础。

（二）发展基础产业是重点。授之以鱼不如授之以渔。产业始终是一个地区经济发展的强大支柱，始终是群众永久脱贫的源头活水。龙凤镇在实施扶贫搬迁、移民建镇和退耕还林的过程中，始终将产业发展作为重要的决策因素，让群众最大限度分享产业带来的巨大经济红利。龙凤镇在完成大规模贫困人口易地搬迁的基础上，整合资源、筹措资金、放大特色、发展产业，尽可能吸纳当地群众就近就地转移就业，把农民绑在产业链上，让农民有稳定的收入，让群众有各项基本保障。发展产业应是各级党委政府在精准脱贫中赋予群众的钓鱼技巧和生存之本，是精准脱贫的重中之重。

（三）强化基层治理是关键。习近平总书记多次强调，精准扶贫要坚持扶贫与扶志、扶智相结合。基层治理无疑是解决群众精神之困的重要手段。党的十九大再次强调，要实现基层治理体系和治理能力现代化。龙凤镇聚焦突出问题，探索尝试基层治理途径，围绕培养新型农民、丰富精神生活、提高道德水准、培植文明乡风等重点，创造性地实施村医村教进班子、法律顾问进乡村、农民办事不出村、建立乡风文明促进会“四位一体”基层治理体系，采取了一系列民生保障措施，让贫困群众最大限度沐浴党的政策阳光，感受政府的温暖，增强了群众对党和国家的情感认同和信仰归属，厚植了党的执政根基，推动了乡风文明的大幅提升。

（四）夯实基层组织是保障。农村基层组织始终是解决农民问题、推动农业发展、实现农村繁荣的领导核心和战斗堡垒。龙凤镇在6年发展过程中，坚持以党建为引领，将基层组织建设置于精准脱贫的重中之重，无论是带头人的选择，还是班子成员的配备，都进行了精心策划和考量。通过群众路线、“三严三实”、“两学一做”、支部主题党日活动等载体，对支部班子进行全方位思想政治教育和党性党风锤炼，让支部真正成为群众可信赖、可依靠、能解决问题的“主心骨”。全镇30多个支部在脱贫攻坚中，以强烈的责任意识和使命意识，为群众脱贫致富想办法、出点子、解难题，激发了群众“政府拉一把，自己蹬一脚”的奋斗意志。实践充分表明，只有不断加强党的建设，基层党组织才有凝聚力、战斗力和创造力，群众脱贫才有保障、致富才有希望。

（杨新锋）

大事记

1月

4—5日 中国人民政治协商会议恩施市第九届委员会第三次会议召开。

5—7日 恩施市第十届人民代表大会第四次会议召开。

10日 市政府党组（扩大）会议和市十届人民政府第48次常务会议召开。

18日 2019年全市脱贫攻坚推进会召开，会议解读《恩施市2019年脱贫攻坚作战方案》，安排2019年全市脱贫攻坚工作。

23日 2019年第一次市委常委会召开。会议审议《恩施市机构改革方案》，安排市委常委班子2018年度民主生活会有关工作，并就干部人事进行研究。

28日 市政府党组（扩大）会议和市十届人民政府第49次常务会议召开，会议传达学习习近平总书记庆祝改革开放40周年大会上的讲话精神等上级文件精神，听取“大棚房“清理工作有关情况汇报，研究湖北新楚置业有限公司武陵国际装饰城项目等工作事宜，审议《恩施市松树坪合作办学协议》等方案、协议。

2月

2日 2019年第二次市委常委（扩大）会议召开。会议学习关于全省贯彻落实习近平总书记重要讲话精神严肃整治领导干部利用名贵特产类特殊资源谋取私利问题的通知、中共湖北省委关于中央第二巡视组移交四件脱贫攻坚立行立改事项查处问责情况的通报、全省纪检监察机关服务保障企业发展的十二条措施、州委七届六次全会暨全州经济工作会议精神等，传达学习中央纪委、省纪委全会精神及典型案例通报，审定2018年度目标责任制考评结果及综合表扬方案，听取2019年全市党建暨经济工作等系列会议筹备情况汇报，全市正科级单位领导班子和领导干部2018年度履职尽责考核情况汇报。

15日 市经济形势分析暨重点项目工作推进（调度）会召开，会议听取市统计局、市发改局、市招商局、市经信局、市扶贫办等7个单位2018年度各项指标完成情况汇报及2019年工作相关工作。

20日 中国共产党恩施市第九届纪律检查委员会第四次全体（扩大）会议召开，市委常委、市纪委书记、监委会主任谭祖沧主持会议并代表市纪律检查委员会常务委员会作工作报告，市审计局、市林业局、市统计局、芭蕉侗族乡、板桥镇、屯堡乡进行述责述廉，会议审议通过全会报告。

同日 恩施市召开政法综治、信访工作视频会，会议传达学习习近平总书记在中央政法工作会议上重要讲话及中央、省、州各级政法工作会议精神，通报表扬2018年突出工作先进单位和个人，总结2018年工作，全面部署2019年工作，盛家坝乡、舞阳坝街道、三岔镇负责人分别作综治工作述职，市公安局、市信访局作表态发言。

21日　杭州市人力资源和社会保障局党组书记、局长叶茂东一行到恩施市开展对口帮扶劳务协作工作调研。

24日　省委常委、省军区司令员马涛一行到恩施市人武部新营区、屯堡乡武装部、龙凤镇武装部、恩施抗战历史陈列馆等地，视察调研人民武装工作。

28日　恩施市召开机构改革动员大会，对全市机构改革作动员部署。

同日　省政协副主席彭军一行到恩施市，开展“县级人民政协工作研究”专题调研并召开座谈会。

3月

5日　州政协主席刘建平一行到凤凰山森林公园、下官田恩运集团客运站新址、挂榜岩（摩天岭）历史文化公园等地，调研城市公园建设情况。

6日　市政府党组（扩大）会议和市十届人民政府第50次常务会议召开。

7日　州政协副主席、市委书记向前进，市委副书记、市长苏勇一行到清江带状公园、209国道（连珠大桥至大沙坝）改造、东门大桥加宽等地，调研城市重点项目建设及社区党建工作。

11—12日　省纪委副书记、省监委副主任龚举文一行来到恩施市，深入盛家坝乡石门坝村、二官寨村和芭蕉侗族乡高拱桥村，调研督导中央、省委巡视组脱贫攻坚专项巡视反馈问题整改落实情况。

12日　杭州市人大常委会原主任、五四宪法历史资料研究会会长王金财一行到恩施市，举行“五四宪法”历史资料陈列馆与恩施抗战历史陈列馆友好合作签约仪式。

24日　2019年第四次市委常委（扩大）会议召开，传达学习习近平总书记关于脱贫攻坚系列重要讲话精神及上级有关文件精神，审议东西部扶贫协作工作要点、村（社区）巡察全覆盖工作方案，研究部分国省道“建养一体化”、中国马铃薯大会筹备、统战、纪委监委及其派驻（出）机构改革等工作。

4月

1日　全州2019年“弘扬延安精神，传承红色基因”进校园烈士陵园活动在恩施市举行。

8日　国家民委经济发展司巡视员彭泽昌一行到恩施市盛家坝乡二官寨村调研特色村寨建设情况。

同日　州政协副主席、市委书记向前进，市委副书记、市长苏勇一行到七里坪产业园，产业转移工业园，卷烟厂改扩建、烟叶复烤厂仓储区项目建设现场，调研工业经济。

同日　2019年第五次市委常委（扩大）会议召开。

21日　州委书记柯俊一行到东门大桥加宽及东风大道高架工程、金龙大道南段、施州大桥东片区改造等项目建设现场，调研重点项目建设及州城环境综合整治情况。

5月

5日　州政协副主席、市委书记向前进调研州城重点项目建设，先后到清江河亲水走廊六期、金山大桥、恩施国际服装城、耿家坪公园、许家坪隧道和施州大桥片区东岸、大观园社区等地，实地查看，听取介绍，督办清江河等环境综合整治以及重点项目建设进展情况。

6日　市委副书记、市长苏勇调研恩施城区

重点项目建设，先后到亲水走廊六期、恩施市园林基地、清江带状公园（红江至衣角坝段），听取有关工作情况汇报，现场督办工程进展，提出下步工作要求。

14日　州政协主席刘建平率调研组一行，到恩施市开展“清江流域治理与保护”专题调研。

16日　州委常委、常务副州长丁辉一行先后到龙凤坝镇青堡村易地扶贫搬迁安置点、龙马风情小镇、龙马村新果实业有限公司，实地调研扶贫搬迁、乡村旅游发展、产业发展等情况。

19日　全国政协常委、军委巡视组组长、中国老促会会长王健到恩施市调研人民武装等工作。

同日　2019年第七次市委常委（扩大）会议召开，会议集中学习习近平总书记在解决“两不愁三保障”突出问题座谈会上的讲话，习近平总书记关于总体国家安全观、加强和改进人民信访工作的重要论述，省委国安委第一次、第二次会议精神以及上级有关文件精神等。会上还研究全市环保、风险防范、解决形式主义官僚主义突出问题等工作。

21日　省政府召开“616”对口帮扶工作座谈会，听取汇报，安排部署2019年“616”对口帮扶工作。会上，州政协副主席、市委书记向前进汇报“616“对口支援工程和武陵山试验区建设情况。

22日　在第十五届中国（深圳）文博会主题活动——第九届全国生态旅游文化产业发展高峰论坛暨2019中国最美县域榜单发布会上，恩施市荣登“2019中国最美县域榜单”。

26—28日　中国马铃薯大会在恩施州召开。三岔镇200公顷绿色栽培基地、“恩施硒土豆”商品化处理中心为大会参观现场。

28日　州委副书记、州长刘芳震督办清江流域生态环境保护工作，召开专题会研究部署州城水环境治理措施和办法。

29日　中央民族歌舞团“弦歌筑梦——西部丝路之旅音乐演唱会”走进恩施市芭蕉侗族乡慰问演出。此次慰问演出活动由国家民委、省民宗委主办，市委、市人民政府承办。《弦歌筑梦》是中央民族歌舞团“一带一路”追梦系列的最新制作。

30日　2019年第八次市委常委会（扩大）会议召开。会上学习习近平总书记讲话、中共中央关于在全党开展“不忘初心、牢记使命”主题教育的意见等相关文件精神，传达“616”工程对口支持恩施市发展专题会、恩施市定点扶贫和区域协作扶贫工作联席会、省委十一届五次全体（扩大）会议精神。

6月

3日　市政府党组（扩大）会议、市十届人民政府第54次常务会议召开。会议传达学习《中华人民共和国监察法》《中国共产党纪律处分条例》《法制政府建设与责任落实督察工作规定》等文件，听取全市优化营商环境、落实长江经济带绿色发展十大战略性举措、以“厕所革命”为主要内容的城乡生活垃圾无害化处理、乡镇生活污水治理重大生态工程3年行动、长江大保护十大标志性战役以及河湖长制等工作开展情况汇报，研究城市生活垃圾处理及全市城镇小区配套幼儿园治理等工作。

4日　州政协副主席、市委书记向前进实地调研清江河治理、施州古城、火车站站前广场改造项目。

11日　州委副书记、州长刘芳震调研州城公共交通发展、空气质量达标攻坚行动、农民工工资支付保障等情况。

12—13日　省人大常委会党组书记、常务副主任王玲一行到芭蕉侗族乡天桥村、甘溪村吴家湾安置小区等地，调研脱贫攻坚易迁安置、脱贫产业发展和“人大代表在行动”推进情况。

同日　省水利厅党组成员、副厅长荣以红一

行到恩施市对县域节水型社会达标建设进行验收。

13 日　省住建厅副厅长傅继成一行到恩施市，调研“616”对口支援工程进展情况，检查督办省政府专题会议精神落实情况并召开座谈会。会上市委副书记、市长苏勇汇报“616”工程工作开展情况，各受援单位分别作工作汇报。随后，傅继成一行还实地调研高旗大道地下综合管廊建设。

14 日　湖北省学习习近平新时代中国特色社会主义思想系列研讨会——“坚决打赢脱贫攻坚战”专场调研活动在恩施市举行。

15 日　全国政协常委、西藏自治区政协副主席阿沛·晋源带领考察组到恩施市考察环保产业发展与环境保护等工作。

18 日　州政协主席刘建平到龙凤镇龙马村调研产业发展情况。在龙马新果实业有限公司，刘建平一行参观生产线，听取介绍，详细了解抹茶生产加工、经营销售以及带动农户增收等情况。随后，刘建平一行还到青堡村调研乡村建设和产业发展情况，走访慰问贫困户。

18—19 日　州委书记柯俊，州委副书记、州长刘芳震一行到州城调研“三绿”工作。

19 日　全州“三绿”工作推进会召开，要求明确重点、科学施策、众志成城，开展“三绿”工作百日攻坚行动，确保在当年 9 月底之前打造出城市新面貌。会议听取恩施市、恩施州高新区有关负责人关于推进“三绿”工作情况以及下一步重点工作的汇报。

20—21 日　省人大常委会调研组一行到恩施市开展“民族团结进步荆楚行”活动调研督办。

23 日　在中俄、中蒙建交 70 周年之际，第四届中俄蒙三国旅游部长会议在内蒙古自治区乌兰察布市举办，呈现近年来中俄蒙三国文化旅游合作发展成就。会议发布“万里茶道”文化和旅游高质量发展案例 19 个，涵盖中国、俄罗斯和蒙古，其中“中国湖北省：侗族乡‘茶旅融合’走出扶贫新道路”入选。

27 日　恩施市委召开党建工作领导小组会议暨庆祝建党 98 周年座谈会，学习张富清先进事迹，缅怀党的光辉历程，庆祝中国共产党 98 岁生日，畅谈恩施发展。

28 日　“我和我的祖国”暨恩施州“决战脱贫攻坚献礼 70 周年”百姓巡回宣讲活动在芭蕉侗族乡举行。

29 日　州城“裸土复绿”专题会议召开，会议听取恩施市、宣恩县及恩施州高新区关于“裸土复绿”工作情况以及下一步工作重点的汇报，州督导组通报督导情况。

7 月

2—3 日　州委书记柯俊到沙地乡调研精准扶贫工作，并参加沙地乡第五代表小组“聚力脱贫攻坚·人大代表在行动”活动。

3 日　全国人大代表、中国人民银行武汉分行党委书记、行长王玉玲一行到恩施市会办省人大代表建议案。

5—8 日　州委书记柯俊到新塘乡、红土乡调研精准扶贫工作。

9—10 日　州委书记柯俊到太阳河乡调研精准扶贫工作，柯俊一行先后到太阳河乡青树子村、茅湖淌村和双河岭村，实地了解各村发展和驻村帮扶情况，随机走访慰问贫困户。

10 日　十三届全国人大代表、武汉大学校长窦贤康一行到恩施市调研精准扶贫工作，开展“聚力脱贫攻坚·人大代表在行动”活动。

13 日　市委全面深化改革委员会、市委财经委员会第一次会议召开。

20 日　市退役军人事务工作领导小组第一次全体会议召开。

27 日　州委书记柯俊到恩施市调研“三绿”工作推进情况，召开专题推进会，安排部署下一步工作。

28日　中共恩施市委九届六次全体（扩大）会议召开。州政协副主席、市委书记向前进代表市委常委会作题为《牢记初心使命，弘扬斗争精神，坚决打好防范化解重大风险攻坚战》的报告。会上讨论通过《中共恩施市委、恩施市人民政府关于打好防范化解重大风险攻坚战的意见》，审议通过《中共恩施市委关于落实意识形态责任制情况的报告》《关于恩施市盛家坝乡撤乡设镇行政区划调整的报告》。

31日　红太阳集团有限公司与恩施市政府正式签订项目投资协议，成为首个由农业部门招商引资入驻恩施的中国制造500强上市企业。

同日　湖北省作家协会文学创作生活基地落户龙凤镇龙马风情小镇，省作协主席李修文，州委常委、宣传部部长尹达为龙马风情小镇授牌。

8月

8日　省委政法委副书记刘太平率调研组到恩施市就律师参与法治信访工作进行调研。

同日　省文化和旅游厅厅长雷文洁一行到恩施市众信旅游集团有限公司调研，通过与企业负责人座谈，详细了解旅行社发展情况和目前存在的问题。

15日　市二中高考艺术类美术考生周炼收到韩国弘益大学录取通知书。全省仅录2名，这在恩施市尚属首次。

28日　恩施市被省委、省政府表彰为10个“三农”发展进位显著的县（市、区）。

28—29日　州政协副主席、市委书记向前进带队赴重庆市开展招商考察活动。考察团先后来到重庆市万州区红太阳（万州）生命健康产业园、重庆“段记”西服实业有限公司、重庆医药控股有限公司进行实地考察。随后召开座谈会，会上双方就合作事宜进行深入探讨、交换意见。28日下午，向前进还会见重庆恩施商会代表，就恩施市发展问题展开深入交流。

9月

2日　恩施市白杨坪镇朝阳坡小学发生一起涉校刑事案件，造成学生8死2伤事故。12月，案件侦破。州政协副主席、市委书记向前进，市委副书记、市长苏勇，市委常委、市委政法委书记冉茂和等州市领导在恩施市组织和督办开展案件侦办、伤员救治、心理疏导等善后处置工作。市政法委、市公安局、市教育局、市卫健局、白杨坪镇等相关单位赶赴现场处置。

11日　恩施市被省委、省政府表彰为全省县域经济工作考核中成绩突出单位第三类县（市、区）。

28日　全省精准扶贫精准脱贫暨“两不愁三保障”研讨班在省扶贫办主任胡超文率领下到恩施市考察精准扶贫工作。

同日　全省东西部扶贫协作工作现场推进会考察团一行到恩施市参观考察东西部扶贫协作工作。考察团一行先后到龙凤镇保扎抹茶产业基地、龙马新果实业有限公司、聚优电子商务有限公司、江干区·恩施市职业技能培训中心、职业农民培训总校及恩施市益贫电商总中心，实地参观了解东西部扶贫协作抹茶基地建设、抹茶生产、电商项目等情况，观摩创业导师、育婴师、养老护理、电商等培训现场。

29日　州政协副主席、市委书记向前进率调研组督查调研旅游安全和精准扶贫工作。

30日　州、市在恩施市六角亭烈士陵园举行公祭活动。

10月

1日　崔家坝镇大地龙村退伍老兵向天胜获

得由中共中央、国务院、中央军委颁发的“庆祝中华人民共和国成立70周年”纪念章。

2日 18时许，恩施大峡谷风景区“一炷香”平台处山体突发落石，致4名游客受伤。3人经抢救无效死亡、1人轻伤。事故发生后，恩施大峡谷景区从10月3日起因存在严重安全隐患，暂停游客接待。

12日 2019年第十五次市委常委会议召开。会议听取市委配合州委第一巡察组关于对恩施市精准扶贫脱贫攻坚、基层党组织建设专项巡察“回头看”情况汇报，审议《州委第一巡察组关于对恩施市精准扶贫脱贫攻坚、基层党组织建设专项巡察“回头看”反馈意见整改方案》。

16日 州政协副主席、市委书记向前进调研重点项目及“裸土复绿”工作。

17日 恩施市“131”军地协作扶贫在央视一套《攻坚的力量》节目中推介，主要介绍市人武部牵头，3个市直部门帮扶1个贫困村，1个民兵干部带领3个民兵帮扶1户贫困户事迹。

同日 省委宣传部、省委讲师团“理论热点面对面”示范点授牌仪式暨“不忘初心、牢记使命”主题教育宣讲报告会在屯堡乡举行。

22日 最高人民法院咨询委员会副主任、最高人民法院原政治部主任、江西省委原常委、纪委书记周泽民率第九调研组到恩施市就“民族地区人民法院参与基层社会治理工作”开展专题调研。

24—25日 省林业局调研组到恩施市就“裸土复绿”工作开展调研。

27日 恩施市召开市扶贫开发领导小组（脱贫攻坚指挥部）专题会。

30—31日 州政协副主席、市委书记向前进带队赴杭州市江干区对接东西部扶贫协作相关工作，到南京市开展招商考察活动。

11月

1日 市第三次全国国土调查成果通过国家级核查验收。自全市第三次国土调查工作全面启动以来，全市核实“三调”成果数据图斑总数30.26万个，并完成第三次全国国土调查的外业调查工作和数据库建设，调查成果差错率为0.08%，完成质量高于全省平均水平。

6日 杭州市商贸旅游集团考察团到恩施市实地考察东西部扶贫协作项目开展情况。

13日 湖北省“荆楚工匠“事迹巡回报告会走进恩施市。会上，5位报告团成员分别从技术研发与创新、勤勉实干、勇于攻坚、铸魂育人等方面，作题为《匠心追逐强军梦》《以“公安匠心”守护江城一方平安》《传承西兰卡普，弘扬土家文化》《在制造强国建设中展现新时代产业工人的新作为》《做一名工匠型模范教师》的事迹报告，分享自身求学求艺经历，传授技能经验。

15日 恩施市获“国家森林城市“授牌。由国家林业和草原局举办的2019全国森林城市建设座谈会在河南省信阳市召开，会上正式为2019年获批的28个国家森林城市授牌，恩施市成为此次湖北省唯一一个获此殊荣的县级市。

16日 恩施市获得“第三批国家生态文明建设示范市县”称号。生态环境部对获得称号的地区，给予政策和项目倾斜。鼓励各地建立形式多样的生态文明示范创建工作和“两山”基地建设激励机制。

21—22日 省委直属机关工委调研组一行到恩施市调研综治维稳工作。调研组先后到三岔镇，舞阳坝街道和谐家园居民之家和小渡船街道中心戒毒（康复）社区，实地了解综治中心阵地建设、人员配备和综治中心实体化运作情况及社区治理工作开展情况。

28日 省委巡视组交办问题整改暨州城重点项目督办会召开。

29日 恩施城区重点项目现场调度会召开，研究解决重点工程项目建设问题，安排部署下步工作。

12月

2日 恩施市举行十九届四中全会精神宣讲报告会，州委党校常务副校长覃章梁以《全面落实“四中全会”新部署奋力开辟“中国之治”新境界》为题进行宣讲。

4日 恩施市政府与北京世创前沿体育科技交流中心、雅凯热能科技（上海）有限公司举行签约仪式，项目总投资2.5亿元。

6日 中国社会科学院财经战略研究院县域经济课题组完成的《中国县域经济发展报告（2019）》正式发布，同时，2019年全国综合经济竞争力百强县（市）、投资潜力百强县（市）名单对外公布，其中恩施市上榜“投资潜力百强县（市）”。

10日 省财政厅厅长龙正才一行到龙凤镇实地调研东西部协作和产业扶贫工作。

24日 中共中央政治局委员、国务院副总理胡春华一行到恩施市调研脱贫攻坚工作。

25日 恩施市获得全国普法办“全国七五普法中期先进县（市区）”称号。

27日 市民宗局被省政府表彰为“全省民族团结进步先进集体”，三岔镇委副书记、镇长谭海鹰“全省民族团结进步先进个人”。

28日 市政府党组（扩大）会议及市十届人民政府第65次常务会议召开。

31日 2019年第20次市委常委会（扩大）会议召开。

同日 中共恩施市委双拥工作领导小组全体会议召开。

市情概览

建置区划

【历史沿革】 据《尚书·禹贡》载，恩施古为荆、梁二州的交界地区。周春秋时期为巴国界，战国时期属楚巫郡地。秦属黔中郡，汉属南郡巫县南境，隶荆州。

恩施建县始于吴永安三年（260），为沙渠县，隶荆州。太康元年（280），沙渠县改属晋之建平郡。南北朝时，宋、齐沿袭。北周建德二年（573），沙渠县内置施州及清江郡治所，分沙渠部分地为乌飞、盐水二县，乌飞属施州，盐水置亭州及资田郡。

隋开皇初，废清江、资田二郡，改乌飞县为开夷县。开皇五年（585），改沙渠县为清江县，隶荆州总管。义宁二年（618），废清江郡，复置施州，领清江、开夷二县。

唐武德初置江州，盐水县属之。武德四年（621），废盐水县，入清江县。唐贞观元年（627），清江县属江南道。麟德元年（664），废开夷县入清江县，清江县为施州治所所在地。唐开元二十一年（733），清江县属黔中道。天宝元年（742），改施州为清化郡。

五代属蜀，宋属施州，隶夔州路。元至元十五年（1278），隶夔州路总管府。至元二十二年（1285），并清江入州，属四川行省。

明洪武初裁施州。洪武十四年（1381），恩施县隶施州卫军民指挥使司，属四川都司，后改湖广都司。

清朝初年，依循明制，属湖北荆州府。雍正六年（1728）裁施州卫，设施县，翌年改为恩施县，隶属归州。雍正十三年（1735），恩施县隶属施南府。乾隆元年（1736），以原境设恩施县为附郭首县。

民国元年（1912）废府存县，恩施县属湖北省直管。民国4年（1915），恩施县属荆南道。民国15年（1926），恩施县归施鹤道，为施鹤道治所。民国16年（1927），废道存县，翌年设鄂西行政区，恩施县为行政区治所。民国21年（1932），恩施县归湖北省第十行政督察区管辖。民国25年（1936），改第十行政督察区为第七行政督察区，恩施县为附郭县。抗日战争时期，武汉沦陷，湖北省政府迁恩施近8年，恩施成为湖北省临时省会。

1949年11月6日，恩施县解放，7日县人民政府成立，为恩施地区行政公署所在地。1981年11月，国务院批准设立恩施市（县级），1982年4月30日恩施市成立。1983年8月19日，国务院批准撤销恩施县，并入恩施市。翌年1月4日，市、县合并。1983年12月1日，恩施地区改名为鄂西土家族苗族自治州，1993年4月易名恩施土家族苗族自治州，恩施市为自治州首府所在地。

【行政区划】 恩施市下辖16个乡、镇、街道，其中3个街道、6个镇、7个乡。3个街道包含小渡船街道、六角亭街道、舞阳坝街道；6个镇包含三岔镇、白杨坪镇、龙凤镇、板桥镇、崔家坝镇、盛家坝镇；7个乡包含新塘乡、红土乡、沙地乡、太阳河乡、屯堡乡、芭蕉侗族乡（属于民族乡）、白果乡。全市共有208个社区（村），其中村172个，社区36个（城市社区19个、农村社区17个）；社区居民小组198个，村民小组1773个。

2019年恩施市行政区划一览表

表1

单位	村（个）	社区（个）	区域面积（平方千米）	村（社区）组织名称
新塘乡	10	3	386.81	下塘坝、保水溪、前坪、龚家坪、岗山、校场坝、下坝、横栏、河溪、木栗园村和新塘、双河、太山庙社区
红土乡	11	2	213.22	天落水、乌鸦坝、稻池、平锦、老村、红土溪、大岩、大河沟、龙角坝、漆树坪、石灰窑村和红土、石窑社区
沙地乡	9	1	180.41	秋木、柳池、花被、楠木园、落都、鹤峰口、麦淌、神堂、黄广田村和沙地社区
太阳河乡	12	1	231.24	头茶园、白果树、双河岭、青树子、宝塔岩、茶山河、茅湖淌、柑树垭、金峰山、梭布垭、石林、马林村和太阳河社区
屯堡乡	13	1	258.85	坎家、双龙、鸦丘坪、田凤坪、罗针田、黄草坡、车坝、花枝山、鸭松溪、新街、大树垭、杨家山、马者村和屯堡社区
白果乡	11	1	315.75	下村坝、茅坝槽、桑树坝、肖家坪、瓦场坝、龙潭坝、两河口、乌池坝、金龙坝、见天坝、油竹坪村和白果社区
芭蕉侗族乡	17	1	303.49	二凤岩、王家、米田、天桥、灯笼坝、寨湾、楠木园、甘溪、黄连溪、白果树、高拱桥、朱砂溪、小红岩、南河、白岩、黄泥塘、戽口村和芭蕉社区
三岔镇	12	1	261.12	王家、燕子坝、河湾、水洞、茴坝、汾水、鸦沐羽、阳天坪、梨子坝、三元坝、莲花池、茅坝村和三岔口社区
白杨坪镇	12	1	268.98	石桥子、白杨坪、九根树、鹿子渡、康家坝、董家店、鲁竹坝、熊家岩、洞下槽、张家槽、蓼叶村、朝阳坡村和白杨坪社区
崔坝镇	11	1	231.64	香炉坝、水淌、斑竹园、鸦鹊水、大地龙、公龙坝、南里渡、铺子房、茅田坪、水田坝、刘家河村和崔坝社区
板桥镇	4	1	304	大山顶、穿洞、大木、新田村和板桥社区
龙凤镇	18	1	286.15	店子槽、古场坝、杉木坝、吉心、二坡、龙凤、小龙潭、三河、三龙坝、双堰塘、向家、大转拐、龙马、柑子坪、猫子山、佐家坝、青堡、碾盘村和龙凤坝社区
盛家坝镇	10	1	357.12	石门坝、龙洞河、石栏、桅杆堡、二官寨、麻茶沟、安乐屯、下云坝、大集场、车蓼坝村和盛家坝社区
六角亭街道	4	4	81.77	谭家坝、头道水、高桥坝、松树坪村和书院、胜利街、解放路、城乡街社区
小渡船街道	3	6	36.39	大龙潭、何功伟、望城坡村和民族路、大观园、大桥路、旗峰、航空路、机场路社区
舞阳坝街道	10	9	116.21	阳鹊坝、核桃坝、周家河、七里坪、鸭子塘、长堰塘、金子坝、耿家坪、枫香坪、五峰山村和黄泥坝、三孔桥、窑湾、舞阳大街、官坡、栖凤、土桥、桂花园、凤凰路社区
恩施大峡谷风景区	5	1	138.37	前山、高台、营上、木贡、大庙村和沐抚社区
合计	172	36	3971.52	

地理环境

【地理位置】 恩施市系恩施土家族苗族自治州首府，为全州政治、经济、文化中心和交通枢纽，位于湖北省西南部，武陵山北部，清江中上游，北纬29°50′33″—30°39′30″，东经

109°4′48″—109°58′42″。东邻建始，西接利川，南毗鹤峰、宣恩、咸丰，北连重庆奉节。市人民政府驻小渡船街道市府路23号。

恩施市域东西横距86.5千米，南北纵距90.2千米，区域面积3971.58平方千米。市政府所在地与省会武汉市主城区航空距离470千米，陆路距离铁路519千米（恩施火车站—武汉火车站），高速公路524千米（恩施小渡船—武汉洪山广场），国道648千米。

【地貌地质】 恩施市地处鄂西南褶皱山区，属云贵高原东延部分，山脉走向、地形地貌特征受区域构造控制，新华夏系构造奠定全市地形的主要骨架。区域内地势西北与东南部高，中部低。最高点为板桥镇大山顶境内的石门子，海拔2078米，最低点为红土乡东北部清江岸边的绵羊口，海拔262米，两地比高差1816米。西北部的板桥镇辖区海拔多在1600—1900米，高程1900米以上山峰近40座，是清江与长江的分水岭。东南部的红土乡石灰窑及新塘乡双河辖区海拔高程多在1400—1800米，是清江与澧水的分水岭。以恩施盆地为中心的中部地区，山势低平，形成波状起伏的低山丘陵地貌。盆地两侧，山峰依次逐渐增高，宏大的山体间遍布“V”“U”形深切峡谷，下切深度300—1000米，形成雄伟壮丽的山中峡谷。区域内河网密布，纵横交错，大小河流、溪沟149条。流域面积100平方千米以上的河流12条，除冷水河（马鹿河）经唐崖河、乌江——重庆市涪陵入长江外，其余河流均汇入清江，至宜都市入长江。清江源于利川齐岳山东麓汪营镇柏杨塘龙洞湾，自西向东，全长423千米，在恩施市境内长127.5千米，由恩施大峡谷风景区雪照河入境，流经屯堡、龙凤、恩施城区、三岔、新塘、沙地、红土等乡、镇辖区，至红土乡绵羊口出境。市境内流域面积3541平方千米。恩施市位于新华夏系第三隆起带内，山体走向北东—南西或北北东—南南西，恩施盆地为隆起带内应力调整（断裂影响）局部陷落造成的断陷盆地。区域内所见主要构造形迹以褶皱为主，断裂极少。从这些褶皱和断裂的展布方向，力学性质和生成时期可分为华夏系和新华夏系两个构造体系。恩施城以西和东部清江以南地区的褶皱、断裂走向均北45°—60°东，卷入地层为古生代的寒武系到二叠系。褶皱两翼不对称，一般是北西翼陡，南东翼缓，属于华夏系构造形迹；恩施城以东褶皱断裂走向北10°—20°东，卷入地层为二叠系至白垩系下第三叠系，褶皱紧密强烈，局部发生倒转，属于新华夏系构造形迹。

【气　候】 恩施市属中纬度亚热带气候，冬无严寒，夏无酷暑。区域内山河交错，高低悬殊，引起光、热、水的再分配，构成错综复杂气候资源，呈现出垂直气候的分带性和局地气候的特殊性。主要特征是温度随地势的增高逐渐降低，湿度逐渐增大，气候与地势具有立体相关性。全市年平均气温16.4℃，无霜期282天，日照时数1297.8小时，相对湿度82%。年降水量1525毫米，其中66%以上集中于5—8月，日降水量极值达227.5毫米，7月中旬至8月上旬常出现伏旱。全市低山气候温和，四季分明，雨多风小，无霜期长；二高山夏季温和，冬季较冷，春迟秋早，潮湿多雨；高山无霜期短，冷凉湿润，特别在海拔1600米以上的地带，冬长无夏，春秋相连，多雾寒冷。高低冷暖悬殊，差异明显。

自然资源

【土地资源】 全市有9个土类、19个亚类、53个土属、136个土种。从低山到高山，土壤分布逐渐由黄壤向黄棕壤、棕壤演变。恩施盆地属棕红壤。

【水资源】 恩施市雨量充沛，河谷纵横，水位落差大，水能资源丰富，是全省水能资源富集县（市）之一。全市区域内5千米以上的河流76条，其中发源于市域内58条，分属长江流域的清江水系和乌江水系。清江在沐抚大峡谷风景区管理处入恩施境，市区域内流程127.5千米，占流域总长度的30%，恩施市区域内集水面积3541平方千米，占总集水面积的21.2%，占恩施市总面积的89.3%，清江两岸有众多的支流，其中大于100平方千米的一级支流和二级支流共11条。乌江水系在区域内集水面积426平方千米，占全市面积的10.7%，其主要河流为冷水河，多在盛家坝镇区域内。全市雨量充沛，多年平均降水量1435.4毫米，多年平均水资源总量30.07亿立方米，人均占有水资源量3853立方米。入境客水量41亿立方米，地下水资源量10.65亿立方米。2019年，降水量较常年偏少7.6%。全市总供、用水量均为1.3亿立方米，比上年供、用水量略有增加。水能资源丰富，理论蕴藏量75.6万千瓦，技术可开发量69.8万千瓦，经济可开发量57.27万千瓦。水电清洁能源取得较好的社会、生态和经济效益。全市投产运行的水电站43座，总装机容量35.4万千瓦，占技术可开发量的50%。2019年，总发电67922.56万千瓦时，产值2.38亿元，税收3454.2万元。区域内水库47座，其中大型水库1座、中型5座、小（一）型9座、小（二）型32座，总库容4.86亿立方米，兴利库容1.62亿立方米，防洪库容2.12亿立方米。排涝泵站3座。

【矿产资源】 恩施市位于多种构造体系联合复合部位，地层尚全，构造复杂，成矿条件好，矿产资源丰富。已发现矿产43种，占全省已发现矿产109种的39.8%，占全州已发现矿产60种的70.16%。已探明具有D级以上储量的矿产10种，产地18处，占全州已探明储量矿产17种的58.8%，其中硒资源蕴藏量位居全国首位。主要赋存于上二叠系吴家坪组一段（含煤段），已探明煤矿点6处，煤储量425.61万吨，保有储量368.31万吨，占全州保有储量的2.18%，居全州第七位。已探明沐抚黄铁矿（中型矿床）储量1011万吨，占全州保有储量的19%，居全州第二位。已探明铁厂坝铁矿（中型矿床）储量7290万吨，保有储量6917万吨，其中富铁矿3105万吨，占全州保有储量的7%，居全州第四位。已探明铁厂坝耐火黏土（大型矿床）储量5892.3万吨，占全州储量的100%，占全省耐火黏土保有储量的53.4%，居全省第一位。马尾沟菊花石现有储量199.5吨，居全州第一位。已探明中间坪熔剂用石灰岩（中型矿床）储量2274万吨，占全省保有储量的4.8%，占全州储量的100%，居全省第四位。已探明石家坡等2处水泥用石灰岩（小型矿床）储量5285万吨，占全省保有储量的4.11%，占全州保有储量的84.6%，居全州首位。全市石灰岩储量丰富、规模大、矿质好，一般水文地质条件简单，宜露天开采，是潜在的优势矿产。已探明中间坪熔剂用白云岩（小型矿床）储量968.2万吨，占全省保有储量的1.39%，占全州保有储量的100%，居全省第10位。全市还有铁、硅石、铜、铝、锌、钒矿等，但这些矿探明储量少，属不能满足需要的劣势矿产。

【生物资源】 恩施市是华中植物荟萃地之一，有“天然植物园”之称。植物种类繁多，有50科、163属、396种，其中乔木92种，灌木157种，木质藤本26种，草本121种。用材林树种主要有杉木、马尾松、日本落叶松、柳杉、黄山松、水杉、鹅掌楸、意大利白杨、枫香、栎类；经济林树种主要有杜仲、厚朴、茶叶、板栗、柑橘、柚子、核桃、漆树、银杏等；另有珙桐、三尖杉、鹅掌楸、红豆杉、云杉、铁尖杉、银鹊树、金钱松等国家重点保护的珍稀树种。粗齿红山茶为恩施特有树种，植被的分布受地势的变化呈明显的垂直差异性，海拔800米以下的低山区，是次生常绿—针阔混交林；海拔800—1200米地带，是次生常绿—落叶混交林；海拔1200—1700米地带，以落叶阔叶林为主；海拔1700米以上地区开始向灌木丛、草甸植被类型过渡。全市林业用地25.47万公顷，占全市总面积的

64.1%。森林面积16.13万公顷，其中针叶林11.4万公顷，阔叶林2.8万公顷，针阔混交林1.53万公顷，竹林200公顷，农林间作林3666.67公顷。疏林地4000公顷，灌木林地7200公顷，无立木林地1.73万公顷，苗圃地66.67公顷。森林覆盖率75%。全市现有活立木蓄积378.5万立方米，其中森林蓄种352万立方米。近年来，成功引进栽培柳杉、欧洲云杉、日本落叶松、珊瑚树、银桦、国外松、雪松、川西桤木、落羽松、水松、杂种鹅掌楸、意杨12种树种，对南洋杉、毛叶丁香、红背桂、小叶榕树、大叶榕树、黄花槐、扶桑、红花、檵木、对节白蜡10种树种进行引进栽培试验。

2019年，全市各类陆生野生动物仅存51种，其中兽类3目13种，鸟类8目22种，爬行类2目10种，两栖类1目6种。常见的陆生野生动物有野猪、赤腹松鼠、猪獾、青麂、山兔、果子狸、獐等；鸟类以红腹锦鸡、山鹰、白冠长尾雉、珠颈斑鸠、画眉、八哥、家燕、云雀、杜鹃、白鹭、红嘴相思鸟、红嘴蓝鹊为主；爬行类以蛇类居多，全市有蛇类2科9种，最常见的有王锦蛇、乌梢蛇、竹叶青、黑眉锦蛇、玉斑锦蛇、银环蛇等，其中王锦蛇、玉斑锦蛇最多；蜥蜴类在全市有大量分布；两栖类以蛙类、蟾蜍为主，其中大鲵（娃娃鱼）和石鸡（棘胸蛙）为山区特产；鱼类主要有草鱼、鲤鱼、鲫鱼、鲢鱼、鳝鱼及各类山溪性鱼种。全市现有国家二级野生保护动物14种，分别为猕猴、穿山甲、大灵猫、小灵猫、鬣羚、斑羚、红腹角雉、林麝、红腹锦鸡、苍鹰、鸳鸯、雀鹰、鹊鹞、大鲵。省级重点野生保护动物43种，其中兽类11种，鸟类16种，爬行类9种，两栖类7种。

1986年以来，造林灭荒、“粮援项目”造林、长江中上游防护林、世行贷款造林、退耕还林和天然林保护等工程先后实施，森林资源得到有效保护，生态环境明显改善、动植物基因和生态系统的多样性得到有效转存，一些野生动物陆续回归，猕猴在清江河岸成群出没，獐、麂、羚羊数量回升，鸟类成倍增长。梭布垭、百户湾、富尔山、柳州城、双河桥、河溪、二登岸、白果坝等9个野生动植物保护区获省政府批准建立。

【旅游资源】 恩施大峡谷，位于恩施市屯堡乡、恩施大峡谷风景区和板桥镇区域内，北接重庆天坑地缝、恩施梭布垭，南连利川腾龙洞，总面积300平方千米，大小峡谷沿线总长108千米，主要景观有：雨龙山绝壁、朝东岩绝壁、大河碥绝壁、后山绝壁、前山绝壁、龙门峰林、板桥洞群、龙桥暗河、云龙河地缝、后山独峰等。五大奇观是：清江升白云、绝壁环峰丛、天桥连洞群、暗河接飞瀑、地缝配天坑。

梭布垭风景区，位于恩施市太阳河乡，距城区50千米，总面积21平方千米。石林形成于远古奥陶纪，距今有46亿年，最高石林达20米以上。8个景区有100多个景点。

龙麟宫风景区，位于恩施市六角亭街道西郊，距市中心8千米。属55亿年前寒武纪形成的洞穴，全长2300米，其中水洞长480米。洞中有山，山中有洞，分为一坛、两府、三峡、九龙、十三厅、二十八珍奇200余个景点。

恩施土司城景区，位于恩施市小渡船街道土司路138号，是国内保存最完整的土家土司王城，被誉为“中华土家第一城”，被授予“中国旅游文化示范地”称号。它展示巴楚宫廷的建筑神韵，诉说着土家土司的传奇人生，演绎出古老纯朴的民俗风情。主要景点有：墨冲楼、施州土司春秋、素素卡斜车、廪君祠、九进堂、土司简介碑、爽心园、钟楼鼓楼等。

【富硒资源】 恩施市硒资源具有分布广、储量大、埋藏浅等特点。硒矿主要赋存于二叠系茅口组二段（硅质岩段）地层中，主要分布在恩施大峡谷风景区—板桥、罗针田—马者—铁厂坝、向家村—奇羊坝、中间河—黄村—沙地花被、双河—红土溪—石窑、芭蕉—盛家等地。双河渔塘坝（前坪背斜与太山庙背斜之间双河向斜南西段）拥有世界上唯一的独立硒矿床，纯硒平均含量3637.5毫克/千克，改写“硒不能形成独立工业矿床”的传统结论。全市含硒碳质页岩和石煤出露面积为850平方千米，矿层厚度3.6—9米，每吨含硒0.5—5.5千克，最高达84千克，土壤硒含量最高178.8毫克/千克，平均19.11毫克/千克。以硒矿床为中心的乡、镇均为高硒区，占全市总面积的73%。

恩施市的富硒生物资源丰富。富硒茶是补硒的最佳途径，含硒量0.37—2.77毫克/千克。富硒农作物主要有玉米、小麦、黄豆、油菜籽、芸豆、大米、花生等，硒含量0.3—310.8毫克/千克，这些物产既可作富硒粮食食用，更可作富硒新产品的原料粮进行深加工，提取硒蛋白和重要酶类。富硒药材主要有板党、窑归、鸡爪黄连、黄芪、杜仲、贝母、贯叶连翘等，含硒量均值为当归7.45毫克/千克、杜仲1.46毫克/千克、党参0.73毫克/千克、黄芪14.47毫克/千克、绞股蓝1.44毫克/千克、贝母1.14毫克/千克、淫羊藿6.47毫克/千克。魔芋精粉、蘑菇、薇菜、莼菜等都已畅销日本、韩国及东南亚地区，还有一批富硒食品、保健食品，如富硒小麦草片、富硒玉米爽、富硒葛粉、富硒矿泉水和纯净水、富硒卷烟、富硒酒、富硒绞股蓝、富硒火腿等几十个品种已走进国内外市场。

人口、人民生活

【人　口】 2019年末，全市户籍总人口81.3万人，其中男性41.68万人，女性39.62万人，性别比为105.2（女为100）。常住人口78.36万人，城镇人口（含城区及城郊区和乡镇集镇辖区）44.66万人，乡村人口33.70万人，常住人口城镇化率57%，比上年提高1个百分点。当年出生人口8231人，当年死亡人口4742人，人口出生率9.28‰，人口死亡率5.35‰，人口自然增长率3.93‰。年末60岁以上老年人口15.76万人，占总人口的19.38%（户籍人口以公安人口统计口径，出生和死亡人口以卫健部门统计口径）。全市人口密度（按常住人口计算）为197.53人/平方千米。全市乡村人口为63.69万人，乡村户数18.73万户。

2019年，全市符合政策生育率96.1%。在出生总人口中，一孩生育率占44.1%，二孩生育率占48.1%，多孩生育率占7.8%。

【人民生活】 2019年，全年城镇常住居民人均可支配收入34300元，增长9.1%，年人均生活消费总支出25269元，增长10.9%。城镇居民恩格尔系数32.7%。

农村常住居民年人均可支配收入12050元，增长10.6%；年人均生活消费支出10246元，增长12.4%。农村居民恩格尔系数39.4%。农村自来水普及率90.14%。

城乡全体居民人均可支配收入22099元，增长9.6%。城乡居民人均生活消费支出17031元，增长11.4%。全体居民恩格尔系数34.9%。城乡居民收入比为2.85∶1。2019年全市城镇单位在岗职工（含劳务派遣和私营单位）年平均工资57898元，比上年增长3.0%（全州平均水平）。

历史文化

【概　况】 恩施市地处鄂西南山区，由于与东接荆楚，西联川渝，南通湘粤，北控三峡大背景相一致，且居住着以土家族、苗族为主体多民族人民，因而有着丰厚的历史文化积淀。恩施文化是随着时间的推移、社会的变迁而形成、融合、演变的，集楚文化、巴文化、土家文化、苗族文化等于一体的地域文化，加上抗日战争时期恩施属于临时省府，故又形成较为深厚的抗战文化。

【巴文化】 恩施地处巴楚交界之所，巴文化与楚文化、汉文化相互交融。巴文化是中国古代西南及中南地区的巴国王族和巴地各族所共同创造的全部物质文化、精神文化及其社会结构的总和。巴人是中国古代西南及中南地区的一个族群。据专家学者考证，“巴”的地域范围大体界定在重庆全境，北起汉水，南至鄂西清江流域，东至宜昌，西达川东的地区。春秋战国之际向西发展，在民族迁徙的过程中，巴族的文化得以沿途传播，也得以与其他族群进行交流。巴文化在秦汉统一以后，开始融入华夏文化共同体。

自20世纪50年代迄今，立足于考古材料的巴文化研究取得诸多成果，特别是20世纪90年代以来，随着三峡水利枢纽工程上马的三峡考古发掘，更为巴文化的深入研究提供史无前例的好机会和好条件。三峡考古在很大程度上可以说是对古代巴地域的考古，因为在长达600多千米的三峡库区中，基本属于古代巴文化活动的区域。在长时间考古与发掘中，积累有一批重要的巴文化考古资料，对今后巴文化的深入研究具有重要的学术价值。巴文化最具特征的是巴渝舞，即古代巴渝地区民间武舞；巴人风情，巴人有古朴凝重的民风，历来崇尚勇武；巴人神话，巴人自然神话有“比翼齐飞”“巴蛇吞象”“白虎神话”；巴人英雄神话有“廪君传奇”。恩施土司城修有“廪君祠”等。

【抗战文化】 抗战期间，国民党第六战区长官司令部和湖北省省会西迁恩施，使恩施成为湖北抗战的政治、军事、文化中心，也是中国共产党领导湖北省抗日民族统一战线的重要阵地。恩施留下大量的抗战文化遗迹，积存有丰厚的抗战文化资源。

恩施被列为省级文物保护单位的抗战遗址，除保护现状较好的后山湾风吹垭抗日死难将士公墓题刻、三义宫巷饶应祺故居、五峰山州卫校内的窑湾医院旧址和洗爵溪宝莲洞题刻4处遗址外，还有叶挺囚居旧址、恩施地委县委办公楼、何功伟旧址等。仅在恩施市至今尚存有50余处抗战文化遗址。《恩施抗战文化》丛书1套5本，全面反映恩施抗日战争时期的历史全貌。

【土家文化】 恩施土家族苗族自治州地处“动植物黄金分割线”北纬30°线，滋养着土家族、苗族、侗族等28个常住少数民族，其中除汉族外，尤以土家族居多。土家族文化是巴文化的延续与传承。

土家族以白虎为祖神。土家族爱群居，依山建房，一般为吊脚楼。土家族女装为短衣大袖，左衽开襟；男装为对襟短衫。男女多经对歌相爱结婚，有“哭嫁习惯”。土家族平时每日三餐，闲时一般吃两餐。主要从事农业，手工业方面，刺绣、编织比较有名，土花铺盖尤为著名。土家族爱唱山歌，山歌有情歌、哭嫁歌、摆手歌、劳动歌、盘歌等。“摆手舞”是流行的古老的集体舞，包括狩猎、军事、农事、宴会等方面的70多个动作。“毛古斯”舞是土家族纪念祖先开拓荒野、捕鱼狩猎等创世业绩的一种古老舞蹈。土家族以过四月初八、六月初六、七月十二和土家年为主要节日。在恩施市城区，建有恩施土司城。

经济社会发展概况

【地区生产总值】 2019年，全年实现地区生产总值379.52亿元，扣除价格因素，同比增长7.7%。人均地区生产总值48516元，比上年提高3480元，扣除价格因素，同比增长7.1%。第一产业实现增加值30.75亿元，增长3.7%；第二产业实现增加值152.38亿元，增长7.4%；第三产业实现增加值196.39亿元，增长8.9%。三次产业结构比由上年的8.4∶41.6∶50.0调整为8.1∶40.2∶51.7。其中第一产业比重下降0.3个百分点，第二产业比重下降1.4个百分点，第三产业比重提高1.7个百分点，产业结构企稳向好。

【农　业】2019年，全市实现农林牧渔业总产值55.97亿元，扣除价格因素，同比增长3.6%。其中农业产值30.15亿元，同比增长3.5%；林业产值4.76亿元，同比增长2.9%；牧业产值16.91亿元，同比增长3.5%；渔业产值0.31亿元，同比增长2.2%；农林牧渔服务业产值3.84亿元，同比增长5.3%。

主要农产品种植结构不断调整，粮食产量基本稳定，经济作物总体增收。全年粮食产量20.91万吨，与上年基本持平。其中夏粮产量4.98万吨，比上年增产18.4%，秋粮产量15.93万吨，比上年减产5.1%；蔬菜（含魔芋）产量61.73万吨，增产4.2%；油料产量2.02万吨，减产7%；烟叶产量5900吨，减产21%；茶叶产量2.65万吨，增产13.4%；水果产量4.06万吨，增产5%；药材产值1.56亿元，增长4.1%。

畜牧业生产发展趋于下滑。全年生猪出栏61.13万头，比上年下降28.9%；牛出栏1.76万头，下降20.4%；羊出栏9.75万只，下降31.5%；家禽出笼203.55万羽，比上年增长2.7%。

【工业与建筑业】2019年末，全市规模以上工业企业76家，实现工业总产值52.66亿元，比上年增长12.2%。包含恩施卷烟厂和州市供电公司数据，工业总产值为165.99亿元，比上年下降0.5%。全部工业（包括恩施卷烟厂、州市供电公司及限下）实现增加值133.81亿元，同比增长8%。其中规模以上工业增加值同比增长7.9%。规模以上工业（不含恩施卷烟厂和州市供电公司数据）实现营业收入52.42亿元，同比增长9.5%。实现利润总额6.4亿元，实现利税总额8.73亿元，比上年增长10.4%。

建筑业稳步发展。全市拥有资质等级三级及以上建筑企业51家，其中一级建筑资质2家，二级建筑资质16家，三级建筑资质14家，二级装修资质11家，三级装修资质7家，建筑业劳务企业1家。全年实现建筑业总产值60.56亿元，增长4%。

【固定资产投资及房地产开发与建设】2019年，全社会固定资产投资完成额比上年增长18.2%（不含农户）。其中5000万元以上项目投资73.41亿元，同比增长2%；房地产开发投资70.95亿元，同比增长14.8%。全年城镇投资施工项目370个，其中当年新开工项目119个。

全年商品房销售面积149.33万平方米，同比增长10%，其中住宅销售138.48万平方米，同比增长6.9%。实现商品房销售额90.49亿元，同比增长6.5%。

【国内外贸易、市场物价及招商引资】2019年，实现社会消费品零售总额215.78亿元，同比增长11.6%。分行业看，批发业、零售业、住宿业、餐饮业分别实现零售额44.35亿元、154.14亿元、7.32亿元、9.97亿元，较上年分别增长18.6%、9.8%、8.8%、12.5%。实现出口额1652万美元，同比增长183.1%。

市场物价平稳运行。居民消费价格总指数比上年上涨3.1个百分点，商品零售价格总指数比上年上涨1.9个百分点。

全年新签招商引资合同（协议）14个，合同（协议）金额139.2亿元，比上年增长18.4%。全年实际到位境内省外资金33.61亿元。全年实际利用外资858万美元，较上年增长1.4%。

【财政及金融】2019年，全年实现财政总收入34.94亿元，较上年下降1.8%，其中一般公共预算收入22.86亿元，下降1%。分部门收入分别为：税务部门30.48亿元，同比下降1.2%；财政部门4.46亿元，下降5.5%。一般公共预算收入中税收收入18.4亿元，占比80.5%。全年公共财政预算支出87.23亿元，增长21.2%。

年末，全市金融机构人民币存款余额511.86亿元，比上年末增长0.1%，其中城乡居民储蓄存款余额261.12亿元，比上年末增长4.3%。金融机构人民币贷款余额529.02亿元，比上年末增长

13.1%。贷存比 103.35%。

【交通运输、邮电通信、旅游】 截至 2019 年底，全市区域内拥有四级及以上公路里程 4360 千米，按管理级别分：国道 282 千米，省道 358 千米，县道 428 千米，乡道 2576 千米，村道 716 千米。按技术等级分：一级公路 29 千米，二级公路 417 千米，三级公路 134 千米，四级公路 3780 千米。

年末拥有公共汽车营运车辆 257 辆（328 标台），营运线路 35 条，营运线路总长度 600 千米，全年客运量 5400 万人次，实现营运收入 6918 万元。市内客运出租汽车 840 辆。

年末拥有固定电话用户 4.18 万户，拥有移动电话用户 111.03 万户，宽带用户 55.94 万户。

全年接待国内外旅游总人数 2374 万人次，同比增长 12.5%。全年实现旅游综合收入 200.39 亿元，同比增长 11.6%。其中旅游入境人数 6575 人次，同比下降 3.3%。外汇收入 324 万美元，同比增长 26.1%。

【基础教育、科技、卫生】 2019 年，全市辖区拥有幼儿园 124 所，小学 108 所，初级中学 26 所（含九年一贯制学校 4 所），高级中学 8 所（含十二年一贯制学校 3 所），中等职业学校 2 所，特殊教育学校 1 所，乡村教学点 75 个。

学前教育在园人数 2.43 万人。小学在校学生 5.34 万人，小学学龄儿童入学率 100%。普通初中在校学生 2.95 万人，初中学龄入学率 100%，初中毕业生升学率 91.1%，九年义务教育巩固率 99.9%。普通高中在校学生 19080 人。特殊教育在校学生 107 人。

学前教育拥有教职工 2385 人，其中专任教师 990 人。小学教育拥有教职工 3785 人，其中专任教师 3428 人。初级中学拥有教职工 2772 人，其中专任教师 2397 人。高级中学拥有教职工 2704 人，其中专任教师 2012 人。

全年新增高新技术产业企业 9 家，年末高新技术产业企业 31 家。全年实现高新技术产业总产值 38.8 亿元，增加值 20 亿元，分别占地区生产总值的 10.22% 和 5.27%。设立研发机构的“规上”企业占规模以上企业总数的 25% 以上。完成征集“硒都菁英汇”人才计划项目 20 项，发布省“揭榜制”科技项目 3 个，对接技术成果需求 5 项。完成《恩施市创新型市建设方案》编制和创建申报工作。

全年专利申请 647 件（其中发明专利申请 244 件），专利申请总量比上年增长 60.9%；专利授权 258 件（其中发明专利授权 37 件），专利授权总量比上年增长 22.3%。

全市拥有卫生机构 220 个，其中医院 16 个，乡镇卫生院及社区卫生服务中心 17 个，村及城区卫生室（所）181 个，其他卫生机构 6 个。全年财政直接用于卫生健康支出 7.36 亿元。全市医疗机构年末拥有医疗床位 8195 张，按常住人口计算，每千人拥有医疗床位 10.5 张。拥有卫生技术人员 8043 人，其中执业（助理）医师 2775 人，注册护士 4257 人。

【劳动、社会保障、精准扶贫】 2019 年，城镇新增就业人数 8461 人，城镇登记失业人数 3050 人，城镇登记失业率为 3.3%。参加各种社会保险人数 140.09 万人，其中企业基本养老保险 10.57 万人；机关事业单位基本养老保险 2.03 万人；城乡居民养老保险 38.26 万人；城镇职工基本医疗保险 7.32 万人；城乡居民医疗保险 66.43 万人；失业保险 4.42 万人；工伤保险 7.28 万人；生育保险 3.79 万人。全年征收各种社会保险基金 14.99 亿元。

全年社会救助城乡居民最低生活保障人数 3.44 万人（低保户数 1.59 万户）。其中城市居民最低生活保障人数 2432 人（低保户数 1577 户）；农村居民最低生活保障人数 3.2 万人（低保户数 1.43 万户）。农村特困人员救助供养 3347 人，城市特困人员救助供养 65 人。临时救助 1371 人次。

2019 年完成 34 个贫困村出列，1.13 万户 3.11 万人脱贫任务。经恩施州初审，认定 145 个贫困村全部出列，累计 5.46 万户 17.49 万人实现稳定脱贫。留存贫困人口 773 户 1669 人，贫困发生率由 2014 年的 26.08% 下降至 0.25%。

【城市建设、环境保护、能源、安全生产】 2019 年完成市政公用设施建设投资 24.49 亿元。其中城区道路桥梁建设投资 10.37 亿元；园林绿化建设投资 9.69 亿元；城区亮化建设投资 3.2 亿元；供水新扩建投资 7600 万元；污水处理及管网建设投资 3700 万元；环境卫生设备设施建设投资 1000 万元。

年末城区面积 120 平方千米，其中建成区面积 41.28 平方千米。全年新增城区道路 9.21 千米，年末城区道路长度 204.04 千米。全年新增城区道路面积 21.08 万平方米，年末城区道路面积 312.33 万平方米。年末安装路灯道路长度 196.87 千米，年末道路照明灯 1.77 万盏。年末公共停车场停车位数 1.46 万个，配建停车场停车位数 1.24 万个。

年末城区绿化覆盖面积 2500 公顷，其中建成区绿化覆盖面积 1705.5 公顷，建成区绿化覆盖率 41.3%。年末城区园林绿地面积 2076 公顷，其中建成区园林绿地面积 1525 公顷。城区公园 6 个，面积 198 公顷。

全年新增供水管道长度 73.28 千米，年末供水管道长度 1321.12 千米，综合生产能力 17.3 万立方米 / 日，全年供水总量 4773.96 万立方米。用水户数 15.33 万户，用水人口 28 万人。城市饮用水水质综合合格率 100%。

年末天然气供气管道长度 1330.57 千米，储气能力 10 万立方米，全年供气总量 7906.42 万立方米，用气户数 11.02 万户，用气人口 24 万人。液化石油气储气能力 380 吨，全年供气总量 915 吨，用气户数 7233 户，用气人口 2.8 万人。

年末拥有市容环卫专用车辆 112 辆，道路清扫保洁面积 379 万平方米，年清运生活垃圾 12.43 万吨，清运建筑垃圾 165 万吨，生活垃圾无害化处理率 100%。全年污水排放总量 3350 万立方米，污水处理量 3122.14 万立方米，污水处理率 93.2%。

全年能源消耗总量 134.22 万吨标准煤，比上年增长 4.09%。单位 GDP 能耗 0.3955 吨标准煤 / 万元，比上年下降 3.35%。单位工业增加值耗能比上年下降 12.38%。单位 GDP 电能消耗 493.8 千瓦时 / 万元，比上年降低 0.8%。主要污染物总量减排完成省、州下达任务目标。全年空气质量优良天数 344 天（其中优 145 天，良 199 天），城区饮用水源水质达标率 100%。森林覆盖率 65.53%。

全年发生交通事故 2.62 万起，死亡人数 79 人，交通事故损失金额 2754.26 万元。全年发生火灾事故 197 起，无人员伤亡，损失金额 33.42 万元。全年工矿商贸企业安全事故发生 6 起，死亡 6 人，损失金额 540 万元。全年生产安全事故 11 起，死亡人数 12 人，损失金额 583 万元，亿元 GDP 生产安全事故死亡率 0.0316 人 / 亿元。

2019 年恩施市乡镇（街道）基本情况表

表 2

乡镇、街道（管理处）	耕地面积（万公顷）	林地面积（万公顷）	总户数（万户）	总人口（万人）	其中劳动力（万人）	工农业总产值（亿元）	人均纯收入（元）	粮食总产量（万吨）	党委书记、乡（镇）长、管理处主任
新塘乡	0.48	2.67	1.42	5.05	2.49	8.72	12350	2.33	张晓军　袁铭方
红土乡	0.56	1.29	1.48	4.55	2.88	8.63	11705	2.33	张　涛　王　祎
沙地乡	0.26	1.15	1.26	3.42	1.88	5.40	12050	1.76	戴　锐　赵　林
太阳河乡	0.44	1.83	0.60	2.00	1.30	2.88	11586	1.21	张丽红　钟　辉
屯堡乡	0.59	1.83	1.26	4.52	3.03	2.54	—	0.79	雷世军　马承恩
白果乡	0.48	2.50	0.99	3.07	1.80	1.80	11031	1.05	胡　志　彭钦钊
芭蕉侗族乡	0.50	1.59	1.84	6.58	3.59	15.48	12516	1.12	龙慧（女）　张　义
三岔镇	0.29	1.65	1.11	4.20	2.31	5.81	11985	1.47	查忠权　谭海鹰（女）

续表 2

乡镇、街道（管理处）	耕地面积（万公顷）	林地面积（万公顷）	总户数（万户）	总人口（万人）	其中劳动力（万人）	工农业总产值（亿元）	人均纯收入（元）	粮食总产量（万吨）	党委书记、乡（镇）长、管理处主任
崔家坝镇	0.27	1.42	1.39	4.06	2.49	7.10	11183	1.58	钟迎松　薛成功
白杨坪镇	0.34	1.03	1.67	5.98	2.83	17.80	—	1.41	张金元　陈铁丹
板桥镇	0.27	1.85	0.50	1.81	1.16	6.80	9800	0.99	郭永伦　蒲晓斌
龙凤镇	0.36	1.91	2.37	6.95	4.35	21.14	14338	0.82	程俊毅　涂　家
盛家坝镇	0.39	2.26	1.33	3.82	1.89	5.71	12975	2.18	李华军　徐瑞（女）
六角亭街道	0.17	0.46	1.72	4.59	2.92	16.18	12852	0.36	李文静（女，主任）
小渡船街道	0.04	0.16	1.98	4.83	2.90	21.18	12050	0.06	付定平　黄　鹤
舞阳坝街道	0.30	0.41	6.76	16.42	3.38	133.67	12100	0.70	史光武　程　凯
恩施大峡谷风景区	0.35	1.26	7902	2.88	0.50	5.97	13738	0.93	向异华　黄　猛

说明：党委书记、乡（镇）长、管理处主任统计时间为 2019 年 12 月底。人均可支配收入仅指农村

（张思楚　郭卫华　张　婷）

中国共产党恩施市委员会

综　述

2019年，中共恩施市委坚持以习近平新时代中国特色社会主义思想为指导，认真学习贯彻党的十九大和十九届二中、三中、四中全会精神，深入贯彻落实习近平总书记视察湖北重要讲话精神，紧跟党中央步伐，按照省委、州委部署，围绕市委"316"总体思路和主要目标，践行新发展理念，强化人民中心地位，坚决打好"三大攻坚战"，推动绿色发展、高质量发展。5月，恩施市被省委办公厅、省政府办公厅表彰为扶贫开发工作综合评价好的县市；8月，恩施市被省委、省政府表彰为10个"三农"发展进位显著的县（市、区），被省环境保护委员会授予"湖北省生态文明建设示范市"称号；9月，恩施市被文化和旅游部认定为国家全域旅游示范区，被省委、省政府表彰为全省县域经济工作考核中成绩突出单位第三类县（市、区）；11月被全国绿化委员会、国家林业和草原局表彰为国家森林城市。

重大决策

【市委、市政府印发《恩施市机构改革实施方案》】 3月4日，市委、市政府印发《恩施市机构改革实施方案》，明确恩施市机构改革的总体要求、主要任务、实施步骤、组织领导。主要任务是深化市委机构改革，深化市政府机构改革，统筹推进深化市人大、市政协机构改革和群团组织改革，深化市委市政府直属事业单位和承担行政职能的事业单位改革，深化综合行政执法改革，构建简约高效的基层管理体制，强化机构编制管理刚性约束。

【市委印发《中共恩施市委常委会2019年工作要点》】 3月15日，市委印发《中共恩施市委常委会2019年工作要点》，明确2019年工作总的要求是坚持以习近平新时代中国特色社会主义思想为指导，深入贯彻党的十九大和习近平总书记视察湖北重要讲话精神，认真贯彻中央经济工作会议、省委十一届四次全会及州委七届六次全会精神，坚持新发展理念，坚持以人民为中心的发展思想，坚持稳中求进的工作总基调，围绕市委"316"总体思路和主要目标，着力补短板、固底板、强主板，统筹推进稳增长、促改革、调结构、惠民生、防风险、保稳定各项工作，奋力推动全市绿色发展、高质量发展。主要工作目标是地区生产总值增长7%，固定资产投资增长12%，地方一般公共预算收入增长8%（含高新区），地方税收收入增长8.9%（含高新区），农村、城镇常住居民人均可支配收入分别增长9%、8%，其他各项指标完成州定考核目标。全年实现34个贫困村出列、33167人脱贫，全市实现脱贫"摘帽"。

【市委、市政府印发《恩施市农村集体产权制度改革工作实施方案》】 3月23日，市委、市政府印发《恩施市农村集体产权制度改革工作实施方案》。总体要求是落实党中央和省、州关于农村集体产权制度改革的决策部署。至2019年3月底，全面完成全市农村集体资产清产核资工作，明确集体资产所有权归属，完成集体经济组织成员身份界定工作，完成集体经营性收入50万元以下村（社区）集体经济组织登记证的换发工作；至12月底，基本完成集体经营性纯收入达50万元以上的村（社区）集体资产股份合作制改革，建立股份合作经济组织；至2020年，全面完成农村集体资产产权制度改革。2019年，共有192个村、社区进行产权制度改革工作，5个经营性收入50万元以上村进行了股改，成立股份经济合作社，其余村均完成成员身份界定和清产核资工作，成立经济合作社。

【市委、市政府印发《关于坚持农业农村优先发展做好“三农”工作的实施意见》】 4月29日，市委、市政府印发《关于坚持农业农村优先发展做好“三农”工作的实施意见》，明确2019年全市农业农村工作的总体要求、工作重点。总体要求是坚持以习近平新时代中国特色社会主义思想为指导，深入学习贯彻党的十九大和习近平总书记视察湖北重要讲话精神，认真贯彻落实党中央和省、州、市农村工作会议精神，牢固树立新发展理念，落实高质量发展要求。坚持农业农村优先发展总方针，坚持脱贫攻坚与乡村振兴有效衔接，围绕“巩固、增强、提升、畅通”深化农业供给侧结构性改革，落实“四个优先”，完成“三农”工作各项硬任务，为坚决打赢脱贫攻坚战，全面推进乡村振兴奠定坚实基础。2019年全市农村常住居民人均可支配收入增长9%。工作重点是坚决打赢精准脱贫攻坚战，包括如期完成脱贫攻坚任务、巩固和扩大脱贫攻坚成果；推进农业高质量发展，包括推进特色产业发展、农产品生产全域绿色化、一、二、三产业融合发展、科技支撑；加快补齐农业农村发展短板，包括着力改善农村人居环境、农村基础设施、农村公共服务、加强农村生态环境保护、乡村规划引领；全面深化农业农村改革，包括推进农村产权制度改革、深化农村改革；完善乡村治理机制，包括增强乡村治理能力、加强农村精神文明建设、推进平安乡村建设；发挥农村党支部战斗堡垒作用，包括建强农村基层党组织、强化村级组织服务能力；落实农业农村优先发展总方针，包括加强党对“三农”工作的领导、加强“三农”队伍建设、加大“三农”资金投入和尊重农民首创精神、强化督办检查。

【市委印发《恩施市开展“不忘初心、牢记使命”主题教育实施方案》】 9月12日，市委印发《恩施市开展“不忘初心、牢记使命”主题教育实施方案》，贯彻落实习近平总书记在“不忘初心、牢记使命”主题教育工作会议上的重要讲话精神。目标任务是以深入学习贯彻习近平新时代中国特色社会主义思想为根本任务，围绕理论学习有收获、思想政治受洗礼、干事创业敢担当、为民服务解难题、清正廉洁作表率五个方面的目标，守初心、担使命，找差距、抓落实。工作安排是恩施市“不忘初心、牢记使命”主题教育从2019年9月开始，11月底结束。参加范围包括恩施市各级机关及其直属单位和企事业单位，乡镇、街道（管理处）和村（社区），非公有制经济组织、社会组织和其他基层组织，具体到每个单位，开展集中教育时间不少于3个月。

重要会议

【党建暨经济工作会议】 2月21日，2019年恩施市党建暨经济工作会议召开，会议贯彻落实中央、省、州经济工作会议精神，总结2018年工作，通报2018年度工作突出的单位和个人，安排部署2019年各项工作。州政协副主席、市委书记向前进作题为《强化政治担当保障高质量发展》的讲话，市委副书记、市长苏勇对2019年重点工作进行安排部署，市委副书记、恩施经济开发区管委会主任吴卫平宣读通报表扬文件。

【机构改革动员大会】 2月28日，恩施市召开机构改革动员大会，对全市机构改革作动员部署。市委副书记、恩施经济开发区管委会主任吴卫平宣读《恩施市机构改革方案》。

【脱贫攻坚“三大行动”动员暨三月第二次调度会】 3月29日，恩施市召开脱贫攻坚“三大行动”动员暨3月第二次调度会，全面启动全市脱贫攻坚各类问题清零、帮扶质量提升、文明乡风引领“三大行动”，并提出相关工作要求。会议指出，恩施市从2019年4月开始，集中6个月时间，聚焦“六基”重点，实施“三大行动”，重点解决当前工作中存在的各类突出短板和薄弱环节，推进中央专项巡视、各级督查考核、审计等各类问题整改。会上还解读《进一步加强贫困人口门诊特殊慢性病筛查鉴定工作实施方案》。

【市委九届六次全体（扩大）会议】 7月28日，中共恩施市委九届六次全体（扩大）会议召开。会上讨论通过《关于恩施市盛家坝乡撤乡设镇行政区划调整的报告》等报告。

【“不忘初心、牢记使命”主题教育工作会议】 9月12日，恩施市“不忘初心、牢记使命”主题教育工作会议召开。

重点工作

【湖北省恩施市龙凤镇综合扶贫改革试点工作】 2019年，试点建设巩固试点成效，发挥试点特色，推进乡村振兴。全年实现工农业总产值21.14亿元，三产结构比为29∶36∶35。城镇常住居民人均可支配收入和农民人均纯收入分别为2.7万元和1.28万元，分别同比增长7.2%、9.9%。承办全省东西部扶贫协作现场会、全省脱贫攻坚培训班现场观摩会，扶贫经验得到推广。全镇贫困规模从2014年6338户2.06万人减少到2019年底74户178人，贫困发生率由43.9%降至0.29%。

【推动“三大攻坚战役”】 防范化解重大风险攻坚战。严格规范举债融资行为，化解存量债务，严控政府债务风险，规范举债融资行为，消化存量隐性债务6.2亿元，政府债务等级由橙色降为黄色。审结非法集资案件6起，关停非法金融场所6家，清理类金融机构10家，净化金融环境。化解恒嘉现代城、万福国际房地产领域风险，妥善处理龙洞河水污染、“9·2”案件、“10·2”事故，有效管控突发性、不稳定因素。扫黑除恶专项斗争成效明显，群众评价从全省第52位提升至第10位。开展“七五”普法，落实“双签双交”。从严执行安全生产责任制，全力维护社会大局平安稳定。精准脱贫攻坚战。2019年，全市聚焦“两不愁、三保障脱贫标准和整市脱贫摘帽目标，强化“六个精准”“五个一批”，推进责任落实、政策落实、工作落实。6年来，全市累计统筹财政资金51.29亿元用于精准扶贫、精准脱贫，完成易地扶贫搬迁6242户，实施危房改造1.93万户，资助贫困家庭学生34.78万人次，建成农村公路4472千米，特色产业带动贫困户5.42万户，政策性社会保障兜底111.12万人次，4G网络覆盖率达95%，实现村村通动力电，43.57万农村居民饮水安全问题有效解决。“人大代表在行动”、政协“三大工程”、东西部扶贫协作、“616”工程、孝感市对口帮扶、中直省直单位定点扶贫扎实开展，脱贫攻坚完成最后决战，全市贫困发生率从2014年的26.08%下降到0.24%。污染防治攻坚战。打好蓝天、碧水、净土三大保卫战，空气优良天数比上年增加10天，累计达344天，优良率94.5%，同比上升1.9%。清江大沙坝国控断面、长沙河省控断面、大龙潭饮用水源水质全面达标。中央、省环保督察交办问题整改完成219个，剩余33个达到序时进度。“河长制”“山长制”有效落实，办理生态环境案件379起，查处水政渔政案件45起、涉林案件238起，生态环境保护高压态势持续保持。

【启动“裸土复绿”攻坚行动】 2019年6月以来，根据省、州第一批主题教育问题整改的要求，市委、市政府决定对“裸土复绿”工作再加力度，在城区开展“裸土复绿”攻坚行动。成立由市委书记任指挥长、市长任常务副指挥长、相关市级领导任副指挥长的指挥部，出台《恩施城区裸土复绿专项攻坚行动方案》，明确市级领导牵头、辖区主要负责、市直部门配合的工作机制，组建5个工作组和4个片区工作专班，分工负责，紧密配合。通过航拍和现场踏勘，恩施城区有裸露土地约1.42公顷（平面约1.28公顷、立面约1362公顷），涉及地块224个（闲置土地40处、工程项目184个），播撒草籽和树种16.5万千克，累计完成3.7万米花池修建工作，沿山脊开挖种植槽2400余米，栽植藤蔓植物88.29万株。第一阶段平面草籽和树种播撒，立面山脚花池修建和藤蔓植物栽植、喷播等工作完成。

【加强党的各项建设】 2019年，市委以习近平新时代中国特色社会主义思想为指导，认真学习贯彻党的十九大和十九届二中、三中、四中全会精神，坚持政治引领，全面加强党的建设工作。扎实开展“不忘初心、牢记使命”主题教育。围绕“守初心、担使命，找差距、抓落实”总体要求，切实加强常委会自身建设，增强“四个意识”、坚定“四个自信”、践行“两个维护”。检视整改问题3534个，推动解决740个群众最急最忧最盼的紧迫问题。创新推进基层党组织建设。充实调整驻村第一书记58人，集中培训村干部1273人次，180个村集体经济达到5万元以上；组建街道“大党委”2个、小区党支部52个、网格党小组310个，健全组织体系；实行工委成员定点联系制度，24个部门与企业支部结对共建，办实事50项、解难题127个，提升党建水平。压紧压实“两个责任”。强化主责主业意识，落实“两个责任”清单，处理履责不力的科级干部10名。开展常规巡察4轮、机动巡察1轮，配合州委开展精准扶贫、基层党组织建设专项巡察“回头看”，发挥巡察利剑作用。加大监督执纪问责力度，全年立案242件，党纪政务处分216人，运用第一种形态教育提醒213人。抓实党中央和省委、州委巡视巡察反馈问题整改，推进各类问题清零见底。对45名受到党纪政务处分的干部开展“回访”。统筹做好宣传统战等工作。严格落实党管意识形态责任制，开展“五佳五好”评选。严格落实《统一战线工作条例》，推进政党协商制度建设。支持人大、政府、政协、开发区、法院、检察院依法依章程履行职责，汇聚干事创业合力。持续开展民族团结进步创建，做好民族宗教工作。加强党管武装工作，开展战备训练，参与重要活动和重大险情处置工作。着力“强三性、去四化”（增强政治性、先进性、群众性，去除机关化、行政化、贵族化、娱乐化），发挥工会、共青团、妇联、科协等群团组织作用。

【加强精神文明创建活动】 2019年，是恩施市创建2017—2019年度省级文明城市的关键之年，文明乡风引领行动是精神文明创建工作中的重要内容。“五佳”“五好”评选。通过微信投票和评委打分，评选出一批具有代表性的人物，树立正确鲜明的价值导向，用典型力量激励和带动全市崇尚先进、学习先进、争当先进，营造创先争优、凝心聚力、干事创业的良好氛围。开展组建一支道德宣传团、制定一个管用的村规民约、开展一轮法治教育“三个一”活动。5月22日至6月3日，恩施市组建一支道德巡回宣讲团，在全市17个乡镇、街道（管理处）及村开展道德巡回宣讲活动。开展扫黑除恶专项斗争、律师进村、法律便民及“三学三知”宣传教育活动，提高村民法治素养，引导干部群众尊法学法守法用法，加强对村民法治宣传、法律援助、公益法律服务，提高群众的法律意识，增强法制观念，打通法制宣传教育向群众延伸的“最后一公里”。7月，恩施市印发《关于做好村规民约和居民公约工作的实施意见》，提出“2020年6月底前全市所有村、社区制定或修订并形成务实管用的村规民约、居民公约”的目标任务，并在9月19日举办的湖北省2019年优秀村规民约发布会上评选为全省优秀村规民约。推进“四改四化”（改厨、改厕、改圈、改线，美化、绿化、净化、亮化）。坚持因地制宜、分期实施，示范先行、分类推进的原则，重点做好垃圾处理、污水处理、村容村貌提升，开展以屋边、路边、田边、沟边、河边等“五边”地带为重点，清理生活垃圾、清理河塘沟渠、清理畜禽废弃物，整治乱搭乱建、乱堆乱放、乱拉乱接等行为，整治村庄人居环境。建立分级负责、全面覆盖和“户分类、组保洁、村收集、乡（镇）转运、市处理”为主的垃圾处理机制。加强公共服务配套建设。利用精准扶贫大投入的契机，抓好环境卫生、道路交通、集镇停车场、垃圾填埋场、菜市场、文化广场、文化墙宣传等公共服务配套建设，助推文明乡风引领行动。阵地建设，多方面多部门筹集资金渠道，兴建一批乡村文化设施和活动场所，包括乡镇文化站、村文化室、农村电影放映厅、阅览室、农家书屋、文化大院、文化广场等。

【机构改革】 2019年，恩施市党政机构限额为37个。根据《市县机构改革总体意见》要求，统筹优化市级党政机构设置和职能配置，统一设置37个党政机构，与省委和省政府机构职能基本对应。改革后，党委、政府直属事业单位各4个。建立健全市委对重大工作的领导体制机制，加强市委职能部门的统一归口协调管理职能，根据上下基本对应和因地制宜相结合的原则，新组建或重新组建11个党政机构，调整优化25个部门职能配置和机构设置，统筹设立10个议事协调机构，单设市民族宗教事务局和市林业局。按照“不立不破、先立后破”和“编随事走、人随编走”的原则，新组建部门和涉及职责、机构、人员编制调整的16个单位377名行政编制人员完成转隶。截至12月31日，全市有行政机构62个，其中党委序列10个，政府序列27个，群众团体机关6个，经济开发区1个，人大机关1个，政协机关1个，乡镇机关13个，街道办事处3个；事业单位624个。

【开展“不忘初心、牢记使命”主题教育工作】 9月12日，恩施市全面启动“不忘初心、牢记使命”主题教育，全市94家市直单位、5家国有企业、16个乡镇、街道（管理处）、118家“两新”党组织、200个村（社区）党组织和2.77万名党员，紧扣守初心、担使命，找差距、抓落实”总要求，坚持“四个贯穿始终”，落实“四个注重”“四个到位”，以县处级党员领导干部为重点，市委常委带头示范，分层分类高标准推进主题教育开展。9月20—24日，市委举办为期5天教育读书班，邀请武汉大学罗永宽教授等5名专家进行讲座。坚持边学边查边改边提升，全年全市领导班子举办主题教育读书班79个，基层党组织开展支部主题党日6期，多形式组织党员自学规定篇目，实现学习教育党员全覆盖。坚持开门抓教育，党员领导干部分别确定1—2个课题蹲点调研、解剖麻雀，推动解决740个群众最急最忧最盼的紧迫问题，让群众切实感受到主题教育带来的新变化新成效。坚持刀刃向内，党员累计检视整改各类问题1.55万余个；由市委常委领题，项目化推进中央、省委、州委和市委确定的18个专项整治，179个具体问题整改销号166个。全市主题教育实现“理论学习有收获、思想政治受洗礼、干事创业敢担当、为民服务解难题、清正廉洁作表率”的目标。

重要事务

【实施督查考核】 2019年，严格督查考评计划管理，围绕上级党委和市委决策部署细化督查考评计划事项56项，统筹协调上级督查检查考核24次，聚焦民生关切和平安稳定归口办理领导批示件交办事项415件，3件批示件办理报告获州委主要领导肯定性批示，92名信访人对办理结果评价为满意；按要求报道州委每月重点工作完成情况12期；强化上级考核，牵头分解全省县域经济考核5类23项具体指标、州对市经济社会发展绩效考评34项具体指标，跟踪督办4次；优化本级考核，2019年度，全市考评指标较2018年度下降50%；注重结果运用，实行“多考合一”，优化综合目标考核奖差异化发放方案，发挥目标考核的激励导向作用；认真落实反对形式主义、官僚主义为基层减负各项措施，开展暗访督查4次，组织各单位全覆盖式集中自查自纠3次，2019年度，全市文件下降46%、会议下降34%、督查考评下降75%、工作群压减61%，累计精简挂牌326块，6项改革创新经验获湖北日报、省纪委监委网站等主流媒体推介。

【编报信息决策】 市委信息综合室围绕硒都动态、上级精神、武陵关注、全省生态功能类县（市、区）要闻4个子栏目，通过手机报编发《硒都要情》43期，报送恩施市各项工作的先进经验和突出成效，全年被州委信息综合室采用工作动态类信息600余条，省委信息综合室采用条数处于全州前列。严格执行省州紧急信息报送规定，全年通过手机短信平台向本级领导报送紧急信息308条，为处理各项工作赢得时间。将“重大紧急信息报告情况”列入年终目标责任考核评分依据，通过召开例会、以会代训、组织调研、电话联系等多种形式，加强全市信息员队伍业务培训和沟通协作。举办党委信息报送工作业务培训，完善纵向到省、州、市、乡四级，横向到全市各部门的信息网络。2月，市委办公室被中共湖北省委办公厅评为2018年度全省党委信息工作突出单位。

【加强统筹协调】 市委总值班室发挥总调度、总枢纽作用，定期协调召开“五大家”及市委常委所在部门联席会议，加强统筹督办，确保全市重要会议、重大活动更加规范有序。2019年，办理来文442件，确保领导决策准确、高效、及时传达到位。突出从严把关，按照分类管理、分级审批原则，从严控制会议数量、会期和规模，2019年全市召开会议次数较2018年减少10.38%。突出规矩意识，严格实行主要领导外出报备制度、法定节假日带班制度、重要活动和重要来宾等重大事项报告制度。突出周到细致，合理统筹调研活动，2019年统筹州外领导调研、考察50余个，州委主要领导现场调研23次、市委主要领导现场调研外出考察75次。

【公文规范运转】 强化源头管控，紧紧扭住制定质量这个关键，严审文件内容，从严控制发文数量，2019年，共制发市委文件146（其中涉机构改革41件），较2018年下降35.1%。2019年，市委常委会先后两次传达学习省州党内法规工作培训会议精神，听取市委办公室关于恩施市党内法规工作情况的汇报，研究部署相关工作。印发《中共恩施市委法规室关于做好精简文件相关工作的提醒事项》，对精简文件、改进文风、报请市委发文等工作提出了具体要求，组织全市各级各部门自查3次；对全市各级各部门精简文件等情况进行调研督办，结合自查和调研发现的问题举办了全市党内法规工作培训，邀请州委法规室就党内规范性文件备案及党政机关公文格式18要素等相关知识进行了专题辅导，提供了理论基础。全年审查党内规范性文件13件，存在不宜发布、照抄照转、无可操作性具体内容等问题退回起草部门重新修改的文件4件。

【档案行政管理】 2019年机构改革后，市档案局的行政职能划入市委办公室。市委办公室增设档案股，对外加挂档案局牌子，行使档案局职能。市委办公室档案股坚持以为党管档、为国守史为历史使命和政治担当，指导14家改革机构明确档案的归属流向，对新成立的4家单位进行档案登记备案，对6个乡镇所辖社区、村级18家农业农村档案工作和档案室建设进行指导抽检，完成1家重点建设项目档案验收和145家档案工作目标管理考评，印发《污染源普查档案管理细则》《档案安全风险评估指标体系表》，开展档案行政执法检查和档案安全风险排查整治工作，加强档案收集、保管、利用。

【外事工作】 2019年，恩施市委成立了外事工作委员会，外事工作委员会办公室设在市委办公室。5月31日，接待塞尔维亚前进党干部代表团一行到恩施市进行友好访问，代表团一行15人实地考察龙凤镇龙马风情小镇和金果茶业有限公司，就特色小镇规划、农业产业化龙头企业带动脱贫致富等情况进行交流。8月21日，韩国堤川市居民自治委员会代表团访问恩施市，代表团一行18人赴芭蕉侗族乡枫香坡考察特色村寨建设。7月26日，省人民对外友好协会会长吴建民一行到恩施市调研，考察恩施市华硒文化旅游有限责任公司并开展座谈。10月16日，州委外办副主任马宏君一行到湖北和诺生物工程股份有限公司实地考察公司的进出口贸易情况，到盈科美辰国际旅行社和湖北峡州国际旅行社有限公司恩施州溓泰分公司了解恩施居民出境游和境外游客到恩施旅游相关情况。7月15日，英国驻武汉总领事馆副总领事访问恩施市，会见市委副书记、市长苏勇，双方就领事保护、友城合作展开交流。

【党风廉政建设】 2019年，市委办公室开展“不忘初心、牢记使命”主题教育活动。组织开展领导班子读书班活动，安排专题辅导5次，观看警示教育片2次，集中参观1次，集中交流2次，个人自学5次；组织支部党员集中学习6次，党小组学习交流3次。以反对形式主义、官僚主义，“裸土复绿”，施州古城项目规划，为群众“办好事”为内容，实地调研、走访座谈，形成调研报告5篇，到各分管领域、扶贫联系点讲党课5次。开展参观红色教育基地和革命教育基地（叶挺纪念馆、恩施抗战历史陈列馆），观看红色电影等特色实践活动，引导街道党员干部在党言党、在党爱党、在党忧党、在党为党，不断强化党员身份意识、责任意识、担当意识，接受党性锤炼，认真履职尽责；开展第20个党风廉政建设宣传教育月活动。组织党员干部集中学习《中国共产党纪律处分条例》《中华人民共和国监察法》，参加全省统一组织的党纪法规网上知识测试，开展以培养优良家风为主要内容的家庭助廉活动，观看警示教育片，举办以“清风恩施 · 正气荡涤”为主题的集中宣讲和讨论活动，形成全体党员干部把握从严主线、树牢道德高线、守住纪律底线、不越法律红线的良好氛围。

【开展联系帮扶】 2019年，市委办公室通过发展产业、改善基础设施、政策扶持救助、股权分红、发展村集体经济等措施，开展太阳河乡太阳河社区、太阳河乡茅湖淌村、芭蕉侗族乡白岩村、白杨坪镇熊家岩村帮扶工作。全年累计筹措资金1000余万元，新修水厂2座、小水窖49口，完成危房改造122户、易地搬迁23户148人，硬化路68千米、砂石路5千米，实施“以奖代补”公路8千米，新增变压器10台，组织召开群众会、屋场会、小组会200余次，驻村干部和全体帮扶干部走访入户1.5余万次；加强阵地队伍建设，修缮党员群众服务中心、文化图书室、文体活动广场、老年活动中心、村委会办公楼；培养后备干部，多形式开展主题党日活动、“不忘初心、牢记使命”主题教育和“五美五好”评选等活动。实现安全饮水、危房改造、涉贫信访、补短板项目、集体经济“空壳村”、各类问题整改等全面“清零”。产业就业、惠民政策、走访贫困户、人居环境整治、乡风文明引领、基层党建提升“全覆盖”。2019 年，太阳河乡茅湖淌村高质量脱贫，太阳河乡太阳河社区、芭蕉侗族乡白岩村、白杨坪镇熊家岩村脱贫成效巩固。

（部小蕾）

组织工作

【概　况】 2019 年，恩施市组织工作按照新时代党的建设总要求和全国、省、州组织工作会议精神，始终坚持围绕中心、服务大局，突出党性初心教育、干部队伍建设、基层组织建设、创新人才机制、部门自身建设等重点任务，聚焦主业，真抓实干，推进全市组织工作高质量发展，为全市经济社会发展提供坚强的组织保证。

【开展“不忘初心、牢记使命”主题教育】 9—12 月，市委以县处级党员领导干部为重点深入开展“不忘初心、牢记使命”主题教育，全市 94 个市直单位，5 个国有企业，16 个乡镇、街道（管理处），118 个“两新”党组织，200 个村（社区）党组织和 27730 名党员，紧扣“守初心、担使命，找差距、抓落实”总要求，坚持“四个贯穿始终”，落实“四个注重”“四个到位”，坚持边学边查边改边提升，领导班子举办主题教育读书班，党员多形式自学规定篇目，实现学习教育党员全覆盖。党员领导干部蹲点调研、解剖麻雀，推动解决群众最急最忧最盼的紧迫问题，让群众切实感受到主题教育带来的新变化新成效。13 名常委牵头，组建工作专班，项目化推进 18 个专项整治。

【加强干部队伍建设】 2019 年，市委组织部深入贯彻落实《中华人民共和国公务员法》《党政领导干部选拔任用条例》，始终坚持“好干部”标准，着力建设忠诚干净担当的高素质专业化干部队伍。坚持事前研判到位、政策执行到位、人文关怀到位、谈心谈话到位，高效完成机构改革。注重在脱贫攻坚、信访、重点项目和招商引资一线选拔使用干部，全年先后向市委推荐提拔重用一线干部 80 名。聚焦“四大产业集群”建设，配强文旅局、硒资源保护与开发中心等职能单位领导班子，选拔 19 名具有专业知识背景或具有专业工作经历的干部进入市投资建设服务中心、市卫健局等专业要求较高的市直单位，提升班子专业化水平。落实全州《关于进一步激励关爱基层干部的具体措施》要求，向州委组织部推荐 13 名实绩突出的 35 周岁以下正科级领导干部作为“年轻干部成长工程”培养对象，推荐提拔重用 17 名 35 岁以下的优秀年轻干部进入乡镇和市直单位领导班子。利用党校主阵地，坚持把学习贯彻习近平新时代中国特色社会主义思想作为干部培训主业主课，抓实新思想课程体系和教学大纲的学习运用，先后举办精准扶贫与乡村振兴、城市管理、妇女干部、基层治理等 19 个培训班次，培训各类干部人才 2710 人次，提升干部专业精神与专业能力。把 200 余名优秀干部放到脱贫攻坚、招商引资等一线锻炼，磨炼品质。选派 10 名党政和事业单位干部到江干区对口部门挂职锻炼，学习先进经验，开阔视野。

【抓党建促脱贫】 2019 年，完善 2638 名干部组建 193 个村“尖刀班”吃住在村、工作在村、岗位在村，实现“一组两干”。对全市 145 个建档立卡贫困村和 27 个非重点贫困村、21 个有脱贫攻坚任务的社区派驻第一书记 193 名。返聘 24 名农村工作经验丰富的退休干部充实到偏远乡镇驻村“尖刀班”。1.15 万名党员干部与贫困户结成帮扶对子，共谋脱贫致富。将 2019 年招录公务员中的 76 名安排到乡镇（街道）工作，进一步充实一线扶贫力量。严格落实村党组织书记市级备案管理，及时调整优化 8 名村党组织书记。换届后第一时间组织新一届“两委”干部培训班 5 期、培训 1273 人次；组织 152 名村党组织书记到浙江大学、武汉大学专题培训。选拔 300 余名村级后备干部在村长期跟班锻炼参与脱贫攻坚。农村发展党员249人。实施农村党员分类管理和无职党员设岗定责。建成17个村（社区）党员群众服务中心，全市所有村都有满足基本服务需求的党员群众服务中心和文体广场。申报实施25个新型集体经济扶持项目，全市消除集体经济“空壳村”。

【统筹各领域党建工作】 2019年，市委组织部推进机关党组织进企业、进社区、进农村，服务企业发展，参与社区治理，助力脱贫攻坚，密切党群、干群关系。组织农村无职党员在脱贫攻坚、产业发展、乡风文明建设中亮身份、当先锋、作表率。强化“一统三治”，落实“一村一警、一村一综治专干、一村一批信息员”，提升基层治理能力。以全省城市党建示范市试点为契机，创新城市党建，201家驻社区单位参与“六城”同创、寸建寸管、“三绿”攻坚战、农贸市场整治等重点工作，“和谐家园”党建服务向小区延伸做法得到群众点赞，为全州城市党建工作会议提供观摩现场。组建女儿城商圈党委，4个支部78名党员带头参与市场管理和小区治理，激发城市区域党建活力，工作经验先后两次在《湖北日报》刊发推介。

【公务员招录管理】 2019年，市委组织部坚持“凡进必考”，招录公务员（参公人员）92人，其中76人招录到乡镇（街道）工作。按照规定程序办理96名公务员（参公）登记手续，为33名干部办理公务员调任手续。全市职级职数设置工作和职级套转工作基本完成，1361人进行职级套转。落实中层干部轮岗交流101人，其中单位内部轮岗交流71人，跨部门交流轮岗30人。

【创新人才机制】 2019年，聚焦人才创新创业，实施“硒都菁英汇”聚才行动，首批协调21家单位企业与10多家知名高校院所专家团队建立长期合作关系，达成一批产学研合作项目。争取各类人才支援项目，吸纳76名“博士服务团”“三区人才”“科技特派员”“东西部协作专才”支持恩施市高质量发展。助力2家市级人才超市、4个科技孵化器实化运转、提档升级，创途孵化器获评全州唯一的省级小型微型企业双创示范基地。举办全市首届人才创新创业大赛，吸引参赛项目68个，17个项目进入州级复赛，荣获全州创新创业大赛优秀组织奖。深入开展“爱国奋斗”活动，动员百名青年骨干开展基层实践活动，12名专家人才获评“恩施州优秀人才奖”。

【加强调研与宣传】 2019年，全市组织系统发表党建类宣传文章280篇，其中国家级10篇（杂志4篇、报纸6篇），省级30篇，州级240篇。调研文章《磁场效应从何而来》被评选为2019年度全省组织工作调研成果自选课题优秀奖，电视专题片《油茶栽培技术》获全省电教专题片评比一等奖。

【加强老干部工作】 2019年，市委组织部注重政治引领，认真落实离退休干部政治待遇。规范离退休干部党组织设置，通过单建、联建、合建等形式，建立健全离退休干部党支部46个。注重精准服务，用心用情做好老干部服务管理工作。抓好老年大学工作，全年开设书法、舞蹈、打击乐、声乐、电脑5个专业班，在校注册学员556人。举办“增添正能量，共筑中国梦”辞旧迎新文艺会演等活动。

（汪　洋）

宣传工作

【概　况】 2019年，市委宣传部围绕学习型党组织建设，组织实施市委中心组理论学习“示范工程”，全年集中学习研讨16次，参学率均达70%以上。持续办好“硒都论坛”。重点抓好新时代文明实践中心建设、乡风文明引领。持续开展“五佳五好”评选活动，开展“庆祝新中国成立70周年·讲好恩施故事”活动。深入开展法治德治教育，开展“扫黑除恶”“扫黄打非”“律师进村、法律便民”宣传教育引导。

【组织策划大型宣传活动】 2019年，市委宣传部组织策划“2019恩施两会”“图说2018”“融媒体进贫困村”“相约女儿会”“国家森林城市创建”“壮丽70年”等大型采访活动，完成“精准扶贫”“五佳五好”“不忘初心、牢记使命”等系列栏目的策划采写。强化扶贫宣传引导，中国硒都网开设“精准扶贫”“三大行动”“融媒体走进贫困村”“五佳五好”“东西部协作”等专题专栏，全方位多角度宣传脱贫攻坚先进典型。开展“扫黄打非”进基层活动，每个村设立“扫黄打非”工作站点。在全市集中开展“护苗”“清源”“固边”“秋风”“净网”五大专项行动。组织开展庆祝新中国成立70周年系列演讲比赛和展览、展演、展示系列主题活动，打造“恩施土家女儿会”群众文化品牌，在被授为“湖北省土家女儿会文化之乡”后，继续申报“中国土家女儿会文化之乡”。

【公共文化服务建设】 2019年，全市文艺文化持续繁荣，193个村（社区）综合文化服务中心建成达标；全市“三馆一站”及村（社区）综合性文化服务中心覆盖率100%；公共图书馆、文化馆、公共空间设施场地免费开放率100%；行政村、扶贫搬迁点群体器材全覆盖；广播电视综合覆盖率99.95%。利用各种演讲比赛和展览、展演、展示丰富群众文化活动，市非遗中心牟翼参加“荆楚红——湖北省红色故事宣讲大赛”获优秀奖；全年完成送戏下乡、戏曲进校园150场，组织各类文体活动1000场次以上。全年放映公益电影6972场。

【提升市民文明素养】 2019年，恩施市推进新时代文明实践中心建设，继续组织开展全市“五佳五好”评选活动，组建恩施市道德巡回宣讲团，在全市17个乡镇、街道（管理处）开展34场道德巡回宣讲。指导各村建立村（社区）道德理事会，建立村民“自我教育、自我约束、自我管理、自我提高”的长效机制。指导各乡镇、街道（管理处），村（社区）结合“十星级文明户”创建，每月定期开展“最美院落”“最脏院落”星级评定活动。

【组织理论宣讲活动】 2019年，市委宣传部先后邀请中国人民大学杨凤城教授、武汉大学罗永宽教授、华中农业大学李恺教授讲授党课。选送领导干部到复旦大学等知名院校和浙江等发达地区学习。与中南民族大学马克思主义学院对接，扩大全省“理论热点面对面”示范点建设效应。“三农大讲坛”阵地前移，吸纳致富能手、创业能人、文化传承人、道德模范进入百姓宣讲团，全市百姓宣讲队伍200余人，通过小组会、屋场会、“尖刀班”夜学等各类形式，开展各类宣讲超过5000多场次。

【加强专题宣传】 2019年，全市《恩施晚报·硒都新闻》发稿900件以上。中国硒都网开辟4个专题，12个专栏，发布时政要闻1500多篇、乡镇新闻2150篇、部门新闻1030篇。《人民网》《新华社》《人民日报》《光明日报》《湖北日报》等上级主流媒体发稿50多篇，在《恩施日报》发稿350多篇，重头稿件40多篇。中国硒都网刊发扶贫宣传稿件600多篇。同时在“硒都时评”刊发脱贫攻坚时评文章30多篇。硒都发布微信公众号、云上硒都等各类媒体同步发稿，全方位多角度宣传脱贫攻坚先进典型。利用3块大型T牌、120个灯箱标牌、20个公交站台宣传时代楷模张富清事迹，在全市840台出租车和200台公交车显示屏上播放张富清先进事迹。

【组织重点宣传活动】 2月21日，恩施市党建暨经济工作会上表彰“五佳五好”对象，表彰的“五佳”对象包括“最佳美丽乡村”8个、“最佳美丽社区”5个、“最佳脱贫标兵”17名、“最佳扶贫干部”17名、“最佳扶贫市场主体”10个；表彰的“五好”对象包括“好婆媳”10组、“好妯娌”10组、“好姑嫂”10组、“好邻里”10组、“好心人”10人。4月3日，湖北广播电视台联合全省30家地市州新闻广播媒体的70多名记者到沙地乡秋木村，开展“产业扶贫”大直播活动。12月30日，为贯彻落实中央、省委关于做好党的十九届四中全会精神宣传工作有关要求，中南民族大学“百名马克思主义学者宣讲队”深入部分乡镇（街道），为广大基层党员干部群众宣讲党的十九届四中全会精神。

（吴　睿）

统战工作

【概　况】 2019年，市委统战部开展多党合作、协助民主党派抓自身建设、支持民族宗教工作、开展对台工作等，做好统一战线各领域工作，被省委统战部和省人力资源厅联合表彰为“全省统战系统先进集体”。

【提升多党合作制度效能】 2019年，市委召开四次常委会议专题听取全市统战工作汇报，审议通过《恩施市2019年度政党协商计划》。市委统战部按计划组织开展各项政治协商活动，全年召开各类协商会、座谈会6次，党外和非公经济人士中人大代表和政协委员撰写人大议案建议和政协提案98件，占议案建议和提案总量的90%以上，涉及全市经济、社会、文化、政治、生态建设等多个领域。

【协助民主党派抓实自身建设】 2019年，市委统战部支持各民主党派、无党派人士开展“不忘合作初心，继续携手前进”主题教育实践活动。协助民主党派规范成员发展、完善组织发展工作流程、加强内部建设；协助民盟恩施市支部、民建恩施市基层委员会做好换届相关工作。引导各民主党派、组织无党派人士围绕市委中心工作和群众反映的热点难点问题深入一线开展调查研究，完成《关于全市智慧城市建设存在的短板和建议》《新形势下如何推动小微企业的创新发展》《茶文旅融合助乡村振兴》《恩施市城区中小学教育资源配置情况调查》4个重点调研报告。

【搭建党外代表人士成长平台】 2019年，市委统战部逐步完善“六支队伍”资源数据库，提升党外代表人士队伍整体素质，全年开展党外代表人士培训500余人次。全市现有副科级及以上（含非领导职务）党外干部206名，其中市人大、市政府、市政协领导班子均配备到位，乡镇、街道（管理处）领导班子配备到位。党外代表人士队伍中有政协委员160名、常委28名。

【成立恩施市新的社会阶层人士联谊会】 12月13日，恩施市在全州率先成立“恩施市新的社会阶层人士联谊会”，为全市中小微企业提供政策咨询服务、政务代理服务、业务指导服务和创业助力服务，为全市经济发展贡献统战智慧和力量。

【深化非公有制经济领域统战工作】 2019年，市委统战部通过举办专题学习班等多种形式开展学习宣传。开展“访民企、办实事、强信心”调研活动，实地了解企业经营发展情况。开展“村企对接手牵手 · 互惠共赢奔小康”精准扶贫行动。开展帮扶市场主体513个，投入资金5.46亿元，帮扶贫困人口9.24万人。推进基层商会规范化建设，全市16个乡镇、街道（管理处）基层商会依法登记工作完成。

【支持民族宗教工作】 2019年，市委统战部持续推进民族团结进步创建工作，巩固民族团结进步示范系统（市教育系统）成果，推动创建民族团结进步示范廊带（龙凤镇—白杨坪镇—太阳河乡）。市教育局获“全国民族团结进步模范集体”，市民宗局获“全省民族团结进步模范集体”，三岔镇委副书记、镇长谭海鹰获“全省民族团结进步先进个人”。在民族路、解放路等社区设立少数民族流动人员服务站，服务外来少数民族流动人员。恩施市外来少数民族务工人员语言文化政策教育培训点受到省委统战部表彰。

【拓展对台工作形式】2019年，全年接待到恩施开展经贸考察、爱心助学的台胞50余人次。8月10日，市委统战部以"高山不隔两岸情"为主题，成功举办第五届"鄂台少数民族手牵手·相约女儿会"活动。

（张　越）

全面深化改革

【概　况】2019年，恩施市推进各项改革任务落实落地，全年谋划、实施改革项目108个，其中承接性改革项目96个（中央试点项目3个、省级试点项目1个），自主性改革项目12个。全年度结项30个（承接性项目22个，自主性项目8个），终止2个（承接性、自主性项目各1个）。

【落实减税降费政策】2019年，恩施市全面落实减税降费政策，53.14万户（人）次享受减免，减免税费金额4.62亿元。其中税收减免4.23亿元，"两费"减免781.19万元，企业职工养老保险费减免3097.49万元。累计办结企业纳税人追溯享受税收优惠退税（费）4275笔，退税（费）金额合计101.23万元；办理自然人享受优惠退税（费）738笔，退税（费）金额61.33万元。全市2.9万户纳税人享受小微企业普惠性优惠，政策享受面100%。

【精准扶贫综合机制改革】2019年，创新精准扶贫综合机制，建立"3146"整改机制，3个清单1个台账，即户清单、村清单、乡清单、市台账；4个机制，即领导牵头负责机制，逐户逐人逐项排查机制，工作日清日结机制，整改销号审核机制；6个一任务，即乡镇指挥长每旬召开一次问题整改会，乡镇党委每周研究一次问题整改工作，乡驻村领导每周驻村研究一次问题整改，市直行业主管部门每月到乡村进行一轮指导督办，市纪检委每月开展一次整改工作明察暗访，市脱贫攻坚办公室每月发一期三大行动工作进度通报。明确"4099"（零硬伤、零短板、零信访、零容忍，群众认可度99%）工作目标。打造名誉村长、硒品入杭、杭情施意、山中车间、恩施月嫂5个东西部扶贫协作品牌。2019年12月，中央政治局委员、国务院副总理胡春华在恩施视察时，对此项工作给予充分肯定；"茶旅融合"扶贫模式入选中俄蒙旅游部长会议典型案例；"131"（市人武部牵头，3个市直部门帮扶1个贫困村，1个民兵干部带领3个民兵帮扶1户贫困户）军地协作扶贫在央视一套《攻坚的力量》节目中推介。2019年，全市1.13万户3.11万人摆脱贫困，贫困发生率降至0.25%，实现整市脱贫目标。

【全市机构改革】2019年，全市完成省、州批准设置的37个县级党政机构、8个党委政府直属事业单位的组建挂牌、班子配备、集中办公、人员转隶、"三定"规定制定工作。设置体现地域特色的政府直属事业机构2个（市硒资源保护与开发中心、市投资建设服务中心）。调整、新设全面依法治市委员会、财经委员会、外事工作委员会、审计委员会、全面深化改革委员会、国家安全委员会、网络安全和信息化委员会、教育工作领导小组、农村工作领导小组等议事协调机构10个，清理不规范设置的机构（不含纪检监察机关、政法机关）19个。

【推进事业单位公务用车制度改革】2019年，全市取消公务车辆72辆，占车辆总数的14.6%。改革后公务出行总费用3579.01万元，年节约财政资金364.18万元，节支率9.2%。公务出行采取报销公务交通费用、适度发放公务交通补贴或其他符合规定的社会化方式予以保障。所有保留车辆喷涂公车专用标识，纳入编制化管理。

【优化营商环境】2019年，恩施市深入推进法治环境、政务环境、金融环境和诚信环境"四大环境"建设，成立市优化营商环境工作领导小组，制定《恩施市优化营商环境工作领导小组工作机制》，印发《恩施市进一步优化营商环境工作方案》《恩施市优化营商环境重要指标“百日攻坚”行动方案》。实现政务服务网省、州、市、乡、村五级联通，市直部门1298项行政审批和服务事项全部进驻服务网，网办率91.53%。由市不动产登记中心创建的“全国百佳不动产登记便民利民示范窗口”通过验收。

【探索提高农村小规模学校教学质量的策略研究】 2019年，恩施市制定《关于进一步加强和规范农村小学和教学点教育教学管理的指导意见》《关于全面加强农村小学和教学点寄宿制学校建设的意见》，构建“一体四轮”（以开展“361快乐课堂”建设为主体，以联片教研、常规管理、精准帮教、网校课堂为“四轮”）实践路径，推行小班化教学，义务教育学校起始年级班额全部控制在55人以内。

【退役军人服务体系建设】 2019年，全市组建市，乡镇、街道（管理处），村（社区）三级退役军人服务体系，出台《恩施市退役军人服务保障体系建设方案》，设置市级服务中心1个，核定编制12名；乡级服务站17个，核定编制34名；村（社区）服务站208个，实现服务体系全覆盖。

【创建国家森林城市】 2019年，加快推进公园建设、道路绿化、拆围透绿、裸土复绿、见缝插绿、重点造林工程等项目实施，实现城市绿化覆盖面积2081公顷，绿化覆盖率57.82%；绿地面积1825.67公顷，绿地率为42.1%。累计建成各类公园14个，新增城市公共绿地（街头绿地、广场游园）30余处，城市公园绿地总面积303公顷，人均公园绿地面积12.2平方米。林地面积22.06万公顷，森林覆盖率为65.53%。2019年，中国森林旅游节授予铜盆水林场“中国森林氧吧”称号，恩施市成功创建“国家森林城市”“国家生态文明建设示范市”。

【推进基层党建“整市推进”试点】 2019年，恩施市严格县级备案管理制度，对不胜任、不适应工作需要的6名村书记及时调整优化，对1273名新一届村（社区）“两委”成员实施全员培训，对78名第一书记进行调整充实。市级统筹、乡镇招录344名村级后备干部长期跟班锻炼。对农村党员实施分类管理，8000多名农村无职党员在脱贫攻坚一线领岗认责，领办企业、合作社360个，带动5000余贫困对象就近就业。

【实施纪委监委派驻（出）机构改革】 2019年，市委印发《恩施市纪委监委派出机构改革方案》，全市撤销原4个派出纪工委，新设置8个派出纪检监察组，实现对全市党政机关、人大和政协机关、群团组织以及事业单位监督全覆盖。出台《恩施市纪委监委派出纪检监察组管理办法（试行）》《恩施市纪委监委派出纪检监察组工作业绩考核评价实施方案》《恩施市纪委监委派出纪检监察组工作制度》等制度，规范派出纪检监察组，日常化开展工作。

【完善龙凤镇综合扶贫改革试点】 2019年，建成恩高、张家老屋2个停车场，为龙凤集镇新增停车位210个。新建凯龙安置小区、三中门前等集镇公厕6座，其中5座投入使用。新建龙马垃圾中转站1座。喻家河水源性工程进入清库阶段。三龙公路安保工程在建。有序推进龙凤集镇棚户区改造，签订房屋征收补偿协议637栋658户。推进杉木坝集镇步行街、游步道等项目建设，启动建设老街改造、停车场、广场。在龙马风情小镇建成抹茶基地112公顷，新发展李子、甜柿、椪柑、核桃等果树97公顷。成功举办第二届“赛龙舟·品雨露”文化旅游节，乡村旅游加速发展。

【实施白杨坪镇农村产业融合发展示范园建设】 2019年，市委出台《白杨坪镇农村产业融合发展试点示范园实施方案》，完成洞下槽亲稀源一、二、三产业融合示范点项目建设，建成洞下槽—白杨坪—鹿子渡60千米优质茶叶带和全市有机茶重点示范版块基地。

【创建恩施市集体林业综合改革试验区】 2019年，出台《恩施市集体林地承包经营权退出与再发包管理办法（试行）》，开发恩施市林地流转信息化管理系统，完成17.9万份林权档案电子化扫描录入工作。启动沙地乡麦淌村阻碍林地规模化发展试验村建设，253户林农签订515.8公顷集体林地退出协议。首次在盛家坝镇（乡）采取合同管理方式完成373.33公顷集体林地经营权流转。

【推进湖北省经济发达镇行政管理体制改革】 2019年，成立由市委书记任组长，市长任第一副组长的恩施市龙凤镇行政管理体制改革工作领导小组。出台《恩施市龙凤镇行政管理体制改革实施方案》，明确党政机关下设6个内设机构，镇政府下设3个直属事业单位，市直延伸派驻机构22个、代管机构1个。拟定下放事项305项，其中行政审批事项31项、行政执法类209项、其他类65项。2019年底，完成机构设置，并通过公开招聘、分配、选调等方式配备工作人员12名。11月20日，龙凤镇迎接省级经济发达镇改革成效第三方评估。

（胡艳黎）

机构编制

【概　况】 2019年，市委编办以深化全市党政机构改革和推进综合行政执法改革等工作为重点，理顺机构职能，提升公共服务能力。至12月底，全市行政机构共有62个，其中党委机关10个，政府部门27个，恩施经济开发区管委会1个，市人大机关1个，市政协机关1个，群团机构6个，乡镇机关16个。全市事业机构624个，其中党委政府直属事业单位8个，市直主管部门延伸管理的乡镇事业单位101个，乡镇直属事业单位21个，乡镇转制事业单位80个，其他事业单位414个。在2019年全省机构编制业务综合考评中，市委编办被省委编办表彰为全省机构编制工作三等奖获奖单位，获奖励资金14万元，是全州3个获奖县市之一。《恩施市深化机构改革释放编制资源新活力》反映机构改革做法的文章在省级刊物《领导科学论坛》、国家级刊物《学习导刊》上刊登。

【实施全市党政机构改革】 2019年，市委编办牵头制定“1+9”（一个恩施市机构改革方案，九份相配套的方案或文件）工作方案，明确基本原则、操作流程、方式方法及其他注意事项。2月22日，《恩施市机构改革方案》获州委、州政府批复同意。2月28日，召开全市机构改革动员大会，正式实施全市机构改革。编办相继印发《全市机构编制、领导职数、人员划转调整方案》《关于做好全市机构改革人员转隶工作的通知》，明确转隶原则、转隶程序及转隶要求，完成16个单位377名行政编制人员的转隶工作。3月18日，所有涉改单位完成挂牌工作，领导班子和科（股）室集中办公。印发《机构编制职责框架》《关于做好机构改革“三定”规定和机构编制调整事项工作的通知》《部门职能配置、内设机构和人员编制规定（模板）》等，对涉改的党政机构和直属事业单位，明确制定“三定”规定单位20个，机构编制事项调整部门19个，6个暂不作调整。3月底，经省、州批准设置的37个县级党政机构、8个党委政府直属事业单位全部完成组建挂牌、班子配备、集中办公、人员转隶、“三定”规定制定工作。5月，设立恩施市退役军人服务中心和乡镇、街道（管理处）退役军人服务站，明确职能职责，核定人员编制。8月，市委编委明确全市医疗保障经办服务体系建设有关机构设置、职责划转、主要职责、人员编制和领导职数、人员划转等事项。

【全市党政机构改革总量】 2019年，恩施市机构改革后，设党委部门10个（市纪委监委、市委办公室、组织部、宣传部、统战部、政法委、政研室、编办、巡察办、信访局），政府工作部门27个（政府办、发改局、教育局、科技经信局、民宗局、公安局、民政局、司法局、财政局、人社局、自然资源和规划局、住建局、城管执法局、交运局、水利局、农业农村局、文旅局、卫健局、退役军人事务局、应急管理局、审计局、市场监管局、统计局、医保局、扶贫办、政务服务和大数据局、林业局），党委、政府直属事业单位8个（党校、档案馆、融媒体中心、机关事务服务中心、公共资源交易中心、公共检验检测中心、硒资源保护与开发中心、投资建设中心），群团机构6个（工会、团市委、残联、工商联、科协、妇联），乡镇机关16个。全市机构编制管理工作规范，控编减编有序有效，守住机构设置不突破限额，编制总量不突破2012年底编制总量。

【推进行政类事业单位改革】 2019年，全市有承担行政职能事业单位33个，其中党委政府直属事业单位6个（市粮食局、市畜牧兽医局、市旅游委、市档案局、市城投管理办公室、市城管局），部门所属事业单位27个，经省委编办备案的4个（市事业单位登记管理局、市机关事务管理局、市移民局、市城乡规划管理局）。根据《恩施市机构改革方案》，完成党委政府直属6个事业单位和经省委编办备案的4个事业单位改革工作。其他未经省委编办备案的23个事业单位，6月制定改革工作方案并组织实施，同时报州委编办备案。完成3个经营类事业单位改革任务。

【实施综合行政执法改革】 2019年，市委编办组织专班对文化旅游市场、交通运输、农业、市场监管4个领域执法队伍开展调研，锁定4个领域编制414名，执法人员391人。牵头组织拟定改革方案，分别提请市政府常务会议和市委常委会审议。10月中旬，市委办公室、市政府办公室联合行文印发4个领域改革方案并组织实施。12月，完成4个领域改革涉及机构设置、人员编制划转等工作。

（杨　静）

市委党校（市行政学校）

【概　况】 2019年，中共恩施市委党校（恩施市行政学校）完成培训班16期，培训1935人次，社会宣讲89场，培训6842人次。

【加强主题教育教学】 2019年，市委党校（市行政学校）以“不忘初心、牢记使命”主题教育为落脚点，推进“主阵地、大熔炉”党建品牌创建，在教育培训中突出主业主课，加强党性锤炼。在培训班和校外宣讲中，抓主业谋发展，以习近平新时代中国特色社会主义思想、理想信念、党性教育为重点，进行政治理论、领导科学、管理科学、经济知识、业务知识、党风党纪等方面的宣讲，通过教育培训，增强党员干部“四个意识”和“四个自信”，围绕全市工作大局，提高教学、科研、资政和管理服务水平。

【举办各类培训班次】 2019年，市委党校（市行政学校）全年举办村（社区）党组织书记、村（居）民委员会主任培训班，村（社区）纪检委员培训班，村（社区）党组织组织委员培训班，村定补干部培训班，社会工作专业人才培训班，2019年发展对象示范培训班，农村“两委”后备干部培训班，2019年城镇管理专题培训班，2019年退役军人入职培训班，2019年基层妇女干部培训班，大学生村官素质提升培训班，民主党派、无党派代表人士主题教育实践活动培训班，纪检监察干部能力素质提升培训班，市“两新”党组织书记培训班等16期，培训1935人次。

【开展社会宣讲活动】 2019年，市委党校（市行政学校）深入各乡镇、街道（管理处）、市直单位、村（社区）、企业、学校，对中共党史、习近平总书记关于党的建设重要论述、精准脱贫、廉政教育、乡村振兴、理想信念教育、党员权利义务、中国共产党的光辉历程与基本经验、党章、生态文明建设、新时代党的纪律建设、支部工作条例、党员教育管理工作条例、中国共产党的辉煌历程、党的政治建设、以人民为中心的发展思想、总体国家安全观进行宣讲，共宣讲89场，培训6842人次。

【申报科研课题】 2019年，市委党校（市行政学校）组织全体教师参加恩施州委党校、恩施州社科联共同举办的关于乡村振兴与高质量发展暨恩施州党校系统第30届理论研讨会，深入实地调研盛家坝乡二官寨村及屯堡乡花枝山茶厂，提交论文13篇，其中获一等奖2篇，获二等奖5篇，获三等奖3篇。组织教师参加2019年度全州党校系统科研合作课题申报，立项4个，成功结项3个。申报市直单位2019年调研课题2个，均成功立项。

【探讨教学改革】 2019年，市委党校（市行政学校）党性教育和党的理论教育占总课时的75%，突出主业主课地位。提出“创新优化党的理论教育和党性教育方式”改革项目，被纳入“2019年恩施市全面深化改革项目计划”，该项目以设立“课题小组”为突破口，深化教学机制改革。每个授课专题成立3人“课题小组”，课题小组与授课人一起共同对授课专题负责，共同探讨、制定、完善教学思路、教学内容、教学方式方法。倡导运用研讨式、案例式、模拟式、体验式、辩论式等多种互动式教学方法。按照“一红一绿”原则，将龙凤镇全国综合扶贫改革试点、芭蕉侗族乡民族团结进步示范基地、白杨坪镇洞下槽村乡村振兴示范基地、盛家坝乡二官寨全域旅游示范基地、恩施花枝山生态农业产业扶贫示范基地、恩施抗战历史陈列馆、叶挺将军纪念馆爱国主义教育基地、市第一看守所等纳入党校教学基地建设。

（周婕蓓）

档案史志

【概　况】 2019年，市档案馆馆藏193个全宗（其中8个全宗的档案未入馆）档案，含文书档案108169卷，70092件，科技档案266卷、底图28张，会计档案33494卷，声像档案5116（照片档案5035张、录像带81盒），电子档案1025（光盘921张、磁带104盒），实物档案1304件，专业档案133084卷，资料15771册。统筹推进党史、方志编撰，加强对部门（综合）志、乡镇（村）志的指导。《恩施市人物录》出版发行，《恩施土家族历史概览》《恩施市要览》《恩施市革命老区发展史》进入出版环节。

【完善档案数字化管理和服务】 2019年，市档案馆开展机关档案省一级达标创建工作，修订完善机关档案目标管理“三合一”制度。完成文书档案、图片档案和实物档案整理、归档、排架、条目录入、全宗介绍及全文扫描等工作，通过市档案局档案达标验收，成功创建机关档案工作目标管理省一级。当年完成档案数字化1.21万卷，档案原文数字化103.33万幅，馆藏档案数字化率34.45%。接收文书档案1卷1099件、实物档案34件、电子档案158件、会计档案170卷、照片43张、资料44册。档案服务窗口合计接待查阅4164人次，查阅档案6169卷、92件，复印档案8851页。

【综合档案馆建设项目】 2019年，市综合档案馆完成项目主体工程及室内外附属设施建设。7月4日，市发改局批复综合档案馆设施设备配置项目可行性研究报告。9月，完成室外绿化、道路施工、室内外整改和修补工作。10月29日，完成主体工程预验收和消防验收工作。市综合档案馆新建项目面积6800平方米，项目投资2321万元（其中中央预算内投资1030万元），项目选址七里坪高速连接线与金龙大道交汇处北侧耿家坪南侧宗地，项目用地0.8公顷。

【党史资料编研】 2019年，市史志研究中心完成《中国共产党恩施市历史（1979—2002）》（第三卷）基础材料搜集和初审稿文本编撰工作。与市委组织部联合印发《〈中国共产党恩施市组织史资料（2014—2018）〉编撰方案》，启动编撰准备工作。与市老促会主持编撰《恩施市革命老区发展史》统稿完成，最终形成3编12章42节186个目，纯文本20.8万余字、图片192余帧出版送审稿，报市委审批并于12月进入出版环节。

【综合年鉴编纂】《恩施市年鉴（2018）》由中国地方志指导小组资助出版。3月22日，市政府办公室印发《〈恩施市年鉴〉（2019）编纂方案》通知，开展年鉴征编工作。至9月底完成定稿，进入出版环节。完成《湖北年鉴（2019）》和《恩施州年鉴（2019）》资料上报任务。

【部门（村）志编纂指导】 2019年，市史志研究中心协调、统筹推进全市新编部门（专业）志、村（社区）志编撰指导工作。《鹿子渡村志》《熊家岩村志》《周家河村志》和《五峰山村志》进入出版环节。《恩施市人民代表大会志》《恩施市供销合作志》《恩施市地税志》《恩施市发展改革志》《恩施市教育志》《恩施市第二中学志》《恩施市第三中学志》《恩施市舞阳中学志》《稻池村志》《大河沟村志》《南里渡村志》《莲花池村志》通过终审评审，进入统稿修订环节。市档案馆（史志研究中心）对《金龙坝村志》进行扶持，至12月，完成统稿撰稿工作。

【《恩施市人物录》出版发行】 2019年11月，《恩施市人物录》由经济日报出版社公开出版发行。该书收录以本籍人物（包括在本地与在外地工作）为主，客籍人物（主要为来本地工作）为辅。入志对象为区域内著名社会活动家、革命烈士、英雄模范、党政军界正县（团）级领导（任职恩施县市副县级领导）、各界别正高（教授）职称人物或有突出贡献者，国内外科技、学术成就、成果突出者及其他产生过重大影响的历史人物，入录人物1468人，其中新中国成立前各历史时期252人。该书历时两年时间编撰完成，填补恩施市这一项空白。

【《恩施土家族历史概览》《恩施市要览》进入出版环节】 2019年，《恩施土家族历史概览》历时两年时间编撰完稿，形成文本30余万字报市政府审批，4月送交光明日报出版社进入出版环节。《恩施市要览》于2018年9月启动编纂，至2019年11月，完成统稿、定稿，最终形成12章、28节、76目、416个子目计10万字，图片56帧的编纂规模，报请省文化和旅游厅地方志工作处批准并资助出版。

【档案史志机构改革】 2019年3月18日，恩施市档案馆正式挂牌（加挂市史志研究中心牌子），为市委直属事业单位，正科级建制，负责全市档案、党史、地方志等工作。原市档案局档案指导和执法职能划转到市委办公室。3月30日，市委机构编制委员会下发《恩施市档案馆"三定"方案》。机构改革后，核定全额拨款事业编制21名，设办公室、管理股、征收股、信息股、宣教股、方志股、党史股7个内设股室。

（潘　芳）

信　访

【概　况】 2019年，恩施市信访工作全力打好国庆、军运会期间信访攻坚战，切实提升信访"五率"，狠抓领导干部"四访"，推进律师"三进"，实施信访法治化建设，持续开展"人民满意窗口"创建，助力全市经济社会全面健康协调发展。实现全国"两会"、国庆70周年及第七届世界军人运动会重点敏感期间零非（异常）访、零滞留和"三个不发生"（不发生规模性聚集上访、不发生涉访极端事件、不发生因信访问题引发的负面炒作）的目标。

【开展阳光信访】 2019年，全市阳光信访信息系统登记录入信访事项4281件，其中来访1087件、来信348件、网信2846件，网信占比66.48%。信访事项做到应录尽录，录入率100%；信访事项及时受理率100%；信访事项及时办结率100%；信访部门信访事项参评率99.61%，责任单位信访事项参评率95%；信访部门群众满意率99.68%，责任单位群众满意率98.64%。

【开展责任信访】 2019年，市级领导接访217批731人次，下访563批1275人次，约访115批207人次，陪访20批35人次；乡镇领导接访1541批2306人次，下访1700批2549人次，约访651批1037人次，陪访362批542人次；市直单位领导接访960批1784人次，下访1085批2172人次，约访196批409人次，陪访110批469人次。对132件信访积案落实市级领导包案，市级领导包案信访积案化解85件。对37件重点信访案件明确责任领导、责任单位、责任人。24件州级“双签双交”信访交办件化解18件，13件市级“双签双交”交办件化解5件。

【推进法治信访】 2019年，全市信访工作运用法治思维，推动信访工作制度化；遵循法治方式，推动综合施策多元化；维护法治权威，持续推动“三无”创建达标化；加强法治规范，推动业务工作精准化。市接访中心律师全年接待信访群众115批194人次，其中法律咨询20批42人次，引导向有关（责）单位反映6批11人次，引入诉讼渠道或建议协调97批160人次。律师参与领导接访52批176人次。

（刘宗荣）

恩施市人民代表大会

综 述

2019年，恩施市人大常委会认真履行宪法和法律赋予的各项职权，全年召开7次常委会会议、20次主任会议，听取和审议“一府一委两院”工作报告33项，作出决定决议12项，开展视察调研7次，执法检查5次。

市人大常委会坚持把拥戴核心、维护核心、紧跟核心作为衡量评价人大工作的第一标准，努力使市人大及其常委会成为全面担负起宪法法律赋予各项职责的“工作机关”、同人民群众保持密切联系的“代表机关”、旗帜鲜明讲政治的“政治机关”、党和人民满意的“模范机关”。

重要会议

【市十届人大四次会议】 恩施市第十届人民代表大会第四次会议于2019年1月4—7日召开。会议听取和审查市人民政府工作报告；审查和批准市人民政府关于2018年国民经济和社会发展计划执行情况及2019年国民经济和社会发展计划（草案）的报告，批准2019年国民经济和社会发展计划；审查和批准市人民政府关于2018年财政预算执行情况和2019年财政预算（草案）的报告，批准2019年财政预算；听取和审查市人大常委会工作报告、市人民法院工作报告、市人民检察院工作报告；听取市人民政府关于市十届人大三次会议及“聚力脱贫攻坚·人大代表在行动”代表议案、建议、批评和意见办理情况的报告；选举产生万亨东为市人大常委会副主任；通报2018年度人大工作突出单位；对市人民政府工作部门、市人民法院、市人民检察院工作“满意度”进行测评。

【市十届人大常委会会议】 2019年，市第十届人大常委会召开了7次会议。

3月25日，市第十届人民代表大会常务委员会第17次会议召开。会议通过有关人事任免议案；听取和审议市人民政府关于2018年部门预算执行情况的报告；听取和审议市人民法院关于呈报提请确定人民陪审员名额数的议案；审议通过市人大常委会2019年工作要点。

4月30日，市第十届人民代表大会常务委员会第18次会议召开。会议通过有关人事任免议案。

5月21日，市第十届人民代表大会常务委员会第19次会议召开。会议听取和审议市人民政府关于将恩施市普通国省道“建养一体化”项目财政支出纳入中长期财政规划及分年度列入预算的议案、市人民政府关于2017年度审计查出问题整改情况的报告，审议通过《恩施市人大常委会专题询问办法（试行）》。

7月30日，市第十届人民代表大会常务委员会第20次会议召开。会议通过有关人事任免议案，听取和审议市人民政府关于2019年上半年国民经济和社会发展计划执行情况的报告、市人民政府关于2019年上半年财政预算执行情况的报告、市人民政府关于“七五普法”工作情况的报告、市人民政府关于产业扶贫工作情况的报告、市人民政府关于全市中医药事业发展情况报告、市人民政府关于全市全域旅游发展情况的报告。

9月28日，市第十届人民代表大会常务委员会第21次会议召开。会议通过有关人事任免议案，听取和审议市人民政府关于2018年度市本级预算执行及其他财政收支的审计工作报告、市人民政府关于市十届人大四次会议及“聚力脱贫攻坚·人大代表在行动”代表建议办理情况的报告，听取市人民政府扫黑除恶专项斗争工作情况的报告。审议通过市人民政府关于2018年市本级财政决算的报告、市人民政府关于将2019年地方政府债券纳入本级预算的报告。

11月26日，市第十届人民代表大会常务委员会第22次会议召开。会议通过有关人事任免议案，听取和审议市人民政府关于2019年度财政预算调整方案的报告、市人民政府关于2019年度财政预算调整方案的审核情况报告。

12月19日，市第十届人民代表大会常务委员会第23会议召开。会议通过有关人事任免议案。

依法决策

【作出重大事项决定】 2019年，市人大常委会就重大事项依法作出《关于将2019年地方政府债券纳入本级预算的决定》《关于批准2018年度财政决算的决议》《关于批准2019年本级预算调整方案的决定》《关于恩施市2018年度本级财政预算执行及其他财政收支审计情况审查意见的报告》等决议决定及审议意见12项。

【进行人事任免】 2019年，市人大常委会始终坚持党管干部原则和人大依法任免的有机统一，按照任前法律知识考试、拟任职发言、民主票决、颁发任命书、宪法宣誓等一整套程序对市委提名任命的干部进行任命。在地方党政机构改革中，及时做好调整后市政府工作部门负责人的任免工作，保障机构改革顺利推进。2019年，常委会依法任免“一府一委两院”国家机关工作人员209人次。

人大监督

【开展经济工作监督】 2019年，市人大常委会听取和审议市人民政府关于2018年部门预算执行情况的报告、2018年度市本级预算执行情况及其他财政收支的审计工作报告、2017年审计查出问题整改情况的报告、2019年上半年计划预算执行情况的报告、2019年计划预算执行情况及2020年计划预算草案的报告。常委会突出财政预决算审查监督，分析和掌握财政运行以及分行业、分税种的动态情况，针对部门预算编制不够精细、预算执行约束力不强等问题，组织开展专题调研，建议市人民政府及其有关部门加强预算编制的精细化管理，严格执行《中华人民共和国预算法》，完善“全口径预算”，细化“四本预算”。针对财政运行中政府投资及债务管理方面存在的问题，建议市人民政府及其有关部门增强风险防范意识，加强对政府性融资等财政性资金使用情况的监管，切实提高负债资金的使用效益，健全财政风险预警和监测机制，规范政府融资平台运行和担保行为，防范财政潜在风险，努力提高保障财政稳健安全运行的水平，有力促进市人民政府及其有关部门加强债务管理，化解债务风险。针对全市财政收支压力大等问题，建议市人民政府及相关部门充分认识当前财政收入形势，努力寻找新的税收增长点，认真落实各预算单位厉行节约措施，加强绩效评价管理，努力提高财政资源配置效率和使用效益，确保各项收入依法征收、应收尽收，扶持实体经济发展，有效促进全市经济平稳健康发展。同时，常委会听取市人民政府关于国有资产清理情况报告，完成国有资产监督和预算监督平台建设的前期各项准备工作。

【开展脱贫攻坚监督】 2019年，市人大常委会围绕贯彻落实中央决策部署和省委、州委、市委脱贫攻坚工作要求，充分发挥人大监督职能。5月，常委会成立3个视察调研组，结合全市2019年脱贫攻坚作战方案关于“突出基础产业带动作用”的要求，按照贫困户脱贫“关键在产业、落脚在就业”的思路，先后深入17个乡镇、街道（管理处），就市场主体不强、产业链条不长、发展质量不高、利益链接不紧、销售渠道不畅、带动效益不强等方面，采取听情况介绍、开展座谈交流、现场查看专业合作社经营情况和走访贫困户等方式，深入了解全市产业发展以及带动贫困户情况。常委会在视察调研和听取市人民政府关于产业扶贫工作情况的报告后，针对市场主体带动能力有限，产业发展缺乏人技支撑，品牌建设保护迫在眉睫，产业发展空间后续乏力，土壤酸化严重、撂荒面积增大、治理投入不足和亩平治理费用偏高等问题，建议市人民政府及其有关部门采取培强扶优市场经营主体、强化基层人才队伍建设、做强地域优势品牌、加大农业面源污染治理、清零产业发展基础短板等措施，确保中央扶贫政策落到实处。按照市委精准扶贫工作统一安排部署，常委会领导班子成员投身脱贫攻坚一线，担任乡镇脱贫攻坚前线指挥部指挥长或副指挥长，严格履行脱贫攻坚政治责任。

【开展生态文明建设监督】 2019年，市人大常委会践行“绿水青山就是金山银山”理念，围绕打好污染防治攻坚战、建设美丽恩施，组织开展全市污染防治工作、水污染防治专题视察，配合上级人大常委会进行清江流域水环境保护立法调研工作，持续开展“环保世纪行”活动。对全市全域旅游发展情况开展视察调研，听取和审议市人民政府关于全域旅游发展情况的报告，针对全市全域旅游发展氛围不浓、旅游基础设施短板制约、旅游项目核心品牌少等问题，建议市人民政府及其有关部门加大统筹力度，强化规划引领，提高旅游公共服务水平，加快推进旅游项目建设力度，促进全市全域旅游健康发展。

【实施民生领域监督】 2019年，市人大常委会把服务和保障民生作为监督工作的重点，组织开展全市工商企业用气成本情况、全市民营医院发展情况专题调研。就恩施市工商企业用气价格、乡镇天然气延伸服务等问题，常委会提出针对性的意见建议，为全市营造良好营商环境，保障民生实事，进行有力监督。对全市中医药事业发展情况进行专题视察，听取和审议市人民政府关于全市中医药事业发展情况的报告，针对全市中医药事业发展保障体系不完善、人才队伍建设不强、服务水平和能力不足等问题，建议市人民政府及其有关部门，在政策上积极引导，尽快制定出台加快推进中医药事业发展的实施意见，吸引和鼓励中医人才投身于中医药事业，全面提升中医药服务水平和能力，使基层群众真正享受到中医药服务便利，满足人民群众对中医药多元化需求。

【实施司法行政监督】 2019年，市人大常委会坚持正确的司法工作监督理念，做到既加强人大监督，又维护司法独立。专题听取全市扫黑除恶专项斗争工作情况报告和全市“七五”普法工作情况报告，配合上级人大常委会开展法治政府建设工作情况视察调研，督促“一府一委两院”严格依法行政和公正司法。加强宪法和法律法规的实施监督，认真开展宪法和法律法规学习宣传活动，全年发放“法律法规宣传册”3000余份，推动形成尊法学法守法用法的良好社会氛围。配合上级人大常委会开展《湖北省宗教事务条例》《湖北省清江流域水环境保护条例》等6部法律法规立法调研和征求意见工作。就全市贯彻落实《中华人民共和国民族区域自治法》《湖北省水污染防治条例》等5部法律法规情况进行执法检查。加强规范性文件备案审查工作，进一步健全工作机制，完善工作程序，创新工作方法，依法审查《恩施市人民政府关于划定高排放非道路移动机械禁用区域的通告》等2个规范性文件，并提出具体的审查意见，有力维护法制统一和尊严，保障公民、法人和其他组织的合法权益。加强人大信访督办工作，全年交办和督办群众来信6件、接待来访21人次。

代表工作

【保障代表依法履职行权】 2019年，全市科学划分、综合编制77个代表小组，建立起规范的代表小组活动室，为代表更好地联系和服务人民群众搭建有效载体，代表开展活动更加便利，代表联系群众渠道更加畅通。完善“双联”制度，探索在人大代表中推行民情日记、代表接待选民日、代表述职评议、邀请代表参加常委会等制度，要求常委会领导及专职委员加强对所联系乡镇人大工作的指导，为代表依法履职提供制度保障。同时，促进各乡镇人大主席团、代表小组进行学习交流，并组织代表培训班，发放法律法规等学习资料，邀请专家开展专题辅导，努力提升代表履职能力。

【提高代表建议办理质量】 2019年，市人大常委会把提高代表建议办成率作为尊重和支持代表行使职权的重要内容，力求建议提得好、交得准、办得成。市十届人大四次会议期间，代表提出涉及交通水利、城建管理、科教文卫、社会保障、农业农村、环境保护、商贸旅游、改革等方面建议106件，全部按程序交由市人民政府办理。同时，常委会加大督办力度，印发《关于调研督办代表意见建议办理情况的通知》，由常委会领导班子成员带领7个督查组跟踪督办。在市人民政府及其有关部门的重视和推动下，通过各承办单位的共同努力，代表建议办复率100%，解决或基本解决的占75.5%，正在解决或列入计划解决的占16%，暂时难以解决的占8.5%，代表满意率97.2%。

【持续开展“聚力脱贫攻坚·人大代表在行动”活动】 2019年，市人大常委会持续开展“代表行动”活动。按照省、州人大常委会统一安排部署，常委会及时在盛家坝镇（乡）召开现场推进会，聚焦主题，明确重点，提出“八个一五真四有”（“八个一”：学习传达一次省、州会议精神，观看一次专题片，拟定一个活动方案，设计一套走访调研模板表样，开展一次走访联系选民活动，组织一次易地扶贫搬迁和危房改造专项督查活动，督办意见建议办理推动解决一批实际问题，完成一份工作总结；“五真”：真学、真访、真研、真改、真督；“四有”：对收集到的意见建议做到有原始资料、有交办文件、有办理回复、有反馈意见）的工作要求，全年各级人大代表走访选民2526户，察看易地扶贫搬迁户1135户，危房改造户784户，发现收集问题231个，形成代表意见建议174条。各乡镇人大主席团对收集的问题整理形成清单，交由本级政府纳入问题清零行动，限期整改，逐个销号；对活动中代表提出的意见建议督促政府及有关部门研究处理，对列出的问题清单加强跟踪监督，切实解决一批事关人民群众切身利益的问题。

自身建设

【加强组织建设】 2019年，市人大常委会不断健全完善党建工作格局，夯实组织基础。调整充实机关全面从严治党工作领导小组，常委会党组书记任组长、其他党组成员任副组长、各办委负责人及专职委员为成员，进一步夯实机关党建的组织基础。选齐配强党建办主任、监察室主任，建设起一支政治坚定、结构合理、精干高效、充满活力的机关党务干部队伍。深化“人大先锋·履职为民”党建品牌创建工作，持续做好合格支部评定和合格党员评定，打造优秀党支部。

【完善制度机制】 2019年，市人大常委会坚持以法治思维推动人大工作，进一步完善市人大常委会议事规则、市人大常委会主任会议议事规则、关于加强市人大常委会会风建设的意见等制度，切实规范人大工作机制。同时，出台市人大及其常委会机关负责人AB角补位工作制度、中心组学习制度、档案管理制度、保密工作制度、老干部工作制度、值班制度、机关经费常用管理制度等20余项制度。

【推进作风转变】 2019年，市人大常委会严格执行《党章》《廉洁自律准则》《纪律处分条例》及中央八项规定精神和省委、州委、市委要求，不断健全完善常委会党组议事规则、决策机制。开好民主生活会，严肃认真开展批评和自我批评。坚持民主集中制，“三重一大”事项集体研究决定。切实履行常委会党组管党治党的政治责任。充分发挥常委会党组模范作用。坚持党管干部原则，坚持正确选人用人导向，始终把习近平总书记新时代好干部标准落实到机关干部队伍建设中。经常性开展党性党纪教育、廉政谈话等活动，从实处着力，从小处入手，以求真务实的机关作风，推动常委会更好地履行宪法和法律赋予的职责。

【夯实基层基础】 2019年，市人大常委会坚持把联系和指导乡镇（街道、管理处）人大工作作为全市人大工作的重点，年中组织召开乡镇（街道、管理处）人大工作座谈会，交流乡镇（街道、管理处）人大工作的经验和做法，了解乡镇（街道、管理处）人大工作中存在的困难和问题，进一步完善市、乡人大工作联动机制。成立由市人大常委会领导和专职委员组成的7个小组，就各乡镇（街道、管理处）贯彻落实《湖北省乡镇人民代表大会工作条例》情况进行督办检查，指导乡镇（街道、管理处）完善人代会、主席团会议、代表工作、监督工作、决定重大事项、联系群众等机制。加强乡镇（街道、管理处）指导与联系，帮助乡镇（街道、管理处）人大解决工作中的困难和问题。科学制定对乡镇（街道、管理处）人大工作的指导评价体系，出台《市人大常委会办公室关于进一步指导规范基层人大工作的通知》和《2019年度对乡镇（街道、管理处）人大工作指导评价细则》，有力促进基层人大工作依法有序开展。

（王学礼）

恩施市人民政府

综　述

2019年，恩施市围绕市委“316”总体思路和工作目标，践行新发展理念，坚持人民中心地位，坚决打好“三大攻坚战”，统筹推进稳增长、促改革、调结构、惠民生、防风险各项工作，奋力推进全市绿色发展、高质量发展。全年实现地区生产总值379.52亿元，同比增长7.7%；全社会固定资产投资同比增长18.2%；规模以上工业增加值同比增长7.9%；服务业增加值同比增长8.9%；实现社会消费品零售总额215.78亿元，同比增长11.6%；完成地方公共财政预算收入20.37亿元，同比下降3.9%；实现旅游综合收入200.39亿元，同比增长11.6%。

重大工作

【推进三大攻坚战】 2019年，全市推进精准脱贫攻坚战、污染防治攻坚战、防范化解重大风险攻坚战。全市11510名扶贫干部扎根一线，贫困发生率由2014年的26.08%下降至0.25%，54627户174933人脱贫，145个贫困村出列，整市“摘帽”目标如期实现，精准脱贫攻坚战总体告捷。

全年空气优良天数比上年增加10天，达344天。清江大沙坝国控断面、长沙河省控断面、大龙潭饮用水源水质达标。中央、省环保督察交办问题整改完成219个，剩余33个达到序时进度。“河长制”“山长制”有效落实，办理生态环境案件379起，查处水政渔政案件45起、涉林案件238起，生态环境保护高压态势持续保持。

严格规范举债融资行为，消化存量隐性债务6.2亿元，政府债务等级由橙色降为黄色。审结非法集资案件6起，关停非法金融场所6家，清理类金融机构10家，金融环境持续净化。

【推进特色产业建设】 2019年，全市农业产业化、生态文化旅游业、特色产业实现新突破。农业产业化发展提质增效，农业总产值54亿元，同比增长4.8%。建成高标准农田4440公顷，认证绿色食品基地1.13万公顷，特色产业基地常年面积8.27万公顷。非洲猪瘟有效防控，恩施市连续13年获授“全国生猪调出大县”。市场主体不断壮大，农民专业合作社1942家，家庭农场482家。品牌打造“三品一标”认证企业50家，认证产品97个。“恩施玉露”作为“2019湖北省优质区域公用品牌农产品”亮相央视，成为第七届世界军人运动会指定用茶，品牌价值20.54亿元。恩施市跻身“2019年中国茶业百强县”。

生态文化旅游业蓬勃发展，青云崖、红花峡等旅游项目加快推进，恩施大峡谷、土司城、梭布垭石林等景区实现提档升级，铜盆水森林康养项目取得实质性进展。乡村旅游势头强劲，采富硒茶、吃农家饭、住土苗寨成为恩施旅游的新亮点，白杨坪镇洞下槽村被评为“全国乡村旅游重点村”。开通国际（地区）航线4条、新增国内航线3条，实现国际旅游包机直航，旅游市场有效拓展。全年旅游接待人次突破2300万，同比增长10%，恩施市获“2019中国最美县城”称号。

特色产业增长极加快形成，硒食品精深加工产业初具规模。新增“规上”硒食品精深加工企业4家，硒产业总产值122.18亿元。生物医药产业不断壮大。新增中药材种植面积3333.33公顷，留存面积2.07公顷，“规上”生物医药企业4家，生物医药产业综合产值33亿元。清洁能源板桥风电项目即将投产，六角亭、芭蕉天然气利用项目完工，清洁能源产业总产值7.5亿元。

【推进实体经济发展】 2019年，全市营商环境、招商引资、实体经济实现新突破。营商环境持续优化，政务服务“一张网”建设加快推进，1334项审批事项接入国家、省一体化在线服务平台，承诺时限较法定时限压缩70%以上，90%事项实现网办，60%事项实现“只跑一次”，37%事项实现“零跑腿”。产业项目承诺审批制“先建后验”和区域性统一评价工作稳步推进，项目审批速率大幅提升。推行行政执法“三项制度”，严格规范行政执法行为，市场环境不断优化。

坚持招商引资“一号工程”，强化“四个一”项目服务机制，红太阳集团、浙闽特色食品等12家企业落户恩施，大峡谷地面缆车、发泡材料等17个项目开工建设，恩施复烤厂仓储、施瓦茨出口加工等8个项目建成投产。实现省外到资33亿元，新增外资企业3家，直接利用外资858万美元。

实体经济紧盯“四倍增一突破”目标，组建市工业经济发展服务中心，开通不动产登记绿色通道，兑现各类奖励资金1295万元。白杨坪产业园4.5万平方米标准厂房完成主体施工，七里坪产业园13万平方米标准厂房建成，中立家具投产运营，重庆医药、动力电池、鑫航盛进园入驻。电子商务进农村综合示范县项目加快推进，贝店富硒小土豆日销近30万千克，创吉尼斯世界纪录。新增“规上”工业企业12家，工业投资、技改投资分别增长10%、99.9%。

【促进城乡面貌改善】 2019年，全市城市功能、城乡面貌、美丽乡村实现新突破。城市功能推进“16+1”“五个三”州级重点项目和128个州城重点项目，完成投资61.2亿元。金子路、金茨泉路全线贯通，银北高速建恩段、金龙大道3标段建成通车，金山大道西段2期、209绕城线5标段、施州大道延伸等开工建设，“六纵五横四环”城市路网基本成型。凤凰山森林公园提档升级、清江流域防洪减灾工程竣工投入使用，四水厂开工建设，“三厂二廊一园”城市配套日渐完善。老旧小区改造试点有序推进，蔡家河、三河、白庙桥等6个棚户区改造项目完工。

亲水走廊提档升级、人行天桥和跨江桥梁修缮美化相继竣工，三条高速连接线、金山大道西段1期、209绕城线4标段、施州大道红庙段绿化完成。深入开展“裸土复绿、拆围透绿、见缝插绿”，实现主干道花卉绿化全覆盖，新增17个街头小游园，释放绿色空间8万平方米，城市绿地率42.1%。舞阳大道、土桥大道、施州大道人行道改造工程如期完成，新建城市公共停车场4个，新增停车泊位1200个，“路长制”全面落实。

美丽乡村“四个三”重大生态工程稳步实施，新（改）建城乡公厕132座、户厕18569户，14座乡镇垃圾中转站、13个乡镇污水处理厂建成投入使用。白杨坪镇跻身全省首批“擦亮小城镇”行动试点镇名单，麻茶沟村、戽口村等7个村入选第五批中国传统村落名录，南里渡村、杉木坝村等8个村荣获“国家森林乡村”称号，莲花池村荣获“省级绿色乡村”称号。

【推进民生社会事业】 2019年，全市机构改革、社会事业、民生保障实现新突破。机构改革全面完成，农村集体资产产权制度改革、农村土地制度改革、医药卫生体制改革深入推进，集体林业综合改革试验区加快建设。实施“查办分离”，有效解决不动产登记历史遗留问题。社会事业民生支出71.7亿元，占一般公共预算支出的85.8%。教学质量稳步提升，“全面改薄”圆满完成，教育发展更加均衡。医共体建设全面推开，行政村标准化卫生室实现全覆盖，基层医疗卫生条件不断改善。“五佳五好”深入开展，有效弘扬社会正能量。成功举办中国自行车联赛“十大拐爬坡赛”、国际旅游小姐总决赛等精品文体赛事，“恩施扬琴”入选文旅部《曲艺传承发展计划》，三岔镇获“湖北省民间文化艺术之乡”称号。

民生保障城镇新增就业8461人，登记失业率控制在4.1%以内。城乡居民养老保险和医疗保险参保率均在97%以上，建档立卡贫困户参保率100%。建立退役军人关爱基金，发放各类优待抚恤资金4235万元，“保险接续”政策有效落实。农民工欠薪治理“4+3”模式全面推广，工资拖欠类案件发生率同比下降35%。发放城乡低保、特困供养、临时救助等各类资金1.58亿元，特殊困难群体生产生活得到有效保障。

【人大代表建议和政协提案办理】 2019年，市政府系统承办州、市人大代表建议和政协提案237件，“人大代表在行动”活动交办建议2件，全部建议、提案均按期办复，实现见面率、答复率、满意率和基本满意率3个100%的办理目标。

重要会议

【市政府常务会议】 2019年，市政府共召开政府常务会议18次。1月10日，市政府第48次常务会议召开，审议《恩施市生态环境保护“一票否决”实施办法》《市人民政府关于划定高排放非道路移动机械禁用区域的通告》《恩施市扶贫小额信贷风险补偿金管理办法》《推进城市公交事业优先发展实施方案》，研究市特产中心企业人员待遇、城区采石场关闭补偿、市发改局宿舍片区纳入棚户区改造计划事宜。

1月28日，市政府第49次常务会议召开，听取“大棚房”清理整治工作有关情况汇报，研究湖北新楚源置业有限公司武陵国际装饰城及五星级酒店项目遗留问题、恩施红太阳矿业集团平锦煤矿、楚天视讯网络有限公司恩施市支公司转企改制有关事宜，审议《恩施市2019年统筹财政专项资金实施精准扶贫工作实施方案》《恩施市承办2019年中国马铃薯大会执行方案》《恩施市松树坪合作办学协议》。

3月6日，市政府第50次常务会议召开，审议《2019年江干区恩施市东西部扶贫协作工作要点》《2019年第一批杭州市对口帮扶恩施州项目计划表（恩施市）》《恩施市2019年产业脱贫攻坚实施方案》，研究2018年恩施市工业经济发展、商贸、旅游工作奖励，部分国省道采取“建养一体化”模式建设事宜，听取大山顶林场女儿湖景区综合开发有关情况的汇报。

4月12日，市政府第51次常务会议召开，审议《恩施市耕地占补平衡项目实施方案》《恩施市城区房屋民族化改造工作方案》《恩施市2019年义务教育起始年级招生入学工作方案》，研究施州古城旅游开发有限公司第一期注册资本金注入、虎民路小学建设有关事宜，听取全市禁毒、社区矫正、机构改革财政预算管理和棚户区改造项目房屋征收补偿工作有关情况的汇报。

4月28日，市政府第52次常务会议召开，听取全市2017年本级预算执行和其他财政收支审计整改工作情况汇报，审议《恩施市国家级电子商务进农村综合示范项目实施方案》《恩施市国家级电子商务进农村综合示范专项资金管理办法》《恩施市传统产业改造升级资金使用实施方案（试行）》《恩施市盛家坝乡二官寨片区乡村振兴规划（2018—2030）》，研究恩施山寨皮革有限公司破产和解、2019年度重大产业基金投放及注入市福达产投公司土地资产有关事宜。

5月20日，市政府第53次常务会议召开，研究喻家河水库输水管渠与DN1200应急水源管网接口工程建设、恩施市西片区保障性安居工程配套供水水厂（第二水厂）及供水管网工程项目贷款调整、双河桥自然保护小区和富尔山自然保护小区区划定界及分区、地下空间土地价款事宜。

6月3日，市政府第54次常务会议召开，听取全市优化营商环境、长江经济带绿色发展十大战略性举措、“四个三”重大生态工程三年行动、长江大保护十大标志性战役、河湖长制工作开展情况汇报，研究城市生活垃圾处理项目引进战略合作伙伴、部分项目国有建设用地土地使用权按原交易方式公开出让、“12345”政府公共服务热线话务人员聘用、城镇小区配套幼儿园治理、恩施大峡谷旅游开发有限公司增资有关事宜，审议《恩施市建筑垃圾再利用项目投资协议书》。

6月21日，市政府第55次常务会议召开，审议《2018年国家对湖北省、省对市县脱贫攻坚成效考核反馈各类问题整改工作方案》《恩施市事业单位公务用车制度改革指导意见》《恩施市关于“比招商、抓项目、强产业、促进位”推动实体经济高质量发展实施方案》，听取全市2019年危房改造、深化综合行政执法改革工作开展情况和《政府投资条例》贯彻落实情况汇报，研究市人民政府与中国工商银行恩施分行合作设立“政银集合贷”、注入恩施施州古城旅游开发有限公司经营性资产和非公益性资产、增加恩施城投公司注册资本，以及市人民防空指挥中心和地下指挥所信息系统项目、龙凤新区低碳工业园区场地平整项目、东门大桥拓宽工程建设有关事宜。

7月6日，市政府第56次常务会议召开，听取扫黑除恶专项斗争有关情况汇报，研究车坝河水库引水工程调整部分施工方案、方家坝—旗峰坝片区黑臭水体治理工程、市公路局116名在编职工纳入规范性部门预算管理、龙凤坝片区保障性安居工程配套供水水厂（第四水厂）及供水管网工程等有关事宜，审议《恩施城市生活垃圾焚烧发电特许经营（BOT）合同》《恩施市中等职业技术学校扩建PPP项目合同》《恩施市化解不动产登记历史遗留问题实施方案》。

7月26日，市政府第57次常务会议召开，听取第七届世界军人运动会火炬传递恩施站（恩施市）筹备工作、政府性融资担保公司组建、精准扶贫社会保障兜底工作有关情况汇报，审议《“2019年恩施土家女儿会”活动方案》《红太阳徕福硒业国际数字富硒健康产业园项目投资协议书》《车坝河水库引水工程对龙王塘水电站影响补偿协议》《车坝河水库引水工程对大龙潭电站补偿协议》，研究青云崖旅游项目所涉失地农民基本养老保险事宜。

8月9日，市政府第58次常务会议召开，审议《恩施市政务数据资源共享管理暂行办法》《恩施市政务信息化项目建设管理办法》《恩施市“智慧城市”建设工作方案（2019—2021年）》《恩施市液晶显示屏制造项目补充协议书》《恩施市推进信访“三无”乡镇创建工作实施方案》，听取全市通讯扶贫“补短板”、高考综合改革工作有关情况汇报，研究市高（职）中调整为公益二类事业单位、2019—2020学年度中小学教师缺编、残疾人康复托养中心运营招商、成立城市管理服务公司、龙凤镇八龙坪（城中村）棚户区改造项目基坑支护工程有关事宜。

8月24日，市政府第59次常务会议召开，审议《恩施市统筹财政资金用于精准扶贫工作调整方案》《恩施市属国有企业公务用车制度改革实施意见》《恩施市2019年精准脱贫验收方案》《关于进一步做好裸土复绿工作的通知》《恩施市绿色施工管理办法》，听取全市工业经济运行情况汇报，研究长期瘫痪卧病在床贫困患者精准帮扶、教育改革发展、安置房门面处置、破坏山体花池建设、屯堡乡杨家山地质灾害治理项目、鼓励建设垂直绿化建筑、违建别墅清查整顿事宜。

9月7日，市政府第60次常务会议召开，审议《市人民政府办公室关于加强政府投资建设项目资金管理的通知》《恩施市“十四五”规划编制方案》《恩施市统筹解决“老被征地农民”参加城乡居民基本养老保险若干问题的处理意见》《关于规范管理农村公益性公墓的通知》《调整城区火化区和土葬区界定范围的实施方案》《殡葬领域突出问题专项整治行动的实施方案》，研究追加市投资建设服务中心城市建设资金预算事宜。

9月27日，市政府第61次常务会议召开，研究2018年度第二批次和2019年度转业士官安置、喻家河水库工程大坝下游右岸滑坡治理、响板水库灾后恢复重建工程、金山大道上跨高旗大道立交桥梁工程建设有关事宜，听取全市机构改革部门职责移交承接、校园安全管理、卫生健康、食品安全管理工作有关情况汇报。

11月3日，市政府第62次常务会议召开，研究州城开发建设项目计容幼儿园办园性质、解决新增危房存量所需资金、实施华龙村大酒店出口右侧调头专用道项目、追加恩施城投公司注册资本金、处置还建房小区地下车库车位事宜，审议《恩施市2019年度乡村振兴实施方案》《恩施市美丽乡村建设五年推进规划（2019—2023年）》《恩施市美丽乡村建设2019年度实施计划》《恩施市2019年度目标责任制考评方案》《恩施龙漫星际谷项目合作协议书》《高新沥青材料搅拌站建设项目投资协议书》《恩施市创新型市创建方案》，听取全市2019年度“五佳”“五好”评选、助残扶贫以及农村福利院服务外包、委托管理试点建设情况汇报。

11月19日，市政府第63次常务会议召开，审议《恩施市工程建设项目审批制度改革实施方案》《恩施市推进产业项目承诺审批制改革实施方案（试行）》《对“办证难”工业企业实行补助解困实施方案》《模具生产及智能终端制造基地项目投资协议书》《品牌服装生产基地项目投资协议书》《特色食品加工项目投资协议书》，听取“比招商、抓项目、强产业、促进位”推动实体经济高质量发展有关情况汇报，研究组建政府性融资担保机构、城市生活垃圾处理项目有关事宜。

12月15日，市政府第64次常务会议召开，通报市人民政府诉湖北华鑫集团有限公司房屋买卖合同纠纷一案判决情况，审议《市人民政府办公室关于进一步完善乡级财政体制的通知》，研究市级非物质文化遗产项目、龙凤生态·金马公园土地租赁、七里大道道路工程部分路段调整施工工艺事宜，听取2019年电力行业扶贫工作及工业商贸经济运行情况汇报。

12月28日，市政府第65次常务会议召开，听取恩施市2019年财政预算执行及2020年财政预算（草案）、2020年重点项目建设谋划、2019年经济指标预测及2020年目标建议、全市安全生产及应急管理工作、房地产开发项目地下空间租售指导价格定价、清理拖欠民营企业中小企业账款工作情况汇报，审议《恩施州中小学综合实践基地项目投资协议书》，研究还建小区地下停车位处置、中港城商校地块（地块三）棚户区改造项目民族化改造、一般农户危房改造资金作挂账处理事宜。

【市政府党组会议】 1月12日，市政府党组（扩大）会议召开，传达学习州委七届六次全体（扩大）会议暨全州经济工作会议、全州脱贫攻坚推进会议、市“两会”、州第七次民族团结进步表彰大会精神。

1月28日，市政府党组（扩大）会议召开，传达学习习近平总书记在省部级主要领导干部坚持底线思维着力防范化解重大风险专题研讨班开班式、深入推动长江经济带发展座谈会、庆祝改革开放40周年大会上的讲话，以及省、州“两会”，《省纪委关于2019年元旦春节期间严明纪律要求持续纠正“四风”的通知》(鄂纪发〔2018〕16号),州长刘芳震在州委专题会议上关于抓好经济工作“开门红”有关讲话精神。

8月24日,市政府党组(扩大)会议召开,传达学习《中央生态环境保护督察工作规定》《湖北省工程建设项目审批制度改革实施方案》《湖北省党政机关办公用房管理办法》《省扶贫攻坚领导小组印发〈关于解决“两不愁三保障”突出问题的实施意见〉的通知》(鄂扶组发〔2019〕12号)精神。

11月3日,市政府党组(扩大)会议召开,传达学习习近平总书记关于脱贫攻坚工作的重要指示、《省扶贫攻坚领导小组关于印发〈2019年度全省市县党委和政府扶贫开发工作成效考核工作方案〉的通知》(鄂扶组发〔2019〕16号)、《省扶贫攻坚领导小组关于印发〈湖北省2019年贫困县退出专项评估检查工作方案〉的通知》(鄂扶组发〔2019〕17号)、《中共中央国务院关于深化改革加强食品安全工作的意见》《地方党政领导干部食品安全责任制规定》《中共湖北省纪委湖北省监察委员会印发〈关于鼓励和保护干部干事创业的意见〉的通知》精神。

12月28日,市政府党组(扩大)会议召开,传达学习习近平总书记在国家综合性消防救援队伍授旗仪式上的训词,胡春华副总理在恩施州调研时的讲话精神。

重要决策

【坚持精准扶贫】 2月,市政府办公室印发《恩施市2019年统筹财政专项资金实施精准扶贫工作实施方案》,总体思路是紧紧围绕党中央、国务院决策部署,坚持精准扶贫、精准脱贫基本方略,以解决突出制约问题为重点,以到村到户帮扶措施为抓手,以补齐“短板”为突破口,紧紧围绕2019年全市精准脱贫目标任务,加快产业发展步伐,改善贫困村基础设施现状,促进社会民生事业发展,确保2019年全市整体脱贫出列。目标任务是紧紧围绕34个贫困村脱贫出列目标,以脱贫规划为引领,以重点扶贫项目为平台,统筹整合各类资金12.97亿元,其中财政资金9.5亿元,提高资金使用精准度和效益,搭建生产发展、社会保障、生态补偿、教育扶智、易地扶贫搬迁、农村道路、农村水利、技能培训、公共服务、农村电网10个统筹资金项目建设平台。

8月,市政府办公室印发《恩施市2019年统筹财政专项资金实施精准扶贫工作调整方案》,总体思路是紧紧围绕党中央、国务院决策部署,坚持精准扶贫、精准脱贫基本方略,以解决突出制约问题为重点,以到村到户帮扶措施为抓手,以补齐“短板”为突破口,加快产业发展步伐,改善贫困村基础设施现状,促进社会民生事业发展,确保2019年全市整体脱贫出列。工作要求是提高认识,强化责任;严格落实,强化监管;加强宣传,及时公开。

【推进“三农”工作】 4月,市政府办公室印发《恩施市2019年度创建全国有机茶叶示范县(市)实施方案》,总体目标是坚持以市场为导向,以有机、绿色发展为理念,突出地域特色,建设标准化有机茶叶示范基地1000公顷,高标准有机茶叶试验示范园33.33公顷。扶持壮大茶叶市场主体,力争“恩施玉露”区域公用品牌价值突破20亿元。建设内容是加强基地建设、培育市场主体、打造茶叶品牌。筹措奖补资金700万元,对新建有机茶叶示范基地、有机茶叶试验示范园、茶叶市场主体进行奖补,加强“恩施玉露“区域公用品牌建设。

4月,市政府办公室印发《恩施市耕地占补平衡项目实施方案》,指导思想是以习近平新时代中国特色社会主义思想为指导,全面贯彻落实党的十九大精神,加快推进耕地占补平衡项目的申报、实施和验收工作,助力打赢脱贫攻坚战,决胜全面建成小康社会。工作原则是坚持党委领导、政府主导的原则；坚持统筹规划、有序推进的原则；坚持先易后难、依法自愿的原则。工作目标是用3年时间，全面完成全市耕地占补平衡项目（包括城乡建设用地增减挂钩项目、易地扶贫搬迁增减挂钩项目）任务，确保全市储备土地周转指标不低于1000公顷。

【加强生态环境保护】 7月，市政府办公室印发《恩施市乡镇级人民政府耕地保护责任目标考核办法》，旨在贯彻落实《中共中央、国务院关于加强耕地保护和改进占补平衡的意见》，坚持最严格的耕地保护制度和最严格的节约用地制度，守住耕地保护红线，严格保护永久基本农田，建立健全乡镇级人民政府耕地保护责任目标考核制度。

11月，市政府办公室印发《恩施市城乡生活垃圾分类工作实施方案》，工作目标是到2019年底，城区各党政机关、国有企事业单位生活垃圾分类覆盖率达到100%；其他市场主体生活垃圾分类覆盖率达到50%；城区一镇三街道各建成1个以上生活垃圾分类示范社区；垃圾焚烧发电项目开工建设；完成农村垃圾分类试点建设。到2020年底，完成城区公共机构和相关企业生活垃圾强制分类设施全覆盖；各乡镇、街道（管理处）至少建成一个生活垃圾分类示范区；生活垃圾回收利用率达到35%；逐步扩大农村垃圾分类范围，形成可复制、可推广的农村垃圾分类模式。至2021年底，城区实现生活垃圾分类全覆盖，全面建成农村垃圾分类体系。

11月，市政府办公室印发《恩施市畜禽粪污资源化利用整县推进项目实施方案》，工作目标是结合美丽乡村建设，大力推广种养结合、循环利用方式，实现畜牧业绿色发展。至2020年底，实现规模养殖场及养殖专业户粪污处理设施升级改造，规模养殖场粪污处理设施装备配套率达到100%；全市养殖废弃物分散收集处理利用体系和种养一体化新业态基本形成，畜禽粪污综合利用率达到90%。建设内容是养殖场粪污处理基础设施改造工程，养殖场环境综合改造，种养结合、还田利用工程，有机肥厂建设。

【发展社会事业】 8月，市政府办公室印发《恩施市“智慧城市”建设工作方案（2019—2021年）》，工作思路和总体目标是以“平台先行、行业示范、分建共享、集中服务”为实施路径，以社会公共信息资源整合与应用为重点，深入推进大数据中心建设、智慧应用（政务、交通、城管、规划、综治、旅游、农业等）和网络信息安全保障建设，促进信息互通共享。全面加强政府规划引导和分类标准化的调控导向作用，调动市场主体积极性并发挥其主力军作用。到2021年建成“平台先进、制度健全、管理有序、统筹有力、示范突出”的智慧城市体系。

10月，市政府办公室印发《恩施市全面推开医疗共同体建设工作实施方案》，总体目标是深入学习贯彻习近平新时代中国特色社会主义思想，以医共体建设为抓手，整合市域内医疗服务资源，提升基层医疗机构服务水平和能力，减少住院病人市域外就诊负担，构建“基层首诊、双向转诊、急慢分治、上下联动”的分级诊疗体系。至2019年底，初步建成以市中心医院为牵头医院，17个乡镇、街道（管理处）卫生院（社区卫生服务中心）为成员单位的紧密型医共体，形成以市中心医院为龙头、乡镇、街道（管理处）卫生院（社区卫生服务中心）为枢纽、村卫生室为基础的市域医共体。到2022年，构建较为完善的医共体管理运行体系，基层就诊率达65%以上，市域内就诊率达90%以上。

11月，市政府办公室印发《恩施市落实义务教育有保障工作实施方案》，工作目标是以习近平新时代中国特色社会主义思想为指导，深入学习贯彻习近平总书记关于扶贫工作和教育工作的重要论述、批示指示精神，聚焦“两不愁三保障”要求，以乡村学生、乡村学校和乡村教师为重点，突出控辍保学、改善条件、精准资助、学校安全，强化责任落实，细化攻坚措施，保障适龄儿童少年接受义务教育，确保高质量完成教育脱贫攻坚目标任务。重点任务是建立控辍保学机制，改善办学条件和加强教师队伍建设，落实资助政策，加强学校安全保障。

【保障和改善民生】 6月，市政府办公室印发《恩施市城镇小区配套幼儿园治理工作方案》，旨在做好全市城镇小区配套幼儿园规划、建设、移交、办园等治理工作，有效解决“入园难”“入园贵”“入园远”等民生问题。总体要求是坚持以人民为中心的发展思想，按照“属地管理、依法治理、分类处理、分步实施”的原则，聚焦城镇小区配套幼儿园规划、建设、移交、办园等环节存在的突出问题，构建以普惠性资源为主体的学前教育公共服务体系，推进学前教育普及普惠安全优质发展，满足人民群众对幼有所育的美好期盼。治理重点是对2010年以来，老城区（棚户区）改造、新城开发和居住区建设中，应将配套建设幼儿园纳入公共管理和公共服务设施建设规划，对未按照相关标准和规范予以建设，或者在规划、建设、移交、使用等环节存在突出问题的城镇小区配套幼儿园进行治理。

6月，市政府办公室印发《恩施市推进城市公交事业优先发展实施方案》，工作目标是全市公交出行分担率占机动化出行的50%以上；万人公交车保有量不低于10标台，空调公交车占有率达到100%，新能源纯电动公交车占比达到70%；城郊20千米范围内的乡镇运营车辆逐步实行公交化；城市建成区公交站点500米覆盖率不低于90%；公交车平均运营时速超过25千米/小时；城市公交乘客测评满意度达90%以上；公交车进场率达到100%；城区有主干道中符合港湾式公交站台设置条件的站台，其设置比例不低于30%。

政务活动

【推进机构改革】 3月，根据《市委办公室市政府办公室关于调整恩施市人民政府办公室职责机构编制的通知》（恩市办文〔2019〕14号）精神，市人民政府办公室不再承担市人民政府法制办公室、市招商局、市外事侨务办公室职责；不再承担市硒资源保护与开发局的行政职能。将应急管理和电子政务的部分职责划出。划入市机关事务管理局的行政职能。承接州委政策研究室涉及政府系统和州督查考评办公室政府系统方面的督查相关职责。承接州地方金融工作局相关职责。承担向上报送应急相关文字材料及信息工作。加挂市人民政府研究室、市金融领导小组办公室牌子。

【加强工作调研】 2019年，市政府办公室紧扣精准脱贫、实体经济、城乡建设等全市重点工作，强化学习与调查研究，广泛收集信息。全年起草领导讲话、汇报材料、调研文章等482篇，《以“五个三”工作机制深化东西部扶贫协作》《营造一流营商环境，谱写高质量发展新篇》《下足比抓强促真功夫，激发高质量发展新动能》在州级以上媒体刊物发表。围绕市委、市政府年度总体思路和工作目标，积极了解上情，多方收集下情，广泛征求意见，综合梳理信息，为当好政府领导参谋助手打好基础。主动协助市政府领导处理日常事务，统筹安排好各项事务性活动，确保领导有更多的时间谋大略、干大事。严格落实党中央和省、州、市相关文件精神，遵循分类管理、分级审批的原则，从严控制会议数量、会期和规模，合理统筹市政府领导参加的会务活动。突出周到细致，精细拟定调研活动方案，做到无缝对接、计划有序、活动高效，2019年统筹协调州及州以上领导调研、考察活动130余次，统筹协调市政府主要领导现场调研、考查50余次。

【加强信息报送】 2019年，市政府办公室全力做好信息报送工作，健全信息员队伍和信息工作制度建设。坚持全员办信，深化全员办信息工作机制。加强业务培训和沟通协作，建立纵向到省、州、市、乡四级，横向到全市各部门的信息网络，形成大信息综合格局。重视对上信息报送工作。及时向省、州报送全市各项工作先进经验和突出成效，其中《12345热线搭起政民“连心桥”》《恩施市加强建设“科普E站”畅通科学传播“最后一公里”》等多条信息在州政府微信公众号上发表，《恩施市城镇学校“大班额”情况》《恩施市生猪稳产保供政策实施的瓶颈及若干建议》等被《湖北快报》采用并上报国办。时刻绷紧重大紧急信息报送一根弦。将重大紧急信息报告情况列入年终考核依据，对信息报送主渠道不畅通的，实行追责问责。全年通过手机短信向本级领导报送紧急信息433条，为处理各项工作赢得宝贵时间。

【加强政务督查】 2019年，恩施市政府政务督查室创新检查方式，督查工作提质增效。严格审批把关，精简督查考评。市政府政务督查室会同市委督查室统筹细化年度督查检查考核计划，征求各方意见，制定《恩施市2019年度督查检查考核计划清单》，要求市直各单位、各议事机构严格执行《计划清单》，严禁突破年度计划擅自开展督查检查考核，增加基层负担。改进方式方法，提高督查实效。合理安排督查检查考核时间，整合开展综合督查，杜绝不必要的工作日志和“痕迹管理”，简化程序，注重实绩。2019年，开展市级层面督查17次，较上年同期减少70%，其中现场督查15次、占比88%，重实绩轻痕迹的导向逐步树立。以督查促落实，确保决策落地。紧紧围绕《政府工作报告》、政府重要决策和重大工作部署的执行情况进行跟踪督查。全年撰写督查专报29期，印发督查通报10期。

【加强金融管理】 2019年，恩施市各项存款余额511.86亿元，占全州存款1505.76亿元的33.99%，较年初增加3800万元，增幅为0.7%。各项贷款余额529.02亿元，较年初增加61.20亿元，增幅为13.08%。全市在湖北四板累计托管登记企业83家，累计托管总股本12.12亿股；累计挂牌企业61家，其中“股份公司板”16家，“科技板”44家，“青创板”1家；为4家企业完成股权融资4笔，实现融资总额0.68亿元，其中股权直接融资0.52亿元，股权质押融资0.16亿元。

（郑胜芳）

机关事务管理

【概　况】 2019年3月，市机关事务服务中心根据市机构改革领导小组统一安排和部署，严格按照《恩施市机构改革方案》要求，剥离原机关事务管理局行政职能，与市接待办合并，更名为市机关事务服务中心。12月，在全州率先完成事业单位公务用车制度改革。加强办公用房和公务用车监督管理，提升后勤保障服务水平，机关事务工作实现新突破。

【公务用车管理】 2019年，市机关事务服务中心按照“厉行节约、应改尽改、分类指导、分级负责”原则，创新事业单位公务交通保障机制，取消一般公务用车，采取适度发放和据实报销的方式，推进全市事业单位公务用车制度改革。全市事业单位保留车辆421辆，取消72辆，取消比例14.6%，节支364.18万元，节支率9.2%。12月，全市在全州率先完成事业单位车改工作。

【办公用房管理】 2019年，市机关事务服务中心完成全市48个市直党政机关，24个参管事业单位，87个派出机构和垂直管理机构，17个乡镇、街道（管理处）党政机关办公用房信息统计报送工作。组织专班对各单位办公用房合规性使用自纠自查情况开展“回头看”。全年州、市随机抽查5个单位，其中州中心随机抽查3个，市中心随机抽查2个，合规使用率均100%。针对全市办公用房紧张现状，在没有增量的情况下，挖掘

"房源"潜力，缓解"用房"态势，摸排可供调剂、使用的办公用房3处，协调保障15个涉改单位、8个派驻纪检监察组和部分无日常办公场所市直单位的办公用房需求。

【后勤保障服务】 2019年，市机关事务服务中心围绕"绿色、健康、满意"的宗旨，优化餐食结构，确保广大干部职工就餐质量。在"四大家"会务服务上，及时充实服务力量，增加2名服务人员，强化会务礼仪培训，提高会议服务水平。全年承担会议265场、22689人次，做到"零失误、零纰漏"。在绿化保洁服务上，及时对市委、市政府大院绿化景观改造升级，建立保洁服务规范化管理制度。在安全保卫服务上，组织安保人员开展各类学习和训练20余次。接待上访86起、788人次，未发生上访人员冲击办公大楼及漏岗、漏报情况，

【接待服务】 2019年，市机关事务服务中心接待297批次4563人（其中来宾3065人，市陪同领导及工作人员1498人）。国家级领导3批次3人（含协助2批次2人）；省部级领导11批次12人；厅局级领导91批次127人；地市州级121批次718人；接待客商73批次748人（其中外商1批次8人）；来宾陪同人员1459人。全年保障接待公务用车234次。

（梁　俊　冯心怡）

政务服务管理

【概　况】 2019年，恩施市政务服务和大数据管理局落实政务服务"三集中、三到位"，推行"一窗办结、一网共享、一次办好"，开展"延时服务""上门服务""预约服务"，提高政务服务水平。建成并上线恩施"12345"政府公共服务热线，探索大数据智慧化服务体系。利用"国家企业信用信息公示系统""信用湖北""双随机、一公开"监管等平台，推进行政执法信息和管理公开，对接"湖北政务服务网"，实现政务信息公开。

【提升政务服务水平】 2019年，市政务服务中心入驻行政审批及服务单位40个，其中常驻窗口单位25个，综合窗口单位15个，进驻行政审批及服务事项928项。建成17个乡镇、街道（管理处）便民服务大厅，网络覆盖全市208个行政村（社区）。全年中心窗口受理各类事项225.98万件，办结率99.99%；办理非税收入35.65亿元，接受咨询导引服务360.6万人次。各乡镇、街道（管理处）便民服务大厅受理行政审批事项2.57万件，办结率99.44%；村级便民服务室受理各类事项1.2万件，办结率99.57%。严格"首问责任、告知承诺、考勤管理、行为规范"等制度执行，鼓励窗口开展"延时服务""上门服务""预约服务"。

【优化营商环境】 2019年，市政务服务和大数据管理局开展营商环境突出问题集中攻坚行动、优化营商环境"百日攻坚"行动、营商环境领域突出问题专项整治等，推进"聚焦企业关切进一步推动优化营商环境政策落实"重点工作。履行市优化营商环境工作领导小组办公室职责，建立工作通报、定期联席会议、检查督办、工作投诉举报四大机制。全年开展专项督查2次、召开联席会议3次。

【推行"一网通办"程序】 2019年，全市政务服务事项1366项，依托湖北政务服务网，推进政务服务标准化建设，建立"四级四同"政务服务事项目录，其中可网办事项1247项，占总事项的91.28%；马上办事项977项，占总事项的71.52%，一次办事项1349项，占总事项的98.75%。所有政务服务事项按照省标准化院的要求编制办事指南，统一在"湖北政务服务网"上进行公开，自觉接受社会监督，方便群众办事。普遍推行"网上咨询、网上申报、网上预审、网上办结、网上反馈"全流程"网办"服务。

【设置综合窗口和企业专区】 9月，市政务服务和大数据管理局整合州、市窗口单位全部进驻，并

对办件量较少的市财政局、市烟草专卖局等15个单位集中设置综合窗口，统筹安排专职人员，促进州、市政务服务深度融合。综合窗口全年累计办理5207件，接待服务群众2080人次。2019年，整合企业开办设立登记、公章刻制、申领发票、社保登记、银行开户5个环节，全流程1个窗口2个工作日办结。全年窗口办理设立登记4714件。

【推行“先建后验”制度】 2019年，市政务服务和大数据管理局推进承诺审批制改革，依照《恩施市推进产业项目承诺审批制改革实施方案（试行）》，对入驻恩施经济开发区（包括产业园区）的新建产业项目，企业在满足相关条件后按审批部门要求做出相应承诺，向住建部门申请并取得施工通知单后即可自主依法依规开展施工，在施工过程中完成相关承诺事项，实行“先建后验”。9月，在白杨坪产业园（1#—11#）标准厂房建设项目率先开展“先建后验”试点，10月9日获得《“承诺审批制”施工通知单》。

【实行“政务服务＋邮寄送达”模式】 2019年，恩施市民之家针对办事群众提供邮寄服务。企业群众在市民之家办事，除公安窗口外，可选择免费快递服务，免去领取结果需前往窗口的程序，实现“一次不跑”，尽量保障“让群众少跑路”。全年各窗口邮寄邮件3.35万件，费用29亿元。

【加强公共资源交易】 2019年度，全市公共资源进场交易项目471个（上年同期797个），同比下降40.9%；交易总金额54.45亿元，同比下降8.4%；累计节约（增值）资金3亿元，节约（增值）率为5.54%。其中工程建设项目进场交易104个（含在恩施州公共资源交易中心交易的项目12个），交易总额32.18亿元（含在恩施州公共资源交易中心交易的项目金额22.97亿元），节约资金1.05亿元；政府采购项目进场交易337个，交易总额6.34亿元，节约资金3535.33万元；其他公共资源交易项目30个（含土地使用权、矿业权出让和国有产权交易），成交金额15.93亿元，增值资金1.6亿元。

【构建公共资源交易信用体系】 2019年，市政务服务和大数据管理局通过联席会议沟通、联合执法监督、联管处置案件等方式，建立健全公共资源交易联动执法工作机制，明确违法违纪案件线索移交、案件转办、联合办案工作程序。全年2次会商会诊招投标违法违规问题，合力打击公共资源交易的违法违规行为。开展招标投标领域“双随机、一公开”专项整治工作。通过随机抽查、重点核查、线索收集等方式，对在专项整治过程中发现的不规范招投标问题予以及时查处，以集中通报和单独提醒的方式累计约谈招标代理机构20个，对2名不认真履职的评标专家进行量化计分并予以公示。

【完善公共资源交易服务】 2019年，市政务服务和大数据管理局配合省、州局完善公共资源交易电子平台体系建设。推进公共资源交易全流程电子化、开展异地开评标试点。8月，依法须招标的房建市政和水利施工项目实现招标评标全流程电子化。围绕州城重点建设项目开展异地评标，建立重点建设项目、扶贫领域项目及重要国计民生工程“绿色通道”，推行容缺受理、承诺补齐等措施。新增122名评标专家。

【招标投标问题专项整治】 2019年，市政务服务和大数据管理局开展2次公共资源交易制度清理工作，清理并废止公共资源交易部门文件1个；宣贯和推广银行保函方式缴纳投标保证金，全市累计退还投标保证金1.08亿元；针对工程项目招标（资格预审）文件、招标（中标）公告中可能存在设置18类不合理限制和壁垒的情形逐一研判，对出现4类共性和个性问题的16家招标代理机构进行集中通报，相关责任机构对标18项负面清单全面自查并作出履职承诺。

【建设恩施“12345”热线，打造政务服务“总客服”】 2019年，市政务服务和大数据管理局按照《恩施市“12345”政府公共服务热线建设实施方案》，采取“州市共建、以市为主、平台共用”的原则，根据“两库“三平台”（“两库”即知识库、业务数据库，“三平台”即媒体交互平台、事务工单管理平台、运营监管与大数据分析平台）的要求，于9月1日建成恩施“12345”热线并正式上线运行。热线整合除110（报警）、120（急救）、119（火警）及纪委、法院、检察院举报电话等紧急热线以外的其他非紧急热线，设有坐席8个，由15名话务人员轮流提供“7×24”小时服务。群众可通过电话、短信、邮件、微信公众号、微博五种方式向恩施“12345”热线反映诉求，热线对工单采取直接回复和转办的方式进行处理。转办过程中，承办单位发现职责不明确或者职责交叉的，按照“首接责任制”的原则开展处置工作，由接单单位进行协调；对逾期未办结、办理结果不实或办理程序存在明显问题的事项，市热线办通过催办、通报的方式进行督促。自9月1日上线以来，接到群众诉求8108次（直接答复工单7297件，转办工单811件），办结率99.99%，群众满意率97.03%。

【建设大数据智慧化服务体系】 2019年，市政务服务和大数据管理局出台《恩施市政务数据资源共享管理办法》《恩施市政务信息化项目建设管理办法》，完成市智慧城市指挥中心建设方案及数字政府建设规划的编制采购；完成电子印章采集工作，并通过可信电子文件综合管理系统加快电子证照库的建设，全年登记总数8.98万条。规范全市政务信息化项目建设审核工作，印发《恩施市政务信息化项目建设审查方案》，规范政务信息化项目建设审批管理，完成1个项目审查。通过恩施州政务信息共享网站，自11月起对市直相关单位责任清单内容进行共享，共享信息176条。

【电子政务与政务公开】 2019年，市政务服务和大数据管理局电子政务网络延伸至村，建设208条村级电子政务网点，做好全市电子政务专网、平台运营及故障处理、移动办公运营、账号管理及售后服务。坚持以公开为常态、不公开为例外，推进各领域政府信息公开，打造“阳光政府”。建立政府信息主动公开、依申请公开、投诉举报、责任追究、保密审查、考核等制度。加强对重大决策部署、重点民生领域、项目招投标信息等重点领域的信息公开及舆情回应力度，全年通过政府信息公开平台主动公开政府信息1.48万条，其中市政府及市直单位主动公1.07万条，乡镇、街道（管理处）主动公开4087条。办理依申请公开29件，调查、核实、答复州政府门户网站网友留言29条。

【机构编制调整】 2019年3月，根据《恩施市机构改革实施方案》，恩施市政务服务和大数据管理局整合“放管服”改革、政务服务、政务公开、电子政务、公共资源交易监督管理、大数据管理等职责。

（罗丹丹）

公共资源交易

【概　况】 2019年，全市公共资源进场交易项目471个（上年同期797个），同比下降40.9%；交易总金额54.45亿元，同比下降8.4%；累计节约（增值）资金3亿元，节约（增值）率为5.54%。其中工程建设项目进场交易104个（含在州中心交易项目12个），交易总额32.18亿元（含州中心交易项目金额22.97亿元），节约资金1.05亿元；政府采购项目进场交易337个，交易总额6.34亿元，节约资金3535.33万元；其他公共资源交易项目30个（含土地使用权、矿业权出让和国有产权交易），成交金额15.93亿元，增值资金1.6亿元。进场交易项目中，政府采购项目、工程建设、其他公共资源交易项目交易额分别占到交易总额的11.64%、59.1%和29.26%。

【创优营商环境】 2019年，市公共资源交易中心落实“放管服”改革要求，优化招标采购活动办事程序，细化执行要求，取消政府采购项目的报名环节，由“台前”向“幕后”转变。规范工程领域投标保证金收取和退还程序，做到保证金退款申请即到即退，为投标人在投标活动中节约交易成本50%以上。

【开通交易“绿色通道”】 2019年，市公共资源交易中心为实现对所有进场交易项目“主动办、马上办”的服务理念，对重点建设项目、民生项目和扶贫项目，采取“提前介入、主动服务”，建立“容缺”绿色通道机制，按照“能快则快、能简则简、能优则优”的原则，做到招标项目随到随安排，优化办事流程，精简进场程序，压缩办事期限，提高招标效率。

【实行全流程电子化】 2019年，市公共资源交易中心房建、市政、水利工程项目实现全流程电子化开评标，为开评标参与主体节约时间和成本，提高开评标效率。异地评标系统全面建成并可实现工程建设项目异地评标。

【机构改革】 2019年3月，根据《恩施市机构改革方案》和《恩施市机构改革实施方案》，明确恩施市公共资源交易中心是市政府直属事业单位，为正科级。加挂市政府采购中心牌子。

（吴　平）

投资建设服务

【概　况】 2019年，恩施市投资建设服务中心实施项目136个，其中完工38个，在建47个，办理前期手续51个，工程资金总额58.02亿元。

【加强内部审计监督】 2019年，市投资建设服务中心针对工程建设领域廉政风险高、建设责任大、社会关注度高等特殊压力，确定“六个审核必严”（施工图图纸审核必严、预算造价审核必严、隐蔽工程审核必严、工程变更审核必严、暂估材料审核必严、结算审计必严）的工作机制。全年完成审计总额44.17亿元，审减资金7.87亿元，审减率17.8%。同时，将规划调整、工程变更、资金调度、审计结算等列为重大事项，请示报告240件。

【续建2018年州级重点项目】 2019年，市投资建设服务中心完成谭家坝—虎民路（恩施西）、七里坪—金桂大道（七里坪）、松树坪—工农路（恩施北）3条高速出口路绿化美化；龙洞河南路建设工程完成竣工验收；挂榜岩公园新建项目完成总工程量96%；清江带状公园建设、旗峰大道（麻纺厂—虎岔口）改扩建工程、七里大道、209国道（连珠桥—大沙坝）改扩建工程稳步推进；火车站前广场及道路改造工程完成总工程量的32%。

【新建2019年州城重点项目】 2019年，市投资建设服务中心完成金山大道西段二期货币工程量4200万元，占总工程量的22.2%；金子路（209国道烂草湾—红庙污水处理厂）改造工程累计完成货币工程量2680万元，占合同工程量60%；209国道（金子路—中波台）改造工程一标路基处理完成50%，累计完成工程造价1100万元，二标青山木业前路段强弱电、给排水施工完毕，累计完成工程造价600万元；金山大道西段一期景观绿化工程完工；施州大道绿化美化工程一标完成总工程量100%，二标段完成总工程量的60%；209绕城线绿化美化工程一标段完成总工程量97%，二标段完成总工程量72%；土桥大道、舞阳大道、施州大道3条人行道改造工程完工；红庙社区公园与耿家坪公园均完工。

【加强保障房建设】 2019年，市投资建设服务中心完成蔡家河棚户区改造项目并交付使用。板桥棚改项目六期一至三标段完成主体工程，七期一标至四标完成合同内工程量，地下室顶板防水、消防、供水、供电、附属工程等在建。白庙桥棚改项目附属工程内场清理道路完毕待铺设沥青准备；消防地下室施工完成总工程量的85%。中港城商校地块（地块3）棚户区改造项目进行砌体填充墙及二次结构。三河棚户区改造项目完成分户验收，电梯、消防、供水调试中。华硒棚户区改造项目一期主体工程、附属工程土建完工，配电工程完成验收。松树坪棚户区改造建设项目完成12、13、15号楼建设，并对接辖区街道完成验收，配合市棚改办、六角亭街道推进后续分房工作。火车站棚户区改造二期三区完成总工程量的85%。火柴厂公租房项目一至三标段完成主体结构。八龙坪棚户区改造项目完成施工供水、供电，三标段基坑支护开始施工旋挖灌注支护桩。

【实施路灯管护】 2019年，市投资建设服务中心完成路灯维修线路5000余米、接线井1500余口；维修路灯、亮化、亲水走廊景观灯2000余盏；全年完成更换和补装路灯50余盏，新增路灯900余盏；接到市民报修电话165起，处理投诉165起，处理率100%。

【推进复绿植绿】 2019年，市投资建设服务中心按照“撒、盖、喷、栽、硬”的工作方法，对承建的15个市政项目15个地块，实施“裸土复绿”，撒播草籽10.66吨，施肥8.47吨，平面覆盖迷彩网72.82万平方米，立面挂硬质网16.71万平方米，新建花池5210米，栽植藤蔓植物10.97万株。加快城区公园绿地建设，完成金山西、施州北、209绕城线3条道路绿化任务及红庙社区公园、耿家坪公园建设任务，新增城市绿地面积8.37万平方米。

【机构改革】 2019年3月，成立恩施市投资建设服务中心，为市政府正科级直属事业单位。

（姚　瑶）

应急管理

【概　况】 2019年，市应急管理局全面落实安全生产责任，狠抓隐患排查，宣传教育，完善保障机制，安全生产形势持续稳定。全年发生生产安全事故11起，死亡12人。事故起数同比减少14起，下降56%；死亡人数同比减少12人，下降50%。煤矿、烟花爆竹、危险化学品、水上交通、消防等行业未发生生产安全事故。“春节”“两会”“中秋”“国庆”“军运会”等重要节假日和特殊时段未发生生产安全事故。

【安全生产行政执法】 2019年，全市非煤矿山检查46家（次），形成现场检查记录36份，责令整改指令书28份，复查意见书28份，发现隐患243处。检查危化品和烟花爆竹生产经营单位392家（次），排查隐患640处，形成现场检查记录、整改指令书242份，对存在重大安全隐患的1家加油站进行挂牌督办。关停非法经营危化品企业1家，行政拘留1人。关闭违反“两关闭、三严禁”烟花爆竹零售店3家，打击非法储存、经营窝点8处，没收非法烟花爆竹896件，行政拘留11人，销毁非法烟花爆竹1354件。通过“双随机、一公开”执法，全年抽查烟花爆竹店（企业）10家、危化品企业9家、非煤矿山企业7家、煤矿1家、培训机构3家。全年对企业违法行为立案查处形成罚没收入106万元，全年罚没收入600余万元。

【安全生产隐患整改】 2019年，市应急管理局对全市挂牌督办的白杨坪镇鲁竹坝村长输管道安全隐患、盛家坝加油站油罐区地基沉陷隐患、芭蕉乡朱砂溪至槽峡沟至小红岩村公路隐患、崔家坝镇水淌至易家堡公路隐患、沐抚大岩仟绝壁危岩崩塌隐患等5处重大隐患完成治理整改、复查销号。

【安全生产宣传教育培训】 2019年，市应急管理局安全生产知识网络竞赛活动。以宣贯《中华人民共和国安全生产法》《中华人民共和国突发事件应对法》《生产安全事故应急条例》等法律法规、防灾减灾、应急救援、消防安全、校园安全、道路交通安全等各类安全应急常识为主要内容，开展安全生产法律法规知识网络竞赛活动，组织全市企事业单位参加安全生产知识网络竞赛，答题20万余人次，全州排名第一。6月16

日，市应急管理局在州文化中心举行“安全生产楚天行”暨安全宣传咨询日活动，向市民宣传危化品安全、建筑安全、消防安全、交通安全、食品安全、用电安全等知识和防灾减灾、应急处置、自救互救方法。设咨询台28个、布置展板94块、悬挂垂幅14条，发放各类宣传资料5万余份，现场接受群众咨询400余人次。

【防灾减灾宣传】 2019年，市应急管理局开展“5·12”防灾减灾宣传活动。5月12日，市防灾减灾宣传启动仪式在硒都广场举行，州应急局局长程飞、市委副书记、市长苏勇参加活动，减灾委成员单位、城区街道300名工作人员和近3000名市民在活动现场参加有奖竞猜、防灾减灾咨询、应急演练等活动，各乡镇、街道（管理处）同步开展广场宣传活动15场次，办理宣传专栏25期，通过广播等媒体宣传减灾、防灾知识191场次，发放宣传资料33067份。

【组织防汛抗旱】 2019年，全市发生4次暴雨，暴雨造成全市17个乡镇、街道（管理处）均有不同程度遭受洪涝灾害，受灾人口1.67万人。因灾造成直接经济损失2991.34万元。造成工业交通损失1572.8万元。2019年降水量1435.4毫米，较常年偏少7.6%。全市对42座水库明确“四大责任人”；组建水旱灾害防御专家库，修订防汛预案15套；组建5个检查组，对全市涉水单位、电站、水库等进行“地毯式”排查，排查整改隐患10处；修订市、乡、村三级应急预案，从严审批42座水库、5个重点涉水工程《防洪抢险应急预案》；有针对性开展应急演练38场次，参与云龙河三级水电站2019年企地联合防汛抢险应急演练和州车坝河水库引水工程防洪应急演练；按照“有汛无汛按有汛准备、大汛小汛按大汛准备”的要求，盘清防汛抗旱救灾物资家底，储备价值1500万元防汛抗旱物资，严格落实24小时防汛值班制，确保顺利度汛。

【应急救灾物资发放】 2019年，市应急管理局下拨2018年至2019年冬春救助补助款164.64万元，发放春荒缺粮群众口粮救助3365户、9705人，救助资金157.59万元；衣被救助454户、559人，救助资金7.05万元。全年发放应急救灾棉被766床，毛毯166床，折叠床123张，棉衣裤390套，棉衣370件，绒衣310件，加厚保暖鞋210双，球鞋640双，帐篷25顶，发放应急过渡生活补助12.9万元。

2019年，省、州下拨倒损居民住房恢复重建资金115万元，受灾群众冬春生活救助资金400万元。全市因灾倒房恢复重建28户96间，修缮71户108间，支付救助资金111.9万元，解决321人的住房安全问题。

【消防安全】 2019年，市政府召开2次消防工作会议、4次消防联席会、4次专题消防会议，市政府主要领导先后8次听取消防工作汇报、6次带队检查社会单位，对春节、“两会”、国庆、军运会等重点节点的火灾防控工作进行专题部署和督办。辖区及5个建制镇完成消防专项规划编制，新建、修复市政消火栓60具，358家重点单位完成消防控制室创建活动。大队建立“巡回指导”制度，抽调大、中队业务骨干定期深入辖区进行“面对面”工作指导和业务培训，提升队员能力素质 。严格落实“24365”（24小时待命，365天在岗）工作方法，建立监督执法周部署制度和消防行政许可“集体讨论”制度，提升执法服务质量，全天候、全覆盖开展消防监督检查和监督执法服务工作。2019年，市消防救援大队开展覆盖式、嵌入式、带动式消防宣传，全市建立宣传专栏174个、电视专栏1个、协调公交、出租车公司和消防安全重点单位，借助LED屏幕全时段开展消防安全提示，以“5·12”“11·9”宣传为主线，实体化运作大队“流动课堂”，开展消防培训436场次，培训人数8万余人。2019年，全市15支专职消防队伍车辆器材配备提档升级，36个社区和365家重点单位建成微型消防站，172个行政村建立志愿消防队。2019年，市消防救援大队检查单位2027家，发现火灾隐患2142处，督促整改1670处，下发责令改正通知书1229份，办理处罚案件44起，罚款24.44万元，临时查封51处，责令三停2处，拘留14人。各派出所检查单位1.24万家，发现整改隐患1.89万处，下发责令改正通知书8235份，办理处罚案件308起，罚款2.94万元，拘留8人。市消防救援大队向8个行业主管部门发放“火灾防控工作提示清单”，向9个部门函告“消防安全隐患整改通知书”。联合各行业部门开展消防安全行动19次，协调市安委会开展安全生产大检查2次，联合市公安局开展校园周边消防安全专项治理和群租房专项行动，组织城区3个派出所、20名消防人员和民辅警开展2个月的“消防扫街行动”，检查场所396家、填写“火灾隐患告知单”389份、发现和整改火灾隐患1055处、发放消防宣传挂图和通告8000余份。市消防救援大队组织对华硒市场48家彩钢板进行查封和拆除，378家“三合一”场所安装连廊，解决华硒批发市场、土家女儿城存在的重大火灾隐患。

2019年，市消防救援大队出警27次，开展高层、地下、石化、人员密集场所等建筑熟悉演练。组织城市综合体应急救援演练6次，清江、黄石桥中队分别在全州“火焰蓝”救援尖兵比武竞赛荣获团体第二名、第三名。接处警500起（火灾262起，抢险救援214起，社会救助24起），出动车辆875辆，出动警力5076人次，抢救财产价值206万元。火灾环比上年同期下降1%，抢险救援下降8%，实现灭火救援成功率100%。

【机构改革】 2019年3月，机构改革，市应急管理局内设办公室、应急指挥中心、人事教育股（党建股）、政策法规宣教和行政审批股、火灾防治管理股、防汛抗旱股、危险化学品安全监督管理股、安全生产基础股、救灾和物资保障股、安全生产综合协调股、调查评估和统计股。下设二级事业单位1个（市应急管理综合监察大队）。

2019年12月31日，恩施市消防救援大队挂牌。

（余昌丽　刘　影）

政协恩施市委员会

综　述

2019年，政协恩施市委员会全面贯彻落实习近平新时代中国特色社会主义思想，围绕全市“316”总体思路和工作目标，履行政治协商、民主监督、参政议政职能。召开政协恩施市第九届委员会第三次会议，全年召开5次主席会议和4次常委会议。重大活动主要开展有支部主题党日活动、精准扶贫工作、联谊交流等。重点工作主要是政治协商、民主监督、参政议政、调研视察、提案工作、委员工作、文史工作、重点项目工作及社情民意信息宣传等。

重要会议

【政协恩施市第九届委员会第三次会议】 1月3日17时30分，召开预备会和中共党员大会。1月4日14时30分，政协恩施市第九届委员会第三次会议召开，市政协副主席蔡万高向大会报告市政协九届二次会议以来的提案工作情况。市委常委，常务副市长崔宇辉向大会通报政协恩施市第九届委员会第二次会议以来政府系统提案办理情况。16时，召开政协恩施市第九届委员会常务委员会第十二次会议，会议通过政协委员、副主席请辞事项，审议市政协副主席候选人建议名单、《选举办法（草案）》及总监票人、监票人建议名单。会议审议《政协常务委员会工作报告》和《常务委员会提案工作情况的报告》，酝酿市政协副主席候选人建议名单，酝酿总监票人、监票人建议名单，协商讨论《选举办法（草案）》及委员拟写提案。

1月5日9时，全体政协委员列席市第十届人大四次会议，听取《政府工作报告》。吴秀忠当选为政协恩施市第九届委员会副主席；会议表彰九届二次会议以来优秀政协委员、优秀政协工作者、支持政协工作先进单位、提案办理先进单位、提案办理先进个人和优秀提案；会议通过《政协恩施市第九届委员会第三次会议政治决议（草案）》。

【政协主席会议】 2019年，政协恩施市九届委员会召开主席会议5次。

3月14日，召开政协恩施市第九届委员会第17次主席会议。会议集中传达学习全国“两会”精神、《中国共产党重大事项请示报告条例》《中共中央关于加强党的政治建设的意见》和《湖北省人民政府关于省政府机构改革涉及省政府规章规定的行政机关职责调整问题的决定》等文件精神；审议委员增补及人事任免相关事宜；协商通过《政协恩施市第九届委员会委员履职量化评价评分细则》和《政协恩施市委员会2019年工作要点》；听取市政协九届三次会议提案审查、重点提案、跟踪提案等情况汇报以及市政协2019年委员培训、宣传工作、市直联络组活动经费管理方式调整情况等涉及“三重一大”相关事项汇报；审议政协恩施市第九届委员会常务委员会第十五次会议议程；通报主席分工调整情况。

3月27日，召开政协恩施市第九届委员会第18次主席会议。会议审议委员增补及人事任免相关事宜。

7月11日，召开政协恩施市第九届委员会第19次主席会议。会议传达学习习近平同志在江西考察并主持召开推动中部崛起工作座谈会上、在“不忘初心、牢记使命”主题教育工作会议上的重要讲话精神和《中共恩施州委关于在全州开展向张富清同志学习活动的决定》等文件精神；审议通过委员变动及人事任免相关事宜、相关专委会2019年调研报告和《政协恩施市第九届委员会常务委员会第十六次会议议程（草案）》；听取机关一季度财务及设备采购工作和上半年精准扶贫工作情况汇报。

10月16日，召开政协恩施市第九届委员会第20次主席会议。集中传达学习《关于认真学习贯彻习近平总书记重要讲话和中央政协工作会议暨庆祝中国人民政治协商会议成立70周年大会精神的通知》《中共恩施市委关于印发〈恩施市开展“不忘初心、牢记使命”主题教育实施方案〉的通知》等文件精神；审议并原则通过市政协2019年视察报告和《政协恩施市第九届委员会常务委员会第17次会议议程（草案）》，决定提请市政协九届十七次常委会审议；审议通过政协恩施市第九届委员会第四次会议大会发言主题；听取政协恩施市第九届委员会第四次会议提案征集工作汇报；安排部署机关精准扶贫工作。

11月5日，召开政协恩施市第九届委员会第21次主席会议。集中传达学习《中国共产党第十九届中央委员会第四次全体会议公报》《徐立全在省政协党建工作座谈会上的讲话》《中共湖北省纪委、湖北省监察委员会印发〈关于鼓励和保护干部干事创业的意见〉的通知》《关于印发〈恩施市2019年度村出列、户脱贫市级抽查验收工作方案〉的通知》等文件精神；审议并原则通过《2019年度全市政协工作考评方案》《审议政协恩施市第九届委员会第四次会议筹备方案》，听取市政协机关2019年全市目标责任制考评迎检情况汇报。

【政协常委会议】 1月3日至12月25日，政协恩施市第九届委员会常务委员会召开常委会议4次。

1月3日，政协恩施市第九届委员会常务委员会第14次常委会议召开。政协主席、副主席、秘书长、常委出席会议。会议进行集中学习；审议通过增补委员相关事宜。

3月28日，第15次常委会议召开。会议进行集中学习；审议通过委员增补及人事任免相关事宜；协商通过《市政协2019年工作要点》《政协恩施市第九届委员会委员履职量化评价评分细则》等事项；通报市政协九届三次全会提案立案审查情况、恩施市机构改革情况、主席分工调整情况和市政协市直联络组活动经费管理方式调整情况。

7月26日，第16次常委会议召开。会议进行集中学习；通报恩施市上半年经济社会发展情况；审议通过委员变动及人事任免相关事宜、市政协2019年调研报告；听取部分政协联络组2019年半年工作汇报。

10月25日，第17次常委会议召开。会议进行集中学习；审议通过市政协2019年视察报告；听取政协恩施市第九届委员会第三次会议以来重点提案办理情况汇报；安排政协恩施市第九届委员会第四次会议大会发言工作。

重大活动

【实施精准扶贫】 2019年，市政协主席会议成员分别担任6个乡镇、街道（管理处）脱贫攻坚前线指挥部指挥长、副指挥长，统筹调度当地精准扶贫工作，研究解决发现的重点突出问题，按照全市统一安排，委派市政协机关主要负责人到联系点实行“3+2”工作机制，从机关抽调5名经验丰富、工作能力强的干部派驻白杨坪镇朝阳坡村、张家槽村“尖刀班”，与驻地群众同吃同住同劳动；安排部署机关帮扶干部认真开展入户走访工作，帮助帮扶对象定规划、兴产业、强基础、早脱贫，解决“两不愁三保障”突出问题，所联系帮扶的两个村，安全饮水和4G网络实现全覆盖，新增茶叶、银杏等种植面积近400公顷，市场主体链接贫困户670户，带动创业、就业超过1000户，基础设施、特色产业、人居环境显著改善。通过政协常委会、主席会专题学习精准扶贫相关政策，部署落实精准扶贫工作，定期召开政协各联络组、各民主党派及工商联负责人座谈会、情况碰头会，加强沟通联系，凝聚共识，明确职责，勇担助推脱贫攻坚的时代使命。年初，市政协将实施助力精准脱贫“三大工程”作为精准扶贫工作的重要议题进行协商讨论，列入年度工作计划，定期组织政协委员到扶贫一线把脉问诊，“查民情、传民声、解民忧”。市政协各联络组组织开展多种形式的扶贫帮困活动，全体政协委员积极参与，对口帮扶贫困户800余户，贫困学生500余名，协调各类项目资金、捐赠爱心物资和资金3000余万元。全年，省、州新闻媒体采用相关信息25篇。

【联谊交流合作】 2019年，市政协与杭州市江干区政协签订友好政协协议后，精心组织赴杭州进行回访，就东西部扶贫协作、加强两地政协联系合作等进行探讨与交流。同时，加强与省、州政协和兄弟县市（区）政协的沟通联系，2019年，接待全国、省、州政协及外地政协考察团30批339人次，借鉴外地经验，扩大恩施影响力。12月，民建恩施市基层委员会被民建中央委员会授予“精准扶贫先进集体”称号。

重点工作

【开展政治协商】 2019年，市政协充分发挥人民政协协商民主专门机构作用，搭建协商平台，组织政协委员、政协各参加单位和专门委员会就党委政府事关全市经济社会发展大局的重大决策以及环境保护督查、“裸土复绿”、城市美化亮化等专项治理工作进行专题协商讨论。同时，通过开展协商座谈、召开联席会议、组织委员视察调研等方式，与相关部门开展对口协商，出谋划策，提出意见建议100余条。

【实行民主监督】 2019年，市政协全年推选25名政协委员参加市检察院、市委宣传部、市发改局、市教育局、襄阳铁路公安处恩施火车站派出所等单位的民主监督活动，推荐4名政协委员参加湖北高质量发展网络议政厅活动，组织160多位政协委员参加《湖北省如何以“绿色长江”引领湖北高质量发展》网络问卷调查。运用提案和反映社情民意信息传递基层民声民意的载体作用，促进民生问题的解决。对政协参加单位和委员反映的社情民意信息，及时归纳整理，归口报送。全年收集社情民意信息25件，上报州政协4件，编报《社情民意》13期，其中《关于在州城全面推行智慧化停车的建议》等8件（次）得到市领导批示。

【积极参政议政】 2019年，市政协按照《政协章程》召开政协常委会议，讨论研究市委、市政府重大决策；制定市委、市政府联系政协工作制度，形成政协主要领导列席市委常委会议和其他重要会议机制。组织政协委员围绕市委、市政府中心工作，开展调研视察活动，为党委政府科学决策建言献策。通过组织大会发言、视察调研、协商座谈、报送提案和社情民意信息等，发挥委员参政议政的主动性和积极性，增进委员之间的了解和友谊，队伍活力、委员归属感、责任感和履职信心不断增强。

【组织调研视察】 2019年，市政协紧扣市委、市政府中心工作，围绕“五大建设”（经济建设、政治建设、文化建设、社会建设、生态文明建设），通过专题调研、视察等方式，为市委、市政府科学决策、民主决策、依法决策提出中肯的、具有前瞻性的意见和建议。市政协围绕市委中心工作，精心策划6个视察和调研课题，涵盖工业、农业、文化旅游、民生等各个领域，主席会议成员带队围绕“工业园区建设管理、有机肥生产和利用、国（省）道沿线公厕建设管理、老城区医疗卫生现状、女儿会保护与传承、律师进村 法律便民”等课题开展专题视察调研，编报《政协建言》7期，均得到市领导批示，其中《关于全市工商业天然气用气价格的情况反映》《关于恩施市国（省）道沿线及旅游景区（点）公厕建管情况的视察报告》《关于恩施市“石窑女儿会”传承与发展的视察报告》《关于恩施市工业园区建设情况的视察报告》。

【促进提案办理】 1月，市政协九届三次会议以来，征集提案110件，立案93件，市委、市政府及时召开提案交办会，由41个承办单位办理。至12月底，93件提案全部办复，办理单位与委员见面率100%、办复率100%、委员满意或基本满意率100%。其中涉及优化营商环境、城市精细化管理、生态旅游环保、教育医疗等方面的7件重点提案，分别由市委书记、市长、市政协主席、副主席领衔督办，办理情况由承办单位在市政协常委会上作专题汇报。同时，市政协主席、副主席带领市政府政务督查室、各专门委员会及部分市政协委员，分别到相关提案办理重点单位对部分提案进行专项督办，督促各单位主动作为，扎实工作，将委员“说得对”的建言成果转化为“说了就办”的工作举措，通过提案交办、追踪反馈、督促检查、舆论推动，提高提案办理质量和实效，一批群众关注的问题通过提案督办得到及时有效解决。

【委员调整培训】 1月，市政协九届三次会议以来，按程序增补13名政协委员，接受13名辞去委员资格，撤销委员资格1人。同时，加强委员学习培训，注重培养“懂政协、会协商、善议政，守纪律、讲规矩、重品行”的新时代高素质委员队伍，全面增强履职本领，提高建言建在需要时、议政议到点子上、监督监在关键处的水平。全年市政协通过举办政协委员及政协工作者能力提升培训班、参加各类学习培训等方式，培训政协委员及政协工作者150余人次。

【文史征集编研】 2019年，市政协征集编撰出版《恩施文史》资料第33辑《历史不会忘记——离休干部在恩施》一书，计49篇25万字，记录恩施市离休干部从革命战争年代到和平时期所作出的重要贡献，再现其历史功绩，配合全市“不忘初心、牢记使命”主题教育开展。同时，与华中科技大学、崔家坝镇人民政府开展合作，推进《恩施传统村落·恩施卷》系列丛书与《人文崔坝》编撰工作。9月，在湘鄂黔渝四省边区县（市、区）政协工作联系会第37次会议上，市政协文史资料委员会代表湖北省作文史工作典型交流发言。

【重点项目协调】 2019年，市政协主席会议成员带领机关委办分别牵头联系2个省级重点项目、7个州级重点项目和12个市级重点项目，各责任领导深入项目工地加强统筹协调、督办指导，机关委办强化跟踪服务，破解企业发展难题，推动项目顺利实施。

【反映社情民意】 2019年，收集社情民意信息25篇，上报州政协4篇，编发《社情民意》13期，其中《老城区沙井巷40余户居民期盼巷道夜晚见光明》《关于在州城全面推行智慧化停车的建议》《关于在城区部分单行路段实行车辆限速的建议》《关于在松树坪虎民路一带设置交通标识的建议》《关于规范城区养犬的建议》《关于在福星城小区广场之间规划建设过街斑马线的建议》《关于对工农路五巷实行车辆单向通行的建议》《关于让行人“过马路”更安全的建议》8 篇得到市领导批示，部分建议被采纳并转化为民生项目和实际行动。

【信息宣传】 2019 年，全市政协工作被省政协采用信息 34 篇，州级以上新闻媒体采用信息 25 篇，中国硒都网发表 110 篇，恩施市政协网发表 156 篇。

（丁　娇）

纪检监察

综　述

2019年，中共恩施市纪委、恩施市监委聚焦主责主业，强化监督执纪问责和监督调查处置，深化纪检监察体制改革，实现纪检监察派出机构全覆盖；紧盯重点领域、重要节点、关键岗位，"零容忍"惩治发生在群众身边的腐败问题，坚决维护群众切身利益；聚焦形式主义、官僚主义新表现，开展"不担当、不作为、不落实"专项整治，干部队伍作风建设取得明显成效。发挥监督保障执行、促进完善发展作用，推动新时代纪检监察工作高质量发展，为恩施市决胜全面建成小康社会、决战脱贫攻坚提供坚强纪法保障。

重要会议

【中共恩施市纪委九届四次全体会议】 2019年2月20日，中国共产党恩施市第九届纪律检查委员会第四次全体（扩大）会议召开。会议强调，要深入学习贯彻习近平新时代中国特色社会主义思想、党的十九大和习近平总书记视察湖北重要讲话精神，认真贯彻落实中纪委、省纪委、州纪委全会工作部署。市委常委、市纪委书记、监委主任谭祖沧代表市纪律检查委员会常务委员会作工作报告。

宣传教育

【开展学习教育】 2019年，市纪委、监委利用市纪委常委会、中心组学习、支部主题党日、一周双学的方式，对习近平新时代中国特色社会主义思想及重要论述及时跟进学、集中研讨学、反复推敲学，强化自身政治机关属性。坚持"请进来教学"与"走出去见学"相结合，聘请专家教授对十九届四中全会精神及党章党史进行宣讲，安排专人深入各乡镇、街道（管理处）及市直单位开展专题授课，将新时代中国特色社会主义思想学懂弄通做实。全年组织集中学习30次，主要领导深入党校授课2次，纪检监察干部深入市直单位开展讲座20次，组织全体干部观看张富清老人《深藏功与名》专题片，参加"不忘初心、牢记使命"主题教育活动，开展集中研学4次，举办夜学8期，累计参学412人次，机关干部撰写心得体会文章95篇。

【加强对全市党员干部学习指导和监督】 2019年，市纪委、监委利用"廉洁教育新春行""十进十建"及第20个"宣教月"活动载体，强化对全市党员干部进行学习武装，及时传达习总书记关于全面从严治党重要论述及各级纪委全会精神，将纪法教育纳入全市学习重点，并通过学唱廉政版"六口茶"、廉政文化进机场、火车站、景区等创新活动，掀起全市送廉学廉倡廉的良好氛围。

同时，利用政治巡察、明察暗访、网上测试的形式定期对全市各级党组织学习情况开展督促检查，实现全市党员和监察对象学习教育全覆盖。

作风建设

【持之以恒纠“四风”】 2019年，市纪委、监委强化日常监督，推进作风建设，持之以恒纠“四风”，向党员干部发出廉政提醒，畅通渠道，利用微信、电话、网络、信访及四风随手拍平台及时发现群众身边存在的不正之风，2019年，收到恩施州市“四风”随手拍问题线索55件，办结37件；信访案移送“四风”问题线索24件，办结21件。对16起“四风”问题典型案例公开通报曝光。

【处理违反中央八项规定精神行为】 2019年，全市查处违反中央八项规定精神问题32件66人，同比上升88.2%，其中组织处理16人、党纪处分50人。8名党员干部在全市党建暨经济工作会议上因违反会风会纪被问责；屯堡乡12名干部因绕道公款旅游被问责处理，屯堡乡主要领导被调整工作岗位。

【做细做实日常监督】 2019年，市纪委、监委深化派驻（出）监督体制机制改革，8个派出纪检监察组、15个派驻（出）乡镇（街道）监察室积极稳妥开展工作，全市57个单位部门、16个乡镇（街道）全部纳入综合派驻监督范围。通过列席各单位领导班子民主生活会和党风廉政建设专题会议以及涉及“三重一大”议题的党委（党组）会议形式，强化对所驻单位近距离、常态化、全天候的监督，将纪检监察职能横向延伸到各系统各部门，纵向延伸到各单位、社区、村、组。截至12月底，8个派出纪检监察组开展监督检查119次，发现问题31个，谈话提醒9人，办理信访举报33件，立案审查调查11人，指定立案审查调查1人。

【聚焦关键环节开展监督检查】 2019年，市纪委、监委组织开展“名贵特产”“天价烟”自查自纠，督促党员干部主动上交违规收受、违规占有的名贵特产或退出违规经营活动，发出“关于集中整治领导干部利用名贵特产类特殊资源谋取私利问题的举报公告”，面向广大群众收集问题线索，上报典型案例3件。联合市税务局对近年来相关税务票据进行逐一排查，发现问题线索6条。持续深入开展“三大攻坚战”，认真开展环保督察工作，中央环保督察反馈问题“回头看”35号、省第四环保督察组反馈意见（编号42、59）完成整改销号。严肃查处涉黑涉恶腐败和“保护伞”问题。深化开展扶贫领域监督执纪问责工作，注实脱贫监督的“清醒剂”，为脱贫攻坚提供坚强的纪律保障。优化营商环境，贯彻落实省纪委关于服务保障企业发展的12条措施，成立产业发展监督执纪问责工作领导小组及其专班，坚持问题导向，重点聚焦“不担当、不作为、不落实”等突出问题开展监督执纪问责。围绕主题教育开展专项整治，出台恩施市“不忘初心、牢记使命”18个专项治理工作方案，明确各项的牵头单位和责任单位，细化专项治理任务，实行项目化推进，为经济社会发展保驾护航。

【集中整治形式主义官僚主义问题】 2019年，市纪委、监委对不作为、乱作为、假作为、虚作为的人和事密切关注、重点纠治。2019年，追责问责400人次，其中组织处理351人次、党纪政务处分49人次。强化媒体监督效果，组织电视问政3期，推动问题整改10个。市法院因驻村工作不力问题，9人受到问责处理，其中党纪处分5人、组织处理4人。

正风反腐

【压实全面从严治党责任】 2019年，市纪委、监委对履行主体责任不力的31余名科级干部进行问责处理。舞阳坝街道党委组织委员刘某，在全市村社区书记培训期间，组织参训人员“带彩娱乐”，10余名党员干部受到党纪处分，党委主要负责人因管党治党不力向市委作出书面检查。严把廉政审查关，对1名因私出国境的科级干部、8名纳入考察范围的干部实行“一票否决”。

【开展群众信访举报化解工作】 2019年，市纪委、监委严格落实9个到位的工作要求实行全员接访、开门接访制度，班子成员带头、全体纪检监察干部参与，开展群众信访举报化解工作收到信访举报件395件，较上年同期下降1.5%，本级受理信访件145件，较上年同期下降33.1%。用心用情化解群众信访举报工作，沙地乡楠木园村信访对象刘某某信访问题在“清零行动”中成功化解，全市市乡（镇）村（社区）三级纪检监察干部深入基层一线，进行“遍访”，主动倾听群众心声，协助解决群众问题。走访群众1.74万户，有效解决问题1008个，化解信访件67件。

【巩固反腐败成果】 2019年，市纪委、监委处置问题线索602件，同比上升27.8%；初核问题线索580件，同比上升28.3%；立案242件，同比上升8%；结案230件，同比上升31.4%；处分216人，同比上升24.1%；对15人采取留置措施。严肃查处六角亭街道原党委书记柳某某违纪违法案，查明其收受贿赂80余万元，违规处理公务，使国家利益遭受损失524万元；顶格问责“9·2”校园涉刑案件,5名责任人被留置，立案审查调查22人。

【做好审查调查】 2019年，市纪委、监委向相关党组织宣布处分决定80次，开展受处分党员干部回访教育40次，真正将“一张纸”变成“一堂课”。通过编印忏悔录，组织观看警示教育片，加大典型案例通报学习等形式，在全市范围内开展警示教育活动，教育广大党员干部引为镜鉴，做到标本兼治。

队伍建设

【派驻（出）机构改革】 根据《关于推进全省深化纪委监委派驻（出）机构改革的工作方案》，《省纪委监委派驻（出）机构改革方案》，推进纪委监委派驻（出）机构改革。

2019年，市纪委监委改革专班对市直单位纪检监察干部底数进行梳理统计，与拟划转单位进行沟通协调。根据全市党政机构改革情况，明确全市57个单位部门属于被监督单位。对照省纪委监委机关、省委组织部、省编办、省财政厅、省人社厅《关于深化市县纪委监委机构改革和派驻（出）机构改革的若干意见》文件，研究机构设置、人员配备、职能职责方案。5月，《恩施市纪委监委派出机构改革方案》报市编委研究同意并制发，方案规定设置8个派出纪检监察组，每组配备5名行政编制工作人员。10月，8个派出纪检监察组组长提名人选提交市委讨论研究同意，市委组织部启动考察程序。8个派出纪检监察组组长正式任职，配备33名工作人员，组织与被监督单位的联席会议，正式开展监督工作。11月4日，市纪委监委组织选调，按程序为派出纪检监察组补足7名工作人员。11月14—16日，组织开展全市纪检监察业务培训，提升监督能力和水平。

【加强业务交流】 2019年，市纪委、监委选派21人次乡级专职纪检监察干部到机关跟班轮训，4名乡级专职纪检监察干部到机关挂职锻炼，4名机关干部到乡镇（街道）纪委蹲点锻炼，1名机关干部到州纪委监委挂职锻炼，17名机关干部派到省、州纪委监委审查调查一线实践锻炼，为基层培养更多的业务骨干。

巡察监督

【开展常规巡察】 2019年，市委开展四轮常规巡察，完成对市国土资源局、市食品药品监督管理局、市工商局、市招商局等15个涉改单位和板桥镇、恩施大峡谷风景区管理处的巡察任务，发现面上问题956个，向市纪委移交问题线索52件；对团市委、市残联、市工商联、市总工会、市妇联、市科协6个群团单位的巡察，完成进驻阶段。开展1次脱贫攻坚“三大行动”机动巡察，向市扶贫办移交涉及13个单位的90个面上问题。对新塘乡峁山村开展1次为期半个月的“点穴式”巡察。配合州委开展1次精准扶贫脱贫攻坚、基层党组织建设专项巡察“回头看”，发现面上问题435个，问题线索10个。对中央专项巡视排查出来的333个个性问题开展督办销号。

【组织回访督查】 2019年1月，市委成立回访督查组对市委第四轮巡察及市农村水利建设资金使用情况专项巡察反馈意见整改落实情况进行回访督查，督查组通过听取汇报、查阅资料、现场了解等方式，对市委第四轮巡察反馈的151个面上问题，12个问题线索（市发改局6个、市民政局4个、市文体局2个）逐条核查整改落实情况。截至回访时，151个面上问题整改完成144个，整改完成率95.36%。2019年11月25日至12月17日，市委第四巡察组对九届市委第五、六轮被巡察的15个涉及机构改革单位，开展巡察反馈问题整改回访督查，反馈的799个面上问题，整改完成762个，整改完成率95.4%，移交市纪委监委的18件问题线索，截至2019年12月16日，办结7件12人，移送州纪委2件2人，党内警告处分4人，行政警告处分3人，诫勉谈话1人，责令检讨2人。结合“不忘初心、牢记使命”主题教育，对前四轮巡察移交的面上问题进行全面清理。同时，市委第四巡察组对市委第五、第六轮巡察的单位开展回访督查。

（黄　雪）

民主党派

民革恩施市支部委员会

【概　况】 2019年，民革恩施市支部委员会开展以组织建设为特色的示范支部创建活动，加强基层组织“四个建设”，提升“五种能力”，履行参政党职能，热心社会公益事业，投身地方各项中心工作，创建活动顺利通过民革省委会的验收检查。

【组织建设情况】 2019年，民革恩施市支部建立“党员之家”。以服务党员、丰富支部组织生活和主题教育活动内涵，配备各类理论书籍，搭建学习交流平台，为党员提供一个相对固定的学习教育活动空间。至12月底，市支部党员包括行政机关、经济、文教、旅游、卫生等界别的知识分子，有党员29人，其中在职16人，退休13人，女党员8人，交叉党员1人；州八届人大代表1人，市第十届人大常委会副主任1人；州第八届政协常委1人，州第八届政协委员2人，市第九届政协常委3人，市第九届政协委员8人。

【学习活动情况】 10月11日，民革恩施市支部组织党员，参加民革恩施州委在咸丰县开展的“缅怀革命先烈，追寻红色足迹”活动。10月12日，市支部党员参加民革恩施州委组织的“我身边的优秀民革党员”交流座谈会，先后到金山大道西段、五峰山隧道口、金龙大道南段等地实地查看项目进度，听取恩施市投资建设服务中心关于城市建设工作的情况介绍，实地了解恩施市政建设发展情况。

【积极参政议政】 2019年，政协恩施市九届第三次会议期间，民革党员提交社情民意1篇、大会发言1篇、提案4篇。党员刘启兴、向恒举提交《老城区沙井巷40余户居民期盼春节前巷道夜晚见光明》，党员朱文環撰写《关于完善乡村旅游配套设施的提案》，党员覃颖、朱文環提交《关于加强城区中小学、幼儿园周边流动商贩管理的建议》，党员谭爱玲提交《关于取消老年公交卡地域限制的提案》，党员向恒举提交《关于规范办学行为，强力整治在职教师有偿办班补课的建议》，党员张均提交《关于进一步加强恩施市城区养老院建设的建议》等。政协恩施州第八届三次会议期间，党员张均提交《关于将恩施女儿会确定为民族节日的建议》。

6月18—20日，党员张均参加民革州委组织的“旅游+扶贫”的调研活动，撰写调研报告。7月9日，覃颖参加民革州委关于开展加强村级基层组织建设确保打赢脱贫攻坚战调研活动，撰写《关于加强村干部队伍建设的建议》。9月17日，张均参加市政协关于全市产业园区建设视察活动。9月28日，民革支部组织全体党员赴屯堡乡开展恩施玉露品牌建设调研活动。主委杨帆撰写《恩施玉露品牌建设思考与建议》，作政协恩施市第九届委员会政协第四次会议大会发言材料。10月22日，张均参加民革州委会关于打造营商法治环境保障民营企业稳定发展调研活动。

【开展社会服务】 2019年5月28日，民革支部在“六一”国际儿童节即将到来之际，联合市委统战部，到板桥镇堤场小学开展以“助力精准扶贫，服务贫困学生，关爱留守儿童”为主题的社会服务活动。为该校学生捐赠价值2545元学习文具。

【实施双岗建功】 2019年，党员向恒举主笔的《学校教育与社会教育的沟通与协调》于2月出版的《社区德育策略》一书中发表，陈中清被州卫生健康委员会授予“恩施州中医名师”称号，向莉指导硒都小学文婧老师《丰收之歌》获得省级三等奖。

老党员赖家模荣获恩施州2019年度“中医大师”称号。彭祚全向支部提交《关于编辑〈恩施硒资源开发利用〉文史专集的建议》。刘义奇向支部提交《新建红旗大道禁止载重卡车通行的建议》等。

（覃　颖）

民盟恩施市支部委员会

【概　况】 12月21日，民盟恩施市支部召开第六届委员会第一次盟员大会，选举产生民盟恩施市支部第六届委员会。朱胜武、谭玲华、刘涛、李婧若、李霞、李敏、张居武、林志、冉芬芳、谭艳、李冰东当选为支部委员，朱胜武当选为主委，刘涛、谭玲华当选为副主委。大会通过民盟恩施市支部第六届委员会第一次会议政治决议。民盟恩施市支部有盟员60人，其中教育届16人、文化界6人、卫生界5人、法律界3人、企业界9人、行政事业单位13人。市第十届人大代表1人、市第九届政协委员16人，第八届州政协委员3人、州政协党委1人。

【积极参政议政】 2019年，民盟支部政协委员刘文泉、李霞联名撰写《在恩施火车站前建设马踏飞燕中国旅游标志的提案》，林志委员撰写《如何将小区提档升级的提案》，李静若委员撰写《关于凤凰山皇御园潜水处理的建议》，盟内人大代表张居武在市第十届人民代表大会上撰写《关于取消老年公交卡地域限制的提案》。为改善恩施营商环境，民盟恩施市支部撰写《关于设立民营经济服务中心的提案》。

【坚持民主监督】 2019年6月，朱胜武带领盟员林志等在恩施新塘开展恩施市营商环境调查，撰写调查报告。7月30日，朱胜武带领盟内人大代表张居武等人在恩施白杨坪鲁竹坝村进行精准扶贫监督，形成监督报告。

（李冰东）

民建恩施市基层委员会

【概　况】 2019年，民建恩施市基层委员会下属4个支部。有会员102人，其中具有大专以上学历88人，占会员总数的86.7%。具有中高级职称80人，占会员总数的81.6%。会员中正科级干部2人，副科级干部3人。现有州人大代表1人，州政协委员3人；市人大常委1人，市政协委员16人（常委3人）。有1名会员任民建州委副主委，1名会员任民建恩施州委委员，1名会员任民建恩施州委副秘书长。当年，民建恩施市基层委员会被民建中央表彰为“脱贫攻坚先进集体”。

【组织建设情况】 2019年12月16日，民建恩施市基层委员会换届选举大会在恩施怡和大酒店举行。选举产生民建恩施市基层委员会第二届委员会委员和第二届基层委员会主委、副主委。全年发展会员6名。

【思想建设情况】 2019年10月18日，民建基层委员会以“会员活动日”活动为契机，在盛家坝乡组织开展“不忘合作初心，继续携手前进”主题教育暨乡村振兴调研活动，40多名会员参加活动，组织撰写新中国成立70周年、多党合作制度确立70周年主题征文7篇。

【反映社情民意】 2019年，民建基层委员会组织各会员积极参政议政，在州、市两会期间，开发区支部向市两级政协提交提案10篇，向民建州委提交社情民意4篇，其中2篇被省民建采用；支部鲁诚向市政协提交社情民意1篇被采用，并就涉及七里坪垃圾填埋场引起龙洞河污染事件以法律意见书提交市委督查室，获市委向前进书记签批。市一支部提交人大建议和政协提案13件，办理10件。其中向梓昌《关于"五链"融合，做大做强恩施市生物健康产业的提案》成为市政协主席郑晓斌领办提案，陈祥蓉撰写的《关于推动恩施市产业扶贫建议》成为市政协副主席柳诲龙领办提案，何玲撰写的《加快清洁能源建设，促进恩施市生态发展》、陈祥容撰写的《关于恩施市农业产业扶贫的思考与建议》被编入市政协第九届三次全会的书面发言材料；市二支部提交提案2篇、社情民意2篇；市三支部州政协委员沈娟等向州政协提交提案7件，市政协委员向市政协提交提案10件，报送社情民意5件，其中报送州政协2件，报送市政协3件。沈娟的《关于沿五峰山山体修建玻璃栈道的建议》，胡荣造报送的《关于恢复城区主干道单位门前停车位的建议》《关于在松树坪虎民路一带设置交通标识的建议》《关于为市民之家开设进出通道的建议》等社情民意被市委、市政府、市政协领导批示。市委会撰写的《打造特色村镇，实现全域乡村振兴》被转化为州政协八届四次全会的提案，姜俊撰写的《强硒茶品牌认知，绘硒业发展蓝图》的调研报告转化为州政协八届四次会议大会发言材料收编入册。胡荣造在市政协大会上作《礼让公交车，文明伴我行》大会发言。

【开展社会服务】 2019年12月20日，民建基层委员会参加市委统战部组织的恩施市新的社会阶层人士联谊会爱心团之沙地花被行活动，捐送扶贫款5000元。二支部为贫困学生捐送助学金2400元，帮助其完成学业；开发区支部在屯堡乡大树垭村、屯堡乡鸭松溪村、芭蕉乡高拱桥村等乡村多次开展"幸福家庭·与法同行"的反家庭暴力法律讲座，以送法下乡的方式进行法制扶贫。支部会员企业恩施州三和汽车贸易责任公司参加"乐善助学·与爱童行"爱心公益活动，与2名学生结成一对一帮扶对子，每年每人资助1200元助学金。三支部春节慰问帮扶贫困户，慰问金1000元、支部委员万珏为受到权利损害的未成年女童申请全国律协未成年人保护专业委员会"小额爱心资助款"3.4万元，为恩施新百佳公司负责人提供法律援助，豁免高利贷利息近20万元。

【组织社会调研】 2019年10月，民建基层委员会会员到盛家坝二官寨村开展乡村振兴调研活动。撰写《打造特色村镇，实现全域乡村旅游》《落实好乡村振兴战略20字方针，促进恩施市乡村振兴建设》调研报告，提交到市委统战部及民建州委，其中《打造特色村镇，实现全域乡村旅游》转化为八届四次全会提案。开发区支部开展企业困难减免税的课题调研，转化为社情民意被民建省委采纳。一支部开展茶叶产业课题调研，撰写《恩施市茶产业建设推进情况》的调研报告，提交到民建州委。二支部对恩施市义务教育阶段教师学科结构进行调研，撰写《关于恩施市义务教育阶段教师学科结构性缺编》的调研报告。三支部撰写《强硒茶品牌认知，绘硒业发展蓝图》的调研报告，在八届四次州政协大会上作为发言材料收编入册。

【会员风采展示】 一支部何远军被国家农业农村部授予"2019年度先进个人"称号。二支部会员赵娜创作的动画片《开心森林》获2019年"中国西安第八届国际原创动漫大赛"奖，并成功报名华中科技大学湖北省新民营经济领军人才高级总裁研修班；支部副主委、全国著名音乐作曲家杨军为张富清老人创作的《大山的情怀》在全国纪检系统和学习强国网上传唱，《中国啊中国》《娇阿依之峦》《幺妹住在十三寨》等诸多作品被众多网站评为2019年最火金曲并相继在央视和学习强国网巡回播放和传唱。

（何 玲）

农工恩施市支部委员会

【概 况】 2019年，农工党恩施市支部有党员44名，其中女党员23人，占52.3%；离退休13人，占35.9%，大专以上文化程度38人，占86.4%；医药卫生、计生、环保、教育23人，占52.3%；党员中有州人大代表1人、州政协委员2人、市政协委员11人。当年发展新党员4名，新增后备党员1名。

【开展红色教育】 2019年，支部28名党员参加在叶挺将军纪念馆举行党员教育实践活动。李国玲、范启玉、谢伟、李毅、吕静宜赴重庆参加农工党史和革命传统教育活动。

【参与组织培训】 2019年，农工党恩施市支部，党员李国玲参加州委党校党外干部培训，党员石娟参加市政协组织的恩施市政协委员及政协工作能力提升培训班、湖北省文旅厅组织的全国旅游监管服务平台湖北片区培训班培训，党员刘雅莉参加湖北省委2019基层组织负责人暨代表人士培训班。

【积极建言献策】 2019年，支部市政协委员向市九届政协三次会议，州八届政协三次会议，州九届人大三次会议分别提交提案5件、建议2件，内容涉及医疗卫生、产业建设、城市管理、环境资源等方面。支部撰写的社情民意《关于开放州城机关事业单位厕所的建议》，得到州委、州政府主要领导批示。《恩施市发展生物医药产业的思考与对策》在市九届政协三次会议作大会发言，《关于“恩施玉露”品牌保护的建议》被评为2019年度优秀提案。8月，支部26名党员先后实地考察中硒集团、西兰卡普织锦公司、芭蕉金茗香茶业公司，听取相关企业负责人情况介绍，了解小微企业发展现状、存在的问题及意见建议，向有关部门提交《大力优化营商环境，推动小微企业高质量发展》的调研报告。

【开展社会服务】 11月27日，与政协市直卫生联络组联合开展“委员扶贫、党派助医”送医送药活动，赴白果乡乌池坝进行免费体检、义诊，助力健康扶贫工程，增强健康意识，培养卫生习惯。

（刘雅莉）

人民团体

工　会

【概　况】 2019年，恩施市总工会围绕“夯实基层基础，深化建功立业，做实维权服务”的总体思路，着重抓好“十件实事”（开展庆祝新中国成立70周年系列活动、为1000名职工提供就业指导与服务、推荐表彰14名州级劳模、劳模体检疗休养、资助贫困大学生180人。筹集专项资金120万元（每人3000元）用于困难职工解困脱困、为2500名一线职工“送清凉”、征集会员特惠商家40家、筹集资金用于工匠技能培训、举办基层工会干部培训班2期），重点突出支部主题党日特色活动，推进全市工会工作高质量发展。2019年工会工作在全州考核排名第一。

【组织职工文体活动】 2019年3月，市总工会联合市文明委、市妇联等部门联合在三岔镇举办表彰文明家庭、最美家庭暨“助力精准扶贫 展现巾帼风采”乡村美厨娘大赛活动。是月，受邀组织参加浙江中烟·恩施复烤厂第一届“利群杯”标准化选叶技能竞赛，恩施复烤厂及恩施州易事通有限责任公司的450余名服务浙江中烟烟叶挑选人员参与竞赛。4月28—30日，市总工会与市文化旅游局以“弘扬时代精神，展示职工风采，开展全民健身”为主题，举办庆“五一”职工运动会，全市56个单位、2000余名职工参加，共设置羽毛球、乒乓球等10个活动项目，奖项30余项。同月，市总工会联合市住建局、市自来水公司举办以“弘扬工匠精神，提升服务技能，优化营商环境”为主题的2019年第九届职工劳动技能竞赛暨职工趣味运动会。来自市自来水公司61名一线职工参加技能竞赛；来自粤海正源水务、机关、营销分公司、建设分公司、制水分公司、龙凤分公司6个代表队参加三人制篮球比赛，有各部门职工组成的6支参赛队伍参加趣味运动会“超级毛毛虫”比赛，对12名劳动者授予“五一劳动奖章”，36名职工分别授予劳动技能竞赛一、二、三等奖。10月，市总工会联合市委统战部、市委“两新”工委以及市群团部门共同举办“庆祝新中国成立70周年·讲好恩施故事”演讲比赛。全年先后与市直相关部门联合组织举办诵读经典，书香恩施诵读比赛以及改革开放40周年主题征文等。市总工会在微信公众号上推文85篇，在中国硒都网开设“劳模风采”专栏，深入开展劳模、工匠评选和宣传活动。

【推荐劳模、劳模体检疗休养】 2019年9月，经各基层单位推荐、报经市委审定，朱云、李仁龙、邓立杰、何松清、黄树军、宋家国、柯昌琼、王焱、龙渊、李万富、许承见、杨文清、赵小平、聂池昆14人被评为2019年州级劳动模范。11月，组织市省部级劳动模范刘锦凤、黄光菊、李继炎、李纯斌、张必斗、杨通万、杨廷见、向修凤8人按照800元/人的标准，进行身体健康检查。6月下旬至10月，省部级劳模邓元武、向修凤、王文洪、吴际庆、肖孚云5人分别参加省总工会组织开展的省部级劳模疗休养活动。9月，省部级劳模曹代全、李纯斌、黄东新3人参加州总工会开展的劳模疗休养活动。

【关爱职工行动】 2019年，市总工会开展“春送岗位”“夏送清凉”“金秋助学”“冬送温暖”四季服务活动。市总工会职工服务中心联合市人社部门及人才服务企业共同举办就业帮扶、春风送岗、贫困劳动力就业、高校毕业生就业服务、就业援助月、退伍军人等各类专场招聘会6场，有404家企业提供就业岗位3000多个，求职人员1800余人，为40多家企业输送就业人员282人。6月，市总工会联合市委组织部、市民政局、市科协、市妇联、共青团市委等部门到恩施思源学校、实验小学、硒都民族小学等职工爱心活动基地，为278名结对帮扶建档立卡特困生捐送慰问资金20万元。8月，市总工会组建慰问工作专班，为在酷暑高温下工作的一线农民工、环卫工人、养路工人、公交司机、交警等一线职工送上“清凉大礼包”，慰问2000余人，慰问物资折价28.48万元。秋季资助困难职工家庭学生24人，发放专项帮扶资金9.8万元。9月，利用杭州市总工会“春风助学”项目，资助全市建档立卡贫困家庭的大学新生180人，每人3000元，资助54万元。12月底，为11名困难职工送去帮扶资金9.5万元，为35名困难职工发放送温暖资金10.5万元。

【推进工会工作改革】 2019年，全市规范化建设工会组织1563个，工业园区、“两新”组织建会覆盖率85%以上。出台《恩施市产业工人队伍建设改革方案》，明确24条改革措施，由市总工会履行领导小组办公室职能，协调28个责任单位分工负责抓落实，进一步拓展产业工人发展空间。市财政每年预算安排50万元的专项资金用于产业工人培训，依托市中等职业技术学校建立产业工人培训基地。市总工会先后到市长源轴承有限公司、市自来水有限公司、市电力公司、市公共汽车公司等6家企业工会走访调研，召开座谈会，解决当前全市产业工人队伍建设中存在的问题，举办产业工人技能培训班3期，培训150人次。高标准建成市群团综合服务中心和一批爱心驿站、职工书屋、维权服务站等实体服务阵地，开通网上职工服务中心，完善职代会、事务公开等民主管理机制，做实职工之家品牌。市总工会依托实体、网络“两个阵地”，为职工办理事项780多件，开展法律援助120件；推进基层工会和工会会员实名登记和特惠服务工作，承接州总工会职工网上服务平台，全市实名登记会员3.57万人，招募市内房地产、百货、美容、建材、装潢装修等35家企业为特惠商家，为实名制会员提供商品购买优惠折扣服务；聘请10名律师，成立恩施市工会法律顾问团，并在广东省中山市和浙江省绍兴市设立农民工维权站，全年处理7起劳动纠纷、维权案件，申请法律援助19起。12月7日，省高级人民法院、省总工会在市法院挂牌成立“劳动争议诉调对接室”。

【东西部扶贫协作】 2019年，市工会先后3次赴江干区考察洽谈、对接，两地工会共同推出“疗休养+”走村连心新模式，江干区和恩施市两地工会通过因团、因地制宜和结对帮扶“两不愁三保障”的要求，所需与所能相结合，以太阳河乡为试点，首创工会疗休养“走村连心”活动，走贫困村，入贫困户，拉家常、结对子、同劳动，形成“吃住购、游助帮”走村连心消费扶贫带动产业链发展新模式。江干区在恩施市挂牌2个工会疗休养基地和2个益贫电商基地，江干区工会疗休养团有41批次1203余人赴恩施疗休养，考察、疗养收益效益523万元，深入14个乡镇30余个贫困村，走访慰问贫困户400余户，购买恩施土特产消费80余万元，吃住行游个人消费共481.2万元。江干区总工会为恩施市贫困户捐赠资金10万元，用于改善市总工会扶贫点文体设施。

全年市总工会解决帮扶村短板问题87个，其中解决断头路公路硬化4千米、人畜饮水40余户、低电压用户8户、办理残疾证10个，群众产业发展稳定，收入稳步提高。

（侯义丹）

共青团

【概　况】 2019年，共青团恩施市委开展“青年大学习”31期，动员全市青年参学1.72万人次；开展“青春心向党·建功新时代”“我与祖国共奋进——国旗下的演讲”等主题团（队）日活动300余场，覆盖全市青少年10万余名；“青春恩施”微信公众平台发文223余篇，30次进入省级排名前三名，15次进入全国前百名。以恩施市青年志愿者协会为载体，打造志愿服务品牌，开展志愿服务活动21场，吸纳青年志愿者200余名参与。组织申报国家、省、州、市级“两红两优”以及“青年五四奖章”推选活动，市少先队总辅导员辛翠平获得2018年度“全国优秀共青团干部”，市第一中学学生文小燕获得2018年度“全省优秀共青团员”。1月，团市委完成全市村（社区）团组织换届选举工作，举办纪念五四运动100周年主题活动、第四届“精准关爱，青春同行”希望家园留守儿童夏令营等大型活动7次。持续通过共青团“改革再出发”，巩固和深化改革成果，履行“全团带队”职责；建立团教协作机制，深入推进中学共青团改革、少先队改革。举办考前心理减压讲座，开展禁毒、防欺凌、防性侵、青春自护、法治宣讲等宣传教育31场，覆盖青少年8600余名；打造全国“青少年零犯罪零受害社区（村）”试点3个；配合市检察院充当未成年犯罪嫌疑人的临时监护人7次。

【青年创业工程】 2019年5月、7月，团市委协助市人社局组织开展“草根创业计划”扶持项目活动，联系创业青年参加“创青春”湖北省青年创业大赛，并为创业青年提供创新创业、经验分享、项目孵化等创业信息咨询。10月，配合市委人才办筹备恩施州第一届创新创业大赛恩施市分赛区大赛，通过“青春恩施”微信平台及时发布大赛有关信息。团市委利用团属新媒体，不定期的发布创业政策信息，确保创业扶持项目惠及更多的创业青年。

【扶贫助学工程】 2019年，379名恩施市建档立卡贫困留守儿童纳入省贫困留守儿童结对精准扶贫信息管理系统（“双结双促”系统）。团市委发动专兼职团干部、青年志愿者采取“一对一”“多对一”等方式完成与贫困留守儿童100%结对。7—8月，开展第四届“精准关爱·青春同行”留守儿童夏令营活动，来自中国人民大学、复旦大学等全国8所重点高校122名青年志愿者开展为期20天的志愿服务活动，服务留守儿童600余名。10月，印发《恩施市团系统开展2019年“扶贫日”活动促进“双结双促”工作的活动方案》，开展“精准关爱·携手同行”主题活动17场。

【加强东西部扶贫协作】 2019年，团市委对接杭州市江干团区委强化东西部扶贫协作。7—8月，团市委联合杭州市江干团区委，联系江干区大学生青年志愿者到恩施市乡村小学开展留守儿童志愿服务活动，组织30名建档立卡的恩施学子赴杭游学等爱心助学公益及留守儿童夏令营活动，促进两地精准扶贫工作、共青团工作和青少年服务工作的交流。10月，开展“彩虹盒子”公益项目，受益留守儿童数1064名。

【希望工程项目】 2019年，团市委开展“希望助学”项目7个，439名贫困学生受助，受助金额55.3万元；建设“希望书屋”2所；成功申报“希望小学资助项目”1个，资助希望小学（1所）建设，约40万元；7所农村学校获得由国家大剧院赠送的古典音乐电子卡。对接浙江省青少年发展基金会开展“向阳花基金”助力脱贫攻坚助医行动，提交龚双喜等14名建档立卡户家庭困难患病青少年相关资料争取医疗援助。联合武汉翰明阳企业顾问有限公司的TA81班爱心团队，开展关爱“事实孤儿”困境青少年帮扶公益项目。选定19名“事实孤儿”，每月每人资助200元学习费用，持续3年。

【志愿服务工程】 2019年，团市委利用春运、雷锋月、植树节、女儿会、扶贫日等重要节点，在全市开展服务返乡乘客、志愿植树、保护母亲河、关爱贫困儿童、关爱退役军人等爱心帮扶类型的志愿服务21场，吸纳200余名青年志愿者参与活动。同时，健全完善志愿服务管理机制，推动本地、本系统团员注册成为青少年志愿者，依托恩施市志愿者协会组织和“志愿汇”APP，通过网上线下等注册方式，规范化计量志愿服务时间。

【“青春恩施”品牌】 2019年，“青春恩施”微信公众号发布涵盖政策方针、热点、文案策划等内容的推文223篇，粉丝量5.68万人次，总阅读数达34.22万次。根据团中央及团省委发布的2019年区县WCI指数数据统计，“青春恩施”WCI影响力指数30次排名全省前三，15次全国前百，官方抖音号，作品获赞2万以上。9月29日，作为唯一县市代表就新媒体工作在团省委常委（扩大）会议上作典型交流发言。全年团市委通过各类网站、报纸、电视等媒体发表宣传报道174篇；运用“青春恩施”“云上硒都”“云上恩施”等舆论阵地打造共青团网军队伍建设，坚持正面引导，敢于鲜明发声。

【党建带团建工程】 2019年，团市委坚持“党建带团建，团建促党建”工作思路，通过支部主题党日、“青年大学习”、主题团（队）日等活动巩固党执政的青少年群众基础。争取乡镇、街道（管理处）党委支持，将团的工作纳入乡镇年度考核范围。做好“推优入党”工作，发展壮大党的后备力量。全年各乡镇、街道（管理处）团委，市直单位团组织、非公企业团组织推优85名。

【全团带队工程】 2019年，团市委开展“青春心向党·建功新时代”“我与祖国共奋进——国旗下的演讲”等主题团（队）日活动300余场，覆盖全市10万余名青少年。常态化、规范化开展“喜迎建国70年——我是小小追梦人”“建队70周年”等主题队日活动、组织少先队员、辅导员学习贯彻“习近平总书记致中国少年先锋队70周年贺信”，对少年儿童进行思想政治启蒙，引导少年儿童听党话、跟党走。

2019年7月，团市委联合市教育局举办恩施市中小学大队辅导员培训。依托“满天星”少先队名师工作室申报省级重点课题《少先队符号标识教育研究》。组织全市各学校参加全省少先队辅导员职业素养展示，4名辅导员取得全省优秀少先队辅导员职业素养展示活动决赛资格，并于11月代表恩施州赴省参赛。

【团建基础工程】 2019年，全市发展团员1900名，吸纳非公企业成立团支部25个，成立团委1个，依托“智慧团建”系统，理清全市各级团组织隶属关系，搭建团员数据库及基础团务互联网架构。1月，全市172个行政村、35个社区完成换届选举任务，共建207个村（社区）团组织；换届总计2646名团员参选，选出新一届村（社区）团支部委员会委员625名（团支书207名、副书记33名），其中党员281名，团员344名，党团员比例81.7%。新当选的团支部书记中由“两委”成员兼任的180名，69名纳入镇、村重点培养后备干部。5月，结合“五四”庆祝活动组织全市各级团组织干部深入学习“三会两制一课”视频课，开展团干部教育培训，提升团干组织管理水平。全年常态化开展“青年大学习”35期，组织参学34541人次。

2019年，团市委持续做好“博士服务团”、研究生支教团、“三支一扶”志愿者、“西部计划”志愿者等青年人才的管理和服务工作；强化干部交流锻炼，承接1名金融干部下沉基层锻炼工作，抽调1名西部计划志愿者到团市委机关跟班学习。市少先队总辅导员辛翠平获“全国优秀共青团干部”称号；市第一中学文小燕获“全省优秀共青团员”称号。由团市委选送的新塘乡团委“我与祖国共奋进”主题团日活动、市一中团委“青春有为逐梦人·志愿服务我先行”系列活动、远奕青年之家“用最青春的方式向祖国告白”主题活动3个项目上榜湖北省“团建优品汇”特色项目直通车活动榜单。

【推进青少年工作】 2019年，团市委按照《全国青少年毒品预防教育规划》要求，开展毒品预防教育活动。结合市禁毒办做好《关于2019年禁毒宣传月》工作要求，6月，联合市教育局发动全市20个中、小学及幼儿园开展“禁毒宣传月”主题教育活动；动员乡镇团委制作宣传展板，招募禁毒志愿者开展禁毒志愿服务活动，联合恩施州强制戒毒所开展“禁毒宣讲进校园”活动，覆盖全市5所中小学，2000余名青少年；2019年，申报新塘乡新塘社区、小渡船街道机场路社区、六角亭街道解放路社区为全国“青少年零犯罪零受害社区（村）”试点，并联系市毕兹卡社会工作服务中心定期为3个社区开展“禁毒宣传”“青春自护”等青少年权益保护活动。

【开展未成年人保护工作】 2019年，团市委通过团属新媒体，发布防性侵教育、青春关爱、自护教育类文章13期；配合市人民检察院充当“合适成年人”参与涉案未成年人审讯7次，合法告知未成年犯罪嫌疑人相应的权利义务和合法权益。中考前期，团市委联合市教育局在舞阳中学举办“轻松备考12355与你同行”考前心理减压讲座，组织200余名初三学生参与。9月，联合市人民检察院为全市5所中学开展“法治宣讲进校园”活动，覆盖中学生6400余名。

（肖星宇）

妇 联

【概　况】 2019年，恩施市检察院公诉未检部、恩施市人民法院龙凤法庭被全国妇联授予全国“巾帼文明岗”。恩施花枝山生态农业股份有限公司董事长刘小英被省妇联表彰为湖北省“三八红旗手标兵”，市实验小学获省“三八红旗集体”；市妇联联合联信律师事务所在全市17个乡镇（街道）开展“心系妇儿·送法到家”“建设法治恩施·巾帼在行动”等法治宣传活动，加大《反家庭暴力法》《湖北省反家庭暴力条例》的宣传力度，举办专题讲座和法治宣传进村（校园）30余场。

【夯实基层妇女组织】 2019年，市妇联在巩固乡镇（街道）区域化组织建设和村（社区）“会改联”成果的同时，推进非公有制经济组织和社会组织、商务楼宇妇女组织建设。指导女儿城商圈、4个非公企业和4个机构改革所涉机关事业单位成立妇女组织。

【建强“妇女之家”】 2019年，市妇联巩固提升5个省级示范“妇女之家”，指导16个村建立州级示范“妇女之家”。按照恩施州妇联“五有”要求，采取购买服务的方式，与市泽众培训学校有限公司合作，签订政府采购协议，对16个州级示范“妇女之家”进行规范统一。推荐机场路社区“妇女之家”为全省百佳“妇女之家”。

【参与精准扶持】 2019年，市妇联为20家企业争取州、市两级巾帼创业扶持资金99万元；培育创建巾帼示范、培训基地11个。联合市人社局等单位开展2019年“春风行动”专场招聘会，发放宣传资料5862份，提供免费服务人数1.42万人，成功介绍女性就业人数402人。

【人居环境整治】 2019年，市妇联围绕美丽乡村建设开展“巧妇靓家·扮美生活”人居环境整治、垃圾分类培训70余场次，受益人数1万余人。

【“两癌”免费筛查】 2019年，市妇联与市卫健局完成“两癌”免费筛查任务，其中乳腺癌筛查1.19万人，宫颈癌筛查1.19万人。为63名“两癌”患者申报发放“贫困母亲两癌救助专项基金”63万元。

【实施“金凤工程”关爱项目】 2019年，市妇联继续实施“金凤工程”关爱项目，按照2000元、5000元不等的标准资助23名贫困女大学生，其中市妇联拿出4万元工作经费资助8名学生；争取省、州妇联3.6万元资助金，资助15名学生。

【妇女儿童规划】 2019年，市妇联在市妇儿工委各成员单位的配合下，完成2018年两个规划统计监测工作，妇女发展规划78项，70项指标提前达标，达标率89.74%，儿童发展规划32项，30项指标提前达标，达标率93.75%。

【东西部扶贫协作】 2019年，市妇联开展“雨露计划”育婴员培训，持续打造好“恩施月嫂”品牌。联合市扶贫办、市人社局等单位举办育婴师培训12期，619名妇女参加培训。联合市扶贫办、市人社局、江干区对口支援和区域合作局、江干区妇联等部门在浙江丽水市广播电视大学、浙江工业大学举办2期东西部扶贫协作贫困村创业致富带头人培训班，120人参加培训，其中女性32人。组织31名农村妇女参加恩施州东西部扶贫协作农村致富带头人培训班；组织162名妇女参加恩施州东西部扶贫协作家政服务培训；组织5名妇女参加杭州市对口恩施州初创型女创客远程创业培训班；组织4名妇女参加浙江义乌举办的杭州市对口恩施州创业女性电商培训班。

【关爱困难儿童】 2019年，市妇联依托市新时代文明实践中心11支志愿服务队开展系列志愿服务活动。开展“亲情关爱伴成长·爱心妈妈在行动”巾帼志愿服务活动，组织94名“爱心妈妈”与留守儿童和困境儿童结对帮扶。联合市民政局、团市委、市总工会等部门开展形式多样的庆“六一”活动，为困境儿童捐助5000元。动员社会力量关爱留守儿童，争取武汉大学、省红十字会、市红十字会、北京久臣汽车公司等为留守儿童捐赠安全防护书包154套、图书1100余册、课桌110套、手电筒113把、汽车模型玩具113套、其他体育用品21件。组织杭州市江干区妇联、女企业家协会32名“爱心妈妈”、1名“爱心爸爸”志愿者为留守、困境儿童和留守、困境妇女捐赠价值9万余元的学习生活用品并发放慰问金2.1万元。

【法治宣传教育】 2019年，市妇联以“三八”维权周为契机，向广大群众宣传男女平等基本国策，宣传与妇儿日常生活息息相关的法律法规。开展法治宣传进村4场，参加500余人，法治宣讲进校园5场，参与师生1000余人。联合相关部门开展以“全民禁毒·幸福恩施”为主题的全民禁毒宣传月活动，通过召开执委会和律师进村（社区）等形式，宣传扫黑除恶和宗教工作的相关政策知识、引导全市妇女群众遵纪守法。联合联信律师事务所在全市17个乡镇（街道）开展“心系妇儿·送法到家”“建设法治恩施·巾帼在行动”等法治宣传活动，加大对《中华人民共和国反家庭暴力法》《湖北省反家庭暴力条例》的宣传力度，举办专题讲座20余场。

【婚姻家庭纠纷】 2019年，市妇联与市委政法委沟通，将婚姻家庭纠纷、情感纠纷等的排查、研判、化解纳入各乡镇（街道）平安稳定工作重要内容。联合市司法局推进全市村（社区）组建婚姻家庭纠纷调解室全覆盖。全年调解婚姻家庭类纠纷20起，调解成功12起。在市法院诉调对接中心成立“家调室”，市法院家事审判团队受理婚姻家庭类案件521件，调撤率62.38%，其中诉前调解20件，设置婚姻冷静期案件3件，签发人身安全保护令5份、律师调查令5份。

【倡扬乡风家风】 2019年，市妇联推荐恩施市乡友现代农业有限公司法人税华琳获得全国妇联表彰为“最美家庭”，1户家庭获恩施州最美家庭。

通过基层初选、微信投票、专家评审，评选50组“五好”对象。联合市委宣传部、市扶贫办等部门在太阳河乡梭布垭石林开展庆祝“三八”妇女节“树文明乡风·展巾帼风采”乡村美厨娘大赛活动，推进农村精神文明建设。联合市委宣传部、市扶贫办组建道德巡回宣讲团，在全市17个乡镇（街道）开展道德巡回宣讲活动34场，近5000名机关干部和群众参与。

【促进家庭教育】 2019年，市妇联联合市教育局开展“弘扬家国情·礼赞新时代”主题实践分享活动，获省妇联表彰诗歌分享三等奖1名、“给妈妈写一封信”征文优秀奖1名。依托中、小学学校，全市建立家长学校152个，指导建立和谐的亲子关系。建立家庭教育专家库，组建一支30人的恩施本地家庭教育志愿服务队伍。在全市乡镇（街道）开展“家庭教育乡村行——恩施市家庭教育巡讲”活动，1700余名家长、群众参与。

（张麾鑫）

科 协

【概 况】 2019年，市科协履行“四服务”职能职责，推进全民科学素质工作，为创新驱动发展、全面建成小康社会筑牢公民科学素质基础。

【远教科技促春耕活动】 2019年3月，市科协利用党员远程教育电教平台，组织市农业农村局、市畜牧局、市林业局、市卫生健康局、市医疗保障局、市文化和旅游局、市扶贫办、市妇联、市非遗中心等市直部门领导和专家分别在芭蕉乡二凤岩村、舞阳坝街道长堰塘村、三岔镇茅坝村和屯堡乡花枝山村组织开展“远教科技促春耕”活动。组织开展蜜桃和椿树种植技术、柑橘栽培方法、茶叶栽种与后期专业管护、绿茶种植等田间课堂培训，发放各类技术资料1000余份，培训300余人。

【开展科技活动周】 2019年5月19—26日，科技活动周期间，组织开展科普知识进小区、防灾减灾气象科普进社区、科普大篷车进校园、科学使者进农村、扶贫帮困进学校等系列活动。省科协委员、市科协兼职副主席、湖北创偲诺电气科技股份有限公司总经理邓小青为柑树垭小学全体学生捐赠服装53套，运动鞋53双。

【“大手牵小手——科普报告荆楚行”】 2019年9月27日，特邀中国科学院老科学家科普演讲团专家周又红、原魁、张德良、韩莉等4位资深专家分别在思源实验学校、硒都民族实验小学、小渡船中学、市实验小学作“让废物不废，让自然怡然”“离我们越来越近的机器人”“十年铸就一剑——我国战略导弹与核武器”“卫生习惯与病毒变脸”科普报告4场。

【科普灯谜闹元宵】 2月19日，州、市科协在恩施土家女儿城联合举办2019年“学科学、猜灯谜、科普灯谜闹元宵”活动。1000条科普灯谜使群众能够更进一步了解科学知识、掌握和运用科学技术，促进全民科学素质的提升。

【专题科普活动】 6月24日，由市科协发起的“绿色发展、节能先行”节能宣传周活动，走进硒都小学，恩施州电视台《直播新闻》栏目主播王天奇为孩子们带来一场精彩的《走进气象万千》科普讲座。7月3日，由市科协和太阳河乡柑树垭村“尖刀班”共同举办的“柑树垭村中蜂养殖技术及硒科普知识培训会”，参加培训32人。

【科普志愿者服务】 2019年，组建恩施市新时代文明实践科普志愿服务支队，科协主席任支队长，成员有市科协机关干部、科技工作者、科技教师20人，参加8月30日在盛家坝乡二官寨举办的“弘扬家国情·礼赞新时代”志愿服务活动，现场开展科普咨询、发放科普资料、宣传健康生活、普展低碳环保科学。

（徐琦琪）

工商联

【概　况】 2019年，市工商联建立基层商会组织17个，实现乡镇、街道（管理处）基层商会组织全覆盖。建立恩施市行业、商业协会5个，即华硒生态园商会、家居建材行业协会、机电汽配行业协会、非煤矿山行业协会、农家乐协会。全市有科协会员5213名，全市规模以上企业入会率96%以上。市工商联围绕“五好”县级工商联标准持续开展创建活动，被中华全国工商业联合会表彰为2018—2019年度全国“五好”县级工商联及全国2019年民营企业调查点工作示范单位。

【工商联及商会建设】 2019年，市工商联以乡镇基层商会依法登记为核心，进一步规范乡镇基层商会业务范围，对16个乡镇、街道（管理处）商会开展改革工作。截至12月底，4个乡镇商会完成选举，并实行网上信息录入，12个乡镇商会完成网上录入审批。在改革同时，对2家长期不能开展活动的商会会同民政部门进行注销。市工商联机关围绕“领导班子好，会员发展好，商会建设好，作用发挥好，工作保障好”的五好标准，持续开展“五好”工商联建设，夯实“五好”工商联建设基础，被中华全国工商联合会表彰为全国“五好”县级工商联。

【开展企业服务】 2019年，市工商联开展法律进企业活动，组织工商联律师服务团通过向会员企业发布法律动态及典型案例等，送法进企业。7月5日，邀请州委党校经济管理教研室教师、经济学硕士陈袁丁为全市近百名企业家作题为《以新发展理念推动恩施高质量发展》专题讲座。12月13日，在恩施市新的社会阶层人士联谊会成立大会上，为参会的新的社会阶层人士（含部分民营企业家）发放《中华人民共和国宪法》近200册。开展走访调研活动，深入圣峰药业、思乐集团、众信房地产、和诺生物、九立方、华硒生态园、徕福硒业、来发塑料、创思诺、石力建材等20余家企业进行走访调研，实地了解企业经营发展情况，听取企业诉求和实际困难，形成“恩施市2019年民营经济发展情况的调研报告”，并及时向有关部门反映，鼓励企业提振信心，主动适应新常态，积极转型升级。

【实施千企帮千村帮扶工程】 2019年，市工商联组织市场主体开展“村企对接手牵手·互惠共赢奔小康”行动，开展帮扶市场主体306个，投入资金3.91亿元，帮扶贫困人口6.18万人，其中产业帮扶投入资金3.66亿元，帮扶贫困人口5.07万人；就业帮扶投入资金2165.17万元，帮扶贫困人口3291人；公益帮扶投入资金150.12万元，帮扶贫困人口3580人；技能帮扶投入资金112.36万元，培训贫困人口4262人。初步形成“1146”帮扶模式。在东西部协作工作中，江干区34家企业与恩施市43个贫困村签订“村企结对”协议，34名江干企业家受聘为贫困村“名誉村长”，7个社会组织与贫困村结对。“名誉村长”经验入选2019年国务院扶贫办全国东西部扶贫协作案例选编。

（黄红梅）

法 治

政法委及综治

【概　况】 2019年，市委政法委开展维护社会稳定、促进社会公平正义、防范化解社会矛盾、风险隐患排查整治，基层社会治理、扫黑除恶、创建平安恩施、法治恩施、精准扶贫等工作。

【构建平稳格局】 2019年，市委、市政府多次召开市委常委会、政府常务会和专题会议研究部署全市平安稳定工作；“四大家”主要领导带队深入各乡镇、街道（管理处）、村（社区）及各行业开展调查研究和督办检查，依法及时妥善处理一大批险事、难事；市级其他班子成员严格落实“一岗双责”，主动担负平安稳定主责，及时掌握分管行业（领域）存在的风险隐患，强力推进工作落实落地；市直各部门层层传导压力，级级落实责任，构建形成齐抓共管的平安稳定工作格局；各地严格落实属地管理责任，全面排查整治各类风险隐患。落实敏感时间节点战时工作机制和安保措施，推进“防风险、促稳定”各项工作。先后成立战时指挥部，组建专项工作组及工作专班，圆满完成全国“两会”、省委第九巡视组巡视恩施州、国庆、军运会等一系列重要会议和重大活动的安保维稳工作任务。

【推动治安防控】 2019年，市委政法委推动重点单位配齐专职保安、配全安防设备，提升安防等级；推进“雪亮工程”和村级综治视联网建设，全城覆盖、全网共享、全时可用、全程可控的智能监控网初步形成。推进治安家财保险工作，承保6.83万户592.93万元，理赔681宗255.51万元，承保金额和理赔金额同比分别上升82.67%和125.3%。分行业、分领域、分地域开展“平安恩施”创建；常态化开展治安“大巡逻、大防控”和铁路沿线安全隐患排查整治，寄递物流安全管理，学校安全及校园环境周边治理及“黄赌毒”专项治理等专项排查整治活动，净化社会治安环境，提升人民群众安全感和满意度。上半年群众安全感测评有两项指标进入全省前50位。

【坚持扫黑除恶】 2019年，市委、市政府先后召开常委会、常务会传达学习中央扫黑除恶督导“回头看”反馈意见，周密安排部署工作开展。全年收集各类线索132条，办结59条，打掉恶势力团伙1个，破获刑事案件10起，刑事拘留17人，冻结、查扣财产2355万元，移送起诉5件35人，一审判决3件24人，受理涉黑涉恶腐败和“保护伞”问题线索13件17人，立案3件5人，留置4人，移送司法机关4人，党纪政纪处分5件5人。推进“黄赌毒”专项治理，破获“黄赌毒”各类刑事案件95起，刑事拘留128人，行政拘留1033人。

【完善研判机制】 2019年，市委政法委收集各类情报信息1500余条，准确预警60余次。根据风险等级对重点人员按“ABC”分类定级、分类管理、包保防控、综合施策、转化降级。健全风险隐患每日研判机制。规范综治中心工作流程，组建“4+N”研判团队，对辖区内各类风险隐患“日排查、日研判、日交办、日督办、日反馈”，确保平安稳定风险隐患及时发现、妥善处置。健全平安稳定协调联动机制。实行平安稳定联排、联调、联防、联治“四联”工作法，确保及时解决群众诉求、有效化解矛盾纠纷、妥善处置风险隐患。健全社会稳定风险评估机制。对重大项目、重大活动、重大决策、重大事项前置风险评估，先后对白鹤滩—江苏800千伏特高压直流输电工程（恩施段）、恩施东—朝阳500千伏线路工程（恩施段）重点项目和盛家坝乡撤乡设镇重大活动进行社会稳定风险评估备案。

【夯实综治基础】 2019年，市委政法委做实乡镇、街道（管理处）综治中心，推进落实“一村一警、一村一综治专干、一村一批信息员”等基层平安稳定队伍建设和人防、物防、技防“三防”建设，加强基层治理人、财、物保障；发挥群众力量，招募培育平安情报信息员，组建治安巡逻队，夯实基层平安稳定工作基础。全市招募培育平安稳定信息员3013人，208个村（社区）综治专干配齐，公安局、司法局首批下沉的28名干警到基层所开展工作。17个乡镇、街道（管理处）综治中心工作人员配齐到岗。

【巩固治安体系】 2019年，全市坚持“一统三治”，持续巩固“四位一体”基层治理成果，制定完善自治章程、村规民约，深化“背包组长”“邻里守望”“十户联防”“层级调处”等群防群治工作机制，创新创设服务项目，丰富群众自治形式。组织开展“以案释法，培育文明乡风”法制宣传等送法下乡、法律“六进”活动和见义勇为、“五佳”“五好”评选表彰活动，设立“红黑榜”。

【支持精准扶贫】 2019年，市委政法委驻芭蕉乡黄连溪村工作队，争取扶贫资金投入实施岸口水厂管网延伸工程，完工“以奖代补”小水窖12口，解决杉树湾组、水库组村民饮水难问题；增设变压器5台，解决水库组、放牛场组、外河堰组、大片组、老林组等5个组低电压的问题，全村23户危房改造全部完成。先后完成无害化卫生厕所改建30户，沼气改厕12户和村委会阵地建设，建成800平方米的群众文化广场，并对39名在市外就读贫困户家庭学生享受教育政策情况进行核查，落实147名贫困学生从幼儿园到义务教育阶段及职业教育的教育扶贫政策，24名职业教育学生成功申报雨露计划，29名贫困户被纳入特殊慢性病补助。

（谭玉珏）

公 安

【概 况】 2019年，恩施市公安机关实战单位和民警受到省、部级以上表彰、记功多项。邓贵斌、郑义被公安部刑侦局表彰为“刑事技术破案会战优秀刑事技术民警”；邹创被湖北省反恐怖工作领导小组表彰为“反恐怖工作先进个人”。市公安局被省公安厅表彰为“执法质量考评优秀单位”。行政审批大队被省公安厅表彰为“全省公安机关群众满意的单位”；驻市民之家户籍窗口被表彰为“全省治安户政战线成绩突出集体”；市拘留所被表彰为“全省监管工作成绩突出集体”；龙凤坝派出所被表彰为“全省公安派出所质量提升工程成绩突出派出所”。

毛泽彦、胡良志被省公安厅荣记个人二等功；张世富被表彰为“全省公安机关群众满意的民警”；王玉凯被表彰为“全省公安出入境管理业务技能突出个人”；邓家秀被表彰为“2019年空军招飞政治考核工作先进个人”；刘鹏飞被表彰为“全省公安法制工作成绩突出法制民警”；黄浩被表彰为“全省公安法制工作成绩突出法制警长”；罗映玲被表彰为“全省治安户政战线成绩突出个人”；邵杉被省表彰为“监管工作成绩突出个人”；舒波被表彰为“全省公安派出所质量提升工程成绩突出派出所民警”。

冯玺的论文《关于意识形态安全视阈下公安文化建设的思考》获省公安厅主办的“新时代意识形态安全与公安文化建设研究”研讨会征文二等奖；杨昊、邓贵斌、陈艳霞、谭鹏程、杨宏取得“湖北省公安机关教官资格”；谭鹏程的警事技能教学视频被省公安厅评为“湖北省公安机关十大优秀微课程”；杨宏、陈艳霞分别获得2019年全省警务实战教官培训第一名、第四名。

【刑事侦查】 2019年，全市刑事案件立案2727起，破案468起，打击处理刑事犯罪嫌疑人668人。全市接收涉黑涉恶违法犯罪举报线索147条，核查办结68条，待办结79条；破获涉恶刑事案件49起，打掉恶势力集团2个，恶势力团伙1个，刑事打击31人，移送起诉6案16人。周某某故意杀人案、“9·2”于某故意杀人案2起现行命案全部侦破。刑侦民警分别在广东潮州和广东东莞，抓获潜逃10年、18年的命案逃犯廖某某、王某，侦破2起命案积案；市局多部门合成作战，成功抓获广东东莞1名潜逃13年的命案逃犯唐某。按照命案侦破机制，妥善处置71起非正常死亡事件，无一起因处置不当引发群体性事件。

全年破获电信诈骗案20起，打掉本地电信诈骗窝点8个，抓获犯罪嫌疑人98人，协助外地公安机关抓获电信诈骗犯罪嫌疑人6人。严厉打击民族资产解冻类诈骗犯罪，抓获“7·18”民族资产解冻类诈骗案件犯罪嫌疑人6人，核实恩施州内被害人56人。严厉打击“套路贷”犯罪。受理举报涉嫌“套路贷”线索30余条，查实线索14条；接收省厅下发“套路贷”案件线索2件，在州局网安支队的支持下，历时48小时缜密侦查，协助海南三亚警方成功抓获6名犯罪嫌疑人，清除窝藏在恩施城区的一个“套路贷”诈骗窝点。

全年抓获逃犯133名，抓获库存逃犯38名，推进“云剑”追逃行动，实行“三个一”包保追逃责任制，抓获责任逃犯42名。立非法持有枪支弹药案10起，抓获犯罪嫌疑人8人，收缴气枪1支、火枪61支、射钉枪2支、仿机枪1支、仿步枪1支、手雷1个，铅弹30盒、铁珠489颗、火药1瓶、子弹5颗、空弹壳4颗、钢珠5颗、射钉弹110发，协外抓获涉枪犯罪嫌疑人7人。利用DNA信息比中破案43起43人，利用指纹信息比中破案51起58人。

【加强治安管理】 2019年，全市办理行政案件5269起，行政拘留1741人，刑事案件立案15起，破案3起。开出民用爆炸物品运输证和购买证1828份；检查民爆从业单位及民用爆炸物品储存库70余次，查找安全隐患10余处。下达“责令限期整改治安隐患通知书”4份。对剧毒化学品使用单位每季度检查一次，并要求对发现的隐患现场整改。规范民爆物品管理，防止民爆物品流散社会，有效预防涉爆案件、事故的发生。加强对涉爆企业人员的法制安全教育培训，强化从业人员的安全意识。检查涉爆单位43家次，涉危险化学品使用单位61家次，涉枪单位24家次，烟花爆竹销售点210家次，发现安全隐患101处，下达“重大隐患整改通知书”23份，现场督办整改78处。查处非法燃放、运输、储存烟花爆竹案件9起，行政拘留7人，收缴销毁烟花爆竹505件，价值5万余元。对用枪单位进行一次彻底的大排查，逐一清查枪弹，逐人排查教育，逐项检查制度，逐库达标验收，确保公务用枪的绝对安全。收缴枪支19支，收缴猎枪弹64发，收缴气枪子弹125发，收缴管制刀具10把。

按照“属地负责、全面覆盖”原则，对涉爆涉恐、扬言报复社会等重点人逐一建档管理，分门别类采录人员基本信息。会同有关部门和基层组织，结合“一标三实”基础信息采集应用等工作，围绕非法集资、征地拆迁、环境污染、劳资社保、医患关系、邻里纠纷、家庭矛盾、感情纠葛、债务纠纷、安全生产等重点领域和民办教师、银行协解、生活失意、性格偏执、心态失衡、悲观厌世等重点对象，按照调解优先的原则，定人、定时、定责，及时妥善化解；对重大疑难纠纷实行“一案一策”包案调解，明确化解时限，落实稳控责任。

对特种行业、公共娱乐场所、公共复杂场所等地进行治安检查200余次；查处旅馆业不按规定登记旅客信息案件106起、未获许可擅自经营案件24起；查处涉赌治安案件87起，刑事案件21起；查处涉毒治安案件306起，刑事案件21起；查处涉黄治安案件87起，刑事案件9起；查破伪造公司、企业、事业单位、人民团体印章刑事案件4起。开展“扫黄涉赌”专项整治行动2次，办理涉赌刑事案件20起，刑事打击37人，涉黄刑事案件9起，刑事打击16人；受理涉赌行政案件45起，行政拘留41人，罚款85人；受理涉黄行政案件78起，行政拘留84人。

【经济案件侦查】 2019年，全市接警145起，受案63起，立案33起，打击处理46人，涉案总价值6亿余元，为国家集体个人挽回经济损失1亿余元，抓获历年网上逃犯2名。开展“云端2019”专项行动成绩显著。云盘活跃度100%；完成“云端”系统协查结果反馈96次，反馈率100%；完成经侦跨区域系统办案协查35次，协查率100%；完成州局经侦支队下达“云剑追逃”去库存45%以上工作目标的50%。

按照省、州《关于开展“迎大庆、保军运”涉金融领域维稳工作的通知》要求，加强与市处非办、市场监督管理局、城区街道联合执法，全面排查风险隐患的精准度和有效性，出动执法人员323人次，执法车辆62台次，突击对市区大型商业写字楼内涉嫌从事非法金融业务活动的公司进行突击检查58家，现场扣押涉嫌从事非法经营业务活动的21家企业设备即电脑494台，显示屏494个，复印机28台，打印机22台，保险柜5个，摄影机1台等。对招投标、强揽工程、恶意竞标等行为严厉打击。立案5起，结案3起，打击处理5人，有效遏制工程建设领域内违法犯罪；全方位核查涉黑涉恶线索13条，录入警综平台13起。接受涉众型经济犯罪案件报警17起，利益受害群体17个96500余人，涉案价值6亿余元。

【加强行政执法】 2019年，市公安局受理行政案件5277案，行政裁决行政拘留1717人；立刑事案件2720案，刑事拘留597人，提请逮捕354案561人，批准逮捕268案389人，取保候审214人，监视居住11人，移送起诉426案671人。受理涉及民警辅警的案件6起，行政拘留4人，刑事拘留2人，为民警正名2案2人，处理不实举报投诉3起。

建立案件管理中心、执法办案中心、涉案财物管理中心和公安行政服务中心；办案单位建立案件管理区，对案件受理工作规范监督管理；完善执法办案专区，全面规范、有效使用、严格落实办案区办案“四个一律”要求；建好涉案财物管理专区，加强检查督办，确保管理规范。严格落实执法记录仪的使用、办案区的使用、案件证据材料网上流转三个100%。对接处警执法活动全程录音录像，音视频资料的数据及时全面采集、存储、管理；所有的案件办理严格实行100%到办案区办案，并实行“四个一律”的要求；所有的案件证据材料全部扫描上传流转到警综平台。

【交通安全管理】 2019年，市公安局接处警2.14万起，立刑事案件49起，其中交通肇事逃逸32起、危险驾驶17起，刑事处理49人。办理简易程序案件5.24万起，一般程序案件2685起，电子警察录入20.24万条，收缴交通罚款2100万元，行政拘留456人。查处交通事故2.14万起，死亡50人，伤3510人，直接财产损失2244.5万元。补证换证1.37万个，小车驾驶证满分学习8506人次，摩托车驾驶证满分学习121人次。驾驶人审验6086人，摩托车驾证初次申领1.99万人，增加摩托车申请3714人，满分学习预约1492人。小车入户2127辆，补换牌证、合格标志1545个，核发检验标志6.65万个，受托检验5667个，大型汽车核发检验标志6527个；普通摩托车入户7788辆，核发检验标志1.26万个，注销登记3447个。

【交通专项治理】 挑选80台出租车、160名出租车司机组建城区“义务巡逻出租车队”。颁发“义务巡逻员”证，加装“恩施公安·义务巡逻”车灯标识，升级车载4G视频系统，并联网接入市公安局110指挥中心、交警大队指挥大厅，建立350兆实时通信平台。抽调12名警力组建恩施州首支“快骑队”，配备春风650警用巡逻车12台，开展治理拥堵、酒驾查处、专项行动、打击飙车等专项治理。

按照《校车管理办法》对全市校车的驾驶员资质、车辆资质落实审查和日常监管。按照“一车一档、一人一档”实行户籍化管理。每季度对所有校车驾驶人、学校安全管理人员进行一次安全培训。对校车运行状况进行路面巡查。对校车GPS监管的第三方公司的安全值守，不定期进行检查。城区中队在中小学和城市主干道沿线的幼儿园设立护学岗，完善警示标识，与学校保安、值日老师、值周校长一起维护校园周边道路秩序，严查摩托车、电动车搭载12岁以下儿童、不戴安全头盔等违法行为。全市国省道190处安装防撞软墙1200米；乡村道路200处安装建设6000米。

城区以中队为单位每周开展2次酒驾专项治理行动，测试酒驾人员14860人次，查处酒驾案件561起、醉驾案件42起。重拳打击危险驾驶，通过视频监控、路面巡查、群众举报、定点堵截等方式，查处飙车9起，刑事拘留5人，行政拘留7人，暂扣车辆31台，记12分6人。在处罚斑马线不礼让行为中，加大对行人横穿马路违法的处理。

【实施禁毒戒毒】 2019年，市公安局涉毒刑事案件立案19起，破案14起，抓获涉毒犯罪嫌疑人39人；打掉涉毒犯罪团伙5个，其中省级目标案件团伙2个；缴获各类毒品1.116千克，人民币10万余元；查处涉毒行政案件206起251人；社区戒毒康复112人，新增吸毒人员124人，全市登记在册吸毒人员2501人。开展“雷霆扫毒”专项行动，侦办涉毒刑事案件10起，查处娱乐场所5家，检查五类驾驶员150人，路检车辆300辆。

实现非法种植毒品原植物“零产量”，易制毒化学品“零流失”，吸毒人员肇事肇祸“零发生”。禁毒办对全市禁种铲毒工作进行周密部署，结合精准扶贫和家访活动，由禁毒部门牵头，各派出所分赴辖区内田间、地头、菜场、集市等地进行巡查，查处非法种植毒品原植物案件104起，行政拘留11人，罚款36人，因病死亡1人，不予处罚46人，其他10人，铲除收缴罂粟苗3652株。

【治理吸毒人员驾驶机动车违法犯罪行为专项行动】 对省厅下发的已注销驾驶证318名吸毒人员，46名无驾证但有车的吸毒人员，49名需核查注销的吸毒人员进行核对。联合交管部门对车辆驾驶员进行涉毒检查，检查“五类”车辆6319人，移交11名正在执行社区戒毒、社区康复吸毒人员资料注销驾驶证，4名现行毒驾信息资料。做好第七届世界军人运动会安保工作。

【社会治安防控】 2019年，全市街面巡逻出动警力6400余人次、车辆2700余台次、警犬1200余条次；完成各类安保任务120余次，出动警力917人次、车辆185台次；参加处置各类突发事件32次，出动警力286人次、车辆40台次；执行设卡盘查任务260余次，盘查可疑人员1300余人次、机动车2450余台次；发送“恩施市公安信息快报”395期，“每日维稳动态”280期；根据市纪委、监委商请出警52次，出动警力138人；参加机场边检36次，出动警力500余人，在“清明节”“劳动节”“端午节”等重大节假日期间，出动警力280余人次、车辆50余台次，到大峡谷、女儿城、土司城等旅游热门景区安保执勤，维护景区治安秩序。

构建立体治安防控体系，以定点与巡线，车巡、携犬步巡、设卡盘查相结合的方式，强化街面巡逻，防范、打击街面违法犯罪，确保城区社会治安持续稳定。在巡逻过程中解决群众求助120余次。

【信访工作】 2019年，为做好新中国成立70周年及“武汉军运会”等重大活动期间的信访工作，市公安局加强矛盾纠纷排查化解、重大访情预警和值班备勤工作。市公安局全年接收各类信访件364件397人次。其中从“阳光信访系统”接收各级交办的信访件161件161人次，办结155件；“公安信访三期系统”接收交办的信访件29件29人次，办结27件；收到各级交办信件55件69人次，办结54件；接待到市局来访群众119件147人次，初信初访化解率98%。

【指挥中心服务】 2019年，市指挥中心接处警9.16万起，其中有效警情4.92万起。有效警情中刑事类517起，治安类1080起，交通事故类12976起，火灾类100起，举报类688起，求助类1729起，其他类6146起。接处短信平台报警80起。回访警情5159起，群众满意度99.7%。

编发上报“恩施市公安信息快报”436期，“每日维稳动态”304期，“恩施市维稳综合信息快报”304期。为保障视频会议系统畅通，新购置200台数字电台，扩展350兆系统覆盖面，实现扁平化指挥。确保视频会议系统、350兆无线通信系统、无线图传等通信设备的畅通。对上级部门召开的120余次视频会议、全局性视频会议109次提供保障。接受上级视频点名150余次、350兆点名100余次。每日坚持通过350兆无线通信系统对基层一线实战单位实行“每日一点名”机制，点名400余次。圆满完成传统节日、敏感节点、重要会议、70周年大庆及军运会等重大安保工作和各类大小安保活动通信保障工作。严格执行机要文件收发管理工作制度，处理密码电报1457份、明传电报319份，发送密码电报13份。

【网络安全管理】 2019年，妥善处置儿童夏季肠道病毒感染、“9·2”涉校案件、大峡谷坠石事件等重大舆情事件7起，形成专报材料312份；圆满完成全国两会、“五一”、中国马铃薯大会、高考、国庆70周年、第7届世界军人运动会等32项网上安保任务，配合处置群体性事件37起，教育约谈41人，教育训诫4人；按照市委统一安排，深入开展意识形态领域风险排查和研判工作，召开意识形态联系会议40次，上报意识形态研判材料10篇。

办理网络辱警案件4起，行政拘留4人，办理网络传播谣言案件1起，行政拘留1人，办理虚构事实扰乱公共秩序案件1起，行政拘留2人。

深挖案件线索，配侦案件60起，协外案件17起，协查案件线索78条，协助抓获犯罪嫌疑人87人；协助反恐部门办理网络散布恐怖音视频案件线索4起。依法打击网络违法行为，办理网络辱警案件8起，行政拘留8人。

【行政审批】 2019年，市公安局接受群众咨询7万余人次。办理各类事项16.09万人次，其中办理正式居民身份证2.34万张，办理临时身份证7949张；办理户籍业务2.57万人次（其中州外迁入户口670人次，迁出州外户口912人次，市州内变动6070人次，出生登记户口2003人次，死亡注销户口804人次，信息变更5921人次，开具准迁证4771份，补办、更换户口簿4516本），处理全市户籍业务网上审核3.86万条，印章备案1534枚，审核居住证办理2633人次，边境证办理216人次，核对征地农民信息3580人次；受理出国（境）申请4.44万人次（其中办理护照1.54万人次，往来港澳1.28万人次，往来台湾地区2804人次，二次签注1.33万人次，受理定居申请13人，出入境通行证1人次），电话接受群众咨询5000余人次，窗口接受群众咨询8000余人次，窗口日均接待群众760余人次。

【加强内保安全】 2019年，全市内部单位开展安全检查479家次，其中反恐重点单位91家次、县级治安保卫重点单位56家次、企事业内部单位41家次、中小学幼儿园84家次、物流寄递63家次、加油站35家次、金融单位42家次、保安公司29家次、医疗机构38家次；发现安全隐患188处，当场整改治安隐患103处，限期整改隐患52处，下发隐患整改通知书33份。联合邮政管理局办理行政案件2起，罚款16万元。

根据省政府办公厅《关于加强中小学幼儿园安全风险防控体系建设实施意见》的要求，市公安局制定“一校一警”工作实施方案，督导校方落实安全主体责任，严格落实《中小学幼儿园安全防范工作规范（试行）》，配齐配强校园安保力量。联合市教育局召集金盾保安公司、安邦保安公司、城威保安公司负责人在市教育局参加会商，协调解决更换学校不合格保安人员事宜。全市中小学、幼儿园更换女保安112名，调整不合格保安60人，新增保安232人，宿管员3人，培训150所学校944人，全市中小学幼儿园配备保安626名。检查学校84家次，发现安全隐患45处，现场整改23处，限期整改13处，下发隐患整改通知书9份。召开中小学安全管理培训会，金盾、安邦保安公司安保人员、14所中小学校安全责任人以及学校保安人员800余人参加培训。

严格要求各单位建立健全反恐维稳工作组织机构，配备专人负责，落实责任，做好、做实矛盾及安全隐患排查工作，下发限期整改隐患通知书20份。全年开展反恐防范内部单位员工安全知识培训5场次，1200余名企业员工参训。

对恩施农商行、建行、中国银行等金融网点进行大检查，全面排查整治金融机构内部安全隐患，有计划地对员工开展反恐应急演练和安全知识培训。检查金融单位（含网点）42家，发现安全隐患24处，当场整改19处，限期整改5处。检查医疗单位38家次，发现安全隐患12处，现场整改7处，限期整改3处，下发隐患整改通知书2份。

【开展警务督察】 2019年，市公安局接受举报投诉83件，办结64件，查否70件，查实5件，咨询类6件，未结2件。其中办理维权案件17件，分别对11名违法行为人给予治安拘留处罚，分别为1名民警、1名辅警开具维权证明通知书。开展各类现场督察和专项督察645场次。其中开展会议督察78场次，节假日安保及“迎军运，保大庆”等重要警务部署活动安保督察220余场次，校园安保专项督察42场次，值班备勤督察56场次，城区治安大巡逻大防控专项督察200场次，内务卫生、工作纪律、规范执法、队伍管理日常督察49场次。通过视频监控系统开展网上督察900场次，巡查视频监控探头2万个次。发现问题100余个，现场整改68个，督促整改32个，下发督察通报80期，下发督察整改通知书62份，督办州局“每周一讲”问题整改30个，涉及公安机关的问题全部整改到位。

围绕市局部署的扫黑除恶、打击整治民族资产解冻类诈骗犯罪、精准扶贫、防范化解重大风险、错误录入公民违法信息专项督察工作、交通消防隐患排查、“不忘初心、牢记使命”主题教育活动等重点工作开展检查督办。开展督办检查70场次，抽查基层派出所40余次、机关单位20场次、抽查精准扶贫尖刀班工作10场次，下发精准扶贫工作通报3期、交通违法检查通报42期。开展网上督察。通过督察视频监控系统，对24个派出所的值班室、枪弹库、办案区、户证窗口和市局办案中心、信访接待室的内务卫生、规范着装、规范执法情况开展日常巡查，下发网上督察通报5期，公安督察通知书30份，督办整改问题45个。

【运用视频侦查】 2019年，市公安局抓获各类刑事违法犯罪嫌疑人169名，其中自主研判抓获侵财类犯罪嫌疑人55名，抓获两抢案件犯罪嫌疑人3名，抓获涉黑涉恶犯罪嫌疑人41名，抓获网上逃犯7名，协助外地公安机关抓捕62人，抓获组织妇女卖淫、走私珍贵动植物品犯罪嫌疑人5名。起诉33人，刑事拘留19人，执行逮捕22人，破案38起，接待群众寻人找物300余人次，为群众挽回经济损失40余万元。

有效运用“平安恩施”“智慧恩施”及依图RL比对、以萨智能视频分析等图侦平台，开展“天网巡防+地网巡控”治安大巡逻、大巡控工作。建成城区A类视频监控1671个，接入重点单位、重点场所监控点位1950个，自建探头5万余个，实现部分城区联网运用。累计投入警力3040人次参加州城治安大巡逻大防控工作，出动巡逻车辆1216车次，行程11.94万千米，视频在线巡查7200余小时。重点区域铺设动态RL识别系统，提供点位建设方案，并将在逃人员、侵财类前科人员数据库录入平台，落实监控中心24小时轮班制。

（杜北平）

检 察

【概 况】 2019年，市检察院全面开展刑事检察工作，扫黑除恶专项斗争，未成年人检察工作，民事行政检察、控告申诉检察、公益诉讼、生态检察工作，案件管理、检察宣传工作。建立恩施市卫生医疗领域侵害未成年人强制报告制度和“恩施市青少年法治教育暨民族教育基地”，未成年人检察部门被全国妇联授予“巾帼文明岗”荣誉称号。

【刑事检察案件】 2019年，市检察院受理提请批准逮捕各类刑事犯罪案件507件761人，移送审查起诉660件1031人。其中起诉“两抢一盗”等侵犯公民财产权、人身权刑事犯罪案件392人。监督侦查机关立案32件、撤案9件，对应当逮捕而未提请逮捕、应当起诉而未移送起诉的追捕28人、追诉17人，对不构成犯罪或证据不足的不批捕78人，因证据不足存疑不起诉17件24人，排除非法证据8件。对一审判决提出抗诉4件，二审改判2件。开展羁押必要性审查，对不需要继续羁押的31名犯罪嫌疑人建议变更强制措施，获得采纳，对35名涉黑涉恶犯罪嫌疑人开展讯问合法性核查，对5名违反社区矫正规定的社区服刑人员建议收监执行刑罚。深化财产刑执行专项监督，提出书面纠正意见9件，执结金额94万元。全年，有380件501人自愿适用认罪认罚从宽制度，适用刑事速裁程序办理案件38件。

【扫黑除恶专项斗争】 2019年，市检察院批捕涉黑涉恶犯罪案件17件40人，起诉10件71人。从快批捕州人民检察院指定办理的利川“12·4”涉黑专案21人，起诉指定办理的中央挂牌督办的巴东“5·26”涉黑专案23人。对以涉黑涉恶移送审查起诉案件，依法不予认定29件98人，纠正漏捕漏犯8人。起诉涉黑涉恶保护伞3人。向监察机关移交“保护伞”线索36条，引导侦查机关查封、扣押、冻结巴东“5·26”案件“黑财”1400余万元、房产13套。

【未成年人检察】 2019年，市检察院与行政执法部门合力开展对网吧、营业性歌舞厅等娱乐场所的专项执法检查。全年对涉案未成年人心理测试及辅导58次，帮教36人次，依法附条件不起诉18人，不起诉7人，犯罪记录封存35人，落实最高检“一号检察建议”，建立恩施市卫生医疗领域侵害未成年人强制报告制度，与市教育局共同建立“恩施市青少年法治教育暨民族教育基地”，深入开展“法治进校园”活动，现场法治宣讲15次，网络法治宣讲实现全市中小学校全覆盖。3月，未检部门被全国妇联授予“全国巾帼文明岗”荣誉称号。

【民事行政检察】 2019年，市检察院审查民事、行政诉讼监督案件61件，其中民事诉讼监督案件31件，提请州检察院抗诉4件，发出再审和纠正违法检察建议18件。行政诉讼监督案件30件，发出纠正违法检察建议25件。发挥民事行政检察职能，投入扫黑除恶专项斗争，办理巴东“5·26”案件涉黑涉恶人员民事裁判结果监督11件，其中提请州检察院抗诉1件，发出再审检察建议10件。

【控告申诉】 2019年，市检察院办理群众来信来访139件，与市扶贫办共同出台《关于开展检察机关国家司法救助工作支持脱贫攻坚的意见》，将因案致贫返贫的刑事被害人或其近亲属纳入司法救助，全年发放救助金25.5万元，其中给建档立卡贫困户发放救助金20.5万元。升级12309“一站式”检察服务中心实体大厅，让群众“进一次门”就能办成事。

【公益诉讼】 2019年，市检察院争取党委政府出台《关于支持检察公益诉讼工作的意见》，把支持公益诉讼工作纳入全市社会治安综合治理考评范围，依法有序开展公益诉讼工作。围绕生态环境保护、食品药品安全、国有资产保护、国有土地使用权出让等人民群众关注的重点领域，发出诉前检察建议63件，超过98%的问题通过诉前检察建议得以解决。提起刑事附带民事公益诉讼案件4件，对行政机关未予整改的2件诉前检察建议，依法提起行政公益诉讼，法院判决1件，支持全部诉讼请求。

【完善生态检察】 2019年，市检察院巩固完善“专业化法律监督+恢复性司法实践+社会化综合治理”的生态检察模式。起诉滥伐、盗伐林木、非法狩猎等破坏生态环境资源犯罪48人。通过诉前检察建议督促行政机关积极履职，恢复被污染水域0.6公顷，回收和清理生产类固体废物3吨。对6名非法狩猎的刑事案件被告人依法提起附带民事公益诉讼，要求赔偿生态环境修复款6.56万元并公开赔礼道歉，法院判决支持全部诉讼请求。

【办案“一人一卡”制度】 2019年，市检察院落实最高检“案·件比”检察管理指标，创新设置《检察官“案·件比”明细卡》，实行办案“一人一卡”制度，按月进行通报。经验和做法被省检察院王晋检察长在《检察日报》署名予以推荐。开通律师绿色通道，建立律师电子阅卷室，实现律师阅卷网上预约，为律师提供电子卷宗刻录300余次。

（李方黎）

法　院

【概　况】 2019年，恩施市人民法院受理各类案件1.63万件，连续3年居全州基层法院首位，同比增幅19.02%，结案1.54万件，同比上升23.67%，法官人均结案320件，同比上升33.95%；结案率94.06%，同比上升3.53%。3月，龙凤女子法庭被全国妇联授予“全国巾帼文明岗”称号。4月，龙凤女子法庭、刑庭庭长韩笑莲因在全国城乡妇女岗位建功活动中表现突出被最高人民法院通报表扬。

【刑事审判案件】 2019年，市法院受理刑事案件609件，同比上升5.18%，结案566件，同比上升3.7%，结案率为87.68%。依法严惩危害人民群众生命财产安全犯罪，审结故意伤害、抢劫、绑架、毒品犯罪案件49件，判处被告人80人；审结强奸、强制猥亵、侮辱妇女等案件21件，判处被告人23人；审结盗窃、诈骗、抢夺、敲诈勒索等多发性侵财犯罪案件148件，判处被告人202人。通过打击上述犯罪，有效保护人民群众的人身权、财产权，提升社会安全感。依法审结涉环境犯罪案件31件，判处被告人39人，通过司法手段守护绿水青山。依法严惩贪污贿赂犯罪和渎职犯罪，审结案件13件，判处被告人13人，坚决打击腐败行为。坚持打伞破网与打财断血并举，审理涉黑恶犯罪案件27件134人，审结17件72人。

【民事审判案件】 2019年，市法院受理民事案件2536件，同比上升3.17%，结案2445件，同比上升6.07%，结案率为96.41%。审结婚姻家庭、抚养、继承纠纷案件1224件，依法保护妇女、儿童、老人合法权益，促进家庭关系稳定。审结劳动纠纷案件456件，依法保护劳动者合法权益，倡导和谐用工秩序。审结侵权责任纠纷案件669件，保护群众生命健康权和财产权。

【商事审判案件】 2019年，市法院受理商事案件7787件，同比上升22.9%，结案7359件，同比上升31.2%，结案率为94.5%，同比上升5.97%。审结民间借贷纠纷案件3092件，依法规范民间借贷行为。审结融资租赁合同纠纷案件19件、票据纠纷案件86件，依法保护合法交易，平衡各方利益，努力防范和化解金融风险。审结物权纠纷、公司纠纷47件，维护社会主义市场经济秩序。

【行政审判案件】 2019年，市法院受理行政案件239件，同比下降8.78%，结案226件，同比下降8.13%，结案率为94.56%，同比上升0.67%。在强化行政审判和非诉强制执行审查的基础上，延伸行政审判职能，通过提出司法建议，定期走访交流等方式凝聚共识，努力实现司法与行政的双向良性互动，助力法治政府建设。

【加强案件执行】 2019年，市法院受理执行案件5172件，同比上升26.27%，执结4777件，同比上升27.76%，通过开展岁末攻坚活动，四项核心指标稳步增长，案件综合执结率为92.36%，同比上升1.08%，执行到位标的2.76亿元。增强执行工作强制力、威慑力，对有能力仍拒不履行的被执行人，果断采取拘传、拘留等强制措施，司法拘留65人；以重点打击拒执犯罪为突破口，立案6件6人，移送公安机关网上追逃1人。延伸财产查控范围、悬赏征集被执行财产线索，对变更、追加被执行人采取措施，发布失信被执行人名单1354人，限制高消费2118人。

【优化营商环境】 2019年，市法院制定《关于依法保护民营企业合法经营、营造良好营商环境的八条措施》，平等保护民营企业的合法权益。严格区分企业正当融资与非法集资，坚决防止把经济纠纷作为犯罪处理，防止将民事责任变为刑事责任。规范涉企司法行为，慎用查封、扣押、冻结等强制措施，最大限度减少司法活动对涉诉企业正常生产经营活动的不利影响。

【开展便民服务】 2019年，市法院持续优化诉讼服务，完善网上查询、网上公开、电子送达、电子支付等信息化服务功能。逐步推进跨域立案服务，真正实现降本增效，做到让数据多跑腿，群众少跑路。建成以城区为中心，7个基层人民法庭、4个旅游巡回法庭为触角的巡回审判便民利民网络，及时调处各类纠纷，并在部分乡镇组织开展“以案释法，培育文明乡风”巡回审判活动，1500余人参加旁听，就地化解纠纷17起。强化对弱势群体合法权益保护，对生活确有困难的当事人给予经济援助，2019年支付司法救助资金42.5万元，为当事人缓减免诉讼费316.8万元。

【组织力提升工程】 2019年，市法院坚持“抓党建、带队建、促审判”工作思路，深入开展基层党组织组织力提升工程，组织开展支部主题党日、“不忘初心、牢记使命”等主题教育。10月5日，组织干警职工集中观看《重整行装·利剑反腐》《蜕变之鉴》警示教育片。10月6日，邀请党校老师作专题辅导讲座，组织中层干部参观恩施抗战历史陈列馆，缅怀革命先烈。10月9日，举办“学习英雄张富清，坚守初心担使命”主题演讲比赛，深入学习贯彻英雄张富清事迹。11月2日，市法院党组书记、院长冉文化以《正视问题，突出实干，再创辉煌》为题，结合市法院实际给全院干警职工讲党课。每月最后一个星期五举行“坚定理想信念，提高法治素养”读书报告会，提升干警理论素养。

（张婷婷）

司法行政

【概　况】 3月，市司法局和市政府法制办合并组建新的司法局，设11个内设机构、17个司法所，局属事业单位1个。郭天一被评为全国优秀法律顾问，2019年开建市级法治文化广场——红庙法治文化公园，2019年被州委、州政府表彰为“恩施州民族团结进步先进集体”。

【机构改革】 2019年3月18日，中共恩施市委全面依法治市委员会办公室挂牌成立。7月13日，市委全面依法治市委员会第一次会议，出台《恩施市2019年法治建设工作要点》，推进法治政府建设。制定《恩施市2019年法治扶贫工作方案》，发挥司法作用，保护弱困群众合法权益。10月31日，市委全面依法治市委员会守法普法协调小组第一次会议在市司法局召开。会议审议《恩施市守法普法协调小组规则》《2019年全市守法普法工作要点》。12月30日，市委全面依法治市委员会执法协调小组第一次会议在恩施市公安局召开。会议审议《市委全面依法治市委员会执法协调小组工作规则（审议稿）》。

【普法宣传】 2019年，恩施市荣获全国“七五”普法中期先进县市，红庙法治文化公园建成竣工，全市9个文化阵地被省普法办命名为星级法治文化示范点。开建首个市级法治文化广场——红庙法治文化公园；法治宣传“四个一”引领乡风文明，即每村（社区）建1个法治文化广场、建立1个法律图书室、设立1个法治宣传栏，每户培养1名“法律明白人”。拍摄反映全国模范司法所所长龙兆开先进事迹的法治微电影《龙妈妈》参加全国评选；组织开展“送法进军营”“弘扬国家情，礼赞新时代”等活动；各媒体刊用稿件208篇；微信公众号“硒都司法”全年推文193篇。

【人民调解】 2019年，市司法系统落实矛盾纠纷“村（社区）周排查、乡（镇、街道）半月排查、特殊时段日排查”制度。全年排查纠纷总数6672次，预防矛盾纠纷案件同比增长70.4%；调解纠纷总数1449件，调解成功1371件，同比增加24.4%，预防矛盾纠纷1592件。市司法局牵头完成全市145名人民陪审员选拔工作。

【郭天一被评为全国优秀法律顾问】 2019年，郭天一被评为全国优秀法律顾问，多次受到央视、司法部网站、《法制日报》《湖北日报》等媒体关注。近5年来，他长期担任舞阳坝街道、六角亭街道、龙凤镇、太阳河乡下辖各村（社区）的法律顾问，参与恩施州、市信访矛盾纠纷化解，每年参与调解、处理信访、法律援助事项150件以上，普法培训30场以上。为当地村（居）民办理赡养、抚养、遗弃、婚姻家庭、财产分割、人身损害赔偿纠纷法律援助案件284件，为乡镇（街道）、村（社区）制定“村规民约”、管理办法及其他规定共计40余份（如《太阳河乡村规民约》），参加街道、村（社区）“群众会”“屋场会”会议100余次，出具法律意见书、律师建议书50余份。服务的村（社区）实现法治有序、德治有效、自治有力。

【拓展律师管理新模式】 2019年，全市律师及法律工作者，为全市市乡两级党委、政府提出合理化建议6954条，出具法律意见书69份，审查草拟法律文书335份。至12月底，全市8个律师事务所受理涉黑涉恶辩护案件47件。凡是法院审理案件，均派员旁听，对律师的辩护现场监督指导，确保庭审活动顺利进行。

律师管理工作拓展新模式，对法律服务队伍严考核，全市112名律师、52名基层法律工作者被评定为称职。全市8个律师事务所、10个基层法律服务所均评定为合格等次。市司法局组织专班对全市8个律师事务所、10个基层法律事务所开展执法检查，检查发现25个内部管理问题，出具“限期整改通知书”7份。全市接到针对律师的投诉2起，针对基层法律服务工作者的投诉4

起，全部依法依规严肃查处。

【**实施法律援助**】2019年，市司法局在市法院、市看守所设立市法律援助中心工作站，定期派驻法律援助律师坐镇值班，为当事人提供法律帮助。2019年，为认罪认罚案件的犯罪嫌疑人签具结书128份。建立刑事辩护律师名册，对年度办理3件以上法律援助刑事案件的律师建立刑事辩护律师名册，同时也将法律援助专职律师纳入刑事辩护律师名册，支持法律援助专职律师参与刑事案件辩护全覆盖工作。全年指派办理法律援助案件921件，办理公证和司法鉴定法律援助事项43件，其他法律援助事项2800件。指派刑事法律援助案68件。将建档立卡贫困户纳入法律援助范围，对精准扶贫户，农民工因工伤、工亡、劳动报酬、劳动保险、赡养纠纷、抚养纠纷等申请法律援助的当事人开通绿色通道，做到当天申请、当天受理、当天审批、当天指派。

【**案件纠错处理**】2019年，全市办理案件73件，纠错案件11件，纠错率达30.6%，涉及土地、林业、环保、城市管理、劳动和社会保障、公安、市场监督等多个方面；办理以市人民政府为被申请人的行政复议案件11件，作为第三人参与省人民政府行政复议案件审理4件；办理以市人民政府为被告的行政诉讼案件30件；办理信访复查案件41件。

【**行政执法监督**】2019年，市司法局通过开展证明事项清理工作，取消2项无谓证明事项。在硒都网和市民之家公布投诉举报电话，受理无谓证明事项投诉举报。推进行政执法“三项制度”贯彻落实。开展行政执法检查，对全市25个行政执法单位和17个乡镇、街道（管理处）进行行政执法检查。

【**社区安置帮教**】2019年，社区矫正信息化平台再次升级，电子手环成功试用，警示教育有序开展，社区服刑人员管控到位，为省社区矫正工作动态分析会暨扫黑除恶专项斗争工作会提供参观现场。9月16日，恩施市社区矫正和安置帮教工作领导小组召开工作会，会议提出落实“五个责任”“六个一”工作、“八项政策”等具体要求，确保恩施市社区矫正和安置帮教工作安全有序。9月29日，市司法局召开社区矫正和安置帮教工作领导小组工作会，印发《市社区矫正和安置帮教工作领导小组成员单位及相关单位安置帮教工作职责》，建章立制，明确职责，强化部门配合联动，聚合力回应刑释人员关切问题，构建覆盖市乡两级领导小组成员单位及村（社区）对刑满释放人员安置帮教体系。

【**清江公证处**】清江公证处为特殊群体开辟小额遗产继承公证“绿色通道”，解决贫困户、低保户、残疾人、孤儿等特殊群体继承公证难的问题，并免收公证费。截至2019年12月，办理各类公证2572件，其中国内公证1453件，涉外（港澳台）公证1119件；公证收费100万余元。

【**精准扶贫**】2019年，市司法局开展“三大行动”，引领文明乡风。其法治扶贫促脱贫工作经验在《扶贫工作动态》刊载。帮扶村新发展杨梅26.67公顷，鸡尾峰杨梅基地建设完成，基地基础设施建设的提档升级，新增受益农户40余户，其中贫困户10户，均以土地入股分红形式参与；实现“一管清水进农家”，保障村民吃水安全；完成产业循环路11.55千米、道路硬化2560米、整修砂石路11千米，保障更多村民出行方便；危房改造129户，72户异地搬迁户入住。唯一一个未脱贫村朱砂溪村（C类）通过省级验收。

（周　倩）

军 事

人民武装

【概　况】2019年，市人武部坚持开展“传承红色基因·担当强军重任”“不忘初心、牢记使命”主题教育以及“和平积弊大起底大扫除”活动，坚决落实上级决策部署，按照“稳中求进”的工作思路，竭力推动人武部及全市民兵预备役全面建设在新的历史起点上有新作为、新成果。2019年，市人武部被省军区表彰为“先进人武部”“安全管理工作先进单位”，市委常委、市人武部部长董高被省军区表彰为“优秀团级单位主官”，并被军委国防动员部表彰为“优秀共产党员”，荣获国务院2019年全国脱贫攻坚创新奖。

2019年，市人武部修订完善战备方案；规范设施建设。组织防汛险工险段勘查，整理建档24处险工险段信息，补充救生衣、编织袋等抗洪抢险物资器材500余件（套）；制定战备值勤手册、组织值勤业务培训和应急演练，常态落实值班值勤制度，确保值勤秩序正规。9月21日至10月31日，组织参加州城“迎大庆、保军运”治安巡逻联合执勤，探索长时间、大区域、多部门军警民联勤联动的方法途径，较好完成任务，为确保70周年大庆、军运会期间州城平安稳定贡献力量。

【征兵宣传】2019年，市人武部以“五率”考评为牵引，以提高兵员征集质量为目标，按照“一季征兵、四季准备”工作要求，常态抓好各环节工作落实。调动全市宣传资源，组织征兵工作进校园活动，开展征兵宣传工作，营造征兵宣传浓厚氛围；组织开展悬挂光荣之家荣誉牌、送立功喜报、看望慰问军人军属等活动，协调落实拥军优属政策，营造良好的拥军优属社会氛围；针对大学生、大学毕业生征集重点，兵役机关、学校、村（社区）紧密配合，做好上门宣讲、面对面动员工作。

【民兵调整改革】2019年，市人武部落实民兵调整改革新要求，围绕“编实建强”目标，狠抓民兵组织整顿和军事训练。2月，召开全市民兵预备役工作会议，6次组织业务培训和集中办公，3次深入基层检查指导。采集录入民兵人员、装备、企业、行业等潜力数据，建立专武干部、民兵干部、基干民兵档案，预征预储军民通用装备，按照新编制完成普通民兵、基干民兵编组。按要求预建党组织，实现排有小组、连有支部的目标要求。推进人武部值勤室引接地方信息资源工作，出台《恩施市民兵应急力量纳入地方应急体系工作细则》，建立民兵应急力量纳入地方应急体系的工作机制。先后接受省军区民兵组织整顿检查验收，市民兵应急连拉练被省军区“指挥流程最完整、民兵素质最优良、携带装备与实战最贴近”评价，太阳河乡民兵干部档案标准统一、填写规范，被省军区工作组评为“可作全区档案整理范本”。民兵信息管理系统编组数据接受军委国防动员部抽查0扣分；聚焦“平时服务、急时应急、战时应战”能力需求，坚持实战实训、按纲施训、编训一致原则，推进民兵军事训练创新，全年分6期，组织完成民兵训练任务；7月至9月，组织150名新训教官集训，先后完成全市12所高中2所高校2.1万名学生军训。

【开展国防动员】 2019年，为进一步摸清国防动员潜力底数，按照军事斗争准备的需要，准确及时掌握本地区国防动员资源。市国防动员综合办公室组织8个专班对全市国防动员潜力进行情况调查和数据审核工作。全年完成数据采集录入3次，上报州级核准审查3次，系统升级和反馈问题各1次，统计数据真实、全面、准确、完整。

【开展扶贫参建】 2019年，市人武部以坚持继承和发扬军分区系统“131”扶贫光荣传统为抓手，抓实新时期“131”精准扶贫工作。年初，人武部牵头市运管局、公路局、市场监管局组成“131”扶贫工作队，定点帮扶红土乡天落水村，人武部抽调3名精干力量赴天落水村驻村扶贫，工作队先后协调争取25个发展项目，3300余万元资金，硬化公路22.5千米，修建董家河大桥，危房改造76户，改厕200户，发展茶叶200公顷、天目雷竹46.67公顷、小水果20公顷等。累计帮助脱贫99户321人，贫困发生率由21%下降到6%。

组织全市17个乡镇、街道（管理处）武装部，对辖区难脱贫、易返贫的堡垒户进行集中梳理，在全市206个村（社区）中梳理出189个贫困堡垒户。由市人武部统一部署，乡镇武装部会同村支“两委”，研究帮扶贫困堡垒户具体方案，确定600多名民兵与贫困户结成帮扶对子，进行点对点攻坚帮扶。4月，在军委政治工作部召开的全军脱贫攻坚工作推进会上进行经验介绍，受到与会人员的一致好评。分别迎接中央军委国防动员部、中央军委第二检查考评组的脱贫攻坚检查考评，帮扶工作成效综合评定为“好”占100%，部长董高被国务院扶贫领导小组授予“全国脱贫攻坚创新奖”。

（尹京晶）

人民防空

【概　况】 2019年，恩施市人民防空办公室人防工程报建审批严格按照“三个规范性文件”（《湖北省人民防空工程管理规定》（湖北省人民政府令第358号）、《省物价局省财政厅省人民防空办公室关于印发人防工程易地建设费标准及有关问题的通知》（鄂价费规〔2013〕80号）、《关于印发〈湖北省防空地下室易地建设费收缴使用和监督管理办法〉的通知》（鄂财综规〔2012〕8号）执行，新批建防空地下室项目17个，竣工验收防空地下室项目5个，新审批缴纳防空地下室易地建设费项目51个，征收防空地下室易地建设费3826.95万元，追缴人防易地建设费项目37个，易地建设费2159.57万元。到2019年12月，恩施市有防空警报器29台；126工程建设方案由规划部门通过，进入初步设计阶段；126工程信息化正在编制可行性研究报告。市人防办公室对人防工程实行全程监管，从报建、过程监管到竣工验收备案，严把工程质量关，确保建设一个项目合格一个项目。

【人防法制宣传】 2019年9月，以“人防宣传月”为契机，州、市人防办公室联合在小渡船中学进行人防演练，近千名师生参加演练，提升师生防空袭能力，州电视台等媒体同步宣传报道；9月12日，州、市人防办公室联合在城区风雨桥举办人防知识宣传，向市民发放人防知识宣传手册近2000册，提高市民的防灾自救能力。当月，为城区各中学的初一新生免费发放《人防知识教材》

7000 多册。

【省人防办工作检查】 2019 年 9 月，湖北省人防办公室通过听取汇报、查阅档案资料、随机抽查人防工程质量等方式对恩施市人防工程质量进行执法检查；10 月，省人防办公室对市人防办公室 2013 年至 2019 年人防易地建设费进行专项审计，市人防办台账清晰，数据翔实。

（李　野）

经济管理

发展和改革

【概　况】 2019年，恩施市实现地区生产总值379.52亿元，同比增长7.7%。实现工业增加值73.88亿元，同比增长7.6%。“规上”工业增加值同比增长7.9%。完成社会消费品零售总额215.78亿元，同比增长11.6%。全社会固定资产投资同比增长18.2%。地方公共财政预算收入达到22.86亿元，同比下降1%。自营出口达到1652.2万美元，同比增长183.1%。到位招商引资33.61亿元，同比下降37.19%。城镇常住居民人均可支配收入、农村常住居民人均可支配收入分别达到34300元、12050元，同比分别增长10.6%、9.14%。城镇化率达到57.22%。旅游综合收入达到200.39亿元，同比增长11.6%。实现脱贫人口3.11万人。

【精准脱贫】 2019年，恩施市整市“摘帽”目标如期实现。聚焦脱贫验收标准，实施“三大行动”，落实“六个清零、六个全覆盖”，34个贫困村全部出列，实现脱贫11329户，全市贫困发生率由2014年的26.08%下降至0.25%。对标“两不愁三保障”脱贫标准，围绕产业就业、安全饮水、义务教育、基本医疗、住房安全、特殊困难群体帮扶等重点补短板。特色基地产业带动率95%。“技能培训”“阳光工程”“雨露计划”累计培训贫困户2.14万人次。建档立卡贫困家庭学生教育扶贫资助覆盖率达到100%，全年资助贫困家庭学生8.24万人次，发放资助资金6398万元。贫困人口就医难问题得到全面解决，全年资助参保贫困人口17.39万人次，贫困人口参保率达到100%。5214人通过贫困人口门诊特殊慢性病筛查鉴定并享受政策，贫困人口家庭医生签约服务覆盖率100%。实施易地扶贫搬迁提档升级工程，全年实施房屋“平改坡”5024户，配套附属生产用房2984套，实现应配尽配。实施危房改造8368户（其中“四类”对象4900户，一般农户3468户）。全年累计为527名就地转移为森林资源护林员的贫困对象发放管护资金158.1万元。

【重点项目建设】 2019年，全市固定资产投资增速高于年度计划目标6.2个百分点，每月投资增幅均高于全州增速且走在前列。2019年末被省政府表彰为全省固定资产投资突出贡献单位，全州“比抓强促”年终考核位列第一。投资结构和质量得到进一步优化，工业投资、房地产投资、基础设施投资、民间投资始终保持10%以上的增幅。全年实施重点项目160个，完成投资85亿元。前期补短板项目开复工率90%，同比提高23.8个百分点。车坝河水库引水工程、高旗大道等14个省州级重点项目开复工率100%，投资完成率145.8%。

【促进产业建设】 2019年，全市第一产业保持平稳增长，农、林、牧、渔业实现总产值54亿元，同比增长4.8%。建成高标准农田4440公顷，特色产业基地8.27万公顷。茶叶基地2.47万公顷，实现总产值22亿元，同比增长12.8%。新增中药材基地3333.33公顷，实现药业产值6亿元。实现畜牧业综合产值（增加值口径）35.07亿元，同比增长4.31%。出栏生猪98.78万头，同比增长3.26%。工业制造业增长低于预期。新增规模以上工业企业12家，总数76家。工业投资、技改投资分别增长10%、99.9%。高新技术产值11.25亿元，增加值2.89亿元。实现清洁能源产业链总产值7.5亿元。板桥风电一期投产，六角亭和芭蕉乡天然气利用项目建成投用。重点打造生态文化旅游集群的现代服务业加快发展。"首批国家全域旅游示范区"获得国家文旅部验收认定。全年接待游客突破2300万人次，同比增长10%。新增限上商贸企业4家，总数85家。

【城乡建设】 2019年，恩施市成功创建"国家森林城市""国家生态文明建设示范市"。全面推行"路长制"，分别由23名州、市领导领衔担任城市主次干道"路长"。实施城区"16+1""五个三"重点项目建设，3条人行道（舞阳大道、土桥大道、凤天路至施州大道）及其附属设施综合改造工程、3条道路（金山大道一期、施州大道、209绕城线）绿化美化工程、3座公园（红庙社区公园、耿家坪公园、七里坪公园）项目建成投用；3条城市主干道（金山大道西段二期、施州大道延伸、209国道恩施龙凤坝至谭家坝段改建工程）加快推进；3条道路沿线建筑立面民族化改建项目即将开工建设。车坝河水库引水工程、西片区保障性安居工程配套供水水厂（第二水厂）及配套供水管网工程、龙凤镇片区保障性安居工程供水水厂（第四水厂）及配套供水管网工程、州城污水管网改造延伸等城市供排水项目加快推进。巩固农村安全饮水工程，全年投资1.7亿元用于解决农村居民的饮水困难。"厕所革命"全面实施，全年建成132座城乡公厕和1.86万户农村无害化户厕。农村用电卡口问题全面解决，100%实现村村通动力电。完成702个基站建设，实施完成148个规模自然村通光纤宽带项目。

【交通建设】 2019年，东升客运站迁建项目建成完工。银白高速建恩段、金茨泉路、黄石大桥加宽、五峰山隧道主体及延伸工程、东风大道直行高架建成完工。高旗大道、旗峰大道、火车站站前广场及道路改造工程、金龙大道南段二标、七里坪快速通道、沙湾三孔桥片区规划一、二号路建设工程等城区道路，以及351国道恩施芭蕉至谢家土段改建、318国道恩施吉心至虎岔口段改建、S233茆山至太山庙段改建等国省道建设加快推进。全年农村公路通畅工程完成路面工程1225.19千米，实施安防工程1180千米，危桥改造11座。实现全市所有村民小组都有不少于1条硬化路，外通内连、通村畅乡、客车到村、安全便捷的农村交通运输网络基本形成。

【生态环保】 2019年，落实中央、省环保督查整改工作有序推进，整改完成交办问题219个，剩余33个整改之中。重点实施蓝天、碧水、净土保卫战。空气优良天数累计344天。组织开展入河排污口排查整治、打击固体废物环境违法行为、城市黑臭水体治理、工业园区污水处理设施整治专项行动。开展燃煤锅炉整治"回头看"行动，79台淘汰的燃煤锅炉全部拆除且无复燃现象。完成50个加油站地下油罐和18艘船舶污染治理改造。开展山寨皮革等重点监管企业和工业园区周边土壤环境质量监测。严格控制农业面源污染，落实农药、化肥减量使用计划，减少农用地膜废物产生量，推进规模化畜禽养殖、水产养殖污染防治，畜禽粪污资源化利用率77.37%。全市96条河流（河段）落实265名三级"河长"，完成22条市级河流确权划界。清江大沙坝国控断面、长沙河省控断面、大龙潭饮用水源水质全面达标。全年治理小流域水土流失面积26.67平方千米。亲水走廊六期、清江干流（恩施段）重点河段近期防洪治理工程等项目加快推进。喻家河水库主体工程建成完工。全面核查中心城区山体保护法定图则范围内的270宗山体核查保护，严格落实“山长制”。全年完成营造林9780公顷，实施天然林管护面积14.65万公顷。14座乡镇垃圾中转站和13个乡镇污水处理厂建成投用。严格管控能耗指标，单位GDP地耗下降至6.28%，非化石能源占一次能源消费比重79.6%。新增城市绿地面积8.37万平方米，城市绿地率42.1%，人均公园绿地面积11.23平方米。

【民生保障】 2019年，全市地方财政用于教育、社会保障与就业、医疗卫生与计划生育等民生支出71.7亿元，占一般公共预算支出的85.8%。城乡居民养老保险和医疗保险参保率均为97%以上，建档立卡贫困户参保率100%。儿童福利院建成投用，民政福利中心迁建、恩施殡葬服务中心等民政项目加快推进。全年帮扶城镇失业人员再就业1312人，帮扶困难人员再就业556人。教育“全面改薄”建设任务圆满完成，累计新建和改造校舍18.7万平方米。义务教育阶段学生入学率、小学巩固率均为100%，初中教育巩固率99.85%，义务教育学校大班额比、超大班额比同比分别下降10.68、6.43个百分点。市二中运动场改造，市中心幼儿园改扩建，金龙国际实验学校、金殿幼儿园等教育项目加快推进。“健康湖北”主要指标完成情况较好，人均预期寿命79.03岁，超过省、州目标要求。重大慢性病过早死亡率为12.89%，低于全省平均水平2.42个百分点。市中心医院医技综合楼开工建设，大峡谷风景区管理处卫生院、石窑分院、鸦鹊水分院综合楼竣工投入使用。新建保水溪等8个标准化村卫生室，实现全市172个行政村标准化卫生室全覆盖。保障房建设进程加快，蔡家河、三河、白庙桥等7个棚改项目全面竣工，八龙坪棚户区改造一期、火柴厂公租房二期等项目加快推进。

（谢　彬）

审　计

【概　况】 2019年，恩施市审计局组织完成审计和审计调查项目31个，其中法定审计项目1个，专项审计项目7个，经济责任审计项目3个，自然资源审计项目1个，政府投资审计项目3个，以前年度投资遗留结算项目16个，查出违规金额5013万元，管理不规范金额9.9亿元；移送纪检监察部门立案处理案件5件。省州抽调人员参加交叉审计16人次，独立完成省级安排审计项目1个，州级安排审计项目2个。市审计局实施的“龙世俊任市林业局局长期间经济责任审计”项目获2019年全省优秀审计项目二等奖；市审计局被省审计厅评为2019年度综合工作优秀代表审计局。

【财政收支审计】 2019年，市审计局通过大数据审计手段，对全市2018年本级财政预算执行及其他财政收支情况进行全覆盖审计，主要涉及本级财政预算执行、部门预算执行、安置房管理分配、国有资产管理等方面，从3个方面提出9条审计建议。2017年度审计工作报告中指出的46个问题完成整改38个，占总问题数的82.61%，涉及资金6.38亿元。

【经济责任审计】 2019年，市审计局实施经济责任审计项目3个，自然资源审计项目1个。查纠各类管理不规范问题29个，查出各类违规资金5693.33万元，整改上缴财政资金23.9万元，停止财政拨款186.13万元。三岔镇自然资源资产审计查纠各类问题6个，其中森林资源资产方面问题1个，国土资源方面问题4个，涉及水资源管理问题1个，向党委政府报送自然资源方面问题专报1份，上报审计信息1份。

【重大政策措施落实跟踪审计】 2019年，市审计局开展国家和省重大政策措施落实情况跟踪审计工作，第一季度对恩施市2017年东西部协作资金拨付使用和项目建设情况进行跟踪审计；第二季度对恩施市2018年度脱贫攻坚政策落实和扶贫项目资金管理使用及惠民资金发放到户情况进行审计；第三季度对恩施市2018年预算编制、专项资金统筹使用、存量资金盘活、国有企业资产管理等情况进行审计；第四季度对推动1亿非户籍人口进城落户、清理拖欠民营中小企业账款、乡村振兴战略3个方面的政策落实情况进行跟踪审计。

【政府投资审计】 2019年，市审计局完成政府投资审计以前年度遗留项目16个。完成计划内项目3个，分别为恩施车坝河水库饮水工程实施情况审计、恩施七里坪产业园实施情况审计、松树坪棚户区改造项目决算审计。2019年投资审计建立复审机制。同时，市审计局还制定《中介机构项目审计台账》，要求遴选的中介机构按季度报审计台账。对2018年市审计局代表政府公开遴选的30家中介机构进行抽样复审，加强对财政资金的把关以及审计风险的防控。参与修改《关于加强政府投资建设项目资金管理的通知》文件，将原文件中涉及审计机关参与工程建设管理、变更认定、采购确定等内容全部删除，杜绝审计机关参与项目建设过程管理。

【机构改革】 2019年3月，将专设机构市领导干部经济责任审计局调整为内设机构，更名为经济责任审计股。撤销纪检监察室。原内设科室中，除办公室外，内设科室名称全部由科更名为股。新增承担市委审计委员会具体职责；承担重大项目稽查职责；承担预算执行情况和其他财政收支情况的监督检查职责。

2019年6月，设立恩施市计算机审计中心，主要职责为审计机关审计项目实施开展数据分析和大数据研究；为信息系统审计和联网审计提供技术支持；为审计机关审计管理和审计业务提供信息化技术支持；保障审计机关信息系统网络的安全运行；开展审计科研工作。

（唐　俊）

统　计

【概　况】 2019年，国家统计局恩施市调查队被湖北调查总队评为“综合考核良好单位”；在恩施州调查工作综合考评中荣获优秀等次。

【统计服务】 2019年，市统计局及时发布《2019年度统计月报》《2018年度统计公报》，编印《2018年度统计资料手册》《2018年统计年鉴》。全年国家级媒体采用1篇、州级媒体采用9篇、市级媒体采用14篇、内参采用19篇。开展10次社情民意调查，分别为创建国家卫生城市满意度调查、创建国家卫生乡镇满意度调查、绿色出行率调查、生态文明建设示范区创建知晓度和满意度调查、红土乡集镇居民对卫生状况满意度调查、三岔镇创建省级卫生乡镇满意度调查、太阳河乡集镇居民对卫生状况满意度调查、工业企业生产经营情况调查、全市安全感调查、劳动工资报表单位基本情况核实调查，发挥社情民意调查中心的作用，及时开展民生民意调查服务，统计部门地位作用进一步彰显。

【经济普查】 恩施市2018年8月启动第四次全国经济普查工作，2019年6月完成最后数据审核及上报，完成单位核查、个体经营户入户清查登记、单位入户登记、数据录入等工作，摸清全市家底。

【统计成果】 2019年，恩施市居民收支调查专业在全省专业考核中荣获优秀等次，在全州专业考核第一。有序推进电子记账率，截至12月底，全市15个调查网点、150户记账户，其中电子记账户140户，电子记账率为93.3%；2019年恩施市农村人均可支配收入增幅10.6%，全州排名第3位，较上年前进2位。

2019年，农产量调查在全市有18个样本村，54个耕地样本单位区，对样本区内的257公顷土地进行抽样调查。全年粮食种植面积5.93万公顷，产量20.91万吨，其中夏收粮食种植面积1.89

万公顷、产量4.98万吨；秋收粮食种植面积4.04万公顷，产量15.93万吨。

2019年为实现新老网点顺利过渡，抓好畜禽监测调查基础工作，选聘20名农村兽医担任辅助调查员。专业人员对样本轮换的20个新样本村和新增的法人单位到现场进行业务指导。根据2019年湖北省生猪调出大县主要监测数据显示，恩施市年末生猪存栏34.89万头，能繁殖母猪4.3万头，全年生猪出栏61.13万头。

【统计分析报告】 2019年，恩施市调查队编写统计分析报告，其中国家统计局采用3篇，中国信息报采用1篇，湖北调查总队采用22篇，恩施州调查队采用32篇。

（谷和婷　王　宜）

市场监督管理

【概　况】 2019年3月，恩施市市场监督管理局（以下简称市场监督管理局）由原市工商行政管理局、市质量技术监督局、市食品药品监督管理局合并而成，是机构改革后新组建的市政府工作部门，为正科级。发布暂停行政职权事项清单35项，在用行政职权事项清单658项。2019年，全市实有各类市场主体（含内资、私营、个体、农民专业合作社）总量6.75万户，比上年底增长11.54%，注册资本（金）总额841.34亿元，比上年底增长8.82%。全年立案587件，办结401件，其中食品类案件160件，药品及医疗器械类案件57件。成功创建省级食品安全城市。

【登记便利化改革】 2019年，市场监督管理局推进“简易注销”“先照后证”“多证合一”“证照分离”等商事制度改革和行政审批便利化改革，全面建立“审核合一、一人通办”工作制度，实行“谁受理、谁审核、谁负责”，即办即取，方便群众办事，提高工作效率。到12月底，全市电子化设立登记2489户，“多证合一”总业务量1.69万条，“两证整合”总业务量1.65万条，发放“先照后证”营业执照4904份，食品药品审批合计颁发证书3862个，特种设备使用登记办结量4793件。1128户企业通过国家企业信用信息公示系统提交简易注销公告，启动简易注销程序。兑现“让数据多跑路，让群众只跑一次腿”承诺。压缩企业开办、注销的时间，做到1个工作日办结。宽松平等的市场准入环境和便捷有序的市场退出机制逐步建立。

【扶持中小企业发展】 2019年，市场监督管理局借助登记职能，开展股权出质和动产抵押登记，扶持中小企业发展。股权出质登记82件，出质数额5.39亿元，被担保债权数额4.33亿元，动产抵押设立登记41件，抵押数额6.35亿元。为中小企业融通资金提供保障。

【质量品牌战略】 2019年，市场监督管理局围绕重点领域高质量发展，加大质量品牌的培育力度，鼓励企业争先创优。深挖茶叶、黄牛、中药材等特色产业商标资源，履行商标监管职责，拓宽服务渠道，发挥商标品牌示范引领作用，市场主体商标运用管理水平不断提升。加强企业知识产权、专利宣传，在企业申请专利商标方面予以引导和支持。持续推进标准化工作，实施企业标准自我公开制度，完善全市特色硒产品种植标准体系。组织企业申报“清江质量”奖，开展“万千百”质量提升工程。2019年新申请商标2464件，注册2239件，有效注册量7377件。专利申请647件，其中发明专利申请244件，专利授权258件，其中发明专利授权37件。

【落实食品药品经营主体】 2019年，全市食品安全满意度为80.67%，有持证食品生产经营单位18348家，其中获证生产企业171家，小作坊756家，经营企业1.74万家。药化械单位1490家，其中医疗器械生产企业1家、药品批发企业11家、医疗器械批发企业75家、药品零售连锁总部5家，零售药店410家、乡镇卫生院17家，村卫生室181家，个体诊所115家、州市直大型医疗机构8家，民营医院15家，医疗美容及口腔门诊12家，化妆品经营企业640家。

【实施监督抽检】 2019年，市场监督管理局以“检查、检验、办案、公示”为抓手，按照风险等级评定、量化分级、分级分类管理的要求科学确定监管频次，实现全覆盖；完成食品监督抽检1001批次，其中不合格37批次，完成药品抽样90批次，其中基本药物专项60批次、中药饮片专项8批次、日常监督抽样11批次，化妆品抽样11批次，收到药品检验不合格报告4份；在硒都门户网站开设“你点我检”专栏；坚持公示为常态，保持严惩重处的高压态势，形成强大震慑效果。

【特种设备安全监管】 2019年，市场监督管理局坚持安全第一、预防为主、节能环保、综合治理的原则，从严监管特种设备安全，确保不发生区域性、系统性风险。重点加强旅游景区、特种设备的监管，对白杨坪麂子渡、太阳河梭布垭石林、舞阳坝凤凰山等景区设备开展安全检查。在法定节假日及重要活动期间进一步加强应急值守，落实市局领导每日巡查、辖区基层所负责人带队实地监管、值班人员24小时在岗工作制度，随时处理突发状况。加强全局联动，针对压力管道、石油液化气、游乐设施、大型锅炉、压力容器和校园、景区等重点领域特种设备安全做到无死角监管全覆盖，全市特种设备安全形势稳中向好。

【开展专项行动】 2019年，市场监督管理局以专项行动为着力点促进市场监管。校园及周边专项行动，学校及幼儿园明厨亮灶率100%，取缔食品及食品摊贩60家，校园周边200米无食品摊贩；开展农贸市场专项整治，关停6家，拟新改扩建7家。以“迎大庆、保军运”专项行动为契机，实现风险隐患大摸排，建立工作台账，检查食品生产经营单位3253户次，发现问题693个，整改问题648个253户次。

【产品质量安全监管】 2019年，市场监督管理局以民生工业产品、絮用纤维制品、劳动防护用品、儿童用品和殡葬领域为重点加强质量监管。开展生产、流通领域产品质量安全监督抽查工作，生产领域完成农资、建材、配装眼镜和食品相关产品等生产企业定期监督抽检57个批次，其中1个批次不合格；流通领域对食品用纸包装、电线电缆、建材和儿童用品等产品进行抽样，抽取样品61个批次，其中14个批次产品不合格。配合省局组织的产品抽样工作，完成24个批次的建材类、6个批次的热水器类和4个批次的金银首饰抽检工作。

【合同格式条款专项整治】 2019年，市场监督管理局规范整治房地产业、汽车买卖中的不公平格式条款；收集辖区房地产、汽车销售行业格式合同文本进行专家点评，对霸王条款下达“责令整改通知书”；召开房地产企业、汽车销售企业合同格式条款警示整改会议。加强广告监督管理。以房地产宣传为重点，开展虚假违法广告排查清理工作。查处广告违法案件13件，处罚款181.34万元。开展供气、供电、供水领域经营行为及涉企收费专项治理工作。清退费708万元，移交案件线索12件，并开展医疗、涉农、涉企服务价格专项检查，受理并处理价格举报51件，保护广大消费者的合法权益。

【打击传销行为】 2019年，市场监督管理局加大传销行为打击力度，立案调查63件，移交案件线索6件，行政处罚22件，捣毁传销窝点1个，劝退参与传销人员15人。

【散煤销售点专项整治行动】 2019年，市场监督管理局通过专项行动关闭全市辖区禁燃区范围内15家散煤销售点，确保州城空气质量达标；配合相关部门，对信访案件所涉的4家沥青水泥搅拌站的违规违法行为进行调查处理，确保环境保护督察工作落实到位。

【规范成品油经营市场】 2019年，市场监督管理局加大对成品油抽检力度，对中石油、中石化、中化及民营加油站车用汽油、柴油进行集中抽检，抽检17个批次，16个批次合格，1个不合格（个体油罐车）。

【维护消费者合法权益】 2019年，市场监督管理局把调处消费者投诉举报作为化解社会矛盾、维护平安稳定的重要渠道。全局受理消费者投诉举报5645件，投诉3855件、举报430件，咨询1360件，争议金额3379.41万元，为消费者挽回损失420.42万元。

【非公党建指导】 2019年，市场监督管理局选派党建指导员28人，指导“两新”支部42个。发挥部门优势，加强对“恩施土家女儿城商圈党委”组建和党建指导，选派副科级党员干部担任恩施土家女儿城商圈党委书记。

【精准扶贫】 2019年，市场监督管理局选派11名党员干部驻村开展工作，制发《精准扶贫口袋书》等文件资料，压实党组、班子成员及帮扶干部的帮扶责任。组织全局党员干部开展“扶贫一日捐”活动，捐款2.49万元助力精准扶贫。落实市脱贫攻坚指挥部2019年1号令精神，持续推进“三大行动”，补短板、固底板，“六个清零、六个全覆盖”的工作目标基本完成，全局联系的6个贫困村全部出列。

【机构改革】 市场监督管理局整合原食药局、工商局、质监局，承接原教育局知识产权、发改局价格监管、商务行政执法大队商务领域执法等职能。隶属市市场监督管理综合执法大队。派出机构为各乡镇、街道（管理处）市场监督管理所17个。

（肖　晓）

公共检验检测

【概　况】 2019年，恩施市公共检验检测中心完成食品监督抽检任务2503批次，其中省转移735批次，州本级1768批次。市食品药品监管系统完成食品抽样1001批次，完成检验1001批次。

2018年，市中心配合州中心抓好监督抽检和委托送检工作，完成食品监督抽检任务3894批次，完成委托业务5663批次。其中2018年全市食品安全监督抽检计划1000批次，实际完成食品抽样1019批次，抽样完成率为101.9%。

【设立公共检验检测中心】 2017年5月，恩施市公共检验检测中心设立，加挂“恩施市硒资源研究开发检测中心”“恩施市粮油质量检测站”“恩施市食品药品检验检测中心”和“恩施市产品质量检验检测中心”牌子，为市政府直属正科级事业单位。2018年1月，市公共检验检测中心搬迁至恩施州食品药品检验检测中心办公大楼，合署办公。市公共检验检测中心内设办公室、业务技术股、质量设备管理股、硒产品检验检测股、食品药品检验检测股、农产品检验检测股、工业建筑产品检验检测股。核定编制28人。

（许亚慧）

财政　税务

财　政

【概　况】2019年，恩施市实现财政总收入34.94亿元，占年初预算的92.8%，同比下降1.8%；地方公共财政预算收入22.86亿元，占年初预算的90.9%，同比下降1%，其中税收收入完成18.4亿元，占地方公共财政预算收入80.5%。全年公共财政预算支出完成87.23亿元；用于教育、科学技术、文化体育与传媒、社会保障和就业、医疗卫生、节能环保、农林水事务和住房保障等涉及民生的支出73.6亿元，占公共财政预算支出的84.37%。

2019年，全市完成非税收入32.7亿元，其中纳入预算管理的政府非税收入31.94亿元，即政府性基金收入27.44亿元、专项收入1.1亿元、行政性事业性收费1.1亿元、罚没收入8058万元、国有资源（资产）有偿使用收入9169万元、政府住房基金收入327万元、其他收入5009万元、国有资本经营预算收入401万元；纳入专户管理的政府非税收入完成7477万元，即行政事业性收费4825万元、经营收入544万元、上级补助收入642万元、其他收入1466万元。

【社会保障收支】2019年，全市筹集和实现社保基金收入32.5亿元，其中企业基本养老基金10.96亿元、失业保险基金2080万元、城镇职工基本医疗保险基金3.1亿元、工伤保险基金2896万元、机关事业养老保险基金9.55亿元、生育保险基金1335万元、城乡居民社会养老保险基金2.51亿元、城乡居民基本医疗保险基金5.75亿元。2019年累计支出22.98亿元，其中企业基本养老基金8.92亿元、失业保险基金1129万元、城镇职工基本医疗基金2.17亿元、工伤保险基金2673万元、机关事业养老保险基金5.16亿元、生育保险基金1295万元、城乡居民社会养老保险基金1.73亿元、城镇居民医疗保险基金4.49亿元。

2019年，城镇新增就业8461人，城乡劳动者就业创业培训2.66万人，期末实有农村劳动力转移人数10.86万人。全年支出7220.87万元，其中就业创业服务补贴支出832.18万元；职业培训补贴支出966.18万元，享受补贴人数2.68万人；社会保险补贴支出1343.18万元，享受补贴人数2834人；公益性岗位补贴支出1364.41万元，享受补贴人数1036人；职业技能鉴定补贴5.03万元，享受补贴人数235人；就业见习补贴支出4.97万元，享受补贴人数14人；其他就业补助支出2704.92万元（本级财政收回就业补助存量资金189.05万元；创业园区、创业孵化基地扶持补助79.22万元；大学生一次性创业补贴3万元；大学生创业扶持项目14万元；地方财政促进就业支出2286万元；企业吸纳就业补贴45万元；“草根创业计划”扶持87万元；就业困难人员和劳动预备制培训期间生活补贴1.65万元），享受补助人数 3033 人。

【教育文化支出】 2019 年，纳入年初预算的教育费附加、地方教育附加、本级专款、教育共同财政事权转移支付资金等项目资金 1 亿元，主要用于教育教学管理工作经费 145 万元、教育信息化建设 300 万元、科技工作及项目支出 200 万元、幼儿园建设经费 100 万元、学校小型维修项目 500 万元、化解大班额扩班经费 100 万元、贫困学生助学金 640 万元、“全面改薄”经费 3000 万元、校园监控系统改造项目 300 万元、建档立卡贫困生上下学交通费补助资金 750 万元、高中建设经费 1200 万元、三中校园建设资金 732 万元、学校炊事员和安保人员社会保障缴费 880 万元、中心学校公用经费 204 万元、“亲情小屋”补助资金 160 万元、代课教师经费 546 万元。

纳入年初部门预算的城乡义务教育转移支付资金和上级专款 7282 万元，具体为学前教育建档立卡贫困生资助资金 91 万元、校舍安全保障长效机制上级资金 766 万元、农村义务教育家庭经济困难寄宿生生活费补助资金 1060 万元、普通高中免学费 177 万元、民办义务教育学校学杂费上级补助资金 664 万元、营养改善计划资金 3274 万元、中职国家助学金 378 万元、普通高中国家助学金 522 万元、义务教育综合奖补资金 350 万元。

将农村义务教育阶段学校教师特设岗位计划 1067 万元纳入年初部门预算。下达其他教育专项经费 1.71 亿元，主要有城乡义务教育（含特殊教育）公用经费 6072 万元、义务教育免费教科书上级资金 879 万元、义务教育薄弱环节改善与能力提升补助资金 2931 万元、校园封闭管理一次性补助资金 134 万元、学前教育扩大资源及发展专项资金 837 万元、中等职业教育免学费 645 万元、教师培训上级专项资金 236 万元、标准化考点建设资金 113 万元、民族教育发展奖补上级专项资金 247 万元、普通高中改善办学条件资金 947 万元、中等职业教育发展引导中央奖补资金 720 万元。

2019 年，安排下达文化旅游专项经费 2431 万元，主要有公共图书馆（文化馆）免费开放资金 100 万元、博物馆（纪念馆）免费开放资金 50 万元、重点文物保护经费 103 万元、国家非物质文化遗产保护资金 111 万元、公共文化服务体系建设资金 1433 万元、体育彩票公益金经费 191 万元、公共体育场馆免费开放补助 104 万元、旅游发展基金 200 万元。

【农村综合改革】 2019 年，恩施市“以钱养事”服务组织有农业服务中心、畜牧服务中心、农村公路建设养护服务中心、文体综合服务中心、计划生育服务中心，服务人员 483 人。“以钱养事”资金规模为 1.05 亿元，其中省级财政补助资金 914 万元，本级预算安排 9614.35 万元（其中物化投入 885.68 万元），本级财政预算安排较上年的 9809.19 万元减少 194.84 万元，减少 2%（主要原因为农技服务中心社会购买服务减少）。

2019 年，省级下达全市农村综合改革转移支付资金 2317 万元，市级配套 400 万元，共 2717 万元。其中投入 600 万元（市级配套 200 万元）用于支持 2019 年 2 个美丽乡村建设试点村，盛家坝乡二官寨村 300 万元、龙凤镇杉木坝村 300 万元，同时整合 5029 万元，用于 2 个村的路网体系、车站等公共配套设施、绿化亮化、旅客接待中心及民宿等乡村休闲旅游项目建设；投入 50 万元用于支持 2017 年美丽乡村典型示范村——屯堡乡花枝山村便民服务中心、养老院及村级道路建设；投入 1067 万元用于农村公益事业建设，其中统筹 710.8 万元用于沙地乡完成沙地集镇至柳池村枪岗岭组产业扶贫提档升级公路 15.74 千米建设项目，统筹 308.2 万元用于屯堡乡陈家大院至茅坝槽公路 6.53 千米、农村公路安全生命防护工程 107.73 千米建设，统筹 48 万元到农村公路管理局用于农村道路建设。投入 1000 万元（市级配套 200 万元）用于 20 个村集体经济发展。通过扶持村级集体经济发展项目，完成新增年度5万元村级集体经济收入的目标。

【完善政府采购】 2019年，市财政局制定《恩施市2019—2020年政府采购目录及标准操作办法》，确定2019—2020年货物（服务）类政府采购协议供货有关事项，规范政府采购程序，并强化政府采购监管，加强政府采购投诉案件、举报件及争议事项的处理。2019年度，收到并协助调解处理投标人、中标供应商及采购人纠纷事件、信访事件、转办事项等20起，下达“行政处罚决定书”15份，收到罚款10.6万元。按照“应编尽编”的原则，对凡是纳入政府采购目录的项目，全部按要求编制政府采购部门预算，并随同部门预算一起批复下达。全年政府采购预算金额13.93亿元，实际采购金额12.88亿元，节约资金1.05亿元，节约率7.5%。

【实施投资评审】 2019年，市评审中心完成工程预算评审项目90个，送审金额42.38亿元，审定金额37.43亿元，审减金额4.94亿元，审减率11.66%。全年节约财政资金4.94亿元。

【强化产业发展】 2019年，可用重大产业发展基金1.82亿元。市级财政筹集资金3000万元与多家商业银行推行“楚农贷”“助保贷”“政银集合贷”等多个信贷产品，全年为全市143家中小微民营企业发放贷款1.5亿元。完成全市稻谷补贴兑现面积1583.25公顷，涉及农户1.17万户；按照825元/公顷的标准，兑现金额130.62万元。

【精准扶贫和资金统筹】 2019年，市政府制定《恩施市2019年统筹财政专项资金实施精准扶贫工作实施方案》（恩市政发〔2018〕4号）及《恩施市2019年统筹财政专项资金实施精准扶贫调整方案》（恩市政发〔2018〕106号）。全年统筹到位各项资金15.3亿元，其中财政资金10.45亿元，其他资金4.84亿元，有效推进脱贫攻坚各项工作。

向上争取农业发展相关专项资金5.31亿元，其中财政专项扶贫资金2.5亿元，农业发展资金1.51亿元，水利资金9316.35万元，畜牧资金2326万元，其他资金1238万元。加强资金监督管理，制定出台《财政扶贫资金监管检查工作方案》，组织工作专班完成全市乡级扶贫资金全覆盖监管检查，确保扶贫资金使用安全、规范、有效。

【金融债务管理】 2019年，恩施清江上游环境综合治理及生态保护项目亚行贷款提款报账资金324.12万美元（折合人民币2238.17万元），其中工程类211.45万美元（折合人民币1448.45万元）、咨询类9.1万美元（折合人民币62.28万元）、货物类103.57万美元（折合人民币727.44万元）。归还此项目利息和承诺费194.16万元，其中利息139.83万元、承诺费54.33万元。

2019年，恩施市新发放创业担保贷款143笔，发放贷款1799万元，申请中央、省级财政贴息资金285.61万元，其中中央财政222.99万元，省级财政62.62万元。全年偿还国际金融组织贷款4个项目本息154.66万元。

2019年，全市开展能繁母猪保险、水稻保险、“两属两户”农房保险和森林保险4个险种的保险，保费总额585.49万元，申请中央财政保费补贴资金278.39万元、省级财政保费补贴资金212.05万元、本级财政承担37.03万元，农户自缴保费58.03万元。启动巨灾保险试点工作，保费445.48万元，申请省级财政补贴资金267.29万元，州级财政补贴资金22.27万元，本级财政承担保费补贴资金155.92万元。州财政局拨付2018年在资本市场挂牌企业补助资金30万元。全年对4起道路交通事故救助案件垫付款向省厅指派的第三方致同会计事务所提供资料进行核销，金额14.27万元，经致同会计事务所武汉分所初审后报省财政厅审批核销10.34万元。

【政府债务管理】 2019年，市财政局通过转贷政府新增债券增加政府债务13.77亿元，其中一般债务5.87亿元，专项债务7.9亿元。年末政府债务余额控制在法定债务限额以内。通过统筹各类财政资金，化解存量隐性债务 7.38 亿元，隐性债务增减变动情况纳入地方全口径债务监测平台管理。做好专项债券项目储备工作，根据省财政厅下达的融资规模控制数，将土地储备、棚户区改造项目、殡葬服务中心 3 类项目纳入新增专项债券项目储备库。

【会计业务管理】 2019 年，市财政局加强会计代理记账行政审批事项执行与监督，为 33 家会计代理记账公司办理年度备案审核工作，为 26 家会计代理记账业务中介机构办理审核办证工作。做好 2019 年会计专业技术职称报名审核，组织 3136 人参加初级会计职称考试，考试合格 528 人，组织 591 人参加中级会计职称考试，考试合格 34 人；为全市 3000 名会计人员办理会计工作属地的调入、信息采集及会计人员后续教育工作；做好会计相关政策的宣传培训和会计人员的继续教育工作，全市市直部门及乡镇单位财务负责人和主管会计人员参加相关业务知识培训。完成全市 325 个行政事业单位内部控制报告工作。

【行政事业单位资产管理】 2019 年，全市进入系统管理的行政事业单位 433 个，其中行政单位 62 个、事业单位 371 个，比上年度增加 11 个。行政事业性国有资产总额 180.61 亿元，负债总额 27.3 亿元，净资产总额 153.31 亿元。全年累计完成收入 1074.74 万元，其中国有资源（资产）有偿使用收入 670.14 万元（含资产出租出借收入 157.95 万元、资产处置收入 458.24 万元、其他国有资产（源）有偿使用收入 52.75 万元、其他非经营性国有资产收入 1.2 万元）；股利、股息收入 143.1 万元；国有资本经营预算企业利润收入 261.5 万元。全年组织行政事业单位管理系统现场培训 2 次，讲解各项政策、业务及系统操作流程，强化国有资产规范化管理思维意识。

【国有企业管理】 2019 年，全市国有企业资产总额为 295.32 亿元，负债总额 155.68 亿元，所有者权益 139.65 亿元，实现营业收入 12.02 亿元，上缴税费 4500 万元。开展 2019 年国有企业专项审计。为规范全市国有企业财务收支行为、加强内部控制、建立健全有效的激励和约束机制，对 3 家公司开展重点专项审计并完成整改。组织推进国有企业公车改革工作，全市进行公车改革的国有企业 7 家。结合国有企业资产管理的实际情况，开发出适合国有企业资产管理的资产监管系统，对企业资产购置使用处置行为实行动态、实时监控，全面提升资产管理水平。

【预算绩效管理】 2019 年，市财政局完成“扶贫监控系统”2019 年绩效目标和 2018 年绩效评价工作，完成率和审核率均为 100%；随同预算编制 2019 年整体支出绩效目标和项目绩效目标，编制率 100%；组织开展 2019 年本级支出绩效评价工作，组织全市预算单位完成 2018 年度预算绩效自评，并随 2018 年度决算公开时一并公开，确定 2019 年重点绩效评价项目 14 个，由 7 家第三方绩效评价机构开展重点评价。

【财政监督与制度建设】 2019 年，市财政局开展 2018 年度预决算公开数据报送及核对工作，组织全市 63 个一级预算单位对 2018 年度预决算、2017 年度决算公开数据全面开展自查整改工作，进行自查自纠，查漏补缺，如实填报相关表格，及时整改存在的问题。

开展惠民惠农财政补贴资金“一卡通”专项治理工作，各惠民惠农资金主管部门组织 3072 名人员对全市 17 个乡镇、街道（管理处）、208 个村（社区）35 项惠民惠农财政补贴资金进行全面清理，涉及人数 6.09 万人、户数 20.22 万户，2017 年补助资金 4.06 亿元；2018 年补助资金 5.11 亿元。

2019 年，加强和规范财政支持脱贫攻坚政策落实情况监督，制定出台《恩施市财政局关于加强和规范财政支持脱贫攻坚政策落实情况监督工作的通知》，拟定《恩施市财政局加强和规范财政支持脱贫攻坚政策落实情况监督工作任务职责清单》，开展假公函吃喝、“私设小金库”问题专项整治工作。抽查市司法局、市档案局、市卫生健康局3个行政事业单位，采用明察与暗访相结合，查阅财务凭证、分析比对、重点核实、谈话了解等方式进行假公函吃喝、私设“小金库”违规问题专项检查。

全面推进信用体系建设，协调相关局属二级单位和科室做好行政许可、行政处罚信息相关工作情况的报送。2019年在“湖北省社会信用信息服务平台”录入行政许可信息26条，全面、及时地进行公示；同时行政许可及行政处罚信息在“国家企业信用信息公示系统”进行及时公示，并下载双告知信息178条，多证合一数据97条，证照分离81条。2019年录入行政处罚信息15条，在国家企业信用信息公示系统中按要求录入15条。完成湖北省政务服务事项管理系统3.0版的升级信息录入，分依申请和依职权事项填报完成，录入28条，停用4条。

【实施PPP项目】 2016年8月，恩施市政府和社会资本合作（PPP）中心成立，为市财政局管理的全额拨款事业单位，公益一类事业单位。核定事业编制3人，其中主任1名。主要负责研究拟定市政府和社会资本合作实施意见；编制PPP项目年度和中期开发计划；组织PPP项目的征集、评估和备选项目确定工作；PPP项目识别、准备、采购、实施、移交全过程的监督工作；PPP项目政府补贴和付费的测算和监管工作等。

2019年，是PPP的规范年，继续严格规范推进市级PPP项目，按照国家、省相关政策调整和已落地项目实施过程中出现的困难和问题，修订完善《恩施市推广运用政府和社会资本合作（PPP）模式管理办法》和《恩施市财政局关于进一步明确政府和社会资本合作（PPP）项目政府各部门主要职责的通知》，进一步规范推进PPP项目。至12月底，新签约项目（职业技术学院）1个，总投资4.1亿元；落地继续施工建设项目3个，总投资23.8亿元。盘活存量资产（红庙污水处理厂）1.08亿元，完成总投资8.22亿元，占比34.5%，其中城乡一体化污项目总投资10.1亿元，完成5.58亿元，车坝河总投资10.4亿元，完成2.11亿元，站前广场总投资3.8亿元，完成0.53亿元；完成采购待签约项目（318国道）1个，总投资5亿元；进入采购阶段项目（民政福利中心）1个，总投资0.9亿元。

（杨光琰）

税　务

【概　况】 2019年，恩施市完成税费收入42.35亿元，其中税收收入26.94亿元，实现地方公共财政预算收入16.02亿元，圆满完成税收任务；顺利完成机关事业养老保险及职业年金、城乡居民养老保险、公路桥梁路产赔偿费等非税收入的职能划转工作，全市完成60万人次社保征收工作，实现社保费收入14.61亿元，非税收入8000万元。

【落实减税降费】 2019年，恩施市享受减税降费政策52.96万户（人）次，减免税费额5.19亿元；享受普惠性增值税政策1.31万户次，减免1.7亿元，减免4679户次企业所得税1.23亿元，减免43.48万人次个人所得税1.4亿元，减免3.77万户次“两费”983万元，减免企业职工基本养老保险费3197户次3694万元。

【坚持税收法治】 2019年，市税务局加强重点税源管理，强化税源动态监控，及时掌握重点项目进展情况，对重大项目采取“一对一”全程服务和管理；推进重点行业管理，对全市建安、房地产、餐饮、住宿、商砼、大型专业化卖场等重点行业进行专业化管理，进一步规范税收秩序；综合运行“互联网+大数据”平台，加强风险应对管理，按照“一般风险一般管理、较高风险重点管理”，全年共接受和下发各类风险任务32批次，推送任务数753条，其中高中风险140

条，低风险613条，通过风险管理手段查补税款5367万元。

【开展纳税服务】 2019年，市税务局打造“网上办税为主，窗口办税兜底”的纳税服务新格局，“互联网+政务服务+邮政”模式在全省范围内得到推广，省内多个兄弟部门考察“取经”先进经验；用活纳税信用杠杆，携手建行恩施分行、农行和农商行开发“云税贷”和“农商税e贷”等贷款产品，为企业提供小微快贷104户，累计授信5255万元，发放贷款775万元。

【推进党的建设】 2019年，市税务局推进“一线工作法”，党委班子坚持每周至少3天深入基层了解情况、听取意见、解决困难，结合“不忘初心、牢记使命”主题教育，收集各类建议意见42条，提出整改措施61条，逐一进行整改，有力推进税务部门事合、人合、力合、心合；单独成立减税降费工作专班临时党支部，发挥支部战斗堡垒作用，推动减税降费落实落地；开展优化营商环境检查督办督导7次，对违反工作纪律通报批评3人（次），改进工作作风，提高纳税人满意度。

【推广“八步工作法”】 2019年，市税务局围绕脱贫攻坚“4099”目标，推广“八步工作法”，在扶贫走访过程中，严格落实考勤签到、领取资料、组织培训、入户走访、检查验收、反馈问题、问题解决、集中整改8个步骤，组织185名干部职工结对帮扶996户贫困户，每月入户走访，为困难群众做实事、解难事，精准施策、对症下药。全年投入130余万元，用于解决崔家坝镇刘家河村、铺子房村、公龙坝村、斑竹园村、茅田坪村以及三岔镇三元坝村公路维修、卫生室修建等基础设施阵地建设和支持当地茶叶、经济林种植等产业发展。

（杨海平）

生态环境

自然资源管理

【概　况】 2019年，市自然资源和规划局完成耕地保有量为80780公顷（121.17万亩），基本农田保护面积50972公顷（76.46万亩），完成上级下达的耕地保有量61666.67公顷（92.5万亩）指标任务，基本农田保护面积50969.4公顷。实现收入21.06亿元，完成市人民政府财政预算收益目标20亿元指标任务，完成率105.3%。

【国土空间规划】 2019年，市自然资源和规划局完成项目规划选址、规划方案、建筑方案审查163件。完成项目用地规划审查44宗，面积244.53公顷。出具征收范围图69件、设计条件34件；出具审核选址意见书8份、用地规划许可35份；办理建设工程规划许可31份；办理农村村民建房用地规划审查349宗，面积5.26公顷。完成督查下发图斑、违法用地案件办理规划核查58宗，面积12.75公顷。

完成盛家坝、太阳河、红土、新塘、芭蕉、崔家坝、屯堡、三岔8个乡镇总体规划的编制报批工作；完成全市增减挂钩（2019年第一至六批次）城市建设用地土地利用总体规划局部修改工作；协助州自然资源和规划局启动《恩施市国土空间规划》的编制工作；完成大峡谷风景区营上村，芭蕉侗族乡高拱桥村、岸口村，白杨坪镇洞下槽村、盛家坝镇（乡）二官寨村、龙凤镇杉木坝村、崔家坝镇南里渡村、屯堡乡花枝山村8个省级“美丽乡村”示范村的规划编制；完成48个村的村庄规划编制；完成《恩施市城乡结合部村庄布点及管控规划》用地调整论证；完成恩施市生态红线评估年度工作。

【加强权益利用】 2019年，市自然资源和规划局完成建设用地报批组卷50件（城市建设用地37件，农用地转用11件，暂停2件），面积246.19公顷。其中取得用地批文42件，面积183.64公顷；省政府审批办理中1件，面积11.08公顷；报州局审批办理中4件，面积49.74公顷；因林地手续问题暂停报批1件，面积0.92公顷；因增减挂钩指标价格问题暂停1件，面积0.3公顷；因超总规划面积暂停1件，面积0.5公顷。

完成供地104宗，供地总面积178.5公顷，收入24.13亿元，完成市人民政府财政预算收益目标20亿元的120.65%。以招拍挂方式供地41宗88.6公顷，出让价款18亿元，其中商业用地13宗20.67公顷，住宅用地19宗51.07公顷，工业用地6宗11.47公顷，其他用途3宗5.27公顷；以协议方式出让5宗17.53公顷，出让价款1.17亿元；以划拨方式供地17宗2.19公顷。

土地例行督察闲置土地应整改64宗，完成整改25宗（其中开工建设项目9宗，收回国有建设用地使用权16宗），未完成整改39宗（其中签订延期协议的35宗、因司法查封无法处置的1

宗、收回国有建设用地使用权处置中3宗）；巡查发现未开工建设项目19宗，其中认定闲置土地15宗（签订延期协议14宗、收回国有建设用地使用权1宗），调查认定中4宗。

完成恩施市公示地价体系建设工作，通过省厅专家评审；完成征地补偿标准调整更新工作；开展城镇低效用地再开发工作，完成低效用地划定工作，正在编制实施方案；完成征地后的信息公开公示和恩施市4家危险企业搬迁林地申报工作。

【实施确权测绘管理】 2019年9月1日，经自然资源部审核确认，2018年度土地变更调查成果正式启用。完成全市第三次全国国土调查外业调查、数据入库和申诉整改等工作，调查成果乡镇、街道（管理处）抽查差错率1.79%，全市抽查差错率0.83%，低于国家抽查差错率不超过3%的标准，通过国家核查验收。房地一体农村宅基地和集体建设用地使用权确权登记发证工作，完成全市195个地籍子区18.2万宗外业权籍调查，组织自查初检地籍子区189个（村）18.07万宗。依法审核《恩施市行政区划图》，通过协同排查、现场检查等方式，开展恩施市“问题地图”排查整治监管工作，审查60个测绘项目，审定发放“湖北省测绘项目登记证明”59份。基本完成22条河流河道岸线的划界工作，启动清江、马水河河道确权工作；按时巡查金银溪和细沙河（龙桥河）河流，参与河道管理。

【耕地保护与生态修复】 2019年，市自然资源和规划局申报各类增减挂及占补项目28个，完成验收可储备增减挂周转指标1318公顷（其中耕地912.54公顷）。州下达验收批复19个，储备周转指标836公顷，其中耕地456.07公顷，实现增减挂钩交易指标92.21公顷，交易额4.47亿元。2018—2019年，申报3个地方投资土地整治项目，建设规模98.26公顷，拟新增耕地90.54公顷，投资规划1241.28万元，项目完成施工，进入竣工验收程序，实际新增耕地面积为60.67公顷。完成芭蕉侗族乡低丘岗地改造等3个补充耕地核查项目的核查报审工作。启动全市土地质量地球化学评价暨土壤硒资源普查项目，完成采集1∶50000和1∶10000表层土壤样12513件（包含246件重复样），完成设计的表层土壤总件数的91.8%；布设13处大气沉降点和1处空白缸；采集茶叶样品及对应根系土样品各11组。

自然资源部下发恩施市永久基本农田储备区潜力图斑数量为2.17万个，面积约1.67万公顷。通过擦除永久基本农田、允许建设区，套合三调耕地图斑，内业预判筛选出1.7万个潜力图斑，面积为1.05万公顷。初步拟定恩施市永久基本农田储备区的划定目标为3333.33公顷，划定比例约为7%。

【矿产资源管理】 2019年，市自然资源和规划局完成26家矿山采矿权开发利用信息网上公示，完成率100%。完成2个采矿权挂牌出让，完成矿山储量核查和年报工作，完成3个园区矿产压覆整体评价。完成沐抚高台矿泉水、白杨坪洞下槽矿泉水的资源、水质和硒、锶主要矿物质含量等勘查工作，检测达到硒矿泉水标准，通过省厅评审；完成新塘灰包洞矿泉水、红土金龙坝矿泉水勘查招标工作。开展矿业权审批清理整改工作，实施信息公示和储量核实，发现7件越界开采案件，全部移送执法大队调查处理。

【地质环境管理】 2019年，市自然资源和规划局汛期前排查出各类地质灾害隐患点192个，其中省级监测点1个、州级2个、市级17个、库区16个、乡级156个。将隐患监测点列入“四位一体”管理，其中20个省、州、市级地质灾害监测点作为重点监控防治对象。全市发生各类地质灾害27起，未造成人员伤亡。完成新塘乡下塘坝村龙家台高坎子滑坡体、红土乡稻池村黄堰塘滑坡体、屯堡乡杨家山滑坡体3个地质灾害治理工程项目，涉及资金4450万元。

落实2批次环保督查反馈问题整改工作。全

市应实施地质环境治理和土地复垦复绿矿山数 23 个（2015—2017 年废弃矿山），完成 19 个；应完成 4 个关闭煤矿治理（2015—2017 年关停），完成治理整改任务 4 个，验收合格 3 个，1 个已申报待验收。组建工作组对全市历年来关闭注销的 189 家矿山彻底排查，委托地质专业机构编制治理规划和治理方案；制定治理修复责任清单，落实“四个一”（一名局领导、一个科室、一个基层所、一名执法人员）的责任体系。将大中型矿山纳入首批绿色矿山建设对象，实施绿色矿山创建，全部完成自评验收。

落实非煤矿山安全协管职能，全年开展安全执法专项检查 4 次，各基层所开展执法巡查 40 次；将 7 件越界行为案件及时移交执法部门处理，将 1 起因矿山滑坡形成的重大安全隐患案件及时移交安监部门处理。

【严格行政审批】 2019 年，市自然资源和规划局办理国有建设用地出让审批 622 宗，其中经济适用房上市 44 宗，收取土地出让金 2037.33 万元。农村宅基地审批，发放“个人建房用地许可证”717 本；服务国家建设工程和企业，发放“临时用地许可证” 11 本；受理采矿业务 5 宗，发放采矿许可证 2 本；服务现代农业发展，指导设施农用地备案工作，办理设施农用地备案 18 宗；服务投资项目建设，受理本级预审 14 件，办结 11 件，退办 3 件（不需要预审）；受理为州级预审出具预审初审意见 4 件，出具不予预审的说明 3 份；受理规划业务 133 件（其中发放规划许可证 19 本，选址意见书 11 本，建设用地规划许可证 30 本，乡村建设工程规划许可证 5 本，建设工程规划核实证明 68 个）；湖北省政务服务事项管理系统领取并填报公开发布 242 个事项（其中依申请事项 38 项，服务事项 16 项，协调组织各股室领取填报发布依职权事项 188 项）。

【加强法规监察】 2019 年，市自然资源和规划局法制审核行政执法案件 57 件；举行国土资源听证会 6 次；办理复议案件办理 13 件，复议机关审理后维持 12 件，上级复议机关在审 1 件；开展行政应诉 15 件，胜诉 8 件，在审 3 件，败诉 1 件。按期完成市政府交由本局主办的州市人大代表建议、政协委员提案 7 件。按照省、州、市司法部门的要求，组织本系统工作人员参加全省无纸化学法活动，完成 199 人的法制资格审查，并向司法部门提出新增 29 人行政执法资格考试申请和 170 人行政执法换证申请。开展“4 · 22”地球日、“6 · 25”土地日宣传活动，发放宣传资料 2000 余份。扫黑除恶反馈意见 10 个方面整改问题，整改 6 个。

【信访工作】 完成州、市“双签双交”（指党委、政府一把手签批交办的涉稳重大风险问题或案件）48 件重点信访案件的化解。阳光信访平台受理 69 件，办结 69 件；办理信访复查案件 8 件，代市政府拟定作信访复查答复意见书 8 份。完成省委第九巡视组移交的 10 件信访件办理。

【改革不动产登记】 2019 年，为落实首问负责制和一次性告知制度，继续优化窗口登记办理模式，打通“提速通道”，推进“马上办、一次办、省心办、会商办、廉洁办”。纵向实现部、省实时数据汇交，横向实现公安、民政、房产、税务等部门信息查询；开通人脸识别档案自助查询、银行专属不动产登记证明自助打印业务；运用微信视频功能大胆创新特色服务，让群众最多跑一次成为新常态。

新建商品房预告及抵押预告业务的端口延伸到开发企业，提前实现二手房转移登记、抵押登记 1 个工作日办结，新建商品房转移登记 2 个工作日内办结，涉及实体经济企业不动产登记 3 个工作日内办结，一般登记 4 个工作日内办结的目标。建立政企沟通对话机制，优化设计不动产登记、交易、税收全流程，从根本上解决群众办证难的问题；率先启动地下空间确权登记，办理地下车位不动产权证 780 本；调整“一窗受理”

模式，实现税务、不动产、房产同窗受理业务；存量数据整合完成总工作量的78%。按照“尊重历史、容缺办理、查办分离”的原则，解决不动产历史遗留问题，启动43个商品房项目和23家工业企业不动产登记历史遗留办证工作。督促31个房地产项目办理不动产首次登记，办理首次登记1.64万户，办理转移登记2891户。实体经济不动产权证办结21家；企业供地手续在办2家。全年办结11.27万件，其中登记8.84万件，其他2.43万件，按时办结率100%，日均办结456件。

【土地收储】 2019年，市自然资源和规划局完成国有土地收储项目27个，土地面积22.9公顷，收储成本2.61亿元。完成土地勘测定界、土地及建筑物价值评估、业务代办98个项目的中介服务机构遴选工作；询价采购16个项目的中介服务机构。公开招租闲置储备土地7宗，面积19.53公顷，全额上缴租金161.28万元至硒都国有资产管理公司。政府拟将土地挂牌出让等原因解除租赁协议2宗，面积2.92公顷。完成违法用地上没收的建筑物处置8宗，建（构）筑物面积2.49万平方米，建筑物评估价值891.9万元，催缴市英才学校违法建筑物处置价款886.52万元。

筹集土地收储资金14.35亿元，其中财政预算6亿元、申报土地收储专项债券7.9亿元。支付各项土地收储费用11.35亿元，其中各乡镇、街道（管理处）土地征收补偿及工作经费7.22亿元，返还供地成本1.28亿元，国有土地收储补偿1.34亿元，各项规费及中介费8329.36万元，市征地事务办各项目补偿费及工作经费6757.6万元。

完成29宗集体和国有土地房屋征收成本复核，测绘定界总面积57.23公顷、征收成本费用2.3亿元，其中估算8宗、测绘定界面积30.25公顷、征收成本费用6310.33万元；核算报告19宗、测绘定界面积23.27公顷、征收成本费用1.44亿元；测算2宗，测绘定界面积3.71公顷，征地成本2203.46万元。及时更新和完善2019年征地利用数据平台信息，全年扫描录入图件5.2万件，转换坐标图件385幅。

【严格执法监察】 2019年，市自然资源和规划局开展执法巡查420次，下达“停止违法行为通知书”358份，下达“接受调查通知书”319份，下达“责令改正违法行为通知书”93份，申请法院强制执行61件（一次申请19件、二次申请42件），向公安机关移送追刑4件，作出行政处罚67件（其中罚款92万元，没收地上建筑物面积5663平方米，没收违法所得5.7万元，没收矿产品2500立方米），立案查处48件，待立案查处84件。完成“大棚房”清理及问题整改，自然保护区2个、森林公园2个、水源保护区2个、重要河道27条、水库19座。开展“别墅”清理排查，清理排查1007户，确定疑似违建别墅对象问题2户3栋，面积452平方米，整改到位。

完成2019年4个季度卫片执法检查工作，核查自然资源部下发图斑874个，下发图斑面积701.19公顷（耕地面积131.11公顷），其中确认违法用地68个，总面积为9.56公顷（耕地面积为3.15公顷）；合法用地610个，总面积为485.39公顷（耕地面积为67.4公顷）；其他类用地196个，总面积为206.24公顷（耕地面积为60.56公顷）。全口径违法比例为1.93%，耕地占比4.47%。

【党建及党风廉政建设】 2019年，市自然资源和规划局合力打造自然资源和规划系统行业党建新品牌。党组专题研究党建工作4次，听取党建办专题汇报1次，党组书记上党课3次，班子成员到基层所上专题党课11次。党组负责人参加全市党建述职评议1次。全年交流研讨活动5次、主题教育专题讲座3次、撰写心得体会91篇（其中班子成员12篇、普通党员79篇）。警示教育观看《蜕变之鉴》等教育片、参观恩施抗战纪念馆等红色教育基地、学习先进典型张富清等活动5次，撰写心得体会12篇。制作主题教育宣传展板2期，州级以上媒体刊发稿件3篇，市级媒体刊发9篇。完成13个重点调研课题调研任务，发出征求意见建议函47份，召开检视问题专题座谈会5次，收集整理问题130个，整改到位120个。完成市委巡察组反馈问题整改，组织2次脱贫攻坚问题排查，发现问题55个，全部整改。办理信访举报案件，办结市纪委交办信访件12件，化解或回复群众投诉咨询事项5件。被采用党风廉政宣传稿件64篇。

【精准扶贫】 2019年，市自然资源和规划局整合力量，盘活资源，发挥行业扶贫的政策优势，完成行业扶贫工程扫尾，助力乡村振兴。红土乡等3个高标准土地整治项目（3个项目均为2017年启动，其中红土乡整治项目资金2428.27万元；龙凤镇整治项目资金2433.46万元；屯堡乡整治项目“以奖代补”资金2444.91万元）完成收尾工作1项，其中红土乡高标准土地整治项目因气候原因，龙凤镇高标准土地整治项目因更名原因推迟完工，未在年内完成。2016年度和2017年度易地扶贫搬迁城乡建设用地增减挂钩项目实施方案获省厅批复，2018年度3个批次实施方案上报州局立项审批。

【机构改革】 2019年3月，市机构编制委员会办公室印发《恩施市自然资源和规划局机构编制职责调整方案》，明确将市国土资源局的职责，市城乡规划管理局的行政职能职责，市测绘地理信息局的职责，市发展和改革的组织编制主体功能区规划职责，市水利水产局的水资源调查和确权登记管理职责，市畜牧兽医局的草原资源调查职责，市林业局的森林、湿地等资源调查和确权登记管理职责，划入市自然资源和规划局。将市国土资源局的监督防止地下水污染职责划入市生态环保局，将农田整治项目职能划入市农业农村局，将自然保护区、风景名胜区、自然遗产、地质公园等管理职责划入市林业局，将地质灾害防治及地震局震灾应急救援职责划入市应急管理局。3月29日，恩施市自然资源和规划局挂牌成立。

（覃正伦）

林　业

【概　况】 2019年，全市完成营造林9780公顷，其中人工造林213.33公顷、封山育林433.33公顷、历年造林森林抚育5333.33公顷、退化林修复3800公顷。完成天保二期14.65万公顷森林资源管护，其中国有林12026公顷、集体所有生态公益林13.45万公顷；落实527名天保管护员，拨付管护资金316.2万元；兑现2019年度13.58万公顷生态公益林效益补偿资金2742.59万元、历年坡耕地退耕还林政策补助资金1789.65万元（其中上一轮退耕还林政策兑现208.37万元、新一轮退耕还林政策兑现1581.28万元）；新建中药材基地3333.33公顷，其中木本600公顷、草本2733.33公顷；全民义务植树2012万株，林木育苗2000万株。

【森林资源保护】 2019年，全市发生一般森林火灾9起，森林受害面积3.66公顷，森林火灾受害率为0.9‰，无重特大森林火灾和人员伤亡事故发生。全年办理“木材采伐许可证”3563份，活力木蓄积量9700立方米，占年度采伐限额4.4万立方米的22%；办理木材运输证46份，运输木材880立方米；办理使用林地手续48宗，使用林地面积121公顷，缴纳森林植被恢复费2679.35万元，其中长期占用林地43宗，使用林地面积113.6公顷，缴纳森林植被恢复费2527.15万元，临时占用林地5宗，面积7.4公顷，缴纳植被恢复费152.2万元。完成2018年疑似图斑核查562个；完成非洲猪瘟防控野猪本底调查，获得痕迹点位881个，预估数量1830头。全年查处各类涉林案件200起，其中刑事案件66起（破案42起）；治安案件6起，行政拘留6人；林业行政案件128起，处罚218人。林业行政罚款178.47万元，没收木材66.44立方米，责令补种林木7837株。收缴野生动物制品2千克（死体肉），野生动物活体126只，放生87只；清除超范围养殖鸵鸟50只、红腹锦鸡60只；救助各类野生动物20余只。全年清除枯死松树2.8万株，挂放松褐天牛诱捕器540个，诱捕天牛15万头；除治“加拿大一枝黄花”313.33公顷；办理植物检疫证35份，涉及木材538.2立方米、绿化树及苗木13.1万株、药材及林副产品3.3吨。

【林权配套改革】 2019年，全市完成1.46万公顷公益林森林保险；受理林权纠纷调处案件30起，调处成功28起；完成林权抵押贷款590万元；完成513.33公顷林地承包有偿退出，涉及农户253户，获利1.7亿元；完成5.99公顷集体林地经营权交易，林农获利1254.65万元。完成全市17.8万户林权档案数字化，接待查阅利用人员850人次，调用、复印资料4000余份。

【林（药）业】 2019年，全市林（药）业产值36亿元。全市有林地面积27.56万公顷，其中商品林面积9.81万公顷；活立木蓄积1287.98万立方米；经济林面积4.62万公顷，实现产值30亿元；中药材留存面积2.01万公顷，其中木本留存面积1.45万公顷，草本留存面积5600公顷；建中药材基地3333.33公顷，其中草本2733.33公顷，木本600公顷。实现药业产值6亿元，实现林药业产值36亿元。

【林业科技发展】 2019年，完成油茶管理现场培训10次，发放油茶栽培管理资料500份，培训林农2000余人；完成33.33公顷楠木推广项目造林指导和检查验收，3.75公顷核桃种源基地选种育种，20公顷核桃良种示范基地造林管理指导工作，油茶采穗圃抚育8公顷。

【林场改革与建设】 2019年，完成国有林场1.21万公顷国有森林资源管护，无森林火警火灾、盗伐滥伐及森林病虫害发生；完成杉木良种补贴试点项目100公顷；完成全市8个国有林场253.33公顷防火线、200.8千米防火林道维修；完成国有林场林区123.46千米公路维修，总投资168万元。完成编制国有林场《2020—2035年长期规划》并上报省林业厅和国家局。

【实施规划设计】 2019年，市林业局相继完成《恩施市国有太山庙林场修建基础设施（防火公路扩建）2019年度林木采伐作业设计》《恩施市白果乡下村坝村2019年度竹园坪公路绿化项目作业设计》《恩施市龙凤镇青堡村至重庆市龙桥公路生态修复作业设计》《恩施市国有铜盆水林场国家杉木良种基地2019年度林木良种培育补助项目作业设计》《恩施市2018年度深化林权制度改革示范县林下经济发展补助项目作业设计》《恩施市国有大山顶林场2017年度森林抚育项目施工作业检查验收》《恩施市板桥镇2014年度岩溶地区石漠化综合治理工程（林业部分）封山育林补植造林2018年度整改检查验收》《恩施市板桥镇2015年度岩溶地区石漠化综合治理工程（林业部分）封山育林补植造林成效检查验收》《恩施市白果乡2015年度天保工程二期公益林建设封山育林补植造林和人工造林2018年度成效检查验收》《恩施市国有铜盆水林场2018年度国家杉木良种基地林木良种培育项目林木采伐作业检查验收》《恩施市白乡两河口村2018年度精准扶贫乡镇片区“生态修复基地”造林绿化项目施工作业检查验收》《恩施市2018年度岩溶地区石漠化综合治理工程封山育林工程项目2019年春季施工作业验收报告》《恩施市2019年林下经济发展补助项目检查验收》《邹金勇、陈再举涉嫌非法占用农用地（林地）案异地复绿检查验收》《恩施市2018年度深化林权制度改革示范县林下经济发展补助项目检查验收》《恩施市国有大山顶林场2016年度雪灾林木清理采伐迹地更新造林第三年抚育管理检查验收》《恩施市板桥镇2015年度巩固退耕还林成果林业后续产业建设工业原料林项目2019年竣工检查验收》《恩施市红土乡2014年度天然林资源保护工程公益林建设2019年度竣工检查验收》《恩施市崔家坝镇2015年度巩固退耕还林成果后续产业生物能源林建设整改验收》。完成林地现场调查79件，涉及面积42.6公顷；全市项目选址查询151件。

（朱华春）

生态环境保护

【概　况】 2019年4月4日，恩施市环境保护局更名为恩施州生态环境局恩施市分局。2019年，恩施市成功创建“省级生态文明建设示范市”“国家生态文明建设示范市”。州生态环境局恩施市分局被省生态环境厅表彰为“2018年环境执法大练兵表现突出集体”。2019年3月，杨鹏先后被国家生态环境部、省生态环境厅表彰为“2018年环境执法大练兵表现突出个人”；12月，龙渊被州委、州政府评为“恩施州劳动模范”。

【环境质量状况】 2019年，恩施市空气环境质量代表恩施州参加全省考核，州城城区主要空气污染物PM_{10}年平均值为58微克/立方米，较上年同比上升7.4%；$PM_{2.5}$年平均值为32微克/立方米，较上年同比下降5.9%；二氧化硫年平均值为4微克/立方米，较上年同比下降33.3%；氮氧化物年平均值为22微克/立方米，与上年同比持平；一氧化碳日均值第95百分位数浓度为1.3毫克/立方米，较上年同比下降7.1%；臭氧日最大8小时第90百分位浓度值为126微克/立方米，较上年同比上升43.2%。2019年恩施市城区空气质量优良天数为344天，较上年增加10天，全年优良率94.5%。

2019年，恩施市国控考核清江大沙坝水质断面、省控跨界考核长沙河断面水质年度考核均为达标，大龙潭饮用水源地水质达标率为100%。城市7个噪声功能区24小时监测，全部达到声功能区标准要求。

恩施市全年上报涉水主要污染物总量减排项目7个，涉气主要污染物总量减排项目4个，全面完成恩施州政府下达恩施市主要污染物总量减排目标任务，即化学需氧量、氨氮、二氧化硫、氮氧化物分别较2015年下降2.5%、2.5%、10%、4%。

【污染防治攻坚战】 2019年，恩施市污染防治涉及83项重点任务。通过实施蓝天保卫战、碧水保卫战、净土保卫战，防治环境污染。蓝天保卫战加快产业结构优化升级，实施工业企业提标改造和水泥企业错峰生产，持续推进过剩产能和落后产能淘汰，开展燃煤锅炉整治“回头看”等，清查出“散乱污”企业66家，全部完成整治。督促印刷、家具制造、汽车维修、餐饮服务等行业和主管部门落实挥发性有机物治理主体责任和监督责任。加强非道路移动机械污染管控整治，印发《恩施市人民政府关于划定高排放非道路移动机械禁用区域的通告》。敦促行业主管部门强化道路、工地、工业堆场等扬尘管控。加强大气巡查交办力度，依托第三方机构，对城市规划区、乡集镇和国道、省道等重点交通干线可视范围进行大气污染问题巡查，交办问题11期，督促相关部门限期整改。加强露天焚烧督办，在全市范围全面禁止露天焚烧农作物秸秆、垃圾（包括杂草、生活垃圾、建筑垃圾、落叶等），通过大气污染防治联动群，对焚烧点进行及时交办，协调联动，推进露天禁烧工作。

碧水保卫战以长江入河排污口排查整治专项行动为契机，落实长江保护修复攻坚战行动计划，加快工业污染治理，组织开展好入河排污口排查整治、打击固体废物环境违法行为、集中式饮用水水源地、城市黑臭水体治理、工业园区污水处理设施整治专项行动。

净土保卫战持续推进重金属重点行业企业排查整治，持续开展土壤污染治理与修复项目储备库建设。严格控制农业面源污染，落实农药、化肥减量使用计划，减少农用地膜废物产生量，推进规模化畜禽养殖、水产养殖污染防治。深入推进农村人居环境综合整治，强化固体废物污染防治，继续深入开展“清废行动”，从严打击倾倒危险废物违法行为。加强医疗废物日常监管，确保城乡医疗废物全收集、全处理。持续推进重金属全口径统计和涉镉等重金属重点行业企业排查整治。加强山寨皮革等土壤重点监管企业环境监管，签订“土壤污染防治责任书”，督促企业每年开展1次厂区土壤环境质量自行监测，每年至少开展1次重点监管企业和工业园区周边土壤环境质量监测，结果向社会公开。

【环保督察】 2019年，恩施市承担中央、省环保督察组交办的反馈问题252个，按照整改要求完成整改20个，并在市级新闻门户网站上进行整改公示销号。全年完成整改问题219个，其余33个问题按照省、州整改序时进度要求持续推进。

【生态文明建设示范市创建】 2019年8月，恩施市被省环境保护委员会授予“省级生态文明建设示范市”称号；11月，恩施市被国家生态环境部授予“国家生态文明建设示范市”。申报省生态乡镇2个、生态村14个。12月30日，省环委会办公室命名红土乡为“省级生态乡”，命名白果乡油竹坪村、崔家坝镇茅田坪村等10个村为“省级生态村”。

【环境监管执法】 2019年，州生态环境局恩施市分局强化环境执法监管力度，开展现场监察1500余人次，“双随机”移动执法检查91家重点污染源企业，开展联合执法20余次，对环境违法行为依法进行严厉打击，立案查处环境违法9件，处罚款29.17万元，下达“环境违法行为责令改正通知书”19份，移送公安机关案件1个，实行查封扣押1个。

【污染源普查】 2019年，州生态环境局恩施市分局开展全国第二次污染源普查工作，完成“五大源”核算1013家，其中工业源核算665家，农业源核算69家，集中式核算35家，生活源核算188家，移动源核算56家，核算率100%。开展质量核查4次，并形成核查报告。档案整理3242件，完成质量核查评估报告、总结报告、分析报告及普查公报初稿。

【环境监测】 2019年，市环境监测站全面完成环境监测任务，为环境保护和执法提供科学服务保障。对城区“一江九水五库”开展水质日常监测，实时掌握恩施城区水环境质量变化情况，开展好污染源监督性监测，完成全市7个声功能区噪声、121个区域环境噪声和22个交通环境噪声监测。配合监察大队开展环境执法监测和环境污染投诉监测等，及时应对龙洞河水污染、大龙潭饮用水源地水藻富集等问题应急监测工作，出具应急监测快报218期。市监测站全年出动监测人员500人次，出具监测报告98份。

【环境信访】 2019年，州生态环境局恩施市分局受理各类环境信访问题346件，其中包括“12369”投诉53件、网络投诉37件、来访19件23人次、来信6件、微信平台23件，阳光信访平台29件、12345政府公共服务平台12件、信访167件，对各类环境纠纷投诉问题，做到及时受理、快速查处、按期结案。

【环保行政审批】 2019年，州生态环境局恩施市分局优化环评审批，简政放权，实行“两减两放”（减少环评申请材料、减少环评报告审批办结时限、放开环评资质审查、放开登记表审批），全部转为网上直接填报备案，由企业自主完成，在工作时间内即办即结。全年网办率80%以上，企业和群众办事提供的材料减少40%以上，通办比例为90%以上。建设项目审批报告表34个，网上备案登记表491个、排污许可证3个，按时办结率100%。

【环保宣传】2019年，州生态环境局恩施市分局利用微信公众号、微博等自媒体和电视、网络、报纸等多种官媒拓展宣传渠道。开展生态环境保护宣传教育，举办第48个“6·5”世界环境日暨国家生态文明建设示范市创建“美丽中国·我是行动者”主题文化宣传活动。现场发放资料3000余份，由州、市生态环境、自然资源、农业农村、住建、水利、林业、市场监管等部门人员和法律顾问现场接受公众咨询。组织50名环保志愿者参与环保设施公众开放活动，实地参观州环境监测站实验室。

（邓长浩）

硒资源保护与开发

【概　况】2019年3月，恩施市硒资源保护与开发中心成立，为市政府直属正科级事业单位。推进硒产业发展和硒食品精深加工，硒产业总产值122.18亿元。其中硒食品加工总产值32.37亿元。规模以上硒食品精深加工企业29家；产值过亿企业3家，硒食品精深加工高新技术企业11家。

【探索硒产品营销渠道】1月19—30日，由市硒资源保护与开发局牵头，举办“恩施市第二届硒品会暨2019新年硒品年货会”，组织全市63家涉硒企业携富硒农副产品参与展销，交易额1500余万元。4月7—9日，组织全市12家涉硒企业参加武汉首届“世界大健康博览会”，现场交易额50万元，意向订单1000万元。4月16—19日，组织17家涉硒企业参加“杭州招商引资活动”，现场交易额20万元，意向订单500万元。5月26—28日，组织参加第21届中国马铃薯暨世界硒都（恩施）马铃薯博览交易会，组织36家涉硒企业近150余款富硒产品参展，现场交易额100.6万元，意向订单3000多万元。

【建立涉硒企业信息数据库】2019年，市硒资源保护与开发中心全方位走访调研涉硒龙头企业和硒产业协会，建立企业信息库，首期入库统计涉硒规模企业244家，其中规模以上涉硒企业29家，ISO 9001质量管理体系认证10家。

【加强硒资源基地建设】2019年，全市累计建成五大富硒农产品标准化生产基地，其中富硒茶叶基地8000公顷，富硒高山蔬菜基地6666.67公顷，富硒中药材基地3333.33公顷，富硒粮油基地133.33万公顷，富硒家畜20万头、富硒家禽30万羽。制定茶叶、蔬菜、山茶油、食用菌等5个种植技术地方标准，协助州硒中心完成硒茶出口检验检测标准制定。

【高科技合作】7月19—21日，中国科学院南京土壤研究所王兴祥教授率教授团队，会同湖北省硒研究院、湖北省第二地质大队等单位专家，到恩施市实地调研考察硒资源及富硒农产品开发等。专家一行先后到新塘乡、三岔镇，实地踏勘渔塘坝独立硒矿床、阳天坪马铃薯产业基地，考察硒资源分布情况和产业发展情况。走访惠生马铃薯专业合作社、硕品农业、徕福硒业、德源健康、州农科院等企业和科研院所，调研硒食品精深加工产业集群建设情况，现场研讨植物硒蛋白提取技术瓶颈解决方案1个。座谈会上，专家与企业面对面，逐一解答种植环节如何保证农作物富硒含量稳定性，加工环节如何解决硒食品精深加工产业集群科研技术体系相关问题，解答科研技术体系相关问题12个，提出科研相关项目及标准制定建议15个，基本达成科研院（所）地合作意向，首期确定科研支撑平台、谋划涉硒重点项目、招商引资大企业、培养富硒应用技术人才4个合作项目意向。

【招商引资】2019年，市中心开展富硒特色农产品项目招商引资工作，完成亿元以上新开工入统项目7个，其中富硒特色农产品项目2个，协力推进项目工程建设。恩施富硒马铃薯精深加工产业化示范项目一期建成投产。恩施市万吨特色农产品出口加工项目有 4 栋厂房，除第 4 栋在建中、其余 3 栋进行试生产。完成与辣妹子集团签约、红太阳集团签约。

（苏　龙）

农业和农村经济

农业综述

【概　况】 2019年，全市农林牧渔业总产值55.97亿元，同比增长3.61%。其中农业产值30.15亿元，同比增长3.48%；林业产值4.76亿元，同比增长2.93%；牧业产值16.91亿元，同比增长3.47%；渔业产值0.31亿元，同比增长2.15%；农业服务业产值3.84亿元，同比增长5.28%。

【粮油作物种植】 2019年，全市粮油作物种植面积10万公顷，产量45.85万吨；油菜8000公顷，产量1.55万吨；小麦46.67公顷，产量100吨；水稻3093.33公顷，产量2.46万吨；玉米2.81万公顷，产量10.75万吨；豆类8020公顷，产量1.13万吨；红薯5453.33公顷，产量1.95万吨；马铃薯1.73万公顷，产量28万吨。

【茶叶产业发展】 2019年，全市茶叶基地总面积2,5万公顷，干茶总产2.4万吨，产值22.5亿元，增幅14.7%，茶产业综合产值突破65亿元。建设州级茶叶生产全域绿色化示范乡镇1个和市级示范乡镇2个，12家企业完成全程电气化改造，建成碾茶生产线6条、抹茶生产线1条。全市茶叶生产企业451家，其中规模以上12家，农业产业化省级重点龙头企业4家，州级重点龙头企业20家。恩施玉露被认定为“中国驰名商标”；恩施玉露制作技艺入列国家级非物质文化遗产名录；恩施玉露茶文化系统被纳入“中国重要农业文化遗产”保护，被农业农村部列入“全球重要农业文化遗产”推荐名单；成功入选2018武汉东湖国事活动茶叙用茶和“第七届世界军人运动会”指定用茶，品牌价值20.54亿元。“恩施富硒茶”品牌价值16.44亿元。武陵山茶叶交易中心建设项目占地24.53公顷，一期土地工程于2019年9月开工建设。

【蔬菜产业发展】 2019年，全市蔬菜播种面积2.72万公顷，产量55万吨，产值5.78亿元。其中商品蔬菜1.9万公顷。商品蔬菜按特性分为：高山蔬菜1.03万公顷、城郊精细蔬菜4666.67公顷、地方特色蔬菜4000公顷。

【水果产业发展】 2019年，全市水果总面积6740公顷，其中柑橘2806.67公顷，桃子435.33公顷，李子793.33公顷，葡萄666.67公顷，猕猴桃316公顷，梨子605.33公顷，其他水果1120公顷。全市水果产量6.04万吨，产值3.56亿元。

【马铃薯产业发展】 2019年，全市马铃薯种植面积1.73万公顷，产量28万吨，综合产值突破8.5亿元，比上年8亿元增长6.25%，低山早熟鲜薯均价每千克4.8元，全市大宗马铃薯市场价每千克3.2元，线上“恩施小土豆”价格每千克10.72元，销售行情好于往年。5月26—28日，中国马铃薯大会在恩施州召开，三岔镇200公顷绿色栽培基地、“恩施硒土豆”商品化处理中心为大会参观现场。

【“发展生产”脱贫】 2019年，全市建成茶叶、蔬菜、干鲜果、中药材等特色产业基地8.27万公顷。其中茶叶2.47万公顷、商品蔬菜1.6万公顷、干鲜果6000公顷、中药材1.87万公顷、马铃薯1.73万公顷。累计带动贫困户5.42万户，产业带动率97.9%。全市农业市场主体2710家，1000家农业市场主体整体带动贫困户总计4.52万户，链接全市贫困户比率81.6%。落实恩施市东西部协作项目，遴选出5位导师，通过产业扶贫，带动207户贫困户脱贫增收，发展产业，依托茶叶科技示范市项目，发展6.67公顷生态示范茶园、0.33公顷茶叶品种对比示范园，转化应用两项科技成果。

【乡村振兴试点村建设】 2019年，盛家坝镇（乡）二官寨村入选2019年中国美丽休闲乡村、全国村级“乡风文明建设”优秀典型，洞下槽村入选首批全国乡村旅游重点村。统筹推进杉木坝村、花枝山村、营上村3个市级乡村振兴试点村建设，提升脱贫攻坚质量。学习借鉴浙江“千村示范、万村整治”经验，制定《恩施市美丽乡村建设五年推进规划（2019—2023年）》和《恩施市美丽乡村建设2019年度实施计划》，启动2019年度8个示范村、31个整治村建设。

【农产品质量安全】 2019年，全市农产品质量安全追溯体系初步建设完成。全年完成抽检样品2.94万个，总体合格率99.95%；定量分析535个，合格533个，合格率99.63%。完成全国绿色食品原料（茶叶）标准化生产基地8000公顷续展认证，成功创建“全国有机产品（茶叶）生产基地县（市）”，申报“省级农产品质量安全县”创建。全市获绿色食品认证企业15家，认证产品42个；获有机食品认证企业7家，认证产品12个；获无公害畜产品认证4家，认证产品4个，农产品地理标志保护1个。新申报绿色食品认证企业12家，申报认证产品29个。新申报有机食品认证企业25家，申报产品25个。

全市获得国家地理标志产品7个（恩施玉露、恩施富硒茶、恩施紫油厚朴、板桥党参、恩施黑猪肉、恩施黄牛肉、恩施马铃薯）；国家农产品地理标志产品2个（恩施玉露、恩施土豆）；绿色食品企业28家，认证面积3133.33公顷，认证产品68个；创建666.67公顷有机茶基地通过专家组实地核查评审；有机基地面积1000公顷。

【农村环境整治】 2019年，全市全面完成农村能源建设项目，其中小沼气工程9处、秸秆综合利用示范建设11处、后续服务实体1处；全市“厕所革命”建设任务完成农村户厕、农村公厕1.81万户（座），其中沼气池厕所建改完成7355户，三格化粪池和上下水冲式厕所完成1.07万户，农村公厕完成79座。

【农业技术推广】 2019年，全市完成补贴农业资金301.3万元，受益户数1240户，机具数量1731台（套）。带动社会投入资金1183.22万元。补贴金额完成比例99.99%，在全州排名第一。粮油以绿色高产高效模式项目为抓手，推行良种良法配套，农机农艺融合，主推“马铃薯+”绿色高效模式、薯玉豆宽幅集成高效模式、马铃薯脱毒种薯扩繁技术、马铃薯深沟高垄栽培技术、马铃薯晚疫病绿色防控技术、“恩施硒油菜”绿色高效栽培技术、油菜免耕稀植、水稻绿色防控、玉米轻简高效栽培等技术。蔬菜产业从“产、供、销”方面稳健发展，以力强蔬菜专业合作社为示范基地，做好高山蔬菜产业示范带动效应，利用全省新型职业农民培训项目，开展蔬菜生产培训工作；创建新品种、新技术等“五新”成果的推广示范园。

【人工影响天气】 2019年，全市14个作业点开展人影作业77次，其中人工增雨31次，人工防雹46次，使用高炮弹1890发，火箭弹71枚，有效防止冰雹灾害。

【农业科教培训】 2019年，全市培育各类人才

8347人，其中实用人才培训7447人（建档立卡贫困户2093人），各乡镇、街道（管理处）农业服务中心开展培训113场，其中开展茶叶栽培管理技术培训52场，水果技术培训13场，沼气池安全使用及厕改技术培训10场，马铃薯种植及晚疫病防治培训16场，蔬菜种植技术培训9场，药材种植技术培训4场，水稻种植技术培训2场，其他技术培训7场。农民教育培训836人，其中品牌营销培训班1期60人；恩施玉露手工制作培训班1期60人；恩施玉露技艺传承培训班1期60人；蔬菜与中药材培训班1期60人；产业扶贫短期培训班595人。基层农技人员知识更新培训64人。

【党员干部下沉到村到户办实事】 2019年9月25日，局党组抽调48名农村工作经验丰富有农业技术专长的党员干部，组成精准扶贫突击队，通过全面培训，制定入户走访清单，从到户了解基本情况、产业扶贫政策落实、关爱特殊群体、指导农业生产、维护平安稳定、人居环境整治、乡风文明引领等7个方面下沉到村到户，宣传惠民政策，为民办实事好事解难事。通过3个月的入户走访，突击队完成走访4175户，召开群众会、屋场会8场，分户指导500余人次，办理实事56件。突击队入驻后，对所在组农户逐户走访，针对茶叶、蔬菜田间管理和病虫害防治，生猪疫情防控开展农业生产技术指导；与群众促膝交谈，了解每一户基本情况、生产生活情况、产业扶贫政策落实等情况，指导农户整治环境卫生，帮助农户搞好环境卫生工作。

【单位机构改革】 2019年3月，机构改革，恩施市农业农村局挂牌成立，为市政府工作部门，不再保留恩施市农业局。主要承担原市委农村工作领导小组办公室的职责，市农业局的职责，市发展和改革局的农业投资项目、市财政局的农业综合开发项目、市国土资源局的农田整治项目、市水利水产局的农田水利建设项目管理职责，市水利水产局的渔业渔政管理职责，以及市畜牧兽医局（市防治重大动物疫病指挥部办公室）的行政职能。

市农业农村局核定机关行政编制21名。设局长1名，副局长3名，总农艺师1名，总经济师1名；内设办公室（党建股）、人事股、法规股（行政审批股）、计划发展与农业产业化股、市场建设管理股、养殖业股、计划财务股、农产品质量安全监管股、科技教育股（农业转基因生物安全管理股）、农村社会事业促进股10个股室；管理市农业综合开发管理办公室（副科级）、市农业技术推广中心（副科级）、市农业综合执法大队（副科级）、市生态能源局（副科级）、市马铃薯产业发展局（副科级）、湖北省农业广播电视学校恩施市分校、市人工影响天气办公室、市特产技术推广服务中心8个事业单位。

（欧阳什春）

畜牧（渔）业

【概　况】 2019年，全市生猪出栏98.78万头，商品肉牛出栏2.76万头，肉羊出栏10.16万只，家禽出笼258.2万羽，肉类总产量9.04万吨，禽蛋产量0.67万吨，畜牧业综合产值35.07亿元。恩施市连续13年被评为“全国生猪调出大县”，名列全省第19位、全州第一位。

【生态畜牧业发展】 2019年，市畜牧局对养殖场（户）采取“一场一策”污染治理、实施畜禽粪污治理项目、强化养殖场事前事后监管、及时处置污染等措施，防治全市畜禽污染问题。全市畜禽粪污资源化利用率、规模养殖场设施装备配套率、大型规模养殖场设施装备配套率分别为77.37%、87.3%、100%，均完成或超额完成农业农村部规定的年度指标。

【实施行业扶贫】 2019年，全市建档立卡贫困户2.52万户，从事生猪、牛羊、家禽、蜜蜂养殖，实现畜牧业产值1.71亿元，户均收入6786.5元，贫困户参与率45.48%；链接贫困户的企业（合作社、能人大户）有104家，带动贫困户2835户，为贫困户提供就业岗位71个，实现收益1147.1万元。

【开展疫病防控】 2019年，全市猪瘟、口蹄疫、蓝耳病、小反刍兽疫、禽流感、鸡新城疫免疫密度100%；整体抗体检测水平80%以上。全年未发生区域性重大动物疫情。开展动物疫病净化工作，抽取牛血样本380份，羊血样本7881份，结果均为阴性。全年开展禽流感监测工作，监测86个场点的H7亚型2586份，抗体合格2421份。病原学监测点4个，样品80份，全为阴性。当年未出现禽类H7N9流感疫情。

【加强疫苗物资管理】 2019年，全市建立和完善市、乡、村、防疫员4级冷链体系，有冰箱175台，疫苗冷藏箱350个。在疫苗物资管理上，做到疫苗物资“四有”（即有人员、有专账、有制度、有场所）台账式管理，确保账物、账实、账账相符。在空瓶回收上，做到回收有登记、管理有专人、处理有清单、考核有方案，确保生物安全，防止污染事件发生。回收疫苗空瓶7.62万个，回收率100%。

【非洲猪瘟防控】 2019年，市畜牧兽医局立案查处违规调运行为、偷逃检疫56起，移送司法机关立案查处1人（私刻市畜牧兽医局公章，伪造市疫控中心非洲猪瘟检测报告），扑杀不明原因发病生猪7807头，全面禁止养殖场（户）使用泔水喂猪。全市设立22个检查消毒点，检查消毒过往车辆2.86万台次，排查养猪场（户）79.3万次，屠宰场969场次，排查生猪891.2万头次。对屠宰场实行非洲猪瘟监督采样810批次，检测非洲猪瘟5351头次；对养殖场调运生猪采样及排查监测采样516批次，检测非洲猪瘟3924头次，检测结果均为阴性。

【畜产品安全监管】 2019年，全市检疫生猪56.68万头、牛4900头、羊3.16万只、禽329.18万羽。全年无害化处理生猪1298头；抽检“瘦肉精”（快筛）、鸡蛋兽药残留检测3909批次，屠宰加工环节抽检4314批次，检测结果全部合格；开展动物卫生监督执法，严厉打击违规调运、偷逃检疫等违法行为，全年立案查处56起，罚款38.4万元。

【单位机构编制】 2019年3月，机构改革，市畜牧兽医局内设办公室、纪检监察室、党建办公室（加挂“主体办”牌子）、畜牧科（加挂“项目办”牌子）、医政药政科、重大动物疫病防控科、市生猪定点屠宰管理办公室。

隶属管理事业单位为市动物卫生监督所、市动物疫病预防控制中心、市畜牧技术推广站。

（李晓伊）

水　利

【概　况】 2019年，全年完成水利水电项目投资5.5亿元，占投资计划100%。农村供水水质检测合格率88%；水费回收率100%，实现总收入突破3000万元。局党组书记、局长胡祖华撰写《共护一江碧水，惠泽四方百姓——关于恩施市“河湖长制”推进情况调查》在《武陵山调研》上发表。

【水利项目建设】 2019年，恩施市修建饮水安全工程2899处，全面完成2018—2019年度水利扶贫农村饮水安全工程。新增自来水入户7.76万户，解决17万农村居民的饮水困难。在小型农田水利方面，实现高效节水面积2000公顷，同时配合完成农业水价体制改革工作。实施中小河流治理工程建设项目，全年完成投资1.21亿元实施完成清江干流（恩施段）重点河段近期防洪治理工程，治理河长8.07千米，新建堤防0.97千米，修建护坡护岸1.55千米；投资2665万元实施清江流域甘名溪车坝段治理工程，治理河道3.2千米，投资1026.4万元实施毛坝河治理工程，治理河道

16.79千米；投资41.89万元，实施完成龙洞河堡坎坍塌段抢险工程。投资800万元实施完成思耳溪、齐堰沟生态清洁小流域治理项目，治理水土流失面积26.67平方千米。投资695万元实施完成2019年岩溶地区石漠化综合治理工程水保工程。喻家河水库工程大坝主体工程完工，累计完成投资1.8亿元，10月下闸蓄水通过验收。防洪亲水走廊六期工程完成98%建设任务，累计完成投资1.6亿元。实施移民后期扶持等项目。投资470万元在乡镇（街道）实施10个移民项目；投资100万元，在屯堡乡双龙村实施完成“美丽村庄”建设项目。

【水政水资源管理】 2019年，恩施市被湖北省水利厅列为全省首批县域节水型社会达标建设（县）市。6月，省水利厅验收组对恩施市的节水型社会达标建设工作给予验收；以“世界水日”“中国水周”为契机，开展形式多样的水情教育宣传活动，通过对1000名受访者进行调查，节水意识知晓率达100%。利用开展水资源管理监督检查“双随机、一公开”工作，督促工业企业安装计量设施。全市工业企业计量设施安装率100%。为保护生态环境，对各个水库的水质进行保护，向各个水库投放各种鱼苗1000万余尾，并特别对大龙潭库区饮用水源地进行集中巡查。开展环保督察各项工作，销号中央环保督察整改任务3件。

加强水政、渔政及水土保持执法监督和管理，审批水土保持方案34件，全年组织水政执法各项巡查130余次，办理各类案件45起、调处水事纠纷4起，拆除收缴捕捞违法工具38余起。开展水土保持督察3次，对全市85个开发建设项目进行执法检查；完成空天一体化230多个水土保持方案的数据网上录入和现场图斑复核。征收水资源费290万元，水土保持补偿费194万元；收缴罚没收入4.25万元。深化“放管服”改革，全年受理并办结行政审批许可50件，其中水土保持方案34件、洪水影响评价15件。完成行政职权和服务事项184件的认领和录入工作。

【落实河长制】 2019年，全市推进河湖长制工作提档升级，96条河流（河段）纳入河长制管理，严格落实264名河长、69名库长的责任，累计巡河705次。完成州级河流河道岸线划界、市级河流“一河一策”方案审查印发，完成市级河流河道岸线划界，全面启动乡级河流“一河一策”编制。完成清江（城区段）两桩安装工作，投资196万元购买清漂船2艘，投入资金47万元聘请专业公司对清江干流（大沙坝至绵羊口段）进行专项清漂。2019年全市创建评选18条示范河流、18个示范水库、8个示范单位、20个示范人物。

【精准扶贫】 2019年，完成2018—2019年度水利扶贫农村饮水安全工程，总投资4.2亿元（其中2019年投资1.7亿元）建饮水安全工程2899处，其中新建水厂66处、管网延伸工程75处、小引水工程616处、水厂改扩建43处、小水窖工程2081处、维修工程18处。全市新增自来水入户77564户，解决21.75万（其中建档立卡贫困人口5.08万人）农村居民的饮水困难，实现恩施市农村人口饮水问题“清零”。

【恩施大龙潭水电站获评全省第一个绿色小水电站名单】 2019年1月23日，水利部以水电〔2019〕29号文公布2018年度绿色小水电站名录，恩施市大龙潭水电站获此殊荣。湖北省仅此1家。大龙潭水电站位于恩施市城区上游11千米，装机容量3万千瓦，水库总库容5200万立方米，是以防洪、发电为主，兼顾城市供水功能的中型水利工程。

【水利部水土保持重点工程发现问题整改“回头看”检查组抽查复核】 2019年5月10—11日，水利部水土保持司国家水土保持重点工程发现问题整改“回头看”检查组对2016年度恩施市精准扶贫小流域水土流失综合治理天落水项目进行现场抽查复核，并查阅相关资料，对督查中提出的整改问题进行复核。

【通过省级县域节水型社会达标建设验收】 2019年6月12—13日，省水利厅党组成员、副厅长荣以红一行到恩施市，对县域节水型社会达标建设进行验收。验收组一行先后到恩施思源实验学校、市政务服务和大数据管理局、恩施市第三水厂分别就水情教育宣传、节水“三同时”制度及阶梯水价执行情况等进行现场查看和了解。

恩施市在县域节水型社会达标建设期间，组织开展的用水定额管理、计划用水管理、用水计量、水价机制、节水“三同时”制度、节水载体建设、供水管网漏损控制、生活节水器具推广、再生水利用、社会节水意识等工作，验收组对此予以肯定。

【驻村帮扶】 2019年，全局92名干部职工结对帮扶贫困户576户。帮助红土乡大河沟村发展烟叶、蔬菜、魔芋、药材等经济作物284.33公顷，发展生猪养殖800头、土鸡养殖5000羽，修建公路18.9千米；稻池村新发展水果、漆树、雷竹等经济作物207.33公顷，修建公路17千米。三岔镇梨子坝村发展油茶产业63.33公顷，修建公路9.7千米。帮助新塘乡茆山村发展药材、绿茶、油茶、水果等经济作物138.93公顷，修建公路11.84千米；河溪村发展厚朴、贝母、白及、三七等经济作物131.6公顷，修建公路14.25千米；保水溪发展核桃、茶叶、烟叶等经济作物320公顷，修建公路14.3千米。

【提案办理】 2019年，市水利局承办的17件提案议案全部办结，实现答复率、满意率100%；办理来信来访58件（其中硒都网26件、荆楚网2件，“12345”恩施政府平台4件，阳光信访平台14件、来信来访12件），省委巡视组移交信访件2件，州委巡视组移交信访件1件；在各级各类媒体发表新闻稿件68条。

（张　婷）

农村经济管理

【概　况】 2019年，恩施市村集体经济组织193个，农户18.47万户，家庭承包经营耕地8.68万公顷，村集体经济总收入2266.39万元。全市开展农村集体产权制度改革的191个村（社区）全部完成清产核资工作，191个经联社完成集体经济组织成员身份界定工作，全市新增农民专业合作社137家、家庭农场49家。恩施市村级集体经济收入5万元以上的村（社区）192个，其中200万元的村1个，100万元的村（社区）2个，50万—100万元的村2个。

【农村集体产权制度改革】 2019年1月，市委、市政府印发《恩施市农村集体产权制度改革工作实施方案》。全市47万户家庭承包经营耕地86840公顷（130.26万亩），村集体经济总收入2266.39万元。3月，市经管局组织召开恩施市农经工作会议，对全市农村集体产权制度改革工作进行安排部署，并印发《恩施市农村集体经济组织成员身份界定工作指导意见》等6个指导性文件。6月，市委督查室、市经管局组成检查组对全市17个乡镇、街道（管理处）农村集体产权制度改革工作进行检查督办。2019年，全市应开展农村集体产权制度改革的191个村（社区）全部完成清产核资工作，核实资产总额17.92亿元；191个经联社完成集体经济组织成员身份界定工作，确定成员身份57.97万人；沙地乡麦淌村进行股份合作社登记，并完成改革后首次分红。

【农村土地承包管理】 2019年，恩施市开展土地确权“回头看”工作，经普查，全市有土地方面的问题3778件，均整改完毕。各乡镇、街道（管理处）完善土地确权档案资料并归集移交，全市完成12.26万户农户土地确权档案整理及数字化归档，完成率76%。全市审核失地农民养老保险2368人次，注销农村土地承包经营权证96份，累计流转农村土地6913.33公顷。市经管局全年接信访件6件、硒都网咨询件2件、恩施"12345"政府公共服务热线1件，均调查处理完毕，信访事项"五率"均为100%；仲裁庭开庭审理并裁决土地纠纷4起；接待政策咨询76起121人次，无集体访和越级访。

【农民负担监督管理】 2019年，恩施市结合农村集体产权制度改革工作，宣传农民负担监督管理的相关政策法规，宣传减负惠农政策。落实各项减负惠农补贴政策，进一步健全"一卡通"发放手续，确保惠农补贴政策落实到位；落实"一事一议"筹资筹劳政策。2月，市农负办向各乡镇、街道（管理处）下发《市农负办关于呈报2019年度"一事一议"方案的通知》，全年无"一事一议"工作项目。3月、9月，市经管局组成工作专班，分别对17个乡镇、街道（管理处）农民负担监督管理工作以暗访的形式进行检查，未发现违规违纪问题。

【农村集体"三资"管理】 2019年初，利用全市农经工作会议契机，开展农村集体"三资"管理业务培训，提高全市经管队伍的业务水平和实践技能。全年通过实施光伏电站、股权收益等项目，增加村级集体经济收入。至12月底，全市村级集体经济收入5万元以上的村（社区）192个，其中200万元的村1个、100万元的村（社区）2个、50万—100万元的村2个。9月、10月，市经管局对全市193个集体经济组织债权债务进行清理，最终确定债权总额4773.17万元、债务总额1345.61万元。

3月，恩施市确定恩施金源融资担保有限公司管理市农村产权流转交易平台，从事全市农村集体产权交易活动。2019年市产权交易平台完成农村集体资产交易13件，成交金额2.54亿元。

【新型农业经营主体发展】 2019年，恩施市培育新型农业经营主体，全市农民合作社1942个，成员总数6.13万人，覆盖全市所有村集体经济组织；全市家庭农场482个，从业人员2632人。第二季度，全市开展农民合作社清理整顿，市经管局组成工作专班，对全市农民合作社进行大核查，并对"空壳社"进行清理整顿，注销农民合作社70余家。全市农民合作社参加省、州、市相关培训150余人次。引导新型农业经营主体参与精准扶贫，对带动贫困户较好的农民合作社和家庭农场给予项目倾斜，鼓励支持全市新型农业经营主体通过扶持产业、吸纳贫困户就业、回收产品等形式帮助贫困户脱贫。

（张金涛）

工业　商贸

综　述

【概　况】2019年，全市规模以上（以下简称"规上"）工业总产值完成52.66亿元，同比增长12.25%，规上工业增加值增速7.9%，高于州定目标0.4个百分点；新增规上工业企业12家，完成州定目标任务；工业企业技术改造投资同比增长99.9%，高于州定目标64.9个百分点。2019年恩施市工业经济考核综合得分90.9分，全州排名第一。完成外贸进出口1711万美元，完成州定目标任务。全市行政村全部接通光纤宽带。2019年12月，市科经局被省人民政府表彰为全省中小企业成长工程先进单位。

【组建市工业经济发展服务中心】2019年11月，市工业经济发展服务中心组建。中心下设办公室、园区建设工作专班、招商引资及经济运行工作专班、企业服务及营商环境工作专班，明确各自工作职责、目标任务，并将相关工作任务细化到专班的每个人。建立分工负责、工作清单、调度会议、首问负责和服务承诺等五项制度。新增立讯、达翔、法希饲料、创科市政、喻缘皮具、圆和生态、创勋金属7家"规上"企业。全市工业技改投资同比增长65%，高于目标增速30个百分点。

【培育市场体系】2019年，全市实现社会消费品零售总额215.8亿元，同比增长11.6%，较州定目标11%高0.6个百分点，全州排名第一。其中批发业44.4亿元，零售业151.9亿元，住宿业8.2亿元，餐饮业11.3亿元。2019年，完成外贸进出口1711万美元，完成州定目标任务，其中自营出口有业绩企业11家，完成出口1652.2万美元，较同期增长183.1%；进口有业绩企业3家，完成进口58.8万美元。

【培育高新技术产业】2019年，全年高新技术产值11.25亿元，增加值2.89亿元，同比增长4.5%，高新技术产业占地区生产总值比重为8.45%。通过构建区域创新创业服务体系，开展产学研合作，对接产学研合作项目15个，发榜揭榜制科技项目3项。通过高新技术企业申报中介服务机构，开展科技中介服务机构5家以上。组织专家服务企业25人次，签订"产学研合作协议"8个，采集企业技术需求信息25条，发布技术需求信息7条，对接成果转化项目5个。申报省三区人才21名、州科技特派员10名。

【推进项目建设进度】2019年，全市新开工亿元以上产业项目17个，计划完成率130.77%；新开工亿元以上工业项目7个，计划完成率100%。新开工项目投资完成率26.81%。新投产亿元以上产业项目8个，计划完成率100%。引进省外资金33.61亿元，计划完成率112.03%。实际利用外资858万美元，计划完成率114.4%。新增外资企业3家，计划完成率100%。外出招商（赴省外）10次，计划完成率100%。

2019年，第一批安排23个重大建设项目进入“四个一”服务体系，落实市级领导、秘书长单位和秘书，制订项目工作清单；根据行业属性，为每个市直单位安排一个落户项目进行跟踪服务，将服务责任落实到单位主要负责人，纳入年度目标考核；每个招商及招商小分队工作人员落实“2+1”的工作任务，即除常规工作外，每个招商工作人员年度要完成2个项目入统、1个项目投产的目标任务。全市经逐步形成市级层面有一位市级领导牵头，在市直单位层面有一个部门作为秘书长单位具体负责，并由秘书长单位安排一名得力秘书到企业实行“3+2”全程跟踪服务。

【加大招商引资考核力度】 2019年，加大对全市被考核单位分A、B两类考核，考核内容包括招商引资到位资金、产业项目建设情况、招商项目储备、“四个一”项目、重点招商项目、日常工作等方面，实行“月调度、季通报、半年督查、年终考核”的工作制度，考核结果直接记入综合目标考核范围，营造“人人知招商，人人抓招商，人人促招商”的良好氛围。建立省外资金、拟入统、拟投产等项目统计、跟踪、服务体系，紧跟项目，解决项目推进中的困难和问题，有效加快推进项目落户建设、投产经营。

【推进信息产业发展】 2019年，全市新建4G基站702个、新建及改造铁塔406座。至12月底，全市4G网络覆盖率95%以上，宽带覆盖率81%。全市固定宽带普及率为46.97%，移动互联网宽带普及率为123.02%，在同类县市均排名第一。全市脱贫攻坚建设计划（2018—2019年）的1206个基站数完成。当年落地基站702个（其中电信94个、移动237个、联通371个），建设完成657个，4G覆盖率95%以上。

【电商产业】 2019年，市科经局以国家级电子商务进农村综合示范试点项目建设为契机，夯实电子商务平台建设。开展东西部协作电商扶贫，组织企业参加中国（杭州）国际电子商务博览会。以湖北杭情施意信息技术有限公司为市场主体，在杭州贝店、苏宁、环球捕手、西湖卖场等平台主要销售恩施大米、茶叶、土豆、腊肉制品等农特产品，推广本地农产品，实施“硒品入杭”。全年完成1211.6万元销售额，通过与农户、合作社合作的方式，带动贫困人口134人增收。8月22日，贝店在单一网上平台销售的土豆重量29.83万千克，成功创造单一网上平台销售吉尼斯世界纪录，挑战结果进入吉尼斯世界纪录数据库。4月9—15日，在浙江丽水组织恩施市东西部协作2019年第一期贫困村创业致富带头人培训班，60名贫困村致富带头人参加培训。加大对国家级电子商务进农村示范县项目的推进力度，下发方案和资金管理办法，组织项目招投标工作，该项目招投标分为两个标段，一标包括乡（镇）村站点服务体系、培训体系、物流体系、农产品供应链体系、农产品营销体系5个方面，资金总额1275万元；二标为市级电子商务公共服务中心建设，资金总额225万元。

【行业管理】 2019年，市科经局严格煤矿监管工作，针对两矿暂时无法办理安全生产许可证可能引发问题，由行业主管部门及时劝导做工作，确保矛盾不上交；对已经关闭的7家煤矿，及时落实属地管理责任，并开展督导检查，防止盗采事件发生。责令2家煤矿企业停止一切井上井下整改活动，配合相关部门的调查工作。对工业企业进行安全巡查21次，煤矿企业进行安全巡查10次，民爆企业进行安全巡查25次，进行各类巡查56次、150人次，分别进行现场复查验收，均整改完成。受理4起在电力设施周围或电力设施保护区内进行可能危及电力设施安全的作业审批，相关作业均完成。受理电力部门30起违反电力法律法规事件报告，其中协调处理整改到位23起，下达“行政处理决定书”4份，整改1起。

2019年，市科经局结合对全市15家直销企业服务网点经营情况进行核查，清理出4家未实际经营或无品牌授权的店面。8月，接到群众投诉举报，有3家企业（马鞍山加油站、中化石油加油站、华享仓储式购物中心）联合发放单用途商业预付卡，充值金额1万元，其行为违反《单用途商业预付卡管理办法（试行）》。全局立即召集相关企业法人对其展开现场约谈，并配合州人民银行、州市场监管局，市金融办告知其迅速办理备案，与银行签订资金存管协议，确保不发生金融风险。

【行业扶贫】 2019年9月，市科经局组织开展消费扶贫工作，主要对接杭州市、江干区商超、电商企业，开拓恩施市农特产品上游供应链，引导本地优质农产品企业与杭州企业、江干企业开展产销对接，实现农产品线上线下规模化销售。同时，组织企业推介富硒农特产品，参加荆楚优品上海展、武汉食博会、恩施扶贫产品农行（北京）公益展卖、东亚国际食品交易博览会、首届世界大健康博览会、第二节“武陵购”精准脱贫攻坚特色展销会、全国农商互联暨精准扶贫产销对接大会等展会，通过各类展会签约或展销累计近1000万元。全市消费扶贫金额5477.28万元，带动贫困户人数为3794人。同年，市科经局开展电商扶贫，全年实现1211.6万元销售额，通过与农户、合作社合作的方式，带动贫困人口增收。至12月底，依托国家级项目，开展电商培训1353人，其中贫困人口362人。

市科经局全年统筹安排财政资金450万元，实施统筹恩施市800兆4G移动互联网建设助力精准扶贫“以奖代补”项目。由市财政按照8万元/座的标准对电信建设的299座基站建设给予奖补，合计2392万元。其中2018年兑现1700万元，2019年度计划兑现奖补692万元（本级财政专项统筹扶贫资金450万元，其他财政资金242万元），当年涉及的86座800兆4G基站全部完工并通过验收，450万元统筹资金全部进行拨付，完工率和统筹资金拨付率均为100%。

【非公党建工作指导】 2019年，市科经局承担亲稀源硒茶产业发展公司、金茨泉酒业有限公司、新长城汽车集团有限公司、华龙集团有限公司、好又多商贸有限公司、兴农农业有限公司、中天亿信科技公司、华德经贸有限公司所属8个党支部内含17家企业的党建指导工作。经局党组研究确定2019年向非公企业选派党建指导员27名，各党建指导员严格按要求落实党建指导任务，实现党建工作的组织覆盖和工作覆盖，使党组织真正成为企业“政治生活的老师”“经济运作的参谋”。

2019年，市科经局联系指导亲稀源硒茶产业发展有限公司、州好又多商贸股份有限公司、巴硒客餐饮有限公司、州兴农农业生产资料有限公司、金茨泉酒业有限公司、华龙集团有限公司、州华德国际大酒店有限责任公司、中天亿信科技股份有限公司、新长城汽车贸易集团有限公司、州泰利达汽车销售服务有限公司、州鑫成汽车销售服务有限公司（东风风神·挂泰利达支部）、州博海汽车销售服务有限责任公司（挂泰利达支部）、州天恒翔贸易有限责任公司（挂泰利达支部）、威麟汽车商贸服务有限公司（挂泰利达支部）、州创新世纪电脑发展有限公司（挂中天亿信支部）、州华德经贸有限责任公司（挂华德大酒店支部）、驷马轩汽车商贸有限公司（挂新长城支部）17家非公企业。

【机构改革】 2019年3月，根据市委、市政府《关于印发〈恩施市机构改革实施方案〉的通知》（恩市文〔2019〕6号）文件，组建市科学技术和经济信息化局。将市经济和信息化局的职责，市商务局的职责，以及市人民政府办公室（市招商局）的招商职责，市教育局（市科学技术局）的科学技术工作职责整合，组建市科学技术和经济信息化局，作为市政府工作部门。市科学技术和经济信息化局对外加挂市商务局、市招商局牌子。内设机构为办公室（党建股）、人事股、政策法规股、经济运行股、中小企业股（市场体系建设股）、项目投资股、信息产业股（电子商务股）、行业管理股（煤炭股）、市场秩序股、科技综合股（科技成果股）、招商项目股、招商服务股、外资外贸股（对外联络股）。

（张 乐）

供销合作

【概　况】 2019 年，恩施市供销社推进全市供销社综合改革，供销系统购进总额 16.3 亿元，同比增长 16.2%；销售总额 19.5 亿元，同比增长 13.4%。

【供销综合改革】 2019 年，市供销社在市级组建由 10 个专业合作社和 4 家茶叶市场主体企业联合组成的市茶叶专业合作社联合社；在州级组建由 40 家土豆专业合作社和 10 家土豆市场主体联合组成的土豆专业合作社联合社，由 45 家养殖户和 8 家市场主体企业联合组成土鸡专业合作社联合社；均完成注册、章程的制定、办公地点的选址、财务线上托管工作。3 个农民专业合作社联合社通过信息共享，完成销售额 8000 万元。

完成罗针、龙马、双河、石窑、大集 5 个撤并乡镇基层社恢复重建工作。以恩施鑫硒电商公司为载体，和湖北银行、村镇银行签订战略政策协议，以专业合作社和联合社为载体，龙凤镇“三位一体”试点工作有序推进。完成新旺牧业破产重振的债权人会，资产处置，托管经营工作；完成杭州企业的对接、产品的输送、人员的培训、市场主体选定等工作。

【农村电商建设】 2019 年，全市建成市乡村三级农村电子商务经营体系，以鑫硒电商公司为依托，加快对接“供销 e 家”电商平台，当年完成 20 个村的对接任务。以“农产品进城、工业品下乡”为主导，完成销售额 4500 万元，其中线上农产品销售 861 万元。同步开展电商业务培训，全年完成培训 200 人次。

【白果乡茶贸园区建设项目】 2019 年，市供销社联系服务的白果乡茶贸园区建设项目，自 8 月动工至 12 月底，3 个标段均开工，其中 1 号完成主体工程，3 号完成地基与基础工程，2 号进行地基与基础工程施工，场地高压电线及通信线路改迁。

【化解信访积案】 2019 年，接收信访件 7 件，其中初访 4 件，接待来访群众 10 余人次，实际办结 5 件。

（杨万玲）

烟草业

【概　况】 2019 年，全市落实两烟面积 3133.33 公顷，种植户 3025 户，其中烤烟 2553.33 公顷，种植户 1353 户，白肋烟 580 公顷，种植户 1672 户。全市收购烟叶 10.54 万担，完成调整后计划任务的 100%，其中收购烤烟 7.87 万担，均价 30.10 元 / 千克，白肋烟 2.67 万担，均价 17.11 元 / 千克，实现烟农现金收入 1.4 亿元，创烟叶税收 3109.14 万元。

2019 年，全市完成卷烟销量 2.51 万箱，较上年同期 2.5 万箱增加 109 箱，增幅 0.44%。实现含税销售收入 8.92 亿元，较上年同期 9.13 亿元减少 2050.86 万元，降幅 2.25%。全市查获涉烟案件 334 起，案值 379.917 万元。

【烟叶产业发展】 2019 年，全市按照“以株数保面积、以技术保质量、以面积和技术保结构”的要求，落实烟叶种植计划面积。聚焦“2232”高质量发展要求，以打造“万担乡千亩村百亩片”为目标，打造核心优质烟区，重点打造以盛家坝、新塘、三岔、红土为代表的 4 乡 25 村核心优质烟区，落实 4 个烤烟万担乡 1900 公顷占比 74%，落实 17 个烤烟千亩村 1600 公顷占比 64 %，淘汰不适宜烟区130余公顷，不适宜烟区逐步向适宜烟区、次适宜烟区转移。

围绕“中棵烟、高香气、高油分、低烟碱、低农残”工作目标，针对工业企业反馈的烟叶质量评价，优化实用技术，加大土壤改良力度。在核心烟区开展土壤改良项目333.33公顷，轮作面积1334公顷，主动推广有机肥558吨和饼肥1469吨，改善烟区土壤团粒结构。强化测土配方和控氮密植，严控两烟亩均施氮量，按照“三要三不五适宜”技术要求统一标准分海拔移栽，全面推广小壮苗移栽技术，整体移栽质量与规范提升。全面推广烤烟上部烟“中温低湿慢变黄”的烘烤工艺，加大烘烤培训指导力度，有效提升烟叶烘烤质量和上部烟可用性。

2019年，全市烤烟收购均价30.1元/千克，高于全州平均水平0.18元/千克；上等烟比例为74.41%，中部上等烟比例60.91%，上部烟叶比例18.31%。烤烟亩均收益3519元，亩均增加122元；白肋烟亩均收益2928.3元，亩均增加438.6元。

【现代烟草农业建设】 2019年，完成烟叶基础设施建设项目554个，投入资金567.48万元，其中配套生物质燃烧机200座、新建烤房171座、维修烤房182座、修复5000立方米水池一口，有效改善烟区烟农的生产生活条件。全市烟叶合作社各项专业化服务高效开展，专业化育苗、机耕、植保、烘烤、分级覆盖率分别为100%、90.9%、82.27%、88.78%、100%。

【精准扶贫】 2019年，市烟叶分公司投入精准扶贫专项资金378.9万元，其中基础设施投入363万元，捐赠资金和物资15.9万元。同时，持续抓好“发展烟叶生产脱贫一批”和“主+副”“1+N”烟农增收工程，1076户种烟贫困户脱贫成效持续巩固。

【加强卷烟营销管理】 2019年，市烟草专卖局销售省产烟1.64万箱，占比65.45%；同比减少218箱，降幅1.31%；销售省外烟8651箱，占比34.46%；同比增加323箱，增幅3.88%；省产烟占比较好的控制在年度预算指标66.7%左右。实现销售收入89213万元（含税），同比减少2051万元；单箱均价3.55万元，同比减少975元，降幅2.67%。查获1万元以上案件数101起，5万元案件数17起，总计查获非法“三烟”409.05件。全年查获零售市场案件256起，非法“三烟”209.31件，案值176.51万元。全年实现利润1.98亿元，同比增长82.32万元，增幅0.42%；上缴税收3170.59万元，同比增加1807.13万元，增幅132.54%。

【自律小组建设】 2019年，市烟草专卖局按照自律组织建设要求和规划，对全市自律组织进一步优化。将自律小组入组户数控制在规定阈值，对入组零售户进行优化，每组控制在12人以内，同时做到自律小组覆盖辖区零售户100%，高自律小组覆盖辖区零售户100%。对“恩施市个体私营经济协会卷烟零售行业分会理事会”成员“有无承担相应职责的能力”进行审核优化，理事会工作运行正常化。建设好“理事之家”“组长之家”“小组之家”，其中“理事之家”置于卷烟零售业分会会长门店内，“组长之家”置于各辖区管理所办公区域、“小组之家”置于各自律小组组长（副组长）门店内。

全市建立守法诚信经营自律小组240个。开展小组会议155次，向经营户发放宣传资料2800余份，开展品牌培育活动248次，学习培训53次。自愿申请入会的经营户有3215户，入会比例达到全市持证正常经营户的100%，小组建设的覆盖率为100%，其中城区建设自律小组118个，入会经营户1554户，入会比例为100%；集镇（乡村）建设自律小组122个，入会经营户1661户，入会比例为100%。全市2019年高质量自律小组建设目标任务为80个全部建成，于12月6日通过省局检查组验收。纳入零售户918户，占入组零售户的25.55%。

【构建物流寄递环节监控防线】 2019年，市烟草专卖局重点强化运输环节监控，把物流运输、客运、寄递作为关键环节，掌握运输环节的“重灾区”，对物流货运站点、客运、寄递等重点环节和部位的监控，拓宽案源信息，深入打击运输、中转、藏匿假冒伪劣烟草制品以及非法运输烟草专卖品活动。全年物流寄递领域查获非法”三烟“案件数57起，非法”三烟“数量115.86件，涉案金额102.745万元。

【文明吸烟环境建设】 7月24日，市政府牵头市烟草专卖局、市文明办、市机关事务局、市城管局、市规划局等相关职能部门，召开恩施市文明吸烟环境建设工作会议，协调开展文明吸烟宣传和吸烟环境建设工作；8月1—12日，市局与城管部门主要负责人率队走访35处文明吸烟环境场所，对风雨桥、女儿城、硒都广场等景区、商区、小区进行重点调研，结合消费人流、现场环境进行实地勘察。8月11日，市烟草工作领导小组办公室印发《恩施市文明吸烟环境建设工作实施方案》（恩市烟办发〔2019〕4号），对全市文明吸烟环境建设做出部署，形成“政府牵头抓，烟草主体抓，部门协同抓”的工作格局，扭转文明吸烟环境建设滞后的局面。

（刘　珊　陈　晨）

交通运输

交通运输

【概　况】 2019年，恩施市公路总里程5326.97千米，路网密度134.28千米／百平方千米，其中高速公路164.09千米、一级公路9.94千米、二级公路396.65千米、三级公路72.02千米、四级公路161.8千米、等外公路4522.47千米；内河航道通航总里程172千米，港口2个；客运站13个，其中一级客运站1个、四级客运站1个、五级客运站11个。

完成交通固定资产投资20亿元，比上年增长40%。完成二级及以上公路里程406.59千米，隧道1座（大岩仟隧道）1893米，农村公路通畅工程完成路基1272.44千米，完成路面工程1225.19千米，3.5米水泥路路面1081.26千米，砂石路518.34千米。恩施港城区港区旅游码头建设完工，年通过能力60万人次。

【重点项目建设】 2019年，市交通运输局负责建设的4个国省道项目和1个市政项目推进较快。209国道绕城线S03合同段完成路基工程的30%、桥梁工程的23%，S05合同段完成路基工程的59%、桥梁工程的39%，S06合同段完成路基工程的23%、桥梁工程的17%。318国道绕城线S02合同段完成开工路段大堰湾至三中段路基工程的76%、桥涵工程的66%。G351芭蕉至谢家土S01合同段完成路基工程的25%，S02合同段完成路基工程的80%。S233恩施茆山至太山庙段改扩建工程S01合同段路基完成98%、路面完成5%，S02合同段路基完成95%。

市政项目高旗大道完成路基工程的97%，桥涵工程的80%，综合管廊的85%。大岩仟隧道、S232三岔至石心河段改扩建工程、G242石乳关至白杨坪段改扩建工程完工。

【综合运输服务】 2019年，市交通运输局新增县际包车经营范围1家；新开通县内班线4条，投入车辆18辆；新增16辆村村通客运车辆；许可县际旅游客运3家，投入客运车辆23辆；新增定线旅游线路1条，投入客运车辆7辆。许可普通货物运输企业29家、许可汽车客运站1家、汽车租赁报备7家。

全市渡口年度客运量30万人次，货运企业1家，年度货运量5万吨，通航里程59千米。

【陆路行业管理】 2019全年，市交通运输局深入开展“打非治违”专项整治，与公安、交警、城管等部门开展联合执法8次，办理一般行政处罚案件149件，其中客运案件48件、暂扣车辆200余台次，拆除空车灯140余个，实施行政处罚69.6万元。完成全市7家出租汽车质量信誉考核，健全考核台账和档案，促进企业落实主体责任。圆满完成2019年全市出租汽车经营权到期延续工作。

【农村公路通畅工程】 2019年，市交通运输局完成撤并村公路396.92千米，产业循环公路366.91

千米，油返砂道路93.96千米，通畅工程414.9千米、“以奖代补”硬化水泥路1126.88千米，泥结碎石路面518.34千米的建设。全市172个行政村实现“村村通”客运班车目标。

【水上运输安全管理】 辖区5条河流7个库区，水域涉及12个乡镇（街道），渡口24个，通航里程59千米。2019年，市交通运输局拥有执法船3艘，执法车辆1台。全年出动执法车辆65台次，执法船26艘次，填发“湖北省渡口渡船安全检查表”110余份，查处隐患3起，整改3起。

【推进路政管理】 2019年，市交通运输局以路域环境达到“八个无”为目标进行路域环境专项整治，3月与崔坝镇政府各部门联合开展公路沿线路域环境集中整治，拆除违法非标、清理堆物占道、迁移摆摊设点等重点影响路域环境行为。全年制止新增违建16起，制止违法采挖26起，清理堆物占道386处（1411平方米），清理摊点（占道经营）218处（527平方米），拆除非公路标志牌647块，查处路损案件172起（当场处理159起，立案结案13起）。收取路产损失赔（补）偿费80余万元。“两站”检测车辆1117辆，超限车辆30辆，教育放行22辆，卸（转）载车辆8辆约169.3吨。

【物流产业发展】 2019年，市交通运输局为恩施易事通物流园区争取300万元交通物流发展资金，推动物流基础建设。以华硒物流园牵头，打造恩施市农村交通物流试点项目，推动建立内联乡镇、外接城区的物流体系。在三岔、白杨坪、沙地建成农村综合运输服务站，推动农村物流网点共建共享。

【科技与信息化】 2019年，市交通运输局所属二级单位市公汽公司携手北京三快在线科技有限公司（美团公司），并在武汉市公用电子工程有限责任公司支持下，自主开发电子公交卡“硒客行”APP系统正式上线。同时优化“掌上公交”APP查询服务系统，“掌上公交”APP下载量20万人次，使用量791万人次，州城居民出行更加便捷舒适。

【安全应急管理】 2019年，市交通运输局组织清理山体塌方75处、2662.8立方米，投入抢险人员318人次、抢险机械设备72台班、车辆121台班；汛期期间列养国省干线公路坍方55处、1597.8立方米，挡土墙损坏1处、40立方米，交通中断2处。抢险投入人员202人次，机械134台班，投入抢险资金46.02万元，确保公路安全畅通。实行24小时应急值守值班制度，随时做好信息上传下达，确保全年节假日、汛期、旱期、军运会期间道路突发事件的紧急救援和及时处突保畅。

2019年，市交通运输局对全市道路运输企业进行安全检查44家，110余次，参加企业安全生产工作会22次，对18家企业下达“安全隐患整改通知书”。严格执行GPS动态监管，确保“两客一危”营运车辆、重型载货汽车安装率、上线率均为100%、企业监控平台24小时值守率100%。

（彭　瑾）

高速公路建设

【概　况】 建恩高速公路主线全长70.52千米，桥梁62座（其中特大桥3座），隧道2座，桥隧比例35.4%。互通式立体交叉7处，服务区2处，停车区2处（其中预留1处），匝道收费站5处，主线收费站预留。建设总工期为48个月。

【在建“建恩高速”】 2019年，建恩高速公路启动的建始陇里至恩施松树坪段在全市涉及白杨坪镇（白杨坪村、石桥子村、康家坝村）、龙凤镇（杉木坝村、古场坝村、双堰塘村、龙凤村、小龙潭村）、小渡船街道（大龙潭村、何功伟村、旗峰坝社区）、六角亭街道（松树坪村）2个镇、2个街道的12个行政村（社区）。全市区域内主线全长40.4千米（白杨坪镇17.46千米、龙凤镇

15千米、小渡船街道5.7千米、六角亭街道2.24千米），服务区、停车区及连接互通6个。施工建设涉及3个项目经理部，即第二标段中铁十九局项目经理部，驻地在白杨坪集镇，施工范围跨越建始、恩施两县（市），恩施市白杨坪镇施工里程9.1千米。第四标段中国铁建大桥工程局集团有限公司项目经理部，驻地在龙凤镇，施工范围跨越白杨坪镇、龙凤镇，施工里程17.56千米。第五标段中交第二航务工程局有限公司项目经理部，驻地在龙凤镇三河村，施工范围跨越龙凤镇、小渡船街道、六角亭街道，施工里程13.74千米。该高速路段于12月底完成交付验收。

【组织征地拆迁】 2019年，为完成高速公路征迁工作，恩施市辖内拆迁房屋425户，签订协议425户，拆除房屋425户，面积9.81万平方米，兑现资金1.06亿元，占应签房屋的100%。全市应签订土地补偿协议244.32公顷，已签订土地补偿协议247.59公顷，兑现资金1.74亿元，占应签土地补偿协议的101.3%（包含跨主线宅基地）。线外补拆房屋74户，房屋面积1.6万平方米，兑现资金1757.53万元。个案累计处理225起，兑现资金2590.78万元。征用临时用地30.22公顷。红线补征地征用24.51公顷，兑现资金1659.1万元。水系道路恢复（三改）用地征用13.92公顷，兑现资金884.24万元；该工程完成50%，剩余部分与湖北高路鄂西高速公路有限公司现场核实，有方案的由项目部组织实施，无方案的交地方核实施工。龙凤互通连接线1.73千米的征地拆迁工作全部完成。

（谭艳芳）

铁路运输

【概　况】 2019年，武汉铁路局恩施车站实现安全生产338天，发送旅客407.7万人次，比上年同期增长2.8%，装车2950车，发送10.58万吨，卸车2.47万车，完成运输收入4.5亿元。经停恩施列车67对，其中动车组列车（含高铁）56对、普速列车11对。

【组织项目申报】 2019年，恩施市开展安恩张铁路和昭黔恩铁路项目的前期工作，安恩张铁路和昭黔恩铁路均列入国务院《武陵山片区区域发展与扶贫攻坚规划（2011—2020年）》和新一轮国家中长期铁路网规划，安恩张铁路项目预可研报告基本编制完成，昭黔恩铁路项目正在争取将铁路提速升级为时速350千米的高铁。配合州铁路办加快推动腾龙洞经大峡谷到恩施火车站的旅游观光铁路项目进程，促进利川腾龙洞、恩施大峡谷两大核心景区的整体开发和推进恩施市全域旅游的整体发展。协调开展恩施市铁路沿线安全隐患排查工作，配合解决宜万铁路建成后的遗留问题。配合做好运营铁路项目的各项协调服务工作。

【安全风险管理】 2019年，恩施火车站针对反恐防暴、站场安保日益严峻的形势，及时组织修订反恐怖防范工作实施细则和应急预案，根据不同任务制定阶段性二次安检组织方案，完善车站安全管理制度。以春秋检为载体，加强行车调车、客运、货运既有设备的管理。完善过程控制体系，改善应急管理工作，准确研判各类非正常情况下可能对行车安全、人身安全和旅客运输秩序造成影响的风险因素，作为应急处置的关键项点，逐项建立健全应急处置流程，完善非正常情况应急处置办法。加强安全重点风险控制，确保安全关键环节全面受控。重点加强接发列车安全、动车组和客车安全、客运乘降组织安全、施工安全、运输安全环境和道口安全、劳动安全和特种设备安全、危险货物运输安全等关键环节的安全重点风险控制，确保全面受控。

【春运暑运安全管理】 2019年，恩施火车站春运40天，车站发送旅客37.5万人次，完成客票收入3518.5万元；暑运2个月，车站发送旅客94.9万人（日均1.53万人），完成客票收入1.1亿元，实现无安全事故、无旅客高层投诉和旅客“零滞留”。春、暑运期间，日均客流量1.3万人左右，重点列车为K4598次、D5952次、D5766次、D5816次、D5820次、D5884次、D5962次。1站台大客流列车与其他站台列车分开放行，采取候车室1区插排人工检票方式放行。对重点列车，车站按照“横向切块、纵向成行、截流分段、分批限量、提前预检、专人带队、前带后清、上下联系”的方法组织旅客有序乘降。

【“鄂硒情”品牌服务】 2019年，恩施火车站延续“五朵金花”和“五心”服务台精神，创建“鄂硒情”服务品牌。“鄂硒情”服务台由客运值班站长值守，为旅客提供服务咨询，并常年配备小药箱、小物件和设有充电站、母婴室等。

针对恩施本地利川、建始、巴东短途旅客较多的实际，“鄂硒情”服务台创新性的提供恩施本地方言导购导服。恩施车站每日由宜万线换乘到达万线、宜万线换乘到焦柳线的旅客较多，车站制定站内最方便的换乘路线，制作张贴换乘标识，安排专人对换乘旅客进行引导。

（陈　霖　刘　柳）

航空运输

【概　况】 2019年4月，恩施机场国际航站楼建成；6月，航空口岸临时开放，开通国际（地区）航线，成为省内第三家开通国际航班的机场，被誉为“恩施速度”。全年实现连续安全运营26周年，航班放行正常率93%。全年航班起降1.12万架次，比上年增长34.9%；民航运输货物1630吨，下降4.4%；运输旅客142.69万人，增长37.3%。全国机场排名从第92名升至第90名。全年完成营业收入6804.7万元，同比增长30.6%；发生费用6189万元，同比下降0.6%；实现利润1811.1万元，同比增加1534.3万元。

【拓展航线网络】 2019年，机场公司航空发展专项资金增加到2.23亿元，航司补贴压降2774万元，实现减负增效。新开武汉至恩施至贵阳、青岛至恩施至南宁航线；武汉每日往返6班，“空中快巴”形成，武汉进出旅客49万人次。加快拓展国际布局，6月30日首航澳门，相继开通直飞柬埔寨暹粒、越南岘港、泰国芭提雅的国际旅游包机航线。全年开通19条航线（国际地区4条）、23个航点。部分旅游航线的旅游客源超60%、客座率超80%，客源结构发生变化。

【实施“平安机场”建设】 2019年，机场公司抓“平安机场”建设，落实对标整改，顺利通过中南局安保审计复审，常态开展航站楼防爆检查、治安巡查，严格落实安全维稳措施，“迎大庆、保军运”安全平稳。以法定自查和安全绩效为抓手，持续开展安全大检查、大整顿，全面完成集团监察和法定自查安全隐患整改，完成整改11项。

全年开展消防、反恐大型演练4次，完成年度综合实战演练，被民航中南局评为支线样板；启动消防七级建设，采购主力消防车，与地方消防签订保障支援协议，提升消防保障能力。抓一线班组建设，落实月度安全教育，开展多层级“大学习、大练兵、大比武”，评选安全服务明星，飞管部2名员工获湖北辖区净空管理技能竞赛三等奖。

【实施重点项目】 4月，国际楼建成投用，高效完成建设任务；推进安保设施改造项目，10月开工，年底完成现场指挥中心建设；推进安全设备设施更新改造项目，初步设计11月获批，全面完成招标；推进机场供电专线改造项目，经财政评审，12月完成招标；推进消防七级建设，主力泡沫车12月完成招标，营房及车库建设项目完成勘察设计；配合政府推进机场迁建前期工作，11月完成预选场址气象观测站建设，并通过民航中南局验收。

（魏　军）

公共汽车服务

【概　况】2019年，恩施市公汽公司完成收入7552.26万元，较2018年的7430.77万元，同期增加121.49万元，增长1.6%。完成营运里程1561万千米，完成公司年计划1540万千米的101%。

【场站基础设施建设】2019年11月，桂花树公交停保场项目主体办公大楼建设完成，完成货币工程量投资2400余万元。市公汽公司完成红旗大桥临时停保场8个充电桩（32枪）建设，16个桩（64杆充电枪）建设交付使用，可满足124辆公交车的日常运行充电需求。完成军运会火炬传递沿线公交站台的民俗化改造工程，总投资400万元，完成施州大道、航空大道等主干道41个民俗化站台的改造工程。

【新能源绿色公交建设】2019年，市公汽公司累计投入3500余万元，新购置的50辆纯电动公交车分别投入5条线路运营。州城154辆新能源公交车在线营运，新能源公交车占比60%。

【公交支付电子化】2019年，市公汽公司自主开发、武汉公用电子工程有限责任公司予以技术支持，电子公交卡“硒客行”APP系统正式上线。该系统是继银联、支付宝刷卡、扫码乘车后推出的又一便民举措，市民乘坐公交车的支付方式更加多元化。通过实现实体公交IC卡的电子化运营，市民即可长期享受传统公交IC卡8.3折的乘车优惠。3月中旬解决学生卡年审，实行“633”（小学6年一审，初中、高中三年一审）模式，简化学生卡年审流程。优化“掌上公交”APP查询服务系统，让乘客随时了解车辆和道路状况，规划自己的出行路线，“掌上公交”APP下载量20万人次，使用量791万人次，平均每天使用量1.5万次。

（米梦琪）

邮政　通信

邮政管理

【概　况】2019年，中国邮政集团公司恩施州分公司实现收入5.51亿元，同比增长7%，其中金融板块实现收入4.13亿元，同比增长5.51%，寄递版块实现收入5137万元，同比增长32.71%，全年出口邮件389万件。

【寄递业务发展】2019年，公司加快恩施邮政寄递翼“网合业合人合心合”融合进程，按照“综合职能横向一体化，生产经营纵向专业化”的改革思路，整合邮速双方资源，设立“中国邮政集团公司恩施州寄递事业部”，保留“中国邮政速递物流有限公司恩施州分公司”的牌子，融合业务经营，实现寄递业务发展提速，全年出口邮件389万件，占比27.88%，件量占比行业第一。打造特色市场、特色产业、特色线路，做好“硒茶速递、硒乡邮礼、硒游寄、硒翱校园”项目，以平台客户带动小微客户，开发平台客户20余户、小微客户200余户，快包收入2410万元；整合网路，整合邮路，二干邮运频次8个、州内三干邮运频次13个、市内转趟邮运频次32个、农村支线邮运频次47个；完成新一代寄递平台整合上线，实现标快和快包同址同机作业；优化网点段道布局，站点整合23个、新增3个，整合段道162条，段均服务范围缩小至1平方千米，快包城市当日妥投率98.5%。

【平台建设】2019年，公司在农村电商三级运营体系建设的基础上，以“五个结合”，从“建维运管”4个方面推进平台建设与运营，探索“1+2+N”综合服务平台建设路径。持续推进“四个一批”站点建设，新建示范点12个、累计52个，标准点累计152个，建成村级站点2570个。常态化推进批销业务发展，实现分销额3147万元、批销额4539万元，分销商品毛利率24.44%；通过“邮政919，丰收欢乐购”特色农产品展示周、直播采摘、电商扶贫等活动，推动农产品销售过500万元。

【加强服务管理】2019年，公司多措并举推动全州邮政服务质量大提升，全面提高普遍服务水平和能力。乡镇、行政村直接通邮率100%，县及县以上城市党政机关重点党报党刊当日见报率100%，2359个建制村投递频次达标，平信条码化率99.99%，条码平信丢损率0.03‰，有理由申诉同比下降75%。机要通信实现保密安全“零事故”、重点服务“零投诉”、监管整改“零逾期”。全州荣获2个三星级窗口、7名三星级及以上优秀营业员。整合恩施客服中心，实现生产作业“三统一”，客户申诉处理满意率100%，问题邮件一次解决率93.4%，理赔及时率、出口问题邮件及时有效处理率等均达标。推进绿色邮政建设，电子面单使用率99%。

【扩大网点建设】2019年，公司投资1620万元，推进完成火车站邮件处理中心地勘、设计、建设规划许可及招标工作。对双河等11个支局进行小家房屋维修改造。新增电动三轮车60辆，增配手持PDA 280台，前端收寄一体机2台。完成“恩施邮政”微信公众服务平台的推广上线工作，113台ATM/CRS设备完成刷脸取款升级改造，228个台席的统一柜面系统上线，新增63台ITM、7台存折存取款机设备，完成恩施33个网点的视频会议高清改造，自主研发“慧集”手机APP软件投入使用。

【树立企业形象】 2019年，“扶贫愚公”陈泽维先后被评为“恩施楷模”“感动恩施年度人物”“荆楚楷模”，被中共中央组织部授予“全国离退休干部先进个人”称号；州邮政被评为“全省邮政2016—2018年度先进单位”，王大春被评为“最美投递员”，4人荣获先进个人；匡锦梅被州委、州政府授予“全州劳动模范”；张美冲“劳模创新工作室”创建升级。借助行业优势开展电商扶贫，帮助销售苹果桃、黄金梨、土豆等农产品，电商扶贫工作被《湖北日报》《恩施日报》等多家媒体报道。新建“省级模范职工小家”6个、“省级示范职工小家”2个，建设省级“职工书屋”2个；成功举办恩施州“首届邮电一家亲职工篮球联谊赛”和“第十届全州邮政系统职工篮球赛”，开展企业文化征文、主题教育演讲、随手拍摄影等活动48场次。

（郭　鹏）

移动通信

【概　况】 2019年，中国移动通信集团湖北有限公司恩施市分公司完成运营收入3.1亿元，公司下设4个部门以及8个网格中心，共有在岗员工101人。组建州、县、乡、村立体多层次的服务网络，建立社会渠道115家、泛渠道132人。同时开通热线电话、互联网、微信、码店等多种渠道，客户足不出户，即可便捷办理。2019年，恩施市移动扶持3个贫困村，年投入扶贫捐赠资金29万元，扶持脱贫人数91人。

【4G宽带网络建设】 2019年，市移动公司4G网络基站累计建成1882个，全州占比27%，覆盖城区、乡镇及行政村，4G覆盖率为98.86%。传输机房198个，传输管道1278管程千米。开通小区宽带650个，其中城区446个，乡镇区域204个；覆盖用户23.55万户，端口15.47万个，其中城区12.7万个，乡镇2.77万个。

【典型信息化发展案例】 2019年，市移动公司为满足恩施施州富苑小区信息化建设，实现智慧社区项目的落地，为小区开展视频监控、停车场系统、门禁系统等相关建设，为州首例智慧社区项目。助力市实验小学智慧校园信息化建设，为该校提供“班班通”信息化建设以及教学平板技术服务，为州内首例智慧校园项目。同时，为市公安局六角亭派出所提供103个监控点位专线服务，为高新区的“平安高新”监控服务。

【提升客户满意度】 2019年，市移动公司成立“漠视侵害群众利益”问题专项整治工作小组，完善服务质量管理制度，解决一批客户投诉焦点难点问题。围绕“客户满意提升、投诉管控”，开展“书记项目”“领先工程”“阳光行动”“削峰行动”“客户之声”专项工作，保持4G客户综合满意度行业领先地位。

（沈　可）

联通通信

【概　况】 2019年，恩施市联通公司全年完成主营业务收入2.03亿元，收入利润全系统完成率排名靠前，移动业务出账用户40.19万户，宽带用户3.6万户。大数据、云计算、ICT等业务长足发展，移动护理、安全等保、云灾备、智慧社区、智慧教育、车联网等项目在恩施市率先落地，全年新基建信息化项目签订合同金额超过2000万元。

【扩大网络建设】 2019年，市联通公司投资建设4G网络，逐步新建5G网络。到12月底，2G基站312个，3G基站707个，4G基站1044个，5G基站5个。完成新建4G基站362个以及5G 5个站点建设开通，4G全域覆盖率超过90%。新建宽带主干网络340千米，新建宽带光纤端口3.77万个，累计宽带光纤端口14.9万个，基本覆盖全市城区以及村镇。配合市镇建设，实施光交搬迁、重新布线、新建管道等工作。

【加强信息化建设】 2019年，市联通公司与湖北机场集团公司、湖北民族大学科技学院、市中心医院、市妇幼保健院等12个单位签约网络安全设备采购及服务项目，主要提供网络安全设备采购及服务。2019年，市联通公司为恩施州高新区技术产业园区“平安高新”项目提供治安视频监控系统设备。项目实施后，建设和完善公共视频图像传输网络、视频信息共享平台、安全管理系统等基础设施，通过综治信息化平台、综治视联网系统、网格化管理平台，为高新技术园区建立一套完整完善的信息化社会治安监控系统，实现重点区域、复杂场所和薄弱地点全覆盖。

（邹玉婷）

电信通讯

【概　况】 2019年，恩施市电信分公司完成业务收入2.14亿元，同比增长8.7%。基础业务收入考核目标完成（不含ICT）19587万元，ICT项目挑战目标完成1777.7万元，全年完成计费收入18830元，净增移动出帐用户2.68万户，净增宽带出账用户2.5万户，净增天翼高清出账用户1.67万户。公司获全省“2019年度优秀城市区局”称号。

【提升信息服务能力】 2019年，公司为全市184所中小学建成新一代“万兆骨干、千兆到校、百兆教室”的FIRST教育专网，实现“班班通”“校校通”全光网改造；承接全市教育财政专网项目，为107所学校提供高速、稳定、安全的专线接入服务；完成恩施市104所学校的监控电路建设。公司继续承建恩施市贫困村信息化应用基础设施建设，新建124套视频会议系统和279个监控点，初步建成覆盖全市行政村的村级视频会议系统和较为完整的乡级监控系统。完成全市村级电子政务网络。

2019年，公司把握云规模发展机遇，面向行业的政务云、医疗云等以及天翼云取得突破；承接省公司安排的信息助残项目；以物联网成功签约昆仑燃气、人和天然气、硒泉供水、国网电动汽车充电桩等项目；完成“12345”市长热线平台建设。推动服务网点建设，农村基本实现“1+1+3+N”，即1名支局长、1支局一渠道经理，3个全网通卖场，拓展N个村级渠道，做宽客户接触面，做优服务覆盖能力；城区以店包片基本实现服务全覆盖。建立健全制度和技术保证，电话实名100%。网站备案信息准确率100%，系统对IDC/ISP业务出口带宽的全覆盖。

【加强网络建设】 2019年，公司4G基站按建设工期分类961个，4G基站按GPS站址分类777个，BBU设备累计456个，RRU设备累计2479个。4G基站单扇区月均流量6000G，月均增幅5.7%。有线网络建设，二级OBD端口累计25.83万个，其中当年交付3.04万个，整体利用率51%。完成城区弱电线路整治和管孔井整改工作。光衰整治城区完成率为84.3%，农村完成率为77.2%。

【党建与生产经营深度融合】 2019年，公司党建与企业生产经营高度融合。在全体党员中开展“我是党员、客户服务我先行”活动，每位党员每月跟随装维经理实地工作1天，既走访客户发现服务中的问题、难点、亮点，找到客户流失的客观原因，感知装维经理一天的辛苦。开展“党员服务进社区”、800M专项活动，哪里有需要，哪里就有党员，没有理由，没有借口。在阶段性营销活动中，由技术能手在现场为客户解答技术问题，到客户家中解决网络问题。

【助力精准扶贫】 2019 年，市分公司加大农村信息化建设投入，助力精准扶贫。至 12 月底，完成农村扶贫基站建设 447 个，实现全市 1804 个规模自然村全部通宽带光纤目标。

（万鋆松）

金 融

工商银行

【概　况】 2019年，工行恩施市支行年末各项贷款余额97.85亿元，比上年净增7.71亿元。累计投放普惠金融贷款4.18亿元，其中普惠类农户和贫困户经营贷款283万元，普惠型小微企业和其他组织贷款2.98亿元，经营快贷及结算贷快速发展。

【实行转型提质】 2019年，支行成立“贷款审批、普惠金融、个人贷款”三中心和“不良催收、票据营销、大客户直营”三团队，服务客户搭建专业化的平台。全面推进服务渠道建设，网点标准化、规范化、制度化建设，加大“融e行、融e联、融e购”三大平台推广运用，发展线上业务，走线上线下同步发展之路，满足客户的新需求。

【促进服务发展】 2019年，发放“惠农贷”2笔，发放金额295万元；发放“扶贫小额贷”57笔，发放金额283万元。个人贷款持续高增长。年末不良贷款余额2724万元，比年初减少714万元，不良率为0.31%，比年初降低0.12个百分点。账销案存全年累计现金清收68.3万元。成功缓释潜在风险贷款13001万元。逾期贷款“剪刀差”较年初减少419万元，超额完成省行下达控制目标任务。

（汤祥松）

农业银行

【概　况】 2019年，农行恩施市支行下辖9个（城区8个、龙凤镇1个）营业网点、13家自助银行、1家乡镇（沐抚）智慧银行。在职员工153人，是恩施州农行辖内各项规模较大的一级支行。2019年末，市农行各项存款余额67.72亿元、各项贷款余额66.52亿元、实现中间业务收入3006万元和拨备后利润1.39亿元。

【实现稳健经营】 2019年，市农行紧扣经营主线，强化各项管理，通过做好客户建设、产品营销、不良管控、机制建设、内部管理等方面工作，层层压实责任。在控制信用风险方面，“严”字当头，加强日常监管与贷后管理，对企业信贷资金流动实施全方位监管；加大个人贷款排查力度，有效控制个人贷款进入建筑行业或房地产业，防止发生风险。截至12月31日，实现不良贷款控制余额3807万元，不良率0.57%，比年初压降609万元。

【发展普惠金融】 2019年，市农行发挥农业银行在渠道、资金、产品、科技等方面综合优势，以“履行大行搭档，服务实体经济”为己任，扛责上肩，发展普惠金融。以惠农e贷、纳税e贷等线上信贷产品为主要抓手，走村串户、深入田间地头，重点向小型茶叶加工厂、茶叶种植农户、民宿经营者、个体工商户等营销茶商贷、民宿贷及烟商贷；同时，梳理对公客户经营和纳税情况，有的放矢，重点营销纳税e贷，免抵押、免担保，解决优质中小微企业融资难、融资贵的实际困难。截至12月末，发放普惠金融贷款2.83亿元。

（刘雪琳）

建设银行

【概　况】 2019年，中国建设银行股份有限公司恩施红江支行在恩施一般性存款余额13.97亿元，各项贷款余额2.85亿元，全年实现“三无三安全”的目标，被省分行表彰为2019年度“平安建行先进集体”。

【促进业务发展】 2019年，支行累计向茶叶和中草药种植、牲畜养殖等企业发放贷款1.26亿元。红江支行成功申报车坝河饮水工程项目贷款，率先突破建行城区支行个贷业务，发展ETC、裕农通业务。利用“裕龙卡、社保卡、善融商务”，打通“金融服务最后一公里”，改善农村金融服务环境，通过与人社局合作发行社保卡，积极开展金融惠农工作。建行在恩施市发放社保卡15万余张，在全市各乡镇布设社保取款点。

（艾秋红）

农村商业银行

【概　况】 2019年，恩施农村商业银行各项存款余额79.69亿元，比年初净增9.67亿元，增幅13.81%，较上年同期多增7.64亿元。各项贷款余额59.84亿元，比年初净增5.92亿元，增幅10.97%，较上年同期多增3.77亿元。缴纳税收5547万元，纳税额在全市金融机构排名第一，位居全市纳税大户前列。

【村银共建整村授信】 2019年，恩施农商行统一制定村银共建活动推广标准，推动整村授信，发挥党建引领业务发展的作用。在芭蕉乡灯笼坝村，以“五福临门”为载体创新开展村银共建工作，得到州纪委支持，并联合下发推广文件。25个党支部分别与辖内一个重点村开展村银共建和整村授信试点，119名在职党员、69名信贷客户经理深入村组开展金融知识宣传活动，直接惠及群众2.08万人，走访对接农户6100户，支持农户贷款630户，发放各项贷款3221万元，其中扶贫小额信用贷款1002万元。

【开启微贷量产模式】 2019年，恩施农商行组建微贷直营团队，初步实现直营团队“流水式”作业的微贷量产模式。9月，抢抓“农商税e贷”在全省农商行上线试点先机，获得试点推广机会，成功为102户纳税诚信企业授信5400万元，用信额度4300万元。10月，自主研发“扫码申贷”服务平台，解决全员营销难题，为线上服务打通快速通道。全年通过开展微贷营销大比武、“迎国庆，送好礼”福e贷用信优惠等活动，小微直营团队累计发放微贷1.4亿元，净增微贷1.1亿元。年末，全行扫码申贷客户3266户，成功授信300多户，授信额度5366万元。

【优化信贷业务结构】 2019年，恩施农商行坚守支农支小市场定位，投放500万以下小微贷款，支持“三农”、小微、民营企业发展。至12月底，500万元以下贷款余额31.54亿元，占比52.71%。7月，沙地支行先后在沙地乡麦淌村组织举办6场屋场会，200多户农户参与，为该村授信170户800万元，提供贷款486万元。

【防范化解信贷风险】 2019年，恩施农商行通过现金清收、调整分期、借新还旧等措施，化解信贷风险，不良贷款较年初压降1.79亿元，占比较年初下降0.05个百分点。通过组建不良贷款清收部，对逾期贷款进行筛选，实行集中管理。通过新老划断，清收部专人专管、专职清收，促进逾期贷款压降。争取州法院出台《关于建立绿色通道，加快全州农商行金融案件审执工作进度的通知》，建立“快立案、快审理、快裁定、快执行”绿色通道，全年受理案件17笔，涉及金额1.24亿元。

【拓宽电子应用渠道】 2019年，恩施农商行开展“科技创新年”活动，创新金融产品、服务方式和管理手段。组织对各网点周边1000米商户全部开展有效扫码商户拓展营销活动，全年新增有效扫码商户3281户，日交易笔数由年初的309笔上升至3.6万笔，日交易金额由年初的51万元上升至671万元，活码率由年初的8%上升至63%，绑定存款由年初的2.12亿元上升至2.64亿元。通过费率优惠、网格化营销、上门营销、赠送辅助设备、加大后期维护等措施，扫码付业务持续向优向好，拓宽老百姓结算渠道。全年新增ETC用户18949户，方便高速出行结算，给客户节省通行费73万元。编制智慧银行建设3年规划，分期逐步推进，出台智慧网点建设标准，把营业部打造成智慧网点旗舰示范点。对新装修的金桂、高新区、航空路、龙凤坝4个网点实行智慧网点改造，推进支行转型发展。在营业部、沙地、金桂、高新区等网点安装智能柜台17台，业务替代率75%以上。网点智慧化建设在全行进行推广。

【增强发展动力】 2019年，恩施农村商业银行组织开展全州农商行高管人员首次军训、全州农商行高管人员首届登山运动，举办全州农商行综合信息员培训、“不忘初心，牢记使命——全州农商行坚守定位，铸造辉煌，献礼新中国70周年”演讲比赛、廉洁书画展活动以及青年员工座谈会，组织参加全省农商行职工运动会等系列文体活动，营造团结共事、快乐成事、和谐共进的良好发展氛围，凝聚建设“三大银行”的强大合力。通过系列活动，让“三大银行”品牌更亮，社会形象得到大提升。《湖北日报》报道恩施农商银行24.5亿元微贷支持恩施脱贫攻坚，《农村金融时报》报道恩施农商银行以金融赋能助力乡村振兴，《农村新报》报道恩施农商银行打造电子银行示范街，《恩施日报》专版报道恩施农商银行“汇聚金融活水、服务乡村振兴”。

（牟　政）

村镇银行

【概　况】 2019年，恩施兴福村镇银行恩施支行各项存款余额12.5亿元，比年初增长3.12亿元，增幅24.85%；各项贷款13.46亿元，比年初增长3.16亿元，增幅23.44%；贷款总户数4893户，户均27.5万元。全行不良贷款余额1267万元，不良贷款率0.94%。

【开设金融便民服务站】 2019年，村镇银行恩施支行开设6家金融便民服务站——“兴福驿站”，以乡镇、农村市场主体为服务对象，通过进村入户、上门服务方式实施普惠金融服务，实行信贷业务前移。至12月末，“兴福驿站”向当地农户、农村经济组织、涉农企业发放贷款1375笔2.1亿元。贷款余额为1375笔，金额1.67亿元。

【扶贫帮困助推普惠金融】 2019年，村镇银行恩施支行开展金融扶贫，帮助贫困群体“造血”。至12月末，村镇银行发放扶贫贷款320笔金额2627万元。

【加强贷款风险管控】 2019年，村镇银行恩施支行继续加强全面风险管理。严把贷款准入关，对风险较大的担保机构、担保平台在保贷款进行风险排查、认定，实行有序退出。完善内控合规管理机制和制度，关注、审核、检查、监测业务经营与管理的合规性，确保全行各项经营管理活动在合规的轨道上运行。

（李毓莛）

人寿保险

【概　况】 2019年，全年完成销售新单保费收入

3249万元，其中个险渠道保费收入2034万元（其中10年期保费1284万元、标保1241万元），团险渠道保费收入1215万元（其中绿洲系列400万元，计生保险130万元，学平险312万元，建工险30万元，农村小额保险40万元，其他保险303万元）。

（刘世明）

财产保险

【概　况】 2019年，中国人民财产保险股份有限公司恩施支公司完成签单保费收入6146.78万元，比上年同期完成的4967.57万元增长1440.53万元，签单增幅为23.74%。车险签单保费收入3643.71万元，比上年同期完成的3245.54万元增长398.17万元，签单增幅12.27%；非车险业务保费收入累计完成2503.07万元（其中企财险27.69万元，家财险503.68万元，工程险2.18万元，船货险38.07万元，责信险367.9万元，意外险426.72万元，普惠金融0.8万元，农业险1136.03万元）。在保证业务发展的同时，实现利润292万元。

【保险业务发展】 2019年，财险公司恩施支公司做好机动车辆业务续保及专业车队业务统保工作。以“立足市内，走向市外”为出发点，针对市内营运车保源较多的地方加大投入。同时，通过便捷、高效的承保和理赔服务，将各项工作细化、量化和人性化，留住老客户，吸引新客户，扩大散单客户，分散业务风险。公司加大非车险业务，在保证续保业务到位的基础上，在财产险、责任险、意外险、信用保证险、货运险等险种上做到进一步的突破。

在政策性保险上，成功续保能繁母猪保险，承保能繁母猪2.45万头，续保水稻保险461.42公顷，“两属两户”承保1.95万户，“两烟”续保面积3140公顷。续保产业分两批完成产业保险，保障对象为全市所有建档立卡贫困户，保障范围包括露地蔬菜、茶叶、马铃薯、育肥猪、山羊、能繁母牛、商品牛等。

自2018年开始，学平险由百联经纪公司全权代理，在2019年百联经纪公司指定财险公司负责全市监护人责任险和7所中小学的学生平安保险，财险公司组织人员，合理布局，从学生放暑假前至秋季开学入校宣传，提高家长及学生的安全意识。

（李长安）

经济开发区与扶贫

经济开发区

【概　况】 2019年，恩施经济开发区工业总产值完成160.26亿元；规模以上工业增加值51.47亿元；固定资产投资113.28亿元；税收17.09亿元；招商引资总额12.72亿元；出口交货值1.11亿元。

开发区按照恩施市总体布局，开展“园区大建设”活动，以打造百亿元级实体经济产业园为重点，重点围绕40万平方米标准厂房，加快推进农产品加工园、七里坪产业园、白杨坪生态产业园、龙凤低碳产业园建设，加快实施园区以水、电、路、气为主的基础设施建设，加快建设排水管网及雨污管网系统，完善园区功能，改善园区环境，增强园区承载力。

【七里坪产业园建设】 七里坪产业园位于舞阳坝街道七里坪村，规划总用地面积87万平方米，总投资40亿元，主要建设标准化厂房、定制化厂房、展研中心、科技孵化车间、中式厂房和公租房等辅助配套设施。项目总建筑面积68万平方米，采取“投资建设一体化”方式，分三期建设。第一期建设17万平方米孵化园和1万平方米公租房（450套），第二期及第三期建设50万平方米定制厂房，力求实现“233”目标，即实现年营业收入200亿元，带动就业3万人，创利税30亿元。到2019年，一期17栋15万平方米标准主体工程完工，厂房正在进行装饰、窗扇安装等收尾工程、60台电梯安装完毕。公租房地下车库地坪完成。自来水水池、泵房主体浇筑完成，污水处理池主体及设备安装完成。天然气园区内外管网搭建完毕。园区道路除8#厂房周边，次入口及公租房背后道路均完成建设。园区通信外网搭建完毕，光交箱基础完成。垃圾中转站基础施工完成。在入园企业方面，中立家具试生产；动力电池科研楼基本完成装饰；重庆医药完成地坪、隔墙及雨棚施工；科福美发泡材料所入驻的8#楼正与厂房建设同步装修装饰施工。

【白杨坪生态产业园建设】 白杨坪生态产业园规划用地面积140公顷，规划定位为武陵山轻工业产品研发中心及展销中心、轻工业产业转移重要的承接地，发展集产品研发、设计、加工制造、成品展示、市场交易、物流、产品检测、信息服务、技能培训等多功能为一体的武陵山轻工业产业集聚基地，建成百亿元级轻工业经济圈。到2019年，完成征地107公顷，完成建设用地报批54.21公顷，园区燃气、通信、自来水迁改工程完成；一期6.8万平方米标准厂房在建；安置小区一期场地平整工程全部完成，2栋主体实现封顶；园区主干道工业大道完成土石方开挖、平整。

【龙凤低碳产业园建设】 龙凤低碳产业园位于金龙大道东侧，宜万铁路南侧，总占地面积约30.93公顷，分两个区域，商住用地5.73公顷和工业用地25.2公顷。到2019年，完成25栋52户房屋搬迁，7.6 公顷工业用地挂牌，红太阳集团摘牌；园区站前道路进场施工，路基开挖基本完成。

【农产品加工园建设】 农产品加工园整体规划为“一心、一轴、四片”（“一心”指“中国硒谷”以后将是州城新城的中心区域；“一轴”指沿着南北，向贯穿“中国硒谷”的硒谷大道分布的硒产业服务轴线，包括国家硒产业检测中心、企业服务中心，富硒特色养生中心、旅游散客中心、教育配套、人才公寓、酒店、富硒特色专科医院等丰富的城市配套设施；“四片”指由富硒农产品产业园、富硒食品产业园、富硒医药产业园三大富硒产业园和生活配套片构成，形成全新的绿色产业集群）。到 2019 年，园区落户的 20 家企业，建成投产 6 家，在建 8 家。园区基础设施建设方面，2019 年主要实施“三路一园”（规划二路、七路、八路及金马公园），规划二路建成；金马公园完成 26.66 公顷水库公园的土地经营权和林地使用权的收回工作，水库公园的规划方案通过审核。高压杆线迁改完成桂车线、桂化线。

【重点项目建设】 2019 年，开发区重点建设项目 20 个，新建类 14 个、续建类 6 个，总投资近 100 亿元，累计完成投资额 25.6 亿元，其中 2019 年新建项目完成投资 3.3 亿元，续建项目完成投资 3.97 亿元。农产品加工园盛兴食品、凉源食品、粒粒金种业、山友农业、复烤厂主体工程基本完工；中烟恩施卷烟厂进行基础施工；电力仓储主体在建，恩施日报社印刷厂完成场地平整；施州实业农产品加工生产线一期建设完成，投入使用，二期主体建成；施南古城旅游开发建设项目完成 A1—A4 主体工程，完成朝阳门及城墙主体工程；武陵国际建材三期工程投入使用；恩施世纪广场项目完成主体建设；伟丰新能源动力电池项目进行厂房装修。

【扩大招商引资】 2019 年，开发区开展“招商引资大突破”活动，协同市招商局编制《恩施市 2019 年投资指南》（总计 40 个项目，分生态文化旅游、硒食品精深加工、生物医药、基础设施、社会发展、其他制造业 6 类，其中生态文化旅游 8 个，硒食品精深加工 11 个，生物医药 11 个，基础设施 3 个，社会发展 4 个，其他制造业 3 个），进一步充实招商引资工业项目库。

开发区坚持市区招商资源共享、高度融合、人员互动、信息互通，外出招商共同谋划、共同参与，落户项目分工协作、精细服务，围绕全市六大支柱产业，通过领导带队招商、全员招商、依托商会招商、以商招商等方式，加强与广东商会、上海商会、温州商会、天津商会、武汉商会等联系，精准对接项目，推动“恩商回归”。2019 年，开展招商内引外联 206 人次，其中外出招商对接项目 12 趟 65 人次，引进接待客商 160 人次，区域涵盖台湾，江苏南京、扬州，福建福州、泉州，浙江嘉兴、宁波、台州、温州，湖北武汉等。

开发区对接项目 35 个，红太阳集团硒食品产业链项目，我国台湾、瑞士与温州合资阀门项目，七匹狼服饰项目等；签约落地项目 4 个，红太阳集团硒食品产业链项目、念念食品项目、金友光伏项目、新宇纺服饰项目等；在谈项目 7 个，温州特达阀门、钢材检测仪生产、七匹狼服饰、宜美再生资源利用、正弘建材、废旧轮胎回收利用、梦天木门生产基地等。

【优化发展环境】 2019 年，开发区开展“园区大走访”行动。组建多个专班开展园区企业走访活动，收集梳理企业在生产过程中遇到的困难和问题，及时协调相关部门解决，为企业发展创造良好环境。

开发区开展“难题大破解”行动。根据走访情况，拟定形成园区问题清单、责任清单，坚持做到“五项承诺”，实现“企业发话、政府跑腿”目标。完成湖北中烟恩施卷烟厂、施州实业、鑫源粮油等项目施工许可、规划许可手续办理；协调天艺、硒润、盛兴、意利翠湖香榭等企业解决电力杆线迁改基坑施工问题，协调规划二路与金龙大道交叉口错位问题；统一编制农产品加工园、白杨坪产业园、七里坪产业园三个园区所需地灾等评估报告，评估结果由园区企业共享；搭建银企交流平台，协调恩施工行开展“服务中小企业，共创普惠金融”银企对接会，为园区鹏程物流、莱福硒业、来发塑料、喻缘皮具争取贷款4200万元。

开发区开展“平安大创建”行动。根据年初制定的《安全生产巡查方案》和《安全生产专项检查督查方案》，结合“安全生产月”和“安全生产楚天行”活动，开展园区安全生产巡查工作，开展巡查工作7次，未发现重大问题。

2019年，开发区为创优发展环境，制定优化营商环境“四个必须”“四个严禁”，划定亲近服务企业的绿线和远离违规违纪的红线，教育干部职工“有所为有所不为”，当好亲商、富商、安商的“店小二”，构建“亲清”新型政商关系；强化产业监督执纪问责，依托市产业发展监督执纪专班，对“不担当、不作为、不落实”的“中梗阻”行为敢问责、真问责、严问责。

（高虹霞）

扶贫开发

【概　况】 2019年，恩施市有贫困村145个，有贫困人口的非贫困村（社区）48个。当年动态调整后，国网系统锁定恩施市建档立卡贫困人口总规模5.54万户17.66万人。11月，恩施州对恩施市开展贫困县退出初审，认定145个贫困村全部出列，累计5.46万户17.49万人实现稳定脱贫，留存贫困人口773户1669人，贫困发生率由2014年的26.08%下降至0.25%，群众认可度98.25%。其中2019年完成34个贫困村出列、1.13万户3.11万人脱贫任务。2020年4月，省人民政府公布恩施市退出贫困县序列。

【精准识别退出】 2019年初，全市贫困人口规模为5.69万户17.6万人。7月第一次动态调整新增5189人，减少5273人，新识别15户50人；10月剔除硬伤75户198人；11月第二次动态调整新增2693人，减少1895人。全市最终锁定贫困人口规模为5.54万户17.66万人，其中未脱贫773户1669人。

2019年，全市先后开展多轮数据清洗工作，各级帮扶干部对照系统信息逐条核对、全面整改，经常性开展信息逻辑错误筛查，数据质量提升。开展“两摸底一核准”工作，明确脱贫监测户和“边缘户”识别标准，制定操作流程，确保“错退”“漏评”零发生，识别“边缘户”436户1418人、脱贫监测户443户1391人。全面开展脱贫人口“回头看”，系统排查全市2014年以来历年脱贫人口“两不愁三保障”（“两不愁”：确保贫困人口不愁吃、不愁穿。“三保障”：保障贫困家庭孩子接受九年义务教育，确保有学上、上得起学；保障贫困人口基本医疗需求，确保大病和慢性病得到有效救治和保障；保障贫困人口基本居住条件，确保住上安全住房）情况，梳理政策兑现情况，制定后扶工作措施，巩固脱贫成效，确保政策享受“一口清”、政策兑现“不落人”。

【落实政策规划】 2019年，恩施市脱贫攻坚指挥部出台《恩施市2019年脱贫攻坚作战方案》（恩施市脱贫攻坚指挥部令第〔2019〕1号），持续推进“八个到村到户”（即干部力量下沉到村到户、精准识别佐证到村到户、基础设施提升到村到户、特色产业发展到村到户、人居环境整治到村到户、项目资金安排到村到户、惠民政策落实到村到户、群众工作深入到村到户），完善攻坚责任、决策调度、驻村扶贫、驻村干部选派、财力投入、大扶贫工作、脱贫质量回溯、考核监督检查8项机制。印发《恩施市关于进一步压实责任决战决胜脱贫攻坚的意见》，努力实现“4099”（即零硬伤、零短板、零信访、零容忍，群众认可度为99%）工作目标，确保如期实现高质量脱贫。印发《关于全面推进分类管理确保户户达标的通知》，对全市所有村、组、户实行分类管理，全面补齐短板，加速推进问题整改，确保“两不愁三保障”户户达标。压实市乡村主体责任，市扶贫开发领导小组（脱贫攻坚指挥部）牵头抓总、统筹推进，实行一月两调度。39 名市级领导分别任 17 个乡镇、街道（管理处）脱贫攻坚前线指挥部指挥长、副指挥长，一线指挥、现场调度，实行一周一调度。抽调 2638 名干部组建 193 个驻村工作队、选派 193 名优秀机关干部担任驻村第一书记，做到吃住在村、工作在村、岗位在村，实行一周两碰头。市乡村联动落实“六个精准”“五个一批”（“六个精准”：扶持对象精准、项目安排精准、资金使用精准、措施到户精准、因村派人精准、脱贫成效精准。“五个一批”：发展生产脱贫一批、易地搬迁脱贫一批、生态补偿脱贫一批、发展教育脱贫一批、社会保障兜底一批），实现干部力量下沉、精准识别佐证、基础设施提升、特色产业发展、人居环境整治、项目资金安排、惠民政策落实、群众工作深入“八个到村到户”。压实行业主管责任，由分管市级领导牵头，成立 16 个行业扶贫工作组，完善扶贫项目建设“十个平台”（即生产发展平台、教育扶智平台、生态补偿平台、易地扶贫搬迁平台、农村道路平台、农村电网平台、农村水利平台、社会保障平台、技能培训平台、公共服务平台），组建行业扶贫工作专班，下沉一线开展调研指导，解决具体问题。各行业扶贫部门先后出台年度行业扶贫工作方案，全面落实各项扶贫政策。压实结对帮扶责任，全市 1.15 万名干部职工与贫困户结成帮扶对子，反复走访掌握社情民意，反复沟通增进情感交流，反复研究敲定脱贫方案，反复动员落实脱贫措施，及时解决困难问题，精准兑现惠民政策，全面提升帮扶成效。

【专项扶贫资金来源】 2019 年，全市统筹整合各类资金 15.3 亿元，其中财政资金 10.45 亿元（上级财政资金 7.2 亿元，本级安排资金 3.25 亿元），其他资金 4.84 亿元，实际安排增量资金 1.04 亿元，较 2018 年净增加 2550 万元。

【专项扶贫资金使用】 2019 年，全市统筹整合各类资金 15.3 亿元，安排项目 2289 个。分平台为公共服务平台资金 310 万元 19 个项目，技能培训平台资金 390 万元 3 个项目，教育扶智平台资金 6740 万元 50 个项目，农村道路平台资金 6.41 亿元 762 个项目，农村电网平台资金 1.74 亿元 411 个项目，社会保障平台资金 8490.08 万元 31 个项目，生产发展平台资金 3.35 亿元 631 个项目，农村水利平台资金 1.7 亿元 242 个项目，生态补偿平台资金 2377 万元 139 个项目，易地搬迁平台资金 2589 万元 1 个项目。

【开展东西部扶贫协作】 2019 年，江干区提供财政帮扶资金 4950 万元，在恩施市实施项目 38 个，带动贫困人口 2.53 万人。江干区 9 个街道与恩施市 17 个乡镇（街道）实现对口帮扶全覆盖；江干区 8 个社区与恩施市 8 个村，江干区 26 所学校与恩施市 25 所学校，江干区 9 家医院与恩施市 18 家医院分别结对；杭州 41 位明星企业家及社会组织负责人担任 49 个贫困村的“名誉村长”；引进 8 家东部企业落地恩施市（2019 年新引进 5 家），年度新增投资额 3.35 亿元。与江干区联合举办贫困村创业致富带头人培训 4 期，培训贫困村创业致富带头人 246 名，带动 1200 余贫困户增收脱贫。形成名誉村长、硒品入杭、杭情诗意、山中车间、恩施月嫂 5 个东西部扶贫协作品牌，《湖北恩施市携手探索“消费扶贫”新路成效显著》《恩施聘请杭州明星企业家当“村长”》典型做法均入选 2019 年全国东西部扶贫协作培训班案例选编。

【实施定点扶贫、“616”对口支援】 2019 年，中央定点帮扶单位武汉大学直接投入资金 261.75 万元，先后帮助引进湖北一正药业、卓尔文旅等 4 家企业在恩施市投资兴业、发展实体经济。省直定点帮扶单位省自然资源厅牵头12个省直单位，明确具体帮扶事项41个，直接投入帮扶物资307.21万元，帮助引进其他资金4136万元，同时在建设用地规模、土地利用指标、土地整治项目和地质灾害治理等方面给予倾斜。省住建厅牵头10个“616”对口支援单位，以及7个武陵山试验区建设成员单位，帮扶项目71个，涉及资金58.14亿元。孝感市继续实行“双层全覆盖”，提供帮扶资金941万元，支持帮扶项目20个。襄州区提供帮扶资金250万元，对口帮扶芭蕉侗族乡改善基础设施。

【动员社会力量参与扶贫】 2019年，继续聚焦完善大扶贫格局，继续实施“人大代表在行动”“政协三大工程”（政协三大工程：即政协委员参与精准扶贫“为民、爱心、带动”三大工程），开展“千企帮千村”“10·17扶贫日”活动，有效发挥中国社会扶贫网等平台作用，动员各类社会组织和爱心人士参与精准扶贫，513家市场主体投入资金5.46亿元，通过土地租赁、提供务工、订单收购、代养统购、公益帮扶等方式，直接带动贫困人口9.24万人。

【实施考评考核】 2019年，对17个乡镇、街道（管理处）以省对市县扶贫开发成效考评指标为基础，结合全市工作实际，考评10个指标组30项内容48个子指标；对市直单位主要考评所驻村“尖刀班”工作情况、行业扶贫和东西部扶贫协作工作。考评结果按照“综合评价好”“综合评价较好”“综合评价较差”3个等次评定，其中对考评排名前5位的乡镇、街道（管理处）评定为“综合评价好”，由市委、市政府通报表扬。对考评排名后3位的乡镇、街道（管理处）评定为“综合评价较差”，由市扶贫开发领导小组（脱贫攻坚指挥部）约谈党政主要负责人，责令限期整改，其年度政府目标责任考评不得评定为优秀等次，不得表彰为党建暨经济工作突出单位；对考评排名前20位的市直单位评定为“综合评价好”，由市委、市政府通报表扬。对考评排名后5位的市直单位评定为“综合评价较差”，由市扶贫开发领导小组（脱贫攻坚指挥部）约谈主要负责人，责令限期整改，其年度政府目标责任考评不得评定为优秀等次，不得表彰为党建暨经济工作突出单位。

芭蕉侗族乡党委副书记王安胜被州扶贫开发领导小组（脱贫攻坚指挥部）表彰为2019年度全州脱贫攻坚工作“十佳”扶贫干部；屯堡乡田凤坪村第一书记杨中路、芭蕉侗族乡白果树村尖刀班班长李锦江、白杨坪镇洞下槽村尖刀班班长谭剑、市农业农村局派驻三岔镇莲花池村第一书记陈千财、舞阳坝街道派驻鸭子塘村尖刀班班长李明富、市扶贫办纪检监察室主任龚文慧、白果乡扶贫办常务副主任杨胜雨、龙凤镇店子槽村党支部书记龙富、大峡谷风景区管理处大庙村村委委员兼精准扶贫专干黄龙凤、市第二中学教师杨佐忠等10人被表彰为全州“扶贫先进个人”；沙地乡黄广田村“尖刀班”，市审计局、市林业局派驻新塘乡横栏村“尖刀班”，市交通运输局、市应急管理局、市供电公司派驻红土乡漆树坪村“尖刀班”，盛家坝镇（乡）政府，市财政局，崔家坝镇政府，市农业农村局，太阳河乡政府，市供电公司等9个单位被表彰为全州“扶贫先进集体”。

市委、市政府对在全市精准扶贫工作中表现突出的盛家坝镇（乡）、崔家坝镇、太阳河乡、芭蕉侗族乡、屯堡乡、市水利局、市农业农村局、市发改局、市自然资源和规划局、市民政局、市市场监管局、市机关事务服务中心、市文旅局、市住建局、市卫健局等15个单位表彰为“精准扶贫工作突出单位”，对武汉大学、市统计局、市国调队驻芭蕉侗族乡白果树村工作队等39个驻村工作队表彰为“突出工作队”。

（覃妮曼）

城乡建设

综　述

【概　况】 2019年，恩施市住房和城乡建设局完成固定资产投资6.5亿元；城镇化率57.22%，同比增长1.2个百分点；建筑业产值60亿元，同比增长8.85%。全年完成销售收入1.93亿元，其中水销售收入及代收费收入完成8368万元，建设安装收入完成1.04亿元，实现利润总额1250万元，城区用水抄表量3362万立方米。全市亮化工程完成投资约2.2亿元。批准预售商品房175.44万平方米。

【城乡污水处理】 2019年，城乡污水处理厂及管网建设申报到位项目资金1.41亿元，其中大沙坝污水处理厂与设备（高桥河片区）及大沙坝污水处理厂与设备（蔡家河片区）申报到位城市管网专项资金（提质增效部分）3550万元；金桂大道片区污水管网改造延伸项目申报资金4115万元；方家坝——旗峰坝片区黑臭水体治理工程申报中央预算内资金5887万元；城市污水管网建设以奖代补资金298万元、乡镇污水处理工程建设以奖代补资金256万元。

推进恩施城乡一体化污水处理PPP项目建设，完成货币工程量6160万元；推进恩施州城污水管网改造延伸项目（青树林片区）——沙河截污干管工程建设，完成货币工程量136万元；推进城区下官田、城区排水改造工程（红江桥至红庙啤酒厂）一标段、恩施城区排水改造（龙凤大桥至衣角坝）污水管网工程、学院路瑞赛宾馆段现状排水沟改造、清江右岸W99至106段、恩施高中二段、清江右岸顶管、城区排水改造工程（红江桥至红庙啤酒厂）二标段工程建设，完成货币工程量2355万元。

【城市供水工程建设】 2019年，恩施市推进车坝河引水工程PPP项目建设，累计完成投资3.06亿元。二水厂迁建项目累计完成投资1.51亿元，水厂生产工艺建构筑物主体工程完工。四水厂新建项目总投资为3.4亿元，7月17日开工，完成投资3000万元。推动管网建设，完成“十纵九横五环”供水干线20条、供水支线2条，建设完成供水管网8.16万米。

【亮化工程建设】 2019年，全市山体亮化完成五峰山、凤凰山、摩天岭、连珠塔亮化安装及调试。实施山体秀工程，安装照树灯、洗墙灯、线条灯等灯具8263盏；预埋管线2.72万米；敷设电缆5.36万米。河道完成连珠大桥至红江桥区域两侧亲水走廊护栏亮化、河堤亮化及雾生系统、互动投影、游步道景观灯安装和供电投运。安装洗墙灯、线条灯1.79万盏，全彩照树灯1229盏、景观灯300盏、白虎雕塑灯21套、互动投影17套、敷设管线7.93万米、敷设电缆5.35万米。桥梁完成清江桥、红江桥、金山大桥、风雨桥、凤凰桥、红旗大桥、施州大桥、连珠大桥8座跨江桥梁亮化安装及调试，黄石大桥因桥梁施工暂未安装。安装点光源2.8万颗、安装瀑布水帘喷嘴1220个，安装投光灯、线条灯、洗墙灯2.13万盏、敷设电缆6.47万米。完成硒都广场、市中心医院、航空路、舞阳小学、施州小学、民族大学、舞阳坝7座人行天桥亮化安装及调试。安装点光源1.44万颗，投光灯、线条灯2078盏，敷设管线7650米、敷设电缆8810米。建筑物完成州委大院、州政府、市委、市政府、武陵都宾馆、电信钟楼、机场路电信大楼、州国税局、中国交通运政、州烟草专卖局、湖北银行、市财政局、联通大厦、州审计局、州民政局、清逸大厦、中国农业银行、施州雅苑、大唐金江、国土资源局、民福大楼、州商务局21处高楼亮化安装及调试。安装投光灯、洗墙灯、线条灯1.35万盏，点光源3.91万颗，敷设管线3.77万米、敷设电缆3.74万米。北门音乐喷泉完成基础土建工作、控制房主体修建工作、喷泉浮排设施安装、配电设施安装、声光设施安装，中秋、国庆期间成功完成开放运行。完成土石方开挖2.1万立方米、混凝土浇筑4450立方米、安装锚杆600套、安装浮排主管560米、浮排升降装置6套、灭火装置16套、喷泉水泵396台、灯光支架2460个、各型灯具2468套、阀门1026只以及户外音响系统安装。广场完成硒都广场、恩运广场、风雨桥东广场、西广场亮化安装，并投入运行。凤凰山广场、凤凰桥广场因改建施工暂未实施安装。广场安装景观灯、照树灯、投光灯3147盏，互动地坪灯1244块，敷设电缆1.04万米。

【建筑市场管理】 2019年，全年办理各类工程建设项目招投标备案87项，非国有资金投资项目施工发包备案登记45项，装饰装修施工发包备案登记24项，建设工程竣工验收消防备案45项；对多起无证施工的行为进行处罚，累计下发《建设行政处罚事先告知书》18份，拟处罚金额340余万元；下发《建设行政处罚决定书》18份，处罚金额340余万元。开展清理拖欠工程款及农民工工资专项行动，累计清查在建工程近200个，发现存在拖欠工程款或农民工工资的工程8个，调处农民工工资纠纷30余人次，涉及工资150余万元。

【施工安全管理】 2019年，市住建局监督建设项目385项，其中新报建工程85项，上年转接工程300项，竣工项目115项，在监项目270项，监督覆盖率为100%，办理起重设备备案537台，在用起重设备298台，其中塔吊198台，升降机100台。

组织开展“建筑施工安全生产大检查”“疫情防控检查”“建筑起重机械安全专项检查”“安全生产打非治违”“扬尘治理专项检查”“建筑工程扫黑除恶”“汛期施工安全管理及应急措施”等专项行动，组织建设项目责任主体参加省州“安全生产教育培训”“科技大讲堂”“疫情防控知识学习”等多项教育宣贯活动，形成巡查记录710份，下达“隐患整改通知书”174份，“停工整改通知书”91份。上报行政处罚42次，处罚责任单位23家，处罚责任人18人，罚款金额75.7万元，召开约谈会议3次，约谈企业单位21家，进行询问笔录57人次，召开警示约谈会议和现场管理会议参与单位150家、600余人次。

【工程质量管理】 2019年，全市在监工程311项，总建筑面积883.16万平方米，总投资166亿元，监督覆盖率100%；全年新开工工程109项，建筑面积266.8万平方米，总投资63.19亿元，监督覆盖率100%；工程质量竣工验收82项，建筑面积156.8万平方米，验收合格率为100%；市政工程28项，总造价17.42亿元。开展质量巡查、抽查250余次，下发整改通知书12份，下达行政处罚2份，局部暂停施工通知书6份。消防验收46处，出具合格意见书32份，整改意见书29份，备案抽查项目合格意见书6份，出具整改意见书3份。

【人防工程管理】 2019年，市住建局严格按照“三个规范性文件”执行，新批建防空地下室项目17个，批建面积7.58万平方米；竣工验收防空地下室项目5个，竣工面积2.22万平方米；新审批缴纳防空地下室易地建设费项目51个，征收防空地下室易地建设费3826.95万元，追缴人防易地建设费项目37个，共计2159.57万元。

【行政审批管理】 2019年，市住建局受理行政许可事项3402件，办结率100%。完成行政性收费221笔，收费总额6382.38万元。其中核发施工许可证121件，核发城建档案合格证36件，道路挖掘许可证98件，工程竣工验收备案129件，图审备案88件，民用建筑修建防空地下室易地建设审批43件，档案报送合同121件、声像档案联系函121件，在建工程抵押、解押95件，查封、解封64件，商品房预售许可118件，建设工程消防124件、装饰装修施工许可8件、存量房转移登记（交易窗口）1806件，租赁备案（交易窗口）502件，发放一次性告知单226份，发放办事指南800余份。

【实施环保督察】 2019年，市住建局完成中央环保督察反馈意见编号80、中央环保督察“回头看”交办信访件X420000201811070015、D420000201811260059，省环保督察反馈意见编号15、22、54整改。对“车坝河水库引水工程PPP项目”“龙凤镇片区保障性安居工程供水水厂（第四水厂）及配套供水管网工程”和“恩施市西片区保障性安居工程配套供水水厂（第二水厂）及供水管网工程”累计开展监督、检查等工作20余次。

对全市城区新建项目“二次供水”设计技术审查，全年完成29个新建项目“二次供水”技术审查、12个新建项目“二次供水”验收。在城市排水（污水）方面，围绕城市排水（污水）工作，协同市绿源污水处理公司抓好金桂大道片区污水管网改造延伸项目、恩施州城污水管网改造延伸项目——青树林片区（沙河、龙洞河）、方家坝—旗峰坝片区黑臭水体治理工程等城区污水处理项目。配合市亚行项目建设指挥部办公室抓好大沙坝污水处理厂建设。

【加强村镇建设】 2019年，市住建局对列为州级特色小镇的沐抚、白杨坪，重点申报为省级特色小镇；对2019年新增审批通过的7个中国传统村落，聘请专业机构编制《传统村落保护和发展规划》，加大集中连片保护力度；推进农村生活垃圾治理工作，聘请第三方专业公司编制《恩施市城乡生活垃圾处理三年行动实施规划（2018—2020年）》及10座新建垃圾中转站施工图（总平面图、建筑图及结构图），指导农村生活垃圾收运处理体系建设，并通过政府常务会专题研究，安排部署乡镇生活垃圾中转站建设。该项目于2018年立项并正式启动，2019年6月投入试运行。总投资2539.5万元（其中设备采购1025万元，中转站主体建设1514.5万元）。明确将三岔镇燕子坝村、崔家坝镇南里渡村、板桥镇穿洞村列为全市农村生活垃圾分类试点村，制定“二次四份”法，指导农村垃圾分类。各乡镇开展“一把扫帚扫到底，干干净净迎国庆”及“五边洁净”活动，重点对屋边、路边、田边、河边、沟边进行集中清理。对非正规堆放点及存量垃圾进行专项排查，采用卫生填埋方式加强日常生活垃圾及时清运。全年清理转运存量及日常生活垃圾18.36万吨（其中城区16.2万吨，乡镇2.16万吨），无害化处理率100%。以危房改造工程建设为突破口，保障农村困难群众住房安全，支持8368户农户（“四类对象”4900户、“一般农户”3468户）实施危房改造，基本实现农村危房存量“清零”。

【信访工作】 2019年，市住建局累计接待群众来访600人次，收到群众信访件21件，收到网上投诉和建议366条，均予以及时办理和回复，办理和回复率均为100%，调解商品房质量问题等各类矛盾40余起。

【承办人大建议、政协提案】 2019年，市住建局承办州人大建议2件，州政协提案8件，市人大建议9件，市政协提案15件；主办件22件，会办件12件。市住建局对收到的各类建议和提案进行及时梳理并进行落实，将办理情况及时予以全部回复，做到见面率、答复率、满意率100%。

【精准扶贫】 2019年，市住建局发挥职能部门优势，发动全市建筑企业和房地产企业为所联系村爱心捐款近150多万元，填补基础设施建设资金缺口。

【坚持“六城同创”】 2019年，市住建局利用电子显示屏、发放资料给单位员工参与和支持“门前五包”制度，结合“除四害”“世界无烟日”活动自觉劝导和制止不文明、不卫生行为，形成“城市是我家，管好靠大家”的浓厚氛围。推进在建工程扬尘管控，要求建设单位、施工单位、监理单位全面履行建筑施工扬尘防治的责任和义务。与城区新开工工程项目签订“恩施市房屋建筑及市政基础设施工程施工扬尘管控目标责任书”及“六城同创”责任状45份；针对扬尘治理工作的巡查检查265次、限期整改56次、停工整改21次。对检查巡查发现出的问题要求施工单位立即整改。进行环保污染处罚3次，金额15万元。到12月底，在恩施市城区监督工程项目236项，监督覆盖率为100%。

【房地产开发】 2019年，恩施市批准预售商品房175.44万平方米，同比减少8.03%，其中新建商品住房批准预售面积150.61万平方米，同比减少7.18%；非商品住房批准预售面积24.83万平方米，同比减少12.85%。新建商品房备案成交面积148.95万平方米，同比减少3.65%，其中新建商品住房备案成交面积130.36万平方米，同比减少5.48%；新建非商品住房备案成交面积18.53万平方米，同比增长11.16%。全市新建商品房销售均价为6468.65元/平方米，同比减少0.09%，其中新建商品住房销售均价为6129.3元/平方米，同比减少0.59%；非商品住房销售均价为8848.25元/平方米，同比减少4.06%。

【房地产市场监管】 2019年，市住建局受理各种形式的信访140余起，通过各种渠道予以化解，重大事项及时报市政府，及时化解矛盾，保证社会稳定。34个重点楼盘，化解29个。办理人大、政协涉及物业管理各项提案6起，与各提案人进行沟通，共同探讨工作方案，提出具体解决办法与措施，得到提案人对市住建局工作的肯定和支持。开展全市房地产乱象治理专项行动，巡查50个项目，纠正部分项目存在虚假宣传等问题。

【2019年房交会】 2019年12月13—31日，2019恩施秋季房交会在恩施州文化中心成功举办，州城35家房地产开发企业参展。房交会期间，网签合同1501套，成交面积17.83万平方米，成交金额11.19亿元。

【保障房后期管理】 2013年底前开工的政府投资公共租赁住房在2018年分配率达到100%；2014年开工的政府投资公共租赁住房在2017年经公租房盘活工作完成后，2020年完成92%的入住率。2019年实现公租房房租收入436.7万元（其中帮城投、旅投、硒都公司代收190.2万元），超额完成计划任务。发放租赁补贴户数243户、476人，发放补贴金额32.9万元。针对保障性住房进行日常维护保养，修缮排除部分使用多年的公租房小区的安全隐患，全年支出维修费39.4万元。

【房屋安全鉴定】 2019年，市住建局危房安全鉴定出具私房报告244份，其中C级39份，D级205份，鉴定总面积5.23万平方米。出具工程报告64份，鉴定总面积3.81万平方米。

【老旧小区改造】 2019年，市住建局完成全市18个老旧小区改造项目的立项、可研、初设等前期工作，争取中央“老旧小区”改造专项资金1528万元，国家发改委中央预算资金957万元。

（雷霄莉）

城市综合管理

【概　况】 2019年，恩施市城市管理执法局以“六城”同创为抓手，推进城管执法体制改革，破解“三乱”（乱搭、乱建、乱贴）、“三脏”（垃圾脏、污水脏、扬尘脏）、“三难”（停车难、如厕难、出行难）三大难题，开展市容市貌、两违建设、户外广告、大气污染防治“四项整治”，建立数字城管考评、城管人员考核考评奖励、日常工作巡查督办、系统内部工作协调、城市管理执法部门联动运行“五大机制”，提升城市管理品质，增强城市管理现代治理能力和水平。当年，市城市管理执法局成功创建州级最佳文明单位，市市容环卫管理局廖云峰、吴小军获省住建厅“优秀环卫工人”称号。

【市容秩序管理】 2019年，市城市管理执法局开展市容环境综合整治，做好重大时间节点、重点路段、重点区域整治工作。全年劝导店外经营1万余人次，劝离流动摊点近2万人次，处罚店外经营451人次，暂扣流动摊点1536起，查处庆典活动105起，巡查夜市638次，处理108起，处理露天焚烧132处；劝导乱停乱放机动车2万余台次，录入交管平台1.2万台；处理乱堆乱放448起、乱倾乱倒206起、乱搭乱建94起、乱拉乱挂1015起、乱贴乱画1180起，清理小广告牌1349块，拆除广告2.35万平方米；查处工地427起、渣土车道路遗撒276台次；规范裸土复绿223处。下发整改通知书1256份，办理一般程序案件450起，简易程序案件3350起，罚款57.52万元。

【“两违”专项整治】 2019年，市“两清”办联合城区“一镇三街道”继续加大“两违”建筑排查清理力度，全年立案查处违建案件725宗，违建面积10.8万平方米。强制拆除违法建筑237宗，拆除违建面积5.7万平方米；督促自拆39宗，自拆面积8203.65平方米，下达“限期拆除通知书”725份。

【实施法治信访】 2019年，市城市管理执法局办理一般程序案件483件（其中市容执法450件、两违案件33件），简易程序6704起，完成8份对市人民检察院《检察建议书》的办理情况报告。解决各类信访问题，阳光信访平台受理88件、领导签批件5件、领导接访下访8件，均如期办结。做好行政复议和行政诉讼工作，办理行政复议1件，行政诉讼3件。做好提案议案答复工作，43件提案议案的见面率和满意率均为100%。

【优化营商环境】 2019年，市城市管理执法局深化行政审批制度改革，对21项审批事项实行“一周办结制”，实现“一站式审批、一条龙服务”，方便办事群众。全年办结行政审批事项2581件，其中设置门头广告备案195件、设置门头占道备案462件、渣土处置核准42件、渣土准运证登记2719件、临时占道许可164件，电话咨询相关审批业务1000余次。

【推行“两洗扫两保洁”深度保洁模式】 2019年，城区精细化保洁面积增至331.9万平方米，机扫面积增至253.9万平方米，道路机械化作业率81.4%，清运处置城市生活垃圾15.3万吨，日均处置生活垃圾500余吨，垃圾无害化处理率100%。对学校、机关企事业单位、大中型酒店宾馆及集中餐饮店等394家的餐厨垃圾集中收集，全年收运处置餐厨垃圾6608.48吨，日均处置餐厨垃圾21.73吨，城区垃圾基本实现日产日清。

【推进垃圾分类】 2019年，拟定全市生活垃圾分类实施方案，成立生活垃圾分类工作领导小组，发放垃圾分类宣传手册2万余份，在城区主次干道果皮箱、灯箱广告上印制宣传标语，组织开展垃圾分类进校园、进单位、进社区活动等10余次。启动餐厨垃圾应急处理、生活垃圾焚烧发电项目建设。

【推进公厕项目建设】 2019年，市容环卫管理局投入1100余万元，新建20座城市公厕，对城区已投入使用的61座公厕进行维修、提档升级，统一标识标牌和安排专人管理。至12月底，城区可使用的公厕总数量112座，加上其他商业小区公厕，基本满足市民和游客如厕需求。

【市政设施建设维护】 2019年，市政公用管理局与城区街道和相关部门协调、沟通与配合，利用城区内闲置土地兴建临时停车场6处，总面积2.1万平方米，新增停车位数量860余个，缓解城区停车难问题。实施和润城转盘处、万金汇广场周边、五峰山隧道西侧等区域的绿化美化升级工程，在金山大桥空地、黄泥坝红绿灯、和润城转盘、七里坪等区域精心打造10余个城市街区小公园和街头小游园。完成对城区施州大桥、风雨桥、红旗大桥等跨江桥梁的美化、涂装升级。累计投资2000万余元，修补沥青路面和硬化背街小巷路面8470.25平方米；更换广场砖、人行道地面青石板1万余平方米；更换人行道彩砖、路缘石5078.83米；更换和维修下水道井盖、雨水箅子、盖沟板3932套（块）；新设置或更换隔离凳1368个；清掏、维修下水道5038.35米。

【加强燃气管理】 2019年，市燃气管理办公室落实备案制度，全年备案家用燃气器具109家、商业燃气器具14家、燃气报警器和切断阀企业6家、安装维修企业4家。全年对燃气企业进行安全检查25次，下发限期整改通知书28份，组织行业服务及从业人员专业培训2次，开具燃气器具备案证明65份，督促燃气企业入户安全检查近1.5万户。

【促进园林绿化】 2019年，市园林局完成金桂大道绿化改造升级项目和城区土桥大道、舞阳大道、施州大道及大桥路树池绿化栽植等项目。开展绿化缺失治理，补植行道树400余株、绿篱8000余平方米。

【城市数字化管理】 2019年，城市数字化管理中心“12319”投诉热线全年接听投诉电话3万余件，受理立案6265起，其中事件类案件4168件、部件类案件212件、咨询电话1885件，案件办结率98%以上。受理恩施“12345”平台派遣工单85件，办结80件，办结率95.2%。

【精准扶贫】 2019年，市城市管理执法局号召本系统干部职工和社会各界人士开展精准扶贫脱贫攻坚爱心募捐活动，募集善款19.97万元，用于改善帮扶村基础设施建设。

（谭　华）

城市建设投资

【概　况】 2019年，恩施城市建设投资有限公司全年获批银行贷款项目新增提款6.5亿元，拨付各类资金36.32亿元。

【城市建设融资】 2019年，恩施市获批银行贷款项目新增提款，其中龙凤镇城中村棚户区改造货币化安置项目提款2000万元，扶贫过桥贷自然村公路硬化项目提款1亿元，扶贫过桥贷产业公路项目提款2亿元，扶贫过桥贷农村安全饮水项目提款1亿元；中港城棚户区改造项目提款2.3亿元。

【资产经营管理】 2019年，实现门面租金收入908万元，代收资产处置收入25万元，上缴税金305万元。加强对国有资产精细化管理，对合同到期后的经营性资产进行公开招租，对达到公开处置标准的国有资产进行公开处置，同时对欠缴租金的租赁户及时追缴，确保国有资产保值增值。

（邵守信）

城乡供水业务

【概　况】 2019年，城区供水服务面积42平方千米、用水客户14万户、供水服务人口45万人，供水能力17.5万吨/日，水质综合合格率100%，城市供水普及率98%；全年销售收入1.8亿元（其中水销售收入8368万元；建设安装收入1.04亿元；抄表量3362万立方米；上缴税金1035万元；利润总额 1250 万元），报装立户 1.36 万户，分户 1.29 万户；对城市低保对象 1178 户按每户每月 4.8 元返还优惠水费，返还金额 6.79 万元。10 月 22 日，市硒泉供水有限公司舞阳分公司转入市自来水有限责任公司，成立七里坪营业所，日供水量 8580 吨。

【西片区保障性安居工程配套项目建设】 2019 年，市自来水公司实施西片区保障性安居工程配套供水水厂（第二水厂）及供水管网工程建设，工程概算投资 3.02 亿元，建设规模为 22 万吨 / 日，一期建设规模 10 万吨 / 日，新建供水管网 51.85 千米。2017 年 12 月启动建设，完成清水池、排水池、排泥池、平流沉淀池、气水反冲洗滤池、污泥脱水车间、反冲洗泵房及配电间施工，二实小至市府路直径 800 毫米至直径 1000 毫米管道 800 米，松树坪至绕城线直径 600 毫米管道 1700 余米，制水工艺建构筑物及配套生产技术用房主体工程，累计完成投资 1.51 亿元。该项目位于六角亭街道松树坪村金山大道与高旗大道交叉处（硒都民族小学西北侧），建成后彻底解决州城西区、高新区产业发展用水缺口问题。

【龙凤坝片区保障性安居工程配套项目建设】 实施龙凤坝片区保障性安居工程配套供水水厂（第四水厂）及供水管网工程建设，工程概算投资 3.3 亿元，设计总规模为 20 万吨 / 日，分两期建设，一期建设规模 10 万吨 / 日。供水服务区域为保障性安居工程 9691 户，分别为：三河棚户区改造项目 1502 户，白庙桥棚户区改造项目 1800 户，农产品加工园棚户区改造项目 273 户，火车站（二期三区）棚户区改造项目 172 户，八龙坪棚户区改造项目 741 户，板桥六期棚户区改造项目 1032 户，板桥七期棚户区改造项目 1259 户，龙洞河（城中村）棚户区改造项目计划实施套数 620 户，贺家榜（城中村）棚户区改造项目计划实施套数 900 户，蔡家河棚户区改造项目 952 户，华硒棚户区改造项目 440 户及周边居民。2019 年 7 月 17 日启动建设，完成进厂道路施工 740 米、开挖厂区土石方 6.6 万立方米、开挖挡土墙 4 万立方米、敷设应急水源水管 200 米，完成投资 3000 万元。

【“十纵九横五环”供水项目工程建设】 2019 年，市自来水公司完成“十纵九横五环”供水干线 20 条、供水支线 2 条、8.16 万米管网建设。施州大道供水干管直径 600 毫米管道双线 7500 米；金桂大道供水干管直径 600 毫米的 7500 米，直径 1000 毫米的 3500 米；金龙大道供水干管直径 600 毫米 +800 供水干管 3.06 万米；高旗大道直径 1200 毫米供水干管 2600 米；规划纵二路供水干管（市体育中心二实小旁直径 600 毫米）600 米；西湖大道直径 1000 毫米供水干管 2300 米；高新区规划五号路直径 300 毫米供水干管 1150 米；规划 19 号路直径 400 毫米供水干管 1000 米；规划 20 号路直径 400 毫米供水干管 1100 米；金子路供水干管（直径 400 毫米 +600）2000 米；青树林一号路供水干管（直径 300 毫米 +600）3100 米；金凤大道供水干管 1600 米；金山大道供水干管 2500 米；人民路西段供水干管 1700 米；高速公路连接线直径 300 毫米 +600 供水支线 2800 米；龙洞河南路供水干管 900 米；中山路至五峰山隧道支管 500 米，金子路支管 3100 米；西湖大道直径 1000 毫米供水干管 2260 米；高新区规划五号路直径 300 毫米供水干管 1150 米；规划 19 号路直径 400 毫米供水干管 1000 米；规划 20 号路直径 400 毫米供水干管 1100 米。

【实施智能水务平台建设】 2019 年，市自来水有限公司成立智能水务服务平台包含 8 个系统（OA 办公系统、客户报装系统、营抄收费系统、“96510”语音报障和服务系统、短信服务系统、微信缴费服务系统、支付宝缴费系统、智能远传水表服务系统等），集成掌上办公，网上缴费，语音报障，手机抄表，远程抄表，条码管理多功能智能服务模块；实施城市供水管网漏损计量改造项目，分 17 个片区安装流量计，接入智能水务平台系统进行分区监控；改造老旧管网。配合城区市政道路提升工程及人行道改造升级工程，改造、迁移老旧供水管网2万米；加大管网测漏工作力度。成立管网测漏工作专班，开展管网测漏巡查行动，对供水设施进行拉网式巡护测漏、检查维修，消除安全隐患，全年发现漏点390个，2019年管网漏损控制率从年初28.45%下降至17.14%。

【精准扶贫】 2019年，市自来水有限公司筹集102.7万元（其中直接捐赠太阳河乡帮扶资金30万元，筹集社会捐赠资金72.7万元）用于解决结对帮扶石林村、马林村、头茶园村的基础设施建设。到2019年，公司修建蓄水池10座，总容量290立方米，供水用户210户；到2019年，公司投入300余万元用于脱贫攻坚工作。

（陈春婷）

城乡供电服务

【概　况】 2019年，国网恩施市供电公司完成电网投资4.02亿元；完成售电量4.55亿千瓦时，同比增长9.63%，完成年计划的101.86%；完成售电均价（不含代征）578.98元/千瓦时，比计划低7.57元/千瓦时；完成综合线损率7.01%，同比下降1.26个百分点，比计划值低1.79个百分点；实现内部概念利润6375.55万元，同比增长9.92个百分点。全口径劳动生产率30.26万元/人·年。

【强化安全生产管理】 2019年，全年“四不两直”（不发通知、不打招呼、不听汇报、不用陪同接待、直奔基层、直插现场）稽查施工作业现场831场次，违章记分244分；远程稽查1996次，违章记分28分；约谈施工承包商5次，禁入违章施工队4个。送安全知识到基层34场次，344人通过安规考试，419人通过三级安全等级认证。春秋季安全大检查发现问题241项，整改完成90.4%。创新开展“宣传、教育、训诫”外破防范，消除弱电线路附挂隐患2300余处，完成9处跨越高速公路安全隐患整改。安排1400万元专项资金解决578处安全隐患。发布电网风险预警并有效管控电网风险10次。配网停运计划管控有力，统筹网改、运维、技改、基建停运检修52次，检修计划完成率99.56%（目标值85%），临检率2.4%（目标值低于10%）。实现网络、保卫、交通、基建全方位安全风险管控目标。圆满完成“1901”“迎大庆 保军运”、两会、两考以及电网三级风险预警等重大保供电任务。

【实施电网项目建设】 2019年，《恩施市乡镇电力设施布局规划（2018—2030年）》获得批复，完成《恩施市乡镇配电网网格化规划》。开展35—110千伏网架实地调研，启动板桥大山顶等一批35千伏变（配）电站项目可研。屯堡罗针田和沙地神堂配电站竣工投产，梭布垭和芭蕉主变完成增容，110千伏沐抚输变电工程开工建设。2018年第三批项目1.13亿元、2019年第一、二批1.02亿元网改工程全部投产，2019年第四批7000万元项目开工建设，2019年第五批7471.9万元项目完成物资采购，新投运变台310个。“十三五”时期新一轮农网改造提前一年完成，“两率一户”指标顺利完成，电压合格率97.92%，供电可靠率99.82%，农网户均容量2.03千伏安，供电能力显著增强。协调取得白鹤滩至江苏和浙江两条±800千伏线路支持性协议，完成渝鄂直流背靠背输电工程大件运输扫尾工作。恩施东500千伏输变电建设，芭蕉220千伏变电站扩建，金子坝、沐抚110千伏输变电工程，板桥风电110千伏送出工程属地协调工作顺利。

【强化供电经营与服务】 2019年，公司完成93户高压、4605户低压用户报装，新增容量6.4万千伏安，同比增长18.96%。开展用电稽查，完成合理增收118.21万元。巩固推广治理成果，全年综合线损率同比下降1.26个百分点。完成白杨、屯堡营业厅“三型一化”改造；在市民之家和龙马行政服务厅设立电力窗口，直通车与政务平台“12345”无缝联动；组织开展“千人进千企”“三走访”“保春供、控投诉、提服务”等系列服务活动，“95598”和“12398”投诉同比下降46.85%，太阳、白果、板桥供电所实现全年零投诉。芭蕉所通过省公司“四星级”乡镇供电所验收。

【脱贫攻坚】 2019年，公司快补电力行业扶贫短板，实施配网改造，全市1969个自然村全部通动力电，达到国家贫困村电力行业脱贫标准。完成3个高山偏远村的驻村扶贫以及20个村1392户结对帮扶任务。扶贫“尖刀班”队员杨文清被表彰为“恩施州劳模”。

（何厚英）

教　育

综　述

【概　况】 2019年，恩施市有各级各类学校（幼儿园）279所（含教学点19个）。其中幼儿园122所（公办38所、民办84所）；小学105所，教学点19个；初中26所；特殊教育学校1所；高中5所（普通高中3所，十二年一贯制民办学校2所）；中等职业学校1所（公办）。学校在编教职工5177人，在校学生11.46万人（其中公办8.88万人，民办2.58万人），全市寄宿制中小学87所，寄宿生4.13万人。3月18日，中共恩施市委教育工作领导小组秘书组在恩施市教育局挂牌。

2019年，市教育局被国务院表彰为“全国民族团结进步模范集体”，市中等职业技术学校被人社部、教育部表彰为“全国教育系统先进集体”。恩施市被省学生资助管理中心命名为“湖北省捐资助学先进地区”“湖北省学生资助机构建设达标单位”。龙凤镇龙马民族学校校长吴艳锋被教育部表彰为“全国模范教师”、被省教育厅表彰为“湖北省师德标兵”；市一中教师潘成兴获湖北省人社厅、教育厅“荆楚园丁奖”；市三中教师贺心怡荣获“荆楚好老师”称号；屯堡乡罗针田小学翟红雪和崔家坝镇中心小学李钦华被湖北省教育厅表彰为“湖北省农村先进教师”；市教育局干部黄树军被州委、州政府表彰为“恩施州劳动模范”。恩施市“控辍保学”、营养改善计划工作成效先后在全省大会上作典型发言。恩施市中考各学科总分“四率一分”及学科综合成绩连续3年位居全州8个县市的第一位，高考再创佳绩、连续11年稳中有升。

【教育均衡发展】 2019年，全市义务教育阶段在校学生7.69万人，留守学生7837人，占比10.06%。建档立卡贫困家庭留守学生2248人，占比2.89%。适龄残疾儿童少年566人，接受义务教育的比例95.76%。全市适龄儿童除身体原因不具备学习条件外全部保障接受义务教育，无失学辍学现象。恩施市义务教育学校招生入学暨化解大班额工作按照方案稳步实施，通过发展教育信息化，推进集团化办学模式，全市80所学校参与集团化办学，构建“城区学校＋农村学校”“名校＋新校”“强校＋弱校”“民办学校＋农村公办学校”等集团化模式，促进优质资源共享，缩小城乡之间和校际之间的教育差距。

【学前教育】 2019年，学前教育三年入园率由2018年的88%上升到2019年的89%。通过城乡幼儿园结对帮扶活动，促进全市幼儿园进一步均衡发展。修订出台《恩施市普惠性民办幼儿园认定与管理办法》(〔2019〕63号）等文件，扶持普惠性民办幼儿园14所；对全市幼儿园开展教育内容、教育方式、教育环境、师资水平及一年级零起点教育等方面专项督查，规范幼儿园的办园行为。

【义务教育】 2019年，全市义务教育全面贯彻党的教育方针，全面落实立德树人根本任务，全面提高学生综合素质；坚持德育为魂，能力为重，基础为先，创新为上的要求，深化课程改革。提升学生的核心素养，以深化课程改革为目标，课堂为主阵地，研课赛课为载体，送课送教为有效途径，深入推进课堂改革，注重培养学生自主探究的意识，指导学生掌握科学的方法。持续强化中小学课程意识，开齐国家规定课程，推进拓展性课程建设，定期举办“一年四节”（艺术节、科技节、体育节、读书节）活动，满足学生兴趣、个性、特长发展，促进学生德智体美劳全面发展。持续聚焦改革，整体构思、设计、构建恩施市“中小幼”一体化课改体系，打通壁垒，接续课改，改出一片新天地。恩施市省级立项课题“提高农村小规模学校教学质量的策略研究”，被州政府评为2019年度社会科学优秀成果。

【高中教育】 2019年，全市高中学校贯彻落实《湖北省高考综合改革方案》，突出重点，加大配套保障力度，争取资金6300万元对各高中学校进行改造，升级标准化考点，满足全市普通高中办学条件能够达到高中课程改革走班制需求。结合湖北省第三批进入高考改革的实际，为适应新高考改革的需要，主动对接新高考，招标高等教育出版社教师发展中心，组织全市所有公办高（职）中、部分民办高中校长、骨干教师高级研修班，到全国第二批进入高考改革并取得成功经验的青岛学习观摩。全市6377名考生参加6个学科（物理、化学、生物、思想政治、历史、地理）中的3科选考。全市3所高中3393名学生参加高考，文理一本上线732人，比上年增加130人。文科最高分617分，理科最高分667分，文科理科最高分均在市一中，全市600分以上29人。恩施市一本上线人数连续10年实现提升。

【职业教育】 2019年，市中等职业技术学校有教学班57个，学生3600余人，主要开设学前教育、计算机应用等10多个专业。该校围绕“533”工作思路，重点推进“五项工作”（品牌专业建设、教育信息化、精细化管理、精准扶贫、校园扩建），打造“三张名片”（技能高考、技能大赛、特色校园文化），实现“三大目标”（学生出彩、师生幸福、社会认同），搭建“走出山区就业、走回家乡创业、走向高校深造”的人才发展立校。2019年，该校荣获“全国教育系统先进集体”称号。

【民办教育】 2019年，全市有民办学校4所，中小学生9656人，其中小学生3672人，初中生4075人，高中生1909人。民办幼儿园83所，在园幼儿1.6万人。校外培训机构审批设立106所。

【校外教育】 2019年，市青少年活动中心科技活动室建成并投入使用，总投资150万元，惠及学生1.5万余人，开展活动400余次。新建红土乡石灰窑小学乡村少年宫，全市乡村学校少年宫总数13所。中央彩票公益金补助资金53万元。

【特殊教育】 2019年，市特殊学校坚持严实常规管理和改革创新发展，推进差异化和个别化教学，提高教育教学质量。学校建立资源中心，有班班通、感统康复、多感官康复、语训、多媒体康复训练、宣泄、律动、计算机等专用教室，学校利用功能室设备，坚持有针对性进行个体化康复训练。学校十分重视学生的特长培养和劳动技能培训，利用双休日开设电子琴、笛子、乒乓球、舞蹈和手工等特长班；周三、周四下午设有缝纫、织锦、美容美发、按摩、烹饪等培训班，特长培养和劳动技能均外聘专业教师授课。市特校有10个教学班，三类残障学生105人。其中恩施市户籍62人，外县市户籍43人。在市外特殊教育学校就读3人。

【教育督导】 2019年，市人民政府教育督导室组织开展开学工作综合督导以及恩施市中小学校和托幼机构突发公共卫生事件风险隐患排查、校外培训机构专项治理“回头看”、纠正截留克扣农村义务教育学生营养膳食补助专项整治等专项督导；开展“恩施名学校”“恩施名校长”专项评估、对全市21所幼儿园办园行为进行全面督导评估。市政府教育督导办公室郭辛林撰写的《消除安全隐患，促进学校发展》入选为全国中小学校责任督学挂牌督导典型案例。

【“教育脱贫”工程】 2019年，恩施市资助贫困家庭学生8.35万人次，发放资金6456.5万元，做到市辖管学校在籍在读贫困学生享受资助100%。落实“两免一补”政策，全面实施营养改善计划。全市小学入学率、巩固率均为100%，初中入学率100%、巩固率99.85%，全市适龄残疾儿童少年入学率98.2%。按照“一人一案”精准施策开展劝学劝返工作。其中太阳河、红土、大峡谷、三岔等中心学校分别到福建、天津、广东、河南等地进行劝学劝返。关爱农村留守儿童，建设“亲情小屋”134个，聘请“爱心妈妈”80名。书院中学在全省落实义务教育有保障工作电视电话会议主场作典型发言。市教育局利用扶贫日开展募捐活动，募捐资金5.24万元，支援农村危房改造。

【实现教育信息现代化】 2019年，恩施市加快“教育区域网”“互动录播平台”建设，构建市域“互联网+教育扶贫”体系，创建“互联网+关爱”关爱留守儿童恩施模式，试点建设“创客空间”、全面改造升级校园监控，推进教育信息技术与教育教学的全面融合。荣获湖北省教育教学信息化交流展示团体优胜奖。

【强化学校安全】 2019年9月2日，白杨坪镇朝阳坡村小学校园内发生刑满释放人员持刀伤害学生的特大刑事案件。市教育局深刻汲取“9·2”案件的教训，采取措施，强化校园安全风险防控体系建设，强力推进校园3个100%和校园“明厨亮灶”建设。健全学校安全综合管理运行机制，完善安全责任体系，推进“党政同责、一岗双责、齐抓共管、失职追责”安全责任体系；各学校进一步明确安全管理组织机构和岗位职责；持续加强校园安保力量，牢固树立起校园安全红线意识。全年中小学配备专职保安人员681人，实现全覆盖；联合开展教职工安防常识全员培训，对保安人员、教职工开展器械使用常识培训及校园安防常识的全员培训9203人；进一步强化校园安全管理，进一步加强校园内居民住户管理；对围墙未完全封闭或需要维修的进行新建或维修，新建、维修学校门卫室27个，对115所学校不达标的围墙进行新修、维修和加高，总长6964米；完善校园消防和周边道路交通设施；完成全市校园视频监控升级改造项目，全市投入资金6410万元，为全市所有学校安装一键式紧急报警装置414个，购置“八件套”626套，新增视频监控5933个，校园安防“八件套”全部配齐，校园监控联网覆盖率100%，学校与公安联网的一键式报警装置安装全部到位；对校车逐一进行检查和整治；组成专班，开展专项执法检查。2019年秋季，全市发现安全隐患1795处整改到位，全部实现销号。

【基础设施建设】 2019年，恩施市全面完成“全面改薄”五年规划建设任务。桂花园小学迁建、市中心幼儿园改扩建、杭州市对口援建崔家坝镇刘家河教学点项目先后开工建设；加大对市一中、市二中、市三中配套建设保障力度，争取资金6300万元对各高中学校进行改造，升级标准化考点，满足恩施市普通高中办学条件能够达到高中课程改革走班制需求；先后启动虎民路小学、市职校扩建（PPP）项目、四维街小学教学楼改建项目。根据《义务教育薄弱环节改善与能力提升规划（2019—2020年）》，全市规划建设资金7329万元，主要加强农村寄宿制学校和小规模学校建设以及信息化建设。

【教师队伍建设】 2019年，全市实施“五个工程”（实施师德提升工程、师能培养工程、教研创新工程、名师培养工程、班主任培训工程），提升教师素养；引导和激励教师争做有理想信念、道德情操、扎实学识、仁爱之心的好老师，争做学生锤炼品格、学习知识、创新思维、奉献祖国的引路人。加大人才引进力度，2019年全市学校招录新教师168名；从市外调入教师133名，城乡教师交流486名；定向委培的45名小学全科教师及15名公办幼儿园教师上岗；招录2019年委培生小学全科教师20名，公办幼儿园教师50名；政府购买服务补充教辅人员265名；全市参加国培省项目197个，受训学员1037人，市级教师培训计划项目34项。互派交流跟岗教师18人。

【落实主体责任】 2019年，以主题教育学习主线，围绕教育民生、脱贫攻坚等中心工作。从严从实开展“不忘初心、牢记使命”主题教育，将主题教育与控辍保学、平安校园建设、学生资助工作、补齐教育短板等民生保障相结合。局领导班子分7个调研组深入基层学校大走访55次，征求一线教师的意见建议16条，对检视的87个问题逐一整改落实。

（蔡德梅　曹思敏）

市第一高级中学

【概　况】 2019年，恩施市第一高级中学（以下简称市一中）有63个教学班，在校学生3604人；在岗教职工298人，其中在岗特级教师2人、湖北省名师1人、省级优秀教师1人、省级优秀学科教师26人、恩施州名师2人，恩施市名师39人，正高级教师2人，高级教师102人、中级教师126人，硕士研究生21人。

【2019年高考】 2019年，市一中文理科（不含艺体）一本人数首次突破500人，达到583人，本科上线人数1338人。易修弟被复旦大学录取，范涛被同济大学录取。

【打造智慧E校园，构建教育新生态】 2019年，市一中完成高考标准化考场建设，每个考场设有两个高清监控摄像头并与省州市高考监控系统联网；完成校园监控平台、一键报警联网工作，通过对校区各个分散的监控进行改造、连通、配置，至2019年12月中旬，学校监控平台与市教育局“校园监控平台”、市公安局“智慧恩施监控平台”成功对接。在学校门卫室、监控室、学生宿舍也安装一键报警系统；完成课堂生态系统服务器的安装，班主任通过手机APP可以远程实时查看本班教室情况，学校领导可以查看所有班级教室情况，方便学校管理。

【学生社团活动】 2019年，市一中有学生社团20个。12月31日，微公益协会10多名志愿者凌晨4点集合参加“一杯姜茶·温暖中国”大型公益活动，《直播恩施》、恩施文明网、湖北省文明网等媒体进行报道。

【落实学生资助工程】 2019年，市一中贫困生得到泛海集团、州水利水产技术推广站等企事业单位的资助。其中1人享受“感恩中国”助学金1200元，2人享受州水利水产技术推广站助学金2000元，138人享受到“泛海助学”金69万元，50人继续享受省慈善总会和市慈善总会提供的助学金5万元。全年发放助学金9.31万元、奖学金23.01万元。

【基础设施建设】 2019年，为保障师生安全，实现人车分流，投资324万元修建高架连廊；为改善办学条件，投资646万元动工新修教学综合楼；为保证学生热水使用，投资83万完善维护学生宿舍热水系统；为保证师生用电投资115万配电增容。

（吴明为）

市第二高级中学

【概　况】 2019年，恩施市第二高级中学（以下简称市二中）有30个教学班，1873名在校高中学生，在职教职工169人，退休教职工57人。其中硕士研究生16人，州级骨干教师4人，市级骨干教师8人，市名师12人，高级教师41人，一级教师79人。全年度新招录4人，市外选调6人。

【实施教学改革】 2019年，市二中高二年级“选科走班”的课程建设及学业水平考试，“导学用大课堂”全面实施。“三个一”活动进一步深化，“同唱一首歌”“三分钟演讲”课前活动进一步规范。支持教师外出学习，培优骨干教师，抢抓东西部协作机遇，组织教研组长及部分骨干教师赴青岛、济南、杭州、襄阳及恩施州各县市兄弟高中学校观摩学习，选送语文教研组颜进到浙江大学继续教育学院参加《恩施市2019年东西部协作项目—专（兼）职教研员培训》。组织部分学科参加恩施州普高四校联盟（数学、生物、地理）“同课异构”活动。利用“恩施州教育局招委组织的全国成人高考”“教师技能统一考试”“高中学业水平合格性考试”等国家级考试平台，注重考后评价，发挥应有作用。湖北省教育科学研究院组织的“湖北好课堂”展评课活动，市二中化学教师颜晓红的录像课《探究二氧化硫的性质》获州一等奖；湖北省教学信息化交流展示活动，向墨馨的教学案例《用心体味建筑之美——探寻建筑艺术的特点》获二等奖；第七届全国中小学实验教学说课恩施州选拔赛，沈金明执教的《绿叶色素的提取与分离》获州二等奖；湖北省教师继续教育协会举办的第一届青年教师教学素养比赛，英语教师王光军的论文《如何让课堂不再沉闷》荣获一等奖。课题研究方面，洪珍等老师参与中国心理学会心理学普及工作委员会的研究课题《高效用脑促进学生学法指导有效性的应用研究》获一等奖；语文教师胡蓉等老师参与教育部“十三五”教育科研规划全国重点课题《高中语文作文教学中存在的问题及策略探究》和语文教师李艳等老师参与教育部“十三五”教育科研规划全国重点课题《高中语文阅读教学思考》均获一等奖；英语教师隆孝松等参与中国管理科学研究院教育科学研究所的研究课题《高中英语生态课堂教学的实践探索研究》获一等奖；体育教师向吉松等参与中国管理科学研究院教育科学研究所的研究课题《开展足球运动，增强学生体质的实践研究》获一等奖；英语教师熊靖参与中国管理科学研究院教育科学研究所的研究课题《高中英语阅读教学中思维导图的有效运用研究》获一等奖。

【学生学籍管理】 2019年秋，市二中高一新生招录工作严格按州教育局的规定计划执行。对各班级学生到校情况进行细查，对学生休学、复学、转学、借读、辍学等情况进行详实记录，以规范学籍管理。高考考生报名登记、图像采集、身份确认、体格检查、志愿填报等宣传到位，落实到位，准确无误。科学规范管理学籍异动，落实转、退、休学手续，实行严格审批管理。

【教育资助管理】 2019年，市二中在籍在校建档立卡的贫困家庭学生1030人，其中国家助学金受助学生1030人次，资助金额154.5万元；免学杂费资助1017人次，资助金额91.53万元；交通费受助407人次，资助金额12.21万元；“感恩中国”社会资金捐助学生86人次，受助资金6.92万元；中央专项彩票公益金滋蕙计划受助学生50人，资助金额10万元；泛海助学行动受助学生39人，资助金额19.5万元。

【高效课堂建设】 2019年，市二中全面实施“导学用大课堂”的教学模式，做到“先学后教，以学定教”，精心组织“高三理化生政史地学科二轮复习竞赛”活动，教师们主动参与；配合开展由北京大教育考试评价中心组织的“全国大教育创新联盟的研讨课”活动，特邀全国知名教育专家陈庆军教授到校指导高考备考工作；组织参加湖北教育科学研究院“湖北好课堂”展评活动，获州二等奖3人、三等奖1人；参加“第二届恩施州教师教学技能竞赛”活动，获州二等奖2人、三等奖3人；参加第七届全国中小学实验教学说课活动，获州二等奖1人；组织恩施州普高联盟地理、生物同课异构活动，获州一等奖2人；组织专业教师参加恩施州普高联盟音体美及信息技术学科“同课异构”学习活动；开展新进教师“研讨课”和“青蓝工程展评课”活动，落实高效课堂优质课常态化工作。

【教师提升教育】 2019年，市二中邀请北京大学原教育文化战略研究所所长王继华教授就“教师素质提升”作专题报告；邀请北京大学教育考试评价中心主任陈庆军教授实施课堂改革的培训；组织参加“恩施州教育联盟”“恩施州普高联盟”等教研交流培训会；邀请州书法家协会专家指导书法艺术，开设书画培训班；选派教师到杭州参加恩施市2019年东西部协作项目专（兼）职教研员培训；组织参加湖北省普通高中教师“新高考”新教材专题培训；参加湖北省学校后勤管理专项培训；组织骨干教师参加湖北省2020年高考首轮备考研讨会暨备考经验交流会；组织教师参加《湖北教育》第十七届通讯员培训班；选送心理咨询教师参加中南民族大学举办的心理健康教育培训以及高中生生涯规划指导教师培训；组织党支部支委成员参加第三期全国中小学校党组织书记网络培训班；选派民主党派成员参加民革湖北省委员会在重庆大学举办的基层组织负责人暨骨干党员培训；组织教师完成国家教科研规划重点课题4个，并通过验收；组织教师参加2019年湖北省教育教学信息化交流展示活动，获一等奖1人。

【特色教育】 2019年8月，市二中高考艺术类（音乐、美术、传媒等）双上线130人，其中美术考生周炼通过自主招生考试被韩国弘益大学录取。是年，体育考生双上线56人，艺体类上本科线人数居全州各类普通高中（含重点高中）前列，是湖北美术学院指定的恩施州唯一美术专业实习基地和优质生源基地，湖北省体育特色学校、恩施州体育传统项目学校。举办展示市二中办学特色的重大活动——“第十五届校园文化艺术节”和承办恩施市教育局举办的“全市中学生男子篮球运动会”，《恩施日报》、湖北教育网站等多家新闻媒体宣传报道。

【信息化建设】 2019年，市二中推进“互联网+教育”工作，投入120万元招标智慧校园项目，市财政投入近30万元提档升级标准化考场设施，采购一间云教室机房电脑63台，教学用触摸一体机1台，实施电信部门百兆光纤进班级，投入资金4.3万元更新校园广场音响。组织教师参加湖北省教育教学信息化交流展示活动，获省二等奖2人、三等奖4人。指导学生参与制作的网页、小软件和徽标等作品在全国中小学电脑制作活动（高中组）比赛中获省一、二、三等奖各1人；配合教师参加“湖北好课堂”“一师一优课”录像课的摄制编辑剪辑工作，累计录课40节，均获省、州级优质课表扬。组织宣传技能培训，利用学校微信公众号，硒都教育、硒都网、恩施日报、省州教育信息网等新闻媒体平台发布信息200余条（篇）。

【安全知识教育】 2019年，市二中在安全防控工作上，与各处室、每个教师和学生家长签订安全责任状，让安全课进入课堂，邀请“法制进校园”讲师团何璇律师为学生进行法制讲座，开展预防“校园欺凌”“防艾滋病入侵校园”等为主题的教育宣传活动，坚持实施周安全抽查、月安全排查、月安全疏散演练制度；在疾病防控工作上，对校园、教室、寝室、食堂、卫生间等全覆盖的消杀工作从不放松。在教育管理途径上，坚持“以人为本，德育为先，全员育人”的管理理念，以“五自德育”为目标，组织开展家校共建、“主题团日”、新生军训、国防教育、“宣传推介恩施旅游活动”、关注“中国禁毒”微信公众号等重要活动，结合时令纪念日节点，运用班会、黑板报、国旗下讲话等方式，开展有针对性的安全知识教育。

【心理健康教育】 2019年，市二中获中国管理科学研究院素质教育研究所授予的“校园心理危机干预能力建设示范校（2019—2022年）”称号。是年，建设新的心理辅导咨询室，配齐心理教师办公室、心理个体辅导室、团体辅导室、宣泄室等专用场所和设备，对高三学生严重失眠问题，通过药物和有针对性的心理治疗，让他们放松减压，宣泄情绪，尽快恢复学习状态。对突发事件心理卫生危机问题的学生，及时干预处置，有效控制在萌芽状态。开展“心理健康教育”主题班会、“女生青春期心理、生理知识讲座”等活动，对有心理卫生问题的学生运用心理危机排查与干预、组办心理咨询墙报专刊等方式，最大限度地疏导学生心理，强化学生心理教育。

【基础设施建设】 2019年，市二中争取改善办学条件，女生公寓楼建设6900平方米竣工验收，并投入使用，中央项目资金和地方配套投资1140万元；维修改造运动场5000多平方米，利用湖北省攻坚计划资金和地方配套投资169万元；新修校园广场5000多平方米，市财政列支投资150多万元。

（刘启兴）

市第三高级中学

【概　况】 2019年，恩施市第三高级中学（以下简称市三中）有教学班60个，学生3616人。在编教师255人，研究生学历28人，中学高级教师58人，党员教师110人。高考纯文化一本上线147人，在全州非重点高中排名第二，按恩施州教科院从进口看出口的数据评价，市三中成为全州一本人数持续保持增速最快的学校。艺体一本上线167人。“211”以上大学录取24人。本科过线近1200人，本科上线率99%。2020届美术毕业生151人参考，150人过本科线。

2019年，市三中课内比教学上400节公开课，参与率100%。市三中被教育部课题研究室授予“教育部课题研究卓越贡献示范单位”；被湖北省教育厅关心下一代工作委员会授予全省“新时代好少年”主题教育读书活动“我为祖国点赞”先进集体。

【年级独立管理】 2019年，市三中施行年级组独立管理模式。高一年级组抓入学教育、行为规范养成教育及班风学风建设，为学生成长创造良好的环境，重视学生和家长的信息反馈，增强教育教学效果，探索校本课程的开发与建设。高二年级组家长与学校共管，班级与年级共建，学生与学生自治，制定年级教师考核制度、教学常规管理制度、课间操“集训”常规、早读和课前读制度，启动“目标墙”制度，借用学校公众号平台，助力年级教师“课内比教学”。高三年级组落实“一考带四会”制度，对接新老高三备课组备考经验，依托大联盟优质试卷资源，强化同类班级相互评价，搞好目标生管理，组织好语数外周考以及文理综大卷训练和选择题专项训练，以提高学生的综合应考能力。

【信息化设备更新】 2019年，市三中为62块黑板全部加装冰点还原软件，配装虚拟存储空间。更换中心机房核心交换机2台。完成高考听力、监控专线改造及UPS设备更换，完成教室、办公室电信终端电源和网线施工，完成在建新楼的LED大屏招标，2个阶梯教室的音响及投影设备、教室班班通招标工作。

【同课异构活动】 4月3日，市三中教师万宏刚、刘明涛和卢小仟分别参加恩施普通高中四校联盟在巴东二中举行的政治、物理学科高一、高二和高三政治同课异构赛课活动。5月8日，市三中派出各行政部门主要领导以及数名教师前往市二中参加恩施州普高联盟数学学科同课异构活动。7月5日，市三中邀请利川五中、巴东二中、恩施二中进行同课异构活动，4校音、体、美、信息技术4科16名教师同场交流。

【“柳芽·希望”三节活动】 5月16日，市三中首届教职工红歌比赛及“柳芽·希望”三节活动之红五月暨纪念五四运动100周年文艺晚会于校科技楼广场举行。5月31日上午，全校师生向伟大祖国70华诞的献礼，同时作为“柳芽·希望”三节系列活动之一，高一年级举办以“我和我的祖国——为新中国成立70周年献礼”为主题的诗歌朗诵大赛。

【中南民大“优质生源基地”揭牌】 5月28日，中南民族大学总会计师乔俊杰、招生处副处长李春雷、科长钟文勇一行为市三中“优质生源基地”揭牌。

【贺心怡荣获“荆楚好老师”称号】 9月5日，2018“寻访荆楚好老师”大型公益活动颁奖典礼在湖北日报集团会议厅举行，市三中荣获2019年“荆楚好老师”的贺心怡老师参加颁奖仪式，获得主办方颁发的奖杯、证书及1万元奖金。

【生涯规划培训】 9月23日，市三中举行“新高考背景下的生涯探索与实践”的专题培训会，200余名教师参加培训学习。9月27日，市三中在体育馆举行针对高一学生的生涯规划公益讲座。本次讲座由毕业于华东师范大学心理与认知科学学院的许波老师主讲，讲座让高一新生明确生涯规划的道理与策略，为学生高中选课、适宜新高考做好心理上的准备。

【“桂花·收获”体育艺术节】 10月17日，市三中“桂花·收获”体育文化艺术节暨第八届秋季田径运动会开幕。10月17日，举行校园“十佳”歌手大赛。本次“十佳”歌手大赛以“青春唱响，献礼祖国”为主题，与会的青年们用独特的方式展现自己的青春活力与梦想，为祖国庆生。10月18日，举办以“庆祝新中国70华诞，弘扬中华传统文化”为主题的文艺晚会。

（张定成）

市中等职业技术学校

【概　况】 2019年，恩施市中等职业技术学校有57个教学班，学生3600余人。学校被人社部、教育部表彰为“全国教育系统先进集体”。

【提高教学质量】 2019年，学校修订完善专业人才培养方案和专业课程体系，深度开展校企合作、校校合作和“3+2”中高职衔接办学，计算机专业“WEB前端开发证书”成功申报国家试点，把会计专业“智能财税证书”和汽修专业“汽车运用与维修证书”确定为学校试点。人才培养模式改革稳步推进，有效促进育人质量进一步提高。

技能高考、技能大赛集训辅导、第二课堂活动开展等工作，重点强调工作落实，讲求效果。技能高考大学升学率100%，学生技能大赛成绩再创历史新高，州赛获一等奖16个、二等奖16个、三等奖11个；省赛获一等奖4个、二等奖10个和三等奖15个；国赛获三等奖1个；在双创大赛中，学校获奖人数600多人次，申请专利4项，3项获得审批，学校成功申报中国发明协会中小学创造教育分会团体会员，被授予“创新教育基地校”。

学校开展智慧校园建设，加强信息技术设备的维护，信息化建设总投入514万元，建立标准化考场与校园监控，采购计算机470台与塔式服务器，建成IP广播系统，改造一卡通设备，建立“天天乐学”教学资源库。

【拓展招生就业】 2019年，完成招生1636人，起计划436人。先后3次组织935名学生赴江西吉安、浙江宁波吉利开展教学实习，安排教师11人次长期驻厂管理。2017级学前教育专业学生102人参加实习。

【开展合作办学】 2019年，巩固与杭州市电子信息职业学校、杭州市建设职业学校、武汉城市职业学院、武汉仪表电子学校、宜昌三峡中专、恩施职院的联合办学。开展对接帮扶21次，90余人次参加交流学习，招收“3+2“分段培养模式学生110人，帮扶建设创新综合实训室1个，接受帮扶资金15万元，通过结对帮扶，发挥帮扶学校优质教育资源的示范辐射作用，在学校管理、专业建设、实训室建设、大赛辅导、学生德育等方面取得阶段性成果。加强州内11家挂牌实习基地幼儿园的校企合作，促进相关专业学生对口就业。

【实施社会培训】 2019年，实施电大学历培训，招生人数114人。湖大教学站2019年入学63人，进一步提升职校学历培训规模效应。驾驶培训4348人，资格证逾期恢复考试报名人数204人。对外培训方面，学校是指定的“雨露计划”贫困劳动力转移培训机构，全年开展各种培训，育婴师培训244人次、养老护理231人次、保安员187人次、美容美发5人次，低压电工作业培训、高压电工作业培训、熔化焊与热切割作业培训、空调制冷与维修作业培训、高处作业培训等特种作业培训367人。

（丁　玲）

文旅　传媒

文化体育

【概　况】2019年，恩施市坚持以人民为中心，按照公益性、基本性、均等性、便利性的要求，不断完善公共文化服务体系，着力实施文化惠民工程，突出抓好文艺精品创作、文化遗产保护与传承、全民健身、文化产业发展和文化市场管理，全力推动文化恩施大发展大繁荣。全市“三馆一站”及村（社区）综合性文化服务中心覆盖率119.35%，公共图书馆、文化馆、公共空间设施场地免费开放率100%。行政村、扶贫搬迁点群体器材全覆盖。广播电视综合覆盖率99.95%，“村村响”“户户通”运行有序推进。

【公共文化服务】2019年，全市统筹使用中央和省级文化专项补助资金943万元，用于支持基层综合文化服务中心建设，补助公共文化服务。实施龙凤、新塘、红土等3个综合文化中心建设工程。新修建村级文体广场63个，村级文化活动室维修和文化器材购置27个，特色文化村建设2个。孝感对口支援帮扶资金10万元，主要用于完善崔家坝镇茅田坪村、刘家河村和大峡谷风景管理区大庙村等村级文化活动室配备。大力实施文化惠民“三百工程”（百姓大舞台、百姓大讲堂、百姓大展厅），送戏下乡、戏曲进校园150场，举办文艺培训48次、培育文艺团队120支、文化志愿者1000名、文艺骨干5000名，组织各类文体活动1000场次以上，参与群众30万人。组织开展荆楚“红色文艺轻骑兵·香墨写春意 吉祥进万家——为贫困户写春联”活动，送春联送福字近20次，写春联2500余幅。举办全市“森林韵”书法美术大赛和建国70周年书法大赛，征集书法作品350余幅，展出140幅。与市退役军人事务局联合举办“永不褪色的国防绿”主题征文活动，共收稿件78篇，评出一等奖3名、二等奖5名、三等奖8名、优秀奖10名。开展“戏曲进校园”活动，市戏曲曲艺家协会在恩施市舞阳小学、恩施市实验小学、恩施市硒都民族实验小学创作编导20余次。举办廉政、环保、安全文化宣传展览展示30次。市非遗中心牟翼获全州红色故事宣讲大赛特等奖、最感人恩施红色故事奖，获湖北省红色故事宣讲大赛专业组优秀奖、网络人气奖。以反映精准扶贫“尖刀班”工作为题材的恩施扬琴《再访吊脚楼》全市巡演。

2019年2月8—11日，组织开展为期四天的春节大巡游活动，来自全市17个乡镇办的近1500名基层文艺工作者组成巡游队伍走上街头，与数万市民激情互动，展演“灯戏”“恩施傩戏”“皮影戏”“南剧”和舞狮、龙灯，载歌载舞喜迎新春佳节。2月12日晚中央电视台新闻联播在《幸福中国年　文化进万家》栏目播放恩施市新春游园会场景。

【文学艺术】2019年，徐晓华散文《优雅的土地》在《民族文学》发表。颜英在长江丛刊等6家刊物发表诗歌作品达40多首。崔显实在长江丛刊、汉诗、湖北日报等刊物发表诗歌作品20多首。吕金华中篇小说《晚风吹》在《芳草》发表，并出版中短篇小说集《石板沟的鱼》。谈焱焱作词的歌曲《长江大写意》《大山的情怀》在国家级刊物《歌曲》上发表。黄爱华、刘绍敏等人的散文作品在民族文学、中国作家网发表。白杨坪镇漆器髹饰手工艺传承人于祥志的漆画《马风遗韵》获十四届中国民间工艺山花奖湖北赛区铜奖。李咸生摄影作品《步步高》、周孝莉摄影作品《百年老宅》获“第21届全国艺术摄影大赛”铜奖。肖华林摄影作品《青山通途》、漆绍萍摄影作品《雾漫山城》、胡美华摄影作品《农家有喜》入展“第28届湖北省摄影艺术展”。周孝莉摄影作品《人间仙景清水塘》参加由内蒙古文联、内蒙古摄影家协会组织的“庆祝中华人民共和国成立七十周年56个民族一家亲”全国摄影大赛获得入展奖。《中国啊我的中国》MV在学习强国平台展播。《情漫恩施》MV在全媒体推广。白果乡农民艺术团表演的节目《土家摆手舞》获“同一个节日、同一个梦想”全国第二届民族服饰文化艺术大赛最佳表演奖。湖北省作家协会在龙马风情小镇挂牌成立“文学创作生活基地”。郑丛本、陈国宜被评选为“全省优秀民间文化工作志愿者”。快板《大美巫峡口》参加2019巴东纤夫节文旅活动。12月31日，举办“中国土家女儿会文化之乡”申报研讨会，中国民协副主席沙马拉毅等7名知名专家到恩施参加会议。

【《风情龙马诗词赋》(300篇)出版发行】 2019年，为进一步打造龙马风情小镇文化品牌，提升龙马风情小镇文化品位，全面宣传与展示龙凤镇全国改革试点建设成就和发展面貌，龙马风情小镇诗、词、赋“三百”文化工程建设顺利完成，在全州范围内组织稿件征集、遴选活动。最终确定《七律·诗吟龙马》100首、《龙吟曲·词咏龙马》100阕、《龙马赋·赋诵龙马》100篇为入选作品，结集为《风情龙马诗词赋》，交由湖北人民出版社出版发行。同地同题诗、词、赋各100篇（件）结集公开出版。

【恩施土家女儿会】 2019年，恩施土家女儿会以“情定女儿会·爱在恩施行”为主题，设有龙马风情小镇、梭布垭石林、恩施州城风雨桥3个分会场和红土石灰窑会场。在8月10—12日期间，除举办一系列极具土家风情的活动之外，还有原生态民歌大赛、篝火联欢和星空露营等特色活动。

龙马风情小镇分会场。8月10日上午9时，举行恩施土家女儿会开幕式；下午3时，举行巡游活动。巡游队伍从风情街入口出发，经滨河大道至龙马老街，最终到达研学基地，全程近1个小时。文争武斗相亲会在女儿会现场激情上演。土司招婿情景演出成为相亲会上的亮点，舞狮队在土家号子声中跳到花轿前，送亲队伍在山民歌的对唱声中渐渐行往远方。

梭布垭石林景区分会场。8月10—12日，恩施土家女儿会万人巡游实景剧·歌舞相亲、赶场相亲·赶边边会、“海枯石烂”集体定亲仪式、名人星空音乐节等系列活动全方位展示土家文化的魅力，土家阿哥阿妹以歌为媒、以物定情、选定如意伴侣。8月11日，“相约女儿会·挑战十大拐”山地自行车邀请赛在太阳河乡激情上演，来自全国22个省市、近400名选手参加比赛。8月11日下午，举办第五届“相约女儿会·鄂台少数民族手牵手活动”，台湾同胞和热情洋溢的土家幺妹幺哥开展活动。

州城风雨桥分会场。8月11日上午，举办土家婚典，拦车马、跨火盆、拜堂……种种经典土家婚礼元素现场再现。8月12日上午，举办州原生态山民歌大赛，17支队伍参加比赛，上演《幺姑筛茶来》《十杯酒》《修桥歌》等山歌、民歌。8月12日下午，汉唐婚秀也在清和园浪漫开幕，向大家展示中国古代婚礼之美。8 月 12 日晚，举办土家风情相亲会，众多单身男女相聚在这里，通过游戏，为爱情牵线，到处弥漫着浪漫的气息。

红土乡石灰窑女儿会原生地会场。8 月 11 日晚，举办原生态女儿会迎宾晚会，来自建始官店镇、宣恩椿木营乡、鹤峰中营镇、恩施沙地乡、六角亭街道、红土乡石窑社区等文艺代表队，表演现代舞、小品、民歌对唱、小戏曲、跆拳道、诗歌朗诵、穿号子、五句子等节目。8 月 12 日，红土乡石窑集镇上处处张灯结彩，居民身着传统民族服饰，带着自家土特产和手工制品，沿街摆放贩卖。数千游客畅游在老街古巷中，探寻古老村落的土家风情。8 月 12 日晚，红土乡石窑数千名相亲男女围着篝火跳摆手舞，欢声笑语、柔情浪漫和火热激情，演绎着土家阿哥阿妹的爱情剧。

【非遗保护传承】 2019 年，开展省级代表性传承人抢救性记录工作，全方位数字化记录“恩施三才板”传承人杨洪顺、“恩施傩戏”传承人邓玉书、“恩施玉露制作技艺”传承人杨胜伟的口述、项目实践和传承教学资料。《中国戏曲剧种全集》湖北剧种（恩施傩戏、灯戏）编辑出版。“恩施扬琴”入选文化和旅游部《曲艺传承发展计划》。开展“灯戏”传承培训活动 45 天，复排传统剧目《姚癞子讨亲》《洞宾点单》；“恩施扬琴”传承培训活动 30 天，复排传统剧目《黛玉葬花》《川北腔》；“恩施傩戏”传承培训活动 20 天，复排传统剧目《打金银》；开展非遗中心民族乐队培训 120 节课时；新挂牌成立恩施职业技术学院——恩施玉露制作技艺传承基地；开办土家女儿城非遗传承人收徒暨“青年人才”培训班。组织“恩施扬琴”《美丽神奇恩施城》“太阳河民歌”“石工号子”等非遗代表性项目参加恩施州 2019 年“文化和自然遗产日”非物质文化遗产项目展演活动。开展“戏曲进校园”51 场，集中展示“灯戏”和“恩施傩戏”近年来传统剧目复排成果。恩施市非遗中心演出团队受邀参加第七届世界军人运动会独家供应商新闻发布会暨武汉东湖茶叙周年茶会、浙江对口地区民族文艺巡演、苏州 2019 鄂旅投走进长江三角旅游推介会、湖北省首届荆楚乡村文化旅游节开幕式和湖北省庆祝中华人民共和国成立 70 周年文艺晚会。三岔镇（傩戏）被湖北省文化和旅游厅命名为“2018—2020 年度湖北省民间文化艺术之乡”。

【文物保护】 2019 年，恩施市完成施州古城建设项目评估评审。“施州城址”城墙一期、二期修缮工程，获州级验收，完成工程款结算。完成滚龙坝狮子屋场抢险维修、武圣宫管理用房维修和一期环境整治、周家石门抢险维修、中美空军俱乐部一期抢险工程。完成武圣宫展示利用工程、消防给水工程。完成滚龙坝古建筑群部分屋面抢险工作。沙地天主教堂修缮工程项目获得 103 万元省级财政专项资金支持。滚龙坝古建筑群茅坎山建筑群及何功伟烈士就义旧址修缮项目被纳入 2020 年度省级重点文物保护项目。9 月，市人民政府公布恩施县第三中学旧址、熊家岩朱氏祠堂、石灰窑红三军政治部旧址、水田坝刘家大院 4 个为第五批市级文物保护单位。完成 42 处市级以上文物保护单位及 130 余处一般文物点基本信息表填报任务。完成盛家坝乡二官寨村、大集场村易地搬迁户原住房房屋鉴定工作，22 处木瓦结构房屋被认定为传统风貌建筑。板桥镇新田村鹿院坪组、沙地乡落都村、屯堡乡双龙村雾树吼组、白果乡见天坝村水田坝组、芭蕉侗族乡戽口村彩虹山组、盛家坝乡车蓼坝村和麻茶沟村 7 个村被列入第五批中国传统村落名录。全市中国传统村落累计 12 个。省政府公布恩施抗战历史陈列馆为“湖北省第四批国防教育基地”。恩施抗战陈列馆与杭州市“五四宪法”历史资料陈列馆缔结友好馆，与湖北民族大学马克思主义学院签订友好合作协议。恩施抗战历史陈列馆、叶挺将军囚居旧址、施州城址南门城楼展示免费开放天数 317 天，接待观众 5 万余人次。

【广播电视】 2019年，全市172个行政村广播电视“村村响”全覆盖，配合乡镇集镇改造，做好集镇和村组光纤化网络改造工作。广播电视“户户通”安装开通11.54万套、开通率94.14%。完成农村放映公益电影6972场，受益群众10万人次。完成楚天视讯恩施市支公司转企改制，原进入楚天视讯恩施市支公司、选择由政府安置的1名在编人员安排在市旅游局工作，30名“以钱养事”人员按照“个人申请、岗位需要、组织同意、参加考试、服从分配”的原则，通过笔试、面试成绩确定名次，依次自愿选择到乡镇综合文化服务中心工作。自当年8月起，楚天视讯转企改制政府安置人员纳入市文化和旅游局管理，工资福利和奖励等待遇纳入财政预算，当月起薪。

【全民健身工程】 2019年，恩施市新建体育场地12处，全市人均占有全民健身体育场地面积1.61平方米。完成2个乡镇、4个村级文体广场的建设，完成体育中心场馆墙面粉刷，完成乒乓球馆建设。对贫困村、易迁点和新建村级文体广场援建全民健身体育器材1168套（件）。在硒都广场、土桥广场、凤凰广场各建成1个智能健身驿站。新增3个协会（俱乐部），培训84名社会体育指导员，经常性参加健身运动的20万人。完成省注册运动员60名，州青运会注册运动员350名，教练员15名。组织参加冬训、夏训550人。全市组织289名运动员参加州青运会7个大项、136个小项比赛，获金牌71枚、银牌35枚、铜牌26枚。组织140名运动员参加湖北省足球、乒乓球、跆拳道、游泳、赛艇锦标赛取得3金、8银、5铜、33个前八名的成绩。向省队输送5名青少年体育后备人才。承办的湖北省青少年男子篮球锦标赛，全省19个代表队、400名运动员参赛。8月11日，举办“2019中国·恩施梭布垭石林杯”十大拐自行车爬坡赛，来自全国不同省市24个地区的68支代表队500余名骑行爱好者参加角逐。

【文化产业】 2019年，恩施市开展第四次全国经济普查文化产业数据调查工作，先后3次召开联席会议，对文化产业企业统计入库工作进行业务培训，及时通报规上文化产业企业总体经营情况。对新增的136家疑似文化产业企业名单进行调查，按照各自入统条件进行审核筛选，确定重点培育企业名单，有效保障应统尽统。经第四次经济普查确认，全市共有文化产业单位1862家，其中产业活动单位24家，规模以上文化企业18家。恩施奥山文化旅游发展有限公司、恩施自治州陈昌文化商贸有限公司、恩施手拉手商贸有限公司3家文化企业“进规”。恩施喻缘皮具有限公司和达翔技术（恩施）有限公司2家“入统”。文化产业涵盖旅游、印刷、网络信息、广告、家用视听设备零售、网吧和娱乐场所、艺术培训机构等多种行业。全市文化产业增速为5.5%，文化产业增加值达到10.69亿元，其中规模以上文化单位增加值达到4.72亿元。

【文化市场管理】 2019年，加强“五一”、暑假、“十一”、世界军运会期间等重点时段的市场管理工作，先后开展春节期间文化市场专项保障行动、两会期间文化市场专项检查和校园周边、娱乐场所、中高考期间文化市场、互联网上网服务营业场所、出版物市场、印刷复制企业、非法卫星电视接收设施、庆祝建国70周年和世界军运会期间文化市场专项整治行动等专项整治工作，开展“扫黄打非·清源”“扫黄打非·净网”“扫黄打非·护苗”“扫黄打非·固边”“扫黄打非·秋风”五大专项行动。全年出动文化市场执法人员2500余人次，检查企业1200余家次，对城区网吧、歌舞娱乐场所、高危型体育项目进行全覆盖检查，对乡镇、农村上网服务场所、校园周边环境进行重点整治。立案查处文化市场经营案件3件，取缔一家擅自设立的广播电台。印刷企业环境整治全部到位。查处网络传播违法物品案1起。

【机构改革】 2019年3月，印发《市委办公室 市政府办公室关于印发〈恩施市文化和旅游局职能配置、内设机构和人员编制规定〉的通知》（恩市办文〔2019〕32号）文件，将原市文化体育新闻出版广电局的职责，以及市旅游委的行政职能整合，组建市文化和旅游局，对外加挂市广播电视局、市体育局牌子。将市文化体育新闻出版广电局（市版权局）的新闻出版管理职责和电影管理职责划入市委宣传部，2名行政编制人员转隶至市委宣传部。3月18日，恩施市文化和旅游局挂牌成立。

【党风廉政建设教育】 2019年，市文旅局机关开展“第20个党风廉政宣传教育月”活动，做好党风廉政建设“十进十建”活动，通过快板、打鱼鼓、山民歌以及书法、戏曲等群众喜闻乐见的方式宣传从严治党、廉洁从政、正风肃纪等方面内容。《党风廉政六口茶》、歌颂张富清事迹歌曲《大山的情怀》全市传唱。

（杨　光）

旅　游

【概　况】 2019年，恩施市接待游客2373.99万人次，同比增长12.45%；实现旅游收入196亿元，同比增长9.13%。其中接待入境旅游6575人次。9月20日，国家文化和旅游部发文命名恩施市为“全域旅游示范区”。恩施市获授“2019中国县域旅游竞争力百强县市”“2019中国最美县域”。游客满意度连续4年居全省第一。

【生态文化旅游产业集群】 2019年，恩施大峡谷、恩施土司城、梭布垭石林、恩施女儿城等核心景区提档升级工程有序推进。青云崖旅游度假区完成投资4亿元，红花峡峰林景区完成投资5000万元。通过大清江度假区国家AAAA级旅游景区景观质量评审；完成《女儿湖项目规划》《枫香坡侗族风情寨风貌改造方案》评审；完成铜盆水森林康养项目、富尔山休闲度假项目论证；完成鹿院坪景区门票定价听证会。实施沐抚古镇度假区、麂子渡村州级乡村旅游扶贫试点村建设。新增贵阳、青岛、恩施南宁航线，恩施航空口岸开放，实现国际旅游包机直航。新建旅游公厕8座，完成2015—2019年旅游厕所质量等级评定，百度地图上线率93%。推出《新龙船调》《土司民俗歌舞表演》《土家非物质文化展演》等文旅产品。恩施众信旅游集团有限公司获工商银行恩施支行无抵押信用银税贷款200万元。三岔镇阳天坪“土豆花儿开”、盛家坝乡二官寨村农耕文化节、白杨坪镇麂子渡乡村旅游节、板桥镇鹿院坪萤火虫之夜·星空帐篷音乐节等一批乡村旅游活动唱响文旅、农旅融合发展新篇章。大清江国际旅游度假区有限责任公司“进规”。恩施大峡谷旅游开发有限公司获得省总工会“湖北省五一劳动奖状”。白杨坪镇洞下槽村被国家文化和旅游部办公厅、国家发展改革委办公厅命名为“全国乡村旅游重点村”。茶花山居、搬木忘山等10家民宿入选恩施州星级旅游民宿。

【旅游宣传】 2019年，恩施市举办“花YOUNG文旅·乐享恩施”文化和旅游推介会、“携手2019·探秘北纬30度”恩施旅游产品推介会、“恩施全球旅游推介会·国际旅游小姐恩施文化旅游10年情”暨2019国际旅游小姐洲际总决赛颁奖盛典等活动，多角度、多层次、多方位宣传推介恩施旅游文化资源、招商项目。景区、乡镇特色文化旅游活动引爆恩施旅游市场，“我和我的祖国”快闪活动、旅游大咖活动体验活动，端午文化节、“庆丰收·吃刨汤”主题文化节、龙舟赛、汉服樱花节等活动吸引众多游客参与。组织旅游企业参加2019世界大健康博览会、西安丝绸之路国际旅游博览会、北京国际旅游博览会和第六届中国西部旅游产业博览会。5月17日，韩国旅游发展局武汉（华中区）办事处社长梁原硕、次长金到希一行到恩施对接，洽谈恩施旅游直飞包机开通后文化旅游产业合作事宜。8月24日，著名艺人莫文蔚在恩施举办演唱会。“世界硒都·仙居恩施”获得2019中国大三峡文化旅游最具吸引力城市形象宣传口号。“恩施土家女儿会”获得2019年中国大三峡文化旅游最具影响力节事活动。制作《以生态匠心·绣山水家园》恩施文化旅游形象宣传片全媒体进行推介。

【实施旅游扶贫】 2019年，全市统筹资金1408万元用于9个乡镇（街道）建设27个旅游扶贫项目建设。兑现2018年度旅游发展奖励资金359.8万元，其中民宿发展90家奖励161万元。探索建立“龙头景区带动、乡村旅游拉动、产城融合撬动、综合改革推动”旅游扶贫机制，拉动多项产业融合发展，促进旅游创业。制定《生态文化旅游产业促进脱贫攻坚实施方案》，按照“三个一批”［组织一批贫困户到旅游企业就业、一批旅游扶贫合作社、一批旅游扶贫产品进旅游专业市场（专柜）］的目标，5.1万建档立卡贫困户链接到旅游产业链上，带动30万人吃上“旅游饭”。组织437人参加旅游从业人员培训，发放导游服务志愿证200个。屯堡乡花枝山村、盛家坝乡二官寨村支书参加全国乡村旅游扶贫重点村干部培训。6月23日，《中国湖北省：侗族乡“茶旅融合”走出扶贫新道路》入选中俄蒙旅游部长发布“万里茶道”文旅高质量发展案例。《恩施30万人吃上“旅游饭”》在全国主流新闻媒体登载。恩施市全域旅游示范区创建经验在《中国旅游报》推介。

【东西部扶贫协作和对口支援】 2019年，恩施市开展“文化走亲”“旅游交流”“体育互动”活动，引导旅游企业拓展以杭州为中心的长三角旅游客源市场，提高恩施文化旅游在杭知名度。恩施风情之旅、巴楚国旅、海旅国旅等多家旅行社在杭州设立办事处，与杭州职工国旅、西湖国旅等旅行社达成长期合作协议。核心景区、星级酒店出台对杭州游客优惠政策。杭州游客凭身份证可享受门票、房间挂牌价4.5～5折优惠。协助恩施旅行社在长龙航空包机切位等方面争取优惠政策。江干区赴恩施市疗休养团队累计38批次1161人，梭布垭石林景区成为江干区疗养基地。5月22—27日，组织60名创业致富带头人赴杭州参加旅游发展培训。8月27日至9月22日，“土家汉子组合”赴浙江省湖州、嘉兴、绍兴、台州、舟山、宁波、温州、丽水、金华、衢州、杭州11个区市，进行为期1个月的民族文艺巡演活动，提升恩施知名度。鄂旅投完成投资1.5亿元。孝感市对口支援10万元，用于支持刘家河、马者、木贡等村旅游设施建设。

【旅游市场监管】 2019年，制定《关于严禁导游人员向旅游者兜售物品及收受回扣的通知》《关于做好旅游行业暑期汛期旅游安全工作的通知》《关于进一步规范旅游经营和服务行为的通知》《关于鹿子渡景区责令整改的通知》《关于进一步加强旅游景区地质灾害防治工作的通知》等文件，先后14次组织文化旅游企业安全工作会议，安排部署文化旅游安全工作，对旅游安全、消防安全、地质灾害防范、在建工程安全管理和其他领域安全生产专项督查进行专项检查。对未开放景区、“网红”景点进行全面排查，督促乡镇（街道）、大峡谷风景管理处落实属地管理责任，悬挂警示标识标牌、落实劝返措施。按程序注册旅行社24家，备案旅行社分社13家，注销旅行社14家（其中分社5家）。全面完成旅行社在全国旅游监管服务平台的资质上传工作。对旅行社2019年度责任险进行核查，全市旅行社责任险购买率达到100%。对全市117家旅行社质保金进行全面核查登记，对未在规定时间内缴纳质保金的26家旅行社进行约谈并下达整改通知书。受理旅游投诉75起，其中有效投诉71起、无效投诉4起，投诉转办2起，游客满意度100%。

（杨　光　田学国）

传 媒

【概 况】 2019年3月4日，市委、市政府下发《恩施市机构改革实施方案》（恩市文〔2019〕6号）文件，将市委宣传部所属的市新闻中心（《恩施日报》驻恩施市记者站、市网络文化和信息安全管理办公室）更名为市融媒体中心，由市委宣传部所属事业单位调整为市委直属事业单位，归口市委宣传部领导。

【各媒体平台建设】 2019年，中心有序推进平台融建。集约本单位各媒体平台，建立中国硒都网、恩施市人民政府网、“硒都发布”微信公众号、“云上硒都”客户端、“今日头条”中国硒都网订阅号、“恩施融媒”抖音号、“恩施融媒”微博、视频访谈室、恩施日报和恩施晚报的硒都新闻专版10个媒体平台。在平台改版升级方面，推进移动优先融媒体平台、指挥系统建设，建设中国硒都网手机版和中国硒都网在线投稿、审稿系统。与云上恩施进行对接，系统对接长江云平台服务，联通上级平台，拓宽传播渠道。

【专题策划】 2019年，中心围绕全市中心工作，开展新闻宣传。重点精心策划选题，强力推进宣传。组织策划“融媒体走进贫困村”“相约女儿会”“壮丽70年”等大型采访活动。完成“精准扶贫”“五佳五好”“图说恩施”“不忘初心，牢记使命”等系列栏目的策划采写，并在第一时间推出专题报道和主题报道。聚焦“三大攻坚战”，对环保、城市建设和管理、重点项目建设等内容进行追踪报道。

2019年，中国硒都网开辟专题11个，专栏20余个，发布各类新闻稿件6500多篇。完成《恩施日报》《恩施晚报》硒都新闻专版120个，发稿1200多篇。《人民网》《新华社》《人民日报》《湖北日报》等上级主流媒体发稿50多篇。《硒都发布》推文320期，推送信息600余条，单条阅读量超过1万人次的28条，其中超过5万人次的2条、超过10万人次的1条。《云上硒都》全面完成编发任务；围绕全市中心工作完成新媒体视频直播1次，编发视频新闻40余条，视频访谈录制编发7期，开展电视问政2期。

【注重舆论监督】 2019年，中国硒都网网上监督栏目接收网友咨询687件，建议434件，投诉879件，回复处理率98%。组建网评员队伍，围绕市委、市政府重点工作，瞄准中国硒都网热点新闻，撰写新闻时评文章，在《硒都时评》栏目刊发文章136篇。

【全方位开展脱贫攻坚宣传】 2019年，结合部门职能全方位开展宣传，为脱贫攻坚营造工作氛围。中国硒都网开设“精准扶贫”“三大行动”“融媒体走进贫困村”“五佳五好”等专题专栏。全年专题专栏发稿150多篇，其他栏目发稿500多篇。其中由全体采编人员参与的“融媒体走进贫困村”大型采访活动，聚焦最基层，对焦最美扶贫人和群众，推出一批接地气、有温度的好作品。“硒都发布”微信公众号发布推文42篇，并通过视频访谈、“云上硒都”政务客户端、“恩施日报”硒都新闻专版等平台对精准扶贫宣传稿件进行同步推介。

（刘 娇）

卫 生

卫生和健康

【概　况】 2019年3月，根据《恩施市机构改革方案》，组建市卫生健康局，并于3月18日正式挂牌。2019年，恩施市被湖北省卫生健康委表彰为“2018年度新闻宣传工作县级（特级）先进单位”。6月6日，市中心医院被中共湖北省委全面依法治省委员会办公室等9厅（委、办）命名为“法治建设示范医院”。6月15日，由恩施市卫健局推送的微电影《基本公卫，人人参与》荣获第四届全国卫生健康电影节“优胜奖”。

【推进医药卫生体制改革】 2019年，市卫生健康局印发《恩施市全面推开医共体建设工作方案》。组织2批次28人赴杭州、京山等地考察学习医共体建设。以市中心医院为牵头医院，采取“1+17”模式组建医共体，建立医疗、护理、院感质控中心，实行三医联动，推动资源下沉。全年参加巡回医疗专家700余人次，专家门诊坐诊诊查患者3000余人次，住院患者查房5000人次，专题讲座150余次，手术示教30例次，操作培训70次，开展大型义诊30余场。以建设远程医学影像会诊为手段，形成“基层检查+医院诊断”服务模式，与恩施诺康医讯网络技术服务有限公司签订远程会诊协议，全年远程会诊动态血压149人次，远程动态心电242人次、远程影像1223人次。依托民大医院、市中心医院全科医生培养基地医院，选派基层人员参加全科转岗培训。对获得省级转岗培训人员落实加注全科执业政策，全市共有全科医师173人，注册60余人，辖区每万人拥有全科医生约2.16名。

【疾病预防控制】 2019年，市卫生健康局报告法定传染病1.86万例，死亡10例（肺结核10例），报告发病率为2391.63/10万，报告死亡率为1.29/10万。全年度无甲类传染病报告；报告乙类传染病11种2994例，报告发病率为385.33/10万；报告丙类传染病7种1.56万例，报告发病率为2006.31/10万；其他传染病8种1247例，报告发病率为140.03/10万，主要以水痘（956例）为主。全市手足口病、水痘、流感聚集性疫情报告279起。与上年同期相比，乙、丙类传染病报告病例数分别增加11.09%、134.53%，其他传染性疾病报告病例数下降22.35%。全市手足口病、水痘、流感聚集性疫情上升2.58倍。处理学校结核病疫情预警204条，核实并处理学生肺结核病人53例，对密切接触者1668人进行PPD筛查。全面实施肺结核、艾滋病“三位一体”综合防治工作模式，贯彻落实“四免一关怀”政策。免费筛查疑似肺结核患者2650人，免费治疗645人。全市累计排查管理严重精神障碍患者3886人，累计死亡人数245例，在册患者人数3641例，报告发病率为4.69‰；全市规范随访管理在册患者3076人，规范管理率84.48%；全市规范服药率31.91%。艾滋病现存活应接受抗病毒治疗人数为297例，接受抗病毒治疗278例，抗病毒治疗比例为93%。完成麻风病病人治愈存活者调查62人，存活44人，死亡18人。按要求开展食源性疾病监测，全年完成水质监测445份，完成食品安全风险监测样498份。审核民大医院上报监测腹泻病例288例，送检阳性菌株15例。

【卫生应急管理】 2019年，市卫生健康局开展流感、手足口病、埃可病毒防控能力培训。组织开展高、中考期间疾病防控工作，对参加高考的结核病学生进行风险评估。落实突发事件风险预警管理措施，每月召开疫情会商会和风险评估会议并编发疫情信息，向有关部门提出有效防控建议40余条。指导相关责任单位及时规范处置手足口病、水痘、流感聚集性疫情268起。成功及时处置3起突发公共卫生事件、白杨坪“9·2”事件、新生儿埃可病毒感染应急事件。组织开展卫生应急培训暨技能竞赛活动，14支卫生应急队伍100余人参加传染病防控及紧急医学救援培训暨技能竞赛。

【农村和社区卫生】 2019年，市卫生健康局组织发动爱卫月活动，集中开展环境卫生专项整治20余次，清理垃圾3000余吨，清理卫生死角1000余处，开展各类活动30余场次，制作宣传栏200余个、宣传标语及海报200余个、发放宣传资料近6万份，参与群众5万余人次。加强环境卫生综合整治，组织开展春、秋两季除“四害”活动。

【妇幼保健和计生技术服务】 2019年，全市孕产妇系统管理率93.35%，高危孕产妇管理率100%，儿童系统管理率93.73%，儿童营养包发放率92.72%，有效服用率78.9%，孕产妇艾滋病、梅毒、乙肝病毒检测率100%，机构检测率99.54%，艾滋病、梅毒感染孕产妇及所生婴儿母婴阻断干预服务100%，“出生医学证明”首次签发率95.16%，废证率0.65%，目标人群增补叶酸预防神经管缺陷服用率93.47%，依从率92.52%。规范完成两癌任务。5种新生儿疾病筛查、多种遗传代谢性疾病筛查，可疑阳性召回率100%，新生儿听力筛查4686人；完成耳聋基因筛查6083人，可疑阳性召回率81%，妇幼健康服务信息管理及时率准确率100%。落实免费药具项目，药具发放率82%，均为实名发放，药具“新五进”覆盖率100%。完成免费婚前医学检查958对，完成免费孕前优生健康检查目标人群1737对。

全市总人口88.73万人，出生8042人，与上年同期比，出生总人数减少791人，一孩率下降2.15个百分点，二孩率上升0.93个百分点，多孩率上升1.22个多百分点。政策内生育7739人，符合政策生育率96.23%，政策外多孩生育168人，政策外多孩率2.09%，符合政策生育率下降1.11个百分点，政策外多孩率上升0.71个百分点。二孩及以上生育对象孕情监测到位率71.03%，与上年同期比下降1.85个百分点。

【医政管理】 2019年，市卫生健康局接待处理医疗纠纷82起，结案69起，进行医疗事故鉴定7起。推进医疗责任保险工作，市域内政府办基层医疗机构医疗责任保险覆盖100%，社会办医疗机构覆盖率61.7%。市中心医院医药费用增长幅度11.36%，门诊人均医药费用190.78元，住院人均医药费用6507.1元，药占比23.83%，卫生材料收入占医疗收入比4.74%，检查化验收入占医疗收入比31.26%；病床使用率87.1%，平均住院日8.75天；住院患者抗菌药物使用率57.13%，门诊抗菌药物使用率10.48%；自体输血率11.1%。按照国家卫健委《进一步改善医疗服务行动计划（2018—2020年）考核指标（医疗机构）》，完善医疗核心制度、考评工作机制，贯彻落实《医疗质量管理办法》，加强“三基三严”培训，开展医疗质量安全专项督查3次。依托市医疗质量控制中心、护理质量控制中心和感染控制质控中心，开展质控工作，促进市域同质化服务。完成全市305家医疗机构1399人全省第五周期医师定期考核工作。

【中医药管理】 2019年，恩施市成立以市委主要领导为组长的生物医药产业集群建设领导小组，建立工作专班和责任体系。制定《恩施市生物医药产业集群三年攻坚行动方案》，与湖北省农科院中药材研究所达成初步服务协议。全市发展中药材基地2.43万公顷，完成七里坪产业园总体规划，用地面积86.67公顷，总投资约40亿元，重点布局生物医药产业、康养产业和高新产业。华阳（恩施）药业、重庆医药等公司将入驻产业区。

加快中医医院迁建项目前期工作进度，完成立项、规划选址、可研、土地成本核算、土地报批、用地规划等相关工作。开展“三堂一室”和“湖北省中医药示范医疗机构”创建活动。17个卫生院（社区卫生服务中心）“国医堂”建设通过验收，全市100%卫生院（社区卫生服务中心）能够提供6类以上中医药技术方法服务，84%的村卫生室能够提供中医药服务，66%的村卫生室能够提供4种以上中医药技术服务。全市中医类别医师406人，城乡每万居民中医类别全科医生0.15人。白杨坪等6家卫生院开展中医特色专科建设。

【打造健康硒都】 2019年，市卫生健康局深入开展健康教育和健康促进工作，多形式开展各类卫生主题日宣传咨询和健康巡讲“五进”活动，发放健康教育资料33.79万份，播放音像资料4.1万次，设置宣传栏292个，更新宣传栏内容1556次，举办讲座935次，参加人数5.88万人次，举办咨询活动173次，咨询人数6.15万人次。落实节假日旅游高峰期、高中考期间、重大会议、各种应急演练及各类演出活动医疗保障工作。落实基本公共卫生服务老年人健康管理和免费体检工作。进行控烟行动，建设无烟环境，22所学校1.3万名学生参加“拒吸第一支烟，做不吸烟新一代”签名活动。

【宣传教育】 2019年，全市各级计生协春节前后开展“幸福计生·关爱关怀”为主题的“暖冬行动”，慰问861名独生子女死亡和伤残的计划生育特殊困难家庭人员，发放慰问金17.22万元。慰问计生困难群众、“三留守”人员、流动人口500余人。开展“5·29会员活动日”宣传纪念活动176场，宣传人数2.64万人，组织慰问活动58场，慰问人数1484人。开展省、州第六届关爱计生家庭女孩助学行动资助对象调查摸底申报工作，7名对象获省计生协助学金1万元，9名对象获得州计生协助学金3000元。开展计生家庭意外伤害保险工作，投保5500户金额55万元。投入19.34万元计生事业费为967名特扶对象购买住院护理补贴保险。

【卫生监管】 2019年，市卫生健康局落实医疗机构依法执业、传染病防控、医疗废物管理、视力矫正、计划生育监督工作，检查各类医疗机构、母婴保健机构、视力矫正机构198家次，病原微生物实验室2家次，下达“监督意见书”198份，责令整改10家。完成城区5个集中供水单位、乡镇（街道）20个集中供水单位及1个涉水产品生产企业、1个二次供水单位的日常监督检查，下达“监督意见书”48份，水质日监测6205批次，公示率100%。监督检查学校、托幼机构公共卫生安全175家次，下达“监督意见书”175份，限期整改18家，学校教学环节卫生学检测43家，限期整改25家。“五小”行业监督检查137家次，下达“监督意见书”137份，限期整改12家。“双随机一公开”完成国抽任务246家，市抽任务282家。打击非法行医、“医托”“黑救护车”，立案查处59起，查处“黑诊所”8家、拆除“黑救护车”装置1台次。对87名职业病患者开展摸排工作。受理各类审批及服务事项6393件，办结6393件，办结率100%，接待服务对象咨询1.2万余人次。

【卫生健康活动】 2019年，市卫生健康局开展无偿献血工作，献血101.78万毫升。开展“博爱荆楚·红十字公益行动”、留守儿童“微光行动”等志愿服务活动，普及救护培训1844人。

（肖 节）

市中心医院

【概　况】 2019年，恩施市中心医院成为武汉市肺科医院医联体医院，恩施职业技术学院医学院教学医院，湖北民族学院科技学院附属医院，承担全市及周边地区近100万人口的医疗保健及转诊和医学教学科研等任务。有1个全国闻名的老中医药专家传承工作室、3个县级医院省级临床重点专科、2个县级医院省级中医重点专科、27个州级临床重点专科、1个州级中医重点专科、1个州级临床重点建设专科。拥有DSA、飞利浦Achiev1.5T核磁共振仪、Brilliance64排CT、高端四维彩超、雅培全自动生化分析仪、瑞士产ICU监护系统等总值近2亿元的国际国内先进医疗设备。医院开放病床1278张，全年门（急）诊患者49.96万人次，出院患者4.53万人次，手术2.82万人次。

【精细化管理】 2019年，医院启动对院党委会议、院长办公会议及联系会议形成的重大决策事项、重要工作部署的贯彻落实情况及医院运行过程中的重要事项推进情况等进行督查督办的工作。依法治院，开展普法教育与法治单位建设工作，被评为省级“法治建设示范医院”。实行政府会计制度，推行全面预算管理，强化内控监督，有效防控化解风险。自8月起，每月开展“院长接待日”工作，公开接待患者、家属、职工，面对面受理各项事宜，全年受理院长接待事项3项，均妥善处理。

【学科建设】 2019年，医院经皮冠状动脉腔内成形术、冠状动脉内支架安置术、右颈内静脉隧道式中心静脉导管置入术、腹腔镜辅助贲门血管离断术的临床应用等新技术新项目规范开展；完成全州县级医院首例“腹腔镜下乙状结肠癌根治术＋肝转移癌微波消融术”“关节镜下前交叉韧带重建术”；脊柱内镜下胸椎手术、CT引导下胸背根神经节射频手术、超声引导下经皮扩张气管切开术等诊疗手段熟练应用；经桡动脉全脑血管造影术、经皮穿刺脑血管腔内支架置入术等介入治疗技术迈上新台阶；开展自体肾移植手术、右侧桥小脑角区（CPA）肿瘤切除术、食管癌根治手术、牙列牙缺损牙种植修复术、分子靶向药物治疗恶性肿瘤、INSUR技术治疗早产儿肺透明膜病、生长激素治疗身材矮小症、新生儿先天性心脏病及听力筛查、糖尿病视网膜筛查工作等；成功开展“电子支气管镜下氩等离子体凝固术”；成功救治“重症甲型流感”患者；多学科会诊能力持续增强，解决疑难复杂手术和病症的水平逐步提高；微创手术更加精细化；开展术中病理快速冰冻切片；CT小肠造影技术不断成熟，医学检查技术持续提高，诊疗能力逐步提升。全年新技术新项目、疑难危重、4级手术、年龄大于70岁高龄患者手术1268人次。

2月21日，经过州级临床重点专科初评与复评，肿瘤科、眼科、口腔科、放射科成为州级临床重点专科，市中医医院妇产科成为州级中医重点建设专科；3月27日，输血科通过州疾控中心专家组HIV初筛实验室复审验收。

【科研成果】 2019年，ICU《创伤性休克重症超声预警、监测模型的建立及应用》获得省级科研立项；2016—2019年，《输尿管镜（经皮肾镜）下肾盂输尿管内切开在治疗肾盂输尿管狭窄中的临床应用》《超声引导下臂丛神经阻滞在临床麻醉中的应用与推广》《自拟马兰根方治疗肝硬化的疗效研》3项省级立项科研项目通过立项及结题验收；全年主办省级继续医学教育《护理质量控制与安全管理培训班》，与湖北民族大学附属民大医院共同主办州级继教项目《第一届恩施州心功能科主任会议》，承办国家卫健委“健康快车”2019年海外专家到访项目暨恩施州眼科年会。

2019年，医院成立临床教学管理委员会及内科、外科、护理、医技、中医等五个教研室组织开展教学工作，全年完成教学8924课时；1月8日，与湖北民族大学科技学院图书馆签署资源共享协议，强化医务人员资料库管理。

【基础设施建设】 2019年，投资1200余万元购进716台（件）新设备支持临床业务开展；启用手术麻醉管理系统、重症监护管理系统、OA办公系统。

【“感动服务”品牌】 2019年，市医院以“精细管理，创新服务，树立新形象”为主题，继续深入开展“感动服务”项目。全年提供平车、轮椅接送住院患者1.4万人次、门诊患者1000人次；协助患者入院出院1.5万人次；监测血压2.31万人次；住院患者预约检查5.06万人次；夜间支助9220余趟次，满足患者多元化需求。

10月23日，医院聘请10名人大、政协、医保等单位人员担任院政风行风监督员，对医务人员的医疗行为和行风建设进行监督，通过召开座谈会，上门征求意见的方式听取监督员对医院的意见和建议。3月15日，医院的“感动服务”品牌建设在全州医改工作会议上得以经验推广。

【社会服务活动】 2019年，市中心医院到白果乡乌池坝、金龙坝及老年福利院分别开展义诊5次，活动中接待义诊、计划生育政策及健康咨询村民近600人，免费测量血糖、血压500余次，并赠送1万元的药品和发放1500份健康宣传资料。医院支付资金1.5万元用于乌池坝村委阵地建设，同时向企业募捐32万元用于乌池坝公路修建和为桑树坝贫困户搬迁住房。

为全市153名白内障患者做免费手术，免除手术费用108.94万元。医院还为对口帮扶村在市中心医院住院的22名村民免除1.03万元住院费。承担全市公共场所从业人员体检工作任务，全年免费为全市1.73万名客户办理健康证体检业务；承担全市大型会议保健、“两违”保健211天次；完成高考体检7172人次，为198户计划生育特殊困难家庭进行免费体检。配合健康扶贫、下乡免费慢病筛查、残疾鉴定等。

（姜　蕾）

疾病预防控制

【概　况】 2019年，全市报告乙丙类传染病1.86万例，报告发病率2379.57/10万；报告并处置3起（屯堡乡新街小学疑似食源性疾病暴发疫情、硒都民族小学流感样暴发疫情、崔家坝镇初级中学流感暴发疫情）未分级突发公共卫生事件。报告并处置聚集性疫情279起。完成钩体（国家级监测点）、疟疾、肺吸虫病感染率监测以及登革热伊蚊外环境密度等项目监测工作，开展霍乱、手足口病等重点传染病监测工作。在军运会期间，按要求对出入境人员进行登革热、埃博拉、疟疾等重点输入传染病健康监测与管理，登记管理人员30名。

【艾滋病防治】 2019年，全市新发现艾滋病病人/艾滋病感染者65例，累计报告467例，累计死亡68例，新上抗病毒治疗49人，累计治疗319人；通过主动监测、自愿咨询检测、孕妇HIV筛查等方式检测2.73万人次，发现艾滋病病人/艾滋病感染者27人；协助85户生活特别困难的艾滋病感染者和病人按相关规定落实低保及大病救助等关怀政策，发放艾滋病病人生活救助费16.07万元。联合社会干预组织武汉馨缘工作组对全市男人群开展艾滋病防治宣传干预及HIV咨询检测工作，干预1082人次，通过检测发现艾滋病病人/艾滋病感染者16人。

【结核病防治】 2019年1月，恩施市全年管理结核病人536人，无结核病聚集性疫情发生。及时处理学校结核病疫情预警204条、处理学生结核病53例，筛查密切接触者1668人，有效控制集聚性疫情的发生。

【公共卫生与检验检测】 2019年，全市完成食品、公共场所从业人员健康体检人数1.97万人，发放健康证1.97万张，体检不合格人数10人。监测乡镇水厂出厂水、末梢水108份，合格率79.6%；全市农村安全饮水工程水质监测项目14个监测点，分枯水期和丰水期采集监测水样64份，合格率79.7%。监测集贸市场和超市、学校、商业区、居民小区周边等重点区域的茶叶、肉及肉制品、熟肉制品、餐饮食品、儿童食品、蔬菜制品、冷冻饮品、速冻食品、发酵酒、冲调制品、水产制品、米面制品、加碘盐、烘干制品、地方特色食品15大类，检测824份样品，合格率91.8%。

市疾控中心指导全市开展春、秋两季集中除“四害”活动，开展城区“四害”密度监测工作，基本掌握全市病媒生物季节消长、种群分布及密度情况，监测结果显示全市“四害”密度总体控制水平达到国家标准。开展恩施市职业病危害因素监测项目，完成对36家企业的监测工作。开展2018年尘肺病人随访272人次。农村义务教育学校营养监测工作按期完成年度目标，监测学校20所，其中常规监测学校15所，重点监测学校5所。完成7所学校环境卫生监测工作。

【落实免疫规划】 2019年，全市新生儿建卡建证9731人，建卡建证率100%。信息完整率99.74%。累计接种国家免疫规划疫苗17.3万剂次，累计报告接种率为98.32%。完成冷链运转12次，向乡级及产科接种点运送疫苗96次。全市报告AFP病例2例（其中1例为恩施州其他县市病例），病毒分离培养结果为阴性，临床诊断为感染性肌炎。对哨点医院主动监测30次，除系统上报的1例AFP，未再发现AFP病例。春季对122所托幼机构和113所小学的9284名儿童进行预防接种查验，查验率为99.99%。记录完整率84.08%、补证率100%、补种率79.97%。秋季对126所幼儿园和129所小学、1.93万名儿童进行预防接种查验，查验覆盖率100%，查验率100%，接种记录完整率82.57%，补证率100%。

【地方病、慢性非传染病防治】 2019年，市疾控中心开展基本公共卫生服务慢性病项目，完成老年人健康管理7.37万人，健康管理率79.25%；高血压患者管理6.23万人，规范管理率81.62%；糖尿病患者管理1.03万人，规范管理率81.47%；严重精神障碍患者管理3637人，规范管理率44.07%。新增慢性病患者自我管理小组32个，累计成立患者自我管理小组248个，全年开展活动≥3次的小组有248个，全年开展活动≥6次的小组有213个。

开展重点慢性病监测项目，完成死因监测网报5823例，粗死亡率为6.30‰，其中男性2537例，女性1692例。推算全市人均期望寿命为79.16岁，男性76.9岁，女性81.77岁。肿瘤随访登记网报1858例。心脑血管事件报告3030例。开展严重精神障碍管理治疗累计建档3886例，累计死亡245例，检出率4.69‰，患者规范管理率84.48%。新发现疑似严重精神障碍患者760例，确诊并纳入管理病例280人。对17名贫困患者门诊服药治疗进行救助2.04万元。

【地方病防治项目】 2019年，市疾控中心对全市5个乡镇（街道）碘缺乏病重点人群采集盐样300份（合格率91.86%）；完成200名8—10岁儿童的甲状腺B超检测，8—10岁儿童尿碘中位数为139.25微克/升，孕妇尿碘中位数为162.93微克/升，8—10岁儿童甲状腺肿大率为2%。以上技术指标均达到碘缺乏病的消除标准，实现持续消除碘缺乏病消除的目标；对沙地乡花被村7个自然村（组）337户开展硒中毒病情监测调查，未发现硒中毒人畜共患病例。对全市9个乡镇（街道）48个病区村的1441村（社区）民户的炉灶使用及相关健康生活行为形成情况开展调查，对病区村1080名8—12岁儿童氟斑牙病情进行监测，监测结果显示合格改良炉灶使用率为97.36%，正确使用率为92.85%，病区村供人食用的玉米和辣椒正确干燥率95%以上，当地出生居住的8—12周岁儿童氟斑牙患病率为3.28%，全市各病区村各项指标达到控制标准；完成屯堡、沙地等7个乡镇2018年上报的42例（Ⅱ度及以上甲状腺肿大24例、氟骨症18例）现症病例核查，确诊和上报现症病人28例，其中氟骨症15例（死亡3例）、Ⅱ度及以上甲状腺肿大13例（死亡2例）；对红土、屯堡、太阳河3个乡的90名5年级学生和45名家庭妇女开展地氟病防治知识知晓率的基线调查和效果评价，完成以上3个乡镇9个氟病村的燃煤污染型氟中毒健康教育活动。

【健康教育与健康促进】 2019年，市疾控中心全年开展公众健康咨询活动9次；结合基本公共卫生服务健康教育项目，开展健康巡讲进校园、进机关、进社区（村庄）等活动12次，覆盖人数7000人次。在恩施晚报设立“健康硒都”专栏，每周刊登健康知识、每月刊登防病提示，“硒都疾控”公众号全年推文159篇，总关注人数15615人，阅读次数24.13万次。开展居民健康素养和青少年烟草流行监测工作，居民健康素养监测调查240人，青少年烟草流行监测调查970名学生。全年印制下发基本公共卫生服务宣传折页9种、宣传册2种，健康教育处方8种、131万份；下发宣传栏模板10期12刊。

（叶魏莎）

社会生活

民　政

【概　况】 2019年，全市社会救助城乡居民最低生活保障人数3.44万人，特困人员救助供养3347人，临时救助3637人；全市机构养老、城市社区居家养老、农村互助式养老“三位一体”养老服务体系初步形成，“互联网＋智慧”养老服务平台在建。市民政局发放80～100周岁及以上老年人高龄津贴1190.53万元，发放孤儿基本生活费158.23万元，发放困难残疾生活补贴360.83万元，重度残疾人护理补贴873.93万元。2019年，市民政局被省民政厅授予“全省民政工作先进单位”“湖北省第二次全国地名普查工作突出集体”“全省民政重点工作绩效评估优秀等次”。

【开展社会救助】 2019年4月，市民政局组织开展17场次社会保障兜底政策宣传和申请、审核、批准、公示、资金发放业务培训，对17个乡镇、街道（管理处）分管精准扶贫和民政工作领导、民政办工作人员、精准扶贫办全体工作人员、村（社区）两委全体干部3000人进行培训。完成城乡低保审批审核制度改革，将城乡低保审批审核权限委托下放到17个乡镇、街道（管理处）。

6月，市民政局下发《恩施市2019年农村低保专项治理工作实施方案》，对17个乡镇、街道（管理处）农村低保弄虚作假、优亲厚友、吃拿卡要、错保、漏保、“应退未退”问题全面核查，清理整顿213户291人错保漏保对象，新纳入漏保对象160人，取消错保对象131人。

全市农村低保1.43万户3.2万人，发放资金9970.33万元；城市低保1577户2432人，发放资金1315.61万元；特困供养对象3347人，其中分散供养2730人、集中供养617人，累计发放供养金2689万元。恩施市城市低保标准上调到月人均600元，农村低保标准上调到年人均4380元。农村特困供养标准年人均上调到7920元，城市特困人员供养标准上调到月人均1200元。

市民政局对全市享受最低保障后生活仍然困难家庭中重病重残、老年人及未成年人等重点困难对象9774人，月增发重点救助金124.61万元；全年发放困难残疾人生活补贴7349人368.83万元，重度残疾人护理补贴7726人873.93万元；全年临时救助3637人，发放临时救助金765.72万元。

【社会救助兜底保障】 2019年，市民政局落实《恩施市精准脱贫社会保障兜底专项行动实施方案（2018—2020年）》（恩市扶组办发〔2018〕61号）、《恩施土家族苗族自治州最低生活保障对象认定办法》（恩施州民政规〔2018〕1号）等文件精神，结合全市实际情况，制定下发《恩施市精准脱贫社会保障兜底专项行动实施方案》《恩施市最低生活保障对象认定细则》等系列社会保障兜底文件、方案，将凡是符合保障条件家庭、未脱贫中重病重残对象（含三级智力和精神残疾）、家庭收入未超过保障标准1.8倍的成年重度残疾人进行纳入保障。至12月底，对符合政策规定的未脱贫重病重残702人实施单人保、低收入家庭中成年无业重度残疾人1819人实施单人保。对建档立卡贫困户中通过产业扶持、就业帮扶无法脱贫的对象，尤其是重病、重残家庭兜住兜牢基本生活底线，符合整户保或单人保的家庭及个人，做到“应保尽保”。

【老龄服务建设】 2019年，全市养老服务机构28个，其中公办城市养老服务机构1个（恩施市社会福利院），乡镇、街道（管理处）农村福利院15个，民办养老机构12个，发放民办养老服务机构床位营运补贴42.24万元。全市建成城市社区居家养老日间照料活动中心19个，投入居家养老服务建设资金80万元，覆盖率100%；建成农村互助式养老活动中心134所，农村互助式养老活动中心覆盖率77%；建成屯堡乡花枝山村、红土乡乌鸦坝村、盛家坝镇（乡）大集场村3所农村幸福院试点。2019年底，全市80～100周岁及以上老年人6.86万人，全年发放长寿保健和生活补助费（高龄津贴）1190.53万元，纳入市级财政预算。全年发放经济困难的高龄失能老年人生活照料补助2291人、36.28万元。

【孤儿救助保障】 2019年，全市有孤儿134人，其中散居孤儿89人，集中供养孤儿45人（恩施市27人，恩施州其他县市18人）。全年发放孤儿基本生活费158.23万元。调整孤儿救助标准，分散供养孤儿生活补助标准由原来的月人均1120元提高到月人均1200元，集中供养孤儿生活补助标准月人均1792元提高到月人均1920元。

【农村“三留守”人员关爱保护】 2019年5月，市扶贫开发领导小组办公室与市民政局联合行文，出台《关于进一步做好农村“三留守”人员关爱工作的通知》（恩市扶组办发〔2019〕34号）文件，完善关爱保护体系和联席会议制度，建立市、乡（镇）、村三级关爱服务体系，建立电子信息库。全市农村留守儿童8044人，占全市未成年人总数5.2%。设立乡镇、街道（管理处）留守儿童督导员17名，关爱保护留守儿童主任195人。健全工作台账，与留守儿童委托监护人签订“委托监护责任书”。全市农村留守妇女1773名，占已婚未满60周岁妇女总数的1.2%。全市农村留守老人4938名，占农村老年人总数5%。以村为单位建立互助式养老活动中心134个，成立老年协会134个，对农村留守老人进行互助式照料。

【流浪乞讨人员救助】 2019年，救助站全年救助1332人次，发放棉被25床，冬季和春季衣服55套，夏季衣服35套，发放矿泉水及快餐面95件，救助金额185万元。采用购买服务方式对85名对象实行站内托养，全年投入资金240万元。

【殡葬管理服务】 2019年，全年火化遗体445具，火化率58%。城区殡仪馆集中办理丧事269次，公墓安葬102具。对城乡低保户、“三无人员”、五保户、重点困难优抚对象实行殡葬惠民救助，惠民资金24万余元。

【婚姻和儿童收养登记】 2019年，全市办理婚姻登记10328对。其中结婚登记5241对、离婚登记2536对、补发证件2551对；查询婚姻登记档案1312份；办理儿童收养登记14例。

【社区治理创新试点】 2019年8月，市民政局联合比兹卡社会工作服务中心在和谐家园小区建成“居民之家”，创新“党委政府统领+社区指导+第三方服务机构服务+居民参与”治理模式，量身制订小区居民服务清单，提供家门口服务。引进社会组织参与社区治理和服务，参加全省公益创投大赛，恩施市两项目分别获得一等奖、二等奖。

【指导制订《村规民约》】 2019年7月，市民政局、市委组织部、市政法委等7部门联合下发《关于做好村规民约和居民公约工作的指导意见》，全市均按照程序制定村规民约和居民公约。红土乡龙角坝村《村规民约》获得全省优秀《村规民约》，建立村规民约红黑榜制度，张榜公布

《村规民约》的执行情况，提升公众约束力；8月，龙凤镇店子槽村支部书记龙富在全省村委会干部示范培训班上就村级组织如何规范《村规民约》助力精准脱贫、乡村振兴作典型发言。

【盛家坝撤乡设镇】 2019年12月30日，经省人民政府同意，省民政厅下发鄂民政函〔2019〕385号文件，批准撤"盛家坝乡"设"盛家坝镇"。

【社会组织管理】 2019年，社会组织实行网上登记年检制度，受理民办非企业成立登记7个，变更登记5个，注销登记2个。完成社会组织年检175个。社会团体成立登记6个，变更登记7个，注销登记8个，完成年检40个。完成社会组织专项整治，全市撤销71家"僵尸型"社会组织。规范社会组织收费行为，完善社会组织会计制度，与第三方审计机构合作，完成市属25家社会团体、民办非企业单位财务专项审计。出具社团组织地址变更证明1527件。

【慈善事业发展】 2019年，腾讯定向捐赠市教育局200万元，完成"亲情小屋"平板电脑采购、"安全教育教室"设备及装修采购、"VR虚拟实验室"三个慈善项目建设。慈善总会联系北京海军总医院免费救治癫痫病人26人。捐助资金18万元，免费为郭江林到武汉安装假肢。完成省慈善总会"幸福家园"慈善项目建设，恩施市2000人受益。完成助医、助残、救灾、安老、扶贫项目建设，捐助资金150万元。浙江中烟集团定向捐赠恩施市乡镇烟农生产补助34.9万元。

【福利项目建设】 2019年，市民政局完成市民政福利中心迁建项目，工程总投资2.2亿元，实施PPP招商运营。市儿童福利院、市光荣院、市社会福利院、康复中心4个标段主体工程竣工验收。3月，完成恩施儿童福利院州市合办正式入住运营。恩施市社会福利院启动搬迁。

2019年，州、市合办恩施殡葬服务中心项目（恩施市龙凤镇大转拐殡葬服务中心项目）完成选址、立项、土地预审、现场勘测、规划设计基础工作，项目估算投资1.2亿元，用地面积23.33公顷。

【部分职责移交】 2019年3月，市民政局《恩施市机构改革实施方案》的通知（恩市文〔2019〕6号）文件，将防灾减灾职责移交新组建的恩施市应急管理局，优抚、安置职责整体移交恩施市退役军人事务局，局老龄工作职责移交新组建的恩施市卫生健康局。

（吴　涛）

人力资源和社会保障

【概　况】 2019年，全市城镇新增就业8461人，帮扶城镇失业人员再就业1565人，帮扶困难人员再就业766人，城镇登记失业率控制在4.1%以内。养老保险、工伤保险、失业保险参保人数62万余人次，其中企业基本养老保险参保10.57万人，机关事业单位养老保险参保2.03万人，城乡居民基本养老保险参保38.09万人，失业保险参保4.42万人，工伤保险参保7.28万人。社保基金征缴收入19.09亿元，累计结余20.19亿元。

【开展就业再就业】 2019年，开展"春风行动惠民生·劳务协作助脱贫"等各类招聘会12场，吸引省内外1979家企业进场，提供就业岗位6.71万个，现场达成就业意向6271人次，最终实现就业320人。在全市208个行政村（社区）建设江干区·恩施市劳务用工信息互通平台，长期稳定发布对口帮扶地区就业信息，使广大城镇劳动力足不出户即可获取务工咨询。全年，更新岗位信息公开栏11期，提供就业岗位53742个，帮助贫困人口就近就业871人。通过开展"就业援助月"活动、推荐就业岗位、开发公益性岗位等一系列措施，帮助就业困难重点对象就业，帮助失业人员再就业。同时，以易地扶贫搬迁集中安置点、乡镇（街道）、村（社区）为主阵地，在每个点分别开发1—5个公益性岗位，从事道路养护、乡村保洁、社会辅助性服务等工作，实现就地就近转移就业。截至12月，全市实有公益性岗位776人，其中大学生142人，建档立卡贫困户456人，零就业家庭40人。强化组织力度，向恩施立讯输送劳务人员1628人，为实现“家门口”就业奠定基础。加大技能培训力度，提升就业竞争力。结合企业用工需求和劳动力就业意愿，打造“三保”（保姆、保洁、保安）培训品牌，面向广大劳动者，特别是贫困劳动力，开展育婴员、养老护理员、美容师、电子商务、导游、驾驶员等项目的定向式免费培训，订单式向本市及对口帮扶地区的家政物业公司输送专业人员，做到人岗适应，实现培训与转移就业精准对接。全年，组织技能和创业培训26835人，开展补贴性职业技能培训2672人。打造创业致富带头人队伍。从贫困村村级组织负责人、党员创业带富能手、大学生村官、农民专业合作社负责人、专业大户、返乡创业农民中精选“三有人员”（有基础、有带动能力、有发展方向）作为致富带头人培育对象，开展创业致富带头人培训5期，培训334人。整合就业惠民政策，扶持创业带动就业。全年，为个体工商户、高校毕业生、就业困难人员、返乡农民工和农村专业合作社发放贷款245笔，金额3804万元。推进“返乡创业三年行动计划”，新增返乡创业884人，创办企业721个，带动就业2154人。对2018年44家精准扶贫项目兑现创业补贴资金98万元，21家草根创业项目兑现创业补贴资金87万元，7家大学生个体（企业）兑现一次性创业补助资金3.5万元。

【社会保障】 2019年，实施全民参保计划，落实“湖北社保共享计划”，以灵活就业人员、新业态从业人员等群体为重点，加大扩面力度，确保应保尽保。建立全面、准确的全民参保登记数据库。推动工伤保险扩面，建筑企业开展“工伤保险与您风雨同舟”普法宣传活动，推进交通、铁路、水利、能源等行业建筑施工企业按项目参加工伤保险。全市参加工伤保险人数比2018年净增7900余人。落实社保降费政策，按照省、州各级关于落实降低社会保险费率的文件要求，将机关事业单位和城镇职工养老保险单位缴费费率分别从20%和19%下调至16%，对538家按原标准征收5—6月养老保险费的企业退缴费用78万余元。全年减征社会保险费用3402万元，减轻企业负担。推进“互联网＋社保”，发挥社保卡身份凭证、信息记录、自助查询、缴费和待遇领取等便民服务功能，以待遇领取用卡为抓手，逐步实现社保卡在养老保险业务环节的全面应用。全年发放社保卡17.95万张，签发电子社保卡15.31万张，全市持卡人数76万人。维护基金安全，采取定期检查和不定期抽查的方式，对社保基金运行情况进行稽核。上门实地稽核参保单位81家，拒付8名不具备参保资格生育保险待遇10万元，追回1起不符合扣销政策工伤待遇4.2万元，追回5人重复领取待遇金额21万余元；清理核查在押服刑人员领取养老金20人，涉及金额近50万元，截至2019年底追回29.8万元。

【推动人才振兴】 2019年，开展8次企事业单位招聘工作，为全市招聘免费师范生及高职中教师、退役军人服务机构工作人员、大学生村官、义务教师等各类人员278人。完成全市8841名事业单位人员年度考核工作。调整全市机关事业单位人员基本工资标准艰苦边远地区津贴、离休人员离休费及事业单位住房补贴标准。完善事业单位岗位绩效工资制度，落实全市义务教育教师工资待遇，研究并完善符合公立医院行业特点的薪酬制度。围绕实施乡村振兴战略重大决策部署，深入推动人才振兴。结合全市主导产业发展要求，加大新型职业农民培育力度，开展农民技能培训1248人。加强基层服务项目人才队伍建设，招募派遣“三支一扶”高校毕业生39人到基层工作。

【劳动用工维权】 2019年，全市集中力量抓好“治欠保支”工作。以“整市推进、突出重点、全面覆盖”为基本原则，抓好“治欠保支”专项行动和日常监管，开展根治欠薪夏季专项行动，健全“4+3”工作机制。全年录入《恩施州建设领域劳动保障监察信息化管理系统》项目总数702个，其中在建项目342个，614个项目开设农民工工资准备金专户，缴存农民工工资准备金11.84亿元；委托银行代发328个项目5684名农民工工资6.29亿元。全市农民工实现实名制录入5.1万人，“四项制度”覆盖率87%，全年接待来访人员1144批次，涉及1.78万人，立案10起，追讨农民工工资122.7万元，结案率100%。农民工工资拖欠案件数、涉案金额和涉案农民工人数较上年同期分别下降47%、52%、71%。加大力度开展辖区劳动用工管理工作，通过恩施州劳动保障大数据平台对231个用人单位开展2018年度劳动年检，涉及劳动者1.85万人。依托全省“千名仲裁员服务万企”活动，发挥企业劳动争议调解组织的作用，对全市13家企业进行专项业务指导，针对新成立调解组织的12家企业相关人员进行调解技能培训，建立劳动关系三方协调机制，有效预防劳动争议案件的发生。全年登记劳动人事争议调解案件245件，立案处理241件（其中裁决85件，调解156件），待调解裁决4件，按期结案率100%。

【行业扶贫】 2019年，全市统筹技能培训资金390万元，为取得“两证”的贫困户1718人发放补贴446.49万元；开展精准扶贫技能培训200余期，培训3.47万人，其中建档立卡贫困户2.58万人。组织开展建档立卡贫困家庭“两后生”培训工作，对335名符合培训条件的“两后生”逐一进行培训意愿统计，培训有意愿参训的“两后生”35名。推进东西部扶贫协作劳务协作，坚持“恩施所需，江干所能”的基本原则，按照杭州市·恩施州两地扶贫协作与经济合作框架协议，落实恩施市·江干区政府扶贫协作协议，建立东西部扶贫协作“3633”（3个聚焦、6个平台、3个劳务品牌、3个促进）工作机制，推进东西部劳务协作全方位、深层次发展。按每人100元/年的标准为全市1.83万名建档立卡贫困人口代缴城乡居民养老保险183万元。

（王朝霞）

医疗保障

【概　况】 2019年3月18日，恩施市医疗保障局挂牌成立，承担全市城镇职工和城乡居民基本医疗保险、新型农村合作医疗、生育保险等管理职责，药品和医疗服务价格管理职责，医疗救助职责。

【医保基金管理】 2019年，全市城镇职工医疗保险参保人数6.48万人，其中在职参保人数5.01万人，退休参保人数1.47万人，筹资总额2.76亿元；城乡居民医疗保险全年参保66.42万人，筹资总额4.88亿元，其中各级财政补助3.42亿元；生育保险参保人数3.82万人，筹资总额1332万元，其中财政补助300万元。

职工医保预算支出2.14亿元，其中住院统筹基金1.08亿元，个人账户、慢性病、门诊重症配置1.06亿元；居民医保预算支出4.85亿元，其中个人账户配置7871万元，慢性病配置984万元，门诊重症配置3208万元，大病保险3607万元，住院统筹3.12亿元，调剂金1574万元。

城镇职工医疗保险诊疗人次91.69万人次，发生医疗总费用2.7亿元，统筹支付1.3亿元，个人账户支付1亿元；城乡居民医疗保险诊疗人次95.54万人次，发生医疗总费用9.46亿元，统筹支付4.67亿元，大病保险支付4373万元，医疗救助支付3593万元，补充保险支付2910万元，个人账户支付5360万元；生育保险支出1476万元，申领生育保险待遇824人，人均支付1.79万元。

州内跨县市联网结算4.62万人次，结算891.74万元；其中职工3.67万人次，结算488.2万元；居民9494人次，结算403.54万元；州外省内联网结算1366人次，结算1660.95万元；其中职工414人次，统筹支付625.33万元。居民952人次，统筹支付1035.62万元；跨省全国联网结算574人次，结算564万元，其中职工213人次，基本医疗256万元，大额补助24万元，补充保险67万元；居民361人次，基本医疗保险135万元，大病保险83万元。

【健康扶贫】 2019年，全市建档立卡贫困人口总人数为17.66万人，在本地参居民医保17.44万人，异地参加居民医保2241人，参保率100%。全额资助参保人数为3.22万人，金额708万元，50%资助参保14万人，金额1540万元，异地参保2241人、新生儿847人及动态新增参保1295人按省、州规定政策落实。

落实老“985”政策。全市贫困人口县域内住院2.52万人次，发生医药费用8707万元，基本统筹报销6488万元，大病保险报销144万元，医疗救助418万元，补充保险报销836万元，实际报销比例90.57%；转诊到县域外住院5089人次，发生医疗费用5605万元，政策内医疗费用4938万元，基本统筹报销2379万元，大病保险报销369万元，医疗救助507万元，补充保险报销1241万元，政策内报销比例91.05%。

落实新“985”政策。全市贫困人口县域内住院1.83万人次，发生医疗费用6030万元，政策内医疗费用5671万元，基本统筹报销4487万元，大病保险报销196万元，医疗救助736万元，补充保险报销11万元，政策内报销比例95.75%；转诊到县域外住院3273人次，发生医疗费用4623万元，政策内医疗费用4017万元，基本统筹报销1954万元，大病保险报销776万元，医疗救助774万元，补充保险报销26万元，政策内报销比例87.88%。

【惠民政策】 2019年，市医保局结合各级反馈的问题开展“回头看”，对医保扶贫领域的各项政策落实情况进行清理。退还已参保新增贫困人口4098人的应资助部分，兑现新增贫困人口5019人的资助参保费用；清理出2018年动态新增贫困人口进贫当年发生住院882人、补齐待遇434万元，进贫上年发生住院499人、补齐待遇136.6万元；清理出2019年动态新增贫困人口进贫当年发生住院675人、补齐待遇194.84万元，进贫上年发生住院419人、补齐待遇66.7万元；补齐4人次异地参保贫困人口医疗救助及补充保险待遇3.5万元；与扶贫、民政部门协作，对未转诊以及享受政策后自付费用仍然过高的贫困人口67人进行临时救助。

【医保政策宣传】 2019年，市医保局进行全覆盖式新“985”政策的宣传培训。投放宣传单、宣传折页7万余份，全市各乡镇（街道）培养4名政策宣讲员，全市各级组织22次大型政策培训会，参加培训2632人次，村级集中学习255次，参加学习2843人次。

【门诊特殊慢性病待遇申报】 2019年，市医保局联合卫健部门将门诊慢性病申报模式从指定医疗机构定点受理申报，延伸拓展到乡镇（街道）卫生院集中筛查申报，优化贫困人口门诊特殊慢性病筛查审定程序，制定由“村（社区）摸底—乡镇（街道）卫生院初筛—市级医院安排专家到乡镇复筛—市医保局组织专家评审”的门诊特殊慢性病评定流程，将原来一年2次的专家评审频次提高到一年6次。全年收到有效慢性病申报资料1.73万份，经专家评审1.35万人符合慢性病准入标准（其中贫困户5942人）。全市享受慢性病政策人数1.9万人，其中贫困人口6693人。

【基金监管】 2019年，市医保局与全市294家定点医药机构签订服务协议，对相关指标纳入协议管理，强化双方责任；严格医疗行为过程管控，加强结算费用审核力度，审减不合理费用1132万元；严格总额预算管理，促进定点机构规范服务行为，主动控制医保费用，提高医保服务质量，下发基金运行情况通报2次，约谈定点医疗机构负责人；打击欺诈骗保，对全市定点医疗机构实行全覆盖式的监管巡查，通报约谈2家违规机构负责人，下达“限时整改通知书”20份，扣减17家违规医疗机构费用190万元，暂停4家违规机构的费用结算。

（桑文珂）

住房公积金管理

【概　况】 2019年3月，根据《恩施州委编办关于调整州住房公积金中心驻县市办事处名称的通知》（恩施州机编办通〔2019〕2号）更名为恩施州住房公积金中心恩施市办事处。

【拓展住房业务】 2019年12月底，缴存单位630个，缴存人数2.5万人，全年新增住房公积金缴存单位39个，新增开户人数1993人，全年实现住房公积金归集额5.58亿元，完成年度考核目标任务的112%。

2019年，市办事处提取总金额3.5亿元。向720户住房公积金缴存职工家庭发放贷款3.02亿元，完成任务的105%。全年回收贷款2.9亿元，贷款逾期率0.2‰，资金使用率94.2%。7月，办事处开始实行综合柜员制，实现归集、提取、贷款各类业务一个窗口办理，简化流程。

【助力精准扶贫】 2019年，市办事处从州公积金中心争取帮扶资金24.2万元，重点解决驻点村的群众饮水困难、交通不便等问题。

【单位机构编制】 恩施市住房公积金办事处属恩施州住房公积金中心派驻机构，是参照公务员管理全额拨款的事业单位，内设岗位为办公室、归集、贷款、档案管理。

（赵梦秋）

残疾人事业

【概　况】 2019年，全市有持证残疾人2.16万人，其中肢体残疾1.17万人，视力残疾2450人，听力残疾1485人，言语残疾265人，智力残疾1904人，精神残疾1963人，多重残疾人1780人。位于舞阳坝街道七里坪街134号的恩施市残疾人托养中心A栋完成招投标工作；投资715万元的市残疾人托养中心B栋招商营运。

【残疾人康复服务】 2019年，市残联全面实施健康扶贫政策，贫困残疾人按规定享受“985”医疗报销政策，有需求的建档立卡贫困残疾人家庭医生签约服务100%；为128名0～10岁残疾儿童实施康复工程，救助资金190.38万元；为284名需坚持长期服药的精神病困难残疾人提供服药补贴，补贴金额14.2万元；为173名困难残疾人适配助听器、轮椅、拐杖等急需的辅助器具；为41名下肢残疾人安装假肢。

【残疾人补贴】 2019年，为全市16.1万人次残疾人发放“两项补贴”1242.76万元，其中享受困难残疾人生活补贴7.37万人次，发放资金368.83万元；享受重度残疾人护理补贴8.73万人次，发放资金873.93万元。为6146名残疾人代缴医疗保险153.65万元。为2789名重度残疾人代缴养老保险181.54万元。

【无障碍设施改造】 2019年，市残联在崔家坝镇刘家河村和矛田村为38户贫困重度残疾人家庭实施居家无障碍设施改造，投入资金26.6万元。市残联组织工作专班，多次深入贫困重度残疾人家庭，针对每户的实际情况，会同施工队制定可行的改造方案，使残疾人生活居住环境得到改善。

【加强东西部协作】 2019年，杭州市江干区残联对口支援恩施市残联，始终把贫困残疾人脱贫作为帮扶的重点，实施的扶贫协作项目，带动1173名残疾人受益，实施就业年龄段就业创业技能培训51人，就业17人；江干区残联倾情帮扶，组织助残社会组织专家为全市培训残疾儿童家长和康复老师60多人，为36名听障残疾人免费检测听力，为29人适配助听器，捐赠轮椅50台，组织绿康医养集团就全市康复托养机构建设进行现场调研指导。

【创业就业培训】 2019年，加大创业扶持力度，为10名残疾人个体创业“小老板”“小店主”申报落实“双百工程”扶持5万元、为8名自强创业者申报落实“自强创业”项目补贴16万元，为10名残疾人申报落实“残疾人技术能手”补贴2万元。开展实用技术培训残疾人539人，培养技术能手10人，通过培训推荐就业22人。

【残疾人宣传教育】 2019年5月17日，以全国第28次“助残日”为契机，深入爱启爱特殊儿童康复中心、恩施州艺萌听力语言康复中心对残障儿童慰问，发放慰问金1.08万元，印发“残疾预防日”宣传资料5000余份；为23名当年考入高校的残疾人大学生和残疾人家庭中的大学生给予助学奖励6.1万元，为11名学前教育残疾儿童发放助学金3.3万元。

【残疾人信访维权】 2019年，市残联接待来信来电来访238人次。为57名残疾人机动轮椅车车主发放燃油补贴，每人每年260元。

开展新修订的《中华人民共和国残疾人证办证管理办法》和省实施细则的宣传，按照新要求和规范程序做好残疾人证核发管理工作。7—9月，在各乡镇、街道（管理处）开展拉网式排查，筛查鉴定疑似残疾人7336人，符合条件现场办证3542人，组建专班为485名长期瘫痪在床，行动不便的疑似残疾人开展上门服务，现场鉴定办证。2019年，办理残疾人证6328人，疑似残疾人筛查鉴定办证工作基本清零。

（文　剑）

民族宗教

【概　况】 2019年，恩施市教育局被国务院表彰为“全国民族团结进步模范集体”；继续做好民族特色村寨保护与发展工作，白杨坪镇洞下槽村成功入选“2019年湖北省少数民族特色村镇培育名单”；持续抓好少数民族传统体育工作，培养和储备少数民族传统体育项目人才，选派优秀运动员代表湖北省参加十一届全国民运会，获得一等奖5个、二等奖3个、三等奖3个。

【民族文化事业】 2019年，市民宗局开展民族文化“六进”（进机关、进学校、进社区、进企业、进旅游景点、进酒店民宿）活动，探索民族文化与旅游结合的有效形式和载体，加强少数民族文化艺术传承。争取州民宗委专项资金50万元，用于白杨坪镇洞下槽村灯戏文化传承基地提档升级，为传统灯戏文化传承搭建窗口和平台。全年接待省、州、市各级各单位的参观学习10余场次，开展灯戏传承培训班2期，培训学员60余人。配合省民宗委和中央民族歌舞团完成“弦歌逐梦——西部丝路之旅音乐演唱会”走进芭蕉侗族乡惠民慰问演出活动。

【“616”对口帮扶工程】 2019年，“616”工程和省武陵山试验区成员单位帮扶事项81项，帮扶资金77.74亿元。其中省住建厅等10个“616”工程成员单位帮扶事项42项，帮扶资金4.78亿元；省民宗委等7个武陵山试验区成员单位帮扶事项39项，帮扶资金72.96亿元。

【实施对口支援】 2019年，孝感市采取“7个市直单位对口支援恩施市7个市直单位，5个县市（区）对口支援恩施市5个乡镇”的双层全覆盖模式，加大对恩施市的援助力度，援助资金941万元，重点用于农村医疗卫生、基础设施等项目建设。襄阳市襄州区援助芭蕉侗族乡资金250万元，用于枫香坡景区提档升级以及乡村公路建设。

【少数民族特色村寨建设】 2019年，坚持将少数民族特色村寨建设与乡村振兴战略相融合、与打赢脱贫攻坚战相契合，组织恩施大峡谷风景区管理处申报第一批“中国少数民族特色小镇”，盛家坝镇（乡）二官寨村等5村申报第三批“中国少数民族特色村寨”，白杨坪镇洞下槽村等14个村申报“湖北省少数民族特色村镇培育名单”。其中白杨坪镇洞下槽村成功入选“2019年湖北省少数民族特色村镇培育名单”。安排专项资金180万元，支持白杨坪镇洞下槽村、盛家坝镇（乡）二官寨村和龙凤镇杉木坝村特色村寨建设。

【调整民贸民品】 2019年，按照《省民宗委关于进一步规范民族贸易县内民族贸易企业认定及相关工作的意见》，开展民贸企业动态调整工作，41家企业被认定为民贸企业。争取省级民族贸易企业网点建设资金20万元，建设恩施亲稀源硒茶产业发展有限公司销售网点。

【民族团结进步示范创建】 2019年，新创建民族团结进步示范廊带（龙凤—白杨坪—太阳河），进一步巩固民族团结进步示范系统（教育系统）。市教育局被国务院表彰为“全国民族团结进步模范集体”。12月27日，市民宗局、三岔镇镇长谭海鹰被省政府分别表彰为“全省民族团结进步先进集体”和“全省民族团结进步先进个人”，市供电公司被省委统战部、省民宗委命名为“全省民族团结进步创建活动示范单位”。

【少数民族学校】 2019年，恩施市有硒都民族实验小学、施州民族小学、芭蕉侗族乡民族小学、芭蕉侗族乡高拱桥民族小学、太阳河乡民族小学、崔家坝镇民族小学、屯堡乡新华保险希望民族小学7所，小渡船民族中学、龙凤镇民族初级中学、芭蕉侗族乡民族初级中学、崔家坝镇民族中学、新塘乡民族初级中学、盛家坝镇（乡）民族初级中学、红土乡民族初级中学7所，以及龙凤镇龙马民族学校（九年一贯制），教师1067人，在校学生2万人，少数民族学生占比55.3%。施州民族小学、硒都民族实验小学被评为“首届湖北省民族文化进校园十佳示范学校”。全市命名民族传统体育项目训练基地5个。

（唐　尧　袁　桥　李　云）

退役军人事务

【概　况】 2019年，恩施市退役军人事务局完成恩施市退役人服务体系建设，推进接收安置、信息采集、保险接续、优抚待遇等工作。全市采集退役军人及其他优抚对象信息2万余条；退役军人及其他优抚对象悬挂“光荣之家”牌匾完成率98.5%。挖掘优秀退役军人李裕成，其获得州级“最美退役军人”称号。

【促进接收安置】 2019年，市退役军人事务局安排自主就业146人，发放自主就业一次性经济补助274.86万元，并为其中退役军人补贴技能培训费25.1万元；符合政府安排工作条件的全部安置到位。接收军休干部、军休士官各1人；接收自主择业军转干部3人。

【实施就业创业】 2019年，市退役军人事务局先后与市总工会、市就业局联合组织退役军人专项招聘会3次，278家企业，提供岗位4000余个，吸引退役军人及家属咨询求职；与女儿城商圈党委联合打造女儿城退役军人创业“直通车”工程，建立退役军人就业创业示范基地，为退役军人就业创业筑牢“硬件”条件；统筹整合资源，开展个性化技能培训。10月31日，全市2019年退役军人职业技能培训班开班。

【发放优抚待遇】 2019年，全市按政策支付抚恤补助2548万元。为2018年入伍的大学生发放一次性奖励资金8.5万元；选送5名优抚对象到省荣军医院参加短期疗养、选送两批44人到州优抚医院参加短期疗养；建立退役军人关爱基金，组织全市捐款130余万元；成立市退役军人志愿服务队，招募志愿者100余人，参与精准扶贫、州城安保维稳和其他社会服务分别为124人次、50天、1200小时。

【开展拥军优属】 2019年，市退役军人事务局在各大节庆期间，通过短信的方式向全市退役军人及其他优抚对象发送节日慰问信息1.9万余条。为立功战士家庭送喜报，为退役军人代表悬挂“光荣牌”等，营造尊崇军人支持国防建设的氛围。春节期间，州市领导带队走访慰问驻军单位9个，投入资金11万元，慰问现役军人及优抚对象；“八一”建军节前后，州、市领导带队走访涉军单位、现役团级军人家属、企业军转干部、自主择业军转干部、退役军人以及“三属”，投入资金48.95万元。

【烈士褒扬纪念】 2019年，恩施市投入资金26万元，对五峰山烈士陵园进行修缮；依托烈士纪念设施，日常配合各单位开展主题教育、纪念扫墓等活动。12月25日，市退役军人事务局印发《关于做好烈士纪念设施普查登记的通知》，组织各乡镇、街道（管理处）退役军人服务站对全市烈士纪念设施开展全面普查。

【军休服务管理】 2019年，恩施市军队离退休干部休养所安置2名军队退休干部（士官）；组织新春茶话会、三八趣味游艺会、踏青、秋游、春秋两季运动会、重阳节郊游等7次军队离退休干部集体活动。5月，市军队离退休干部休养所组织军休干部到慈铭体检中心进行健康体检，并建立健康档案。11月5日，市退役军人事务局组织排演的《吃刨汤》获省退役军人事务厅组织的参加全国军休干部庆祝新中国成立70周年文艺会演优秀节目奖。

【培树先进典型】 2019年，恩施市挖掘鸭子塘村“尖刀班”退役军人优秀群体，引起湖北省退役军人事务厅重视，派湖北日报记者进行专访，“湖北退役军人”公众号转发报道；他们退伍不褪色，想方设法为村民办实事解难事，在整村脱贫出列后，又引导村民进行精神文明建设，让他们更好地融入未来生活。8月27日，三岔镇汾水村退役军人李裕成被评为恩施州“最美退役军人”；李裕成自1999—2018年无偿献血75次，献血总量2.85万毫升，相当于5个成年人血量；其血液成功挽救120余位患者的生命。

【举办美图美文征集大赛】 2019年4月22日，市退役军人事务局会同市文联举办“永不褪色的国防绿”美图美文征集大赛。围绕退役军人风采、传承英烈精神等主题征集优秀作品，征集作品100余篇。评出文学作品类一等奖3名、二等奖5名、三等奖8名、优秀奖10名，摄影作品类一等奖3名、二等奖5名、三等奖6名。

【机构改革】 2019年3月30日，市委办公室、市政府办公室联合印发《恩施市退役军人事务局职能配置、内设机构和人员编制规定》的通知。市退役军人事务局机关核定行政编制11名，设局长1名，副局长2名。内设机构5个：办公室、思想政治和权益维护股、安置就业和军休管理股、拥军优抚和褒扬纪念股、规划财务股。下属事业单位3个：市军队离退休干部休养所、市革命烈士陵园管理所、市退役军人服务中心（加挂市光荣院牌子）。后加设恩施市委退役军人工作领导小组办公室、恩施市拥军优属拥政爱民工作领导小组。

（刘　青　廖彬言）

乡镇街道

新塘乡

【概　况】新塘乡地处恩施市东南部，政府所在地新塘集镇，海拔820米，距离恩施主城区72千米。东与红土乡接壤，南与宣恩县长潭河、万寨、椿木营乡连界，西与三岔镇毗邻，北与沙地乡隔河相望。区域面积386.81平方千米。耕地4780公顷，林地2.67万公顷，森林覆盖率为63%。辖下塘坝、保水溪、前坪、龚家坪、岄山、校场坝、下坝、横栏、河溪、木栗园村和新塘、双河、太山庙社区，124个村民小组，1.42万户，农业人口5.05万人，其中劳动力人口2.49万人。2019年实现农村经济总收入8.72亿元，同比增长10.5%，财政总收入1.58亿元，同比增长41.07%，农民人均可支配收入12350元，同比增长10.3%。实现粮食总产量2.33万吨。

【创新精准扶贫模式】2019年，全乡向13个村（社区）派驻"尖刀班"队员202人，坚持做到"吃住在村、岗位在村、工作在村"。创新开展"五多"工作法（多开群众会、多讲精准扶贫、多做解难之事、多学"王婆卖瓜"、多让群众感恩），通过村（社区）"尖刀班"队员和结对帮扶责任人反复入户走访和组织召开群众会、屋场会、小组会等，用心用力用情做实群众工作，多为群众做好帮扶解困之事，全面落实精准扶贫各项惠民政策。2019年，实现脱贫993户3177人，下塘坝村、横栏村和河溪村整村出列。到2019年12月，累计4640户1.62万人顺利实现脱贫，留存47户129人，全乡综合贫困发生率为0.271%。9个重点贫困村达到出列标准。2019年实现整乡脱贫目标。

【实施东西部协作】2019年，杭州市江干区对口帮扶恩施市扶贫资金分配到新塘乡200万元，用于发展66.67公顷茶叶生产，支持市场主体（恩施芭雨露茶业有限公司）建设茶叶加工扶贫车间，形成种植、生产、销售一条线，推动全乡茶叶产业发展，通过一系列东西部协作项目的实施带动贫困户1236户4360人。由杭州市江干区笕桥街道结对帮扶新塘乡，先后对接杭州市交通投资集团有限公司等9家企业结对帮扶全乡9个建档立卡贫困村，由企业法人担任结对村名誉村长，落实企业帮扶资金65万元，用于支持村级阵地建设、设置公益性岗位等。2019年，由杭州市志愿者拍摄的山区孩子纪录片——《走出黑湾》，在《学习强国》平台上播出，呼吁更多社会人士关注山区孩子的成长。

【发展特色产业】2019年，新塘乡按照"沿江茶米果，中片种养烟，上片药菜旅"的产业布局和"找大户、培大品、连大片"的产业发展思路，抓实传统特色产业，推进新型产业落地。全年稳住"两烟"面积693.07公顷、家禽养殖14万羽、生猪养殖5.1万头，管护茶园490公顷、果木84

公顷，新发展茶叶119.33公顷、果木16.67公顷、药材53.33公顷、蔬菜853.33公顷。政策支持，壮大产业，增强动力。整合各项产业扶贫资金1100万元，支持新型农业经营主体建设管护扶贫产业基地，“以奖代补”激发产业发展内生动力，构建利益共同体。投资328万元修建7座光伏电站，实现收益32.94万元。完成小额信贷952.3万元，有效扩大产业发展覆盖面。引进和培育新型农业经营主体，采用“村集体经营公司+农业龙头企业+基地+农户”模式带动群众增收，全乡引进龙头企业15家、专业合作社36个，培植规模化种养殖基地47个。

【稳定发展“两烟”】 2019年，新塘乡发展“两烟”面积693.07公顷，其中白肋烟336.4公顷、烤烟356.67公顷，带动烟农956户，收购烟叶1190吨，总产值3080万元，实现创税677.6万元。

【村集体经济】 2019年，新塘乡聚力壮大村集体经济，将投资收益、资产收益、产业分红、实体经营、有偿服务等五大来源渠道细化匹配到村，村级集体经济创收5万元。其中河溪村建立“村两委+合作社+农户”的运行模式，依托太山庙二台坪林药场建设竹节参育苗基地，开展竹节参、重楼等高档中药材的育苗、种植业务，河溪村集体经济实现年收入31万元。

【农村公路建设】 2019年，公路建设486.46千米，其中完成省道改扩建58千米，农村公路通畅工程建设172.47千米；3.5米宽的硬化路122.35千米，3.5米宽的砂石路133.64千米，惠及群众4万余人。截至2019年12月，新塘乡公路通车总里程1019.68千米，其中省道二级（恩鹤）公路58千米，县道三级（长石）公路37千米，乡道四级（新双）公路24.5千米，村级（四级）主干道硬化路385.97千米，自然村组（等外级）硬化路122.33千米，国土、林业及高标准农田等项目硬化路69千米，村组砂石路133.64千米，其他通组入户公路约189.25千米，全乡13个村（社区）实现“村村通”。

【水利工程建设】 2019年，新塘乡完成新建水厂11处，管网延伸5处，新建小饮水79处，提档升级7处，修建小水窖427口，惠及群众6238户。至2019年12月，新塘乡累计建成28个水厂、小饮水84处、小水窖427口，实现新塘乡安全饮水全覆盖。

【基础公共服务】 2019年，新塘乡搭建群众文娱活动舞台，建成河溪村、校场坝村、前坪村文体广场。双河集镇功能完善，新建大型农贸市场和文化休闲广场，新增绿地2800平方米，人行道路和亮化工程全面启动。推进“厕所革命”，建改农村户厕1210个、集镇公厕6座、旅游公厕2座，解决群众用厕问题。完成长湾垃圾中转站建设，配套垃圾压缩设备，探索农村垃圾处理新模式。完成厂区主体工程、设备安装、装饰工程及管网建设，建立污水处理新体系。

【促进教育事业发展】 2019年，新塘乡有学校12所，其中初中2所，小学5所，教学点5所。有在职教师189人，学生2947人，其中初中920人，小学1572人，学前450人。全乡建档立卡学生3417人，其中在新塘乡就读的建档立卡学生1189人。全乡小学入学率、巩固率100%，初中入学率100%、巩固率超过98%，学前入园率超过85%。发放教育资助资金186.5万元，资助学生3726人次，有2081人贫困学生得到资助，做到“应补尽补”。完成“雨露计划”申报审核937人次，发放补助资金234.25万元。为州外就读建档立卡学生发函736份。横栏教学点被教育部表彰为优秀小规模学校；9月12日央视教育频道以“补齐两类学校短板，全面振兴乡村教育”为题，专题报道木栗小学翻天覆地的变化情况；新塘中学拍摄的“我和我的祖国”小视频在学习强国上推介，并上报到省宣传部；新塘中心幼儿园的自主游戏“土家赶场会”以全州第一名的成绩推介到省教育厅选评。

【教育“改薄项目”】2019年，全乡实施教育“改薄项目”19个，先后完成新塘乡中学学生宿舍、学生食堂，新塘乡小学教学楼、学生宿舍，双河中学教学楼等农村中小学建设。同时，建立健全“安全校园”3个保障，即物防保障，在配齐安保设施的前提下，全乡增高围墙783.25米，新修围墙590.37米，新修门卫室2个；人防保障，全乡新增保安18名，替换女保安4名，配齐每个校园2名保安的基本保障；技防保障，全乡新增摄像头215个，新更换主机14个，校园实现监控无死角、全覆盖，储存达到30天，一键报警装置学校全覆盖，校园安全有效巩固。

【医疗卫生】2019年，新塘乡有12个村（社区）中心卫生室，3个地名卫生室。医疗卫生人员在岗职工130人（在编人员49人，招聘人员54人，乡村医生27人）。宣传“四位一体”、“858”、一站式结算、逐级转诊健康扶贫政策。新塘乡筛查疑似门诊慢性病贫困人口1771人（其中在卫生院集中筛查1296人、入户筛查475人），并发放慢性病明白卡630人。全乡贫困人口住院治疗实际报销比例达90%，贫困人口住院治疗“先诊疗后付费”及“一站式结算”即时结算落实比例达100%。开展助残扶贫行动，为540名疑似残疾人进行筛查鉴定办证，符合办证条件243人（其中针对行动不便、瘫痪在床的疑似残疾人提供上门办证服务，符合办证条件47人）。

【民政保障】2019年，全乡在册五保对象182人（其中集中供养50人，分散供养132人），全年发放特困供养资金183.6万元；农村低保对象990户2411人，发放低保金758.4万元；临时救助1534户444人，发放救助资金52.5万元。全乡持证残疾人1261人，其中享受重度残疾人护理补贴511人，享受困难残疾人生活补贴505人，发放残疾人补贴78.5万元。实施临时生活安置救助12户，因灾倒房或修缮救助12户，资助10.79万元；火灾房屋重建2户，补助4.6万元；意外灾害临时救助2户4640元。

【“1+1+N”模式生态文明建设】2019年，新塘乡严守“生态保护红线、环境质量底线、资源利用上线”三条红线，全方位过滤“新污染”，消灭“老污染”。开展“爱国卫生运动”活动，创新利用“1+1+N”新模式，开展活动30余次。加强环境监管执法，坚持日常污染源监管与环境违法行为高压执法相结合，全年排查“散乱污”企业59家，其中关停51家、整治8家。制止破坏环境卫生行为26起，实施查封扣押16起。

【社会治理】2019年，新塘乡投入资金55万元在主要区域安装280个摄像头。全年开展纠纷排查107次，排查矛盾纠纷67件，“扫黑除恶”专项线索排查203次，排查涉乱线索26条。全年调处各类矛盾纠纷67起，调解成功65起，调处成功率97%。信访调解将定点接访与重点约访、专题接访、带案下访、下基层接访、领导包案相结合，构建“有序信访”和“事要解决”机制。全年受理信访案件85件，全部办结，领导值班接访285次，接待群众来访45批次51人次，下访29批次31人次。开展安全隐患排查治理工作，全年开展安全检查督办459次，排查各类安全隐患685处。

【基层组织建设】2019年，新塘乡开展“不忘初心、牢记使命”主题教育，组建领导“读书班”，集中开展河溪蚂蟥坝红军烈士纪念活动。新塘乡党组织开展宣讲15场次，学习覆盖850余人。建立党委成员和村支书直接联系培养入党积极分子、后备干部机制，发挥干部培养纽带效应。探索党员分类管理新模式，科学划分党员类别，采取“评优、岗位、动态、属地、关爱”差异化管理措施，增强管理针对性。全乡设无职党员岗位85个，定责无职党员502人，创建无职党员设岗定责的示范点1个，发挥党员先进作用。谱写村规民约、五佳五好评选、道德评议三部曲，组建群众宣讲团，以乡风文明、家庭教育和脱贫工作为主题，开展脱贫攻坚主题宣讲14场，覆盖群众2000余人次。

【党风廉政建设】 2019年，新塘乡坚持廉政承诺、民主生活会、重大事项报告、谈心谈话的同时，进一步建立和规范干部去向登记、考勤工作、财务管理等制度，将每一名党员干部的行为纳入管理范畴。把干部作风建设列入党风廉政建设责任制的主要内容，在全乡倡导并践行求真务实的工作作风。加大作风日常监督和"元旦""春节""五一"等重要节点的检查，采取不打招呼、全面覆盖、实地检查的方式，开展专项纪律检查7次。正确运用监督执纪"四种形态"，采取警示谈话、廉政谈话和提醒谈话等多种形式，抓好干部教育管理监督工作，全年开展提醒谈话12人次，诫勉谈话6人次。加大治庸问责力度，坚持有腐必反、有贪必肃，全年运用大数据监督检查比对问题线索105条，查实13条，落实整改意见10条。以"三会一课"为载体，开展"十进十建"活动，集中开展对入党积极分子、村级后备干部入党前和任前纪律规矩教育培训3次，组织观看警示实例、电视问政等宣传教育片15场次，设置廉政图书角13处，引导党员干部自觉加强思想政治修养，筑牢拒腐防变的防线。

（刘汶鑫）

红土乡

【概　况】 红土乡位于恩施市东南部，政府驻地红土集镇，海拔1350米，距离恩施主城区110千米。东与建始县景阳、官店镇相邻；西与新塘乡接界；西南与宣恩县椿木营乡毗邻；南与鹤峰县中营乡接壤；北与沙地乡隔清江相望。全乡辖天落水、乌鸦坝、稻池、平锦、老村、红土溪、大岩、大河沟、龙角坝、漆树坪、石灰窑11个村和红土、石窑2个社区，97个村民小组。区域面积213.22平方千米。耕地5580公顷，林地1.29万公顷，人口密度为188人/平方千米。总户数1.48万户4.55万人（其中农业人口4.44万人，农村劳动力2.88万人）。2019年，全年实现农村经济总收入8.63亿元，同比增长9.6%。第一产业总收入7.04亿元，同比增长17%；第二产业总收入1.14亿元，因煤炭去产能未经营同比下降21%；第三产业总收入0.45亿元，同比增长8%。农村常住居民人均可支配收入11705元，同比增长8%。固定资产投资7600余万元。实现粮食总产量2.33万吨。

【促进产业发展】 2019年，红土乡按照"一长两短"的总体要求。进一步加大农业产业结构调整力度，突出特色产业优势。逐步形成高山烟菜药猪、低山林果茶为主导的产业布局。全乡86家市场主体链接农户5607户（其中带动贫困户2704户），实现户均增收2500元以上。全乡发展马铃薯种植2666.67公顷、漆树种植733.33公顷、小水果种植245.6公顷、核桃种植133.33公顷、茶叶种植453.33公顷、蔬菜种植2000公顷、药材种植800公顷，生猪存栏3.5万头、出栏8.5万头，牛存栏600头、出栏200头，羊存栏1.2万只、出栏8000只，鸡存栏8万羽、出栏6万羽，开展畜禽常规免疫和重大动物疫病防治工作，防疫密度100%。发挥2019年产业扶贫资金890万元撬动作用，实施茶叶管护166.67公顷，小水果管护56.07公顷，马铃薯晚疫病防治133.33公顷。新建小水果保鲜冻库900平方米、马铃薯厂房1275平方米。改扩建中药材加工厂房2850平方米、高山腊肉加工厂500平方米。

【推进高山马铃薯产业发展】 2019年，全乡马铃薯产量8400吨，年产值2520万元。为加快高山富硒马铃薯发展，红土乡坚持以龙头企业"农博生态农业开发有限公司"为依托，以"公司+农民专业合作社+农户基地+市场"（农超对接为主）的新型发展模式，探索新型农业发展路径，打造

“高山石窑马尔科土豆”品牌，依靠日臻完善的农村公路、电商平台等，优化物流服务链，构建兼具仓储、运输、信息、加工、配送、商务、展示等功能的供应商基地，提供更为完善的物流增值服务，助推高山地区马铃薯走上城市餐桌，带动周边农户发展，户均年增收5000余元。

【精准扶贫】 2019年，红土乡实现贫困人口1212户3774人脱贫和稻池村、天落水村、石灰窑村、漆树坪村整村脱贫。13个村（社区）154名（其中州直单位3名、市直单位38名、乡机关及乡直单位30名、村社区干部83名）“尖刀班”队员吃住在村、工作在村、岗位在村，为村发展注入强劲动力，驻村工作队访民情、察民生、听民意，为村发展“把脉问诊”，因地因村制定村级脱贫发展规划，结合“五个一批”政策，完善帮扶措施。坚持问题导向，确保精准扶贫质量。完成易地扶贫搬迁414户1406人，其中集中安置180户657人，分散安置234户749人；完成危房改造371户；落实金融扶贫资金168笔432.98万元，支持贫困户发展产业。

【基础设施建设】 2019年，红土乡13个村（社区）均实现村到乡公路硬化，通客运班车，所有村民小组通砂石路。2018—2019年上级下达4.5米通畅工程建设计划28条、113.09千米，完成27条，112.46千米；“以奖代补”泥结碎石路计划125条，143.79千米，全部完成，“以奖代补”3.5米宽硬化路计划58条，91.35千米，完工54条，86千米。扶贫产业路彭家垭至蓼叶湖8.42千米，路面完工1千米，中彩资金项目黄家坪至阴家坪5.355千米，路面完工3千米。投资143.55万元，新建6个水利扶贫建设项目全部完工，全乡新建小水窖63口。电网建设不断完善，改造10千伏线路11条，新增台区（变台）38个，改造台区27个。公共服务水平稳步提高，新建乡综合文化服务中心及老村村等3个村级文化广场，改造民族中学宿舍及乡中心小学等4个学校食堂，新建石窑卫生分院，补齐民生短板，提升公共服务水平、优化资源配置。通信网络建设不断加强，全乡4G网络覆盖率达90%。

【项目建设】 2019年，红土乡投资210万元用于发展乡村文化服务事业，其中投资40万元用于修建天落水村、老村村、大岩村村级文化广场；投资168.18万元用于修建红土乡综合文化服务中心。投资23.5万元改扩建老村村党员群众服务中心。全乡累计固定资产投资7600余万元，招商引资8000万元。

【社会事业】 2019年，红土乡落实教育补助98.41万元，补助对象1353人。全乡家庭医生签约1.59万人，签约率99.82%，未签约29人（死亡17人、失踪2人、外出失联6人、拒签4人），贫困户免费体检1.06万人，享受大病救助78人。全乡2次集中开展门诊特殊慢性病筛查2618人，组织到市级医院集中复筛45人，上报医保局审定423人（贫困户372人，非贫困户38人，精神障碍患者13人），全乡905人享受特殊慢性病门诊政策。对1402名残疾人进行签约服务，对153名有需求的残疾人进行体检随访服务，针对行动不便，卧床的57名残疾人采取入户逐一鉴定排查工作。全乡建档立卡贫困人员享受“四位一体”健康扶贫政策3837人次。2019年生态公益林补偿面积5973.33公顷，兑现资金123.25万元，退耕还林面积66.67公顷，兑现资金1.5万元。聘请81名贫困人员担任生态护林员，发放资金42.8万元，其中天保护林员26人，15.6万元，生态护林员68人，27.2万元。全乡农村低保658户1500人，累计发放救助金435.03万元；城市低保19户20人、累计发放救助金13.85万元；农村特困供养人员184人，累计发放救助金161.2万元。持证残疾人1402人，落实残疾人“两补”791人（其中困难残疾人生活补贴304人，重度残疾人护理补贴487人）。

【党建工作】 2019年，红土乡发展党员25名，每村至少发展1名党员。对后备干部实行动态管理，对2名后备干部进行劝退，19名在村跟班锻炼。建立乡土人才库67名，含党员20人，高中及以上学历40人。全年召开群众会、小组会600余场次，通过反复入户走访、反复召开群众会，将党的政策宣传好、落实好。成立13个道德理事会，龙角坝村和石灰窑村分别被评选为省级、市级十佳优秀村规民约。评选出70户好婆媳、好邻里等示范标兵。规范7个村党组织设置和13个村的索引牌，取消吊牌及门牌120个，制度牌26个，全乡13个党员群众服务中心全部实现规范化。通过资金入股、光伏发电、发挥三资效益等途径，全年实现集体经济78.37万元，每个村均为5万元。以主题教育为契机，进一步落实“支部主题党日”活动，持续推进“两学一做”学习教育。其间党委班子开展集中学习6次，集中学习研讨2次，警示教育1次，班子成员完成调研事项13件，落实领办事项16件，完成立行立改问题清单13件，按照“四个对照”要求谈心谈话160人次，征求意见建议300余条。全乡党组织开展主题教育，其中红土社区和石窑社区开展“亮身份、找初心”活动，悬挂共产党员户牌子100余个。完成平锦村软弱涣散党组织的整改销号。坚持严的主基调，学习党章党规党纪和监察法6次，就扶贫领域开展督查24次，发出通报17次。运用第一种形态，约谈提醒党员干部30人次。完成上级转办信访件24件，纪律处分7人。

【乡村环境建设】 2019年，红土乡采取政府购买服务方式，投入105万元实现红土、石窑2个集镇8小时保洁制，压缩车定期清理。做好“四边五化”工作，开展人居环境整治专项整治工作，定期开展集镇整治，提升集镇整体文明形象。落实“河湖长制”“山长制”“路长制”，制作各类展板60余块，组织开展100余次屋场会宣传环保知识。完成红土集镇污水处理厂建设、垃圾中转站建设并投入使用，完成石窑污水处理厂可行性科研报告。

【文化宣传】 2019年，红土乡在国家级、省级、州级、市级各大媒体发表稿件580余篇，着重社会民生重点工作的宣传报道工作。开展道德讲堂活动，全年邀请市级道德宣讲团到乡开展宣讲活动3场次，组织荆楚文艺轻骑兵“戏曲进校园、文化惠乡村”活动20场次。深入开展乡风文明引领工作，全乡13个村（社区）制定村规民约、成立红白理事会，其中龙角坝村村规民约被省民政厅评选为“全省优秀村规民约”。深入开展精神文明创建工作，全年向市文明办推荐2个州级文明村（社区）、4个州级（最佳）文明单位、1个市级文明乡镇、3个市级文明村（社区）、13个市级文明单位、2户市级文明家庭，推荐“五佳五好”先进典型23名，推荐感动恩施人物2名。

【举办“女儿会”活动】 8月12日，红土乡举办2019年“激情石灰窑 · 相约女儿会”活动。活动通过民俗巡游、赶场相亲、文艺会演、篝火晚会等传统民俗节目，展现土家儿女追求幸福、积极向上的浓郁民族气息和文化氛围。游客们在老街古巷中体验赶场相亲的热闹，在民俗展馆中探寻女儿会的发展渊源。在女儿会广场围绕篝火跳起传统摆手舞，来自各地数万名游客与当地人一道体验恩施屋脊的清凉世界，领略女儿会原生地的浪漫风情。

【“平安红土”“和谐红土”建设】 2019年，全年召开安全生产例会10余次，举办驾驶员培训11次1000余人。不定期开展车辆检查行动，检查车辆2000余台次。开展火灾安全隐患排查4次，整改3处隐患。做好重点人员管理工作，实行“五类”重点人员包保责任，定期开展走访。召开100余次小组会普及法律知识，全乡群众法治观念进一步深化。全年通过阳光平台处理群众来信来访100件次。

【重要社会活动】 2019年6月26日至27日，由恩施州委宣传部、恩施州文化和旅游局主办，湖北省民族歌舞团承办的荆楚“红色文艺轻骑兵”一行30余人到红土乡，分别在乡文化广场、稻池村委会、石窑女儿会广场、大岩村委会举办4场“文化惠民·精准扶贫”文艺演出，演出节目包括小品《扶贫趣事》、独唱《走进新农村》、川剧变脸、歌舞《美丽的中国梦》等，观众约1000人次。8月27日，中央军委国防动员部副部长王东海一行到红土乡调研“131”扶贫模式。11月29日，中央军委脱贫攻坚第二检查考评组到市人武部扶贫联系点红土乡天落水村，检查考评扶贫工作开展情况。工作组先后到天落水村董家河大桥、董家河茶厂，详细了解项目建设情况，并实地查看市人武部扶贫工作队和村支“两委”在天落水村开办农民夜校、设立便民服务点、推进马弓坝古村落保护、整治全村卫生环境等“十件实事”的成效。在致富带头人张岸锋家，考评组与其深入交流，现场查看石蛙养殖产业。

（赵伯锋）

沙地乡

【概　况】 沙地乡地处恩施市东部，政府驻地沙地集镇，海拔980米，距离恩施主城区70千米。东西长22千米，南北宽19千米。东临巴溪河，隔河与建始县景阳乡相望，南抵清江，与新塘、红土乡毗邻，西至南泥渡河，与三岔乡接界，北与崔家坝镇连结，全乡辖秋木、柳池、花被、楠木园、落都、鹤峰口、麦淌、神堂、黄广田9个村和沙地社区，97个村民小组。区域面积180.41平方千米。2019年末，户籍人口1.26万户，其中农业户口8851户，总人口3.42万人，其中农业人口3.08万人，农村劳动力1.88万个。耕地2580公顷，林地11500公顷。2019年，全乡实现工农业总产值5.4亿元，年固定资产投资3.7亿元。农村人平可支配收入12050元。实现粮食总产量1.76万吨。

【经济发展】 2019年，全乡粮食种植面积4780公顷，产量18.1万吨，人均占有量550千克。烟叶种植面积77.33公顷，产量3430担，实现产值292万元，实现税收79万元。改造低产老茶园133.33公顷，科学培管老茶园466.67公顷，生产成品茶产量179.1吨，实现产值2160万元。畜牧产业以生猪发展为重点，全年生猪出栏6.61万头，实现畜牧综合总产值1.5亿元。2019年，全乡惠农补贴300万元。恩施农商行沙地支行全年投放各种贷款1200万元，各项存款1000万元。

【基础设施建设】 2019年，区域内32.55千米撤村并组公路工程竣工并投入使用，完成以奖代补3.5米宽硬化公路56.94千米及9.6千米以奖代补砂石公路工程，沙地集镇至麦淌，至柳池农村产业扶贫提档升级公路10月完成招标，12月正式进场施工。对区域内206.35千米非列养公路实行市场养护管理，由中标公司进行规范化养护。电网改造升级工程实施35千伏的神堂配电站新建工程及7个“630”工程，6个“930”工程，总投资2535.51万元。沙地供电所完成供电量1313.99万千瓦时，售电量1138.41万千瓦时，回收电费716.28万元，电费回收率100%。集镇建设项目总投资4074万元的集镇污水处理厂建设竣工，新建污水管道5500米，启动运营，污水处理总规模400立方米/天。投资30万元增设清江大道路灯70盏。投资100万元新建垃圾中转站投入使用，集镇垃圾日产日清，日处理量4～5吨。在全乡范围内，全面建立河道“河长制”管护制度，建立河道巡查巡护制度，聘用6名保洁员，负责对乡域内4条河流日常清理。投资515万元的乡政府100套公租房建设工程竣工，12月投入使用。投资2000万元，新建水厂3个，管道延伸工程8处，小水窖84口，水池及管网整修5处，入户安装4945户。11月，投资1350万元，新建神堂变电站及35千伏线路工程竣工、投入使用。

【精准扶贫】 2019年，沙地乡核定未脱贫2848户，

8108人。完成当年预脱贫户567户1371人及柳池村、麦淌村整体出列，接受市、州级抽查验收工作。市政府下达沙地乡产业发展脱贫资金730万元，其中以奖代补资金530万元，拨付180万元。全乡实施易地扶贫搬迁169户447人，除自愿放弃7户17人，其余全部搬迁入住。完成拆旧复垦128户，“平改坡”109户。全乡“四类”对象危房改造413户，竣工373户；一般农户危房改造363户，竣工338户。生态补偿2828户242万元，落实建档立卡贫困户生态护林员83人，按照每年每人4000元标准拨付管护费33.2万元。落实“两免一补”等各种惠学政策，受益学生2000人次，兑现资金50余万元。全乡社会保障兜底1121户2098人，人均享受民政补助3630元。全乡清江水布垭区和老渡口库区移民879户2265人，年发放补偿资金40余万元。

【落实民政优抚】 2019年，全乡完成退役军人及其他优抚对象信息采集和录入工作，核定优抚对象171人，优抚政策均得到落实。6—10月对全乡低保进行整改和提标工作，核定农村低保903户1871人，应保尽保。全乡特困供养人员187人，其中分散供养142人，集中供养45人。全年落实临时救助337人次，发放临时救助资金70万元。

【社会保障】 2019年，城乡居民养老保险应参保人数7239人，实际参保人数7239人，缴费190万元，达到应保尽保。新增发放养老金人数143人，办理死亡注销206人。完成就业培训9场次，累计培训1893人次。为11名贫困人员提供公益性岗位就业援助。

【文化体育】 2月10日，组建荆楚红色文艺轻骑兵沙地小分队43人，参加“2019我们的中国梦——文化进万家恩施”新春游园会活动。6月，沙地天主教堂修缮项目获得103万元省级专项资金支持。7月，投资33万元扩建神堂村、花被村、秋木村黄连坪组、黄广田村朱家坪组的文化广场建设，9月底竣工并投入使用。8月，市文化旅游局通过招标，修缮队伍进场施工，到12月底，完成工程总量的20%。

【广播电视】 2019年，全乡广播电视“村村响”网络整改及终端整改维护10个村（社区），62个终端任务完成，实行4G无线传输；7500台全套节目“户户通”直播。电视无线机组后续服务有序进行，电视入户率99%以上，楚天视讯架设至落都、楠木园等村光纤网线55千米，发展宽带用户200户，全年业务收入80万元。

【医疗卫生】 2019年，沙地卫生院及村（社区）卫生室接诊门诊病人1.52万人次，业务总收入546.51万元。推进健康沙地建设，建立健康档案3.37万人，建档率97%，其中当年新建档719人。完成65岁及以上老年人体检3930人。年度新型合作医疗基金支出金额1000余万元，受益群众2万余人次。辖区管理产妇157人次，住院分娩100人，早检140人。各项接种免疫率90%以上，年度对辖区内幼儿园全员进行体检，春秋两次体检185人次。年度人口出生222人，出生人流比0.387，二孩及以上妊娠对象孕情监测到位率62.42%，免费婚前检查16对。享受计划生育奖励扶持对象906人，计划生育特扶对象53人，计划生育手术并发症1人。

【教育事业】 2019年，沙地中学同崔家坝、双河进行连片教研，与龙凤合作同步课堂建设，安排教师到杭州市采荷中学跟岗学习。沙地中心小学与柳池小学的同步课堂及共同体建设教师教学水平得以提升。乡政府连续推行教师园丁奖、才子奖评选活动，年度投入30余万元奖励优秀教师和学生，2019年中小学教学课堂整体水平呈稳步上升趋势。

【社会治安管理】 2019年，乡政府配齐政法专干人员从事综治维稳具体工作。加强司法调解等基层政法机构建设，各村（社区）设立调解委员会，确定村级治安网格管理员、组级网络信息员，制定相关制度措施，落实职能部门，形成一级抓一级，层层抓落实的局面。乡阳光信息平台录入信访件84件，办理80件。乡综治维稳中心全年排查矛盾97起，调处96起，1起在调处中。沙地乡在排查调处矛盾工作中，开展“两走四见”（信访举报工作走进群众家里，走进群众心里，见人，见事，见思想，见感情）活动。3月，妥善调处省纪委转办的楠木园村刘承靖十多年的入户公路问题。省纪委及时以信息推介。州委常委、州纪委书记陈江龙于5月5日作出批示，州纪委发出通知将“两走四见”工作法在州纪检系统推广学习。

【安全生产管理】 2019年，乡政府与村（社区）、机关部门（单位）及重点企业签订安全生产责任书120份，消防安全目标责任书647份，交通安全责任书42份。制定各种灾害事故应急预案40份，开展各类应急演练6次，设置交通安全警示标志50余处，发放“致农民朋友一封信”“如何防治一氧化碳中毒”等宣传资料1000余份。开展安全生产大检查和重点领域专项治理，关停非法开采企业18家，开展安全检查30次，排查安全隐患16处，及时整改13处。开展学校周边环境安全警治行动，发现问题108处，整改完成108处。

【食品药品监督管理】 2019年，全乡办理食品经营许可证31个。出勤执法480人次，巡查食品生产企业，食品流通经营店铺600余家次，配合州级抽查食品6批次，完成食品快检401批次。下发整改通知书3份，全年食品药品案件立案3起，结案3起。完成非税收入1.41万元。对学校食堂操作人员进行业务培训3次，培训350余人次，发放培训资料500余份。

【林业资源管理】 2019年，沙地乡完成8186.67公顷公益林生态林管护和自查验收工作。全乡林木采伐限度为1400立方米，实际办理采伐证200份，实施采伐400立方米。年度申报审批占用林地建房4家，查处滥伐林木案件1起。森林防火实行领导成员分片包干制度，在各村（社区）选出身体健康成年义务扑火队员，实行24小时值班和领导带班制度，发放森林防火宣传单1万份，召开村级管护员专题培训会10次，年度森林防火无重特大火灾发生。

【自然资源规划管理】 2019年，沙地乡为青云崖旅游项目办理农用地转用6.8公顷，对31.8公顷土地组织报批，为柳池村红花峡枫林景区已批土地2.27公顷。为农村村民建房现场查勘63处，其中18户原址翻修，办理建设许可证。对辖区14个重点地质灾害点落实14名监测员，并与监测员签订地质灾害防治工作责任书。对14个地质灾害点采取汛前排查、汛中巡查、汛后复查的方式，年度巡查126次，对监测员电话抽查218次。年度发生地质灾害16处，现场处置16处，出具地质灾害报告11份。为重点区域和重点对象发放明白卡96张，乡所组织屋场式应急演练10次，组织大型地质灾害演练1次。

【青云崖旅游区项目建设】 2019年，青云崖旅游度假区项目建设计划投资48.6亿元，拟打造国家AAAAA级旅游景区和国家级山地型旅游度假区。1月，青云崖旅游项目征地第一批补偿资金2.9亿元分别兑现到275户景区专户账上。2月中旬，核心景区建设施工队伍进场施工。赵家湾安置小区场地建设有序推进，该项目完成投资8.3亿元。

【基层党建工作】 2019年，沙地乡党委完成柳池村党总支“五星”创建工作。发展党员21名，其中女党员10人，35岁以下党员10人，大专及以上学历党员10人，逐步解决部分村党员老龄化问题。实施“一村多名大学生”计划，全乡有8名村干部录取。实行党员分类管理，将设总支部的村建成无职党员设岗定责的示范点。注重流动党员管理，为每名无职党员下发“共产党员户”牌子，从政策宣传、民主监督、调解纠纷、发展致富、乡风文明引导等方面设5～6个岗位，每个岗位设2～3名骨干成员，带领同一岗位的无职党员为群众服务。

【开展党风廉政警示教育】 2019年，乡党委开展廉政警示教育和学习6场次，参训人员810人次。乡纪委（监委）收到市纪委交办线索12件，立案10件，收到群众举报1件，立案1件；收到市纪委交办群众信访举报19件，办结14件，提醒谈话14人次，警示谈话1人，诫勉谈话3人，党纪处理3人。

（向盛银）

太阳河乡

【概　况】 太阳河乡位于恩施市北，政府驻地太阳河集镇，海拔750米，距离恩施主城区68千米。地处白奉公路恩施境内中段。东南与白杨坪镇相邻，东北与建始县业州镇接壤，西南与龙凤镇连界，西北与重庆市奉节县兴隆镇毗邻。区域面积231.24平方千米，耕地面积4430公顷，林地面积18300公顷。辖头茶园、白果树、双河岭、青树子、宝塔岩、茶山河、茅湖淌、柑树垭、金峰山、梭布垭、石林、马林村和太阳河社区，72个村民小组，1个居民小组。

2019年，全乡总户数6014户，总人口2万人，其中劳动力1.3万人。实现生产总值2.88亿元，同比增长8%，其中农业生产总值2.61亿元，第二产业总值920万元，第三产业及其他收入总值1800万元。固定资产投入完成4100万元。农村人平可支配收入11586元。实现粮食总产量1.19万吨。2019年，太阳河乡脱贫334户824人，剩余3个村全部出列（金峰山村、茶山河村、茅湖淌村）。系统留存未脱贫47户93人，综合贫困发生率由2014年的29.67%下降至0.42%。

【旅游产业发展】 2019年，太阳河乡持续巩固“旅游+”成果，通过实施“旅游+景区建设”“旅游+文化”“旅游+产业化”“旅游+扶贫”等行动，推进全域旅游全面发展，2019年接待游客51万人次。7月13—14日，在太阳河乡梭布垭景区举行“庆祝祖国70年华诞暨‘醉美太阳河魅力梭布垭’旅游宣传片实景拍摄活动”，中国旅游TV对活动盛况面向全球进行现场直播，观看人数200万人,5000人参与直播互动。8月10日，举行以“恋上梭布垭·爱在女儿会”为主题的土家女儿会系列活动，来自国内外3万多名游客齐聚梭布垭石林，参加万人巡游实景剧——歌舞相亲、赶场相亲、迎宾晚会暨星空音乐节活动。8月11日，举办第二届中国恩施“梭布垭石林杯”十大拐自行车赛，来自全国22个省市近400名选手参赛，全国各类报刊网站争先报道。

加大基础设施建设力度，推进全域旅游进程。梭布垭石林景区全面推进景区转型升级，游客量增加，效益提升。为保障游客出行安全，提升旅游观光品质，对莲花寨景区和磨子沟景区有潜在危石的路段进行改道避让和危石破除；在青龙台景区和三岔路候车点新建A级厕所2间。开展景区讲解员、卫生保洁员、观光车驾驶员、农家乐经营培训，强化旅游安全管理、交通安全、森林防火、食品安全方面的培训，提升职工工作能力。在景区游客中心建成特色龙溪小镇。打造成集景区餐饮、住宿小吃、民间工艺品制作销售为一体的景区集散小镇；梭布垭石林景区利用资源带领当地群众共同致富，90名职工中，有66人是太阳河乡本地村民，其中18人是建档立卡贫困户，景区发展带动当地农家乐发展，农家乐增加至19家，5户贫困户通过兴办农家乐脱贫致富；景区推广本地土特产，为农产品销售打通绿色通道。完善双河岭小桥流水休闲旅游景区、石乳关旅游休闲度假区、巴盐古道文化旅游景区、白果树田园综合体、头茶园特色民居景点基础设施建设。投资150万元建成双河岭风雨桥“乡思桥”、完成李爸沟旅游基础设施建设项目。

【主体经济发展】 2019年，粮食作物面积3410公顷，粮食产量1.19万吨，农村人口2万人，人均粮食595千克；2019年，可采良种茶园面积

663.33 公顷，茶叶总产量 918 吨。新建辣椒基地 8.67 公顷、藤茶基地 26.67 公顷、青钱柳基地 28 公顷、香菇农旅体验基地 3.33 公顷、西葫芦基地 10.67 公顷、羊肚菌基地 3.33 公顷、中药材基地 333.33 公顷。全年烤烟种植面积 60 公顷，烟农 62 户，收购烟叶 110 吨，收购金额 160 万元，实现税收 32 万元。

全年太阳河乡肉类总产量 4753.85 吨（其中猪肉 4468.03 吨，牛肉 142.74 吨，羊肉 40.22 吨，禽肉 102.87 吨），禽蛋产量 119.89 吨；生猪饲养量 8.94 万头，生猪年末存栏 3.83 万头；牛饲养量 9964 头，年末存栏 7281 头；山羊饲养量 1.87 万只，年末存栏 6322 只；生猪出栏 51024 头；牛出栏 2683 头；山羊出栏 12411 只；家禽存笼 5.67 万羽，出笼 17.22 万羽。

全乡生猪口蹄疫、猪瘟及蓝耳病 3 种疫苗同时免疫 8.94 万头次，免疫密度 100%；牛口蹄疫免疫 9964 头次，免疫密度 100%；羊口蹄疫及小反刍兽疫两种疫苗同时免疫 1.87 万只次，免疫密度 100%。禽流感免疫 22.9 万羽，免疫密度为 100%。加大对养殖大户的监测力度，产地检疫生猪 5.1 万头，牛 2683 头，羊 1.24 万只，禽类检疫 17.22 万羽；狠抓畜牧科技推广和养殖实用技术培训，全乡生猪良种覆盖面 90%，商品率 85%；推广浓缩料、预混料、配合饲料 700 余吨。全年开展基层队伍培训 4 期 80 余人次；开展新型农民培训 4 期 1000 余人次。

全乡能繁母猪保险 2002 头，参加保险率 95%。保险理赔能繁母猪 122 头，理赔资金 12.2 万元；保险理赔贫困户能繁母牛 9 头，理赔资金 5.4 万元；理赔贫困户养殖生猪 92 头，理赔资金 4.61 万元；理赔贫困户养殖山羊 14 只，理赔资金 6400 元。保险理赔率 100%。在石乳关隧道出口处设立非洲猪瘟防控临时消毒检查点，实行 24 小时值班，对进出省境的运畜车辆进行检查消毒；对全乡养殖场（户）轮流进行排查，实行日排查和日报告。

2019 年，全乡市场主体持续稳定健康发展，全年市场主体 698 户，其中企业 67 户，农民专业合作社 93 户，个体工商户 538 户，从业人员 1256 人，注册资金 4285 万元。企业（合作社）与农户签订用工合同 518 份。

【财政和补贴】 2019 年，财政总收入 8648.62 万元，一般公共预算财政拨款收入 7004.86 万元，其中政府性基金财政拨款收入 1603.76 万元，其他收入 40 万元，年初结转和结余 521.96 万元。全年财政总支出 7720.87 万元，其中工资福利支出 1186.9 万元，商品服务支出 488.52 万元，资本性支出 5576.4 万元，对个人和家庭补助 378.83 万元，对企业补助支出 90.21 万元，年末结转 1449.72 万元。原由财政所征收的新型农村医疗合作基金和城乡居民养老保险保费改为地税征收。

2019 年度耕地地力保护补贴标准为 1045.05 元 / 公顷，按完善农村土地承包合同实测面积 4426.67 公顷计算，全年兑现农业补贴 6042 户，462.95 万元。农村专业合作社 93 个，成功申报州级示范社 1 家，市级示范社 4 家；家庭农场 15 家，成功申报市级示范家庭农场 2 家。农村土地确权颁证工作完成全乡 13 村（社区）委会、72 个行政组、350 个自然小组，6059 户、经两轮公示、土地承包合同签订、颁发土地经营权证。全年进行 4 次涉农收费检查，无增加农民负担和乱收费现象行为。对全乡建档立卡贫困户按 20% 的比例开展惠农资金入户核查，检查 13 个村、435 户贫困户，各项政策落实到位。

【精准扶贫】 2019 年，全乡义务教育 6 ~ 15 岁 1994 人适龄学生入学率 100%；适龄残疾学生 16 人，残疾学生入学率 100%。2019 年兑现各类教育补助 848 人次 37.93 万元，兑现“雨露计划”职业教育补助 250 人次 62.5 万元、“金凤助学”2 人 4000 元、“春风助学”5 人 1.5 万元、“关爱女孩助学”行动 2 人 5000 元、“泛海助学”14 人 7

万元。2019年贫困人口参保率100%，建档立卡贫困人口享受“四位一体”报销906人次154.94万元。全乡签约家庭医生服务1.29万人，贫困人口签约5118人。全乡开展政策宣讲13场次，发放宣传折页5000余份。组织参加慢性病筛查和健康体检3087人次，贫困人口2071人次；全乡526人享受门诊特殊慢性病政策，贫困人口226人。2019年全乡实施危房改造524户，兑现资金700.32万元。“十三五”规划期间全乡完成262户736人搬迁任务，入住率100%，累计拆旧257户，所拆旧的农户完成复垦或生态修复。2018—2019年投入3355.97万元实施农村安全饮水巩固提升项目236个（11个水厂、4个管网延伸工程、4个小饮水工程、217口小水窖），工程建设全部完工并通水安装到户，20人以上集中供水工程水质检测全覆盖，改善全乡1.21万人农村人口饮水条件。

【扶贫政策】 2019年，太阳河乡产业扶贫资金370万，贫困户种植、养殖以奖代补30万元，兑现28.43万元，涉及贫困户157户；两消除资金340万元，兑现332.69万元。就业扶贫挂牌成立扶贫车间2个，带动周边农户190余户，落实公益性岗位30人，兑现工资47.75万元，发放劳动技能培训补贴1900人57万元，“雨露计划”劳动力转移培训92人，兑现补助资金14.1275万元。2019年兑现生态公益林补偿5333.33公顷108.7万元；新一轮退耕还林项目累计兑现413.33公顷834万元；2019年天保管护员26人，兑现工资15.65万元；生态护林员90人，兑现工资36万元；发展现代油茶项目159.41公顷，兑现资金114.78万元。2019年发放贫困户直接贷99笔415.7万元，发放市场主体帮扶贷15笔426万元。2019年全乡低保713户1621人，月发放保障金额51.11万元，人均月保障315.29元，17户18人享受城市低保；社会兜底保障覆盖面8.07%，全乡五保户202人（集中33人、分散169人）供养金标准7920元/年，分散供养孤儿5人，供养补助标准1200元/月；重度残疾人251人享受护理补贴、困难残疾人285人享受生活补贴。太阳河乡现有三留守人员468人，其中留守儿童108人、留守妇女70人、留守老人290人。

【公路、通信建设】 2019年，投入4028.91万元实施通畅公路工程16条83.22千米，投入290万元实施3.5米宽水泥路建设11条14.5千米，投入500万元修建桥梁2座。建设完成“以奖代补”泥结碎石路19.04千米，总投资95.2万元。新建茶山河村茶山河中桥1座，总投资72万元；完成公路养护线路29条，总里程175.62千米。完成水毁公路维修工程24处，清理塌方5000立方米，维修挡土墙100立方米。2019年，全乡新增凹凸镜6面、警示标牌52块，增设防护栏、防撞墙21处；安装波形防护栏65千米、防撞墙2.8千米，全乡村村通客运线路生命防护工程实现全覆盖。办理三轮摩托车驾驶证50人次。2019年投入647.4万元实施电力项目17个，新建、改造10千伏线路15千米、低压线路7.013千米，配变13台（新建8台，改造5台）。投入1204万元新建联通、移动、电信基站32个，累计基站78个，4G网络信号覆盖提升，有线宽带（光纤）进村入户，信息通讯得到保障。2019年，全乡行政村宽带通达率为100%，4G网络覆盖率93%以上，800兆4G覆盖96%。邮政电信业务收入完成160.41万元。楚天视讯恩施市支公司太阳河经营部建成开通综治视联网，政府办公大楼、乡行政服务中心视频监控项目建成；完成100户东西部合作电商平台电视、宽带安装，建成马林村安置点、头茶园村李爸沟、二茶园安置点30户的广播电视、网络光纤覆盖；开通宽带用户210户。公共服务方面，2019年新建文体广场3个，组织文艺宣传队伍3支36人，开展送戏下乡18场次，创作扶贫主题文艺节目3个。

【东西部协作】 2019年，落实东西部协作扶贫资金565万元，实施项目4个，采荷街道和红菱社区分别为太阳河乡和茅湖淌村提供帮扶资金60万元和10万元，杭州7位知名企业家成为茅湖淌村、石林村、宝塔岩村、马林村、白果树村、梭布垭村和茶山河村的名誉村长，分别为7个村捐赠资金5万元，用于发展药材和金果梨。2019年3月，浙江省杭州市江干区职工疗休养基地在梭布垭石林景区挂牌，14批615人到太阳河乡参与疗休养，开展访贫问苦活动，走访慰问贫困户210户，送去慰问金7.35万元，购买当地土特产品6万余元。

【基础教育】 2019年，太阳河乡有初中1所，完全小学2所（太阳民族小学、梭布垭希望小学），教学点1所（柑树垭教学点），公办幼儿园1所（乡中心幼儿园）。初中在籍学生165人，小学在籍学生333人，学前教育在校学生89人（其中中心园幼儿80人）。在编在岗教师61人，边远乡村定向招录教师4人，政府购买后勤服务聘用5人。在编教师中高级职称5人，中级职称25人，初级职称31人；研究生1人，本科33人，专科19人，中专及以下学历8人；教师中正式党员18人，预备党员2人。

【民政优抚】 2019年，太阳河乡城乡低保享受对象730户，1639人，动态新增289户，644人，动态提标1059人；动态变动（取消）201户。五保供养202人，实行集中供养和分散供养相结合，集中供养33人，分散供养169人，人均月供养金660元；新增特困供养13人，动态取消16人。申报丧葬补助6人。灾后重建救助，发放救助资金68.88万元，其中对4户进行转移安置应急、过渡生活救助2.94万元，对因灾倒损房屋17户进行恢复重建，补助救助资金24.6万元。冬春救助757户2289人，发放救助资金41.34万元。对401人实施临时救助，救助金额20.94万元，年终慰问困难群众57人，送慰问物资价值8880元。调查登记留守老人290人，留守儿童115人，留守妇女70人，并建立科学帮扶关爱制度，对应成立一对一帮扶责任人，全部将留守老人信息录入全国关爱“三留守”信息系统。80岁以上高龄补贴发放2010人次，发放金额3万元，动态变动（取消）49人，动态新增60人；90岁以上高龄补贴发放257人次，发放金额5.87万元，动态变动（取消）6人，动态新增14人。发放经济困难老人183人次，发放金额2.75万元，动态取消7人。在册孤儿5人，发放孤儿生活费80人次，发放金额9.6万元，动态变动（取消）5人。

【社会保障】 2019年，太阳河乡企业单位职工以灵活就业形式参保500人，征收核定养老保险金300万元。退管人员1200人，发放养老金1900万元。城乡居民养老保险参保1.1万人，其中核定征收5200人缴费230万元，建档立卡未脱贫人员代缴城乡居民养老保险1173人，代缴金额11万元，养老金待遇领取3983人，发放养老金400万元，发放率100%。退管人员进行5100次手机APP领取待遇资格认证，核实死亡参保人员110人，其中60岁以上人员101人，发放丧葬补贴11万元。

全乡城镇新增就业182人，其中城镇失业人员再就业50人、就业困难人员就业25人。建档立卡贫困人员参加精准扶贫劳动技能培训人数1900人，发放培训补助57万元，育婴师培训40余人，劳务输出4985人，发放32个公益性岗位补贴资金44160元。为农民工讨薪72.4万元。

【医疗卫生】 2019年，太阳河乡出生人口150人，其中男孩88人，女孩62人，性别比为141（女为100）。免费孕前优生健康检查18对；免费婚前医学健康检查目标人群数32对。农村部分计划生育家庭奖励扶助对象累计543人，当年新增43人，退出17人，发放奖扶资金52.13万元，特扶58人，当年新增12人，退出1人，发放特扶资金39.8万元，一次性抚慰金1万元。城镇无业居民一次性奖励对象1人，发放奖扶资金3500元。

卫生院为特扶对象开通绿色通道，村落实双岗联系人制度，家庭医生签约服务落实率100%，落实特扶住院护理补贴保险，全年理赔3万余元。有342户计划生育家庭购买计划生育意外伤害保险，投保金额3.42万元。发放独生子女保健费6人，发放资金7400元；州级计生协计划生育家庭女孩助学行动申报1人，享受助学资金3000元，市级“关爱女孩助学行动”申报6人，享受助学资金1.7万元；享受独生子女保健费6人，兑现资金7400元；开展两次生殖健康优质服务，参检育龄妇女1500人次。

2019年，建立全乡居民健康档案，建档立卡1.72万人；服务人口建档率79%；卫生院成立13个医师签约服务团队，贫困人口签约服务95%。老年人免费体检1809人；高血压体检1263人；糖尿病体检96人；儿童体检369人；“两癌”筛查300人次，其中发现4人宫颈癌癌前病变，3人进行治疗；计生特扶体检51人。

【综合文化服务】 2019年，太阳河乡围绕打造“旅游名乡、文化大乡”和“全国群众体育示范乡镇”奋斗目标，组织文艺宣传队开展多项文艺演出，送戏下乡20余场次，观众1.3万人次。12个村、1个社区、1个文化服务中心设有“农家书屋”，重新购置书架，完成图书配送。按照市级安排的3个村（柑树垭、金峰山、梭布垭）文化广场建设全部竣工，完成白果树村文化器材配送工作。完成全乡4个村（含易迁点）的体育健身器材的安装，全乡文化广场、文化活动室、体育健身器材全覆盖。“村村响”农村广播全覆盖。“户户通“完成4789套。

加大村级文化队伍建设，在双河岭、青树子、梭布垭、石林、金峰山、白果树、柑树垭6个村组建村级文艺宣传队伍，太阳河社区、老年协会2支文艺宣传队，文艺宣传队员155人，传统节目有莲香、车车灯、腰鼓、渔鼓、湖北大鼓、山民歌等，利用公益性岗位，配备12个村1个社区文化管理专干13名，“三区”文化志愿者2名，“阳光工程“志愿者1名。乡综合文化服务中心多功能大厅免费为集镇居民开放，接待在文化中心多功能大厅排练文艺节目、开展山民歌培训、广场舞排练等居民600余人次；图书室常年免费开放，接待读者550余人次（中小学生占90%），农村广播和民俗展厅常年对外开放。开展山民歌培训4次，参训人员200人次，开展民歌展演活动20场次，观众1万余人次，收集整理太阳河山民歌30首，对传统节目“太阳河车车灯”“薅草锣鼓”进行保护展演，对全乡山民歌手、民间艺人实行建档管理。

【基层治理体系建设】 2019年，完善司法工作基层治理“464模式”（即“一规一册促和谐、一表一卡化纠纷、六小工作重方法、四个办法建机制”）为主要内容的太阳河基层治理模式，涵盖基层法治建设各个方面，从组织、制度、机制上完善全乡法治建设，促进“法治太阳”建设。乡法治文化广场被湖北省普法工作办公室命名表彰为“全省第二批省级法治文化示范点”。全乡建起13个村（社区）级法治文化长廊和一个法治文化广场。全乡召开大型普法乡村治理活动30场次，参加普法学习6000余人次，发放普法宣传资料2万余份。12个村和1个社区，完善《村规民约》，均参与民主法治示范村（社区）创建活动，12348公共法律服务实现全覆盖。办结法律援助案件18件。

【自然资源管理】 2019年，太阳河乡组建乡应急分队2个，组建村级义务扑火队13支，与农户签订防火责任状6000份，发放致学生家长一封信500份，发放致管护员一封信116份，张贴市人民政府森林禁火令6000份，聘请天保管护员26名、生态管护员90名。利用“4·22”地球日、“6·25”土地日，开展国土资源法律法规宣传教育活动。查处违采、违建行为5起，下发停工通知书5份。配合市国土资源局下发处罚告知和处罚决定书5份。完成房地一体确权登记外业调查；开展大棚清理整治工作，核查32个问题图斑；完成并通过立项项目60.2公顷城乡建设用地增减挂钩工作；完成精准扶贫异地搬迁扶贫车间选址4处；完成农民建房勘查选址69户；排查地质灾害隐患10处。

【村镇规划与环保】 2019年，完成190户建档立卡贫困户C级危房的修缮加固和112户D级危房的重建，兑现“以奖代补”资金512.92万元。打击未批先建、私搭乱建的违法行为，规范村民有序建房，发放“乡村建设规划许可证”9份。依法强制拆除违规建筑2处，拆除面积182平方米，责令限期整改8处，通过广场电子显示屏对违反“三禁三治”（“三禁”即禁烧、禁煤、禁鞭，“三治”即非煤矿山治理、扬尘治理、尾气治理）等不文明行为曝光19次。开展“厕所革命”建设，新建农村公厕6座，完成659户农村户厕无害化建设。巡查建筑安全23次，责令整改14处。组建工作专班集中清理整治集镇线网21处。

【基础设施建设】 2019年，太阳河乡投资3200万元，新建水厂11个、管网延伸工程4处、分散式小水窖217处，解决边远地方村民饮水安全问题，受益户3560户、受益人口1.53万人。水厂采用一体化净水设备进行净化处理，达到一管清水进农家的目标，供水保证率98%以上。

全乡7条河道、47条小微水体溪沟，实行乡村两级河长负责监管、巡查和“四乱”（乱占、乱采、乱堆、乱建）治理。配备15名河道保洁员和42名小微水体管护员，负责日常清理，保证河面和溪沟无垃圾、无污水排放。完成7条河道“一河一策”的编制和“确权划界”的界碑竖立。

2019年，全乡有35千伏变电站1座，容量5000千伏安，10千伏配电线路5条159.6千米，380/220伏线路547.48千米，配电变压器167台，总容量17495千伏安，其中公变149台，容量13035千伏安，专变18台，容量4460千伏安，年均供电量861.2万千瓦时，用电户数6961户。2019年投入647.4万元，完成电力项目17个，新建、改建10千伏线路14.99千米，配电变压器13台（新建8台、改造5台）。

【党建工作】 2019年，乡党委深化“整市推进”支部建设，推进支部标准化、规范化建设，巩固“五星”合格支部党建品牌。按程序选拔16名跟班锻炼后备干部，轮流安排到乡组织办、党政办、扶贫办跟班锻炼。持续开展见习副指挥长“五个一”活动和“两委”干部见习支部书记“五个一”活动；开展张富清事迹宣讲活动。推动“不忘初心、牢记使命”主题教育向深向实。全乡20个党支部开展党员集中学习活动，通过集中交流学习，“四个对照、四个找一找”检视问题，农村党支部为流动党员寄送“家书”和学习资料，为年老体弱、行动不便的老人“送学”，组织宣讲员到村开展宣讲会等形式将学习教育引向深入。

【党风廉政建设】 2019年，太阳河乡收到市纪委案管室移交问题线索4个，立案审查3起，初核1起，结案1起，党内警告处分1人。利用第一种形态开展监督执纪问责28人次，含诫勉谈话5人次、提醒谈话6人次、工作约谈10人次、警示谈话4人次、批评教育3人次，其中涉及扶贫领域的18人次。开展督查检查工作3次，印发扶贫领域工作作风专项通报3期、大数据核查专项通报1期。

【群团工作】 2019年，对全乡600余名妇女进行免费“两癌”筛查；开展20场次劳动技能培训；开展“金凤工程”助学行动，4名贫困女大学生获得资助金额1.4万元。春节走访慰问贫困残疾人15人，送去慰问金4500元。发放燃油补贴5人资金1300元。为189名残疾人代缴居民农村合作医疗。免费安装普及型假肢2名，为2名精神残疾对象申报免费服药康复项目，发放轮椅5台、拐杖2副。接到来信来访15件（次），其中反映生活困难2人，咨询政策法规8人，要求办理低保5人，办结率100%。“大数据”核查数据13条，查实13条，退缴违规资金1400元。

全乡接待农民工政策咨询31人次，帮助21位农民工讨回拖欠工资8.5万元。通过杭州市对口帮扶恩施州开展“春风助学”活动，为5名大学生获得资助1.5万元。组织农民技能培训6场次，累计培训650人次。

全乡13个村（社区）完成新一届村级团支部换届选举，选举出39名委员，其中书记13名，副书记1名。开展“湖北希望工程·阳光凯迪基金”大型公益助学活动，资助贫困学生16名，助学金1.6万元。申报“芙蓉学子”大型公益活动和湖北希望工程·山河助学公益基金项目，资助贫困学生2名，助学金1万元。

（唐春林）

屯堡乡

【概　况】 屯堡乡地处恩施市西部，政府驻地屯堡集镇，海拔520米，距离恩施主城区21千米。东西长60.7千米，南北宽7.7千米。东与龙凤镇、小渡船街道相邻，西与沐抚交界，南与白果乡相连，北与板桥镇接壤。318国道贯穿全境。全乡辖坎家、双龙、鸦丘坪、田凤坪、罗针田、黄草坡、车坝、花枝山、鸭松溪、新街、大树垭、杨家山、马者13个村和屯堡社区，134个村民小组。区域面积258.85平方千米。耕地面积5960公顷，林地面积18251.29公顷。2019年末户籍人口1.26万户、4.52万人，其中劳动力3.03万人。恩施农商行屯堡支行存款1.99亿元；贷款余额7900万元，当年发放3700万元；全年清收不良贷款28万元，实现利息收入486万元。累计发放扶贫贷款1600万元。

【经济发展】 2019年，屯堡乡有农业企业16个，家庭农场14个，农民专业合作社95个，农民专业合作社成员1420户，坚持以发展为先，突出“壮两茶、强林药、稳烟畜、靠旅游”总体思路，坚持“绿色、生态、有机”标准。农村劳动力3.03万人，其中从事第一产业10100人，外出务工6789人；水田30公顷，旱地5930公顷，累计办理土地流转780.87公顷，粮食播种面积1940公顷，产量1.22万吨。

屯堡乡紧扣“高质量发展”目标，整合资源，推动产业融合发展，促进产业重点项目建设。2019年度招商引资项目累计到位资金1041万元，全乡工业企业16个，其中规模以上工业企业5个，入统工业企业11家，规模以上企业工业产值2.37亿元，规模以下涉硒工业企业2.61亿元。

年末，畜禽养殖户6782户，生猪专业养殖户54户，肉牛专业养殖户1户，山羊专业养殖户2户，家禽专业养殖户4户，特种养殖户2户（獐子、竹鼠、香猪、豪猪）。生猪出栏7.53万头、牛出栏620头、山羊出栏3132只，家禽出笼10.11万羽；年末存栏生猪3.95万头（其中能繁母猪4800头）、牛存栏1009头、羊存栏4055只、家禽存笼4.46万羽。全年畜禽产品总产量6826.83吨，畜牧业总收入1.18亿元。

【特色产业发展】 2019年，全乡依托项目推动产业发展，实施东西部扶贫协作项目6个，帮扶资金850万元。建成东西部扶贫车间2个，建设功能茶基地126.67公顷，完成产业路拓宽硬化16.5千米，新开挖产业路2千米，惠及全乡5个贫困村（含深度贫困村2个）建档立卡对象1354人次，扶贫车间吸纳当地群众就近务工35人次，支持5个“名誉村长”结对帮扶村发展小型公益事业，实施致富带头人培训10期48人次，带动贫困户123户，其中贫困村98户，非贫困村25户。

【乡村振兴】 2019年，屯堡乡实施“三乡工程”，鼓励引导“归雁经济”，培育农业产业领军人才，让宜居宜业宜旅的花园屯堡成为市民下乡、能人回乡、企业返乡创业的首选之地。打造全域旅游环境。利用铜盆水森林公园、花枝山村观景平台、鸭松溪村旅游公路沿线美景、马者村圆梦隧道等旅游资源，加快规划发展一批种养结合、农旅结合、茶旅融合的休闲农场、农庄。收集采纳发展中的乡村旅游能人大户意见，制定出台乡村旅游规范管理标准，发展乡村休闲、度假、体验等旅游业态，鼓励发展精品民宿、主题客栈等乡村休闲度假产品，打造乡村旅游精品产品。

【精准扶贫】 2019年，全乡以组为单位，分为贫困户及非贫困户，自下而上排查“两不愁三保障”、“三率一度”、户容户貌等方面问题；自上而下将各行业扶贫部门惠民政策落实数据与建档立卡系统数据、各村（社区）户籍人口比对，由干部核实比对出的存疑数据，排查出各项惠民政策未落实到位的问题；由外到内将各级领导交办问题进行梳理并建立户问题、村问题清单，明确整改时限、整改责任单位及责任人，做到真整改、严销号。各类问题清零行动排查问题共计724个，其中排查到户问题12类541个，排查到村问题12类172个，排查到乡问题3类11个。召开乡风文明引领群众会100余场，宣传《屯堡乡村规民约》，营造乡村向上、向善、向美的良好风尚。

【农村住房建设】 2019年，锁定“四类”对象危房存量381户，完工381户；一般农户危房存量232户，完工232户。易地搬迁628户1878人，搬迁入住607户1824人，搬迁意愿发生变化20户53人，死亡回退2户2人，入住率100%；拆旧完成563户，拆旧率100%；复垦完成563户，复垦率100%。

【拓展集镇建设】 2019年，投资280余万元完成屯堡集镇的亲水走廊建设；投资50余万元的屯堡集镇车站公厕年底竣工验收；马者集镇公厕建设工程完成；投资135万元完成罗针垃圾中转站建设工程。

【民生建设】 2018—2019年，屯堡乡农村4.5米宽的公路建设计划92.29千米，完成路基验收和路面硬化，3.5米宽的公路80.55千米，泥结碎石路11.1千米，全部完工；投资3909.37万元，新建水厂11处，改造水厂5个，管网延伸4处，小引水工程57处，维修工程2处，水窖20口，解决8970户3.31万人的饮水问题，其中建档立卡贫困户2228户7357人。投资2475.33万元实施配电网扶贫项目53个，完工53个；投资96万元实施脱贫攻坚补短板项目14个，完工14个；实施自然村光纤网络建设项目30个，全部完工；完成重点脱贫村视频监控项目惠及7个村28个点；完成马者村4G基站1个。全乡管护森林面积1.82万公顷，其中国家公益林9804.07公顷，聘请天保管护员50名，生态管护员94名，完成义务植树8.8万株，办理农民自用材采伐证224份。

【人居环境整治】 2019年，屯堡乡实施铁路沿线环境综合整治工程。对8处铁路沿线违规建筑进行拆除并对裸土进行复绿，播撒草种150千克，清除铁路沿线垃圾1处，修建和完善2处值班岗亭。编制张贴生态文明公约，开展“洁净乡村”行动，加快“厕所革命”进度，率先实行垃圾分类和清理保洁。全年购置垃圾桶385个，垃圾车2台，同时加强集镇周边、库区周边、重点区域的节点打造和环境保护。继续通过集中和分散两种模式对全乡垃圾进行转运处理。鸭松溪污水管网建设全面完工，进一步提升集镇污水处理能力。利用“河长制”优势进行巡河清污，“尖刀班”包组到户、分工到人，网格化管理秸秆焚烧，保证空气质量优良。

【文化服务】 2019年，新建文化广场8个，均竣工验收，新建塑胶灯光篮球场2个，新建新全民健身驿站2个，7个村的体育健身器材全部安装到位。开展大型群众文体活动8次，举办“百姓大课堂”公益培训15期，举办书法、画展4次，自办“村村响”广播节目216期，在州市级媒体共发表新闻稿件21篇，参加恩施市第六届生态山民歌比赛获总分排名第一。

【医疗卫生】2019年，屯堡乡加强智慧医疗建设及医共体建设工作，实行电子化系统管理居民健康档案4.24万份，建档率86%，全乡奖扶对象1004人，本年新增67人，退出20人。特扶对象54人，利用节假日对特扶对象进行慰问。加强医疗队伍建设，引进考编医生3人，检验1人，委派4人参加民大医院全科转岗学习。加强硬件建设，提高诊疗质量，购买骨密度检测仪1台。全乡出生人口427人，其中多孩56人，政策外多孩17人，占3.98%，出生人口性别比为104.31（女为100），已婚育龄妇女综合避孕率为79.92%，二孩及以上孕情监测到位率为70.34%。完成免费婚前健康检查及免费孕前优生健康检查目标人数，电子婚育信息证明查验率100%。推进健康扶贫工作，实现标准化村卫生室全覆盖。

【社会保险】2019年，全乡完成社会保险费申报核定总任务的100%，城乡居民基本养老保险参保人数1.31万人，城乡居民基本医疗保险参保人数4.37万人，全乡建档立卡贫困户4199户，13274人参加居民医保。低保978户2282人，发放金额747.57万元，其中新增农村低保236户390人；五保264人，全年发放金额267.32万元，其中新增农村五保12人。临时救助151人，救助资金2.41万元。

【民政优抚】2019年3—4月，乡村联动入户摸排登记门诊特殊慢性病疑似对象1261人，到12月底，经过体检、筛查、申报，全乡有513人享受政策，年度最高可减少此类人群门诊治病、购药费用128万元。完成免费体检7309人；全年收治贫困对象住院1894人次，院内一站式报销30.68万元，报销比例为91.32%。落实未脱贫重病重残65户66人。挂牌成立退役军人服务站，配齐配强14个村级退役军人服务站设备及人员，切实做好退役军人服务。

【教　育】2109年，屯堡乡小学专任教师104人，小学在校学生2127人。全年争取项目资金190余万元，用于改善鸦丘坪小学、车坝小学、双龙小学、罗针田小学、新街小学、中心幼儿园等办学条件。屯堡中学报名参加中考322人，其中达重点高中线29人；中考成绩居全市19所农村初中前9位，居全州135所初中前65位；全乡小学教育质量位居全市17个乡镇（街道）前八强，入学率、巩固率均为100%。初中入学率100%、三年巩固率98%以上。推进教育扶贫，建立健全贫困学生信息库，实现结对帮扶全覆盖，累计受益1719人。

【食品药品安全】2019年，屯堡乡组织开展食品药品安全检查，检查生产企业16家、小作坊82家、流通领域158家、餐饮行业79家，平均监管频次2次。实施食品风险管理，协助完成16家食品生产企业风险等级评定。巩固药品流通专项整治成效，开展冷藏冷冻药品专项检查，检查药品经营单位28家，覆盖面100%。新建“明厨亮灶”5家。全年办证84家，全乡小作坊持证率80%以上。依法从严从重查处食品药品安全违法违规案件3起，立案3起，办结3起。受理群众举报3起，办结3起。落实“放管服”改革，落实首问负责制、限时办结制，加强政务服务窗口建设，审批发证84件。

【综合治理】2019年，屯堡乡整合部门力量，组建综治中心，由综治办、信访办、安办交安办合署办公，形成集综治、维稳、信访、安全生产等为一体的新型工作平台，加快推进“雪亮工程”、政法信息化指挥中心建设，确保村级综治视联网全覆盖，推动社会治理现代化，构建新型基层社会治理体系。调整成立以乡党委书记为综治中心主任，乡党委副书记具体分管，综治办专职副主任为负责人的领导小组。同时，整合派出所、司法所、法庭力量，按照“4+N”要求，先后协调卫生院、乡建办、公路中心、民政办、财政所等单位参与包括矛盾纠纷、安置帮教、精神障碍患者救治等在内各类事项的研判调解，组建

"4+ 法律顾问团"的法治工作专班，重点针对子女不赡养老人、怂恿父母向政府提无理要求和强占公共资源等情况进行法治教育，教育 12 批次，劝成率 100%。

【安全生产管理】 2019 年，屯堡乡对辖区内重点人、重点场所、重点事等重要信息多元素、多口径、全覆盖统计，登记在册的"八类"重点人员 494 人，通过走访、摸排、分析、研判，对重点稳控人员评定风险等级，分类落实防控措施，做到底数清、动向明。结合乡情，确定辖区内 10 个重点领域，排查出 47 个重点场所、182 个重点问题，对重点问题实行逐一销号制度，全部完成销号。开展非煤矿山安全检查 14 次，学校安全大检查 19 次，对烟花爆竹零售店开展安全检查 49 次，对 19 处在建工程严格监管，在保大庆迎军运等重要时间节点关闭 2 处非煤矿山及 22 处砂场，对存在的安全隐患进行整改，建立每月进行施工安全检查的制度，安排专人每日现场动态巡查并建立巡查台账。

【推进法治建设】 2019 年，屯堡乡受理信访案件 110 件，其中上级交办 82 件，本级受理 28 件，案件及时受理率 100%，案件按期办结率 100%。各村（社区）排查矛盾纠纷 112 件，调处 110 件，调处率为 98%；受理刑事案件 64 起，破案 14 起，受理行政案件 79 起，查处 55 起；开展道路消防安全教育"培训 55 场次；接收各类诉讼案件 404 件，执行案件收案 322 件，诉讼结案 305 件，执行结案 71 件。统筹派出所、司法所、法庭力量落实一村一警，成立夜间巡逻队等，有效保障社会治安稳定。

【国土资源管理】 2019 年，完成屯堡乡城乡建设用地增减挂钩项目施工。第一批次城乡建设用地增减挂钩竣工验收新增农用地 90.33 公顷，其中新增耕地 53.47 公顷、园地 12.93 公顷、林地 22.38 公顷、其他农用地 1.55 公顷。第二批次城乡建设用地增减挂钩竣工验收新增农用地 35.48 公顷，其中新增耕地 22.45 公顷、园地 1.78 公顷、林地 10.81 公顷、其他农用地 0.43 公顷。全年查处违法占地 42 宗（其中马者违建集中整治专项行动处理案件 30 宗、其他案件 12 宗），"大棚房"清理入户调查 61 宗。打击非法开采、加工矿产品行为 4 起。全乡地质灾害监测点由原来 8 个缩减至 7 个（1 个市级 6 个乡级）。

【群团一体化建设】 2019 年，屯堡乡按照"群团一体化建设"要求，在政府办公楼便民服务大厅设立群团服务站，各村（社区）群团服务站点挂牌设岗，由各村（社区）妇联主席担任群团服务工作人员，村设立"妇女之家""职工之家""农家书屋"。组建屯堡乡工会联合会，配备工会主席 1 名、专职副主席 1 名、兼职委员会委员 3 名。妇联做好三八国际劳动妇女节暨女职工维权月、屯堡乡庆三八趣味运动会、市示范"妇女之家"考评验收、市"最美家庭"申报，做好农村留守妇女关爱服务、妇女法治宣传等。乡团委全面抓好 2019 年贫困留守儿童"双结双促""五四运动 100 周年暨青春心向党，建功新时代"诗文朗诵比赛。2019 年"希望家园"留守儿童夏令营开展"相约屯堡·缘来是你"活动。

【村级阵地建设】 2019 年，通过盘活"三资"、股权分红、光伏发电以及土地增减挂钩等方式，各村集体经济收入均为 5 万元以上。鸭松溪村和花枝山村党员群众服务中心投入使用，车坝村党员群众服务中心改建完工。按照"一横三竖"对村级阵地挂牌进行彻底清理，取掉各类门牌、制度 162 块，对 14 个村（社区）党员群众服务中心统一设置插卡式功能室索引牌。

（徐　岳）

白果乡

【概　况】 白果乡位于恩施市西南部，政府驻地白果集镇，海拔 784 米，距离恩施主城区 19 千米。东与六角亭街道接壤，西与利川市毛坝、元堡镇相邻，南与芭蕉、盛家坝乡交界，北与屯堡乡和利川市团堡乡相连。下辖下村坝、茅坝槽、桑树坝、肖家坪、瓦场坝、龙潭坝、两河口、乌池坝、金龙坝、见天坝、油竹坪 11 个村和白果社区，66 个村民小组。区域面积 315.75 平方千米，耕地 6669.7 公顷，林地 2520 公顷。2019 年末，全乡总户数 8839 户，总人口 2.84 万人，其中农业人口 2.77 万人，劳动力 1.8 万人，人均可支配收入 11031 元。实现粮食总产量 1.05 万吨。全乡公路总里程 599.94 千米。

【精准扶贫】 2019 年，白果乡有建档立卡贫困人口 2938 户 8911 人，实现 11 个贫困村出列、2888 户 8818 人脱贫，贫困发生率从 33.92% 降至 0.35%，基本消除绝对贫困。严格落实“六个精准”“六个全覆盖”“五个一批”措施，干部主动担责，强化驻村帮扶，增强基层力量。

全乡新建饮水工程 26 处，饮水安全得到巩固提升。新改建农村电网 16 千米、配变 8 台，农村电压更稳更安全。硬化农村公路 203 千米，新建农村砂石路 45 千米，乡村通行能力提高。全乡累计建设 4G 基站 97 座，投入资金 4850 万元，4G 基站遍布 12 个村（社区）。易地扶贫搬迁 683 户 2020 人，投入 1.5 亿元，改造危房 543 户，实现“人不住危房、危房不住人”。安置公益性岗位 43 个，完成农村劳动力实用技术培训 9 场次 1724 人。贫困人口慢性病审批通过 357 人，享受“985”政策住院报销 2865 人次，总费用 1356.16 万元，“四位一体”累计报销 1168.08 万元。教育扶贫 2019—2020 学年度，“雨露计划”补助 565 人，资助金额 117.5 万元。发展特色农业，建设扶贫车间，加快旅游和电商扶贫，推动贫困户通过产业、就业、电商等多渠道实现增收。

【重点产业发展】 2019 年，白果乡引进顺发农业天然山泉建设、乡综合茶贸园区建设、瓦场坝矿泉水建设 3 个项目，投资总额 0.7 亿元。所有项目完成规划设计、土地征收（流转）报批等前期工作，其中顺发农业天然山泉建设项目土建工程开工建设，白果乡综合茶贸园区建设全面开工，年底竣工投产。白果乡富硒绿茶及功能茶生产线建设项目，总投资 300 万元，白果乡易地扶贫搬迁后续产业发展园区建设项目，总投资 2700 万元，集镇建设项目包括集镇文化广场、集镇客运站、集镇道路硬化、集镇背街小巷整治、集镇污水管网及垃圾处理中心建设、集镇路灯等项目，总投资 600 万元，均开工建设。

【主导产业发展】 2019 年，白果乡稳步推进全乡畜牧、茶叶、烟叶、蔬菜四大重点产业发展，全乡富硒特色产业基地逐渐建成，完成富硒种植业基地 629.13 公顷，其中茶叶 233.47 公顷，烤烟 213.33 公顷，小水果 4.33 公顷，蔬菜 200 公顷，中药材 38 公顷。全乡茶园种植面积 4546.67 公顷，推广茶叶全域绿色化管理 4533.33 公顷，茶叶加工企业 70 余家，年加工干茶 4087 吨，实现产值 3 亿元。打造下村坝、瓦场坝、茅坝槽蔬菜基地建设，观音塘城郊蔬菜基地实现产值 5000 万元。打造生猪—家禽畜牧产业链条，思乐集团万头生猪养殖场、禽博士生态鸡蛋规模养殖场发展，全年出栏生猪 3.6 万头、牛 450 余头、山羊 730 余只、活禽 6.5 万余羽，实现畜牧业综合产值 1.2 亿元。

【民生工程建设】 2019 年，白果乡白果初中食堂、见天坝小学学生宿舍、桑树坝小学幼儿园和白果小学教学楼项目投入使用。强化中小学幼儿园安全工作督查制度，安保工作规范化，各校按要求落实每周一节安全教育课和每月一次的安全演练。全面加强社会保障建设，落实各类保障政策。坚持人口和计划生育基本国策，落实全面二孩政策，城乡居民覆盖面扩大，社会救助体系健全。开展农民工工资问题排查，全乡未发生拖欠农民工工资事件。围绕基层政权建设和优抚安置工作，强化村务公开，推进村民自治。

【基础设施】 2019年，全乡完成46.44千米农村公路通畅工程建设，自然村公路“以奖代补”路面硬化87千米，行政村公路通畅完善工程23千米，对辖区内实施通畅工程建设的183.206千米农村公路实施规范化管理养护；新建公路桥1座；完成安防工程99千米，新建桥梁2座。新建3个村级文体广场，建成2个村的“三对三”篮球场，完成6个村异迁点的健身路径体育器材配送和安装；加强“村村响”广播室的基础设施建设，完成“户户通”工程建设5500套，开通率97.44%。规范管理农家书屋，村（社区）配齐农家书屋管理员，实行农家书屋管理员、村级文化员、广播管理员“三员合一”。坚持规划优先的原则，对集镇客运车站、群众文化活动中心、休闲广场、公厕、污水处理场的选址进行调整，落实和深化“门前五包”管理责任制，完成集镇街道和市场基础设施维修整治工作，开放部分乡直单位停车场，完成集镇电网改造、路灯等基础设施建设；启动乡垃圾中转站项目，主体工程基本建成，成立白果乡保洁员队伍，专人负责对河道、道路、村庄全天候清洁管理。

【社会管理】 2019年，领导接访38次，参与领导25人次，接访群众198批次251人，签批交办43件，办结39件，其中转办上级交办督办件35件。开展安全生产领域隐患大排查大整治，累计开展安全检查286次，排查隐患153条，整改隐患153条，确保全乡辖区内安全生产态势平稳，实现“零死亡”。加强交通运输管理，出动警力200余人次，检查车辆9100余台，查处违法行为210余起，其中行政拘留15人。

【精神文明建设】 2019年，白果乡持续开展道德讲堂、志愿服务、公益广告、网络文明传播、文明餐桌、结对帮扶活动，强化文明单位社会责任。加强职工“四德”教育和诚信教育，打造创建品牌，丰富行业文化，组织联创共建活动，推出一批创建活动示范点。开展15次大型主题性文体活动、送戏下乡活动，服务基层民众。白果农民艺术团参加全国第二届民族服饰文化艺术节活动中获得最佳表演奖。加大文明创建和对先进典型人物的挖掘整理上报，努力弘扬正能量，营造健康进取的精神氛围。开展“十星级文明户”的评选活动，白果乡成功创建市级“文明乡镇”，白果社区成功创建“恩施市巾帼文明岗”，范胜云、陈群两家被评为市级“文明家庭”。

【医疗卫生】 2019年，全乡农村妇女“两癌”筛查400人次；开展2次避孕药具宣传活动，发放计划生育宣传资料3000余份，避孕套100余盒、口服避孕药40板。开展生殖健康检查2次，完成孕优检查56对，婚检37对；完成计划生育特殊困难家庭14户18人免费健康体检工作。全乡孕产妇管理296人，孕产妇系统管理率98%。65岁及以上老年人体检3044人，高血压管理2098人，糖尿病管理327人，严重精神病管理147人。对辖区内学校、医疗机构、公共场所、生活饮用水等巡查121次；发现并报告问题线索4例，报告率100%。开展家庭医生签约服务宣传活动，组建以院长为责任领导的家庭医生签约团队12个，对重点人群、计划生育特殊家庭、建档立卡贫困户的家庭医生签约实行全覆盖。全年开展两轮门诊特殊慢性病筛查1301人，帮助124人成功申报门诊特殊慢性病，全乡338人享受门诊特殊慢性病补助政策。

【国土资源管理】 2019年，全乡受理农村村民建房类咨询180余人次；受理各类查询业务90宗；受理集体建设用地许可170余宗（含农用地转用80余宗），接件77宗，发证55宗，对80余宗涉及农用地转用地块联系中介单位进行现场勘察；受理集体土地使用权证变更登记申请3宗，办结3宗；受理设施农用地办理申请8宗，办结8宗。全年组织执法监察巡查60次，查处违法案件26宗。对各矿区实行定期和不定期巡查累计40余次。处置9起突发性小型滑坡、崩塌、地陷、裂缝等灾害。

【林业资源管理】 2019年，全乡森林资源保护查处林业行政案件1起，处罚1人，罚款3.24万元。开展野生动物驯养经营场所巡查14次、林地巡查15次，下发停工通知书2处。完成9740公顷公益林检查验收，及时兑现199.26万元项目资金，涉及农户3070户。完成历年退耕还林的检查验收及兑现工作，涉及农户279户，资金9.38万元；新一轮退耕还林涉及农户1125户，补助资金166万元。

（李子丹）

芭蕉侗族乡

【概　况】 芭蕉侗族乡位于恩施市西南部，政府驻地芭蕉集镇，海拔520米，距离恩施主城区19千米。恩来恩黔高速公路、209国道、"恩咸"省道贯穿全境。东西长20千米，南北宽16千米。东与宣恩县万寨乡接壤，南与宣恩县椒园镇、恩施市盛家坝乡交界，西与白果乡相连，北与六角亭街道毗邻。辖二凤岩、王家村、米田、天桥、灯笼坝、寨湾、楠木园、甘溪、黄连溪、白果树、高拱桥、朱砂溪、小红岩、南河、白岩、黄泥塘、戽口17个村和芭蕉社区，150个村民小组。区域面积303.49平方千米。耕地面积5001.34公顷，林地15882.36公顷，园地4300.66公顷、草地437.51公顷。2019年末，芭蕉侗族乡总户数1.84万户，总人口6.57万人，其中农业人口5.96万人，农村劳动力3.59万人。2019年农村经济总收入15.48亿元，较上年增长10.15%；农民人均纯收入12516元，较上年增长10.11%。实现粮食总产量1.12万吨。工业总产值17.8亿元，较上年增长10.2%，规模以上企业生产总值6.66亿元，较上年增长14.4%，完成社会固定资产投资1.02亿元，超既定目标249万元。

【茶叶产业】 2019年，全乡有茶叶企业201家，规模以上茶企4家，入统茶业企业3家，茶园种植面积7340公顷，可采摘面积6093.33公顷，干茶叶总产量9001吨，总产值8.58亿元，茶叶产量较2018年增长0.6%，茶叶产值较2018年增长10.4%，其中"恩施玉露"产量890吨，产值5.1亿元。新增120公顷茶叶示范基地，"企业＋基地＋农户"的产业标准化示范园建设机制逐步成熟。

【旅游产业】 2019年，芭蕉侗族乡以"恩施玉露"生态走廊建设，保护少数民族特色村寨为契机，建设美丽乡村，加强林博园、枫香坡、寨湾朱家河、戽口乡村旅游环线、二凤岩岩洞旅游区管理工作，推进高拱桥和二凤岩旅游扶贫重点村建设。2019年，夷水侗乡景区、枫香坡景区、南河楸木园在清明、州庆、中秋、国庆等节日多次举办游园活动。全年接待游客超20万人次，旅游综合收入约4500万元。

【农业产业】 2019年，芭蕉侗族乡推进生猪、家禽、肉牛、山羊规模化养殖，完成天然草场改良95公顷。全乡受非洲猪瘟影响生猪出栏减少，年出栏生猪4.25万头，下降20%，存栏2.71万头，下降8%，能繁母猪3712头；牛存栏1090头，出栏675头；羊存栏1433只，出栏7795只。受价格上浮影响，畜牧业总产值4.85亿元，同比增长9.5%。经济作物播种面积3806.67公顷，总产量6.4万吨，总产值3.1亿元，同比增长9.1%。粮食作物播种面积3093.33公顷，总产量1.12万吨，总产值8500万元，同比增长8.8%。

【村镇建设】 2019年，芭蕉侗族乡推进城乡一体化建设，完善饮水、用电、出行等基础设施，民生条件得到改善。进行垃圾集中清运的村（社区）17个，收运率95%以上。治理河道8.5千米。完成农村危房改造632户。修建集镇污水处理厂1座、垃圾处理中转站1个、集镇公厕2座；完成农村厕改1517个。

【教育事业】 2019年，芭蕉侗族乡重视学校安防体系建设，对全乡校园监控系统进行改造升级，确保技防全覆盖，对责任、措施、资金、时限、预警提出“五到位”要求，确保隐患排查经常化。成立德育工作领导小组，以“德育为先、能力为重、全面发展”为宗旨培养健全人格。关爱留守儿童，用好“亲情小屋”，开展心理健康教育，补偿留守儿童缺失的家庭教育和亲情温暖。关爱残疾儿童，落实“一人一案”，建立花名册，建立成长档案，确保每一名适龄残疾儿童都能享有受教育的权利。关爱贫困学生，“一家一案，一生一案”制订扶贫方案，确保孩子不因家庭经济困难而失学辍学。开展中小学师生“大家唱、大家跳”文艺活动，保证学生每天锻炼 1 小时。强化骨干教师的跟踪管理，提高教师的专业素养和教学水平。

【文化事业】 2019 年，建设 5 个村级文体广场项目，其中黄连溪村投资 14 万元、朱砂溪村投资 12 万元、南河村投资 8 万元、天桥村投资 6 万元、岸口村投资 5 万元。投资建设黄泥塘村宣传栏 1 个 4 万元，维修高拱桥村活动室 7 万元，投资建设甘溪村活动室 15 万元。在南河村、黄连溪村、岸口村、芭蕉社区分别投资 2 万元，黄泥塘村和天桥村分别投资 1 万元购置文化设备 6 套。在枫香坡景区投资 100 万元，进行寨门口提档升级、路灯安装及弱电入地项目。投资 1.79 万元维修楠木园村九道水文物凉桥。建有 87 个无线网络点，65 个有线网络点。“村村响”“户户通”工程实现全覆盖。

【医疗卫生】 2019 年，全乡开展卫生业务培训 18 次，培训卫生业务人员 1580 余人次。建立 HIS 系统、MER 系统、HER 系统，实现就诊“一卡通”。全年门诊接诊 5.71 万人次，住院 3710 人次，贫困人口住院 1503 人次，总费用 279 万元，符合基本医疗保险费用 272 万元，报销 259 万元，卫生院减免医疗费用 3485 元。完成宫颈癌筛查 1100 人，乳腺癌筛查 1100 人。举办各类知识讲座和健康咨询活动 110 次，发放各类宣传材料 39 种、2.28 万份，群发健康知识短信 2.14 万条。芭蕉侗族乡完成签约服务 2.53 万人，建档立卡签约 1.42 万人，建档立卡签约体检 1.35 万人。

全乡计划生育考核年度总人口 6.57 万人，出生 523 人（男孩 277 人，女孩 246 人），其中一孩 214 人，二孩 263 人，多孩 45 人，人口出生性别比 112.2（女为 100）。无孕产妇、婴儿死亡以及“两非”案件。关爱计生困难家庭女孩省级助学 1 人，资助 1 万元，州级助学 1 人，资助 3000 元，市级助学 16 人，资助 2.7 万元，发放助学金 4 万元。年满 14 周岁且 2016 年 1 月前领取独生子女光荣证的 17 人，发放独生子女保健费 1.33 万元，农村独女户一次性奖励 3000 元，共计 1.63 万元。芭蕉侗族乡奖励扶助对象 1159 人，发放奖励扶助资金 111.26 万元。特扶对象 53 人，其中子女伤残的 8 人，发放特别扶助金 4.61 万元，子女死亡的 45 人，发放特别扶助金 32.94 万元。2019 年子女死亡新增对象 6 人，发放一次性抚慰金 3 万元。市属企业退休职工计划生育奖励对象 6 人，发放资金 2.1 万元。

【民政事业】 2019 年，在册农村低保 1574 户，3701 人，月发放 107.3 万元；分散五保 213 户，月发放 14 万元；孤儿 6 人，月发放 1.3 万元；集中五保 65 人，月发放供养经费 6.7 万元。对困难群众开展临时救助及春节期间特殊救助 105 户 150 人，救助金额 7.44 万元，发放棉衣 72 件，棉被 70 床。解决残疾人额外生活支出和长期照护支出，重点保障重度残疾人员基本生活。发放残疾人两项补贴 9.1 万元，享受人数 640 人。开展退役士兵入户走访调查，走访退役军人 1145 人，采集人员信息 1250 人。解决生活困难（低保、五保）20 人；解决住房困难 18 人，危房改造 5 户，易迁 9 户，解决医疗困难 20 人。

【水利工程建设】 2019 年，完成金银溪中小河流治理工程，整治河道 12 千米，完成货币工程量 1530 万元。完成 2018—2019 年水利扶贫农村饮水项目实施方案工程，新建水厂2个，改扩建水厂3个，延伸水厂管网10处，新建小引水24处及14个村176口小水窖工程。建成500立方米蓄水池2口、300立方米蓄水池2口、200立方米蓄水池3口、100立方米蓄水池12口、50立方米蓄水池24口。解决全乡18个村（社区）3.01万人饮水安全问题，新增安全饮水农户5500余户，解决建档立卡贫困人口5376人的饮水安全，实现全乡农村人口安全饮水全覆盖。组建以乡民兵预备役、各职能部门、乡直机关工作人员以及乡中心学校为主的抢险应急队伍，明确辖区3座水库（山岳池水库、南河水库、米田水库）专管人员，举办防汛抗旱及水旱灾害防御培训会，修订相应方案。

【农村通畅工程】 2019年，全乡完成通畅工程建设66.34千米。其中撤并村公路29.82千米、产业发展循环路21.79千米、行政村3.5米宽的（油返砂）路面改造项目14.73千米，全部竣工验收。完成“以奖代补”3.5米宽水泥路面建设92条104.11千米，3.5米宽砂石路面4条12.1千米。完成龙潭沟原村委会旁小桥、南河村坟前坝小桥、朱砂溪白岩口公路引桥建设。完成芭蕉侗族乡农村公路规范化养护线路293.56千米，与42名养护人员签订养护承包合同，保障农村规范化养护线路路面整洁、安全畅通。

【社会管理】 2019年，全乡开通村级视联网单位12个，参加治安保险2500户。全年受理信访件81件，办结75件。接访群众79批次，领导下访、约访65批次，书记陪访6件次。推行“律师进村、法律便民”，引入“第三方”化解涉法涉诉和其他重大疑难信访问题，实行矛盾纠纷层级调处管理，对信访突出问题实行驻村领导包案化解处理。对重点人员和群体实行领导包案，在重点时段约访重点信访人。打造文明乡村，依托“劝、惩、评、讲、议”5字工作法，营造好乡风、淳朴好民风。成立道德理事会，开展“乡风文明大讲堂”和“法治大讲堂”，制定村规民约，构建立体化社会治安防控体系。

【扶贫产业发展】 2019年，芭蕉侗族乡实现全乡整体脱贫，累计脱贫4372户1.41万人，当年脱贫1116户2940人。当年留存未脱贫贫困户78户138人，含低保贫困户59户94人、特困供养贫困户3户3人、一般贫困户16户41人。全乡继续实行“121”产业发展模式，即1个主导产业、2个合作组织（农民专业合作社、村级金融合作社）、1个龙头企业。统筹使用发展生产脱贫资金，盘活辖区内企业，当年全乡累计发放扶贫贷款765笔，金额1.2亿元，其中扶贫小额信用贷款292笔，金额1132.68万元；能人大户贷款413笔，金额1.03亿元；投资分红贷承接贫困户60户、资金600万元。累计为帮扶主体、能人大户和贫困户增加纯收入近3000万元。支持贫困户发展产业，实现脱贫增收；为外出贫困人口提升就业技能，进行雨露计划劳动力转移培训259人次，补助66.77万元。建设南河村大鱼龙易迁示范小区，投资3500万元；建设甘溪村吴家湾易迁小区，投资3100万元；建设寨湾村朱家河特色民居，投资2500万元。

【精准扶贫】 2019年，全乡股权投资收益分红项目、发展生产“以奖代补”等11个项目，投入资金3354.18万元，惠及农户1.21万户、4.34万人。易地扶贫搬迁736户，2233人，集中安置260户734人，分散安置476户1499人。实施房屋“平改坡”635户，配套菜地109户，配套附属生产用房235套。兑现生态效益补偿资金123.48万元，惠及6915户，其中建档立卡贫困户1962户6460人；兑现退耕还林资金145.85万元，惠及2080户，其中建档立卡贫困户1232户4349人。聘请建档立卡贫困人口护林员139名，兑现管护工资62.8万元。资助建档立卡等贫困家庭学生5383人次，发放资助资金294.39万元，享受交通补助政策1824人次，发放交通费补助60.02万元，享受非寄宿生生活补助1783人次，发放资金90.85万元。农村低保1632户3838人，单人保153人，每月低保发放117.7万元，人均每月低保发放306元；特困供养295人，其中分散特困供养221人，集中特困供养68人，孤儿6人。1621名残疾人中有615人享受重度残疾护理补贴，819人享受困难残疾人生活补贴。

【金融扶贫】 2019年，全乡发放扶贫贷款765笔，金额1.2亿元。至12月底，尚有存量扶贫类贷款150户，余额680万元，其中扶贫小额信用贷款146笔、余额570万元，能人大户贷款（主体帮扶贷款）4笔、余额110万元。通过历年扶贫贷款的投放，累计为各帮扶主体、能人大户和贫困户增加纯收入近3000万元，支持贫困户实现脱贫增收。

【公共服务提升工程】 2019年，完成芭蕉侗族乡福利院综合楼改造，常设床位120张。完成黄连溪村、朱砂溪村、南河村、天桥村、戽口村5个村级文体广场健身，改善、更新8个村广场健身器材。自然村光纤网络实现全覆盖，18个行政村（社区）实现800兆4G移动信号全覆盖。完成配电网改造项目218个，新建改造35千伏变电站2座，新增变压器容量1.63兆伏安。新建10千伏线路176.53千米，低压线路193.25千米，新增公用变压器189台，配变容量新增2.21万千伏安，解决全乡供电卡口及低电压用户8860户，其中受益贫困户为4450户。实施通畅工程189.12千米，实施安保工程232千米，纳入农村公路规范化养护线路250千米，解决4.76万人出行难问题（其中建档立卡贫困人口1.01万人）。

【党建专项治理】 2019年，乡党委中心组开展集中学习、专题研讨25次，举办读书班2期，每月开展学习交流研讨4次，收集意见建议54条，检视问题73个均限期整改到位。乡纪委立案6起，利用监督执纪第一种形态处理10人。召开群众会、屋场会开展宣讲活动38场次，发展入党积极分子39人，纳入预备党员32人，共创“五星”支部27个。为每村培养2名35岁以下年轻后备干部，乡土人才库储存青年人才115名，公开选拔31名后备干部到乡、村跟班锻炼，选派5名优秀乡直部门干部到非贫困村任第一书记。

【重要社会活动】 3月20日，芭蕉侗族乡人民政府与武汉软件工程职业学院图书馆签约，启动芭蕉侗族乡新农村电子图书馆信息化建设。3月27日，四川达州市政协副主席张永霞带队，到芭蕉侗族乡侗族风情寨枫香坡，考察茶叶产业发展及生态休闲旅游发展情况。4月19日，武汉大学党委常委、副校长周叶中到芭蕉侗族乡白果树村调研定点扶贫工作。6月20日，省人大常委会“民族团结进步荆楚行”活动调研组一行先后到吴家湾易迁安置点、金苔香茶叶公司、高拱桥村，通过与负责人、群众座谈交流，实地调研当地经济社会发展状况，了解脱贫攻坚成效、存在的困难及民族地区主要政策落实情况。6月28日，省住建厅党组书记、厅长李昌海一行到芭蕉集镇污水处理厂、垃圾压缩中转站进行实地调研。7月24日，湖北省社科联党组成员、副主席张明新率省社科联专家调研组先后到枫香坡，通过实地走访，调研旅游建设、女儿城特色旅游集群产业、乡村民俗旅游发展等情况。8月21日，韩国堤川市居民自治委员会代表团一行18人到高拱桥村枫香坡景区参观见学，与当地干部及企业负责人，就枫香坡侗族特色村寨建设、产业发展等有关情况进行探讨交流。

（邹　波）

三岔镇

【概　况】 三岔镇地处恩施市东部，政府驻地三岔集镇，海拔920米，距离恩施主城区23千米。东临清江与新塘乡、沙地乡接壤，南与宣恩县万寨乡连界，西与舞阳坝街道相接，北与白杨坪镇、崔家坝镇毗邻。全镇辖茅坝、莲花池、三元坝、梨子坝、鸦沐羽、汾水、茴坝、水洞、河湾、燕子坝、王家12个村和三岔口社区，65个村民小组。区域面积261.12平方千米。耕地2933.33公顷，园地94.6公顷，林地1.65万公顷。2019年末总户数1.11万户，总人口4.2万人，其中农业人口3.85万人，农村劳动力2.31万人。农村经济总收入5.81亿元，农民人均纯收入11985元，分别同比增长9.9%和9.3%。实现粮食总产量1.47万吨。固定资产投资8000万元，招商引资到位资金6000万元。中国马铃薯大会参观现场会在三岔镇鸦沐羽村举行。恩施机场迁建气象观测站在三岔镇茅坝村二龙寺建设竣工并运行。12月，三岔镇党委副书记、镇长谭海鹰被省政府授予“全省民族团结进步先进个人”称号；三岔镇被湖北省文化和旅游厅命名为“2018—2020年度湖北省民间文化艺术之乡”。

【精准扶贫】 2019年，三岔镇13个村级“尖刀班”169名成员，结对帮扶干部1090人责任层层压实，实现减贫1381户2323人。燕子坝村、茴坝村实现整村脱贫出列，年末贫困发生率降至0.32%。推进旅游扶贫、教育扶贫、金融扶贫、电商扶贫、兜底扶贫和东西部协作扶贫等模式，40余家市场主体与2800余户建立利益链结机制。进一步完善阳天坪、三元坝易地扶贫搬迁集中安置点建设，易迁465户1221人。其中2个集中安置点安置100户314人，43个小安置点安置184户402人，单人户安置181户505人。落实学前及义务教育阶段贫困户学生教育扶贫政策750名，发放贫困寄宿生生活补助18万余元，非寄宿生补助17.75万元，残疾学生补助12人7500元。学前教育生活资助103人5.15万元。义务教育阶段交通补贴437人13.58万元，学前教育阶段交通补贴55人1.1万元。贫困高中生补助85人20.43万元。中职助学金资助68人11.86万元，雨露计划职业教育补助219人54.75万元。落实贫困户退耕还林补助287户，兑现资金43.36万元。从贫困户选聘生态公益林管护员129人，天然林保护生态管护员129人。为197户贫困户发放贷款931万元。市场主体贷款2笔金额40万元，链接贫困户8户。为贫困户贴息260笔金额92.63万元。

【“一村一品”产业发展】 2019年，全镇投入产业扶贫资金520万元，其中“以奖代补”资金100万元，补短板“两消除”资金420万元。三元坝村、阳天坪村、鸦沐羽村、茴坝村、王家村发展“硒土豆”，建设马铃薯10千米长廊。汾水村、鸦沐羽村、水洞村、河湾村发展烤烟产业。三岔口社区、王家村、茴坝村发展养殖业。燕子坝村、三岔口社区、阳天坪村、莲花池村、茅坝村发展旅游业。莲花池村、茅坝村、梨子坝村发展茶叶（油茶）产业。阳天坪村、燕子坝村、茴坝村、三岔口社区、王家村发展林果及小水果产业。莲花池村、阳天坪村发展城郊精细蔬菜。莲花池村、梨子坝村、茴坝村、汾水村、水洞村、河湾村的光伏发电壮大村级集体经济。“一村一品”为贫困户提供稳定就业岗位。全面消除产业“空白村”“空白户”，确保有劳动能力的贫困户每户参与产业发展或每户至少1人稳定就业，实现产业就业全覆盖。

【特色产业发展】 2019年，三岔镇实施以马铃薯种植为主导产业的富民工程，面积2000公顷，其中2068户建档立卡贫困户种植马铃薯273.33公顷。建立马铃薯原种繁殖基地80公顷，打造马铃薯基地“十里长廊”，建成马铃薯核心示范基地210公顷。培育“惠生”“谊农”“连线”生态农业马铃薯专业合作社3家，“亲硒源健康管理有限公司”马铃薯种植企业1家，马铃薯深加工企业2家，在阳天坪建马铃薯商品化处理中心1个，在鸦沐羽建马铃薯产品冻库1个。中国马铃薯现场会在三岔镇举行。马铃薯深加工企业湖北里仁生态农业发展有限公司、硕品现代农业有限公司生产的马铃薯系列产品在马铃薯现场会上获好评。2019年，全镇种植优质“两烟”401.8公顷，其中白肋烟13.2公顷，完成烤烟收购总量634.51吨，完成计划收购量101%，产值1946.37万元（不含价补补贴），均价30.68元/千克。亩产量108.9千克，亩产值3339.12元，户均收入12.98万元。白肋烟完成合同收购量3万千克，完成计划收购量100%。产值51万元（不含物资差价补贴），均价17.00元/千克。亩产量151.5千克，亩产值2575.75元，户均收入8947.37元。“两烟”总产值1997.37万元，创税399.47万元。

【旅游事业发展】 2019年，全镇发展民宿10家，新增农家乐5家，纯农家菜农家乐17家。建成旅游公厕6座，旅游停车场2处，打造莲花池、阳天坪、燕子坝生态旅游名村。接待自驾游、团队游、徒步游10万人次，实现接待收入500万元。清江画廊景区接待30余万人。旅游收入3500万元。

【饮水工程建设】 2019年，全镇推进水利工程建设230处。其中改扩建黑水沟等水厂提档升级工程3处，下角河等水厂管网延伸工程11处，管网入户9000户。上麻布台等100立方米小引水工程22处，新建李家坪等300立方米供水工程4处。鸦沐羽等提水泵站工程建设6处，小水窖工程175口。

【林业资源管理】 2019年，全镇完成历年退耕还林18公顷和新一轮退耕还林的补偿资金第三次兑现工作，为退耕农户兑现补偿资金43.36万元，兑现10158.75公顷生态公益林（其中国家级10053.33公顷，省级105.42公顷）的补偿资金209.51万元。义务植树6万余株折合面积100公顷。除治松材线虫树2005株，面积98.67公顷。查处滥占林地案件2起。为403户农户办理自用材采伐指标1201立方米。配备129名森林管护员加强对各类森林资源的管护，无森林火灾，无乱捕滥猎和乱采滥挖案件。

【畜牧产业发展】 2019年，全镇加强动物疫病防控和非洲猪瘟防控，推动畜牧产业发展。年出栏生猪万头以上的“互邦”生猪养殖专业合作社、“文玉”生猪家庭农场、“乐仔”生猪养殖场；年出栏肉牛200头的“段氏”生态专业合作社、年出栏50头肉牛的“浩阳”肉牛养殖场、“王振兴”家庭肉牛农场、“宏恩”家庭肉牛养殖场；年出栏肉羊150只的“胡德军”肉羊养殖家庭农场等为引领，打响三岔以生猪为主的养殖产业扶贫品牌。全面落实173户养殖大户各项防疫监管责任，对43户新建栏圈项目进行验收。按“六查”要求排查11.27万户次，生猪153.82万头次，均未发现非洲猪瘟疑似病例。对养殖大户发放消毒液3850瓶，加强疫病处置，全年点发动物疫病32起，处置32起，杜绝疫情扩散。年出栏生猪12万余头，收入4800万元；肉牛500头，收入1000万元；肉羊1000只，收入150万元。年出栏生猪、肉牛、肉羊实现收入5950万元。

【农村公路建设】 2019年，全镇投资4364.6万元，完成农村公路规范化养护61条257.38千米线路的日常养护。建设产业发展循环路45.15千米，硬化45.15千米，硬化率100%。完成行政村3.5米宽油返砂路改造9.745千米，完工率100%，“以奖代补”水泥硬化公路69.2千米，完成硬化69.2千米，硬化率100%。

【农村电力建设】 2019年，全镇电力建设项目投资1639.45万元。“630”工程项目42个，总投资1480.56万元，完成42个，完成率100%。补短板一期工程、二期工程项目50个，总投资158.89万元，完成50个，完成率100%。全年累计完成售电量2451.24万千瓦时，售电均价0.58元/千瓦时，回收电费1421.72万元，电费回收率100%。

【医疗卫生】 2019年，全镇对23种门诊特殊慢性病和6种门诊重病筛查，筛查特殊慢性病1406人，确诊584人。居民健康建档3.74万人（次），其中65岁以上老年人6201人，高血压5155人，糖尿病368人，重度精神病184人。

举办健康教育知识讲座78期次3397人，各类预防接种3191人。其中一类疫苗接种2583人，二类疫苗接种608人。查验学校和托幼机构11所400人，覆盖率100%，免费检查“两癌”人员400人，妇幼健康服务218人，儿童保健1892人，完成911人次儿童中医药健康管理。对各村（社区）开展年度体检44次5124人次。管理重点人群833人，老年人、慢性病及精神病患者管理100%。出生299人，出生政策符合率96.99%，性别比118.25（女为100）。当年生育二孩及以上对象上报及时率73.66%。完成婚前医学检查48对，完成率82.76%。完成孕前优生健康检查71对，完成率73.96%。征收计划生育家庭意外伤害保险837户。

【社会保障工程】 2019年，全镇发放农村社会兜底保障低保金3.03万人次813.32万元，发放农村五保金2785人次205.48万元，临时救助332户790人次，发放救助金52.71万元，民政备用金临时救助42人次5.02万元。发放80岁以上老人高龄补贴3594人次55.32万元，90岁以上老人高龄补贴493人次12.16万元。发放残疾人“两补”9471人次76.03万元，发放困难、失能老人补贴272人次4.03万元。做好348名“三留守”（留守老人、留守儿童、留守妇女）人员的保障工作。对1.04万名贫困人员养老保险清理和建档立卡，发放社保卡1.23万张。征收居民养老保险9622人。按照“五有”规范化建成1个镇13个村（社区）退役军人服务站，为全镇934名退役军人开展实体化运行服务。

【教育事业发展】 2019年，全镇学校12所，其中初中1所，小学8所（含教学点2所），幼儿园3所，小学附设幼儿班3个。初中生735人（其中送教上门残疾生8人），小学生1194人（其中送教上门残疾生4人），幼儿475人；当年中考达重点高中线36人。三岔中学、莲花池小学、茅坝小学、苗坝小学获市教育质量奖。全面“改薄”和安防工程项目投资667.14万元（其中中心小学运动场、公租房、中学公租房及附属工程、茅坝小学综合楼“改薄”项目建设投资467.8万元，各学校增设视频监控和一键报警设备投资122.8万元，新建、维修5所小学安防工程76.54万元）。

【文化艺术之乡创建活动】 2019年，三岔镇以“傩文化乐民”为主线，打造三岔镇“傩文化”品牌。政府确保傩戏发展、村级传承场地及队伍建设等经费投入，开展文化遗产资源保护。三岔傩戏第28代传人邓永红、张永明，第29代传人叶世军、黄知培等，修改完善傩戏《还坛神》《大开山》《小开山》《书生赶考》等傩戏剧本10余个。在传统“言传身教、口传心教”基础上，创新传承方式，打破“传男不传女，传孙不传子”的传统观念，针对爱好者开展传承培训和传授技艺，全镇有傩戏演员200余人，在册各类民间艺人400余人，每年到辖区内学校开展4次“戏曲进校园”活动，到各村（社区）开展“送戏下乡”巡回演出。傩戏系列剧在三岔镇第二届、第三届“土豆花儿开”“杨柳溪葡萄节”文化旅游节活动中演出深受好评，年受益人数4万人次以上。三岔傩戏在恩施大峡谷、梭布垭景区、红土乡等地演出，加强交流、宣传。投资57万元建设汾水村、鸦沐羽村、三岔口社区、苗坝村文化活动广场和文化活动中心，在阳天坪村阳光小镇、茅坝村寨沟、燕子坝村叶家台、莲花池村天池岭等配置安装5件套健身器材，3个乒乓球桌。6月6日，镇综合文化服务中心代表队赴江西省首届文化展演展示活动，获江西省文化和旅游厅授予的“展演交流奖”。

【举办“土豆花儿开”文化旅游推介活动】 2019年5月27日，恩施市三岔镇与中国南方马铃薯研究中心联合举办以“薯花绽放迎‘硒’客”为主题的“土豆花儿开”文化旅游推介活动，在三岔镇阳天坪村孙家坝举行，近万人参加活动。此次活动与恩施硒元素生态农业发展有限公司签订马铃薯购销合同60吨，价值19.2万元，与重庆南邦农业发展有限公司签订马铃薯购销合同200吨，价值48万元，与恩施州硕品农业有限公司签订马铃薯购销合同3000吨，合同金额720万元。签订马铃薯购销合同总量3260吨，合同金额787.2万元。创建三岔马铃薯全产业链品牌，推进农、文、旅深度融合发展。

【乡村环保建设】 2019年，三岔镇以创建省级生态乡镇、省级文明乡镇和省级卫生乡镇为目标，强化规划引领，在武汉大学支持下，完成《三岔镇总体规划》《三岔镇全域旅游规划》修订、编制工作。做好农村环境综合整治和集镇污水处理厂建设及垃圾中转站建设。推进天然气管网铺设工程，启动集镇改造项目。实行政府向社会购买公共服务机制，落实“门前五包”责任制，实行集镇24小时保洁，并在精、细、实、新上狠下功夫。树立“绿水青山就是金山银山”的理念，推进饮用水源地保护工作，落实“山长制”“河湖长制”，加强对辖区清江河段、蔡家河的管理，全面拆除清江河网箱养殖和严厉打击非法捕鱼行动。加强“三禁三治”的宣传和治理，探索“秸秆焚烧”新机制，动员13家养殖大户回收利用秸秆8300万吨。制止野外焚烧秸秆行为102起。

【综治平安建设】 2019年，结合“七五”普法，选编翻印农村法律法规1500份，“平安三岔”宣传资料1万余份，办宣传栏14期，集中开展法律培训1.8万人次。推进“大走访、大发动、大宣传、大防控、大整治”五项举措，落实人防、物防、技防、网格化管理，做好物业管理，搞好视频监控设施建设。平安建设“一感两度”测评三项指标均为95%以上，群众对平安建设知晓率和参与率分别为85%和80%以上。投资近100万元建立可视化信息指挥中心，在主要路口、村（社区）阵地、学校、水库水厂、中心集镇实施“雪亮工程”，同时组建7支义务“治安巡逻队”，镇班子成员带队，民警和巡逻员每晚排查可能出现的各类隐患和下学护学等工作。开展各类日常安全检查和安全专项检查413次，排查事故隐患68处次，现场整改65处次，限期整改3处，整改率100%。查处无证驾驶人员8名，酒驾3人，拘留19人，处罚款1400多元，扣分486分。排查危险路段48处。交安办每月采录车辆信息1200多辆次。受理信访件111件次（115人）。其中州、市交办件5件，阳光信访平台转办件42件，首接件10件，到镇上访54件，调处107件，待办结4件，非访积案化解90%以上。强化社区戒毒和社区康复功能工作，戒断3年未复吸97人，社区戒毒17人，社区康复13人，严格落实“四位一体”帮教措施，对吸毒、戒毒帮教对象做到“五知”，动态管控率100%。开展食品生产、食品经营、药品、保健品经营单位，餐饮食品单位检查307家次，立案4起，查处4起，办结率100%。全镇13个村（社区）均成立道德理事会，理事会成员由100余名“五老”（老干部、老战士、老教师、老专家、老劳模）组成。

【东西部协作项目建设】 2019年，全镇获得东西部协作项目资金300万元。主要打造三岔镇马铃薯产业园建设，新建厂房3000平方米，打造扶贫车间投入99万元，1622户贫困户种植马铃薯214公顷，支付以奖代补资金101万元，电商扶贫资金100万元。杭州华润万家超市对接茴坝村发展马铃薯33.33公顷，四季青街道帮扶资金40万元，四季青街道三堡社区帮扶茴坝村资金8万元，帮扶资金解决部分村饮水工程、公路硬化和贫困户危房改造的资金不足。

【重要社会活动】 1月28日，恩施州州长刘芳震等一行到三岔镇茅坝村二龙寺、梨子坝村调研恩施机场迁建预选场址。5月27日，中国马铃薯大会参观现场会在三岔镇鸦沐羽村举行，湖北里仁生态农业发展有限公司、硕品现代农业有限公司生产的马铃薯系列产品在大会上受到各级好评。9

月12日，州委书记柯俊，州政协副主席、市委书记向前进一行到三岔镇调研硒品农业生产。9月25日，省委副书记、省长王晓东视察三岔镇硒品农业。12月4日，州委书记柯俊调研三岔镇燕子坝村精准扶贫工作。

（吴伦鑫　董　明）

崔家坝镇

【概　况】 崔家坝镇位于恩施市东北方向，政府驻地崔家坝集镇，海拔890米，距离恩施主城区69千米。东与建始县花坪乡接壤、南与沙地乡毗邻、西与白杨坪镇隔河相望、北与建始县红岩镇相连。全镇辖香炉坝、水淌、斑竹园、鸦鹊水、大地龙、滚龙坝、南里渡、铺子房、茅田坪、水田坝、刘家河11个村和崔坝社区，108个村民小组。区域面积231.64平方千米，耕地面积2720公顷，林地面积1.42万公顷。全镇常住户数1.39万户、4.06万人，其中劳动力2.49万人。2019年全镇实现经济总收入7.1亿元，较上年增长8.7%。农村人均纯收入11183元，比上年增加1014元。

【主要经济指标】 2019年，完成固定资产投资5500万元。粮食种植面积3746.67公顷，实现粮食总产量1.58万吨。其中马铃薯1400公顷，产量4200吨；玉米1253.33公顷，产量8454吨，稻谷62.55公顷，产量422.5吨。经济作物中油菜面积423.33公顷，产量800吨；蔬菜面积1020公顷，产量1.76万吨；白肋烟面积80公顷，产量180吨；茶园面积633.2公顷，当年茶叶产量215.5吨。生猪总饲养量9.99万头，大牲畜总饲养量1363头，山羊总饲养量2.94万只，家禽总饲养量14.19万羽。

【脱贫攻坚】 2019年，崔家坝镇按照“六个清零”“六个全覆盖”的要求，全面启动“十看村十看户”的排查，对重点人口实行分类管理滚动销号，确保达到“4099”的目标，实现刘家河、茅田坪、水淌3个村出列和684户1773人脱贫任务。至12月底，全镇11个村全部脱贫。打好脱贫攻坚问题清零、帮扶质量提升和文明乡风引领“三大行动”组合拳，对标“两不愁三保障”，分类管理促进逐户销号。在多轮排查销号的基础上，集中梳理“八类人员”形成C类户。全镇明确C类村3个，C类组26个，C类户2199户；抽调40名业务骨干组成“突击队”，到村逐户开展销号工作，全部销号。同时结合各级交办问题整改，在全镇开展脱贫攻坚自查自纠专项行动，中央脱贫攻坚专项巡视反馈问题9个，整改完成9个。全镇“四类”对象危房改造433户，开工433户，竣工429户。一般农户危房改造418户，开工418户，竣工402户。

【环境污染防治】 2019年，全镇完成“厕所革命”新改建975户，农村公厕完成6座，建改质量标准率98%以上。投资220万元建鸦鹊水垃圾压缩中转站，新采购2台垃圾压缩车投入使用。在南里渡建垃圾分类池11个，在大地龙建垃圾收集屋1个。开展农村环境整治、河道清理、国道沿线保洁行动，清运垃圾77吨。协调完成集镇污水处理厂建设项目并同步完成弱电入地工程。加大秸秆焚烧专项整治力度，实行网格化管理，驻村领导包村、驻组干部包户，压实责任。

【特色产业】 2019年，全镇茶叶面积1426.67公顷，增幅4.9%；采摘面积986.67公顷，产值1500万元以上。新发展中药材134.13公顷，总面积435.73公顷亩。建成优质核桃基地540公顷。发展小水果种植面积53.33公顷。蔬菜种植面积1080公顷，产量2.42万吨以上，产值5000万元以上。

【消除村集体经济空壳村】 2019年，全面消除村集体经济空壳村，12个村（社区）集体经济收入均在5万元以上。发展农村专业合作社80余家，解决部分留守在家的闲散劳动力再就业，实行家门口就能就业增收。

【农业生产服务】2019年，崔家坝镇创办玉米品种对比试验示范点，选种上年表现优异的品种5个，示范区内作物长势明显优于周边地区；蔬菜向产业化、集约化发展，以交流实用技术、创办13.33公顷综合高产栽培样板点、宣传推介争取项目援助等方式，突显亚东专业合作社为代表的蔬菜产业亮点，成为全州全域绿色化蔬菜示范基地。全镇蔬菜专业合作社5个，基地133.33公顷以上，带动全镇670公顷蔬菜种植，实现蔬菜无公害、绿色、健康发展；为水田坝村新农生态农业专业合作社的9.33公顷基地申报有机茶园基地，加强技术指导和跟踪服务，力争有机食品认证零的突破；马铃薯面积1200公顷，由市润旸农业开发专业合作社在农业服务中心指导，建26.67公顷李子样板示范基地；实施53.33公顷马铃薯晚疫病防治示范基地。

【畜牧生产服务】2019年，全镇畜牧服务中心对10户养殖示范户每年入户100人次左右，养殖技术培训12场次共计1350余人次。对猪瘟等6种重大动物疫病进行春秋两季集中免疫和每月补针注射，全镇免疫1.13万户次，免疫生猪8.71万头次、牛1364头次、羊9856只次、家禽9.58万羽次。常年免疫密度97%以上。

【生态公益林建设】2019年，全镇生态公益林建设面积8286.67公顷，其中国家级公益林面积6540公顷，个人部分6293.33公顷，集体部分244.37公顷；省级公益林面积10.13公顷，权属全部为个人；县级公益林面积1733.33公顷；完成刘家河和水淌432.59公顷石漠化自查验收工作，补植9.23公顷；充实生态脱贫一批的生态管护员和天保管护员113名，其中生态管护员75名，天保管护员38名，签订管护合同113份。

【饮水工程建设】2019年，全镇饮水入户安装5300余户，易地扶贫搬迁户100余户自来水安装入户，实现“一管清水进农家”。完成投资3250万元3个水厂、50处小引水、8条管网延伸、18处维修改造工程、87口水窖工程建设，铺设管网近1000千米，解决全镇饮水困难。

【电力项目建设】2019年，全镇完成农网升级改造项目35个，总投资1924.94万元。完成电力扶贫补短板工程42个，投资143.65万元。提升用电服务水平，划分6个供电服务网格，实行一对一专属服务，张贴服务便民卡，建立服务微信群。

【公路建设与养护】2019年，全镇完成农村公路通畅工程80.87千米，完成行政村通畅工程2.83千米，完成“以奖代补”3.5米宽硬化路面40千米及砂石路38.93千米。完成农村公路规范化养护线路218.5千米。

【集镇设施管理】2019年，全镇同步完成集镇污水管网工程弱电入地，增加高低压杆线一条，解决集镇“蜘蛛网”乱象；投资220万元建设垃圾压缩中转站并采购垃圾压缩清运设备，同步建设生活垃圾分类屋，形成生活垃圾收集分类转运三级体系；建成朝阳新镇广场建设和人行道建设，完工2座集镇公厕，优化集镇配套服务功能；开展农村环境整治、河道清理、国道沿线保洁等行动，清运垃圾77吨。

【法律服务】2019年，全镇配齐配强综治专干12名、治安中心户长108名、网格员108名，落实矛盾纠纷层级化解机制和“律师进村、法律便民”服务机制，组建律师顾问团，聘请2名律师担任法律顾问，参与党委政府的决策活动。律师顾问团办理行政信访诉讼案件10件次，办理法律援助6件，审查起草规范性法律文书8份，举办法制讲座18场次，受教育群众2500人，培训法制宣讲员20场次146人，培训法律明白人2500人。

【安全生产】2019年，崔家坝镇压实班子成员“一岗双责”的责任，落实班子成员管行业必须管安全，明确行业主管部门监管职责，压实企业主体责任，明确各村（社区）属地管理职责。对重点领域、行业、场所开展拉网式大排查和大整改工作，排查发现安全隐患209处，全部整改到位。交通安全方面，签订“四方一责”责任书6371份、承诺书6077份，催办单1956份。开展道路交通安全宣教及培训活动，排查农村危险路段23处，增设防护栏，设立安全警示标志。

【化解社会矛盾】 2019年，崔家坝镇严格执行“层级调解”制度，调动并发挥基层人民调解力量，依托“律师进村，法律便民”方式，做到矛盾纠纷周排查和月排查相结合。排查矛盾纠纷98起，调处98起，调解成功率100%。组织大调解疑难复杂矛盾纠纷39起，调解成功39起。成功调解人身意外死亡赔偿案3起。通过阳光信访平台受理信访件60件，办结60件，信访事项登记率100%，及时受理率100%，按期办结率100%，群众满意率100%。州级“双签双交”2件信访积案进展顺利。南里渡洋伞坝大桥农民工工资通过维权兑现化解。

【法制建设】 2019年，崔家坝镇成立法治政府建设领导小组，聘请法律顾问1人，专、兼职法制工作人员4人。党委中心组学习法治政府建设相关精神2次，政府工作人员参与“法宣在线”无纸化学习27人，参学率100%。开展普法讲座活动巡回演讲12场，发放资料1000余份，现场解答群众提问100余个。建成12个法治文化长廊和1个法治文化广场。

【食品药品安全】 2019年，全镇食品药品生产经营户302家，其中食品生产43家、食品流通173家、餐饮服务55家、医药化妆品31家。出动执法人员784人次（其中食品类672人次、药化器械类112人次）对生产经营户进行监管督查，检查374家次，下发限期整改通知书42份，收缴过期、变质食品34千克。以专项检查活动为契机，通过“食品安全免费快检”“12331”活动，进行食品药品安全法律法规及相关知识宣传活动；“全民国家安全教育日”宣传教育活动和“七五”普法暨“三大行动”法律宣讲进村入户活动，发放“食品药品安全基本常识解读”“餐厨废弃物管理明白卡”“防止野生菌蘑菇中毒”“防范食品、保健食品欺诈和虚假宣传行为的消费提示”等宣传品1000余份。12所学校完成“明厨亮灶”创建，完成辖区持有食品经营许可证从事餐饮服务“明厨亮灶”创建5家。

【医疗卫生】 2020年，崔家坝镇卫生院继续与市中心医院建立医共体，建成远程会诊平台，市中心医院安排专家团队每周二到院进行查房教学、坐诊，教学查房40次，学术讲座4次，门诊诊疗140人次；全面实行分级转诊，上转市中心医院190人次；全年门诊4.51万人次，住院病人4994人次，业务总收入1284.6万元，其中医疗服务收入822万元，开展各类手术71例；家庭医生签约服务1.48万人，建档立卡贫困户签约3071户，签约1万人，体检6338人。参加献血200人，献血6.06万毫升。建立家庭健康档案3.55万人次，占项目人数4.1万人的86.4%。2019年，全镇出生人口265人，其中一孩100人、二孩139人、多孩26人；二孩及以上妊娠对象孕情监测到位率68.9%；计划生育奖励政策落实到位率100%。流动人口跟踪管理到位率100%；村（居）在线服务平台信息核查反馈率100%；人口基础信息共享平台录入及时率99.5%以上；产妇147人，早孕建册143人，早孕建册率97%，产后访视136人，访视率92%。

【民政救助】 2019年，全镇农村低保新增205户373人，低保提标615户，增发重点救助519人。年底低保817户1597人、五保231人，月人均发放低保金320元。完成疑似残疾人的鉴定工作，1331名残疾人中重度残疾622人，三级、四级残疾709人；426名残疾人享受50元每月的残疾人生活补贴，522人享受100元每月的残疾人护理补贴；300人申请临时救助资金57.41万元。冬春救助468户1333人。为80～89岁老人760人、90～99岁老人100人、100岁以上老人1人发放高龄津贴，实行按季度打卡发放，兑现率100%。

【耕地补贴】 全镇落实耕地地力补贴面积2673.33公顷，发放资金448万元，打卡农户1.03万户。土地确权1.04万户，登记、颁证工作完成；完成12个村集体经济组织成员认定，认定成员3.59万人。

【退役军人服务】 5月31日，崔家坝镇退役军人服务站成立，完成退役军人的信息采集工作，并实现“一人一档”归档。10月，崔家坝镇大地龙村退伍老兵向天胜获中共中央、国务院、中央军委颁发的“庆祝中华人民共和国成立70周年”纪念章。

【基础教育】 2019年，全镇中学1所、小学6所、教学点1个、公办幼儿园2所、民办幼儿园3所，教师151人，中学生857人、小学生1849人、学前教育645人。实施“东西部协作”刘家河教学点建设项目，投资300万元，建教学楼590平方米。镇中心小学教师李钦华被省人民政府表彰为“优秀教师”。社会人士周娟为茅田坪小学、焦庄坡小学分别捐赠5万元，用于学校亲情小屋建设和小型维修建设。恩施红十字会和久臣汽车公司为茅田坪小学捐赠桌椅110套、强光手电110把、汽车模型110个，恩施红十字会为茅田坪小学留守儿童捐赠图书1套。武汉中超电力公司为焦庄坡小学捐赠笔记本电脑1台、A3打印机1台，为3个村安装17套体育器材。完成刘家河村、水淌村、茅田坪村新建文化广场项目，刘家河村体彩公益金投资项目建设资金50万元。

【组织道德宣讲】 2019年，全镇组建法制道德宣讲队伍。通过以案释法、案例巡展、讲座培训等形式，加强法律宣传，规范村组织行为，推动依法治村，增强村级组织的自治能力和提升村民的法治观念，开展道德评议活动。建立村“红黑榜”，评选“五佳五好”先进典型15名，发挥好示范带动效应，引导群众树立道德观念，以身边事感染身边人，努力营造崇德向善、见贤思齐、诚实守信、文明礼让的良好道德风气。以新时代文明实践中心为主阵地，召开群众会493场、1.26万人次，满足基层群众对精神文化的追求。全年在省级以上媒体刊播稿件70篇，州级主流媒体刊登120余篇，硒都网上稿250余条。

【自然资源管理和规划】 2019年，全镇巡查做到有计划、无盲区、常态化，巡查182次，发现违法用地33起，立案查处33起。查处非法开采6宗，按立案程序查处，下发责令停止违法行为通知书；全面排查辖区地质灾害隐患，对7个地灾监测点（其中市级1个，乡级6个）的监测、预报、预警，落实灾情、险情按程序报告和汛期24小时值班值守等制度。对全镇范围内的地质灾害点进行常态排查巡查，巡查103次，为监测点农户发放“防灾避险明白卡”。

【纪检监督】 2019年，市监察委员会派出崔家坝镇监察室挂牌成立，配备三合一（村务监督委员会主任、监察信息员、纪检委员）专职监察员3名，兼职监察员4名，配备村级纪检委员12名，开展同级监督工作。诫勉谈话6人，提醒谈话4人次，工作约谈1人，批评教育1人，督办（督察）工作10余次，镇纪委、镇派出监察室发通报9起，涉及17人次。受理信访举报9件，办结7件；收到涉及扶贫领域问题线索38条，立案5起5人，给予党纪处分2人。

【《南里渡村志》通过评审】 2019年4月19日，崔家坝镇《南里渡村志》通过评审。《南里渡村志》于2017年6月8日开始编纂，历时两年，成稿为13章约32万字，翔实地记录明代初年至2016年12月31日该村的地理、自然资源、政治、军事、文化、交通运输、人口、人物、金融和工农业等方面的发展与变迁。

（崔显实）

白杨坪镇

【概　况】 白杨坪镇地处恩施市东北边陲，政府驻地白杨坪集镇，海拔 710 米，距离恩施主城区 40 千米。东与崔家坝镇隔河相望；南与三岔，龙凤镇毗邻；西与太阳河乡接壤；北与建始县邺州镇一水相连。209 国道、318 国道、沪蓉高速、建恩高速和宜万铁路从境东北向西南穿过。建恩高速与沪蓉高速互通，在白杨坪村下马台和石桥子村铁角坝分别设进出口。省道白—奉公路从石桥子向西北直抵重庆奉节。辖石桥子、白杨坪、九根树、麂子渡、康家坝、董家店、鲁竹坝、熊家岩、洞下槽、张家槽、蓼叶、朝阳坡村和白杨坪社区。120 个村民小组。区域面积 268.98 平方千米，耕地面积 3440 公顷（其中水田面积 746.67 公顷），林地 1.03 万公顷，茶园 4333.33 公顷。

2019 年，全镇总户数 1.67 万户，总人口 5.98 万人，其中劳动力 2.83 万人。农村工农业总产值 17.8 亿元，其中第一产业收入 9.58 亿元；第二产业收入 5.44 亿元；第三产业收入 2.78 亿元，同比分别增涨为 8.14%、10.74% 和 7.56%。实现粮食总产量 1.41 万吨。白杨坪镇被国家发改委等 7 部委确定为首批全国 100 个“国家级农村产业融合发展示范园”之一；被省住建厅确定申报为全国第一批 50 个“擦亮小城镇”之一；洞下槽村被评为全国旅游重点村。

【扶贫攻坚】 2019 年，董家店，朝阳坡村顺利脱贫出列，全镇 10 个贫困村、4994 户、1.54 万人实现稳定脱贫（还留存贫困户 41 户 91 人），贫困发生率由 2014 年的 26.74% 下降到 2019 年的 0.162%。各级政府累计投入资金 5.844 亿元。产业发展带动 1 万余户脱贫。农村危房改造 1984 户，易地扶贫搬迁 514 户。8 月，全国发改系统易地扶贫搬迁现场会在易迁小区召开。“四类”重点对象（建档立卡贫困户，低保户，农村分散供养五保户，贫困残疾人）危房改造 400 户，竣工 400 户。排查出一般农户危房改造 218 户，全部竣工。资助困难学生 2.26 万人，政策性社会兜底保障 2.36 万人次，建成农村公路 265 千米，4G 网络全覆盖。在脱贫攻坚工作中，2 个州直单位，13 个市直单位和 25 个镇直单位驻村帮扶。选派优秀机关干部到村任第一书记，12 个“尖刀班”和其成员驻村工作，州、市、镇、村（社区）1424 名干部职工与贫困户结成对子进行帮扶。落实奖补政策，惠及贫困人口，全年落实教育扶贫资金 167.8 万元，1691 名贫困学子（含义务教育阶段学生，公立、民办幼儿园幼儿）享受。全镇有公益生态林 1 万余公顷，安排落实建档立卡贫困人口护林员 118 人，人均年补贴工资 6000 元，生态护林员 80 人，人均年补贴工资 4000 元。

国家推行东西部协助扶贫机制，浙江省杭州市江干区彭埠街道帮扶白杨坪镇帮扶资金 580 万元，用于产业扶贫，即白杨坪镇一、二、三产业融合示范园建设项目主要在洞下槽村，利用白杨坪地理位置、经济资源、历史传统等优势，将特色产业、电商、旅游观光、美丽乡村、农民创业创新融为一体，推动农村一、二、三产业融合发展，使村级产业规模扩大，特色产业格局形成，从事休闲农业与乡村旅游的农民收入增长。

【保护乡村环境】 2019 年，白杨坪集镇规划在历次修编的基础上再次修编，凡居民、单位建房均统一建房模式，达到整齐划一。整治集镇下水道，从集镇到污水处理厂的管道改造工程全部竣工使用。同时白杨坪初中污水处理工程完工。居民“门前五包”即：门前时刻保持清洁，不占道经营，无乱摆乱放，不贴户外广告等。拆除占道经营和户外经营摊点 200 余处。拆除户外违章雨棚 86 处。垃圾处理实行“户分，组保洁，村收集，镇处理”的运作模式，配 3 辆垃圾车清运，集镇垃圾“一日一清运”，村垃圾“两日一清运”。全镇建农村公厕 5 座，居民改厕 720 个，建沼气式厕所 800 个。整治铁路沿线环境，出动挖掘机 6 台次，劳动力 160 多人，车辆 25 台次。拆除旧房 16 间。复绿地皮 5 块，面积 8000 平方米，播草种 100 千克。给农户屋顶钢架棚喷漆

27户4200平方米。清理铁路桥墩小广告“牛皮癣”30处，清理铁路附近垃圾500千克。

【实施征地拆迁】 2019年，白杨坪建恩高速路段建设红外线征地1.27公顷，包括耕地、菜园地、林地和鱼塘。白杨生态产业园征地3.58公顷，含宅基地、菜园地、林地和公路。拆除房屋26栋39户，兑现农户房屋资金870万元。白杨坪镇政府征用林地1.13公顷。供水管网补征地，朝阳坡村永久性征地0.85公顷；熊家岩村管道铺设临时性征地2.37公顷。

【特色产业】 2019年，白杨坪镇有茶叶4340公顷（含名优茶33.33公顷），茶叶专业村10个，茶叶专业合作社31个，茶业加工企业31家，其中恩施蓝焙茶叶有限公司、九株茶厂、茗道茶厂和亲硒源茶厂成为千万元的龙头企业。蓝焙茶叶有限公司为湖北省农业产业化重点龙头企业、湖北省扶贫龙头企业、九株茶业被国家认定为全国“示范合作社”。2019年销售干茶6000吨，名优茶3500吨，其中红茶527吨，产值3.7亿元。投资216万元新发展茶叶333.33公顷。

全镇养猪农户1.1万户，鲁竹坝、董家店、熊家岩村为养生猪大村。其中1000头以上养殖户5家，100头以上养殖户315家，“155”家庭牧场210户，养殖生猪28.5万头，年出栏生猪13.9万头。养殖黄牛3125头，养羊1.65万只，养家禽26万羽。出售黄牛800头，山羊1.33万只，家禽16.7万羽。

全镇栽培银杏20万株，面积100公顷，投资340万元。鲁竹坝村裕登葡萄园迎游客采摘。朝阳坡村四耳湖组26.67公顷杨梅收入400万元。销售葡萄、黄金梨、猕猴桃、桃子、李子、柑橘等1100多吨。鲁竹坝村农民种黄豆、赤小豆、红小豆、荞麦、高粱等，种植面积133.33公顷，并成立小杂粮专业合作社2家。

【基础设施建设】 2019年，白杨坪镇新建水厂3个（即九根树三里湾、张家槽长春岭、位于张家槽村的白杨坪第二水厂）解决5000余人的饮水问题。新建白杨生态产业园区内晏家梁子的大水井，铺设从响板溪水库至大水井管道30千米。12月，投资1000万元铺设从骑羊坝至白杨坪水厂的抽水管网5千米，解决3万余人的饮水问题。新铺设鹿子渡、洞下槽、白杨坪水厂延伸管道300余千米。新修蓄水小水窖32口，建小饮水水井33口。

全镇农网改造及低电压改造项目2个，涉及7个建制村，投资422.2万元，受益1515户5000余人。2019年底，全镇户容量由0.59千伏安上升到1.87千伏安。投资840万元建电信4G通讯基站19个。开通各村宽带投资701万元。12个建制村光纤（FTTH）覆盖率100%。

全镇公路加宽及硬化4.5米宽通畅工程11条、28.2千米；硬化张家槽、蓼叶、九根树等村3.5米宽自然村公路28.2千米；建成“熊洞”片区产业路共27.12千米，投资2205万元；熊洞片建休闲观光亭7个，生态停车场1个。修复骑羊坝至大湾6.5千米、一碗水至康家坝3.6千米通畅工程。建恩高速白杨段建设工程及附属工程竣工。

【白杨坪生态产业园建设】 2019年1月，中核集团进驻承建白杨坪生态产业园。累计征地122公顷，房屋拆迁90户，兑现资金1.08亿元，园区内地坪开挖平整工程量完成90%，工业大道路基毛坯基本贯通。3栋公租房100套主体完工，建成标准厂房7栋、4栋在建。年底，州内外福辰建材、和诺生物、正弘环保、佳利气体、太极生化、恩威胶业6家企业意向入驻白杨生态产业园。

【工业企业发展】 2019年12月，全年固定资产投资3亿元，全镇工业企业48家，其中入统企业6家，规模以上企业4家。农村专业合作社126家，其中恩施蓝焙茶叶有限责任公司获湖北省农业产业化重点龙头企业、湖北省扶贫龙头企业称号；九根树九株茶叶被认定为国家示范合作社。全年工业企业产值20.06亿元。

【教育事业发展】 2019年，全境有初中2所，小学11所，幼儿园4所，各级各类学生4000余人，年入学率、巩固率、毕业率均达国家验收标准。2所初中的毕业生中考600分及以上的54人。吸纳录用10名新教师任教。全年完成“改薄”5年规划项目，投入2030.1万元新建和改建校舍1.02万平方米，改造运动场2.8万平方米，改造围墙1100米。投入581.2万元添置信息化装备等。

白杨坪镇中心小学、熊家岩小学、董家店村小学、康家坝小学、朝阳坡村小学共计95套教师公租房竣工投入使用。

【文化事业发展】 2019年12月，白杨坪镇文体中心戏楼——灯戏阁，仿照土家族吊脚楼风格建设；2层500余平方米，投资300余万元。投资185万元，建设康家坝村、熊家岩村、洞下槽村、蓼叶村4个文体广场和3个多功能球场。为朝阳坡村、白杨坪社区增添文体器材。为13个村（社区）配齐文化员、广播员、图书管理员。组织村（社区），农村福利院文娱演出队演出灯戏、莲厢、耍耍、广场舞等20余场次。全镇安装“村村响”广播118只，音柱12个。安装“户户通”卫星电视接收设施1.13万套。熊家岩村老街朱家祠堂，洞下槽村杨世英老宅，白杨坪老街上街的“万寿宫”，下街刘天培旧宅为市第四批保护文物。对鲁竹坝村白岩头组的石洞群，张家槽村东扑龙组的“狗子碑”，响板溪的老街，邹应祥古墓加以保护。

2019年，《鹿子渡村志》《熊家岩村志》完成送审稿，4月市史志办组织白杨坪镇内专家、学者，请专家到镇对两部村志进行终审，并进入出版环节。

于祥志漆器作品——“巴风遗韵”，在山东烟台“中国民间2019工艺品博览会”上展出，获第十四届中国民间工艺美术作品“山花奖”。2019年参加湖北省“湖北工匠杯”漆艺技能大赛获铜奖。年底，于祥志被州总工会、州人事局评为“生漆制作大师”。

【医疗卫生事业发展】 2019年，全镇有1个中心卫生院，1个分院，设3个门诊和5个科室。12个村卫生室，镇、村在岗医护人员150余人。年底，白杨坪村、石桥子村卫生室迁入新址正常营业。卫生院职工搬进公租房。全年收治住院病人3491人次。门诊看病50463人。住院医保（含州市医院）3872人，统筹基金报销551万元，人均报销1832元，报销比例为77.7%。门诊看病2.7万人次。家庭支付176.1万元。门诊慢性病报销10.1万元。为全镇3000余名妇女进行生殖健康检查。有孕产妇257人，活产257人，全部为住院分娩，其中高危产妇79人。新生儿死亡1人，0～4岁幼儿死亡3人。为孕妇免费检查艾滋病、乙肝、梅毒263人。筛查妇女宫颈癌900人、乳腺癌908人。为建档立卡贫困人群、老年人、初中师生筛查肺结核85人。为返乡农民工、老年人筛查艾滋病1400余人。为贫困户慢性病体检筛查5167人，有617名慢性病患者享受医院门诊待遇。各级卫生部门累计建立健康档案6.3万份。管理慢性病患者7450人，其中高血压6328人、糖尿病913人、精神病209人。

【“恩施楷模”刘林】 2019年2月19日，白杨坪镇外宣办负责人为“恩施楷模”刘林送去州委宣传部颁发的1000元慰问金。刘林系白杨坪镇鲁竹坝村人，白杨坪镇卫生院熊家岩分院儿科医师，1999年从事乡村医务工作，因患小儿麻痹症导致右腿残疾。行医10多年来，平均每月出诊70多次，每次至少走4千米以上的山路，坚持为5000多村民服务，被村民誉为“百姓信赖的好村医”，他一心扎根农村，曾几次放弃去卫生院工作的机会。2017年9月18日，在第四届全国卫生系统“优秀广播影视作品征集活动”颁奖会上，湖北省卫计委宣教中心拍摄的以白杨坪镇鲁竹坝村医刘林为创作原型的微电视《医者仁心——一个村医的真实故事》，荣获电影类二等奖。2018年，

“恩施楷模”全州入选 9 人，刘林为其中之一。

【民政优抚】2019 年，全镇有农村低保户 1359 人，发放低保资金 902 万元。城市低保 31 户 37 人，发放低保金 17.1 万元。特困供养人群 331 人，集中供养 62 人，其余属分散供养。发放供养金 247.2 万元。大病医疗救助 229 人，发放救助资金 101.6 万元。临时救助 3176 户 4600 人，发放救助金 435 万元。全镇 80 ~ 89 岁老人 998 人，90 ~ 99 岁老人 110 人，100 岁以上老人 1 人，发放老人津贴 59.1 万元。有 1950 人办理残疾证，其中 771 人属重度残疾，每年补助生活费 1200 元，剩余为困难残疾，每人每年补贴 600 元。镇退伍军人服务站挂牌成立，共有退役军人满 60 岁以上 234 人，带病回乡 16 人，老复员军人 14 人，伤残军人 19 人，参战人员 8 人，“三属”人员 1 人，年满 60 岁烈士子女 3 人，全镇优抚对象 295 人，享受的待遇均按时发放。

【开展就业保险】2019 年，全年按政策征收农民养老保险金 2.8 万人 420 万元，企业养老保险费 350 人 160 万元。及时按政策、按标准发放养老金。为城乡居民累计发放社保卡 16653 张。年初培训 85 名务工人员赴江苏昆山、江西吉安等地打工。吸纳 41 名大学生到镇、村实训实习。组织 9 期种养实用技术培训，受训人员 1511 人，其中建档立卡贫困户 1502 人。

【林业畜牧业发展】2019 年，全镇栽植银杏 20 万株、樟树 2000 株、垂柳 3000 株、桂花 5000 株。完成 266.67 公顷退耕还林及其他林地变更工作，增加林地 231 公顷。生态林和天然林及退耕还林共 1.03 万公顷。兑现农户资金 339 万元。全镇注射猪口蹄疫、猪瘟、猪蓝耳病疫苗 44.5 万头次，牛羊口蹄疫苗 1.02 万头次，羊痘、小反刍疫苗 9900 只，禽流感疫苗 53.7 万羽份。注射密度 100%。猪、牛、羊戴耳标达 100%。排查畜禽污染 306 户，下达“整改意见书”21 份，责令养殖场限期整改到位。

【维护社会稳定】2019 年，全镇排查矛盾纠纷 198 件。村级调处 130 件，调处率 90%，没有出现越级上访和群体事件。成立以派出所、交安办、城管、工商、食药、教育等部门负责人为成员的综合治理小组，治理校园周边环境，从 3 月 17 日起，对全镇中小学、幼儿园进行全面排查和整治，约谈问题较多的幼儿园负责人。

全年接到各类诉讼案件 213 件，审结 183 件，结案率 85.9%。结案中，判决 75 件，其余为调解和撤诉。在审理案件时，发挥人民陪审员的作用，保证他们在审判工作中的权利，更好的协助法官开展庭审工作，人民陪审员参加庭审 10 次，法庭聘请 5 名陪审员。

【安全生产管理】2019 年，全年整治非煤矿山（打砂厂）3 次；辖区 13 家砂厂，依法关停 3 家。对存在安全隐患的 20 个，限期整改到位。严查驾驶员“三超、酒驾、醉驾”行为；查营运车辆是否合法，查出违规车辆 100 余架次。查校园“三防”是否落实；查学校附近摊点商品是否违禁和达标；查校园周边司机是否文明驾驶；查学校食堂卫生情况等，对排查出隐患的 100 多个，限期整改落实。同时关停校外培训机构 5 个。严禁向学生销售麻辣食品和 0.5 元 1 份的垃圾食品。对鲜肉市场进行登记检查，查出涉嫌违法销售鲜肉摊点 8 家，进行没收和罚款。在“百日执法”活动中，检查从事餐饮服务 88 家、学校食堂 14 家、卫生系统 15 家、食品生产企业 50 家，发现隐患 21 处，整改落实。6 月，由镇政府牵头，组织各村，加油站企业等单位 100 余人到川气东送恩施气站，以天然气泄露燃烧为背景进行灭火演练。

【吸取“9·2 事件”教训】2019 年 9 月 2 日，发生在朝阳坡小学的突发刑事案件，造成学生 8 死 2 伤，也称“9·2 事件”。全镇各级各部门干部认真反思，举一反三，研判行之有效的工作方案，加大管控力度，压实责任，推动各项工作有序开展。近半年时间，全镇干部职工双休日不放假，做细做好各方面工作。镇村组及各部门干部转变工作作风，为群众服务。各级学校配齐专业保安，校园安装电子监控器，不留死角。白杨坪小学教师早晚乘车接送朝阳坡村学生，并与其监护人实行对接，完善签字销号手续。

（龚仁革　吴远明）

板桥镇

【概　况】 板桥镇位于恩施市西北边陲，政府驻地板桥集镇，海拔1380米，距离恩施主城区75千米。鄂渝公路贯穿全境，是连接鄂渝两省市的重要咽喉要道，处于恩施大峡谷、利川腾龙洞、重庆天坑地缝、梭布垭石林、长江三峡等著名景区线路交汇的中心位置，素有“中国板党之乡”之称。全镇下辖大山顶、穿洞、大木、新田村和板桥社区，全镇总户数5018户，总人口1.81万人，其中劳动力1.16万人。区域面积304平方千米，耕地面积2680公顷，林地面积18500公顷。2019年，实现地区生产总值6.8亿元，同比增长8.9%；人均可支配收入9800元，同比增长3.2%；实现粮食总产量9901吨。招商引资到位资金1亿元，完成100%；固定资产投资1.7亿元，完成110%。全年594户1438人实现脱贫，贫困人口减少至26户52人，地区综合贫困发生率降到0.29%。完成财政收入5115万元，同比增长16%，实现支出4806万元，结余309万元。

【旅游及电力产业发展】 2019年，板桥镇发展乡村旅游、自然风光旅游，其中榨房湾民宿休闲区改造和女儿湖景区开发有序推进。扶持发展农家乐、民宿38家，鹿院坪景区全年接待游客8万人次，实现收入1100万元。全镇全年旅游接待游客10万人次，实现旅游综合收入1500万元，带动就业450人。发挥光伏扶贫作用，投入168万元建设光伏电站4座，每座50千瓦，累计收益17.32万元，主要用于发展村级公益性事业，资金利用率90%以上。风力发电升压站主体结构完成，设备基础，设备构架完成，检修公路完成，风机基础浇筑完成23个，全年投资2亿元。

【养殖产业发展】 2019年，板桥镇落实产业扶贫“两消”资金290万元，优选19家市场主体实施。开展种养殖技术培训30余场次，带动1092户贫困户就业或发展产业。生猪存栏1.26万头，出栏1.69万头；牛存栏5220头，出栏3602头；羊存栏5882只，出栏6900只。大山顶村发展高山肉牛400头，山羊1500只，增收700万元；家禽存笼11.2万羽，鸡蛋产量1620吨。全年实现畜牧业产值1.4亿元，股权收益资金614万元，每年直接为带动的贫困户户平分红480元，并以土地租赁、土地入股订单保底回收产品等方式进行发展带动。全镇有产业发展的贫困户1930余户，产业覆盖率93%，市场主体带动贫困户1710余户，链接率82%。

【高山反季节蔬菜产业发展】 2019年，板桥镇大山顶村发展萝卜、包菜、白菜、辣椒等高山反季节蔬菜1200公顷，占整村耕地种植面积的90%以上，其中订单面积666.67公顷，年产量7万吨，创产值超过3500万元。辖区各公司加强管理，拓展市场，形成从育苗、田间管理、外销全产业链条，蔬菜产业的蓬勃发展，推动大山顶村社会经济发展。中药材种植66.67公顷，增收150万元。

【饮水工程】 2019年，全镇先后投资3232.56万元，用于农村安全饮水工程建设，通过实施农村饮水工程，新（改）建水厂、管网延伸、兴建小水窖工程。其中投资2123.23万元改建水厂5座，兴建小饮水工程191处，自筹资金109.33万元对农户自建486口小水窖进行奖补。由村集体经营公司和供水协会对供水工程进行管理，进一步提升水质、水量等用水条件，达到“一管清水进农家”的目标，实现农村人口安全饮水全覆盖。

【教育资助政策】 2019年，板桥镇改善教育教学条件，完成“全面改薄”5年规划项目，投入1024.24万元，新（改）建校舍6763平方米、改造运动场1.31万平方米，投入184.64万元添置信息化装备和食堂宿舍设施设备，农村中小学办学硬件设施日益完善。资助镇内就读的学前和义务教育贫困学生911人次63万余元，建档立卡贫困学生资助覆盖率100%；资助高中学生53人次，发放助学金7.95万元、免学费4.599万元，资助中职学生74人次，发放助学金11.8万元、免学费10.2万元，资助高职学生16人次，发放励志奖学金5000元、国家助学金2.48万元、免学费1.5万元。对州外就读的146名建档立卡贫困家庭学生（其中义务教育贫困学生49人），通过3次发函至就读学校和“双向联系”等方式督促落实资助政策；对本镇就读的8名外地建档立卡贫困家庭学生，宣传资助政策，“点对点”提醒督促，及时落实资助政策。

【文娱场地建设】 2019年底，板桥镇综合文化服务中心文体广场维修项目完工，面积460平方米，投入经费6万元。新建村级文体广场1个，面积1200平方米，投入经费12万元，项目施工完毕。新建室内综合体育馆1个，总投资125.4万元，面积1003平方米。四村一社区“三员”全部落实；“三区”文化志愿者落实；组建业余文艺宣传队2支，人员30人。

【医疗卫生】 2019年，板桥镇医疗业务总收入361.68万元，比上年同期增长1.1%，其中门诊收入104.06万元、住院收入248.34万元、公共卫生收入9.27万元；门诊1.18万人次，比上年同期下降0.9%，住院人数1264人次，比上年同期下降0.95%。开展健康教育知识讲座28次，公众健康咨询人数360人，发放健康教育资料6523份，影像资料视听人数9682人，设置更新宣传栏30次，健康宣传资料入户率、居民健康知识知晓率、健康行为形成率大幅度提高。对全镇计划生育特殊家庭成员开通就医绿色通道，实行先诊疗后付费等便捷措施，对全镇15个特殊家庭成员进行免费体检及上门服务等医疗救助。各特殊家庭成员体检档案1人1档，并进行个性化健康指导及随访，体检率100%，家庭医生签约全覆盖。

【儿童保健】 2019年，板桥镇托幼机构有儿童241名，5月对托幼机构的238名儿童进行体检，体检率98.7%。托幼机构有教职员工14人，体检率100%。为全镇适龄儿童全程接种一类疫苗，定期开展查漏补工作，适龄儿童及时建证、建册，及时录入信息化管理系统。全镇接种580人、1413针次，其中二类疫苗164针次，一类疫苗1249人次。春季查证验证1次。对未接种疫苗的进行补种。2019年孕产妇总数178人，全年出生婴儿154人，产后访视154人，产后访视率100%。

【特殊病患人群管理】 2019年，全镇开展重点人群筛查工作，对确诊的高血压、糖尿病等重点慢性病人实施规范管理和随访，掌握辖区重性精神病患者的相关信息并建立健康档案。高血压病人465人，随访1112次，糖尿病病人94人，随访294次；严重精神障碍患者68人，随访213次；65岁以上老年人2199人，完成年度体检903人，开展老年人中医中药管理903人。

【妇女健康管理】 2019年，板桥镇落实免费孕前优生检查13对，完成婚检7对，孕优早孕随访40人次，妊娠结局随访18人次。开展生殖健康优质服务工作，截至2019年10月30日，开展全镇育龄妇女生殖健康优质服务检查2次，检查及随访服务1286人次，早孕B超检查206人次，出生实名登记上报2人次；完成辖区内“两癌”筛查604人。

【民政救助保障】 2019年，为符合条件的贫困户代缴居民养老保险114人1.14万元，为低保、特困供养及重度残疾对象1141人全额缴纳医疗保险28.53万元；完成低保、特困供养对象保障提标和扩面，全镇低保590户1080人（农村低保584户1072人，覆盖率为5.92%），全年发放低保救助金260.9万余元；特困供养224户224人（分散189人、集中28人，孤儿7人），7名孤儿每月兑现补助1200元；对因病、自然灾害、低收入困难户给予临时救助，全年救助125人次，补助29.6万余元；开展残疾人筛查鉴定办证工作，残疾人持证763人，兑现贫困残疾人生活补贴和重度残疾人护理补贴483人次43.6万余元。全镇留守儿童179人、留守妇女62人、留守老人172人，建立结对帮扶机制，对留守儿童经常组织集体活动，帮助其和父母远程视频；对留守老人进行送温暖关怀，改善其居住环境；对留守妇女进行免费“两癌”筛查，对其开展生产技能培训，提供“家门口就业”岗位。

【生态环境与保护】 2019年，板桥镇稳步推进污水处理厂建设。集镇以及周边区域都纳入污水管网铺设范围，对户管网进行接入，对生活污水无害化处理，避免生活污水随意排放污染附近的水源及周边环境；全镇有8386.67公顷生态公益林，对120名建档立卡贫困人口签订护林员合同，并对护林员进行业务培训；完成荒山、荒坡植树46.67公顷（7万株），“四旁”植树2万株。

【农村通畅工程】 2019年，板桥镇建设农村公路通畅工程4个标段19.115千米。至12月底，4个标段包括蒿坝—长槽、杨仕庙—老板桥、老鸹石—林家垭口、车站—线阳坝全部竣工验收；在建农村通组3.5米宽水泥路82.18千米，完成路面扩建工程并全部验收；建设砂石路22.28千米全部完成。

【社会治安稳定】 2019年，接出警269起，立刑事案件46起，破案19起，打击处理17人；受理行政治安案件29起，拘留16人，其中办理赌博案件4件。全年处置各类非正常死亡案件2件2人，调解各类矛盾纠纷210起。适时组织开展流动人口、出租房屋清查工作，与出租房主签订治安责任保证书75份，对旅馆、美容美发、出租房屋、二手市场等场所行业进行不定期的检查。对辖区内公务用枪和猎枪实行清理并统一保管，勤检查爆破物品的储存和使用，确保“不出事、不炸响、不流失”。2019年录入巡逻盘查信息2100条，采集违法犯罪嫌疑人指纹12份，录入现场勘查22份，发布跨区域协作信息2条，抓获外省逃犯2人，采集DNA血样40份。

【交通及自然灾害排查】 2019年，全镇出动机动车辆290台次、警力820人次，检查机动车9200辆次，查处交通违章290起、处罚286人（其中行政拘留10人），集镇违章停车粘贴罚单28张，处理交通事故127起，排查上报危险路段129处。开展道路交通安全整治，坚持“121”每日道路交通安全巡查。开展火灾隐患排查，检查消防场所380个次，发现整改消防安全隐患160处。

【校园安全】 2019年，全镇加强校园安全工作，落实“一校一警”工作制度，上法制课23次，安全检查82次，督促整改安全隐患64处。

【东西部扶贫】 2019年底，板桥镇通过东西部扶贫发展途径，投资150万元建立大黄基地80公顷，带动贫困户572户，户均增收1000元以上；投资20万元建立穿洞村益贫电商中心，辐射全镇，负责销售农产品；江干区丁兰街道捐赠30万元，解决部分群众饮水和房屋安全难题，杭州中宸公司捐赠10万元用于穿洞村公益性事业建设。贯彻落实东西部扶贫协作各项决策部署，着重解决辖区基础设施、产业发展、人才培养等难题。对农村致富能人的培训，全年组织辖区25名致富带头人赴杭州培训，带动贫困户111户。

【精准脱贫】 2019年，板桥镇脱贫593户1444人，累计脱贫2054户5937人，贫困发生率下降为0.29%。成立板桥镇脱贫攻坚前线指挥部，从州市镇三级抽调28名骨干力量组建5个驻村工作队，418名干部职工与贫困户结成帮扶对子。围绕“两不愁三保障”目标，抓实“五个一批”，精准落实扶贫政策。农村人口安全饮水全覆盖；

镇内在籍在读义务教育学生1155人（其中贫困家庭学生400人），0～16岁儿童无失学辍学现象。2019年全镇贫困人口参保5988人，参保率为100%；全镇实现住房安全有保障；全面落实农村低保、农村特困供养、临时救助等工作。

【异地搬迁工程】 2019年，板桥镇投入5000余万元，完成349户879人易地扶贫搬迁任务。建设集中安置点17个，搬迁291户707人。集中点实现劳动就业141人，产业就业155人，综合保障兜底182人。分散安置58户172人，全部入住。累计拆除旧房329户，完成拆旧复垦14.67公顷。申创扶贫车间，协调市场主体带动搬迁对象就业，开展搬迁对象劳动技术培训85人，帮助搬迁对象"家门口就业"，实现"搬得出、稳得住、能致富"的目标。

【健康扶贫工程】 2019年，板桥镇全镇贫困人口医保参保率100%。着重改善乡村医疗卫生条件，镇卫生院达到"四化"标准，村级卫生室达到"五化"标准，卫生院配备基本药物218种，村卫生室配备基本药物112种，执行零差价销售政策。不出镇即能开展常见病、慢性病、多发病的诊断和治疗。落实家庭医生签约服务，重点对高血压、糖尿病、肺结核、严重精神障碍患者，每年开展4次随访，督导服药、危险性评估、协助转诊。开展门诊特殊慢性病筛查，全镇筛查636人，有260人享受补助政策。

（刘　露）

龙凤镇

【概　况】 龙凤镇位于恩施市城区北部，政府驻地龙凤坝集镇，海拔480米，距离恩施主城区15千米。东西宽16千米，南北长17千米。东与三岔镇交界，西与屯堡乡、板桥镇毗邻，南与舞阳坝街道、小渡船街道相交，北与重庆市奉节县兴隆镇和恩施市太阳河乡、白杨坪镇接壤。209国道、318国道、沪渝高速、银北高速、宜万铁路贯穿全境。全镇辖店子槽、古场坝、杉木坝、吉心、二坡、龙凤、小龙潭、三河、三龙坝、双堰塘、向家、大转拐、龙马、柑子坪、猫子山、佐家坝、青堡、碾盘18个村和龙凤坝社区，148个村民小组。区域面积286.15平方千米，耕地面积3583公顷，水域面积252平方千米，林地面积1.91万公顷。2019年末总户数2.37万户，人口6.95万人，其中劳动力4.35万人。实现工农业总产值21.14亿元，比上年增长7%；农村经济总收入6.63亿元，比上年增长6.1%；工业总产值10.75亿元，比上年增长8.1%；规模以上工业企业总产值6.57亿元，同比增长5.8%。农村人均可支配收入14338元。实现粮食总产量8150吨。完成固定资产投资5.6亿元。

【行政管理体制改革】 2019年，为进一步探索和创新龙凤镇行政管理体制，逐步扩大经济社会管理权限，搭建精干高效的组织体系和运行机制，建立和完善高效务实的用编用人制度，提升社会管理水平和公共服务能力。落实《恩施市龙凤镇行政管理体制改革实施方案》（恩市办文〔2018〕33号）持续推进经济发达镇政府行政体制改革，按照精简、统一、效能的原则，统筹镇党委、政府机构设置，加强镇党委领导，立足基层工作实际，减少管理层级，建立扁平高效的基层组织架构。

【金融服务创新机制】 2019年，龙凤镇持续释放"一卡两社"金融扶贫改革红利，破解"三农"融资难、融资贵、融资慢等问题，"两社"累计为农业企业、专业合作社及农户融资326笔6.27亿元，其中2019年融资3739万元。累计开展村级"助保贷"合作业务189笔2028.5万元。金融创新助力徕福硒业、联强农贸等企业成省级农业龙头企业。

【农村产权交易创新机制】 2019年，龙凤镇进一步规范农村产权交易，鼓励贫困户以土地入股的方式加入专业合作社，促进农村资源变资产、资金变资本，实现农民变股民。产权交易中心在业务覆盖到全市的基础上，进一步规范业务流程，引导农户以土地入股的方式，参与市场主体经营活动，与市场主体形成利益共同体。到12月底，全市实现“12万亩资源变资产、8亿元资金变资本、3万农民变股民”，为43家企业开展“两权”抵押贷款1.04亿元，累计吸引10亿元工商资本流向农村。

【探索建立“121+X”产业扶贫机制】 2019年，龙凤镇围绕“旅游+、硒+、生态+、互联网+”等新兴业态，探索建立“121+X”（在贫困村发展1个主导产业、对接一类产业专业合作社和一类金融互助社，联接1个龙头企业，将金融投入与主导产业、新型农业经营主体、贫困户的利益相联接，提升农民“造血”功能，实现稳定增收）产业扶贫模式，累计建成特色产业基地4133.33公顷。坚持以市场主体为龙头，按照“龙头企业+专业合作社+农户+基地”的发展模式，引进培育企业25家、农民专业合作社141家，80%的耕地实现集中规模经营，70%以上农户融入产业链，与市场主体形成利益共同体。建成二坡现代农业、青堡现代化烟叶产业基地，建成龙马金果茶叶产业园、果茶园等一批农业加工和旅游观光园区，在二坡、吉心、杉木坝、大转拐等村建成多个小水果旅游采摘观光园，农产品加工、旅游等二、三产业发展迅猛。年实现工农业总产值21.14亿元，一、二、三产业结构比由2013年的33.3∶45.7∶21调优至29∶36∶35。

【发展抹茶产业】 2019年，龙凤镇抢抓东西部扶贫协作机遇，引进恩施州龙马新果实业有限公司发展抹茶产业，在龙马村建设标准化全流转抹茶示范园33.33公顷，在碾盘、猫子山、柑子坪、佐家坝等村建设订单抹茶基地71.53公顷，实现产值1600万元，直接带动农户520户1907人发展抹茶产业，带动150余人实现家门口就业，年人均增收6000元以上。

【水电设施建设】 2019年，龙凤镇推进城乡一体化建设，完善饮水、用电等基础设施，改善生活条件。为加强供水保障，实施供水巩固提升工程延伸管网4.37万米，新建泵站4座、水池3座，全年实施各类农村水利项目9个，进一步改善32555人的饮水条件，实现现行扶贫标准下安全饮水问题“清零”。优化完善配电网结构，推进低电压治理，完成龙凤镇2019年城网1400万元项目报审工作和2018年农网专项工程。新建10千伏带马线1条，解决低电压台区8个，完成城网新建改造28个台区。

【道路交通建设】 2019年，龙凤镇继续加强道路交通建设，实施以奖代补工程，建成路基85千米，建成路面78千米；完成油返砂公路建设8千米；维修水毁公路37千米，清理垮方6560立方米，建挡土墙6230立方米，维修边沟20千米；完成9条16.66千米农村公路通畅工程建设；完成乡村组公路绿化119千米；对辖区内335.44千米已实施通畅工程建设的农村公路实施规范化管理养护，设计并指导向家村对3.2千米撤并村公路实施改扩建。

【征地拆迁及安置】 2019年，龙凤试点城中村棚户区改造项目顺利推进，一期工程征地拆迁工作完成92%；恩施市318国道改扩建项目龙凤村征收完成；318国道至银北高速连接线基本完工；三河、白庙桥安置小区基本建成；完成建恩高速、209国道（金子路—中波台）改造及三龙公路建设；完成带水河小龙潭1.2千米的防洪治理工程；完成喻家河水源工程征收工作，基本建成喻家河宅基地安置小区，项目蓄水范围的清表及消杀工作完工。

【退耕还林管护】 2019年，龙凤镇坚持“绿水青山就是金山银山”发展理念，加强新一轮2466.67公顷退耕还林管护力度，发放生态补偿金5550万元，惠及4850户农户，户均增收1.14万元。全面开展“三绿”工作，完成29个地块106.7万平方米裸土复绿、4.39万平方米边角地绿化、2640米垂直裸露山体复绿工作，试点区域森林覆盖率67.3%。完成8个村级水厂水源地保护区划分勘测工作。全镇考核选聘村级天保管护员30人和生态护林员101人，为农户带来50.5万元现金收入。

【完善龙马风情小镇】 2019年，进一步完善龙马风情小镇旅游配套设施，年底完成投资3.2亿元，其中基础建设及公共服务设施投资2亿元，产业投资1.2亿元，修建小木屋、高空滑索、吊桥等旅游设施，新建一家集阅读、休闲、展出为一体的标准化“书吧”，建成龙马污水处理厂和龙马垃圾中转站。端午节期间，成功开展“一乡一品”文化品牌“赛龙舟·品玉露”文化旅游节活动，来自湖南、襄阳、十堰等地区的12支队伍参加龙舟比赛；成功举办恩施土家女儿会活动，通过以文助旅模式助推旅游业发展。2019年，龙马风情小镇接待游客20万人次，旅游综合收入近1800万元。

【脱贫攻坚】 2019年，龙凤镇进一步落实各项扶贫政策，巩固脱贫成效。全年全镇城镇常住居民人均可支配收入和农民人均纯收入分别为27015元和12768元，同比分别增长7.2%、9.9%。全年资助在读学生3810人次，发放补助资金258余万元，落实“雨露计划”职业教育资助743人次，发放补助资金185.75万元，贫困家庭学生资助覆盖率100%。严格落实贫困人口参保财政代缴政策，实现全镇贫困人口100%参加城乡居民合作医疗保险，对848名贫困人口疑似门诊特殊慢性病患者开展集中筛查，其中510人享受慢性病补助政策。实施农村居民安置点和易迁点提档升级工程，完善公共配套设施，改善人居环境。完成31个易迁点“平改坡”工程，配备菜地、生产性用房等。全年实施危房改造480户。年度内先后承办全省东西部扶贫协作现场会、全省脱贫攻坚培训班现场观摩会，扶贫经验得到有力推广。全镇贫困规模从2014年6338户20618人减少到2019年底74户178人，贫困发生率由43.9%降至0.29%。

【组织“两违”清理】 2019年，全镇“两违”立案145件，其中新占地35件、翻修73件、加层37件。查处违法占地总面积为6128.46平方米，查处违法建筑总面积为19312.36平方米。组织6次拆除活动，依法拆除违法建筑35栋，其中自拆23户，采取快速反应机制拆除10户。

【信访工作】 2019年，龙凤镇在湖北阳光信访工作平台办理信访件119件。镇党委、政府领导班子成员参与接访232人次，接待群众153批次，219人次，签批信访件72件次，同时交办72件次。为将群众信访件办理落实到位，督办各村（社区）及镇直相关部门105次，办结回告领导57件。镇党委书记程俊毅带案下访研究化解信访积案5件，其中领导包案3件。村（社区）书记陪访清理初信初访事项10件；镇主要领导接访群众95人，研究化解信访积案8件。

【安全主体责任】 2019年，龙凤镇坚持落实主体责任，签订“恩施市道路交通安全管理责任书”9800余份，设置安全警示牌127块，设置太阳能警示灯30块、凸透镜20块，排查出道路隐患91处。全镇60余名劝导员下载农交安APP，成功劝导380起交通违法违规行为。在全镇各单位及部分企业组织道路交通安全培训会32次，参训人数5000余人。专职消防队全年开展11次灭火行动，2次救援，召开3次消防专题会。

对全镇16所学校开展两次专项检查，召开3次学校专题会议，排查出177条安全隐患，对校外28家培训机构组织3次专项检查，排查出35条安全隐患，均督办整改到位。对11家烟花爆竹和8家危化品生产销售商组织检查113次，发现隐患80余条，经督办全部整改到位。对5家非煤矿山组织检查60余次，查出15条隐患，经督办全部整改到位。全镇的4家非煤矿山都因“安全生产许可证”到期，对其采取停电措施。

【促进社会保障】 2019年，全镇组织技能培训

8期，1400人参加培训，其中贫困人口1358人；开展就业宣传，开展就业创业专场招聘会1次，推荐就业200人次，通过就业服务窗口提供就业指导220人次。为384名城乡居民养老保险到龄人员办理待遇发放，为351人办理死亡注销补助。为8933名享受待遇人员通过手机APP完成生存认证。全年社保中心完成城居养老保险征收1.81万人，金额472.81万元。加强城乡居民合作医疗保险审批工作，其中涉及龙凤卫生院住院4832人，初审金额609万元，核销482万元；龙凤卫生院门诊4.44万人，报销金额229.68万元。

全镇有农村低保2889人（其中贫困人口2581人），平均每人每月落实低保金307元；有五保316人；全年实施临时救助400人次，累计发放临时救助金71.3万元；开展残疾人与慢性病筛查服务工作，集中组织开展筛查，全镇残疾人1795人，其中贫困户1192人，重度残疾499人。为全镇1422人落实门诊慢性病定额补助政策。

【医疗卫生】 2019年，龙凤镇卫生院进一步规范诊疗流程，规范抗生素的使用，严格按照合理收费标准执行各种收费，全年无医疗纠纷和医疗事故发生；全年流动人口基本公共卫生计生均等化服务到位率89.68%，特扶双岗联系人落实率100%，就医绿色通道落实率100%。

2019年考核年度，全镇出生636人（一孩266人；二孩314人，其中政策外二孩3人；多孩56人，其中政策外多孩13人），符合政策生育率97.17%，政策外多孩率2.04%。出生性别比98.13（女为100）。二孩及以上生育对象孕情监测到位率72.97%。免费孕前优生健康检查目标人群196对，完成任务数的72%。免费婚前医学健康检查人群92对，完成任务数的42%；村（社区）在线平台信息核查反馈出生分娩率100%，B超孕检率100%。全员人口数据库主要信息完整准确率99.6%。辖区医疗单位出生分娩、计生手术和B超孕检实名登记录入及时率、准确率均为100%。

【公共文化建设】 2019年，龙凤镇加强公共文化体系建设，完成大转拐村、三河村、二坡村、猫子山村新建文化广场项目；成立新时代文明实践所、19个村（社区）新时代文明实践站；完成7个村18套体育器材的安装工作；维护好18个村的“村村响”工程，99个点开通广播。《风情龙马诗词赋》（300篇）公开出版发行。

开展“五佳五好”评选，培育主流价值体系；在集镇区域开展闹元宵等春节文化活动，有500余幅谜语竞猜，10余种文艺节目形式，200余人文艺表演队伍参演，观众8000人次以上；开展送春联活动，分别在龙凤社区、双堰塘村为群众义务书写春联400余幅；开展文化惠民、送戏下乡活动，演出节目20余个，观众400人次以上。成功推举龙凤镇优秀民间艺人、市级非物质文化传承人杨正云20余件工艺品，参加恩施州民间文艺家协会主办的恩施州首届民间工艺展。

【宣传工作】 2019年，在各级媒体刊播新闻415条，其中省级以上26条、州级63条、市级267条、电视新闻59条。在龙马风情小镇拍摄的《我给两会捎句话》专题片通过湖北卫视、湖北之声、央视新闻、人民日报、新华社等全网播出，吸引约50万网友在线观看。

（胡国锋）

盛家坝镇

【概　况】 2019年12月30日，撤盛家坝乡建制，设盛家坝镇。盛家坝镇地处恩施市西南部，政府驻地盛家坝集镇，海拔820米，距离恩施主城区52千米。东西宽21千米，南北长34千米。东与宣恩县椒园镇、晓关乡接壤，西同咸丰县黄金洞乡、利川市毛坝乡和恩施市白果乡连接，南抵咸丰县清坪乡，北接恩施市芭蕉侗族乡。全镇辖石门坝、龙洞河、桅杆堡、石栏、二官寨、麻茶沟、安乐屯、下云坝、大集场、车辽坝10个村和盛家坝社区，133 个村民小组。区域面积 357.12 平方千米，耕地面积 3860 公顷，林地面积 22610 公顷。年末总户数 1.33 万户，总人口 3.82 万人，常住人口 3.65 万人（其中劳动力 1.89 万人），流动人口 315 人。全乡工农业生产总值 6.95 亿元，比上年增长 9.45%，其中农业生产总值 5.71 亿元，比上年增长 7.13%，工业生产总值 5186 万元，比上年增长 6.99%。财政总收入 6243.48 万元，比上年增长 8.0%，农民人均纯收入 12975 元，比上年增长 8.26%。粮食作物播种面积 5400 公顷，产量 2.18 万吨，人均占有粮食 654 千克。转移农村剩余劳动力，外出务工 8728 人，旅游接待游客 8.5 万人次，旅游综合收入 1800 万元；人口自然增长率 0.79‰。固定资产投资完成 3905.59 万元。实现年末存款余额 455 亿元。

【特色产业发展】 2019 年，盛家坝镇（乡）加快推进生态特色农业，努力打造“一村一品”产业格局。以犇跃公司为龙头，龙洞河村为中心，打造万头黄牛基地；依托大集场村、下云坝村白茶种植基地，以公路沿线为轴，打造万亩白茶基地，新增茶叶种植面积 146.67 公顷；以车辽坝村、石栏村、桅杆堡村为核心，发挥烟叶主产区优势，打造万亩烟叶基地，新种植 796.67 公顷；发挥“华中药库”区位优势，以车辽坝村、龙洞河村、麻茶沟村、二官寨村为重点，打造万亩药业基地，新种植面积 617 公顷；利用二官寨村、车辽坝村、麻茶沟村山大人稀、蜜源丰富的特点，打造万群蜜蜂养殖基地，新养殖蜜蜂 6200 桶；以发展新型产业为契机，围绕下云坝村黄桃种植，石栏村猕猴桃、软枣种植，桅杆堡村羊肚菌种植，安乐屯村白果园，辐射打造万亩林果基地，新种植林果 26.67 公顷。

2019 年，大集第二家雨伞加工厂建成投产，宣恩清江源农业开发有限公司和恩施合顺隆茶叶有限公司于 2019 年 3 月底正式投产，集佳白茶专业合作社新建茶厂于 2019 年正式投产。扶持康敏、杨辉、孙传荣、唐普等一批市场主体，新建标准化茶叶加工厂 3 家、农副产品加工厂 1 家、药材加工厂 1 家。注册专业合作社、家庭农场 182 家，带动就业人口 817 人，其中贫困户就业 273 人，促进农户增收。

实施股权收益 240 万元，恩施州鑫荣农业发展有限公司 40 万元、恩施市楚丰农业发展有限公司 200 万元，带动贫困户 240 户。督促各村对资金所投入的主体运营情况开展风险评估，发现主体运营情况差、风险大的现象及时采取措施。多方筹措，争取产业扶贫资金 525 万元，当年以奖代补项目为 807 户，建档立卡贫困户实施产业奖补，全部验收合格，奖补资金 210.51 万元；利用补短板“两消除”资金发展项目 23 个。

【基础设施建设】 2019 年，盛家坝镇（乡）利用水利扶贫项目资金建成集中供水工程 27 处，其中新建水厂 7 处、改造水厂 4 处、管网延伸 1 处、兴建小引水工程 14 处、改造水源工程 1 处、以奖代补小水窖 222 口。项目涉及全乡 10 个村 1 个社区。根据主体工程建设、自来水入户和后期管护体制落实三同步原则，实际入户 6069 户，入户率 100%。公路通畅工程建设完成 350 千米，其中 4.5 米宽公路 256 千米，以奖代补 3.5 米宽农村公路建设里程 93 千米、以奖代补泥结碎石路 21.6 千米，集镇路面黑色化、人行道路规范化全部完工，中彩项目丫池至社田至旧铺产业循环路建设项目和杨柳池库区产业公路硬化工程完工。电力方面，变台完成安装 26 台，其中车辽坝 4 台、下云坝 3 台、安乐屯 7 台、石栏 2 台、大集场 2 台、麻茶沟 2 台、桅杆堡 3 台、龙洞河 2 台、社区 1 台，10 千伏桅龙线 10 月全部完工。网络建设方面，龙洞河村村荒、二官寨村长槽组新建工程完工，分别建设 32 个端口；二官寨村旧铺、洞湾工程完工，并组织用户入网。

完成社区公园建设，为居民提供休闲放松、健身娱乐的场所。完成集镇道路黑色化，开展边沟整修、集镇绿化、亮化、美化、背街小巷整治工程；集镇污水处理厂投入使用，集镇住户新建、改建化粪池120口，污水全部接入污水管网。在大集场村实施环境综合整治基础设施及污水管网项目，新建3座人工湿地，完成大集集镇亮化、绿化及人行道黑色化；在二官寨和龙洞河开展环境综合整治项目，新建人工湿地、采取垃圾入桶集中清运。

【生态环境保护】 2019年，盛家坝镇（乡）推进乡村环境治理，以“五边洁净”行动为契机，深入开展白色垃圾专项治理，实行划段包片管理机制，每周五开展辖区内清洁大扫除，以山长、路长、河长、机关干部为主体，责任到人，提高群众环保意识。持续开展“五佳五好”评选活动，全乡推选出99个典型对象，加大对典型的宣传力度，发挥榜样的引领作用，引导群众向先进学习，营造向善向上的良好氛围。制定盛家坝镇文明公约，利用“尖刀班”入户、屋场会、院坝会进行宣传，并开展百人齐诵公约活动。开展文明殡葬专项治理，制定盛家坝镇殡葬公约，通过支部主题党日、入户座谈会等形式，向群众讲明政策，引导村民代表商议公墓选址，按照节约土地原则，实施集中埋坟进山，倡导厚养薄葬、绿色殡葬，引导村民签订公约。成立道德理事会，村民们通过民主推荐选出理事会成员，全乡11个村（社区）均组建道德理事会。旧铺义务护河队定期开展巡河，制止非法捕捞。大集场村“撒尔嗬”殡葬新风互助社与安乐屯村“好婆婆”院落自治小组，自发开展各类公益活动，获省民政厅主办的第六届社区公益创投决赛一等奖和二等奖。

【精准扶贫】 2019年，盛家坝镇（乡）惠民政策“全覆盖”。低保实行“按标施保”，做到应保尽保，应退尽退；集中对疑似残疾人进行筛查和办证，完成175个残疾证的办理，确保残疾人都落实残疾两补政策；全面摸清“三留守”底数，建立“三留守”关爱制度，每个月至少走访一次，及时了解他们的生活、身体状况。全乡居民医保参保率98.4%，建档立卡贫困人口参保率100%，圆满完成2019年居民医保征收工作；开展居民养老保险到龄人员待遇认证；督促辖区企业及单位落实和完善农民工工资支付实名制；开展劳动技能培训工作，为全乡特色产业的健康发展提供智力和技术支持。为计生家庭发放各类资金92.23万元；参加计划生育意外伤害保险1884户，保险金额18.84万元；为全乡计划生育特别扶助对象开展关怀服务活动，入户走访慰问及电话联系形成常态化。争取资金21.23万元，用于教育场所改造加固，严格落实教育扶贫政策，发放春秋两季生活补助及交通补助158.16万元，其中春季补助76.26万元，秋季补助81.9万元。全面消除产业“空白村”“空白户”，保证有劳动能力的贫困户每户参与产业发展或每户至少有1人稳定就业。加强“雨露计划”贫困村创业致富带头人培训，为每个村培训培养3～5名致富带头人。

【乡村旅游产业发展】 2019年，盛家坝镇（乡）围绕“产业兴旺、生态宜居、乡风文明、治理有效、生活富裕”总体目标，将二官寨打造成全州乡村振兴旅游示范基地。试点启动以来，州委、州政府安排专项建设资金1000万元，市委、市政府整合各类财政资金1380万元，谋划实施项目4大类14个，完成14个。把握东西部协作项目建设机遇，在龙洞河村枫香河通过以奖代补的方式鼓励村民发展民宿。借助传统的吊脚楼群优势，枫香河开始改造嵌入式高端民宿，在原有吊脚楼的基础上进行改建，既保留原有吊脚楼的特点，又有现代化的体验，将其建设成文化、自然、生态一体化的政企民社示范基地。围绕大集村余家坪、安乐屯村天池堡、石栏村老房子、下云坝村最美院落建设，打造最美院落示范基地。对2018年评选出的11个最美院落，采取以奖代补的方式补助资金15万元，放大带动效应。在“五佳五好”评选中，涌现出贵州坡、古家塘、百果园等一批环境美、发展美、风气美的院落代表。

【平安建设】 2019年，盛家坝镇（乡）深化平安创建，营造良好发展环境。开展法制咨询活动，设立咨询台，发放普法书籍及“平安盛家建设”倡议书3000余份。扫黑除恶专项斗争持续开展，全乡发放扫黑除恶宣传单2批次3万余份，张贴扫黑除恶举报二维码1.2万余份，悬挂宣传标语100余幅，每个村（社区）制作1块宣传展板，固定墙体宣传广告5条，出墙报宣传栏4期。

【医疗卫生】 2019年考核年度，全乡出生人口341人，出生率9.04‰；死亡311人，死亡率7.10‰；自然增长30人，自然增长率2.25‰。全年为计生家庭发放各类资金81.82万元；在村（社区）及卫生院建立免费避孕药具发放网点23个。全年开展中小学、幼儿园风险排查5次，水厂巡查2次，公共服务业（理发店、宾馆等）巡查6次，医药市场非法行医集中巡查5次。

【群众文化服务】 2019年，盛家坝镇（乡）先后举办“二官寨最美乡村”“万人插秧节”“金秋收获节”春节晚会、元宵晚会、大集南戏等活动，全年电影下乡10余场次。全乡建成农家书屋37个，民间吹打乐队10支，有文化科技中心户11户，电影放映队1支。实施户户通工程，安装“村村响”工程，“村村响”通达10个村，为五保户、低保户发放安装493户，为一般农户安装1874台。有线电视用户2160户。开展各类公益活动，在2019年省民政厅主办的第六届社区公益创投决赛中，分别获得一等奖和二等奖。二官寨村组建实景剧、腰鼓、莲香、广场舞等群众文化队伍4支，参与对象100余人，丰富群众精神文化生活，为乡村振兴注入力量。全乡倡导“跑跑步、跳跳舞、看看书、多下乡、少应酬、不赌博、做一个情趣、健康的人”全民健身活动有序开展。

（刘甫权）

六角亭街道

【概　况】 六角亭街道位于市区西南部，办事处驻地解放路103号，海拔425米。辖区东与舞阳坝街道隔江（清江）相望，南与芭蕉侗族乡接壤，西与白果、屯堡乡毗邻，北与小渡船街道相连。属恩施州高新区托管。区域面积81.77平方千米，耕地面积1712.8公顷，林地面积4600公顷。年末总户数1.72万户，总人口4.59万人，农村劳动力2.92万人。2019年，完成工业总产值16.18亿元，实现利润1.9亿元，完成税收5417万元，人均可支配收入12852元。完成固定资产投资6219万元，招商引资资金2.3亿元。新增个体户566户，新增企业309家。市场主体总量5955户，其中企业2301家，个体户3614户，农民专业合作社40家。蔬菜种植面积300公顷，复种面积900公顷，重点管理茶园274.67公顷，精细设施菜蔬66.67公顷。实现粮食总产量3602吨。

【城区建设管理】 2019年，全街道完成土地征收220.71公顷，房屋328户（栋）。其中恩施北仓储物流征地11.72公顷，房屋52栋；头道水生物医疗产业园征地16.31公顷，房屋30栋；11号道路及西侧片区项目征地25.35公顷，房屋17栋；市循环产业园征地17.55公顷；汪家寨安置小区征地5.21公顷，房屋9栋；汪家寨安置小区北侧收储地15.08公顷；省交投方家坝康养项目征地22.91公顷，房屋41栋；省交投盐水溪片征地10.24公顷；头道水孵化工业园项目征地9.42公顷，房屋28栋。安置拆迁户907套分配房源；建设邓家湾、石家坡安置小区；组织拆迁户安置对象在松树坪民俗风情一条街实施工程建设；完成桥西（挂榜岩）车站、小商品市场搬迁、安置工作。

【实施棚户区改造】 2019年，施州古城城墙环线贯通红线范围土地征收7.45万平方米，房屋534栋7.65万平方米；实施人民路棚户区改造项目红线范围内11.36万平方米国有土地上住户，“模拟征收”程序完成669户入户实物调查、装饰装潢评估、房屋测绘、房屋主体评估，拟定征收补偿安置方案；实施挂榜岩棚户区改造，完成土地和林地测量面积11.34公顷，征收集体土地、林地4.5公顷。“两违”案件立案119件，其中新发98件，领导交办4件，涉及建筑面积1.4万平方米。拆除72户建筑面积7504.57平方米，自拆8户，建筑面积1070.86平方米。依法处理案件63件，暂缓处理案件56件。

【实施“裸土复绿”】 2019年，全街道按照“谁所有谁负责、谁管养谁负责、谁建设谁负责”原则开展裸土复绿工作，投入人力3000余人次、机械设备400余台次，撒播草种、树种、花种5万千克，栽种、补植藤蔓植物8万余株，新建花池17个2729.6米，64个地块237.45公顷裸土复绿，其中平面复绿面积198.53公顷，立面复绿面积38.92公顷。4个单位“拆围透绿”，实现透绿面积2500平方米以上。投入资金30余万元对辖区边角空地、胜利街小商品市场花箱进行“见缝插绿”栽种西洋杜鹃、丰花、月季等各类苗木3万余株。

【环境保护】 2019年，全街道严格落实“河长制”，巡河发现问题27个，关闭沿河污染企业（加工坊）17家，对“百吨千人”水源地清理保护，对大型水源地进行申报划定保护区，严格监管企业排污，督促企业履行污染治理主体责任。在辖区8条河（支）流沿岸树“河长公示牌”10块。落实“路长制”，及时修复城区街道、巷道地砖、花台、路灯设施，组织开展“治堵保畅”“人行道专项治理”综合整治10余次，出资200万元实行社会化购买服务，安装300块“责任公示牌”落实“门前五包”。抓实山体保护，“山长”主动履职，项目建设中，国土、林业主管部门提前介入，确保从规划选址就避免山体被破坏。聘请9名信息员管护58个小班1062.04公顷山体。

【乡村建设】 2019年，六角亭街道建设头道水至大春湾、夏家坝至高桥坝、水泥厂至牛角尖、石家坡至马房、刘家湾至赵家坝5条产业循环路7.86千米，拨付统筹资金392.80万元；“以奖代补”公路13条5.86千米，拨付统筹资金78.4万元。严把质量关、材料配比关、施工程序关，质量检测合格率100%，质量安全检测率100%，施工单位农民工工资按时发放率100%。安装村级公路路灯600余盏。

【特色产业发展】 2019年，全街道发展特色产业，争取资金30万元支持8家市场主体发展，签订帮扶协议434份，形成茶叶、蔬菜、花卉、苗木、水果主导产业。转移培训劳动力600余人次，150余人实现就近就业,4人参加东西部合作培训，116人参加立讯招工培训，154人获“雨露计划”职业教育补助35.5万元，建12家农家书屋，2个文化广场，55套（件）体育健身器材。

【森林管护】 2019年，全街道聘用39名山林管护员管护天然林4646.67公顷，其中重点管护面积3333.33公顷；修复退化林933.33公顷，发展草本药材26.67公顷，绿化植树1.67公顷，清理、监测、防治松材线虫病枯死及感染树3869株；防治高桥坝村加拿大一枝黄花病森林面积1.05公顷；发放森林防火宣传资料7000余份，刷写标语50余条，发放“致学生家长的一封信”4800余份，签订“森林防火责任书”8000余份，张贴“恩施市人民政府森林防火戒严令”160余份；查处征占用林地违法行为2起，罚款3.62万元；扑灭森林火警2起；审批农民自用材采伐100立方米。

【畜牧免疫】 2019年，全街道免疫生猪1.35万头、牛980头、羊1312只、禽9.67万羽；检疫生猪9200头；能繁母猪保险419头；防控非洲猪瘟检查点实行24小时值班，详细排查生猪12.45万头次，严厉查处销售经营假冒伪劣兽药和违规销售生物制品行为，与养殖专业户签订“产品安全承诺书”，开展“瘦肉精”“莱克巴多胺”快速检测90批次，建立规范养殖档案，监管病死猪无害化处理流程和补助政策，有效利用畜禽粪污；培训畜牧兽医技术人员26人次、动物经纪人18人次、畜禽养殖户35人次。

【农业服务】 2019年，街道党委、办事处坚持打造城市无公害生产基地品牌，巩固设施蔬菜面积66.67公顷；指导、管理茶园274.67公顷；推广“三新”技术试验示范，实施基层农技推广体系改革、建设项目补助；指导10户科技示范户开展产业培植；对农作物病虫害开展绿色防控；防治马铃薯晚疫病、春季茶网蝽258.6公顷；指导225户农户改建沼气池厕所；在67公顷茶叶、蔬菜上开展“三沼”综合利用技术示范推广；配合“农资打假保春耕”活动，发放宣传单450余份，悬挂横幅8条，排查15户农资经营户经营品种；抽样检测农产品质量1900余次。

【精准扶贫】 2019年，全街道新识别贫困户2户7人，系统存量7户19人，贫困户发生率0.079%，通过省第三方评估验收。家庭医生签约2490人，免费健康体检1427人，慢性病筛查2105人，申报309人，168人享受慢性病补助政策，贫困人口政策范围内医疗报销595人次341.7万元，印发健康扶贫政策宣传单1万余份。246名贫困家庭学生落实寄宿生困难生活补助和非寄宿生助学金政策。选聘37人担任生态护林员，16人担任天然林保护工程管护员。

【安全生产】 2019年，隐患排查和执法检查120余次，检查各类单位79家，发现隐患290余处，现场下达整改通知117项，限期整改指令书5份，整改到位273处。二街店铺更换独立式感烟探测器480个，凿开被遮挡的58处喷淋系统，整改喷淋系统120处；国贸商业综合体13条隐患整改到位；拆除市二中女生宿舍危房；拆除、重建有重大安全隐患的四维街小学教学楼。组织安全培训39场次、消防演练10余场次；开展防灾减灾安全生产月宣传活动，发放宣传资料3000余份；印发《告村（居）民一封信》3万余份、消防宣传挂历1.5万余份；出动宣传车90余台次；组织3000余人次参与全州防汛应急综合演练。城乡街社区、解放路社区成功创建省级防灾示范社区。

【社会治安】 2019年，全街道管控重点人员588人，实行“5+1”包保责任制；落实矛盾纠纷层级调处以奖代补、包案、联系、研判评估制度，成功调处矛盾纠纷65件，处置州市“双签双交”件7件，化解信访积案31件，落实省委巡视组交办件15件；受理来信来访200件，办结195件；开展金融风险防控宣传活动2次，印发宣传资料6700余份，执法行动6次，处罚10家，查封8家，罚款2家110万元；暂扣各种作案工具61台（个、套、件）。

严厉打击“黄赌毒”，侦办查处案件49起，其中刑事案件5起，行政案件44起，刑事打击5人，行政处罚86人，铲除罂粟1700余株。推行网格化管理，配备网格员58名，治安中心联防户长177名。落实“一村（社区）一警”“一校园一警”措施。全年接处警7446起，行政拘留125人，抓获和打击处理违法犯罪嫌疑人278人，投入警力800人次参与巡逻防控，抓获犯罪嫌疑人20人。调处民事纠纷131起，处置突发持刀杀人事件1件。

【民生保障】 2019年，六角亭街道支持辖区中小学校完善配套基础设施，服务新建松树坪小学前期工作，完成辖区中小学中高考相关工作，排查学校安全隐患，召开有1200余名师生及家长参加的“安全主题家长会”，签订“安全出行承诺书”300余份，全面清理校外培训机构。落实健康扶贫、签约家庭医生、兑现计生奖扶等政策，为98名特扶对象免费体检，免费“两癌”筛查500人，设置免费药具发放点19个，精准扶贫户、特护户、育龄妇女家庭、五保户等家庭医生签约100%。

全年出生人口508人，二孩及二孩以上孕情监测及时率75.68；婚检54对、孕优检查79对；

全年特扶对象新增9人，奖扶对象新增70人；特扶对象每人慰问资金600元，共计4.23万元，上门慰问3次；慰问手术并发症患者1次，医药费实报实销；奖励国有企业和无业居民独生子女家庭180户；“金秋助学”市级9人、街道级11人，独女或双女建档立卡贫困户建房补助6户，慰问“三留守”人员51人；体检3447人、贫困人口体检752人；健康讲座25场（次），发放宣传服务手册4000余份（册）。

辖区城市低保513户837人，发放低保金33.48万元；农村低保228户546人，发放低保金13万元。全年新增五保对象4人，有“三无”人员11人、孤儿3人、五保对象48人。临时救助140户321人，共发放救助金26.03万元。辖区80岁以上90岁以下高龄老人853人，每人每月发放津贴50元；90岁以上100岁以下高龄老人107人，每人每月发放津贴100元；100岁以上高龄老人2人，每人每月发放津贴500元。

强化日常监管，从严排查安全隐患。节假日消费高峰期对重点食品重点检查；专项整治校园周边“五毛食品”；打击无证经营食品行为；餐饮服务单位创建明厨亮灶、放心食堂；开展肉制品、保健食品、白酒、豆皮、豆制品、茶叶、食盐等专项整治；对生产企业和小作坊进行风险等级评定；检查药品经营单位30家、卫生院（室）诊所29家，约谈药品经营企业2家次，责令整改6家；调处食药举报18件，立违法违规案件21起，办结14起，罚款10.64万元。

【退役军人服务】 2019年，街道、村（社区）成立退役军人服务机构9个，管理退役军人事务，为退役军人服务。辖区定期享受优抚待遇人员254人，其中60岁农村籍退役士兵153人，1954年以后参战人员51人，残疾军人33人，带病回乡军人8人，老复员军人7人，“三属”人员2人，发放“光荣之家”门牌1698块。困难退役军人8人申请临时救助，6人申请医疗救助。建档走访1624户1624人，书院社区建设退役军人示范站——“老兵之家”。

（彭泽全）

小渡船街道

【概　况】 小渡船街道位城区西北部，办事处驻地大桥路6号，海拔420米。东沿清江河西岸与舞阳坝街道相望，南至后山湾口与六角亭街道相连，西面望城坡山脊与屯堡乡接壤，北抵大龙潭峡口与龙凤镇相接。街道区域由城内街区和城郊农村两部分组成，为市政府所在地。辖大龙潭、何功伟、望城坡3个村和民族路、大观园、大桥路、旗峰坝、航空路、机场路6个社区，124个居（村）民小区（组）。域内面积36.39平方千米，耕地面积317.4公顷，林地面积1250公顷。2019年末，总户数1.98万户，总人口4.83万人（常住人口7.6万人），其中劳动力0.3万人。工农业总产值21.18亿元，人均可支配收入12050元。实现粮食总产量591吨。全街道工业企业83个，规模以上工业企业9个，建筑业企业23个，住宿餐饮企业75个，商品交易市场11个，营业面积50平方米以上的综合商店、超市142个。引资到位资金3.1亿元。建设中和进入验收阶段有4家项目。“限上”企业4家、“进规”企业1家，“入统”企业1家。新增企业127家、个体1206户、农村专业合作社2户。涉硒企业3家，涉硒工业企业3家。个体工商户1.08万个。

【重点项目建设】 2019年，重点项目启动有清江带状公园水井湾农场、纵二路、挂榜岩森林公园、大龙潭谢家湾安置小区、清江防洪工程旗峰坝五组以北段、何功伟村安置小区等，主要工作为征迁征地。重点放在何功伟村安置小区、高旗大道、纵二路。旗峰快速通道完成土地分户测量、清点实物、签补偿协议195户，征地14.5公顷，补偿资金2177万元，收回国有土地13宗，面积5万平方米，拆除房屋65栋。何功伟特色小镇征地19.67公顷，高旗大道2.07公顷，挂榜岩森林公园一期0.87公顷，土司城南大门的土地征收。

【移民后期管理】 2019年，小渡船大移民户后期资金扶持移民154人，发放资金9.2万元，农村危房改造24户，兑现资金3.87万元。一般农户危房改造10户。

【农业产业发展】 2019年，设施农业种植占地1公顷，设施林业经营占地3公顷，设施水产养殖占水面1公顷，耕地灌溉面积39公顷。农业技术服务机构4个，农业技术服务机构从业人员36人，农民专业合作社4个，合作社成员82人。农业用地由传统农业及耕作技术向林果蔬种植转向。农林果种植业分布于望城坡一线。花卉果木种植专业合作社主要有：陡坡绍恩果树花卉苗木种植专业合作社，建有0.27公顷大棚，配水肥喷洒设施，种植花木10种17万株，带动务工人员16人；铜场坡果树苗木种植专业合作社，种桃树13.33公顷，林下种中草药，兼种蔬菜。“厕所革命”新建41口，改建62口，完成率为97.2%。

【林业资源管理】 2019年，全街道林地主要分布于望城坡村、何功伟村、大龙潭村、大观园社区和旗峰坝社区。山体保护42宗1246.67公顷，实行市、街道、村、信息员4级“山长制”管理。生态公益林建设673.33公顷，涉及572户，补偿资金12.82万元。兑现2004年度退耕还林补偿10.2公顷，金额1.91万元。投资149万元改造铜场坡油茶种植为桃树种植。绿化造林3.63万株，树种为桂花树、桃树、紫薇。

【组织水利巡查】 2019年4月开始，小渡船街道河长和信息员巡查大溪沟、金竹园、山溪沟水库、盐水溪和麻园河。清除垃圾和冲刷泥土，重修已毁堤岸。水管站人员在何功伟村村委会办公，值守重点河道。大龙潭村、何功伟村将保护水源内容纳入村文明公约，市水政执法大队督查水政情况。街道、村（社区）两级巩固提升何功伟水厂和望城坡村楠木淌小水厂的配置设备，新建铜场坡饮水工程。

【公路交通建设】 2019年，旗高大道工程启动。旗峰坝麻纺厂—虎叉路扩建为旗峰快速通道，工期于2019年进入征地后期。通畅工程建设有铁路涵洞—烈士陵园，路面宽8米，长1.246千米。318国道—大龙洞—何功伟村，路面宽5.5米，长4.42千米。新村园槽—马岭观公路1.072千米。麻纺厂—河边公路，路面宽4.5米，长626米。“以奖代补”公路4条1.42千米，受益农户2106户8145人。规范化养护乡村公路9条29.53千米，其中水泥路面7条，沥青路面2条。

【精准扶贫】 全街道有贫困人口的村、社区为望城坡村、大龙潭村、何功伟村、大观园社区、旗峰坝社区。至2019年，脱贫240户707人，未脱贫108户248人。2019年进行两次调整，无整户新识别，整户退出2户（死亡绝户）。当年脱贫106户、242人。健康扶贫享受门诊特殊慢性病补助56人，健康体检802人，签约家庭医生954人。“四位一体”医疗保障报销比例94.3%，育龄妇女免费“两癌”筛查，享受计划生育家庭奖励24人。投资200万元，重建何功伟小学综合实验大楼。兑现“雨露计划”补助12名，金额336万元。兑现“雨露计划”职业教育助学对象17户，补助金额4.25万元。东西部地区协作项目，浙江省杭州市闸弄口街道捐赠帮扶资金30万元，在民生、助教、技能培训、基础设施、重点产业等领域，整合资源、交流合作。

【社会治安管理】 2019年，全街道梳理社会矛盾隐患及信访积案55件，化解个人、群体矛盾20件，调解纠纷48起。在梳理社会情况过程中录入7.19万人、特殊人群533人。排查出643个单位和个人的隐患859条，及时整改578条。教育机构排查出安全隐患117个，整改114个。取缔涉嫌传销场所6家。全年立案110件，化解101件，进京越级访4批5人次，赴省越级访4批4人次，均有效化解。

【法治宣传】 2019年，全街道开展乡村“律师进村，法治便民”。村、社区设置法治宣传员，工作部门建立普法责任清单，实施“谁执法，谁普法”责任制。全年调解纠纷78起，调处成功76起，76起中，在矫社区服刑人员28人。

【促进工商业发展】 2019年，小渡船街道辖区有市场主体1.54万户，市场主体增量2242户。保健品百日行动检查经营户28户，人员密集场所4个，大型酒店4家，旅游景区1个。重点商品检查工业生产获证企业3户，销售企业28户，儿童玩具11户，服装7户，电动自行车经营11户，配件经营4户。食品经营单位3353家，药品经营单位110家，化妆品经营单位109家。

【加强物业管理】 2019年，辖区内小区185个，其中由物业公司管理66个，自管119个，住房2.76万户8.2万人。小区成立业主委员会的有14个，2019年选举换届业主委员会的有5个。小区内发生矛盾纠纷100余起，调解机制为建立社区居民委员会、业主委员会、物业公司三方联动化解矛盾。

【环境卫生治理】 2019年，小渡船街道更新“门前五包”责任牌，确保辖区内环境卫生无死角。按季度评选环境卫生“最差村”“最佳美丽乡村”“最佳美丽社区”。治理航大农贸市场车辆乱停乱放、占道经营，消除背街小巷垃圾51车、102吨。“拆围透绿”完成36家单位、3家收尾阶段。“裸土复绿”面积31公顷。整修排水系统5段，清理化粪池8个，更新井盖7处。更换金三角地面砖2000平方米，维修航空路、民族路、大桥路路面及人行道。杜绝“两烧”（露天焚烧秸秆和露天烧烤），水源地保护重点在何功伟村，排查水源区村民污水排放。拆除铁路沿途隐患建筑物103处、绿化24处。

【基层“1+5+N”大党委机制形成】 2019年，小渡船街道基层“1+5+N”大党委机制形成，公开招考17名村、社区后备干部跟岗锻炼。举办意识形态专题讲座。完成2个村、社区党员群众服务中心改造升级。建立2个远教基地试点，1个智慧党建微信公众号。机场路社区党支部与建始县业州镇代陈沟村、武汉保利社区签订“党建结对助力扶贫框架协议”。大观园社区党委与市教育局、文旅局、自来水公司党组结对共驻共建。主体责任敢于担当，发现问题及时处理，立案审查5人、办结4件、党内警告3人、开除党籍1人。

【社会救助】 2019年，全街道城市低保户259户421人，发放低保金227.27万元，重点救助11户。城市“三无”人员5人，共发放生活费7.95万元。农村低保87户193人，发放低保金65.1万元，重点救助26户，低保变动48户。孤儿1名，年发放生活费1.2万元。困难群众临时救助55户，发放救助金16.1万元，越冬棉服56件、棉被278床、棉鞋10双。享受残疾人补贴173人，补贴资金9.58万元，重度残疾护理249人，补贴资金27.96万元。对残疾人实施摸排，疑似残疾101人，鉴定42人符合标准，办理“残疾证”。节日慰问残疾人15户，送慰问金5000元。帮助残疾户脱困，为30名残疾人申请惠残饮水工程、培训残疾人就业技能、为贫困残疾学生提供助学资助。80周岁以上低保老人月发放50元津贴。享受高龄津贴828人，发放津贴60.11万元。辖区内有民营养老服务机构2家，民政部门定时检查指导。为2100名退伍军人家庭挂牌“光荣之家”。对18名优抚对象实施救助，12名义务兵发放家属优待金28.29万元。

【社会保险】 2019年，全街道企业养老保险扩面50人，失业保险核定425人，居民养老保险，应参保1563人，实缴费1506人。社会保障卡应发3296张，已发2601张，电子社保卡目标9222张，完成4500张。企业退休人员生存认证，市直企业退休及遗属抚恤人员年审8500人，州直企业退休人员450人。城镇新增就业460人，就业困难人员再就业35人，脱贫就业培训125人。精准扶贫劳动技能培训425人。办理就业失业登记464人。

【文化体育事业发展】 2019年11月，完成旗峰坝文化广场建设，并投入使用。举行大型文艺演出活动7次，其中新春游园会被中央电视台以新闻形式报道。凤凰团参加首届荆楚乡村文化旅游节暨第二届省社会文艺团体展演，获第二名。培训韵律操、太极功夫扇、广场舞、手鼓舞、文化专干等。何功伟村、望城坡村、大龙潭村建成智能广播网工程，增加“户户通”设备50套，“户户通”总户数459户。给5户贫困户赠送电视机。辖区投资28万元改善文化广场环境和更新健身器材。

【教育事业发展】 2019年，辖区公办学校4所，在校学生7756人、教师449人。初中学生2168人、教师187人。私立学校3所，在校学生8382人、教师623人。其中英才学校高中学生503人、教师111人。初中学生2504人、教师211人，小学生2094人、教师128人。武陵国际高中学生1355人、教师81人，初中学生566人、教师45人，小学生605人、教师33人。公立旗峰小学校舍在武陵国际校内，其教师编制属市教育局系统。宏立学校初中学生345人、教师31人，小学学生496人、教师26人。公办幼儿园1所，在园儿童916人，23个幼儿班、职工105人。民办幼儿园14所，在园儿童3511人、职工430人。校外培训机构78所，类别有体育、文艺、书画等特长培养和文化补习。参加人数2600人。成人培训机构属劳动就业部门管辖。2019年春，投资200万元建何功伟小学综合楼，年初计划筹建公办旗峰幼儿园，招收500名幼儿入园。通过“教育扶贫”巩固“普九”成果。查校外教育机构证照、制度。学科类培训25家，无许可证5家，非学科类45家，无证照19家。

【医疗卫生】 2019年考核年度，全街道出生人口727人，其中一孩332人，男194人、女138人；二孩354人，男185人、女169人；多孩41人，男27人、女14人。出生政策符合率99.2%。儿童基础免疫接种率麻风疫苗93.35%，其他疫苗96%～99%。查儿童血常规、视力、营养。孕产妇产后访视率94.7%，妇女“两癌”筛查1004人，处置传染病2801例，聚焦性疫情73起，追踪结核病35人。建健康档案4.32万份，管理老年人4164人。签约家庭医生14143人。

（袁国强）

舞阳坝街道

【概　况】 舞阳坝街道地处城区东部，办事处驻地清江东路12号，海拔400米。东与三岔镇交界，南以清江河为界，与宣恩县万寨乡、恩施市芭蕉乡、六角亭街道相邻，西以清江河为界，与小渡船街道隔河相望，北与龙凤镇接壤。为恩施土家族苗族自治州政府所在地。辖阳鹊坝、核桃坝、周家河、七里坪、鸭子塘、长堰塘、金子坝、耿家坪、枫香坪、五峰山10个村和黄泥坝、三孔桥、窑湾、舞阳大街、官坡、栖凤、土桥、桂花园、凤凰路9个社区，90个村（社区）民小组。域内面积116.21平方千米，其中耕地面积2994公顷、林地面积4139公顷。2019年末总户数6.76万户，户籍人口16.42万人（常住人口22.69万人），其中农村1.6万户、5.31万人，农村劳动力3.38万人。实现粮食总产量6963吨。辖区内有州、市直行政事业单位175个，有各类经济主体29786户。

【主体经济发展】 2019年，舞阳坝街道完成固定资产投资4.5亿元，占任务数4亿元的112.5%；完成招商引资12.58亿元，占任务数12亿元的102%；新培植“进规”工业企业3家，占任务数1家的300%；规模以上工业企业24家，工业企业经济总收入127.2亿元；“限上”商贸企业10个，占任务数8个的125%；新储备项目4个，占任务数2个的200%；新增登记市场主体3500余户。农村经济总收入6.47亿元，比上年增长5.6 %，农民人均纯收入12100元，比上年增长5.1%，城镇居民可支配收入3.43万元，比上年增长5.9%。

【精准扶贫】 舞阳坝街道精准识别建档立卡贫困户2082户6951人，至2019年底累计脱贫2054户6877人，其中2019年脱贫178户446人，留存28户74人，综合贫困发生率为0.15%。加密调度，前线指挥部全年召开调度会44次，抽调168名精干力量，组成13个“尖刀班”，驻守脱贫攻坚一线。10月起，从办直各单位、机关各办公室再抽调干部58人，组成10个突击分队，分赴重点村开展攻坚突击。全面走访，因户施策，走访1.01万户次，解决各类问题400余个，排查出217个“到户短板”，6个“到村短板”，排查出2个“C类村”，12个“C类组”，1059个“C类户”。全过程指导帮扶“C类户”全部销号。建成产业循环路、通组路23条29千米。建成饮水工程23个，安装自来水6696户，完成101户危房改造，维修房屋89户，完成电力短板项目16个。落实股权收益资金616万元，带动603户贫困户每月享受股权分红。落实产业补短板资金130万元，用于扶持产业薄弱村的7家市场主体，带动119人务工。召开群众会、小组会580余场，参会1.86万人次。

【城市管理】 2019年，开展“周末大扫除”及“门前五包”常态化工作，组织“迎新春万人大扫除”“五一大扫除迎四方宾客”以及“迎国庆大扫除暨人居环境提升工程启动仪式”活动。

迎接中国马铃薯大会召开，开展恩鹤公路舞阳辖区段周边卫生专项整治行动，设置通告牌20块，发放宣传单2000余份，发放限期整改通知书120份，新增垃圾容器安放点12处，拆除“两违”建筑120户，建筑面积0.8万平方米，组织沿线居民自行拆除违建雨棚100余处，面积约5000平方米。

开展军运会火炬传递路线周边环境卫生的综合整治，取缔整治二手车市场4家，拆除沿线乱搭乱建雨棚、摊点及违章广告牌98家，清理卫生死角30处，取缔盛芳花园、市国土资源局旁、上官府邸等临时菜市场，取缔恩鹤公路沿线打碑场9处。

铁路沿线设置通告牌10块，发放宣传单1000份，发放限期整改通知书120份，自查上报和州交办件整治11处，办事处投入175人次，大车19车次，小车30车次，对铁路沿线周边可视范围内的垃圾进行全面清理，清理垃圾53吨，并安排保洁人员常态保洁。自查上报和州交办共整治广告牌和彩钢瓦棚58处，拆除整改面积约14000平方米，复绿面积8000平方米。

组织开展清理龙洞河河道两岸杂草、垃圾和淤泥，投入人工1458个，车辆转运186车，清理垃圾372吨。整治黄泥坝“背街小巷”车辆乱停乱放现象，对违停车辆粘贴提示单500多份，锁车15辆，拖离违停车辆10辆。对李家槽路占道经营、车辆乱停乱放、噪音扰民进行专项整治，累计清理8车路边堆放的二手家电、玻璃、桌椅、坐垫等破旧占道物品及乱停乱放的摩托车。对舞阳大道四巷占道经营、车辆乱停乱放、卫生死角进行专项整治，拆除违章搭棚4家，劝移社会乱停车辆20次，清理沿街店面占道经营50余家、摊贩13家，清理垃圾4车。

6月开始，正式启动“裸土复绿”百日攻坚行动，复绿地块111块（其中开发项目43块，其他项目27块，市政项目9块，闲置土地24块，城管项目8块），总面积495.23公顷（其中平面466.85公顷，主面31.98公顷），开挖后予以保留的破损山体修花池3千米，累计撒播速生草种4.3万千克、草籽1.16万千克、各种树籽1250千克，栽种藤蔓植物2.4万株，施撒复合肥8吨、尿素14吨。

【生态环境保护】 2019年，舞阳坝街道分别对中央、省、州环境保护督察组交办的10起信访事项开展“回头看”，防止环保投诉问题反弹，对市检察院下达的4份检察建议书组织工作专班调查处理并及时进行回复。出动宣传车5台150余次，宣传“三禁三治”相关知识，发现并处理露天焚烧行为45次，关停非法砖、砂场4处，木材加工厂5家。加强龙洞河、沙河区域养殖户排查整治，排查生猪养殖大户22户，送达整改告知书22份，关停1家，组织出栏减量达166头。对枫香坪、耿家坪、五峰山村解决农村脏乱差问题，实施人居环境综合整治。组建由畜牧、城建、环保、两违、派出所、食药等部门20人参与的工作专班，在辖区宣传非洲猪瘟防控知识和环保治理措施，张贴通告1500余份，发放宣传单1万余份，送达整改通知书120份，组织出栏减量1.18万头。

持续推行“河长制”“山长制”，安排专项经费50万元做好河道保洁，完成龙洞河、蔡家河2条市级河流的确权定界，对龙洞河河道两岸的杂草、垃圾和淤泥进行全面清理。执行山长制，完成保护山体宗地信息实地核查，安装公告牌86块，选聘20名宗地信息员加强日常巡护，对4600公顷天然林管护，落实护林员34名，拨付管护奖金10.2万元，兑付1600公顷生态公益林补偿金32.06万元，完成63个疑似图斑核查销号，实现森林火灾零发生。

【重点项目建设】 2019年，实施重点项目征迁43个，征收土地170.8公顷510户，征收房屋230栋380户，兑现征迁补偿资金7.3亿元（不含棚户区改造项目征迁）。重点实施209绕城线（3—5标段）、硒都大道（3.4标段）、迎宾大道、州民族体育中心、职院整体迁建、清江干流治理、污水管网、麻场小区（二期）、亲水走廊六期、七里坪低碳产业园、施州大桥东片改造，部分项目完成。推进扫尾项目征迁20余个，主要实施国际名品城、服装城、中港城、恒佳现代城、茶叶交易市场、核桃坝物流园、居然度假、农产品加工园等城市综合体商业开发项目。对2018年底启动实施的红庙片区、老鹰坝片区、清江宾馆片区棚户区改造全面旅行模拟征收预签约方式征收。完成州民族体育中心和职院整体迁建项目的征收工作，征收土地58.4公顷、房屋99栋，兑现资金2.1亿多元。

【城区建设】 2019年，舞阳坝街道辖区内城区基础设施提档升级。七里坪盆景公园、耿家坪公园、红庙法治公园竣工开园，清江带状公园东岸黄石大桥至红江桥段临江步道及道旁绿化、亮化工程竣工，全长5.3千米。和润城下穿隧道、五峰山隧道、东风大道高架桥竣工通车。

【小流域治理】 2019年，舞阳坝街道长堰塘村思耳溪生态清洁小流域治理工程竣工，全长2.2千米。周家河村七堰沟清洁小流域治理工程竣工，全长1.6千米。

【开展“两违”案件清理】 2019年，舞阳坝街道查处新增“两违”案件390宗。其中新占地的有76宗，占地面积1.27万平方米，建筑面积1.245万米方米，翻建的160宗，占地面积2.25万平方米，建筑面积1547.62平方米；加层的154栋，建筑面积2.12万平方米；查处历史遗留案件47宗。当事人自行拆除53栋，拆除面积3386平方米。拆除恩鹤公路高管支队至三岔茅坝村接界公路沿线120户近8000平方米的历史违章建筑。龙洞河综合整治，拆除违章建筑48家，拆除面积1.23万平方米。金子坝沿线整治，拆除违章建筑21宗，拆除面积1869平方米。

【社会治安】 2019年，舞阳坝街道排查出各类矛盾纠纷105起，调处105起，化解成功104起，调解率100%，成功率99%，解答法律咨询380人次。接待群众来信来访138件202人次，阳光平台转件113件，办结107件。其中本级录入14件，办结12件，市委、市政府督察室交办53件，全部办结。化解积案4件，进京上访4人5批次，赴省上访5人7批次，无非访情况发生。辖区4个派出所收到上级交办打黑除恶线索29条，查实3条，查否7条，在核16条，移交3条，办理行政案件56起，打击83人。对精神病患者实施医疗救助，发放精神病患者残疾人“两补”资金8万余元。对精神病患者、精准扶贫户由办事处统一购买社会治安保险 1.5 万户 85.41 万元。对 181 个中小学、幼儿园和大专院校进行专项检查，整改 168 个。组织培训演练 3 场次，培训教职员工 2156 人，应急演练 52 场次。

加大反邪教宣传力度，印制各种反邪教宣传资料 2000 多份，宣传标语 10 多幅，开展飓风扫毒宣传，发放宣传资料 3000 余份，全年侦办涉毒案件 43 起，打击 45 人，铲除毒品原植物 11 起。

全年辖区公安派出所接处警 1.44 万起，立刑事案件 1183 起，刑事拘留 207 人，取保候审 21 人，移送起诉 229 人；受理行政案件 2242 起，行政处罚 515 人，行政拘留 524 人，调处纠纷 1548 起，处置非正常死亡 16 人。

【实施社区矫正】 2019 年，舞阳坝街道建立司法所为主导，辖区 4 个派出所配合，社区矫正工作站、网格、片区民警、担保人各司其职的联合监管机制，确保对社区服刑人员行踪随时掌握，信息随时沟通，异常情况随时处理。严把审（诉、假释）前社会调查关，做到全面、客观、公正进行调查评估，将一切有社会风险的对象排除在社区矫正门外，从源头控制和减少监管过程中的风险。当年开展调查评估 16 件，评估意见采纳率 90% 以上。严格落实入矫教育关，强化走访座谈，对严管对象每星期座谈 1 次，每月走访 1 次，对普管对象每两月走访 1 次。全年走访 360 人次，开展个别座谈 250 人次。强化学习教育，坚持每月集中教育学习和分散自学相结合，实行每月学一法并考试制度。2019 年，新入矫 33 人，期满解矫 29 人，受到警告处分 7 人，依法撤销缓刑收监执行 2 人，在册社区服刑对象 55 人。

【食品药品安全】 2019 年，舞阳坝街道加强食品安全源头治理，受理各类投诉举报及咨询 282 件，其中受理投诉 235 件，受理食品生产经营等各类许可 1650 件，变更及注销登记 253 件。检查食品生产企业及小作坊 230 家次，出动执法人员 480 人次，完成 40 家生产企业风险等级评定。加强药品药械日常监管，立案查处药品和医疗器械违法案件 9 起，结案 7 起。查扣劣药 59 种、过期医疗器械 260 支，实现罚没收入 14.75 万元。

开展校园及周边食品安全大检查，检查学校食堂 190 余家次，责令整改问题 218 个，检查校园周边食品生产经营单位 600 余家次，检查中考、高考考点及食宿点周边食品经营单位 190 余家次。检查校外培训机构 206 家。组织开展校园及周边食品安全培训会 19 期，参训 800 余人。

对学校、大型商超实行猪肉制品购销货日报制，先后检查批发市场和农贸市场 169 家次，检查商场超市 181 家次，检查肉品冷冻库 83 个次，检查餐馆服务单位 854 个次，检查肉制品生产企业 20 家次。开展冷冻肉制品专项培训 2 次。组织大型餐饮综合体餐厨废弃物协调会 5 次，参训 700 余人。取缔禁养生猪点 34 处，设立收运点 32 个。发放“餐饮服务食品安全责任告之书”“餐厨废弃物处置明白卡”等宣传资料 1 万余份。

在开展旅游景区食品、食用盐、茶叶、冻品、保健食品、医疗器械市场乱象专项整治行动中，检查各类经营户 5886 家，出动执法人员 9200 人次。立案查处食品药品违法案件 52 起，结案 31 起，罚没金额 36 万余元，没收违法所得 7309.44 元，查扣茶叶 35.1 千克，查扣茶叶包装袋 11.2 万个。检查特色产品质量经营单位 75 家、压力容器 3 台、电梯 445 台、锅炉 4 台、场内机动车 2 辆、停车设备 2 部、叉车 51 辆、液化器站 1 个、储气罐 3 台、压力管道 557 米、安全阀 6 个、起重设备 23 台。查封问题 电梯 20 台，特设产品质量类立案调查 3 件。完成“明厨亮灶”单位 1567 家。

【民政保障】 2019 年，全街道有低保户 1000 户 1999 人，城乡低保人均月保障 361 元，其中政策兜底的农村低保 590 户 1355 人，人均月保障标准 320 元。城市低保 410 户 644 人，月人均保障标准 450 元，实施农村五保和城市特困供养人员的全供养和全覆盖，五保 122 人，其中集中供养41人，分散供养81人，农村五保供养标准由7200元调整为7920元，孤儿由每月960元调整为1120元。对137名留守儿童进行调查摸底和数据库更新工作，为78名农村留守妇女、116名农村老人建立信息库。落实残疾人“两项”补贴822人，发放残疾人补贴106万元。

组织开展城乡困难群众的临时救助和大病救助工作，实施临时救助722人次，发放救助金168万元，实施大病医疗事故救助42人次，发放救助金28.2万元。及时兑现169名退役义务兵安置费440.73万元，上门悬挂退役军人“光荣之家”牌4200块。及时足额发放80岁以上高龄津贴108.6万元,90岁以上高龄津贴26.5万元，100岁以上高龄津贴1.5万元。推进10个城市居家养老中心和农村互助养老中心试点建设工作。实施临时救助324人次，发放救助金80.66万元。

【计划生育】 2019年考核年度，出生2069人，其中一孩994人，二孩979人，多孩96人，出生率为12.77‰。死亡543人，死亡率为3.35‰。人口自然增长率为9.42‰。出生人口性别比102(女为100)。二孩及以上生育对象孕情监测及时率77.58%，孕产妇死亡率为零。婴儿死亡率4.2‰。婚前医学检查150对，完成率93.8%，孕前优生健康检查374对，完成率为66.8%。上报“两非”线索4条，查实1条。区域内无偿献血36.2万毫升，完成率213%。

【农村道路交通管理】 2019年，舞阳坝街道农村公路总里程313千米，拥有机动车6931辆，机动车驾驶人7146人。全年开展道路交通安全检查300余次，检查车辆9210台，查处违法人员961人，扣分1879分，罚款13.1万元。查处无证驾驶29起、酒架2起、醉驾6起、非客运车辆超员207起、货车超重203起，拘留10人。排查道路交通安全隐患6处，整改5处。10个农村道路交通劝导站按要求上路开展巡查工作。

【安全生产】 2019年，舞阳坝街道安全检查2.16万家，发现安全隐患1.21万条，整改8487条，整改中3104条。辖区发生伤亡事故3起，死亡3人。街道成立10个督查组对辖区中小学、幼儿园、校外培训机构进行排查，排查隐患131条，对州、市督查组排查发现的58个隐患进行跟踪整改销号；排查校外培训机构206家，对存在严重隐患的32家建议关停，建议整改的143家，下发安全隐患整改通知书115份。

【农技推广培训】 2019年，舞阳坝街道组织开展农民实用技术培训4次，参训100余人。组织农技人员知识更新培训16人次。投资1万元开展茶网蝽综合防治，开展柑橘大实蝇综合防治，免费发放敌百虫药物6000袋、诱蝇球500个，免费为15户蔬菜、水果科技示范户发放有机肥3吨，并为核心示范户免费发放耕整机2台。

【农产品质量安全】 2019年，舞阳坝街道对辖区328家注册农业企业，重点排查69家，发现安全隐患16家，宣传张贴“关于严厉打击从事电鱼、毒鱼、炸鱼等违法犯罪行为的通告”76份；排查涉农企业28家、农资门店29家，签订“打黑除恶专项承诺书”54份；开展农资打假秋播专项检查行动，出动执法检查人员26人次，重点检查村级零售农资经营部门22家，立案查处1起，下达“整改通知书”3份；开展农药包装废弃物回收处理宣传，张贴宣传画75份；申报有机茶叶基地2家，面积28公顷；农产品产地巡查5次，检查农产品生产主体21家，发放“农药安全间隔期有关规定”等宣传资料163份；对农业投入品市场检查6次，检查农资门店86家，填写农业行政执法巡查记录86份；农产品抽样检测2615个，检测合格率99.3%。

【农村清洁能源】 2019年，舞阳坝街道完成沼气池543户，“三格化”673户，公厕2座；开展沼气池隐患排查农户1250户，查出隐患14户并督促整改到位。

【推进就业创业】 2019年，舞阳坝街道为州经济新区立讯公司招工，报名总人数493人，参加体检324人，输出182人；开展农村实用技术培训888人，对“两生”培训率100%，建成扶贫车间（恩施市亮彩先染服务有限公司）1个，有员工25人，带动贫困户就业11人。

【社会保障】 2019年，全街道城乡居民养老保险1.06万人，完成任务100%；落实精准扶贫城乡居民养老保险代缴人数665人，其中贫困系统中未脱贫291人、重度残疾374人。享受待遇人数1540人，发放社会保障卡9213张。

【惠农政策】 2019年，全街道发放惠农补贴卡1.04万份，发放耕地保护补贴资金307.1万元，打卡到户机场征地农户2019年生活费139.2万元。对项目土地收支资金及房屋征收补偿资金及村级补偿资金进行清理，对30%的村级资金进行清算，规范项目资金结算管理流程，支出财政资金5438.22万元，其中财政扶贫资金61.36万元，统筹资金920.99万元。

【森林资源管护】 2019年，舞阳坝街道完成造林绿化面积2873.33公顷，义务植树7.8万株；完成天保二期4533.33公顷森林资源管护，落实护林员34名，拨付管护资金10.2万元，兑现2019年1600公顷生态公益林补偿资金32.06万元。严格林业资源管理，对乱占林地下达“停工通知书”48份，立案查处林业案件15起，实现罚没收入29万元。完成2018年32个疑似图斑和2019年63个疑似图斑核查销号；清除松材线虫病枯死松树2万株，除治“加拿大一枝黄花”12.53公顷；从建档立卡贫困人口中选聘34名从事护林工作。完成86宗保护山体信息调查和宗地立牌，选聘宗地信息员20名。完成非洲猪瘟野猪普查调查线路63条。完成七里坪高速公路收费站连接线、金桂大道两侧、七里坪至三岔公路、209绕城线湖北民族大学科技学院段等绿化任务，累计完成营造林折合面积2873.33公顷。

【畜牧兽医服务】 2019年，舞阳坝街道全力搞好重大动物疫病两季防疫工作，抓好“月月补针”，整村推进，开展防疫免疫注射工作，确保猪瘟、口蹄疫、猪高致病性蓝耳病、禽流感、鸡新城疫、羊瘟等6种重大动物疫病100%的免疫到位，耳标佩戴到位，免疫卡填写粘贴到位和免疫档案登记完善到位，后期补针到位。年检疫申报点检查消毒运畜车辆1918车次，检查出具检疫合格证明生猪4.7万头、家禽120.27万羽。开展非洲猪瘟防控工作，对辖区所在养殖户进行全面彻底消毒灭源，发放消毒液3000余瓶，印发控制非洲猪瘟知识宣传资料3000余份，印发消毒技术指导资料2000余份。禁止“泔水”喂猪，86户养殖户自行拆除烧煮泔水的锅台和灶台。加强自宰自食屠工管理，强化畜禽类污治理，发放“养殖业综合整治通告”1万份，张贴“畜禽养殖业综合整治通告”500份，向养殖户发放“限期整改通知”150份。

【医疗卫生】 2019年，舞阳坝街道新建居民健康纸质档案11.38万份，建档率94.38%，电子健康档案建档率100%，健康档案中有动态记录的1.49万份，使用率13.10%。中心管理高血压5309人，规范管理5007人，规范管理率94.31%；登记管理糖尿病患者1321人，规范管理率96.85%；登记管理并提供随访的重度精神病为501人，检出率4.01%；精神病患者规范管理465人，规范管理率92.81%；65岁以上老人体检4920人，中医药健康指导1918人次，管理率46.34%；0～36个月龄儿童中医药健康指导管理1319人，管理率45.73%；发放宣传折页29.36万份，影音播放2561次，观看人数1.65万人次，宣传栏更新60期，开展公共咨询活动6次，参与人数840人，开展知识讲座80期，参与人数2617人，累计短信群发3.15万条，传染病报告率100%，报告卡及时准确，完整率100%，疫情登记率100%；及时处置传染病疫情信息3815例，处理85起聚集性疫情，报告法定传染病91例。

全年开展卫生监督管理巡查 327 次，卫生监督协管信息报告率 100%；推荐转诊疑似结核病人 12 人，追踪 127 人，规范管理 70 人；开展计划免疫工作，全年接种 2.92 万次，脊灰接种率 93.35%，无细胞百白破接种率 93.66%，乙肝疫苗接种率 93.16%，甲肝疫苗接种率 93.36%，含麻疫苗接种率 94.92%。客户端 5 日内及时上传率 100%，当日传率 98%，儿童个案上传成功率 98%，客户端 5 日内数据备份率 100%，当日数据备份率 100%，接种信息完整率均为 98%；做好妇幼保健管理，全年活产 1421 人，产后访视 1308 人，产后访视率 92%；做好儿童保健管理，社区卫生服务中心有 0 ~ 6 岁常住儿童 1.1 万人，保健覆盖人数 9852 人，覆盖率 89.90%，新生儿访视人数 1336 人，访视率 94.02%；组建 19 个家庭医生签约团队，利用重点服务人群公共卫生服务项目做好重点人群签约，辖区农村建档立卡贫困人口 6926 人，签约 6637 人，建档立卡贫困户签约率 95.83%，签约体检率 89.51%；采取多种形式开展义务献血活动，组织献血 1163 人次，献血量 35.41 万毫升。

【基础教育教学】 2019 年，舞阳辖区有初中 2 所，完小 10 所，教学点 1 个，民办幼儿园 36 所，九年一贯制民办学校 1 所，初中在校 72 个教学班，学生 2778 名；小学在校 132 个教学班，学生 6894 名；幼儿园 295 个班，在园幼儿 9229 名；民办中小学在校学生 1219 人，教学班 29 个。辖区公办在编教职工 564 人，聘请后勤员工 170 人，民办学校、幼儿园教职员工 1256 人。有党总支 1 个，党支部 8 个，党员 264 人，其中在职党员 173 人，积极分子 6 人。开展师德师风建设，通报 6 次，通报批评 4 人次，通报表扬 3 次，约谈 7 人次，诫勉谈话 5 人次。开展安全保卫、后勤保障、构建校园全方位无遗漏的安全后勤工作体系，选聘安保人员 106 人，配备八件套 68 套、一键报警器 61 个，视频监控覆盖 40 个单位。集中培训 3 场次，培训教职员工 2165 人。应急演练 52 场次。恩施市华大幼儿园、七里初中学校食堂被评定为省级“放心食堂”，舞阳中学被恩施州文明办、州教育局表彰为“文明餐桌行动示范学校”。辖区中小学、幼儿园“明厨亮灶”工程创建活动为 90%。实行“1244”（即 1 名学校领导、2 名老师、4 名优秀学生帮扶 4 名特殊学生）帮扶模式，开展集团化办学，校外教育治理，构建城乡共建，校内外均衡发展的工作体系。舞阳中学和七里中学，江城希望小学和阳鹊坝小学，桂花园小学和鸭子塘小学，第三实验小学和长堰塘小学，红庙小学和鸭子塘小学结成 5 个“对子”，资源共享，互动互助。

【文化体育】 2019 年，舞阳坝街道辖区 19 个村（社区）以社区文体骨干队伍和农村民间艺术表演队伍为骨干，组建文艺宣传队 31 支，参加重大节日和全市重要文化活动，表演歌舞、舞龙舞狮、广场舞、腰鼓、连厢、京剧等节目。辖区山丹丹艺术团，参加 2019 年湖北省健身广场舞联赛（恩施・利川站）获得二等奖。8 月，辖区代表队参加“情定女儿会，爱在恩施行”恩施市第六届原生态山民歌大赛中获组织奖和优秀演唱奖。国庆节期间，七里坪、枫香坪、五峰山村和官坡、黄泥坝社区，以不忘初心、牢记使命永远跟党走，共筑中国梦为主题，举办庆祝中华人民共和国成立 70 周年文艺晚会。鸭子塘村外河沿文化广场和长堰塘村前山文化广场竣工开园。

【自然资源执法监察】 2019 年，舞阳坝街道自然资源和规划所与“两违”治理专班形成对违法用地上下联动，齐抓共管工作格局，对辖区定期巡查，及时查处违法用地行为，全年查办案件 37 起（其中土地违法案件 33 起，非法采石 4 起），下发停工通知书 33 份，下发非法开采停工通知书 4 份，关停非法砖砂厂 4 处，对 107 个“大棚房”疑似图斑进行排查，拆除复垦 2 处，拆除卫片发现违法建筑 2 栋。接待来信来访 60 余人。完成“两权”登记工作，办理不动产证 6 本，对 593 户移民进行摸排统计，登记测量30户，资料齐全22户，办理土地转移登记13户，加强地质灾害防治工作，发现隐患7起，应急处置6起，应急治理1起。对地灾点和易地扶贫搬迁安置点巡查200余次。

（胡魁锡　柯兴盛）

恩施大峡谷风景区

【概　况】 恩施大峡谷风景区地处恩施市西北部，管理处驻地沐抚集镇，海拔1000米，距离恩施主城区61千米。东、北、西北与板桥镇交界，南、西南与利川团堡相邻，东南与屯堡乡接壤。风景区管理处管辖前山、高台、营上、木贡、大庙5个村和沐抚社区，182个村民小组。区域面积138.37平方千米，耕地面积3480公顷，林地面积12600公顷。年末总户数7902户，总人口2.88万人，其中劳动力0.5万人。2019年，全年实现社会总产值5.97亿元，比上年增加9.5%，其中工业产值7200万元，农村经济总收入5.25亿元，农民人均纯收入13738元，比上年增加12%。实现粮食总产量9327吨。恩施大峡谷景区接待游客249万人，同比增长4.2%，实现综合收入3.05亿元，同比增长5.6%。

【精准扶贫】 2019年，风景区管理处所有村（社区）均脱贫出列，累计脱贫2722户9280人，贫困发生率降至0.38%。在基础设施方面，推进通畅和产业示范路建设，2018—2019年管理处公路建设项目完工184.01千米，其中4.5米宽通畅工程9条42.52千米；"以奖代补"3.5米宽道路91条85.72千米；"以奖代补"泥结碎石道路32条55.77千米。推进安全饮水工程，2019年建成2座水厂、13处小引水工程、99口小水窖，完成高台水厂木贡村管网延伸工程，解决6694人安全饮水问题。实施易地扶贫搬迁534户1618人；完成农村危房改造512户。

【旅游管理】 2019年，风景区管理处成功举办"恩施大峡谷热气球旅游节"和"土家女儿会"等旅游宣传推介活动，立足管理处自然资源环境特点及恩施土苗风情，举办"国际旅游小组多彩巡游""恩施州好嗨游"、全球青年文旅大V大峡谷体验行、"中国旅游日"大峡谷分会场活动、"太平2019风云盛典""野菜宴""土豆宴"等极具特色的大型旅游节庆活动，以节庆宣传带动旅游宣传。2019年全处从事旅游相关产业的企业及个体户723家，直接带动1086户2996人脱贫。

【推动产业发展】 2019年，风景区管理处引进重庆客商开发高台矿泉水，先后在大庙村、木贡村、沐抚社区等发展银杏、青钱柳等100公顷，直接吸纳250户贫困户参与股权分红，带动115户贫困户实现就业。引进发展茶叶加工企业4家，茶叶专业合作社4家，蔬菜专业合作社6家，水果专业合作社2家；发展茶叶基地800公顷、小水果336.67公顷。依靠恩施大峡谷景区，兴办旅游实体，鼓励老百姓发展农家乐、农家宾馆，打造"仙居人家"休闲旅游品牌，累计落实扶持资金1100余万元，发展农家乐300余家，带动640户1820人增收。实际完成烤烟种植合同面积185.4公顷，收购产量240吨。

【基层治理】 2019年，风景区管理处调处矛盾纠纷81件，办结阳光信访平台信访件73件；实行领导包案制度，调处专班化解矛盾纠纷66起。开展"律师进村、法律便民"活动，通过法律援助稳控化解矛盾纠纷4件，满意度100%。沐抚法庭于10月正式开庭；进行送法制进校园活动6次；"雪亮工程"建设稳步推进，对重点场所安装监控设施和报警系统，管理处覆盖探头80个，有效视频储存60天以上，实现与公安部门互联互通。

【安全生产管理】 2019年，风景区管理处开展执法检查160次，排查整改各类安全隐患52处，开展特种设备安全演练2次、防汛应急演练1次、道路运输消防安全应急演练1次、消防演练1次。

全年立刑事案件19起，刑事打击1人，受理行政案件（除交通、消防类案件）62起，结案37起，行政拘留27人。全年检查“十小场所”、消防重点单位510家次，下达“责令整改通知书”499份，发现问题1320个，办理消防案件21起，罚款1850元，督促整改火灾隐患1248处。全年查处各类交通违法行为623起，查扣总分1281分，罚款7.55万元，办理客运车辆超员4起，非客运车辆超员36起，大货车非法改装、加装、超载13起，交通案件1起，行政拘留1人。

【社会保障】 2019年，风景区管理处建档立卡贫困居民城乡基本医疗保险参保率为100%；组织群众进行慢性病筛查，初步筛查出疑似患者882人，办证185人享受政策，报销金额99.31万元。全年特困供养人员165人，其中集中供养24人。农村低保家庭573户1229人。城市低保10人。福利院迁址，新增养老床位98张。享受高龄津贴的80岁以上老人429人，90岁以上老人29人。发放重度残疾人护理补贴303人，困难家庭残疾人生活补贴261人。建档立卡贫困学生1090名享受国家资助政策。先后收到各类社会团体、公益组织捐赠资金10万多元，校服、文具、桌椅等教学设施设备70余万元。对因病致贫的189户家庭发放救助资金22万余元，低保核查提标173户。

【民生工程】 2019年，风景区管理处投资1736万元棚改配套设施有序推进，完成棚改区域循环路路面硬化。投资900万元启动沐抚中心小学标准化餐厅、教学楼、学生宿舍、办公楼、公租房建设，主体建设基本完成。集镇2座旅游公厕完成并投入使用；农村无害化卫生厕所完成535户，沼气式厕所完成91户。投资400余万元建设的集贸市场投入使用。

【环境保护】 2019年，风景区管理处新购垃圾桶60个，整修垃圾中转站1座，配备环卫公益性岗位7人，配备垃圾清运车3台，污水处理厂于7月运行；投资130余万元对垃圾实行“日产日清日运”及全天候保洁，实现农村生活垃圾处理率90%，生活污水处理率82%，畜禽养殖粪便综合利用率95%。大型人工湿地3处，其中金银寨村人工湿地运行；加大集镇规划红线力度，增加城管中队人员3人，规范摊点经营，杜绝“两违”建房，下达“违规建房告知书”18户，向建房农户发放“农村规范建房通知书”。

【文体事业发展】 2019年，风景区辖区6个村（社区）文化广场、文体器材、村村响工程实现全覆盖。2月8日，组队参加市2019年民间文艺新春游园，表演的舞龙、舞狮、腰鼓、表演唱受到州城人民的热烈欢迎，并在中央电视台新闻联播进行宣传；8月12日，组队参加恩施市第六届山民歌大赛，中心选送的山民歌对唱《筛子关门眼睛多》，获最佳表演奖；9月10日，新时代文明实践荆楚“红色文艺轻骑兵”志愿服务2019年送戏下乡和戏曲进校园启动演出在营上村文化广场开演，在6个村（社区）、学校演出8场，观众2000余人。

（帅玉昆）

荣　誉

恩施市国家级、省（部）级表彰人物

【全国脱贫攻坚创新奖获得者董高】 董高，土家族，1974年12月出生，恩施市红土乡人，省委党校研究生文化。1993年12月参加工作，1997年7月加入中国共产党。现任市委常委、市人武部部长。

2007年起，董高连续7年担任军分区驻村扶贫工作队队长，帮扶4个深度贫困村脱贫。2014年以来，他带领恩施市人武部又先后承担3个村的定点帮扶任务。2017年，他再次主动请战，担任全市条件最差、距离最远、任务最重的红土乡脱贫攻坚前线指挥部指挥长，在扶贫实践中创新提出"1个县级人武部牵头，3个地方单位组成1个'131'扶贫工作队，定点帮扶1个贫困村；1个民兵干部，带领3个民兵组成1个'131'扶贫小分队，重点攻坚1个贫困户"的"131"扶贫新模式。"131"模式在扶贫任务重的定点帮扶村天落水村试点成功后，向全州推广。到2019年，全市有15个"131"扶贫工作队、2627个"131"扶贫小分队、1万多民兵奋战在扶贫一线，15个重点贫困村1085户4235名贫困人口实现脱贫。2019年10月，董高被省军区表彰为"优秀团级单位主官"，并被军委国防动员部表彰为优秀共产党员。12月，获国务院2019年全国脱贫攻坚创新奖。

【全国优秀共青团干部】 辛翠平，女，土家族。1972年1月出生，鹤峰县中营镇人，中共党员。任恩施市少先队总辅导员。2010年1月，被共青团湖北省委授予"湖北省优秀少先队辅导员"称号；2015年10月，被共青团中央授予"全国优秀少先队辅导员"称号；2018年5月，被共青团湖北省委授予"全省优秀共青团干部"称号；2019年5月，被共青团中央授予"全国优秀共青团干部"称号。10多年来，辛翠平组织恩施州、市少先队辅导员，中学团委书记等进行专题培训，研发《中学团务基础知识手册》《少先队辅导员应知应会》《恩施市少先队活动示范课视频》等指导资料，常赴全市各乡镇指导农村少先队工作。2017年，辛翠平主持的满天星少先队工作室，以恩施州唯一入选"全国少先队名师工作室"。2018年，在辛翠平的推动下，市少先队改革纳入全市群团改革项目。2019年，辛翠平撰写的少先队论文《让少先队的旗帜在学校飘扬》《我们有一个光荣的名字——少先队辅导员》分别在全国少先队专业期刊《少先队活动》2019年第一期以及中国少年先锋队队刊《辅导员》2019年总第17期发表；她主编的四年级《少先队活动课程辅导员指导手册》由武汉长江少儿出版社出版。3月，她当选为湖北省少先队工作学会第六届理事会副会长，并担任省少先队辅导员国培计划讲师。

【“荆楚工匠”田若兰】 田若兰，女，土家族。1974年出生，宣恩县高罗乡人，湖北省荆楚工匠。1992年，田若兰参加工作，2000年因企业改制下岗，外出打工。2007年，在恩施城区创办“土家山寨”地方民族品牌。12年来，痴迷于西兰卡普的织机和产品研发，自主研发并获得国家专利的多款土家织锦机投入使用，先后开发出涵盖室内装饰画、手包、家居用品、生活用品等4个系列近100个产品等，并可根据客户需求进行个性化定制。“土家山寨”系列产品先后获得国家、省、州级等多项称号。在她的带领下，“土家山寨”西兰卡普系列产品，作为土家民族的文化载体，被带到世界20多个国家和地区。2011年10月，被授予“中国优秀织锦工艺传承人”称号；2014年1月，入选“湖北省民间工艺技能传承人”；2015年6月，获“恩施州第三届优秀高技能人才”称号；2018年2月，获首届“恩施工匠”称号。2019年9月，获湖北省“荆楚工匠”称号。

【肖孚云省职工（劳模、工匠）创新工作室】 肖孚云，土家族。1962年4月生，高中文化，恩施市芭蕉侗族乡人，中共党员，省级劳动模范。1994年10月，肖孚云任羊毛山村委会主任；2002年10月，任戽口村委会主任；2006年6月，任戽口村党支部书记；2014年9月，任戽口村党支部书记、戽口村村委会主任。2011年，戽口村被省委、省政府命名表彰为“湖北省新农村建设示范村”；肖孚云被省委评选为2009—2010年“优秀共产党员”。2012年4月，肖孚云被省委、省政府授予“湖北省劳动模范”称号。2013年12月，戽口村被授予全国首批美丽宜居村庄。2014年9月，被国家民宗委授予命名首批少数民族特色村寨。2015年，肖孚云被授予“全国劳动模范”称号。2019年12月，肖孚云劳模工作室被命名为湖北省职工（劳模、工匠）创新工作室。

恩施市国家级、省（部）级表彰

【集体荣誉】 1月，恩施市大龙潭水电站获水利部“2018年度绿色小水电站”称号。湖北省仅此1家。

3月，恩施市检察院公诉未检部、恩施市人民法院龙凤法庭被全国妇联授予“全国巾帼文明岗”称号。

8月，恩施市被省委、省政府表彰为全省“三农”发展进位显著的县（市、区）。

9月，恩施市教育局被国务院表彰为“全国民族团结进步模范集体”。

9月，恩施市被省委、省政府表彰为全省县域经济工作考核中成绩突出单位第三类县（市、区）。

9月，恩施市中等职业技术学校被人社部、教育部表彰为“全国教育系统先进集体”。

9月，新塘乡横栏教学点被教育部表彰为“优秀小规模学校”。

11月，市工商联被中华全国工商业联合会表彰为“全国2019年民营企业调查点工作示范单位”。

11月，恩施市被国家生态环境部授予“国家生态文明建设示范市”称号。

12月，恩施市人武部被省军区表彰为“先进人武部”“安全管理工作先进单位”。

12月，恩施市被省政府表彰为全省固定资产投资突出贡献单位。

12月，民建恩施市基层委员会被民建中央表彰为脱贫攻坚先进集体。

12月，恩施市科经局被省人民政府表彰为“全省中小企业成长工程先进单位”。

12月，恩施市民宗局被省政府表彰为“全省民族团结进步先进集体”。

12月，恩施市工商联被中华全国工商业联合会表彰为2018—2019年度全国“五好”县级工商联。

12月，恩施市被省政府表彰为全省固定资产投资突出贡献单位。

12月，盛家坝镇（乡）二官寨村入选“中国美丽休闲乡村”称号。

【个人荣誉】 3月，恩施市环保局干部杨鹏被生态环境部表彰为“2018年环境执法大练兵表现突出个人”。

5月，恩施市乡友现代农业有限公司法人税华琳（三岔镇三岔口社区人）获全国妇联表彰为“最美家庭”。

9月，崔家坝镇中心小学教师李钦华被省政府表彰为“优秀教师”。

10月，崔家坝镇大地龙村退伍老兵向天胜获得由中共中央、国务院、中央军委颁发的“庆祝中华人民共和国成立70周年”纪念章。

12月，三岔镇委副书记、镇长谭海鹰被省政府表彰为“全省民族团结进步先进个人”。

12月，民建委员何远军被国家农业农村部授予2019年度先进个人称号。

附 录

主要机构及负责人名录

中国共产党恩施市委员会

中共恩施市第九届委员会

书记：向前进（土家族）

副书记：苏　勇（土家族）

　　　　吴卫平（土家族，2019.01—03）

　　　　易善翔（土家族，2019.03—12）

常委：向前进（土家族）　苏　勇（土家族）

　　　吴卫平（土家族，2019.01—03）

　　　易善翔（土家族）　谭祖沧（土家族）

　　　董　高（土家族）

　　　郭亚妮（女，苗族）

　　　谢　奎（土家族）　崔宇辉

　　　冉茂和（土家族）

　　　孙继为（女，满族，挂职）

　　　姚洪华（挂职）

　　　田贵周（土家族）

　　　任建华（土家族，2019.04—12）

中共恩施市委办公室

主任：谢　奎（土家族）

副主任：马开友（土家族）

　　　　许兴忠（土家族）　李明勇

　　　　廖　勇（土家族）　朱永恒

　　　　彭　滔（土家族）

市委总值班室（秘书科）

主任：廖　舸（土家族）

市委督查室

主任：韩同箫（土家族）

市委信息综合室

主任：郭婷婷（女，土家族）

市委机要和保密局

局长：朱诗斌（2019.01—04）

　　　马开友（土家族，2019.04—12）

市委组织部

部长：任建华（土家族，2019.04—12）

副部长：廖平玥（土家族，2019.11—12）

　　　　罗　晖

　　　　覃　华（女，土家族，2019.03—12）

　　　　向莉娟（女，土家族，2019.05—12）

市委宣传部

部长：郭亚妮（女，苗族）

副部长：吴志伟（土家族）

　　　　伍功勋（土家族）

市委统战部
部长：冉茂和（土家族，2019.01—07）
田贵周（土家族，2019.08—12）
副部长：陈　斌（土家族）
李明国（土家族）
张远虑（土家族，2019.03—12）

对台办公室
主任：胡红亚（女，土家族，2019.01—03）

市委政研室
主任：李明勇（2019.03—12）
副主任：张　娜（2019.03—12）
王　波（2019.03—12）

市委机构编制委员会办公室
主任：刘　斌
副主任：杨　卉（女，苗族）

市行政审批制度改革领导小组办公室
专职副主任：高　毅（土家族，2019.01—03）

市事业单位登记管理局
局长：鲁　黎（女，土家族）

市委党校（市行政学校）
常务副校长：向文政（土家族）
副校长：王光灯（土家族，2019.01—03）
杨　妮（女）
黄艳珊（土家族，女，2019.05—12）
陈发举（土家族，2019.06—12）

市档案局（馆）史志办公室
局（馆）长　主任：
张远虑（土家族，2019.01—03）
副局（馆）长　副主任：
何克伦（土家族，2019.01—03）
赵明权（土家族，2019.01—03）
党史总编审：
郑孝凤（女，土家族，2019.01—03）

市档案馆（史志研究中心）
馆长：汪盛松（土家族，2019.03—12）
副馆长：赵明权（土家族，2019.03—12）
何克伦（土家族，2019.03—12）
党史总编审：
郑孝凤（女，土家族，2019.03—12）

市信访局
局长：彭　滔（土家族）
副局长：向骏骅（土家族，2019.07—12）
黄　新（土家族）
郑绪珍（女，土家族，2019.01—05）

恩施市人民代表大会

恩施市第十届人民代表大会常务委员会
主任：刘　凡
副主任：金德钧　余秋红（女）　黎昔品
王学渊　杨　帆（苗族）　万亨东

市人大及其常委会工作部门
办公室
主任：周海枝
副主任：余　舰　崔　谊
杨承佳（2019.01—04）
龙世俊（2019.04—12）

代表和人事任免工作委员会
主任：查忠铭
副主任：张金花（女）

民族法制委员会
主任委员：刘天宝

副主任委员：王德忠　陈双全

委员：张廷红（女）　谭大会

财政经济委员会

主任委员：潘　军

副主任委员：陈平轩（女）　朱华春（女）

委员：袁　进　袁芹武

农业农村工作委员会

主任：陈春燕

副主任：刘国栋

城乡规划建设和环境资源保护工作委员会

主任：陈立辉

副主任：聂自国

教育科学文化卫生工作委员会

主任：谭光清

副主任：田　祥

内务司法工作委员会

主任：谌先群

副主任：杨昌福

恩施市人民政府

恩施市第十届人民政府

市长：苏　勇（土家族）

常务副市长：崔宇辉

副市长：孙继为（女，满族，挂职）

姚洪华（挂职）

张献宏（女，2019.01—04）

张友刚（土家族）　汪业民

徐　卫（土家族）　杨凯军

何永福

徐贵尧（女，土家族，2019.03—12）

张　娟（女，彝族，2019.04—12）

彭　巍（2019.03—07）

科技副市长：杨鹏举（2019.3—07）

政府产业顾问：彭　巍（2019.07—12）

市政府工作部门

办公室

主任：董晓明

副主任：谭松涛　石　云（女，苗族）

李在寅　陈　斌

余章辽（2019.01—08）　由　迪

陈　坦（2019.01—06）

刘永昆（2019.03—12）

黄存伟（2019.05—12）

袁　勇（2019.04—12）

市人民政府法制办公室

主任：李　毅（2019.01—03）

副主任：黄　河（2019.01—03）

黄素玮（女，2019.01—03）

市政府督查室

主任：刘　政（2019.01—08）

正科级督查员：谭　辉（2019.01—04）

余章辽（2019.08—12）

副科级督查员：

严钦萍（女，土家族，2019.01—05）

刘　丹（女，土家族）

市政府应急办公室

主任：邱　芳（女，土家族，2019.01—03）

市政府金融工作办公室

主任：陈　坦（2019.01—06）

副主任：黄艾宁

市外事侨务办公室

副主任：尤　靖（2019.01—03）

市政府电子政务办公室
主任：王　谷（女，土家族，2019.01—03）

市政府研究室
主任：吴　可（2019.01—08）

市政府驻汉办事处
主任：宋世宪
副主任：谭政先

政府经济社会发展研究中心
主任：王　敏（女，土家族）

市机关事务管理局
局长：刘永昆（2019.01—03）
副局长：黄　林（2019.01—03）
　　　易志贵（2019.01—03）
　　　黄实琮（2019.01—03）

市机关事务服务中心
主任：石　丽（2019.03—12）
副主任：黄　林（2019.03—12）
　　　易志贵（2019.03—12）
　　　覃海艳（2019.08—12）
　　　黄实琮（2019.03—04）

市政府接待办公室
主任：石　丽（女）
副主任：向世钦

市行政服务中心
主任：赵树锋（2019.01—03）
常务副主任：
向卫华（土家族，2019.01—03）
副主任：张治安（土家族，2019.01—03）
　　　朱　玲（女，2019.01—03）

市政务服务和大数据管理局
局长：赵树锋（2019.03—12）
常务副局长：曾　伟（土家族，2019.03—12）
副局长：向卫华（土家族，2019.03—12）
　　　张治安（土家族，2019.03—12）
　　　朱　玲（女，2019.03—12）

市公共资源交易中心
主任：刘　刚
副主任：方弟红　洪　松

市投资建设服务中心
主任：蔡泽兴（2019.03—12）
副主任：文　武（土家族，2019.03—12）
　　　李　飞（2019.03—12）
　　　段书艳（女，土家族，2019.04—12）
总工程师：肖二乐（2019.03—12）

政协恩施市委员会

政协恩施市第九届委员会
主席：郑晓斌
副主席：蔡万高　李家忠　柳海龙
　　　万亨东（2019.01—01）
　　　刘庆华（女）　吴秀忠
秘书长：冉景钊

市政协工作部门
办公室
主任：冉景钊
副主任：王金传　向　阳（女）　唐　觅

提案委员会
主任：向开艳（女）
专职副主任：马开玉（女）
副主任：丁清传

文史资料委员会
主任：颜　英（女）
专职副主任：刘伯韬
副主任：刘尚华

民族法制资源环境委员会
主任：秦专念
专职副主任：熊　华（女，2019.01—11）

经济委员会
主任：吴昌乾
专职副主任：沈维俊（2019.03—12）
副主任：荣万福

科教文卫体委员会
主任：李世斌
专职副主任：陈　萍（女，2019.01—02）
沈宏臣（2019.07—12）
副主任：郑　勇

委员工作委员会
主任：陈　宁
专职副主任：蒋祥云
副主任：王一祥

纪检　监察

中共恩施市纪律检查委员会
书记：谭祖沧（土家族）
副书记：向极怀（土家族，2019.01—04）
　　曹光全
　　龙克忠（土家族，2019.11—12）
常委：龙克忠（土家族，2019.01—11）
　　吴华明（土家族）
　　曹　平（土家族，2019.07—12）
　　张　伟（2019.10—12）
　　田　博（2019.12—12）

市监察委员会
主任：谭祖沧（土家族）
副主任：向极怀（土家族，2019.01—04）
　　曹光全
委员：龙克忠（土家族）　郭　竣
　　曹　平（土家族）

市纪委派出机构
市纪委派出纪工委
派出第一纪工委书记：
王传普（土家族，2019.01—05）
派出第二纪工委书记：
杨学举（土家族，2019.01—05）
派出第三纪工委书记：
张　伟（土家族，2019.01—05）
派出第四纪工委书记：
秦升才（2019.01—05）

派出纪检监察组
派出第一纪检监察组组长：
王传普（土家族，2019.10—12）
派出第二纪检监察组组长：
曹申绪（2019.10—12）
派出第三纪检监察组组长：
崔　文（2019.10—12）
派出第四纪检监察组组长：
杨学举（2019.10—12）
派出第五纪检监察组组长：
王小平（2019.10—12）
派出第六纪检监察组组长：
易发琼（2019.10—12）
派出第七纪检监察组组长：
李　斌（2019.10—12）
派出第八纪检监察组组长：
杨　凡（2019.10—12）

市委巡察办公室
主任：牟劲松
副主任：崔　文（土家族，2019.01—10）
　　　　张庭辉（土家族，2019.10—12）
市委第一巡察组专职副组长：
　周建华（土家族，2019.01—06）
　秦升才（2019.06—12）
市委第二巡察组专职副组长：
　廖祥云（土家族）
市委第三巡察组专职副组长：谭家顺
市委第四巡察组专职副组长：
　周建华（土家族，2019.06—12）

民主党派

民革恩施市支部委员会
主任委员：杨　帆
副主任委员：刘启兴

民盟恩施市支部委员会
主委：朱胜武
副主委：刘　涛　谭玲华

民建恩施市基层委员会
主委：沈　娟（女，土家族）
副主委：李车书　鲁　诚
　　　　陈祥蓉（女，土家族）
　　　　刘家红（女）　胡荣造

农工恩施市支部委员会
主委：张　凤（女）
副主委：麻　惠（女）　彭　争（女）

人民团体

市总工会
主席：冉茂和（土家族，2019.01—07）
　　　田贵周（土家族，2019.08—12）
常务副主席：
　胡　咏（2019.01—02）
　吴　茜（女，土家族，2019.03—12）

共青团恩施市委员会
书记：屈　鹏
副书记：李　喆

市妇女联合会
主席：甘　艳（女，土家族）
副主席：吴志美（女，土家族）
挂职副主席：涂绪霞（女，土家族）
兼职副主席：陈仙琼（女，土家族）
　　　　　　刘小英（女，土家族）

市科学技术协会
主席：李华武
驻会副主席：杨红武
挂职副主席：向孟媛（女）
不驻会副主席：袁　鹰
　　　　　　　邓小青（女）　汪应福
　　　　　　　李车书（2019.01—04）
秘书长：徐琦琪（女）

市工商业联合会
主席：覃登春（土家族）
副主席：谭　贤（土家族）
　　　　覃遵惠（土家族）
秘书长：沈维俊（2019.01—04）
　　　　王　艳（女，土家族，2019.04—12）

法治

市委政法委员会
书记：冉茂和（土家族）
副书记：袁芹武（2019.01—03）
　　　　邓正柏　谭　雨（2019.03—12）
　　　　高登国（2019.05—10）
　　　　汪　涛（2019.10—12）

政治处
主任：吴亚雄（2019.06—12）

市社会管理应急调度指挥中心
主任：吴亚雄（2019.01—06）
　　　李　智（2019.06—12）

市公安局
局长：张友刚
政委：徐志刚
党委委员、副局长：何显高　向爱民
　　　　　　　　　肖建恩　龚　杰
　　　　　　　　　陶碧儒　宋庭军
党委委员、政治处主任：刘　红
党委委员、纪委书记：胡体东（2019.01—11）
党委委员、工会主席：卢宗平
党委委员：谭开明

市人民法院
党组书记、院长：冉文化（土家族）
党组成员、副院长：
　谈效锋（土家族）　王荣华
　黄　亚（土家族，2019.11—12）
　蔡　妮（女，土家族，2019.11—12）
党组成员、纪检组长：杨宏涛（土家族）
党组成员、政治处主任：周　巍（土家族）
党组成员、执行局长：向大成（土家族）

市人民检察院
检察长：詹晓红（女，2019.01—07）
代理检察长：张　国（2019.07—12）
副检察长：王玉玲（女）　向　阳
　　　　　陈学忠（土家族）
　　　　　王世彦（土家族）
党组成员：刘　壹（土家族）
专职委员：梅　武（土家族）
　　　　　谭昌慧（女、土家族）

市司法局
局长：章云锋（土家族）
副局长：黄　河（土家族）
　　　　黄素玮（女，土家族）
党组成员：田　滔
副局长：张　玲（女，土家族）

经济管理

市发改局
党组书记、局长：赵书拉
党组成员、副局长：吴　舜　肖常军
　　　　　　　　　崔应飞
党组成员、市交战办公室副主任：周照武
党组成员、市铁路建设办公室主任：张　甦

市审计局
局长：官伟立（土家族）
副局长：廖建华　马　骁（女，回族）
　　　　孙学文
总审计师：马明义

市经济责任审计工作领导小组办公室
专职副主任：易　东（土家族）

市统计局
局长：汪　涛（2019.01—11）
　　　廖　勇（土家族，2019.11—12）
总统计师：向　华（土家族）
副局长：苏　黎（女，土家族）
　　　　黄远强（土家族，2019.01—06）
　　　　郑运山（2019.07—12）
民调中心主任：向　伟（土家族）

国家统计局恩施市调查队
队长：向光涛（土家族）

副队长：辛晓东（土家族）

市工商行政管理局
党组书记、局长：
何昌燕（土家族，2019.01—03）
党组成员、副局长：
杨晓军（土家族，2019.01—03）
田　宁（2019.01—03）
刘　荣（土家族，2019.01—03）

市食品药品监督管理局
党组书记：吴先锋（土家族，2019.01—03）
局长：张　凤（女，2019.01—03）
党组成员、副局长：
刘金锋（2019.01—03）
董先云（土家族，2019.01—03）
周建华（土家族，2019.01—03）
党组成员、总工程师：
龙世林（苗族，2019.01—03）

市质量技术监督管理局
党组书记、局长：
周雁飞（土家族，2019.01—03）
党组成员、副局长：
李进荣（2019.01—03）
向　森（土家族，2019.01—03）
邓　勇（土家族，2019.01—03）
党组成员、稽查分局局长：
吴荆江（2019.01—03）

市市场监督管理局
党组书记：刘世怀（2019.03—12）
局长：张　凤（女，2019.03—12）
党组成员、副局长：
刘金锋（2019.03—12）
李进荣（2019.03—12）
杨晓军（土家族，2019.03—12）
吴荆江（2019.03—12）
邓　勇（土家族，2019.03—12）
董先云（土家族，2019.03—12）
向　森（土家族，2019.03—12）
田　宁（2019.03—12）
周建华（土家族，2019.03—05）
刘　荣（土家族，2019.03—05）
党组成员、总工程师：
龙世林（苗族，2019.03—12）

市烟草专卖局
局长：明　渊（苗族，2019.01—03）
肖　翔（2019.03—12）
副局长：王　璐（土家族，2019.01—06）
谭登国（土家族，2019.06—12）

市应急管理局
书记：曾　伟（2019.03—12）
局长：何　荣（土家族，2019.03—12）
副局长：向必仲（土家族）
刘　荣（土家族，2019.05—12）
杨　俊（2019.03—12）
总工程师：王家玉
政治处主任：蒋继军（2019.05—12）

市公共检验检测中心
主任：黄恒兴（2017.05—2018.12）
叶　辉
副主任：陈　红

财政　税务

市财政局
局长：易发斌（土家族）
总会计师：黄　静（土家族）
副局长：陈开祥（土家族）　吴绍文
尹锡锐（土家族）

肖　潇（女，土家族）

市税务局

局长：谢　迅（土家族）

副局长：唐洪波（土家族）

黄念明（土家族，2019.01—05）

贺新胜（土家族）

彭代伟（2019.01—01）

高劲松（黎族）

万　里（2019.01—09）

余劲松（土家族）

黄　珩（土家族）

黄　霞（女，土家族）

纪检组组长：谢　军

生态环境

市自然资源和规划局

市国土资源局

局长：（未配备）

副局长：孙光学（2019.01—03，主持工作）

胡　杰（2019.01—03）

杨启超（2019.01—03）

杨　俊（2019.01—03）

孟　俊（2019.01—03）

总工程师：肖家红（2019.01—03）

纪检组组长：唐　斌（2019.01—03）

执法监察大队大队长：杨德清（2019.01—03）

不动产登记中心主任：文　理（2019.01—03）

市城乡规划局

常务副局长：朱　兵（2019.01—03）

副局长：葛宏武（2019.01—03）

黄　臻（2019.01—03）

市自然资源和规划局

局长：魏顺军（2019.03—12）

副局长：孙光学（2019.03—05）

唐　斌（2019.03—12）

胡　杰（2019.03—12）

杨启超（2019.03—12）

杨　俊（2019.03—05）

孟　俊（2019.03—12，挂职）

总工程师：肖家红（2019.03—12）

执法监察大队大队长：杨德清（2019.03—12）

不动产登记中心主任：文　理（2019.03—12）

市城乡规划局常务副局长：

朱　兵（2019.03—12）

市林业局

局长：胡　琳

副局长：罗云江　宋昌国

总工程师：胡　胜（2019.01—07）

蒋　彬（2019.07—12）

森林公安局局长：谢　斌

州生态环境局恩施市分局

市环保局

局长：滕松柏（土家族，2019.01—04）

总工程师：杨光红（侗族，2019.01—04）

副局长：邓学忠（2019.01—04）

孙　骥（土家族，2019.01—04）

州生态环境局恩施市分局

局长：滕松柏（土家族，2019.04—12）

总工程师：杨光红（侗族，2019.04—12）

副局长：邓学忠（2019.04—12）

孙　骥（土家族，2019.04—12）

市硒资源保护与开发

党组书记：黄恒兴（2019.03—12）

主任：李车书（2019.03—12）

党组成员、副主任：刘　伦（2019.03—12）

张　华（2019.03—12）

农业　水利

市农业农村局

市农业局

市委农办主任，市农业局党组书记、局长：

刘建林（2019.01—03）

市委农办副主任、市农业局党组成员：

刘长富（2019.01—03）

市农业局党组成员、副局长：

代成山（2019.01—03）

廖建忠（2019.01—03）

廖　华（2019.01—03）

市农业局党组成员、市农业行政执法大队队长：黄元清（2019.01—03）

市农业农村局

市农业农村局党组书记、局长：

刘建林（2019.03—12）

市农业农村局党组成员、副局长：

刘长富（2019.03—12）

代成山（2019.03—12）

廖建忠（2019.03—12）

廖　华（2019.03—12）

郭坤元（2019.04—12）

市农业农村局党组成员、市农业行政执法大队队长：黄元清（2019.03—12）

市畜牧兽医局

局长：潘贤勇

副局长：李清双

市经管局

党组书记：陈朝龙

局长：朱胜武（土家族）

副局长：郭学龙　洪学礼（苗族）

市烟叶分公司

经　理：刘大武

副经理：谭毛彦　朱　信　黄　欢　杨　军　刘志宇

市水利局

局长：胡祖华

副局长：商如东　饶邦康　彭鼎文

总工程师：黄兴华

市防汛办常务副主任：杨　俊

市移民局

党组书记：曾　伟（2019.01—03）

党组成员：柯　阳（2019.01—03）

彭鼎文（2019.01—03）

崔　敏（2019.01—03）

黄红萍（女，2019.01—03）

工业　贸易

市商务局

局长：丁　娟（女，土家族，2019.01—03）

副局长：黄彩虹（女，土家族，2019.01—03）

陈　兴（土家族，2019.01—03）

朱家发（2019.01—03）

市经济和信息化局

局长：陈光平（土家族，2019.01—03）

副局长：柳　军（2019.01—03）

赵礼新（2019.01—03）

朱诗荣（2019.01—03）

李　瑛（女，土家族，2019.01—03）

市招商局

局长：廖　志（土家族，2019.01—03）

副局长：周　平（土家族，2019.01—03）

王　军（2019.01—03）

市科学技术和经济信息化局
局长：陈光平（土家族，2019.03—12）
副局长：朱诗荣（2019.03—12）
黄彩虹（女，土家族，2019.03—12）
柳 军（2019.03—12）
赵礼新（2019.03—12）
周 平（2019.03—12）
汪应福（2019.03—12）
王 军（2019.03—12）
陈 兴（土家族，2019.03—12）
罗 凯（2019.03—12）

市供销社
主任：甘志明（土家族）
副主任：陈千富 钱国军（土家族）
监事会主任：向大乔（土家族，2019.01—07）
饶邦康（土家族，2019.07—12）

交通 运输

市交通运输局
局长：李章奎（土家族）
副局长：黄常军（土家族）
陈祥猛（土家族）
总工程师：廖兆锡（土家族）

市公路管理局
局长：王 强（土家族）

市交通运输综合执法大队
大队长：丁 权

市农村公路管理局
局长：夏 斌

市高速公路建设委员会办公室
主任：申 琼（土家族）
副主任：侯义祥

市铁路建设委员会办公室
主任：李剑锋（2019.01—11）
张 魋（2019.11—12）
副主任：陈 霖（女）

武汉铁路局恩施车站
书记：肖华勇（2019.01—04）
漆良权（2019.04—12）
站长：宋小平（2019.01—04）
朱洪华（2019.04—09）
吴祥虎（2019.09—12）
副站长：丁豆豆 唐书军（2019.02—12）
石 玺（2019.07—12）
安全员：张尊岱 刘 俊 赵捷飞
客运主任：陈荆蓉 刘 柳

恩施机场
总经理：覃遵勇
党委书记：聂成志
纪委书记：陈国华
副总经理：蒋理灵 崔来军

邮政 通信

中国邮政集团公司恩施州营业分公司
总经理：李茂山
副总经理：邓 波 雷 剑 陈 文
陈 刚

中国移动恩施市分公司
党支部书记、总经理：邓 建
组织委员、工会主席、副总经理：
窦天薇（女）
宣传委员、副总经理：汪 洋
纪检委员、副总经理：覃 敏（女）

中国联通恩施市分公司
总经理：刘 锣

副总经理：熊　伟　吴杰江

营服总经理：何大鹏　谭　乔

中国电信恩施分公司恩施市经营部

总经理：汪厚瑞

书记：宋秀魁

副总经理：刘春华　田茂立　徐　林

金融　保险

工商银行恩施分行

行长：金　锋

副行长：满延军　贺安清

农业银行恩施市支行

行长：田锦安（土家族，2019.01—09）

　　　吴昌军（土家族，2019.09—12）

纪委书记：黄　华（土家族）

副行长：李　鑫（土家族）

　　　　吴小平（苗族，2019.08—12）

　　　　胡安柱（土家族）

　　　　周勃然（2019.10—12）

建设银行恩施红江支行

行长：吴向东

副行长：艾秋红（女）

恩施农村商业银行

董事长：何　涛

行长：彭　辉

纪委书记、监事长：高卫星

副行长：张　奇　杨允华（女，土家族）

　　　　敖　皓（土家族）

恩施州兴福村镇银行

行长：郭　辉

副行长：向　晖（女）

中国人寿恩施市支公司

经理：谢艳琼

副经理：刘世明　覃　燕（女）钟开琼

中国人保财险恩施支公司

经理：粟　巍

经理助理：徐见华　李　宁（女）

　　　　　邹良策（土家族）

扶贫与经济开发

恩施经济开发区

工委书记：向前进（土家族）

工委副书记、管委会主任：吴卫平（土家族）

工委委员、开发区纪委书记：胡启发

管委会副主任：黄　兴

　　　　　　　曹　云（2019.01—04）

管委会调研员：曹　云（2019.04—12）

管委会副调研员：余典语

市扶贫开发办公室

主任：吴秀忠

副主任：黄泽举　冉　超（2019.01—05）

　　　　刘巧蓉（女）

　　　　何松青（挂职）

　　　　向大乔（2019.07—12）

城乡建设

市住建局

党组书记、局长：蒲　武

党组副书记、副局长：程雅亭

党组成员、总工程师：张思汉

党组成员、市人防办专职副主任：

　杨冬华（女）

党组成员、副局长：陈永波　向　东

　　　　　　　　　徐　超

恩施州住房公积金管理中心恩施市办事处

主任：高安明

副主任：刘建华（2019.01—05）
熊乔林（2019.11—12）

市城管执法局
局长：聂忠荣
副局长：许　刚　谭明安
徐　超（2019.01—07）
张选波（2019.01—07）
总工程师：张选波（2019.07—12）

市园林局
局长：张　甦（2019.01—11）
李剑锋（2019.11—12）

恩施城投公司
总经理：万述平
副总经理：秦继伟　陈　刚

市自来水公司
总经理：袁　进
副总经理：吕　军（女）宋谋兴　姚学军
张振斌　吴　强
工会主席：向　琼（女，土家族）
总会计师：王　晶（女，土家族）李天平

市公汽公司
总经理：简　俊
副总经理：向世明（土家族）
黄卫华（土家族）万方炎
袁文祥

市供电公司
总经理、党委副书记：张永华
党委书记、副总经理：汪晓东
副总经理：　龙克飞　谭显锋
党委委员、副总经理、工会主席：叶卫国
党委委员、副总经理、纪委书记：田世东

教育

市教育局
局长：张　玲（土家族）
副局长：邓玉鹏（土家族）李大伟
张学明　刘本洲（土家族）
正科级督学：陈继锋
副科级督学：黄　品
袁　敏（女，土家族）

市第一高级中学
校长：董祖昌（土家族）
副校长：潘成兴（土家族）肖忠友
纪委书记：杨　琼（女）

市第二高级中学
校长：张学明（2019.01—08）
李建勇（2019.08—12）
副校长：李建勇（2019.01—07）刘　均
胡云超　商守群（2019.01—08）
谭　杰（2019.08—12）
颜　进（2019.08—12）

市第三高级中学
校长：田　全（土家族）
副校长：周代红（土家族）
廖云才（土家族）
刘天军（土家族）
谭明鄂（土家族）

市中等职业技术学校
校长：杨传群（土家族）
副校长：代荣华　徐　勇（土家族）
唐　云（土家族）
李登明（土家族）张光华
叶春汉（挂职，2019.01—06）

文化 旅游

市文化和旅游局

市文体新广局

局长、文联主席:(未配备)

副局长:谭永军(土家族,2019.01—03)

陈学兵(土家族,2019.01—03)

段昌权(2019.01—03)

曾　超(2019.01—03)

文联专职副主席:

覃　涛(土家族,2019.01—03)

总工程师:胡鄂州(土家族,2019.01—03)

市旅游局

局长:熊　竹(2019.01—03)

副局长:谭大伦(土家族,2019.01—03)

柳　敏(女,土家族,2019.01—03)

市文化和旅游局

局长:熊　竹(2019.03—12)

副局长:谭永军(土家族,2019.03—12)

陈学兵(土家族,2019.03—12)

曾　超(2019.03—12)

柳　敏(女,土家族,2019.03—12)

文联专职副主席:

覃　涛(土家族,2019.03—12)

总工程师:胡鄂州(土家族,2019.03—12)

市旅游局副局长:

谭大伦(土家族,2019.03—12)

易志贵(女,土家族,2019.03—12)

市融媒体中心

市新闻中心

主任:伍功勋(2019.01—03)

副主任:滕　义(2019.01—03)

朱述耀(2019.01—03)

瞿照坤(2019.01—03)

市融媒体中心

主任:谭　辉(2019.03—12)

总编辑:朱述耀(2019.05—12)

副主任:滕　义(2019.03—12)

瞿照坤(2019.03—12)

卫生 防疫

市卫生健康局

市卫生和计划生育局

局长:魏顺军(2019.01—03)

副局长:杨智勇(苗族,2019.01—03)

舒友文(土家族,2019.01—03)

陈仙琼(2019.01—03)

罗晓东(土家族,2019.01—03)

市卫生健康局

局长:丁　娟(女,土家族,2019.12—12)

副局长:梁建华(2019.12—12)

杨智勇(苗族,2019.12—12)

舒友文(土家族,2019.12—12)

罗晓东(土家族,2019.03—12)

党组成员:谭全生(2019.07—12)

市中心医院

党委书记、院长:尹应雄

专职党委副书记:蔡秀华

工会主席:覃德荣(女,土家族)

党委委员、副院长:郑　俊　阮珍义

党委委员、总会计师:任晋巧(女)

市中医医院

副院长:袁　鹰(土家族)　王　斌

徐　翔(2019.12—12)

党委委员、副院长:赵庆军

市疾控中心

主任:梁建华

副主任：徐　翔（2019.01—11）张　杰
侯延贵　向　勤（2019.11—12）

社会生活

市人力资源和社会保障局
局长：傅志江（土家族）
副局长：于红霞（女，土家族）刘德伟
张家斌　朱爱平

市社会保险管理局
局长：陈仙琼（女，土家族，2019.3—12）

市公共就业和人才服务局
局长：张　健（土家族）

市民政局
局长：廖平玥（2019.01—09）
高登国（2019.10—12）
副局长：张同胜　邓敬婷（女、土家族）
董　卿（挂职，2019.09—12）

市医疗保障局
党组书记、局长：
周雁飞（女，土家族，2019.03—12）
党组成员、副局长：
张建军（2019.03—12）
罗晓东（土家族，2019.12—12）
党组成员、总会计师：
周建华（土家族，2019.08—12）
党组成员、市医保中心主任：
李　越（土家族，2019.03—12）

市残联
理事长：肖极峰
副理事长：王　炼
理事：李盛武

市民宗局
局长：蒋世文（土家族）
副局长：崔　平（土家族）田　勇

市退役军人事务局
局长：李晓玲（女）
副局长：郑世郡　向昌书（2019.07—12）
党组成员：刘　青

市军队离退休干部休养所
所长：李　华（女，2019.07—12）
市革命烈士陵园管理所
所长：杜若馨（女，2019.07—12）

市退役军人服务中心
主任：皮兴岗（2019.07—12）

乡镇街道

新塘乡
中共新塘乡委员会
书记：张晓军
副书记：袁铭方　刘雨田
谭纯达（土家族）
委员：黄　平（土家族）田本华
谭远铸（土家族）王　荣
李休根（土家族）

新塘乡人大主席团
主席：廖荣华（土家族）
副主席：董启龙（土家族）

新塘乡人民政府
乡长：袁铭方
副乡长：田本华　李休根
副科级干事：廖兆文（土家族，2019.01—11）
综治中心专职副主任：
廖瑞鑫（土家族，2019.10—12）

中共新塘乡纪律检查委员会
书记：黄　平
副书记：张冠辉（土家族）

红土乡
中共红土乡委员会
书记：张　涛
副书记：王　祎（土家族）
　　曾祥富（土家族）
　　徐　瑞（女，2019.01—04）
　　杨文艳（女，土家族，2019.04—12）
委员：姚昌凡（侗族）　向珍武（土家族）
　　曾令虎（土家族）
　　杨小东（土家族）
　　谭双菊（女，2019.01—03）
　　沈　阳（2019.04—12）

红土乡人大主席团
主席：曹显冬（土家族）
专职副主席：沈　阳（2019.01—06）
　　吴珍情（女 2019.06—12）

红土乡人民政府
乡长：王　祎（土家族）
副乡长：向珍武（土家族）
　　谭双菊（女，土家族，2019.01—03）
　　沈　阳（2019.06—12）
正科级干事：张开鹏（土家族）

中共红土乡纪律检查委员会
书记：姚昌凡（侗族）
副书记：黄海兴（土家族）

沙地乡
中共沙地乡委员会
书记：戴　锐
副书记：赵　林
委员：崔茂辉　舒世杰
　　李贵俊（2019.07—12，挂职）
　　雷　刚　万　勇　郑　端　陈德伟
　　汤洛银　黄彦青（2019.07—12，挂职）

沙地乡人大主席团
主席：王　超
专职副主席：熊　璞（女，2019.09—12）

沙地乡人民政府
乡长：赵　林
副乡长：汤洛银　万　勇
　　黄彦青（2019.07—12，挂职）
主任科员：李明祥
乡综治办专职副主任：肖雪梅（女）

中共沙地乡纪律检查委员会
书记：郑　端
副书记：刘因媛（女）

太阳河乡
中共太阳河乡委员会
书记：张丽红（土家族）
副书记：钟　辉（白族）　杨兴国
委员：胡　健　张　华　杨锋茂（苗族）
　　杨海燕（土家族）
　　刘　璇（土家族，2019.05—12）
　　向雪娇（土家族，2019.07—12）

太阳河乡人大主席团
主席：廖寒松（土家族）
专职副主席：胡世柱

太阳河乡纪律检查委员会
书记：胡　健

副书记：王郁超

太阳河乡人民政府

乡长：钟　辉（白族）

副乡长：杨海燕（土家族）

　　　　刘　璇（土家族，2019.06—12）

正科级干事：陈大权

太阳河乡政协联络组

组长：刘　璇（土家族，2019.06—12）

屯堡乡

中共屯堡乡委员会

书记：叶　辉（2019.01—04）

　　　雷世军（2019.04—12）

副书记：马承恩　向兴善　肖　雷

委员：许红江　谭仕辉　谭　帮

　　　黄　晓　罗荣辉

屯堡乡人大主席团

主席：陈　竹（2019.01—11）

屯堡乡人民政府

乡长：马承恩

副乡长：谭　帮　黄　晓

　　　　李国玲（2019.04—12）

中共屯堡乡纪律检查委员会

书记：许红江

白果乡

中共白果乡委员会

书记：胡　志

副书记：彭钦钊　邢　祚　潘阳皇

委员：刘昭鹏　黄福崑　王正华　李文龙

　　　谭清年

白果乡人大主席团

主席：黄金文

白果乡人民政府

乡长：彭钦钊

副乡长：王正华　李文龙

中共白果乡纪律检查委员会

书记：刘昭鹏

副书记：吴　丹

芭蕉侗族乡

中共芭蕉侗族乡委员会

书记：龙　慧（女，侗族）

副书记：张　义（侗族）　王安胜

　　　　刘大军（土家族）

　　　　徐福洲（2019.01—07）

委员：胡青华（土家族）

　　　肖　霁（土家族）

　　　周　茂（土家族）

　　　孟　东（土家族）

　　　刘　荆（土家族）

芭蕉侗族乡人大主席团

主席：柴同举（土家族）

专职副主席：丁　伟（土家族，2019.12—12）

芭蕉侗族乡人民政府

乡长：张　义（侗族）

副乡长：周　茂（土家族）

　　　　沈　娟（女，土家族）

　　　　刘　荆（土家族）

　　　　邓悦欢（女）

正科级干事：别富祥（土家族）

副科级干事：谭道平（土家族）

中共芭蕉侗族乡纪律检查委员会
书记、监察室主任：胡青华（土家族）
副书记：唐德彦（土家族）

三岔镇
中共三岔镇委员会
书记：查忠权
副书记：谭海鹰（女） 陈永斌 康忠勇
　　　　郜平川（挂职）
委员：邹安平 朱永庆 杨自鹏 陈 佳
　　　杨长勇

三岔镇人大主席团
主席：张文刚
专职副主席：吴伦鑫（2019.09—12）

三岔镇人民政府
镇长：谭海鹰（女）
副镇长：朱永庆 杨长勇
正科级干事：方勖斌 田 好
副科级干事：刘代彬 欧顺权 杨昌兵

中共三岔镇纪律检查委员会
书记：邹安平
副书记：欧顺权

三岔镇综合治理中心
专职副主任：向创极（2019.10—12）

崔家坝镇
中共崔家坝镇委员会
书记：钟迎松（土家族）
副书记：薛成功 向海春（土家族）
　　　　杨元发（2019.01—04）
　　　　廖伟平（土家族，2019.05—12）
委员：胡永和 桂 军
　　　廖伟平（土家族）
　　　谭秋曦（女，土家族）
　　　秦泽民（土家族）
　　　冯德勇（土家族，2019.6—12）

崔家坝镇人大主席团
主席：王 赫（土家族）

崔家坝镇人民政府
镇长：薛成功
副镇长：廖伟平（土家族，2019.01—05）
　　　　桂 军
　　　　冯德勇（土家族，2019.07—12）

中共崔家坝镇纪律检查委员会
书记：胡永和

白杨坪镇
中共白杨坪镇委员会
书记：张金元（土家族）
副书记：陈轶丹（土家族）
　　　　卓川军（土家族）
　　　　侯 浩（土家族）
委员：胡晓海（土家族） 曹永彬（土家族）
　　　刘 波（土家族） 张 灿（土家族）
　　　谭 健（女，土家族）

白杨坪镇人大主席团
主席：黄泽兵（土家族）

白杨坪镇人民政府
镇长：陈轶丹（土家族）
副镇长：谭 健（女，土家族）
　　　　张 灿（土家族）
　　　　陈国梅（女，2019.01—04）
　　　　谭玲华（2019.04—12）

中共白杨坪镇纪律检查委员会
书记：胡晓海（土家族）

板桥镇
中共板桥镇委员会
书记：郭永伦（土家族）
副书记：蒲晓斌（土家族）
张生友（土家族，2019.01—05）
邱　实（2019.05—12）
委员：黄　蔚（土家族，2019.07—12）
黄大明（土家族）　刘　胜（土家族）
陈万勇（土家族）　赵　寅

板桥镇人大主席团
主席：黄　敏（土家族）

板桥镇人民政府
镇长：蒲晓斌（土家族）
副镇长：黄大明（土家族）
陈万勇（土家族，2019.01—08）
刘　胜（土家族,2019.08—12，提名）

中共板桥镇纪律检查委员会
书记：邱　实（2019.01—05）
黄　蔚（土家族，2019.07—12）
副书记：钟昌举（土家族）

龙凤镇
中共龙凤镇委员会
书记：程俊毅
副书记：涂　家　夏洪交
邓永劲（土家族）
王　军（2019.08—12）
委员：黄　淦（土家族）
王　寅（女，土家族）
王　东（土家族）　贺国军（土家族）
谭　鑫（土家族）
赵艳凤（女，土家族）
冯宗贤（土家族，2019.08—12）

龙凤镇人大主席团
主席：伍贤明
专职副主席：杨新锋
龙凤镇人民政府
镇长：涂　家
副镇长：王　东（土家族）
贺国军（土家族）
谭　鑫（土家族）
赵艳凤（女，土家族）
龙凤镇综治办专职副主任：
姚艳荣（女，2019.11—12）

中共龙凤镇纪律检查委员会
书记：郭宴龙（土家族）
副书记：姚艳荣（女，2019.01—11）

盛家坝镇（乡）
中共盛家坝镇（乡）委员会
书记：李华军
副书记：雷世军（2019.01—10）
徐　瑞（女，2019.11—12）
曾禄辉　向昌祥
委员：万　杰　温　炜　田　博　吕少华

盛家坝镇（乡）人大主席团
主席：吉尚海

盛家坝镇（乡）人民政府
乡长：雷世军（2019.01—10）
镇长：徐　瑞（女，2019.11—12）
副镇长：万　杰　温　炜　吴　荣

中共盛家坝镇（乡）纪律检查委员会
书记：田　博
副书记：张贻文（2019.11—12）

六角亭街道
中共六角亭街道委员会
书记：柳景国
副书记：李文静（女）　赵洪涛　向　涛
委员：陈　袁　苏　播（女）　胡　伟
　　　陈爱民　康纪洵

六角亭街道人大联络处
主任：柳景国
专职副主任：向立群

六角亭街道办事处
主任：李文静（女）
副主任：苏　播　康纪洵

中共六角亭街道纪律检查委员会
书记：陈　袁

六角亭街道政协联络组
组长：苏　播

小渡船街道
中共小渡船街道委员会
书记：付定平
副书记：黄　鹤　方　涛　袁　勇
　　　　杨元发（2019.04—12）
委员：廖晓云　王　艳（女）　易美戬
　　　谭文顶　谭小云　邹文贵

小渡船街道人大联络处
主任：叶　波

小渡船街道办事处
主任：黄　鹤
副主任：谭文顶　谭小云

小渡船街道政协联络组
组长：谭文顶

中共小渡船街道纪律检查委员会、小渡船街道监察室
书记、主任：廖晓云
副书记：曹　涵（女）
舞阳坝街道
中共舞阳坝街道委员会
书记：史光武
副书记：程　凯　张胜忠
　　　　陈　坦（2019.06—12）
　　　　谭　雨（2019.01—03）
委员：张世文　刘　伟　刘远明　黄再恩
　　　王　军　张　华（2019.06—12）

舞阳坝街道人大联络处
主任：黄存伟（2019.01—06）
　　　王　军（2019.07—12）

舞阳坝街道办事处
主任：程　凯
副主任：田顺秀　张世文
　　　　王　军（2019.01—06）
正科级干事：向　勇　杨昌斌
副科级干事：李登华　李世海

中共舞阳坝街道纪律检查委员会、舞阳坝街道监察室
书记、主任：刘远明
副书记：冯　军（2019.01—10）

恩施大峡谷风景区

中共恩施大峡谷风景区委员会

书记：向异华（土家族）

副书记：黄　猛　罗华星

　　　　黄　韬（2019.01—10）

　　　　庄　严（2019.01—07）

党委委员：罗大朋（土家族）张　俊

恩施大峡谷风景区管理处

主任：徐贵尧（女，2019.01—05）

　　　吕祖贵（2019.10—12）

常务副主任：黄　猛

副主任：罗大朋（土家族）

　　　　朱辅池（土家族）

恩施大峡谷风景区人大联络处

主任：黄　韬（2019.01—07）

　　　庄　严（土家族，2019.07—12）

市纪委派驻纪检组

组长：田　锋

恩施大峡谷风景区综治办公室

专职副主任：吴奇彦（2019.01—10）

恩施大峡谷风景区社会治安综合治理中心

专职副主任：吴奇彦（2019.10—12）

（注：军事所列市人武部、市消防救援大队领导名录，涉及保密故未录）

重要公报选载

2019 年恩施市国民经济和社会发展统计公报（摘要）

恩施市统计局

（一）综合

2019 年，全年实现地区生产总值 379.52 亿元，扣除价格因素，同比增长 7.7%。人均地区生产总值达 48516 元，比上年提高 3480 元，扣除价格因素，同比增长 7.1%。第一产业实现增加值 30.75 亿元，增长 3.7%；第二产业实现增加值 152.38 亿元，增长 7.4%；第三产业实现增加值 196.39 亿元，增长 8.9%。三次产业结构由上年的 8.4∶41.6∶50.0 调整为 8.1∶40.2∶51.7。其中一产业比重下降 0.3 个百分点，第二产业比重下降 1.4 个百分点，第三产业比重提高 1.7 个百分点，产业结构企稳向好。

（二）农业

全年实现农林牧渔业总产值 55.97 亿元，扣除价格因素，同比增长 3.6%。其中农业产值 30.15 亿元，同比增长 3.5%；林业产值 4.76 亿元，同比增长 2.9%；牧业产值 16.91 亿元，同比增长 3.5%；渔业产值 0.31 亿元，同比增长 2.2%；农林牧渔服务业产值 3.84 亿元，同比增长 5.3%。

主要农产品种植结构不断调整，粮食产量基本稳定，经济作物总体增收。全年粮食产量 20.91 万吨，与上年基本持平。其中夏粮产量 4.98 万吨，比上年增产 18.4%，秋粮产量 15.93 万吨，比上年减产 5.1%；蔬菜（含魔芋）产量 61.73 万吨，增产 4.2%；油料产量 2.02 万吨，减产 7%；烟叶产量 0.59 万吨，减产 21%；茶叶产量 2.65 万吨，增产 13.4%；水果产量 4.06 万吨，增产 5%，药材产值 1.56 亿元，增产 4.1%。

畜牧业生产发展趋于下滑。全年生猪出栏 61.13 万头，比上年下降 28.9%；牛出栏 1.76 万头，下降 20.4%；羊出栏 9.75 万只，下降 31.5%；家禽出笼 203.55 万羽，比上年增长 2.7%。

（三）工业与建筑业

年末全市规模以上工业企业76家，实现工业总产值52.66亿元，比上年增长12.2%（不含恩施卷烟厂和州市供电公司数据。包含恩施卷烟厂和州市供电公司数据，则工业总产值为165.99亿元，比上年下降0.5%）。全部工业（包括恩施卷烟厂、州市供电公司及限下）实现增加值133.81亿元，可比增长8%。其中“规上”工业增加值可比增长7.9%。“规上”工业（不含恩施卷烟厂和州市供电公司数据）实现营业收入52.42亿元，同比增长9.5%。实现利润总额6.4亿元，实现利税总额8.73亿元，比上年增长10.4%。

建筑业稳步发展。全市拥有资质等级三级及以上建筑企业51家，其中一级建筑资质2家，二级建筑资质16家，三级建筑资质14家，二级装修资质11家，三级装修资质7家，建筑业劳务企业1家。全年实现建筑业总产值60.56亿元，增长4%。

（四）固定资产投资及房地产开发与建设

全社会固定资产投资完成额比上年增长18.2%（不含农户）。其中5000万元以上项目投资73.41亿元，比上年增长2%；房地产开发投资70.95亿元，同比增长14.8%。全年城镇投资施工项目370个，其中当年新开工项目119个。

全年商品房销售面积149.33万平方米，比上年增长10%，其中住宅销售138.48万平方米，比上年增长6.9%。实现商品房销售额90.49亿元，同比增长6.5%。

（五）国内外贸易、市场物价及招商引资

全年实现社会消费品零售总额215.78亿元，同比增长11.6%。分行业看，批发业、零售业、住宿业、餐饮业分别实现零售额44.35亿元、154.14亿元、7.32亿元、9.97亿元，较上年分别增长18.6%、9.8%、8.8%、12.5%。

全年实现出口额1652万美元，比上年增长183.1%。

市场物价平稳运行。居民消费价格总指数比上年上涨3.1个百分点；商品零售价格总指数比上年上涨1.9个百分点。

全年新签招商引资合同（协议）14个，合同（协议）金额139.2亿元，比上年增长18.4%。全年实际到位境内省外资金33.61亿元。全年实际利用外资858万美元，较上年增长1.4%。

（六）财政及金融

全年实现财政总收入34.94亿元，较上年下降1.8%，其中一般公共预算收入22.86亿元，下降1%。分部门收入分别为：税务部门30.48亿元，同比下降1.2%；财政部门4.46亿元，下降5.5%。一般公共预算收入中税收收入18.4亿元，占比80.5%。全年公共财政预算支出87.23亿元，增长21.2%。

年末全市金融机构人民币存款余额511.86亿元，比上年末增长0.1%，其中城乡居民储蓄存款余额261.12亿元，比上年末增长4.3%。金融机构人民币贷款余额529.02亿元，比上年末增长13.1%。贷存比103.35%。

（七）交通运输、邮电通讯及旅游

截至2019年底，全市境内拥有四级及以上公路里程达4360千米，按管理级别分：国道282千米、省道358千米、县道428千米、乡道2576千米、村道路716千米。按技术等级分：一级公路29千米；二级公路417千米；三级公路134千米；四级公路3780千米。

年末拥有公共汽车营运车辆数257辆（328标台），营运线路35条，营运线路总长度600千米，全年客运量5400万人次，实现营运收入6918万元。市内客运出租汽车840辆。

年末拥有固定电话用户4.18万户，拥有移动电话用户111.03万户，宽带网用户55.94万户。

全年接待国内外旅游总人数2374万人次，增长12.5%。全年实现旅游综合收入200.39亿元，增长11.6%。其中旅游入境人数6575人次，下降3.3%。外汇收入324万美元，增长26.1%。

（八）基础教育、科技与卫生

全市辖区拥有幼儿园124所，小学108所，初级中学26所（含九年一贯制学校4所），高级中学8所（含十二年一贯制学校3所）。中等职业学校2所，特殊教育学校1所，乡村教学点75个。

学前教育幼儿园在园人数2.43万人，小学在校学生5.34万人，小学学龄儿童入学率100%，普通初中在校学生2.95万人，初中学龄入学率100%，初中毕业生升学率91.1%，九年义务教育巩固率99.9%。普通高中在校学生1.91万人。特殊教育学校在校学生107人。

学前教育拥有教职工2385人，其中专任教师990人。小学教育拥有教职工3785人，其中专任教师3428人。初级中学拥有教职工2772人，其中专任教师2397人；高级中学拥有教职工2704人，其中专任教师2012人。

科技创新工作。全年新增高新技术产业企业9家，年末高新技术产业企业达到31家。全年实现高新技术产业总产值38.8亿元，增加值20亿元，分别占地区生产总值的10.22%和5.27%。“规上”企业设立研发机构的占“规上”企业总数的25%以上；完成“硒都菁英汇”人才计划项目征集20项，发布省“揭榜制”科技项目3个，对接技术成果需求5项；完成《恩施市创新型市建设方案》编制和创建申报工作。

全年专利申请647件（其中发明专利申请244件），专利申请总量比上年增长60.9%；专利授权258件（其中发明专利授权37件），专利授权总量比上年增长22.3%。

卫生健康事业稳步发展。城乡医疗服务网络、设施和技术水平不断改善和提高。全市辖区拥有卫生机构220个，其中医院16个，乡镇卫生院及社区卫生服务中心17个，村及城区卫生室（所）181个，其他卫生机构6个。全年财政直接用于卫生健康支出7.36亿元。全市辖区医疗机构年末拥有医疗床位8195张，按常住人口计算每千人拥有医疗床位10.5张；拥有卫生技术人员8043人，其中执业（助理）医师2775人，注册护士4257人。

（九）人口与计划生育

年末全市户籍总人口81.3万人，其中男性人口41.68万人，女性人口39.62万人，男女性别比为105.2∶100（女性为100）。常住人口78.36万人，按城乡划分口径分：城镇人口（含城区及城郊区和乡镇集镇辖区）44.66万人，乡村人口33.70万人，常住人口城镇化率57%，比上年提高1个百分点。当年出生人口8231人，当年死亡人口4742人，人口出生率9.28‰，人口死亡率5.35‰，人口自然增长率3.93‰。年末60岁以上老年人口15.76万人，占总人口的19.38%。（注：户籍人口以公安人口统计口径，出生和死亡人口以卫健部门统计口径）。全市人口密度（按常住人口计算）为197.53人/平方千米。按农业口径分：全市乡村人口为63.69万人，乡村户数18.73万户。

计划生育、优生优育工作：全市符合政策生育率96.1%。在出生总人口中，一孩生育率占44.1%，二孩生育率占48.1%，多孩生育率占7.8%。

（十）人民生活

城镇居民生活水平稳步提高，消费结构不断变化。据城市住户监测资料显示：全年城镇常住居民人均可支配收入34300元，增长9.1%，年人均生活消费总支出25269元，增长10.9%。城镇居民恩格尔系数32.7%。

农村居民生活水平逐步改善。据农村住户监测资料显示：农村常住居民年人均可支配收入12050元，增长10.6%；年人均生活消费支出10246元，增长12.4%。农村居民恩格尔系数39.4%。农村自来水普及率90.14%。

城乡全体居民人均可支配收入22099元，增长9.6%。城乡居民人均生活消费支出17031元，增长11.4%。全体居民恩格尔系数34.9%。城乡居民收入比为2.85∶1。

2019年全市城镇单位在岗职工（含劳务排遣和私营单位）年平均工资57898元，比上年增长3.0%（全州平均水平）。

（十一）劳动、社会保障和精准扶贫

当年城镇新增就业人数8461人，城镇登记失业人数3050人，城镇登记失业率为3.3%。参加各种社会保险人数140.09万人，其中企业基本养老保险10.57万人；机关事业单位基本养老保险2.03万人；城乡居民养老保险38.26万人；城镇职工基本医疗保险7.32万人；城乡居民医疗保险66.43万人；失业保险4.42万人；工伤保险7.28万人；生育保险3.79万人。全年征收各种社会保险基金14.99亿元。

全年社会救助城乡居民最低生活保障人数3.44万人，低保户数1.6万户。其中城市居民最低生活保障人数2432人，低保户数1577户；农村居民最低生活保障人数3.2万人，低保户数1.43万户。农村特困人员救助供养3347人，城市特困人员救助供养65人。临时救助1371人次。

精准扶贫稳步推进。2019年完成34个贫困村出列、1.13万户3.11万人脱贫任务。经恩施州初审，认定145个贫困村全部出列，累计5.46万户17.49万人实现稳定脱贫，留存贫困人口773户1669人，贫困发生率由2014年的26.08%下降至0.25%。

（十二）城市建设、环境保护、能源及安全生产

城区基础设施建设投资。全年完成市政公用设施建设投资24.49亿元。其中城区道路桥梁建设投资10.37亿元；园林绿化建设投资9.69亿元；城区亮化建设投资3.2亿元；供水新扩建投资0.76亿元；污水处理及管网建设投资0.37亿元；环境卫生设备设施建设投资0.1亿元。

城区道路、照明与停车。年末城区面积120平方千米，其中建成区面积41.28平方千米。全年新增城区道路9.21千米，年末城区道路长度达204.04千米；新增城区道路面积21.08万平方米，年末城区道路面积达312.33万平方米。年末安装路灯道路长度196.87千米，年末道路照明灯1.77万盏。年末公共停车场停车位数1.46万个，配建停车场停车位数1.24万个。

城区园林绿化。年末城区绿化覆盖面积2500公顷，其中建成区1705.5公顷，建成区绿化覆盖率41.3%。年末城区园林绿地面积2076公顷，其中建成区1525公顷。城区公园6个，面积198公顷。

城区供水。全年新增供水管道长度73.28千米，年末供水管道长度1321.12千米，综合生产能力17.3万立方米/日，全年供水总量4773.96万立方米。用水户数15.33万户，用水人口28万人。城市饮用水水质综合合格率100%。

城市供气。全年末天然气供气管道长度1330.57千米，储气能力10万立方米，全年供气总量7906.42万立方米，用气户数11.02万户，用气人口24万人。液化石油气储气能力380吨，全年供气总量915吨，用气户数7233户，用气人口2.8万人。

市容环境卫生。年末拥有市容环卫专用车辆112辆，道路清扫保洁面积379万平方米，年清运生活垃圾12.43万吨，清运建筑垃圾165万吨，生活垃圾无害化处理率100%。全年污水排放总量3350万立方米，污水处理量3122.14万立方米，污水处理率93.2%。

环保与节能减排。全年能源消耗总量134.22万吨标准煤，比上年增长4.09%。单位GDP能耗0.3955吨标煤/万元，比上年下降3.35%。单位工业增加值耗能比上年下降12.38%。单位GDP电能消耗493.8千瓦时/万元，比上年降低0.8%。主要污染物总量减排完成省、州下达任务目标；全年空气质量优良天数达344天（其中优145天，良199天），城区饮用水源水质达标率100%。森林覆盖率达65.53%。

安全生产。全年发生交通事故26181起，死亡

人数79人，交通事故损失金额2754.26万元。全年发生火灾事故197起，无人员伤亡，损失金额33.42万元。全年工矿商贸企业安全事故发生6起，死亡6人，损失金额540万元。全年生产安全事故11起，死亡人数12人，损失金额583万元，亿元GDP生产安全事故死亡率0.0316人/亿元。

指标注释：

1. 本公报所列数据为初步统计数，最终数据以统计年鉴及部门或行业公报为准。

2. 生产总值、各产业增加值及人均生产总值绝对数按现价计算，增长速度按不变价格计算。

3. 按照辖区统计原则，本公报中的有关方面的数据包含中直、省直和州直单位数据。但也有少数部门的数据按照行业部门的相关要求不包含中直、省直和州直单位的数据，请慎用。

资料来源：

本公报中有关主要数据的来源：一是恩施市统计局各相关专业科室；二是国家统计局恩施市调查队相关专业科室；三是各相关行业主管部门；四是政府各相关职能部门；五是上级统计部门反馈的数据。

2019年恩施市精准扶贫精准脱贫工作综述（摘要）

恩施市人民政府扶贫开发办公室

（一）基本情况

恩施市有贫困村145个，有贫困人口的非贫困村（社区）48个。2019年动态调整后，国网系统锁定恩施市建档立卡贫困人口总规模5.54万户，17.66万人。

2019年11月，恩施州对恩施市开展贫困县退出初审，认定145个贫困村全部出列，累计5.46万户17.49万人实现稳定脱贫，留存贫困人口773户1669人，贫困发生率由2014年的26.08%下降至0.25%，群众认可度98.25%。其中2019年完成34个贫困村出列、1.13万户3.11万人脱贫任务（其中贫困残疾人3951人）。2019年，全市农村常住居民人均可支配收入达到11962元，增速9.8%，基本公共服务主要领域指标接近全国平均水平。

（二）工作措施及成效

1. 提高政治站位，坚定信心决心

市委、市政府始终把习近平新时代中国特色社会主义思想、习近平总书记关于扶贫工作的重要论述、习近平总书记视察湖北重要讲话精神作为决战脱贫攻坚根本遵循和行动指南，坚决扛起脱贫攻坚政治责任、主体责任，始终把脱贫攻坚作为最大政治、头等大事、第一民生。市委中心组、市政府党组、扶贫专题会议每月必学习近平总书记重要论述，“不忘初心、牢记使命”主题教育每人必查贯彻习近平总书记重要论述的不足和差距，切实把思想行动统一到党中央决策部署上来。市委、市政府主要负责同志带头落实第一责任人责任，带头学习贯彻党中央、国务院及省委、省政府，州委、州政府关于脱贫攻坚的决策部署，经常性深入贫困村、边远村调研督办、教授方法；适时召开市委常委会、市政府常务会、市指挥部调度会，有序调度阶段性重点工作。其他市级领导坚持下沉一线，发现问题、研究问题、解决问题，与老百姓面对面商讨脱贫计划，心连心提升脱贫信心，切实做到扶真贫、真扶贫、真脱贫、脱真贫。坚持一线用人导向，注重在脱贫攻坚一线培养锻炼、选拔重用干部，2019年，全市从脱贫攻坚一线选拔重用干部46名，占选拔重用总人数的42.59%。

2. 从严压实责任，推动以实取胜

（1）压实脱贫攻坚政治责任。按照习近平总书记关于“五级书记抓扶贫”的要求，市委、市政府主要负责人坚决扛起脱贫攻坚政治责任，市委、市政府每月至少专题研究1次扶贫工作，市委书记、市长每月至少5个工作日抓扶贫工作，带头落实“遍访贫困对象”要求，2019年以来，州政协副主席、市委书记向前进开展扶贫调研61次、走访155个村，市委副书记、市长苏勇开展扶贫调研42次、走访113个村，带动其他市领导、市直部门主要负责人、乡镇、街道（管理处）党政主职、村（社区）书记到村到户，推动各方责任落实落地落细，解决群众最急最忧最盼突出问题。

（2）压实市乡村主体责任。成立市扶贫开发领导小组（脱贫攻坚指挥部），市委书记任组长（政委），市长任第一副组长（指挥长），既挂帅，又出征，实行一月两调度。成立17个乡镇、街道（管理处）前线指挥部，39名市级领导分别任指挥长、副指挥长，坐镇指挥、统筹推进，实行一周一调度；抽调2638名干部组建193个驻村工作队，吃住在村、工作在村、岗位在村，实行一周两碰头。

（3）压实行业主管责任。由分管市级领导牵头，成立16个行业扶贫工作组，搭建扶贫项目建设“十个平台”，抽调专人组建行业扶贫工作专班，下沉一线调研、指导、解决具体问题，做到上下联动、信息共享、工作落实。

（4）压实结对帮扶责任。全市1.15万名干部职工与贫困户结成帮扶对子，反复走访掌握社情民意，反复沟通增进情感交流，反复研究敲定脱贫方案，反复动员落实脱贫措施，推进干部力量下沉、精准识别佐证、基础设施提升、特色产业发展、人居环境整治、项目资金安排、惠民政策落实、群众工作深入“八个到村到户”，提升帮扶成效。

（5）压实监督责任。由市纪委监委牵头，市委组织部、市委巡察办等部门参与，深入开展专项巡察、明察暗访和作风问题专项治理，从严查处群众身边的“微腐败”和形式主义、官僚主义等作风问题。2019年，全市收到扶贫领域问题线索235件，查实154件，追责问责263人（其中党纪政务处分44人，诫勉谈话38人次，组织调整或处理181人次）。

3. 聚焦质量提升，强化工作落实

（1）精准识别，不落一人。严把贫困人口进出关。综合考虑产业、住房、因学、因病、因灾等影响家庭生活质量的重要因素，对贫困人口实行动态管理，2019年全市新识别贫困户15户50人，家庭成员自然增加7882人、自然减少7168人。对照“两不愁三保障”脱贫标准，逐村逐户逐人开展摸排、核查，到12月底，未发现漏评、错退、返贫情况。

（2）精准帮扶，务求实效。聚焦“户脱贫”标准，突出“一户一策、因人施策”，每年由帮扶干部和结对帮扶对象商讨脱贫计划，制定年度脱贫措施；突出发展产业带动就业，扎实开展“千企帮千村”活动，带动贫困户发展“当家”产业，513家市场主体投入资金5.46亿元，通过土地租赁、提供务工、订单收购、代养统购、公益帮扶等方式，直接帮扶贫困人口9.24万人。聚焦“村出列”要求和群众需求，精准施策，补齐短板，2019年全市新建各类农村公路3248.48千米，实现“村村通水泥路”、所有20户以上聚居村落通砂石路；在实现“村村通动力电”基础上，新建35—110千伏变配电站3座，新建改造配网10千伏线路722.17千米、配变797台、容量73.82兆伏安，提升电力保障水平；新增通讯基站702个，累计达到3724个，实现“村村通光纤宽带”；扎实做好人居环境整治，深入开展“厕所革命”，新（改）建农户无害化厕所1.8万户、公厕132座。聚焦完善大扶贫格局，实施“人大代表在行动”“政协三大工程”（政协三大工程：即政协委员参与精准扶贫“为民、爱心、带动”三大工程），开展“10·17扶贫日”活动，有效发挥中国社会扶贫网等平台作用，凝聚各类社会组织和爱心人士广泛参与精准扶贫。聚焦提升贫困户“我要脱贫”的内生动力，强化宣传教育引导，广泛宣传惠民政策，2019年累计召开各类群众会2.5万余场次，发放各类政策宣传资料6万余份，提升人民群众的政策知晓率和满意度，营造脱贫攻坚良好氛围。

（3）精准管理，提高效率。做强前线指挥部，强化市级领导坐镇指挥，赋予前线指挥部项目审批、临机决断权限，提高议事决策效率。实行村“两委”和驻村工作队负总责，统筹实施村级项目，统筹调度驻村帮扶力量，重大事项按照程序报前线指挥部研究。加强项目、资金跟踪审计监管，严格项目资金绩效评价，及时纠偏纠错，集中力量办大事，确保好钢用在刀刃上。2019年，全市统筹资金15.3亿元（其中统筹财政资金10.45亿元，整合其他资金4.84亿元），实际增量安排1.04亿元，比2018年净增加2550万元；全市入库项目2698个，已实施项目2277个。截至12月31日，统筹财政资金已使用9.82亿元，使用率93.98%。做实抓党建促脱贫攻坚，抽调14名精兵强将充实到市脱贫攻坚指挥部办公室工作，选派169名优秀机关干部担任驻村第一书记，返聘25名农村工作经验丰富的退休干部充实到偏远村工作队工作，选优配强一线攻坚力量。

（4）精准考核，问效问责。强化过程结果双向考核，定量定性双重评价，有效发挥考核“指挥棒”作用。乡镇按照城区街道、农村乡镇分别确定考核指标和权重，市直部门重点考核驻村扶贫、行业扶贫、东西部扶贫协作等工作，增强考核针对性。在定量考核基础上，按排名情况确定“综合评价好、综合评价较好、综合评价较差”三个等次，考核结果通报全市。对综合评价较差的，一律不得评为优秀，一律不得表彰为工作突出单位，并由市扶贫开发领导小组（脱贫攻坚指挥部）约谈单位主要负责人，提出限期整改要求。

4. 突出“五个一批”，精准落实政策

（1）全面落实“五个一批”扶贫政策。产业扶贫投入资金7100万元，实施农业产业项目198个（其中3280万元用于解决产业薄弱村、产业空白户问题），全市累计建成特色产业基地5466.67公顷，特色种植、特色养殖带动贫困户5.42万户，带动率97.9%（含就业）；累计发展新型市场主体2634家，链接贫困户4.52万户，链接率81.6%；强化就业扶持，累计组织技能培训2.58万人次，实施“雨露计划”发放职业教育补助资金2115.75万元，资助8463人次，1446名贫困家庭“两后生”就读技工学校或参加劳动预备制培训，6.64万贫困人口外出就业，2.99万贫困人口就近就业。易迁扶贫严格落实“建房不举债、面积不超标、建新必拆旧”三条红线，累计建成集中安置点191个，安置贫困户2728户8169人，分散安置贫困户3514户1.02万人；完善搬迁群众生产生活条件，建设扶贫车间30个，实施房屋“平改坡”5024户，配套菜地3046户，配套附属生产用房2984套，配套养殖栏圈934间，实现有条件的安置点应配尽配。生态扶贫兑现生态公益林补偿资金2605.5万元、退耕还林补助资金3601.85万元，惠及贫困人口12.47万人。选聘1375名贫困人口为生态护林员，兑现管护资金547.58万元；选聘527名贫困人口为天然林保护工程护林员，兑现管护资金315.93万元。教育扶贫落实教育资助政策，2019年发放补助资金6456.5万元，资助学生83483人次，实现“应补尽补”，建档立卡贫困家庭学生资助覆盖率100%；完善贫困家庭学生交通费补助制度，发放补助资金644.9万元，资助学生2.18万人次；全面完成“改薄”五年规划项目，投入3.63亿元新

（改）建校舍18.7万平方米、改造运动场27.68万平方米；投入1.01亿元添置信息化装备和食堂宿舍设施设备，改善农村中小学办学条件。兜底保障2019年投入各类保障资金1.42亿元，惠及贫困人口5.4万人，发放困难残疾人生活补贴资金368.83万元，惠及7349人，发放重度残疾人护理补贴资金873.93万元，惠及7726人，安排资金183.1万元为2019年初符合参保条件的未脱贫人口代缴养老保险1.83万人次，实现“应保尽保、应兜应兜”。

（2）围绕最大限度激发贫困户内生动力，有效落实金融扶贫、光伏扶贫等方面政策。发挥金融扶贫“造血”功能，累计向9280户贫困户发放扶贫小额贷款5.6亿元，向2176个市场主体发放“新型经营主体+建档立卡贫困户”贷款5.8亿元，带动1.1万户贫困户增收。开展光伏扶贫，全市2016—2018年建成光伏发电站93座，装机容量5313.07千瓦，累计收益461.9万元，支持村级公益事业发展，带动贫困户1056户。落实“三留守”关爱政策，建设日间照料中心、亲情小屋，开展“送温暖、送技术、送政策”等活动，统筹开展生活照料、保健医疗、精神抚慰、权益保护等服务。

5.坚持对标对表，改善民生环境

（1）义务教育有保障。到2019年秋季，全市义务教育阶段学生入学率、小学巩固率均为100%，初中巩固率99.85%。聚焦在州外就读的1907名建档立卡贫困家庭学生，先后3次发函至所在地学校；聚焦在本市就读的1844名外地建档立卡贫困家庭学生，广泛宣传资助政策，“点对点”提醒督促、及时落实资助政策。

（2）基本医疗有保障。严格落实贫困人口参保财政代缴政策，安排资金720.15万元，全额资助参保32734人；安排资金1543.56万元，按50%比例资助参保14.03万人，贫困人口参保率100%。严格执行“四位一体”基本医疗保障政策（基本医疗、大病保险、医疗救助、补充保险）和“先诊疗后付费”、“一站式、一票制”结算制度。1—7月，农村贫困人口县域内总医疗费用、县域外政策范围内医疗费用实际报销比例分别为90.57%、91.05%，个人自付费用控制在5000元以内；8—11月，农村贫困人口县域内总医疗费用、县域外政策范围内医疗费用实际报销比例分别为95.76%、89.7%，个人自付费用控制在5000元、8000元以内。对1.22万名疑似门诊特殊慢性病患者开展集中筛查，6693名贫困人口享受门诊特殊慢性病补助政策，截至12月底，贫困人口门诊重症、门诊特殊慢性病县域内就诊2.14万人次，发生政策范围内费用1528.43万元，政策范围内报销比例98%。配备合格村医638人，贫困家庭医生签约服务覆盖率100%，贫困群众基本医疗得到有效保障。

（3）住房安全有保障。完成6242户1.84万人易地扶贫搬迁任务，累计拆除旧房6218户，完成宅基地复垦101.21公顷、生态修复18.31公顷，不断强化后扶措施，实现“搬得出、稳得住、能脱贫致富”；统筹推进农村危房改造，2019年实施危房改造8368户（其中四类对象4900户，一般农户3468户），基本实现“危房不住人、人不住危房”。

（4）全面解决饮水安全问题。在关注吃饭、穿衣等基本民生基础上，把安全饮水作为重中之重，2018—2019年，投入资金4.2亿元，完成饮水安全工程2899处，集中式供水工程水质检测实现全覆盖，新增自来水入户7.73万户，改善21.75万农村人口饮水条件（其中贫困人口5.08万人），实现农村安全饮水问题“清零”。2019年10月，针对极端干旱天气造成的白杨坪响板水库供水片区饮水困难问题，新调整投资2500万元，实施响板水库维修工程和4个应急水源工程（三岔集镇水厂、沙地麦淌水厂、白杨坪水厂、龙凤镇吉心水厂），及时解决9.2万人季节性缺水问题。

6. 攻克深度贫困，破解难中之难

2019年，恩施市注重“三个倾斜”，实施“一村一策”，累计向19个深度贫困村投入资金2.53亿元，推进脱贫政策和帮扶措施精准到村到户到人，攻克深度贫困。

（1）倾斜帮扶力量。按“1+1”标准配备驻村力量：每个村民小组不少于1名公职人员、不少于1名村“两委”干部，平均每村配备接近20名干部，比全市平均水平多7人。返聘10名农村经验丰富的老干部到深度贫困村专职精准扶贫工作。

（2）倾斜资金投入。加大深度贫困村基础设施建设投入力度，19个村建成农村公路556.4千米，实施安防工程1593千米；解决安全饮水问题2.03万人；新建（改造）配网10千伏线路32.91千米、配变台区29台、容量2350千伏安；建设通讯基站39个，实现光纤宽带全覆盖。

（3）倾斜产业扶持。逐村分析产业发展现状、发展前景，有针对性制定产业扶持措施，新建特色产业基地900公顷，引进龙头企业2家，发展农民专业合作社212家、家庭农场52家，带动贫困人口4904人。

7. 借势借智借力，凝聚攻坚合力

（1）扎实开展东西部扶贫协作。强化组织领导。2019年，两地党政主要负责同志互访3次，召开联席会议3次，江干区、恩施市各级各部门深度对接，增强协作合力。强化人才交流。2019年，两地教育、医疗、农业农村、人社等部门协同发力，互派挂职干部15名，互派专技人才挂职交流79人次；举办各级领导干部培训班5期，培训各级领导干部553人次；举办专业技术人才培训班13期，培训专技人才930人次。强化资金管理。2019年，江干区援助恩施市财政资金4950万元，较2018年增长82%，其中4885万元直接用于贫困村、贫困户，占比98.7%。聚焦特色产业、“两不愁三保障”、扶志扶智和特色亮点4个重点，实施帮扶项目38个。强化产业合作。通过两地政府牵线搭桥，2019年新引进5家东部企业落地恩施市（总量达到11家），年度新增投资额3.35亿元，带动贫困人口948人。建设“扶贫车间”7个，配套发展民宿6家，吸纳贫困人口就业171人。两地共建产业园区3个，引导入驻园区企业7家，园区企业实际到位投资额7200万元，吸纳贫困人口就业147人。强化劳务协作。两地共同打造“江干—恩施职业技能培训中心”，以“三保”培训为重点（保洁、保安、保姆），开展技能培训4期387人，198人实现稳定就业。完善两地劳务用工信息互通平台，2019年新增贫困人员赴浙就业389人（其中赴杭就业87人）、湖北省内就近就业794人、其他省份就业209人，60名学生赴杭就读职业院校。强化携手奔小康。江干区9个街道与恩施市17个乡镇、街道（管理处）实现对口帮扶全覆盖；8个社区与恩施市8个村，27所学校与恩施市25所学校，9家医院与恩施市18家医院，34家企业、7家社会组织与恩施市49个贫困村分别结对；杭州41位明星企业家、社会组织负责人担任49个贫困村的“名誉村长”，多层次、全领域的协作帮扶机制全面形成。强化工作创新。聚焦深度贫困、名誉村长、3个万亩产业园等7个方面，立足恩施所需精准打造特色亮点，相关做法先后28次在省级及以上媒体报道。

（2）持续推进中直、省直定点扶贫、武陵山试验区建设和“616”对口支援。中直单位定点扶贫情况。武汉大学注重教育、医疗、智力、产业等帮扶，2019年直接投入资金261.75万元，帮助白果树村硬化通组公路7条、修建沟渠3条、建设百姓大舞台1个，建设产业示范园2个；在芭蕉侗族乡白果树小学、黄泥塘小学和红土乡中心小学建设魔法教室3间；帮助恩施市第一中学完成校园无线千兆网及教育平台建设。发挥校友优势，引进湖北一正药业，拟在恩施投资2.15亿元发展药材产业，已落地资金1.3亿元；引进卓尔文旅，拟投资10亿元在富尔山打造国际生态休闲度假区，已落地资金0.5亿元；协调湖北供销合作电子商务有限公司、湖北省茶业集团股份有限公司与芭蕉侗族乡签订产业扶贫合作协议，投资500万元的金风茶厂全面投产。省直单位定点帮扶情况。省自然资源厅牵头12个省直单位，明确具体帮扶事项41个，直接投入帮扶物资307.21万元，帮助引进其他资金4136万元。同时，省自然资源厅在建设用地规模、土地利用指标、土地整治项目和地质灾害治理等方面给予倾斜，为全市脱贫攻坚、实体经济发展、城乡建设等提供有力支撑；省信用联社、湖北民族大学、中科院武汉分院、中国农科院油料作物研究所等4家单位选派13名干部驻村扶贫，省第三人民医院、中南民族大学、中铁十一局等8家单位发挥职能优势，为恩施市精准扶贫提供物力、智力、财力支持。武陵山试验区建设和对口支援情况。2019年，省武陵山试验区及对口支援成员单位，立足恩施所需、部门所能，在政策、资金、项目上继续给予倾情关怀和大力支持，助力恩施市如期打赢脱贫攻坚战。省发改委、省民宗委、省财政厅、省人社厅、省自然资源厅、省交通运输厅、省水利厅等7个武陵山试验区成员单位帮扶项目32个，提供帮扶资金53.38亿元；省住建厅、省公安厅、省市场监督管理局、武汉大学、湖北中烟公司、鄂旅投公司、人行武汉分行、东风汽车公司、武汉市第十一中学、省第三人民医院等10个“616”工程成员单位帮扶项目39个，提供帮扶资金4.76亿元；孝感市继续实行“双层全覆盖”，实施帮扶项目20个，提供帮扶资金941万元；按照省委、省政府统一部署，由襄州区对口支援芭蕉侗族乡，已明确帮扶资金250万元，用于5个基础设施建设。

8. 完善体制机制，巩固脱贫成果

出台打赢脱贫攻坚战三年行动实施方案、脱贫攻坚巩固提升实施方案，注重在实践中建立健全工作机制，先后建立资金整合、控辍保学、易迁后扶、基本医疗保障、农村供水管护等制度机制，保障政策落实不走样。

（1）抓实两轮“回头看”。对标“两不愁三保障”脱贫标准，以全州“十看村、十看户”（到村看路、电、网、卫生室、学校、群众服务活动场所、产业发展、村集体收入、易地搬迁安置点、群众工作；到户看安全饮水、安全住房、产业就业、教育扶贫、健康扶贫、助残政策、兜底保障、其他政策、人居环境、群众情绪）为抓手，扎实开展脱贫成效两轮“回头看”，逐村逐户逐项摸底排查，解决“两不愁三保障”及村出列突出问题，巩固脱贫成效。加强重点人群信息监测。聚焦边缘户、脱贫监测户两类重点人群，全面摸清家底，确定边缘户436户1418人、脱贫监测户443户1391人，分类建立监测台账，强化措施、持续关注。

（2）落实政策保障，防止返贫、新致贫。实施“防贫保”政策，对72户医疗支出大的非贫困户理赔资金50.04万元；落实意外伤害小额保险政策，理赔案件407件，资金159万元；落实综治保险政策，理赔家庭财产损失案件681件，资金255.51万元；落实产业保险政策，理赔产业受损贫困户2800户，资金150万元；落实困难家庭大学生生源地贷款政策，为1367人发放贷款资金1087.65万元；落实贫困户大学新生路费及生活费补助政策，为399人补助资金23.35万元；对享受保障政策后生活仍然困难家庭中的重病重残、老年人及未成年人，及时落实民政救助政策，为9774人增发重点救助金124.61万元。推动脱贫攻坚与乡村振兴战略有效衔接。制定脱贫攻坚巩固提升工作实施方案，主动融入全市乡村振兴规划，巩固脱贫成果。全市2个州级乡村振兴试点（盛家坝乡二官寨村、白杨坪镇洞下槽村）、3个市级乡村振兴试点（龙凤镇杉木坝村、屯堡乡花枝山村、大峡谷风景区管理处营上村），正围绕“五个振兴”先行先试（产业振兴、人才振兴、文化振兴、生态振兴、组织振兴），探索农业全面升级、农村全面进步、农民全面发展的体制机制。

（三）经验典型

1. 推广放大龙凤试点 4 项机制 12 个方面创新经验，扶贫搬迁、移民建镇、退耕还林、产业结构调整等改革成果为推进精准扶贫提供有益借鉴，2019 年 11 月，《人民日报》头版再次刊文，对龙凤试点改革成效进行深度报道。

2. 开展各类问题清零、帮扶质量提升、文明乡风引领“三项行动”，以帮扶措施精准、政策落实精准、问责问效精准提升群众获得感和认可度，以“五佳五好”（五佳：最佳美丽乡村、最佳美丽社区、最佳脱贫标兵、最佳扶贫干部、最佳扶贫市场主体。五好：好婆媳、好妯娌、好姑嫂、好邻里、好心人）评选为载体厚植感恩文化，教育广大老百姓听党话、感党恩、跟党走。

3. 创新军地协作扶贫“131”（市人武部牵头，3 个市直部门帮扶 1 个贫困村，1 个民兵干部带领 3 个民兵帮扶 1 户贫困户）路径，密切人民军队与群众的深厚情感，以军民融合促进脱贫攻坚，市委常委、市人民武装部部长董高获 2019 年全国脱贫攻坚创新奖。

4. 形成名誉村长、硒品入杭、杭情诗意、山中车间、恩施月嫂 5 个东西部扶贫协作品牌，《湖北恩施市携手探索“消费扶贫”新路成效显著》《恩施聘请杭州明星企业家当“村长”》典型做法均入选 2019 年全国东西部扶贫协作培训班案例选编。

5. 深度挖掘绿色、生态、富硒资源潜力，丰富产业扶贫业态、拓宽群众增收渠道，旅游产业成为第一产业，游客满意度连续 3 年位居全省第一，入选“2019 中国县域旅游竞争力百强县市”，“四种旅游扶贫”（龙头景区带动、乡村旅游拉动、产城融合撬动、综合改革推动）方式带动 30 万人吃上旅游饭，“恩施玉露”茶依托军运会走向世界，“恩施硒土豆”让全国马铃薯大会走进恩施，群众“当家产业”实现提档升级，脱贫攻坚成效得到巩固。

6. 成功创建 5 个国字号城市品牌（中国优秀旅游城市、国家园林城市、国家森林城市、国家全域旅游示范区、全国生态文明建设示范市），跻身“全国投资潜力百强县（市）”榜单，为加快绿色发展、巩固脱贫成效奠定坚实基础。

（四）存在的主要问题

1. 产业带贫效果有待持续提升。主要是“八山半水分半田”“山路十八弯”的地理特征，使产业规模化、集约化程度不高，产业基础薄弱，龙头企业、专业合作社等市场主体规模不大、实力不强，带动能力有限。

2. 人居环境整治仍需加大力度。主要是农村污水、垃圾收集处理设施设备还不完善，老百姓分类投放垃圾的意识不强，陈规陋习在短时间内难以彻底改变，导致农村人居环境离乡村振兴的要求还有不小差距。

3. 扶智扶志需要持续用心用情用力。主要是极少数贫困户自力更生、脱贫致富的主动性不强，“等靠要”的思想没有彻底根除，“不愿脱贫”的情况还少量存在。

重要文件选录

恩施市2019年规范性文件目录

1. 中共恩施市委、恩施市人民政府印发《关于坚持农业农村优先发展做好“三农”工作的实施意见》的通知［恩市发〔2019〕1号］（2019年4月28日）

2. 中共恩施市委、恩施市人民政府印发《恩施市农村集体产权制度改革工作实施方案》的通知［恩市发〔2019〕2号］（2019年1月2日）

3. 中共恩施市委、恩施市人民政府印发《恩施市机构改革实施方案》的通知［恩市文〔2019〕6号］（2019年3月4日）

4. 市委办公室、市政府办公室关于印发文化旅游市场、交通运输、市场监督、农业等领域综合行政执法改革方案的通知［恩市办发〔2019〕1号］（2019年10月14日）

5. 市委办公室、市政府办公室关于印发《恩施市党政机关国内公务接待管理办法》的通知［恩市办发〔2019〕2号］（2019年1月2日）

6. 中共恩施市委办公室关于印发《恩施市力戒形式主义官僚主义为基层减负工作举措》的通知［恩市发〔2019〕3号］（2019年5月15日）

7. 市委办公室、市政府办公室关于建立恩施市青年工作联席会议制度的通知［恩市办文〔2019〕51号］（2019年11月8日）

8.《恩施市人民政府关于调整全市畜禽禁养区、限养区、适养区的通告》（恩市政规〔2019〕1号）

9.《恩施市人民政府关于划定高排放非道路移动机械禁用区域的通告》（恩市政规〔2019〕2号）

中共恩施市委　恩施市人民政府
印发《关于坚持农业农村优先发展做好“三农”工作的实施意见》的通知

恩施市人民政府扶贫开发办公室

各乡（镇、街道）党委，恩施大峡谷风景区党委，各乡（镇）人民政府、街道办事处，恩施大峡谷风景区管理处，市人武部党委，市委各部委，市级国家机关各办局，各人民团体：

现将《关于坚持农业农村优先发展做好“三农”工作的实施意见》印发给你们，请认真组织实施。

中共恩施市委　恩施市人民政府

2019年4月29日

关于坚持农业农村优先发展做好“三农”工作的实施意见

为确保全市经济社会持续健康稳定发展，决战决胜脱贫攻坚、全面建成小康社会，根据党中央、国务院和省、州有关文件精神，结合恩施市实际，制定如下实施意见。

（一）总体要求

坚持以习近平新时代中国特色社会主义思想为指导，深入学习贯彻党的十九大和习近平总书记视察湖北重要讲话精神，认真贯彻落实党中央和省、州、市农村工作会议精神，牢固树立新发展理念，落实高质量发展要求。坚持农业农村优先发展总方针，坚持脱贫攻坚与乡村振兴有效衔接，围绕“巩固、增强、提升、畅通”深化农业供给侧结构性改革，切实落实“四个优先”，扎实完成“三农”工作各项硬任务，为坚决打赢脱贫攻坚战，全面推进乡村振兴奠定坚实基础。2019年全市农村常住居民人均可支配收入增长9%。

（二）工作重点

1. 坚决打赢精准脱贫攻坚战

（1）紧盯“摘帽”目标，如期完成脱贫攻坚任务。紧紧围绕34个预脱贫村出列和111个已脱贫村脱贫成效巩固提升目标，突出“六基”重要作用，持续推进“八个到村到户”，扎实开展“三大行动”，实现“六个清零”，做到“六个全覆盖”；强化组织保障，完善脱贫攻坚责任、决策调度、驻村帮扶、驻村干部选派、财力投入、大扶贫工作、脱贫质量回溯和考核监督检查“八项机制”，提高扶贫工作质量；统筹推进定点帮扶、东西部扶贫协作和“616”对口支援等工作，确保“三率一度”全面达标，年度减贫任务全面完成，整市“摘帽”全面实现。

（2）巩固和扩大脱贫攻坚成果。攻坚期内贫困村、贫困人口退出后，相关扶贫政策保持稳定，减少和防止贫困人口返贫。强化易地扶贫搬迁后续措施。确保脱贫攻坚与乡村振兴有机衔接，巩固脱贫攻坚成果，持续推动经济社会发展和群众生活改善。

2. 大力推进农业高质量发展

（3）推进特色产业发展。着力推进农业产业特色化、绿色化、商品化，深化农业供给侧结构性改革，大力发展茶叶、蔬菜、马铃薯、中药材、生猪等特色产业，推进特色产业基地建设提档升级。以发展有机茶和品种改良为重点，管理好现有的2.47万公顷茶叶基地，适当扩大规模。打造武陵山茶叶交易中心，力争茶业综合产值突破60亿元。抓好优质商品薯基地建设，提升恩施土豆影响力。发挥“华中药库”资源优势，实现板桥党参、紫油厚朴、黄连等道地药材规模化、规范化种植，新增中药材标准化基地3333.33公顷。稳固“生猪调出大县”地位，力争畜牧业综合产值突破35亿元。积极培育农业龙头企业、农民专业合作社、家庭农场和种植（养殖）大户等新型农业经营主体。加强恩施玉露、恩施马铃薯等区域公用品牌建设，打造特色农产品品牌。落实好创业就业各项优惠政策。

（4）推进农产品生产全域绿色化。2019年建设有机茶叶基地666.67公顷，到2022年，发展有机茶达到总面积的10%。加强农业投入品监管，强化农资市场监督检查。严格落实农产品产地准出和市场准入制度，加强农产品质量安全追溯体系建设。推进农产品生产全域绿色化示范乡镇、示范村建设，加强“三品一标”申报认证工作，2019年实现新增认证企业10家、认证产品20个、认证面积1000公顷。开展农村假冒伪劣食品专项整治行动。加强农业检疫性有害生物和农业外来生物监测、预警和防控。加强重大动植物疫病防控，确保产业安全。

（5）推进一、二、三产业融合发展。以建设白杨坪镇国家农村产业融合发展示范园为契机，大力推进生态文化旅游、硒食品精深加工、生物医药、清洁能源“四大产业集群建设”。大力发展休闲农业与乡村旅游。开展具有地方特色的农事活动。进一步完善农产品产地初加工设施，加快农产品加工企业电气化改造。支持农村新产业、新业态发展。创新发展具有民族和地域特色的乡村手工业，培育一批家庭工场、手工作坊、乡村车间。实施国家电子商务进农村综合示范项目，落实“互联网 +”农产品出山行动。

（6）推进科技支撑。鼓励企业开展农企合作、校企合作、自主创新，加快突破产业发展的关键技术瓶颈。落实好科技特派员、指导员制度。支持供销、农业龙头企业、农业服务公司、农民专业合作社等开展农技推广、农机服务、土地托管、代耕代种、统防统治、烘干收储等农业生产性服务。

3. 加快补齐农业农村发展短板

（7）着力改善农村人居环境。深入学习推广浙江“千村示范、万村整治”经验，全面开展农村人居环境整治行动。完成全市 2.75 万户农户无害化厕所新建、改造任务（其中沼气池式厕所建改 1.6 万户），建成农村公共厕所 162 座，到 2020 年全市农村无害化厕所普及率达到 100%。实现生活垃圾无害化处理全覆盖，乡镇生活污水处理率达 50% 以上。

（8）着力改善农村基础设施。推进农村公路建设，确保全市农村公路实现“四好”。实现撤并村道路全部通畅，力争 20 户以上聚居自然村全部通达硬化路或砂石路，继续加强安保工程建设，逐步完善农村公路安保设施。全面解决全市农村居民安全饮水问题并建立长效管护机制。加快改善农村生产生活用电条件。实现光纤宽带通达所有自然村和 4G 网络全覆盖目标。完善乡村物流基础设施，降低乡村物流成本。开展高标准农田建设，全面完成“两区”划定任务。

（9）着力改善农村公共服务。整合农村学校教育资源，完成“全面改薄”任务。继续开展乡村医生订单定向培养和全科医生培养工作，鼓励公立医院医师到基层医疗卫生机构多点执业。加强农村公共文化服务体系建设，做好乡镇综合文化服务中心和村级综合文化活动室建设，推动公共服务向农村延伸，逐步完善农村公共服务信息平台建设。实施党员群众服务中心达标升级工程。做好农村低保、特困供养、救急救难等工作，完善“三留守”人员关爱服务体系，保障困难群众基本生产生活需求。

（10）着力加强农村生态环境保护。加大农业面源污染治理力度，开展农业节肥节药行动，实现化肥农药使用量负增长目标。完成配方肥施用面积 2.67 万公顷、土壤酸化治理面积 1.4 万公顷。推进畜禽粪污、秸秆、农膜等农业废弃物资源化利用。加强农用地土壤污染防治，划定农用地土壤环境质量类别，建立分类清单，实施农用地分类管理，严格保护优先保护类耕地，确保到 2020 年全市农用地土壤环境安全得到基本保障。深入推进“山长制”“河（湖）长制”工作，认真落实最严格的水资源管理制度，新增水土流失治理面积 50 平方千米以上。

（11）着力加强乡村规划引领。编制或修编村庄布局规划，统筹推进乡村振兴规划编制工作。编制多规合一的实用性村庄规划。加强农村建房许可管理。

4. 全面深化农业农村改革

（12）加快推进农村产权制度改革。全面完成清产核资和集体经济组织成员认定工作，保护特殊人群的合法权益。完善农村集体产权权能，支持集体经济多元化发展，鼓励村集体依法合理开发利用村域内土地、山林等资源。盘活闲置资产，增加村集体经济收入。

（13）深化农村改革。积极宣传第二轮土地承包到期后再延长 30 年政策。开展农村承包地确权登记颁证工作“回头看”，妥善处理遗留问题。加快推进农村土地“三权分置”改革。继续推进农村综合产权交易中心建设，稳妥推进农村土地流转，支持农业适度规模经营。彻底清理整治“大棚房”问题，坚决遏制农地非农化乱象。优先落实教育、医疗、文化、通信、物流等农村公共服务项目，深化农业农村领域“放管服”改革。加快推进农业水价综合改革。继续深化供销社综合改革。深入推进集体林权制度改革示范县和林业综合改革试验区建设。

5. 完善乡村治理机制

（14）增强乡村治理能力。健全党建统领，自治、德治、法治相结合的领导体制和治理模式，发挥群众参与治理主体作用。积极创建乡村治理体系，建设试点乡镇和示范村。完善村级议事协商制度，推进村级事务公开，加强村级权力有效监督。推进农村基层依法治理，建立健全公共法律服务体系。

（15）加强农村精神文明建设。引导农民践行社会主义核心价值观，强化公民道德教育，弘扬优秀传统历史文化。深化“中国梦”宣传教育，广泛开展理论宣讲和百姓宣讲活动。深入开展“五佳”“五好”评选活动，持续推进农村移风易俗，治理不良社会风气，指导各村制定或完善村规民约、成立红白理事会规范红白事开展行为。稳定推进农村公益性公墓建设，引导树立文明节俭治丧、节地生态安葬、文明低碳祭扫的殡葬新风尚。深入开展群众性精神文明创建活动。加大文化遗产保护利用和传统村落、特色村寨保护及建设力度，每年打造传统村落或特色村寨 1 个。

（16）持续推进平安乡村建设。深入开展扫黑除恶专项斗争。推进纪检监察工作向基层延伸，坚决查处发生在农民身边的不正之风和腐败问题。健全落实社区治安综合治理领导责任制，完善农村网格化管理机制。加强农村群防群治工作，开展“平安守护”行动，加快信息化、智能化农村社会治安防控体系建设，全面推行农村“雪亮工程”。加强乡村防汛抗旱、交通、消防、公共卫生、食品药品安全、地质灾害等公共事件易发领域隐患排查和治理工作。完善农村矛盾纠纷排查调处化解机制。

6. 发挥农村党支部战斗堡垒作用

（17）建强农村基层党组织。整市推进支部标准化、规范化建设，健全村党组织书记市级联审和备案管理机制，配齐配强村党组织班子。开展村支“两委”换届“回头看”。建立“第一书记”派驻长效机制，面向贫困村、软弱涣散村、集体经济薄弱村选派“第一书记”。加大贫困村党员队伍建设力度，充分发挥党员先锋模范带头作用。加强和改善村级党组织对村级群团组织等各类组织的领导。发挥村民委员会自治组织功能。建优建强村务监督委员会。发挥集体经济组织服务功能。大力培育和发展农村社会组织，注重打造乡贤队伍，发挥“五老”（老党员、老干部、老教师、老军人、老模范）和在外优秀人员的积极作用。

（18）强化村级组织服务能力。加强政府服务能力建设，推动市、乡行政服务向行政村延伸。统筹推进农村基层站所改革。规范村级组织协助政府工作事项，防止随意增加村级组织工作负担。健全财政保障村级组织运转经费投入制度。保障村干部待遇，村副职定补干部按照不低于村主职干部 70% 的标准落实工作报酬。

7. 落实农业农村优先发展总方针

（19）加强党对“三农”工作的领导。落实市乡“两级书记”抓乡村振兴工作。继续实施市领导联系乡镇工作制度。把落实“四个优先”要求作为做好“三农”工作的头等大事，扛在肩上、抓在手上，层层落实责任。

（20）加强“三农”队伍建设。坚持把优秀干部、精锐力量充实到“三农”工作第一线，注重选拔熟悉“三农”工作的干部进各级党政班子的用人导向。加强乡、村干部培训。加大村级后备干部培养力度。将乡村人才纳入人才培养计划，重点实施一村多名大学生计划。实施新型职业农民培育工程，着力培育一批能带领群众脱贫致富的农村实用人才。鼓励各类人才返乡创新创业。

（21）加大“三农”资金投入和尊重农民首创精神。坚持把农业农村作为财政资金优先保障领域和金融优先服务领域，本级财政更多向“三农”领域倾斜。尊重农民首创精神，激发和调动农民群众积极性主动性。发挥政府投资的带动作用，通过多种形式引导和支持村集体和农民自助组织实施或参与直接收益的村庄基础设施建设及农村人居环境整治工作。加强监管，防止增加农民负担。出台村庄建设项目简易审批办法，规范和缩小招投标适用范围，提升农民参与率。

（22）强化督办检查。市委督查室、市政府政务督查室、市委农办要把“三农”工作纳入日常督查的重要内容，开展常态化督办检查，大力整治形式主义、官僚主义，确保各项政策措施落实到位。

恩施市人民政府
关于调整全市畜禽养殖禁养区、限养区、适养区的通告

恩市政规〔2019〕1号

为加强畜禽养殖污染防治，合理布局全市畜牧养殖场所，促进畜禽养殖业持续健康发展，市人民政府决定对全市畜禽养殖禁养区、限养区、适养区划分进行调整，现就有关事项通告如下：

（一）划定依据

《中华人民共和国环境保护法》《中华人民共和国畜牧法》《中华人民共和国水污染防治法》《中华人民共和国大气污染防治法》《畜禽规模养殖污染防治条例》（国务院令第643号）、《水污染防治行动计划》（国发〔2015〕17号）、《饮用水水源保护区污染防治管理规定》[（89）环管字第201号]、《饮用水水源保护区划分技术规范》（HJ/T 338-2007）、《畜禽养殖禁养区划定技术指南》（环办水体〔2016〕99号）、《湖北省畜禽养殖区域划分技术规范（试行）》（鄂环发〔2016〕5号）及其他相关法律法规和行业技术规范。

（二）划定原则

依法保护生态环境；

维护群众合法权益，有效改善生态环境质量；

生态环境保护与畜禽养殖业持续健康协调发展；

以区域环境承载力为基础划分养殖区域；

符合土地利用总体规划、城乡总体规划、经济社会发展规划和文物保护要求；

生态环境保护与农业经济结构调整相一致；

符合动物防疫条件；

突出重点、简便及具有可操作性。

（三）术语及定义

1. 规模化畜禽养殖场（小区）。指达到《湖北省畜禽养殖区域划分技术规范（试行）的通知》（鄂环发〔2016〕5号）所定义的规模化畜禽养殖场（小区）规模，具体为：生猪≥500头（年出栏），奶牛≥100头（存栏），肉牛≥50头（年出栏），蛋禽≥5000只（年存栏），肉禽≥10000只（年出栏）。此规模标准以下的统称为畜禽养殖户。

2. 禁养区。指按照法律、法规、行政规章等规定，在指定范围内，禁止建设规模化畜禽养殖场（小区）的区域。

3. 限养区。指按照法律、法规、行政规章等规定，在一定区域内，结合区域环境容量，限定畜禽养殖污染排放总量的区域。

4. 适养区。指禁养区和限养区以外适宜畜禽养殖的区域。

（四）划定范围

1. 禁养区范围

（1）人口集中区域。恩施州城中心城区，南至 209 国道绕城线、恩利公路，西至建恩高速，北至龙凤镇三龙坝 209 国道和 318 国道交汇处，东至沪渝高速，总面积约 120 平方千米；恩施州城中心城区以外的机关、学校、科研（种养殖试验场除外）、医院、疗养院、敬老院、文化体育场馆等人口集中区域，以及上述区域的边界向外延伸 500 米的范围。

（2）饮用水水源保护区。饮用水水源一级保护区和二级保护区陆域范围；尚未完成饮用水水源保护区划分的水域或水体，参照《饮用水水源保护区划分技术规范》（HJ/T 338–2007）中各类饮用水水源保护区划分方法确定禁养区范围。

（3）重要水质功能区。清江干流及其支流水系，即带水河、马水河、马尾沟河、云龙河、米田河、芭蕉河、高桥河、车坝河、细沙河、太阳河、龙洞河、龙头沟河及乌江水系冷水河盛家坝段，水域水体最高控制水位线向外延伸 200 米陆域范围。

（4）其他生态功能区。国家级和地方级自然保护区的核心区和缓冲区，即星斗山国家级自然保护区的核心区及缓冲区；恩施州城中心城区以外的 AAAA 级以上旅游景区（含 AAAA 级）、省级和省级以上森林公园、文物保护单位及其物理边界向外延伸 500 米范围，即恩施大峡谷风景区、梭布垭石林风景区、铜盆水森林公园、沙地天主教堂、向燮堂墓、滚龙坝向氏古民居。

（5）法律法规、行政规章规定禁止畜禽养殖的其他区域。

2. 限养区范围

（1）所划定的畜禽养殖禁养区（饮用水水源一、二级保护区除外）边界向外延伸 1000 米的范围。

（2）恩施州城中心城区以外的乡镇、大峡谷风景区所属集镇建成区，以及集镇建成区边界向外延伸 1000 米的范围。

（3）饮用水源地保护区中的准保护区全部区域范围。

（4）已建成或在建铁路、高速公路、国省道等主要交通干线用地边界两侧外延 500 米的范围。

（5）恩施州城中心城区以外的各类工业园区边界向外延伸 1000 米的范围。

3. 适养区范围

禁养区和限养区之外的其他区域原则上划定为适养区。

（五）总体要求

1. 对禁养区的要求

禁止新建规模化畜禽养殖场（小区），并对现有的规模化畜禽养殖场（小区）限期关停转迁。

2. 对限养区的要求

严格控制新建、扩建规模化畜禽养殖场（小区）。所有规模化畜禽养殖场（小区）须按照环境保护有关规定，有效落实污染防治措施，实现畜禽养殖废弃物全部资源化利用或达到城市生活污水排放标准，排放总量达到区域控制要求；对无法完成综合治理的规模化畜禽养殖场（小区），限期关停转迁。

3. 对适养区的要求

应以区域环境承载力为基础，合理规划和布局畜禽养殖行为，实现养殖废弃物的循环综合利用，排放标准须达到《畜禽养殖业污染物排放标准》（GB18596–2001）。

4. 其他要求

（1）新建、改建、扩建规模化畜禽养殖场（小区），应符合畜牧业发展规划及畜禽养殖污染防治规划，满足动物防疫条件，配套污染物防治设施设备，依法进行环境影响评价，通过竣工验收后方可投入使用，并确保其正常运行。

（2）全市范围内的畜禽养殖户，应遵守相关法律法规，若违反相关法律法规的规定，由有关部门依法处理。

（3）各乡镇人民政府、街道办事处，大峡谷风景区管理处要严格按照本通告要求，结合区域发展规划，严把畜禽养殖发展关。

（4）发改、环保、农业、畜牧、国土、住建、规划、林业、水利等部门在规模化畜禽养殖场（小区）项目的规划、立项时，应依法严格审批。

（六）保障措施

1. 加强领导、落实责任。各乡镇人民政府、街道办事处，大峡谷风景区管理处要严格落实主体责任，市直有关部门要通力协作、认真履职尽责，共同促进生态环境质量改善和畜禽养殖协调发展。

2. 加强指导、综合利用。环保、畜牧、农业等有关部门应采取有效措施，推进畜禽养殖污染综合治理。积极引导发展“种养结合”的绿色生态养殖模式，大力推广雨污分流、干清粪、干湿分离、沼气池处理、有机肥加工等实用技术，全面提升畜禽粪污资源化利用水平。

3. 依法行政、严格执法。相关职能部门要加大联合执法力度，坚决查处规模化畜禽养殖场（小区）和畜禽养殖户的违法行为。

本通告自发布之日起施行，《恩施市人民政府关于划分全市畜禽养殖禁养区、限养区、适养区的通告》（恩市政发〔2016〕65 号）同时废止。

恩施市人民政府

2019 年 1 月 15 日

统计资料选辑

2019 年恩施市经济和社会发展情况有关指标统计表

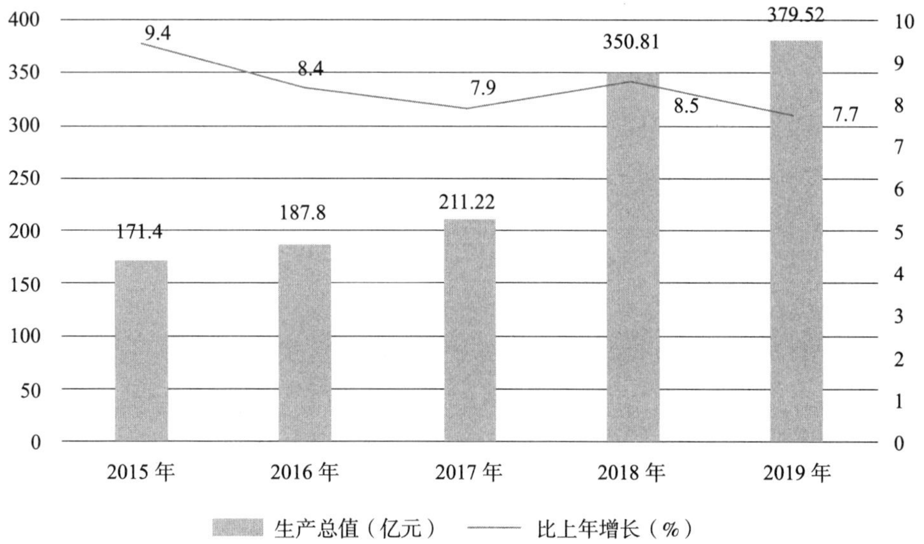

图 1 2015—2019 年生产总值及增长速度

说明：2018 年生产总值根据第四次经济普查数据由 233.17 亿元调整为 350.81 亿元

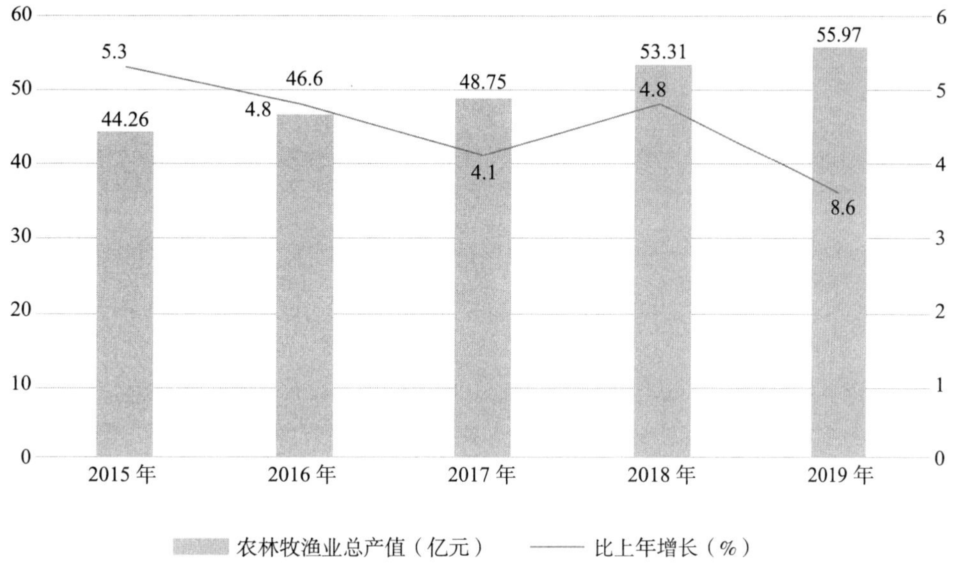

图 2　2015—2019 年农林牧渔业总产值及增长速度

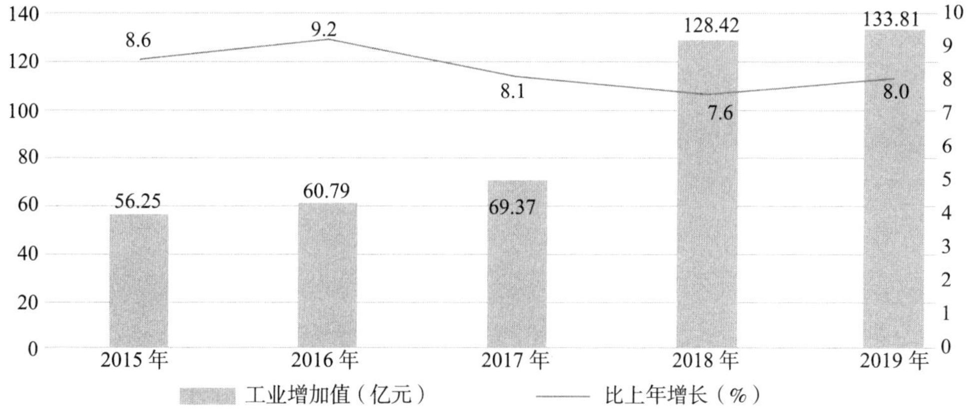

图 3　2015—2019 年全部工业增加值及增长速度

说明：2018 年工业增加值根据第四次经济普查数据由 73.88 亿元调整为 128.42 亿元

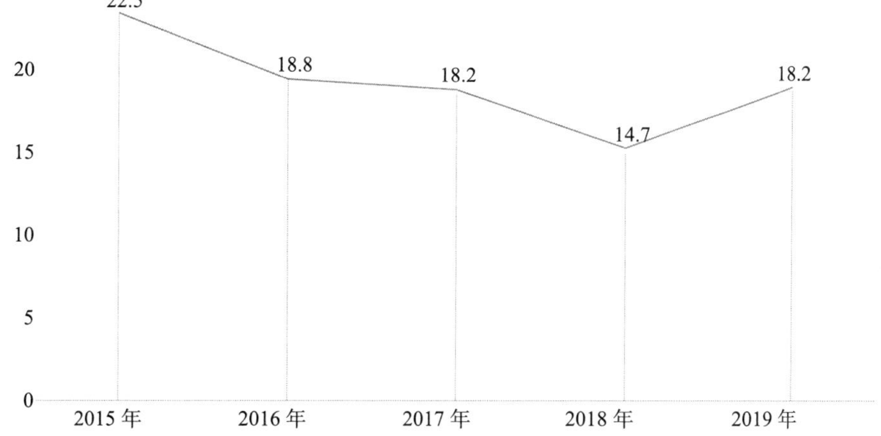

图 4　2015—2019 年固定资产投资增长速度

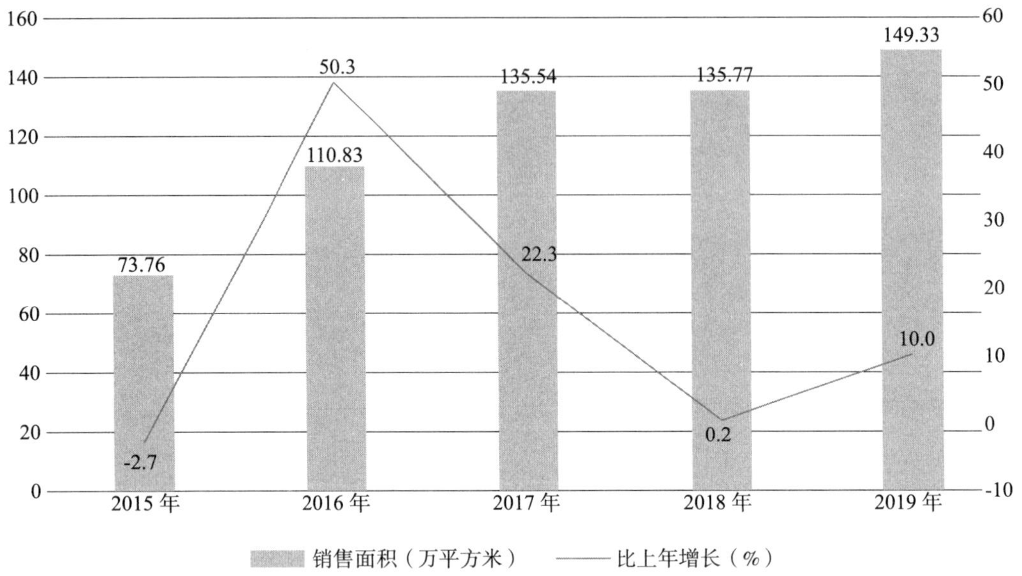

图 5　2015—2019 年商品房销售面积及增长速度

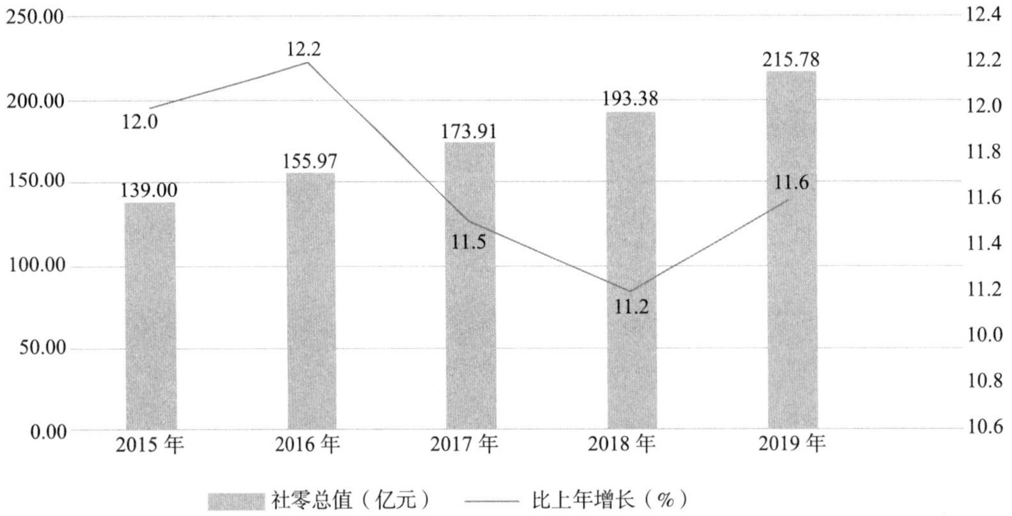

图 6　2015—2019 年社会消费品零售总额及增长速度

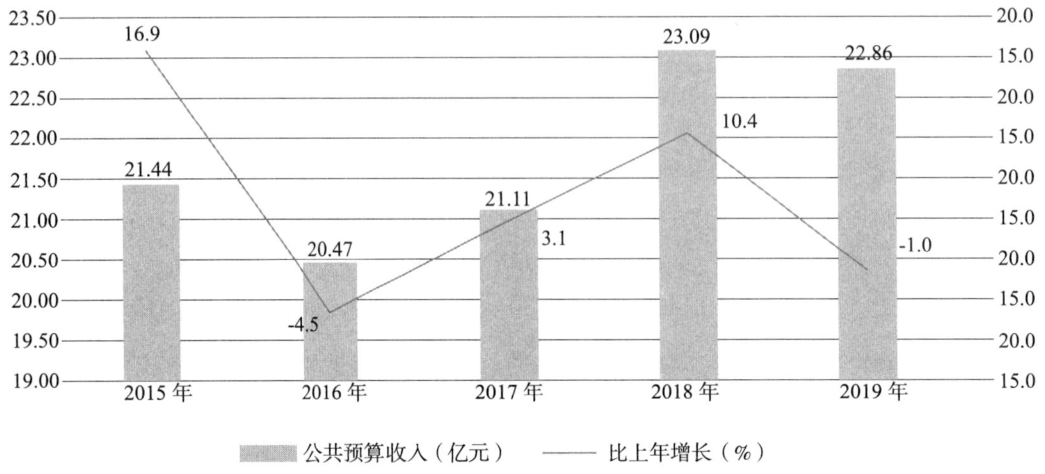

图 7　2015—2019 年一般公共预算收入及增长速度

2019 年恩施市主要工业产品产量及增长速度统计表

表 3

产品名称	单位	产量	比上年增长 %
鲜冷藏冻肉	吨	13457	-16.8
冷冻蔬菜	吨	91780	-9.9
自来水生产量	万立方米	4329	7.8
发电量	万千瓦时	93146	-53.6
电子元件	万只	34669	210.4 倍
塑料制品	吨	6344	107.7
家具	件	215057	-58.0
滚动轴承	万套	2355	-3.8
服装	万件	58.89	-13.3
精制茶	吨	3402	-0.2
中成药	吨	1572	1.0
饮料	吨	4351	-9.5
大理石建筑板材	平方米	2770	-49.6
水泥	万吨	227.64	7.0
砖	万块	1250.98	-20.9
石灰石	万吨	312.97	13.6
商品混凝土	万立方米	190.97	20.0
卷烟	万支	1709397	-14.2

2019 年恩施市居民消费价格比上年涨跌幅度情况统计表

表 4　　　　　　　　　　　　　　　　　　　　　　　　　　　　单位：%

类别	2019 年
居民消费价格总指数	3.1
一、食品烟酒类	7.6
二、衣着	2.0
三、居住	3.2
四、生活用品及服务	0.7
五、交通和通讯	-2.2
六、教育文化和娱乐	0.4
七、医疗保健	1.1
八、其他用品和服务	3.0

说明：以上年日期为 100